AJEDREZ Y PERONISMO

1946

El ajedrez, parte de la propaganda peronista

JUAN SEBASTIÁN MORGADO

AJEDREZ Y PERONISMO
1946
El ajedrez, parte de la propaganda peronista

Morgado, Juan Sebastián
   Ajedrez y peronismo 1946: el ajedrez, parte de la propaganda peronista / Juan Sebastián Morgado; prólogo de Juan Morgado. - 1a ed ilustrada. - Ciudad Autónoma de Buenos Aires : Ajedrez de Estilo, 2021.
   440 p.; 28 x 21 cm.

   ISBN 978-987-47437-8-7

   1. Ajedrez. 2. Sociología de la Cultura. 3. Sociología de la Literatura. I. Morgado, Juan, prolog. II. Título.
   CDD 306.483

Ilustraciones de tapa:
Perón, "Primer deportista argentino", tapa de Mundo Deportivo.
Acta nº 47 página 185 del Libro de Actas del Club Argentino del 27 de junio de 1947, donde se agradece a los socios diputados Edmundo Leopoldo Zara (Mendoza) y John William Cooke (Capital) y a otros 9 que apoyaron: Ricardo Balbín (Buenos Aires), Arturo Frondizi (Capital), Nerio M. Rodríguez (Tucumán), José María Villafañe (La Rioja), Julio J. Busaniche (Santa Fe), Julio A. Vanasco (Corrientes), Antonio Juan Benítez (Capital), Guillermo Klix López (Buenos Aires), Silvano Santander (Entre Ríos).
Ilustraciones de contratapa:
Perón hace 1.P4R en el tablero de Pilnik, encuentro España - Argentina. A la izquierda Eva Perón; entre ambos Paulino Alles Monasterio (*Noticias Gráficas*, 12 de octubre de 1946)
Inauguración del encuentro por telégrafo entre España y Argentina. Habla Carlos Querencio, acompañado por Juan Perón, Eva Perón, Hortensio Quijano. *Revista del Automóvil Club Argentino*.

Hecho el depósito que prevé la ley 11.723
Impreso en la Argentina
© 2021 Juan Sebastián Morgado
e-mail: jmorgado@ajedrez-de-estilo.com.ar / sebaseven@gmail.com
ISBN 978-987-47437-8-7

CARACTERÍSTICAS DE ESTA COLECCIÓN

Los conceptos históricos y culturales que se insertan en las introducciones de mis últimas obras se fundan en las profundas ideas del escritor Ezequiel Martínez Estrada (1895-1964), principalmente sobre la base de sus obras de las décadas del '30 y del '40. Puede decirse que la historia oficial argentina consiste en enormes cirugías históricas sin anestesia, que hoy acostumbramos a denominar 'relatos', palabra que ya había utilizado también el citado pensador. Él quiso significar que tenemos en Argentina múltiples historias parciales, paralelas, que son simples apologías o exégesis de personalidades o de algunos hechos, pergeñadas generalmente por los grupos del poder.

Martínez Estrada descubrió que, dentro del cambiante devenir, existen invariantes históricos, fuerzas inertes que permanecen desde la colonia, y se van transmitiendo incólumes de generación en generación. Al invariante principal lo llamó "constelación de la colonia", equivalente de monarquía funcional o **AUTOCRACIA**. Expresó Martínez Estrada:

> Por mucho que hayan variado individualmente los habitantes de Inglaterra, Francia, España, Holanda o cualquier otra nación cuya evolución histórica ha sufrido las más increíbles perturbaciones, los rasgos específicos de la nacionalidad siguen conteniendo vivos los elementos que encontramos ya en los orígenes de su formación como pueblos y como Estados. Pues esa misma ley de los invariantes que da unidad al género humano, al mismo tiempo que configura individualidades históricas inconfundibles, podemos encontrarla también en nuestro país y en todos los demás del continente. Para nosotros, acaso el gaucho (lo gauchesco) tenga un valor genético semejante al del normando, el sajón, el íbero, el latino.

Este concepto parece muy evidente, pero hay una gran resistencia en la intelectualidad y en la población en general, para aceptarlo. Todos dicen:

> No, la historia nunca es igual, siempre cambia.

Sin embargo, ¿quién podría decir que en Sudáfrica y en Estados Unidos, por ejemplo, no hubo (hay) un invariante racial? En Sudáfrica, Mandela está ayudando a superarlo. En Estados Unidos, Trump lo puso en evidencia.

Martínez Estrada ha dicho cosas que los argentinos no quieren escuchar. Lo mismo me ha pasado con españoles y alemanes, con quienes he conversado sobre estos temas: todos me han expresado que no quieren investigar las historias de sus países más allá de 1936. No desean saber cómo y por qué llegaron a ser gobernados por Franco y Hitler. Los principales invariantes argentinos son:

MIEDO: desde el fondo de la historia hasta hoy, los gobiernos argentinos utilizaron el **MIEDO** como método de dominación.

TRAPALANDA: alzar castillos en el aire; reiteración de conductas utópicas, insustanciales e inútiles.

LA CABEZA DE GOLIAT: los pioneros fundaron una gran ciudad porque no supieron construir una gran Nación. Argentina se formó en base a la megalópolis Buenos Aires (y tres o cuatro provincias fértiles), pero no es más que un país pobre con provincias raquíticas.

LA GRIETA: comenzó en los albores con unitarios contra federales 1810-1852), se transformó en oligarquía contra trabajadores (1853-1942), en peronistas versus antiperonistas (1943 hasta la actualidad).

VIVEZA CRIOLLA: las normas están hechas para violarlas; la culpa es siempre del otro.

DESPRECIO A LA LEY, AUTOCRACIA: confusión entre bienes públicos y privados; corrupción.

MILITARISMO: lucha feroz contra la Norma Básica. El gigantismo castrense provocó enormes daños a la democracia de los tres poderes independientes (Golpes de estado, guerras, saqueos). Sin embargo, es el único invariante que fue vencido, en 1985, luego de unos 180 años, cuando Alfonsín enjuicia a las Juntas Militares y luego Menem derrota a Seineldín.

HYBRIS: narcisismo extremo de los gobernantes; desmesura o mal del poder; desconexión de los jefes de estado con la realidad.

NECROFILIA: exaltación extrema de muertes de personajes partidarios (embalsamamientos, panteones faraónicos, etc.)

ÉPICO: considerar como acontecimientos notables a hechos banales.

Se observa la importancia de superar estos invariantes cuando comparamos a Argentina con su vecino Uruguay, por ejemplo: ¡no sufre ninguno!

Fuentes de investigación

Archivo General de *La Nación* [Fotos]
Biblioteca A. Prebisch del Banco Central [Diario *La Nación* digital]
Biblioteca Nacional [Hemeroteca y materiales de Archivo]
Biblioteca del Congreso de *La Nación* [Hemeroteca]
Biblioteca de la Legislatura de Córdoba [Diarios provinciales]
Biblioteca Mayor de Córdoba [Diarios de de la ciudad de Córdoba]
Club Argentino [Libros de Actas y recortes]
Club Jaque Mate [Libros de Actas y cuaderno de visitantes]
Fundación Martínez Estrada [Bibliografía]
Senado de *La Nación* [Libros sobre el ajedrez olímpico, S. Negri, E. Arguiñariz]
Diario *La Nueva Provincia* [Archivos]

Agradecimientos

Burgos, Nidia [Literatura sobre Martínez Estrada]
Caputto, Zoilo Rudecindo [Testimonios]
Celaya, José [Documentos del Congreso]
Drake, Carlos Ernesto [Archivos personales]
Holmgren, Peter [Archivos personales de Ståhlberg]
Monasterio, Manuel [Testimonios sobre Paulino Alles]
Negri, Sergio E. [blog ALS]
Pérez García, Hébert [Archivos holandeses y testimonios]
Ramírez Lahoz, Marta [Archivos de Martínez Estrada]
Dirk Ten Geuzendam [Archivos holandeses]

Reconocimientos póstumos

Alles Monasterio, Paulino [Testimonios, Archivo y libro de recortes]
Castelli, Raúl Alberto [Testimonios ajedrecísticos]
Eliskases, Erich [Biblioteca personal]
Svetozar Gligoric [Testimonios sobre Mar del Plata]
González de Soria, Elsa [Libros de recortes de Gaspar Soria]
Grau, Gloria [Testimonios sobre Roberto Grau]
Ivaldi, Normando [Bibliografía y libros de recortes]
Carlos Kuperman [Cuaderno personal de notas]
Lachaga, Milcíades [Testimonios y archivos de torneos]
Lastra, Gregorio [Bibliografía]
Lipiniks, Leonardo [Testimonios]
March Ríos, Rubén [Testimonios y libros de recortes]
Pagura, Roberto [Semanario Nuestro Círculo]
Pinzón Solís, Felipe [Archivos peruanos]
Redolfi, Rodolfo Argentino [Archivo personal cordobés]
Rossetto, Héctor Decio [Testimonios]
Silva Nazzari, Héctor [Bibliografía uruguaya]
Soria, Gaspar Darwin [Testimonios, memorabilia y libros de recortes]
Svetozar Gligoric [visitas a Argentina]
Horacio de Dios [entrevista a Guillermo Patricio Kelly]

Abreviaturas

AD	Alfil Dama	FIDE	Fédération International des Échecs
AR	Alfil rey	GOU	Grupo de Oficiales Unidos
AMDA	Asociación Metropolitana de Ajedrez	GyE	Gimnasia y Esgrima
AGN	Archivo General de la Nación	GEBA	Gimnasia y Esgrima de Buenos Aires
AP	Associated Press	NC	Nuestro Círculo
ACA	Automóvil Club Argentino	PD	Peón Dama
AFA	Asociación del Fútbol Argentino	PR	Peón Rey
AxC	Alfil por caballo	PA	Peón Alfil
CARI	Consejo Argentino para las Relaciones Internacionales	PT	Peón Torre
		PC	Peón Caballo
CADCOA	Confederación Argentina de Deportes Comité Olímpico Argentino	PAR	Peón Alfil Rey
		PAD	Peón Alfil Dama
CAD	Confederación Argentina de Deportes	PTR	Peón Torre Rey
CD	Comisión Directiva	PTD	Peón torre dama
CEAL	Centro Editor de América Latina	PCR	Peón caballo rey
CGE	Confederación General Económica	PCD	Peón caballo dama
CR	Caballo Rey	PCF	Federación Polaca de Ajedrez
CVS	Círculo de Vélez Sarsfield	PxP	Peón por peón
CASI	Club Atlético San Isidro	TN	Torneo de las Naciones
CBX	Confederação Brasileira do Xadrez	TR	Torre Rey
EAA	El Ajedrez en la Argentina	TD	Torre dama
FCO	Ferrocarril Oeste	RCAA	Revista del Club Argentino de Ajedrez
FEMEDA	Federación Metropolitana de Ajedrez	UIA	Unión Industrial Argentina
FADA	Federación Argentina de Ajedrez	UCRP	Unión Cívica Radical del Pueblo
FC	Ferrocarril	UCRI	Unión Cívica Radical Intransigente
FAB	Federación Argentina de Box	UP	United Press
FFE	Federación Francesa de Ajedrez		

Signos ajedrecísticos utilizados

±	ventaja clara de las blancas		!!	jugada muy buena
∓	ventaja clara de las negras		?	jugada mala
=	posición igualada		??	jugada muy mala
⩲	leve ventaja de las blancas		!?	jugada interesante
⩱	leve ventaja de las negras		?!	jugada dudosa
+-	posición ganadora de las blancas		↔	con contrajuego
-+	posición ganadora de las negras		oo	posición compleja, incierta
!	jugada buena		><	con compensación

DEL AUTOR

A causa de sus circunstancias de nacimiento (2 de febrero de 1947), la infancia y la adolescencia del autor estuvieron vinculados a la organización hindú Ramakrishna Ashrama, sita en Bella Vista, provincia de Buenos Aires. Cesó su relación con esta entidad en 1966 debido a divergencias existenciales insalvables, adoptando el agnosticismo. Se recibió de maestro normal en el Instituto Ángel D'Elía de San Miguel, y entre 1965 y 1969 se desempeñó como docente de escuela primaria. En 1971 obtuvo el título de Licenciado en Psicología en la UBA, abandonando su profesión ese mismo año.

En forma casual, alrededor de los diez años aprendió a jugar al ajedrez, juego que fue cobrando importancia en sus actividades habituales, especialmente a través del seguimiento de las partidas que se publicaban en La Nación. No teniendo adversarios en su lugar de residencia, alejado de los grandes centros, en 1962 descubrió el ajedrez postal, y se le abrió un campo de desarrollo inmediato. Fue subcampeón mundial de la especialidad en 1984, y revalidó su título de Gran Maestro once veces. Presidió un centro (CAPA, Círculo de Ajedrecistas Postales Argentinos) que obtuvo grandes éxitos deportivos para nuestro país. Es también Maestro de la FIDE. Desde 1981 desarrolló una librería especializada en ajedrez, edición de revistas y libros, informática, y actividades conexas, que se mantiene hasta hoy como librería virtual, después de 39 años de actividad.

En los últimos doce años ha retornado al ámbito académico por vocación, investigando diversos períodos históricos desde el ángulo del ajedrez. Fue coautor de *Roberto Grau el Maestro* (Ediciones Colihue, 2008), y autor de *Casillas Reales y Estructuras Reales, Ajedrez con Mikhail Tal* (2010 y 2013), y *Las Aventuras de Pilnik* (2013), todos ellos editados por Álvarez Castillo. Además, fue autor de un capítulo de Fetschrift zu Ehren Alessandro Sanvitos, titulado *El viaje Sonja Graf a Córdoba, 1942*.

En 2012 publicó *Sangre y ajedrez en el Parque,* probablemente el primer ensayo de historia sociopolítica de la Argentina centrado en temas del juego arte-ciencia. Está ambientado en la Revolución de 1890, hecho de sangre que marcó un antes y un después en el desarrollo de nuestro país. Puede atisbarse en este trabajo la influencia que la estrategia y la táctica del ajedrez han tenido en la definición de hechos históricos importantes.

Tiene su sello editorial propio, Ediciones Ajedrez de Estilo, en el cual ha editado los cuatro primeros tomos de su obra *Ajedrez en la historia argentina, micro-biografías* (2012/14). En Los años locos del ajedrez argentino (2013), pone luz a sorprendentes acontecimientos históricos del período 1905-1925. En *Luces y sombras del ajedrez argentino I* (2014) expone episodios ajedrecísticos protagonizados por Marcel Duchamp, Ernesto 'Che' Guevara, Roberto Arlt, el pacto Perón-Franco, Najdorf, Panno y otros. En el tomo II (2016) se refiere a Julio Cortázar, Atahualpa Yupanqui, Carlos Fayt, Natalio Botana, Félix Luna y el *match* postal Rosario – Buenos Aires de 1894, entre otros temas.

Sus obras posteriores fueron dedicadas al pensador de la argentinidad Ezequiel Martínez Estrada –que también fue ajedrecista–, profundizando en el estudio de sus obras desde una perspectiva heterodoxa. Su obra más conocida es *Martínez Estrada, ajedrez e ideas* (2015), donde analiza diversos aspectos de la obra del autor. Luego, en *Martínez Estrada Sociabilidades* (2015), se refirió a su relación con personalidades como Jorge Luis Borges, Ernesto Sábato, Julio Cortázar, Witold

Gombrowicz, Abelardo Castillo, Victoria Ocampo, Armando Tejada Gómez, Atahualpa Yupanqui y otros.

En su etapa actual edita sus obras en Amazon. En *Sociología del ajedrez postal; historia de CAPA, exequias de una idea* (2018), describe las alternativas que llevaron a la destrucción de esta institución. En *Martínez Estrada, Borges y el Viejo Vizcacha (1ª edición 2017 y 2ª edición ampliada 2019)* se ahondan los conceptos del pensador sobre el ser nacional, especialmente los invariantes. En *La Angustia Existencial de Martínez Estrada. Una primera aproximación psicoanalítica* (2019), se explora la personalidad del escritor desde un ángulo completamente ignorado hasta hoy.

Con *El Impresionante Torneo de Ajedrez de las Naciones 1939* (2019), 3 tomos en formato 21x28, inicia un período de extensas obras, que se continuó con *El encuentro por el título mundial Capablanca vs Alekhine 1927* (2020), 2 tomos de similar tamaño.

Posteriormente publicó Ajedrez y Peronismo 1944-1945, 540 páginas, Amazon 2021.

En octubre de 2013 participó en el III Congreso sobre su vida y obra con su ponencia *Martínez Estrada, ajedrecista federado y bibliotecario de la FADA*. En 2014 presentó el texto *Gombrowicz, el ajedrez en su literatura* en el I Congreso sobre la vida de Witold Gombrowicz, y en el II Congreso de Historia Intelectual de América Latina, organizado por el CEDINCI, ofreció el trabajo *Gombrowicz, Martínez Estrada y sus vínculos sociales; epistolario*. En 2017 fue asesor –junto a Sergio Negri– de la muestra *Movimientos en Blanco y Negro*, organizada por la Biblioteca Nacional, escribiendo un texto, "El ajedrez y los hombres de estado", que fue objeto de una escandalosa polémica con funcionarios menores. En coautoría con Roberto Gabriel Álvarez tradujo importantes obras: *Los Secretos de la Estrategia Moderna en Ajedrez* (Watson, 2002), *El camino hacia el progreso en ajedrez* (Alex Yermolinsky, 2002), *Aprende ajedrez* (John Nunn, 2002), y los tres monumentales tomos *Garry Kasparov sobre Garry Kasparov* (2017).

Habiendo comenzado a escribir tardíamente a los 65 años y careciendo de una carrera literaria, toda la obra escrita desde 2012 en adelante fue afrontada por el propio autor mediante la creación de un fondo proveniente de Ajedrez Integral.

Sueña René Favaloro

Un país que nunca fue

[Eduardo Falú]

ÍNDICE

Capítulo 1 El país en 1946.. 17
Capítulo 2 Ståhlberg gana en Paraná... 29
Capítulo 3 Castells Méndez presenta a John William Cooke en el Club Argentino 49
Capítulo 4 Actividades Varias 1946.. 51
Capítulo 5 Los últimos días de Alekhine... 63
Capítulo 6 IX Torneo Internacional de Mar del Plata: otra vez Najdorf................................. 71
Capítulo 7 III Memorial Grau en el Círculo (AMDA).. 139
Capítulo 8 Club Argentino: sorpresiva victoria del joven Lipiniks... 145
Capítulo 9 Continuación del cisma. LA GRIETA... 159
Capítulo 10 La Copa Río de la Plata en Montevideo 161
Capítulo 11 Reorganización de la FIDE 165
Capítulo 12 *Match* radial Argentina – Uruguay (AMDA)... 169
Capítulo 13 *Match* radial Asociación Metropolitana – Club Nacional de Fútbol de
   Montevideo... 173
Capítulo 14 Groninga 1946: primer paso para hallar un nuevo campeón 175
Capítulo 15 El *match* radial España – Argentina 219
Capítulo 16 El Congreso de la Nación otorga un subsidio al Club Argentino Apoyo
   de la bancada radical con Balbín y Frondizi Zara y Cooke primeras figuras. ÉPICO............ 251
Capítulo 17 II Torneo Magistral del Círculo La Regence.. 253
Capítulo 18 César Corte gana en Córdoba... 263
Capítulo 19 Pedro Martín gana el Torneo Selección 265
Capítulo 20 El Campeonato Interclubs Metropolitano (AMDA)... 269
Capítulo 21 Czerniak gana el II Campeonato Metropolitano Individual (AMDA)................. 271
Capítulo 22 El cuadrangular 'privado' de Castells Méndez... 273
Capítulo 23 Lynch – Castells Méndez: un *match* 'a medida'. HYBRIS 279
Capítulo 24 Najdorf y Guimard en Praga 283
Capítulo 25 Club Argentino: Schvartzman – Lipiniks, por el título... 305
Capítulo 26 La FIDE ante la elección del nuevo titular... 311
Capítulo 27 Pilnik vence a Rossetto y es campeón argentino 313
Capítulo 28 El Campeonato Metropolitano por Equipos (Oficial)... 321
Capítulo 29 Najdorf y Guimard en Barcelona 323
Capítulo 30 Najdorf quiere batir su récord de Rosario 337
Capítulo 31 Capital Federal ganó el IX Campeonato Argentino por Equipos
   en Santa Fe 339
Capítulo 32 Julio Bolbochán, campeón argentino 343
Apéndice 1 Historia familiar y peronismo... 417
Apéndice 2 La FADA solicita un subsidio al Congreso el 19 de diciembre
   de 1946 [Expediente nº 1503] 435

PRÓLOGO

La ocupación de las universidades y la tremenda represión gubernamental subsiguiente ocurrieron en octubre y noviembre de 1945.[1] La situación social era explosiva y las autoridades de facto decidieron adelantar las elecciones para el 24 de febrero de 1946 –sólo tres meses después–, para evitar males mayores. Antes, rechazaron la petición de la oposición para otorgarle a la Corte la organización del escrutinio a efectos de garantizar la neutralidad y el control. Lo cierto es que existió el Estado de Sitio antes y después del sufragio, quitando toda legitimidad al acto. Sin embargo, finalmente el gobierno comunicó el resultado victorioso 45 días después y lo calificó como "el comicio más limpio de todos los tiempos". Perón denuesta el juicio de Nürnberg, designa el primer embajador soviético y comunica con masiva propaganda el insustancial Primer Plan Quinquenal. Destruye la coalición hacedora de su victoria, y establece el Partido Único o Partido Peronista.

El Estado aplastó a una parte de la población mediante diversos métodos. Un gran golpe en su estrategia fue la elección de la palabra *movimiento* para reemplazar a *Partido Laborista*. Perón le dio un significado de ideologema religioso y doctrinario, convirtiéndolo en una estructura sociopolítica supra partidaria con formato jerárquico, donde él ocupaba el vértice y los demás algún lugar dentro de ella. Desde 1943 la actividad deportiva se convirtió en un objetivo demagógico y pasó a ser parte del aparato de propaganda oficial. Del romanticismo pasamos a un pacto implícito: Perón le daría todo al deporte, y a cambio los deportistas apoyarían a Perón. El ajedrez fue parte de este tácito acuerdo.

La actividad ajedrecística se desarrolló impulsada en buena parte por quienes permanecieron en el país luego del Torneo de las Naciones de 1939, y Gideon Ståhlberg ganó el Torneo Internacional de Paraná en febrero, superando por medio punto a Herman Pilnik. Mendel Najdorf arrasó en el IX Torneo Internacional de Mar del Plata al superar a su rival de Suecia, Gideon Ståhlberg, por tres puntos, y al tercero, Paul Michel, por cinco. Ganó 15 de las 18 partidas, entabló con Pilnik y Reinhardt y sólo perdió con Maderna.

El cisma del ajedrez nacional continuó con violencia verbal, y fracasaron las gestiones de unidad. En ese marco, en abril la disidente Asociación Metropolitana organizó el III Memorial Roberto Grau en el Círculo, certamen de nivel muy inferior debido a la deserción de los ajedrecistas nacionales más importantes: se advierte que la FADA está haciendo valer su poder.

Botvínnik desafía a Alekhine a un *match* por el Campeonato Mundial, pero las gestiones quedan truncas luego del discurso de Churchill del 5 de marzo de 1946 en el que declara la guerra fría. Gran Bretaña deja de estar interesada en un *match* entre el campeón mundial y un ruso. Luego del paréntesis obligado por la guerra, la FIDE comenzó su reorganización mundial en el XVII Congreso de Winterthur, al que concurrieron solamente ocho delegados, sin argentinos. Fue ignorado totalmente el presidente Augusto De Muro, designado en el XVI Congreso realizado en Buenos Aires 1939, y Alexander Rueb tomó las riendas de la organización. Se aprobó la realización de tres torneos internacionales, que serían preliminares al futuro Campeonato Mundial. En ese contexto se organizó el Torneo Internacional de Groninga 1946, un fortísimo certamen de 20 participantes en el que participaron representantes de 14 países, entre ellos los argentinos Najdorf y Guimard.

---

[1] Ver Apéndice 1.

Najdorf realizó declaraciones altisonantes –proclamó *"Yo seré campeón mundial"*–, que posteriormente causaron el enojo de Botvínnik y tendrían consecuencias en el futuro Campeonato Mundial. El segundo certamen previsto por la FIDE se realizó en Praga con 14 jugadores. El nivel fue muy inferior al de Groninga y la victoria de Najdorf era previsible. Sin embargo fue boicoteado por los rusos, y bajo esa excusa, posteriormente descartado por la propia FIDE. En Barcelona también ganó Najdorf ampliamente con 11½/13, pero en un certamen sumamente débil.

El match telegráfico España – Argentina fue organizado con gran pompa en ambas naciones, y formó parte del marco en el que se negoció el Pacto Perón – Franco por el cual Argentina envió a España toneladas de cereales. El propio Perón inició simbólicamente el encuentro, moviendo 1.P4R en el tablero 1 donde jugarían Pilnik – Pomar. El despliegue impresionante del gobierno incluyó la visita en masa de todo su gabinete y su esposa Eva Duarte. Cerca de las 13 el presidente de la FADA, doctor Carlos Querencio, recibió al primer magistrado en el edificio del ACA, donde fueron colocados los 15 tableros en el piso 10. A raíz del cisma del ajedrez argentino, el equipo nacional jugó debilitado y España se impuso inesperadamente por 8:7.

Mediante gestiones realizadas principalmente por los diputados John William Cooke y Leopoldo Zara, el Congreso de la Nación otorgó al Club Argentino un subsidio –expediente 1471– para adquirir su sede definitiva de Paraguay 1858. Apoyaron la ley once congresales: siete radicales –entre ellos Ricardo Balbín y Arturo Frondizi– y cuatro peronistas.

Pilnik vence a Rossetto por 5:3 en Bahía Blanca y obtiene el título nacional. A fin de año, Julio Bolbochán vence en un Campeonato Argentino multitudinario de 21 jugadores, y sucede a Pilnik.

Capítulo 1

EL PAÍS EN 1946

> Los estudiantes ocupan las universidades y son severamente reprimidos. Victoria de Perón en elecciones controladas por militares afines y bajo Estado de Sitio. Compra de los ferrocarriles: negocio político populista ruinoso económicamente. El Libro Azul de Spruille Braden: denuncia hechos verdaderos pero es derrotado políticamente. Perón denuesta el juicio de Nürnberg. La insustancial retórica del Primer Plan Quinquenal. Perón designa el primer embajador soviético.

El gobierno militar mantuvo el Estado de Sitio. El 13 de enero apareció el Libro Azul, un documento de 131 páginas editado por el Departamento de Estado norteamericano, que en ese entonces estaba aún dominado por la línea de Spruille Braden. En este documento se lo acusaba a Perón de tener filiación nazi. Perón aprovechó este grave error diplomático, y no contestó en forma directa las acusaciones. En cambio, contraatacó señalando que Estados Unidos se estaba entrometiendo en los asuntos nacionales, y relanzó su campaña bajo el lema *Braden o Perón*.

El martes 15 de enero el Partido Laborista realizó su primer Congreso Nacional en el local de Cangallo 1750, y por aclamación fue aprobada la fórmula Perón–Mercante. Ese mismo día y el miércoles 16, la Junta Renovadora hizo su Convención Nacional en Tucumán 739, y acabó proclamando la fórmula Perón–Quijano. Había una dura lucha por la representación política entre los partidarios del Partido Laborista y los de la Junta Renovadora, desprendimiento del radicalismo. Perón apoyaba abiertamente a estos últimos, y obligó a la renuncia de Mercante, con el argumento de que "no podían integrar la fórmula dos militares". Asimismo, contra la voluntad de los laboristas, Perón pretendía imponer para la provincia de Buenos Aires la fórmula Alejandro Leloir – Atilio Bramuglia, contra las aspiraciones laboristas, que finalmente lograron imponer a Domingo Mercante / Juan Machado, aprovechando que aquél había debido renunciar a la candidatura para la vicepresidencia.[2]

Testimonio de Cipriano Reyes. A la mañana siguiente estábamos nuevamente con Perón (en su departamento de la calle Posadas). Con él sentado frente a nosotros, comenzamos a plantear el problema de una manera un tanto fuerte. En ese instante se abrió la puerta del dormitorio y apareció sorpresivamente Evita, con la cabellera suelta, cubierta con un salto de cama celeste y calzando chinelas del mismo color. Preguntó:

¿Dónde está Reyes?

Todos nos pusimos de pie, menos Perón. Ella, al verme, exclamó:

Reyes, hay que radicalizar a la provincia (de Buenos Aires), porque yo soy *radicala*, ¿sabe?
Señora, eso lo va a determinar el Congreso del partido.
Ustedes tienen que votar la fórmula... (Leloir/Bramuglia)

---

[2] Notas del autor.

Perón, al ver nuestras disgustadas expresiones, le dijo:

Callate, nena. Dejá que esto lo voy a arreglar yo. Andate.

Evita hizo un ademán de sentarse, pero reaccionó de inmediato y volvió a su habitación. Esa fue la única vez que yo cambié algunas palabras y tuve contacto con Eva Perón. El coronel regresó bastante nervioso, con su rostro congestionado.

Bueno, esto ya no tiene arreglo. La fórmula Leloir/Bramuglia ya está lanzada. Ahora hay que trabajar duro para ganar.

Contestamos:

Eso no puede ser. El convenio era que el Partido Laborista colocaba el candidato a Gobernador, y la Junta Coordinadora el Vice. Pero en estas condiciones, el Partido Laborista irá con candidatos propios.

Dijo Perón:

¡Ustedes son unos caprichosos!

Y cerró violentamente la puerta, cerca de mi cara. Mi reacción fue rápida. Puse la punta del pie contra ella, con la intención de entrar tras él para explicarle lo que ya sabía de antemano. Tanto el coronel Domingo Mercante como otras personas me tomaron amistosamente de los brazos pidiéndome que me calmara, que tuviera en cuenta de que se trataba del coronel Perón.

Él está un poco nervioso, Cipriano. Serénese usted, y ya mañana veremos cómo podemos arreglar todo esto.

Todo lo que Uds. quieran, pero nosotros no le podemos permitir que nos trate como si él fuera el dueño de la República... Se cree que somos unos pobres negros de los frigoríficos, o que nos va a tratar como si fuéramos caballerizos... ¡Somos nosotros los que lo sacamos de Martín García el 17 de octubre!³

Además, su confianza estaba avalada por el apoyo que recibían de instituciones como la Bolsa de Comercio y la Sociedad Rural, y de la mayor parte de los diarios, como *La Nación* y *La Prensa*. Disponían de un gran caudal financiero. Para contrarrestar ese efecto, Perón disponía de los instrumentos que le daba tener el poder (Estado de Sitio, Decretos, disposiciones) y además de la ayuda monetaria del magnate alemán Ludwig Freude, que había instalado en el país varias empresas para proteger capitales alemanes afectados por la caída de Hitler.

El 9 de febrero se oficializó la fórmula de la Unión Democrática, Tamborini – Mosca, formada por la Unión Cívica Radical, el Partido Socialista, el Partido Comunista y el Demócrata Progresista. Tanto José Tamborini como Enrique Mosca eran radicales. Los otros partidos habían intentado obtener el segundo lugar de la fórmula, pero no les fue posible.⁴

Era tanta la confianza de los dirigentes de la UD en el triunfo, que pensaban que Perón y sus adeptos militares estaban preparando un plan para cancelar las elecciones. Por eso, varios de ellos participaron en algunos contactos conspirativos. *The New York Times* publicó el 31 de enero un

---

³ *La farsa del peronismo*, Cipriano Reyes, Sudamericana Planeta, 1987, pág. 60/6, resumen.
⁴ *Historia del Peronismo*, Tomo I, Hugo Gambini, Planeta, Buenos Aires 1999, pág. 70/1.

reportaje a Perón, donde éste acusaba a sus opositores de entrar armas de contrabando desde el Uruguay.[5]

▌El 12 de febrero se proclamó la fórmula Juan Domingo Perón–Hortensio Quijano, que era apoyada por una coalición del Partido Laborista, encabezados por el gremialista Cipriano Reyes, un grupo de disidentes de la Unión Cívica Radical que apoyaban a Quijano, llamados Junta Renovadora, y algunos conservadores y nacionalistas intelectuales que venían del grupo llamado FORJA. La forma en que se llegó a este acuerdo no fue sencilla, ya que los laboristas pretendían que el candidato a vicepresidente fuera el coronel Domingo Mercante. Finalmente, aceptaron que éste fuera como candidato a gobernador de la Provincia de Buenos Aires.

Las campañas de ambas fuerzas continuaron luego en el interior del país, donde viajaban por tren. Se produjeron algunas muestras de violencia, que causaron incluso algunos muertos, y hubo acusaciones mutuas. A pocos días de las elecciones Perón hace declaraciones a la Agencia United Press propugnando el acercamiento a los Estados Unidos, postura que ha causado gran extrañeza, toda vez que Perón, reiteradamente, ha atacado al "imperialismo yanqui".[6]

Perón impulsa un acercamiento a Estados Unidos.
ABC (España), 12 de febrero de 1946

▌Juan Domingo (Perón) empezó a recorrer el país en tren para realizar la campaña electoral junto con su esposa, a quien comenzaban a llamar Evita. En Salta, doscientos gauchos a caballo rodearon el tren, y lo único que dijeron en español fue:

Perón Jefe Indio.

El candidato, que nunca hablaba de su madre y menos de sus orígenes, se sonrió pensativamente.[7]

▌Don Atahualpa Yupanqui sufrió prisión por decir la verdad y construir la protesta. Fue cuando expresó con toda la fuerza de su genio la demanda por la humillación que habían sufrido los *kollas* jujeños cuando en 1946 hicieron el llamado "Malón de la Paz", desde el norte de Jujuy hasta Buenos Aires en una numerosa columna que atravesó todo el territorio de la República hasta llegar a Buenos Aires.[8] En la Plaza de Mayo los recibió Perón, pero pocas horas después fueron llevados

---

[5] *Perón, una biografía*, Robert Page, Grijalbo Mondadori, Buenos Aires, 1999, pág. 173.
[6] Notas del autor.
[7] *Juan Domingo*, op. cit., pág. 164. Monarquía funcional
[8] El encuentro con los *kollas* se había producido en el marco de la campaña electoral, cuando Perón visitó varias provincias viajando por tren, entre ellas Jujuy, y les prometió la devolución de las tierras.

al Hotel de Inmigrantes –terrible ironía, a quienes vivían desde siglos atrás en tierra americana, en Buenos Aires, se los hospedó en ese lugar para extranjeros recién llegados– y sin pausa alguna se los desalojó días después de allí, se los cargó por la fuerza con la policía y la marina de guerra, se los metió en vagones de carga y fueron obligados a volver a su tierra de origen sin ver cumplido su sueño de que se les devolvieran las tierras para que la comunidad las trabajara. Todos los detalles de este comportamiento vergonzoso de las autoridades de esa época están reflejados en el libro *Los indios invisibles del Malón de la Paz*, de Marcelo Valko, donde se incluye la carta que les escribió Atahualpa Yupanqui a los maltratados kollas. Les dice:

> Hermano kolla: te lo advertí, hermano kolla. ¿Recuerdas que te hablé de Condorcanqui, de Katari, de Pillipico? Ellos también como tú, se echaron el sol al hombro y caminaron senderos del Ande hasta las Pampas desiertas, con la ilusión que la vida prende en los seres humildes que creen que aquellos que viven bien, piensan y sienten bien. Te vi pasar por los caminos del Tucumán, saludé tu esfuerzo con mi mayor alarido. Nuestros ponchos conversaron sobre cosas comunes. El mío, rojo y azul, dijo las cosas del sueño alto y de la copla libre. El tuyo, castaño y pardo como tu vida y como la tierra que el rigor aconseja al corazón que sabe esperar siglos la aurora que libera de las sombras.
>
> Tú, indio del Ande, mestizo de la Puna, huésped de Buenos Aires, fuiste echado a patadas. Roto quedó tu erkencho. Destrozado tu bombo. Con las hilachas de tu pobre poncho enjugaste tu llanto. Tu llanto, hermano kolla. ¡Cómo me duele tu llanto que es el mío y el de todos los que animamos nuestro corazón para mostrar la injusticia de tu voz! Ahora marcharás camino del regreso, que es para tu pueblo camino de derrota. Allá conversarás, superada tu angustia, con tono más altivo. ¡Supay Huarkanka Huachaska!

Por publicar esa carta, Atahualpa Yupanqui fue detenido y pasó seis meses a disposición del Poder Ejecutivo en la cárcel de Devoto. ¿Cómo se puede enviar a la cárcel a un cantor del pueblo por defender a sus hermanos de sangre? Después de la cárcel, Atahualpa marchó al exilio. Pero pasaron muchos años, estamos ya en la década del sesenta y Atahualpa dio un concierto de canciones en Madrid. Ahí estaba Perón, en el exilio, y concurrió al recital. Terminada la función, el general Perón subió al camarín del cantor indio. Atahualpa relata que cuando lo vio a Perón, le dijo:

Qué feo es el desarraigo, ¿no? Cuando usted me mandó al exilio, por defender yo a los kollas y por decirle que fue un latrocinio *envagonarlos* y mandarlos al norte... que era una vergüenza lo que se hacía con los hermanos... es feo el desarraigo..."

Le respondió Perón:

> Entiéndame. Lo que pasó es que fue un *lobby* que me hicieron la gente de Patrón Costas, el Ejército, la Gendarmería y el general Filomeno Velazco. Además, cuando uno está arriba hay que tomar medidas... si no los paraba a ustedes me pedían una reforma agraria de fondo, y no estábamos para una reforma agraria.

Dijo Atahualpa años después:

> En tiempos de Perón estuve varios años sin poder trabajar en la Argentina... Me acusaban de todo, hasta del crimen de la semana que viene. Desde esa olvidable época tengo el índice de la mano derecha quebrado. Una vez más pusieron sobre mi mano una máquina de escribir y luego se sentaban arriba, otros saltaban. Buscaban deshacerme la mano, pero no se percataron de un detalle: me dañaron la mano derecha y yo, para tocar la guitarra, soy zurdo. Todavía hoy, a varios años de ese hecho, hay tonos como el Si Menor que me cuesta hacerlos. Los puedo ejecutar porque uso el oficio, la maña; pero realmente me cuestan.

La solución se la proporcionó el Partido Comunista en 1949, organizándole una gira por Europa del Este. Cuando concluyó sus conciertos allí, recaló en París, donde se estaba produciendo una ebullición cultural. Conoció a Edith Piaf, y pronto saltó al estrellato artístico.[9]

■ ¿Cómo fueron las estrategias electorales de 1946? Se organizaron giras de los candidatos que, acompañados por numerosas comitivas, recorrieron el país pronunciando discursos y difundiendo ideas y programas de gobierno con todas las promesas de felicidad futura obligadas en tales casos. Durante las organizadas por los democráticos que encabezaba el doctor José Tamborini, pudo observarse un fenómeno al que se le atribuía preparación premeditada, pero que para los que sabían mirar y sacar deducciones de lo que veían, la explicación era muy otra. En casi todos los puntos en que de antemano se habían fijado paradas del tren que conducía a la caravana, ésta era cascoteada desde los andenes o desde puntos cercanos a las estaciones. Si esto no era un llamado evidente a la realidad, solamente se explica por la que ya resulta redundante expresión de que 'Dios ciega a los que quiere perder'. De ser sinceras las manifestaciones de optimismo que se escuchaban al regreso, era real el estado de ceguera que dominaba a los viajeros. En contraste, eran grandiosas las concentraciones de partidarios de Perón, entusiastas que acudían a escuchar su voz.

Uno de los hechos más graves que podía sucederle a Perón era que él resultara candidato único, sin rivales. Al menor indicio de derrota que pudieran percibir los radicales y sus aliados, era más seguro que se retirarían de la lucha proclamando la abstención. En tal caso, el nuevo presidente no sería reconocido por las naciones que mantenían un entredicho con nosotros. Por el contrario, si la elección era disputada y se realizaba dentro de la legalidad, y con procedimientos en que la limpieza fuera inobjetable, no dejaría lugar para que pudiera amenazarse con un no reconocimiento.

La versión que me contaron indicaba que, por ese motivo, Perón consideró que había que darles a los de la Unión Democrática la sensación de su triunfo absoluto e indiscutible para que ni pensaran en abstenerse. Por eso, la idea fue que, a cada acto de ellos, los que dirigían el movimiento peronista *reforzaban* la cantidad con sus propios partidarios, dándoles una sensación de multitud que era ficticia. Me comentaba el presidente del directorio de una empresa de capital extranjero: "Perón es un genio maligno enviado por Dios para castigarnos quién sabe por qué culpas".[10]

■ El 24 de febrero se realizan las elecciones, en un día de mucho calor, y bajo la custodia de quince mil soldados. Se vota con normalidad, salvo algunos incidentes aislados. El escrutinio se realiza muy lentamente. Las urnas son traídas desde cada rincón del país hasta la Ciudad de Buenos Aires, y los votos se van contando uno a uno. Las primeras noticias hablaban de una ventaja para la Unión Democrática, pero luego los resultados se fueron revirtiendo, y luego de un mes se supieron los resultados finales: 1.527.231 para Perón, contra 1.207.155 de Tamborini. Además, los resultados daban a Perón una amplia mayoría en las dos cámaras del Congreso.

En tanto, Edelmiro Farrell seguía facilitando la acción de un futuro gobierno peronista, y el 25 de marzo nacionalizó el Banco Central, que había venido operando hasta ese momento bajo la influencia de banqueros extranjeros, principalmente ingleses, y creó el IAPI –Instituto Argentino de Promoción del Intercambio–, que monopolizaba el comercio exterior. Compraba las exportaciones agrícolas y ganaderas a los productores argentinos, para luego exportarlas con una gran ganancia.

A comienzos de mayo de 1946, Gino Germani fue relevado de todas sus tareas en el Instituto de Sociología y de la Universidad. Había tenido lugar la intervención peronista, y Germani se en-

---

[9] Para esta época, Yupanqui se había afiliado al Partido Comunista. *Amor y dolor existencial en El país de los árboles locos*, de homenaje vivo para Atahualpa Yupanqui: *Las vaquitas son ajenas...*, Osvaldo Bayer, 20 de junio de 2007 en web pagina digital. *Vida de Atahualpa Yupanqui*, www. P. De Santis, Clarín, 2008.

[10] *Lo que yo vi desde el 80*, Ángel Carrasco (1878-19?), Editorial PROCMO, 1947, pág. 372/3, resumen. Desde un puesto administrativo en el Congreso fue testigo de lo que sucedió durante muchos años. Escribió además *El salvaje unitario* y *Las memorias de un negro en el Congreso*.

contró una vez más bajo censura. (...) Las acusaciones contra él provenían de la derecha católica, que a partir de ese momento llevó a cabo una verdadera cruzada contra el investigador y sus trabajos. Gente vinculada a la derecha, u otros presuntos sociólogos que supuestamente tenían que ejercer la profesión, como Juan Ramón Sepich, monseñor Octavio Derisi –que luego fue rector de la Universidad Católica–, Luis Felipe García de Onrubia, temían el trabajo de Germani, la línea viva de la investigación con trabajo de campo.[11]

■ El 6 de mayo se reunieron los Colegios Electorales, y oficializaron la fórmula presidencial. Los miembros del Partido Laborista, especialmente Cipriano Reyes y Luis Gay, reivindicaron como propia la victoria, lo que irritó sobremanera a Perón, quien entonces ordenó disolver todos los partidos que apoyaron su candidatura, y unificarlos en uno que se llamaría simplemente Partido Único o Partido Peronista. El 16 de mayo asume el gobernador de la provincia de Buenos Aires, coronel Domingo Mercante, en una ceremonia a la que concurren Perón y Eva. Inmediatamente designa como jefe de policía al teniente coronel Adolfo Marsillach, quien dispone una profunda reforma especialmente dirigida a la eliminación de la corrupción. Una de sus primeras medidas fue la de cortar los lazos entre las autoridades policiales locales y los dirigentes políticos, fundamentalmente conservadores y radicales, entre los que existía una fuerte complicidad. Marsillach era un aficionado ajedrecista, que más adelante colaboraría con la organización de eventos importantes.[12]

■ El 4 de junio Perón asume la presidencia de la Nación. Renueva el Consejo Nacional de Posguerra –una especie de gobierno paralelo– designa a Miguel Miranda para manejar las finanzas, y envía al Congreso el Tratado de Chapultepec, para su aprobación. Algunos aliados nacionalistas de Perón se rebelaron contra esa medida, y desde el 15 de agosto la ciudad de Buenos Aires fue sacudida por bombas de estruendo y petardos. Piquetes nacionalistas armados comenzaron a recorrer las calles, arrojando volantes y gritando "Patria sí, Colonia no". Las sesiones en el Congreso fueron tumultuosas, hasta que el Tratado se aprobó el 30 de agosto.

A los pocos días, llega a Buenos Aires una misión desde Londres, encabezada por Wilfred Eady, para tratar una numerosa agenda de temas económicos. En especial, querían negociar acerca de la deuda externa en libras esterlinas que Inglaterra tenía con Argentina, y que estaban bloqueadas. Además, los británicos estaban muy pre-

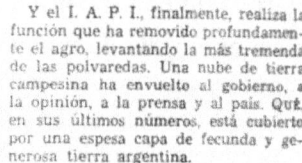

Qué sucedió en 7 días. 8 de abril de 1947

---

[11] *Gino Germani, del antifascismo a la sociología*, Ana Alejandra Germani, Taurus, Buenos Aires 2004, pág. 91/2. Entrevista de la autora a Eduardo Prieto, 1999.
[12] Nota del autor.

ocupados por la situación de los ferrocarriles, y venían tratando de venderlos desde la época del presidente Castillo. Ahora estaban casi en bancarrota, y la concesión vencía en poco tiempo.[13]

■ **Anuncio del Primer Plan Quinquenal**. El 26 de junio, en el discurso de apertura de las sesiones parlamentarias, el presidente anunció un importante plan de obras de gobierno que se vieron pormenorizadas con la publicación del Plan Quinquenal, sometido a conocimiento público en octubre, y que incluía medidas sobre la reorganización administrativa, judicial, educacional, y tendientes a promover la industrialización del país. Se sostenía en el plan que esta industrialización significaría importantes beneficios económicos y sociales: incremento del ingreso nacional, de oportunidades de empleo, y los aumentos de salarios como consecuencia de aquella. Se estimaba su costo a lo largo de cinco años de su vigencia en unos 1270 millones de dólares. A mediados de este año, el Estado nacional era poseedor de 1600 millones de dólares en concepto de reservas de oro y divisas. Ello le permitía al gobierno desarrollar cómodamente su programa.

Posteriormente, se vería que no habían sido previstas gran cantidad de inversiones necesarias, como adquisición de equipos para fábricas militares, salud pública, construcción de viviendas y servicios en poder de empresas extranjeras, que formaban una de las más importantes motivaciones del ejército, al que se le había prometido independencia económica, lo que llevó a que en el año 1948 la tenencia de divisas se viera reducida a poco menos de 300 millones de dólares, y a una gran elevación de la deuda externa.[14]

■ El régimen instalado a partir del 4 de junio de 1946 aparejó muchas innovaciones en la forma y el contenido del país político existente. Hubo algunas novedades de signo positivo en la maduración de la nacionalidad argentina, y otras que tuvieron marca regresiva. Entre éstas debemos señalar el tratamiento dispensado por el gobierno de Perón a la oposición política. Fue una innovación, porque hasta entonces las relaciones entre oficialismo y oposición se habían manejado con mayor o menor dureza, pero siempre dentro de ciertas pautas inmodificables. Con Perón, en cambio, esos límites dejaron de tener vigencia, sobre la base de una definición distinta de la oposición, a la que con el tiempo llegó a considerarse una virtual traición.[15]

■ Miranda–Eady acuerdan la compra de los Ferrocarriles. A comienzos de setiembre las conversaciones entre el encargado de la Economía, Miguel Miranda, y Wilfred Eady, estaban a punto de fracasar. "No nos proponemos usar los fondos bloqueados para comprar hierro viejo", se dice que comentó Perón. Sin embargo, el propio Perón salvó a último momento las negociaciones y acordaron que Argentina no recibiría el balance adeudado en libras esterlinas, sino que lo utilizaría para cubrir cualquier déficit comercial que la Argentina pudiera tener en el futuro. A su vez, Gran Bretaña compraría la mayor parte de los saldos exportables de carne argentina durante los siguientes cuatro años, y una compañía mixta argentino–británica tomaría posesión de los ferrocarriles. El acuerdo Miranda–Eady inmediatamente cayó bajo el fuego de los radicales, que acusaron a Perón de *vendepatria*.

Paradójicamente, fue Estados Unidos quien salvó a Perón de este problema, al oponerse al acuerdo mencionado, ya que estaba pidiendo a los ingleses que desblocquearan las libras, y se estableciera la conversión de libras en dólares. Frente a esto, Perón decidió usar los balances en libras para comprar de inmediato los ferrocarriles. Para ello, montó un operativo espectacular de propaganda, y organizó multitudinarias concentraciones de apoyo, bajo el lema "Ahora son nuestros".

---

[13] *La Primera Presidencia de Perón*, Hugo Gambini, CEAL, 1981. El propio Perón admitió en un relato autobiográfico que en 1946 había adquirido los ferrocarriles en parte mediante la venta de trigo, que compró a "campesinos angustiados".
[14] La cifra exacta era de 1688 millones, compuesta por 1090 en oro, 28 millones en divisas convertibles, y 570 en divisas no convertibles o bloqueadas. Datos en *Ensayos sobre la historia económica argentina*, Carlos F. Díaz Alejandro, Amorrortu Ediciones, Buenos Aires 2002, pág. 414. *El Corazón de Perón*, Domingo Alfredo Mercante, Ediciones de la Flor, Buenos Aires, 1995, pág. 94.
[15] *Historia de la Argentina, Las ordalías de la oposición 1943-1949*, Crónica Hyspamérica 1992, pág. 9. **AUTOCRACIA.**

Fue el convenio ANDES, por el cual el pago de los ferrocarriles británicos se hacía con las exportaciones de ese año, se liberaban los saldos en libras bloqueados en Londres –aunque continuaba la no convertibilidad en otras divisas– y la Argentina adquiría de petróleo, carbón, acero y productos químicos. El ANDES fue una continuación de los múltiples convenios signados entre Argentina y Gran Bretaña en el tiempo, por ejemplo, el D'Abemon–Oyhanarte, 1929; el Roca–Runciman, 1933 o el Malbrán–Eden, 1936.[16]

La subcomisión técnica asesora designada por el gobierno peronista –mediante Decreto 15634/46– para establecer el valor de los ferrocarriles, había estimado que éstos valían menos de 1000 millones de pesos. Sin embargo, en el contrato se estableció un precio de 2000 millones de pesos, y se concedió a las compañías la gracia de no pagar los impuestos por la operación, ni los gastos de escrituras, contadores, etc. También, se quedarían con el dinero en efectivo, valores y créditos que tenían hasta ese momento –junio de 1946– y le dejaban al Estado las deudas con las cajas de jubilación, el pago de los aguinaldos y los juicios contra empresas y organismos nacionales, provinciales y municipales. Todas estas ventajas fueron estimadas en otros 600 millones de pesos, lo que elevaba el precio a 2600 millones.[17]

Por ese entonces el diario *Crítica*, de los Botana, hacía campaña en contra de la compra. Miranda era muy amigo de Helvio Botana, y es muy significativa la forma en que este relata los episodios:

> Miranda me llamó, y ante mi asombro, me felicitó. Estaba utilizando nuestra campaña para convencer a Perón de que de ninguna manera se debía que pagar tanto, sino simplemente esperar a que los entregaran en mejores condiciones y a corto plazo. También me pidió que siguiera atacando tal medida, y que si fuera necesario lo incluyera a él, pero no a Perón, que era a quien había que convencer de lo perjudicial de la operación. Perón ordenó la compra por necesidad política internacional.

Así fue como Scalabrini Ortiz, que toda su vida luchó contra los negocios monopolistas, aplaudió alborozado esta medida, que (en realidad) fue un súper–negociado para Inglaterra, y afirmó que era lo mejor que jamás hiciera la República. A Miranda, que estaba totalmente en contra (de la compra), (los ingleses) le erigieron un monumento en la estación Retiro. *Crítica* fue el único diario que protestó, y la única adhesión que recibió durante esta campaña fue la de la primera persona que se atacaba, don Miguel Miranda. En verdad, la vida es una comedia de perpetuas equivocaciones, ya que sólo excepcionalmente las cosas son como aparentan ser.[18]

Durante los siguientes cincuenta años permaneció la polémica sobre si fue positiva o negativa para la Argentina la compra de los ferrocarriles. Conclusiones un poco más adecuadas pueden extraerse de la apertura de los archivos británicos. Allí puede verse que ellos festejaron el resultado de la operación: "Lo logramos".[19]

Las sentencias de Nürnberg del 1º de octubre de 1946, fueron una infamia según Perón, quien expresó:

---

[16] *Perón, una biografía*, op. cit., pág. 207/8. El problema entre Gran Bretaña y Estados Unidos provenía desde 1945, cuando éstos otorgaron un crédito de 4000 millones de dólares para la reconstrucción, con la condición de que las libras fueran convertibles a dólares. Eso produjo una fuga enorme de dólares, y Gran Bretaña debió decretar el bloqueo. Para Argentina, esto significaba que no podía utilizar las libras que tenía a su favor en Londres, para comprar insumos que necesitaba en Estados Unidos. El acuerdo Miranda-Eady, en la práctica, equivalía a convalidar el bloqueo, ya que las libras solamente serían utilizadas en el comercio bilateral.
[17] *Historia del Peronismo*, op. cit., pág. 123. El equivalente en libras era de 150.000.000.
[18] *Memorias. Tras los dientes del perro*, Helvio Botana, Peña Lillo editor, Buenos Aires 1977, pág. 241/2.
[19] Cablegrama al ministro del Tesoro Dalton, del 13 de febrero de 1947. Ver Milcíades Peña, *Peronismo, selección de documentos para la historia*, Editorial Fichas, Buenos Aires 1972. Citado en Historia del Peronismo, Ibíd. pág. 123.

En Nürnberg se estaba realizando algo que yo, a título personal, juzgaba como una infamia y como una funesta lección para el futuro de la Humanidad. Y no sólo yo, sino el pueblo argentino. Adquirí la certeza de que los argentinos también consideraban el proceso de Nürnberg como una infamia, indigna de los vencedores, que se comportaban como si no lo fueran. Ahora estamos dándonos cuenta de que merecían haber perdido la guerra. ¡Cuántas veces durante mi gobierno pronuncié discursos acerca de Nürnberg, que es la enormidad más grande que no perdonará la historia!

Y sucedió que cuando el presidente Perón tuvo noticia de que en Nürnberg se ahorcaría a algunos de los procesados, dio a los consulados argentinos la orden de facilitar la entrada en su país de todos los que huyesen de la persecución de los vencedores. Se constituyó incluso una entidad que pusiera a salvo, en lo posible, a todos los alemanes que, por una u otra razón o sin razón, corriesen peligro de muerte. Con independencia de los designios humanitarios, Perón pensaba en el interés del país, y discurría así:

¿Qué mejor negocio para la Argentina que traer a hombres de ciencia y técnicos? Lo que a nosotros nos costaba un pasaje de avión, a Alemania le había costado millones de marcos, invertidos en la formación de esos científicos y técnicos.[20]

▓ En mayo de 1965, durante unas vacaciones en las sierras de Córdoba, la actriz Norma Aleandro inició una cálida amistad con un matrimonio de viejos alemanes que amaban los libros y las flores. Por las tardes, los tres hablaban de las turbulencias del mundo mientras caminaban por un parque sombreado de viñedos. Al anochecer, solían comer juntos una sopa de tocinos y remolachas, mientras el marido recitaba con entusiasmo poemas de Schiller y la esposa tocaba en el violín romanzas de Schubert. Un día los viejos mostraron a Norma su tesoro más venerado: una rara edición del *Fausto*, de Goethe, publicada en Múnich hacia 1850, y encuadernada en un cuero lustroso, tierno, que la actriz no supo identificar. Preguntó a la pareja qué clase de encuadernación era aquella. La esposa, que tenía una dulce mirada azul, bajó los párpados y murmuró: "Es de piel de judío. Mi marido era oficial de un campo de prisioneros en Polonia".[21]

▓ **Testimonio de D. Frascara; TRAPALANDA.** Admito que el peronismo llegó al poder como culminación de un proceso de desintegración institucional, no podemos ignorar su significación histórica, sus causas y consecuencias. Hacia 1943, la actividad deportiva en nuestro país había cobrado un volumen que de ningún modo podía dejar indiferente a quien traía un plan fundado en la demagogia. Habían quedado muy atrás las etapas románticas de la formación, la propulsión y la difusión. Así encontró al deporte el peronismo. Y si no lo mejoró ni mucho menos, hizo algo más fácil y apropiado a los fines perseguidos: lo conquistó. De lo que había sido el romanticismo pasamos a la lujuria en el deporte. Quedó establecido un pacto: Perón le daba todo al deporte, y el deporte le daba todo a Perón. Como no era del caso preocuparse por la letra de los reglamentos, por los códigos de caballerosidad ni por los rígidos principios del amateurismo, la conquista fue de rápido proceso. La denominación de 'amateur' se mantenía, aunque se desvirtuara en los hechos y los señores dirigentes del Comité Olímpico Internacional no oían nada, no veían nada, no decían nada. Si lo habían hecho los alemanes, los italianos, los húngaros, los norteamericanos, los checoeslovacos, ¿Por qué no lo íbamos a hacer los argentinos? El advenimiento del peronismo no hizo más que introducir ampliaciones a las malas prácticas ya implantadas.[22]

Favorecidos en todos los aspectos, con la certeza de que si rechazaban lo que se les ofrecía pasarían por tontos y aceptándolo no le hacían mal a nadie, los deportistas se dedicaron con reno-

---

[20] *Yo, Juan Domingo Perón, relato autobiográfico*, Ibíd. pág. 85/6. Estas declaraciones fueron hechas durante su exilio en Madrid, hacia 1970.
[21] *Las Vidas del General*, Tomás Eloy Martínez, Aguilar, Buenos Aires 2004, pág. 211/2.
[22] **TRAPALANDA.**

vadas energías al entrenamiento. El estado se hacía cargo de todo. Se construyeron desde pistas de entrenamiento hasta obras monumentales como el autódromo, el velódromo, y el estadio de Racing. Se fundaron clubs en todos los barrios, y se les concedieron préstamos. Se repartieron premios de alto valor en comparación con las sencillas medallas que se otorgaban antes.[23]

El 17 de octubre de 1946 el grupo rebelde de Cipriano Reyes festejó el Día del Pueblo, en La Plata y en la plaza Congreso de capital, desafiando al primer Día de la Lealtad oficialista celebrado en Plaza de Mayo. Ese día Cipriano denunció que ninguno de los "personajes" que allá en los balcones de la Rosada –a pocas cuadras de allí– se atribuían como propio el mérito de esa jornada, había tenido el más humilde papel en su gestación, ya que habían estado escondidos, y en el caso de Perón, acorralado por las dudas hasta último momento. Son famosas las cartas a Evita y a Mercante, contando sus deseos de retirarse.[24]

El arte de injuriar: Perón y Borges. En 1945 Jorge Luis Borges declaró en Montevideo, a propósito de la campaña electoral de Perón, que *"parece que muchos argentinos se están volviendo nazis"*. El siguiente golpe fue dado por Perón, quien, a poco de asumir, saca a Borges de la Biblioteca Miguel Cané, y lo *asciende* al puesto de *Inspector de aves y conejos* en los mercados públicos, utilizando la degradación irónica del propio Borges en El arte de injuriar, ensayo publicado en La Historia de la Eternidad (1936). Una de las injurias era, precisamente, *"obligar a un amante del la pulcritud y los libros a examinar mercados públicos..."*. Borges contaba:

> Me presenté en la Municipalidad a fin de averiguar qué había ocurrido. Vea usted, dije, resulta más bien extraño que entre tantos empleados como hay en la biblioteca haya sido justamente yo el elegido para ese puesto.

Respondió el empleado:

> Usted estaba de parte de los Aliados, ¿que esperaba?

Su argumento era concluyente y no admitía replica alguna, al día siguiente presenté la renuncia.[25]

Desde 1946, inmediatamente Perón clausuró cualquier vestigio de tres poderes independientes, sometió al Congreso y cambió la Corte Suprema. El Estado aplastó a una parte de la población mediante diversos métodos. Un gran golpe en su estrategia fue la elección de la palabra *movimiento* para reemplazar a *Partido Laborista*. Perón le dio un significado de ideologema religioso y doctrinario, convirtiéndolo en una estructura sociopolítica supra partidaria con formato jerárquico, donde él ocupaba el vértice y los demás algún lugar dentro de ella.

Perón designó al empresario Miguel Miranda como presidente del Consejo Económico Nacional, cargo por ese entonces equivalente al de un ministro de Economía de hoy. Evita estaba eufórica y decía que *donde pisa Miranda, sale plata*. Sucedía que mediante el recurso de emitir billetes, inundó el país de moneda falsa, creando una sensación de gran bonanza en la población. De este modo renació la inflación –el llamado impuesto a los pobres–, que del 2,5% pasó al 20% anual promedio durante 1946/55. Este flagelo ya había sido superado después de la grave crisis de 1890/1, y ocasionó severos problemas sociales.

---

[23] *Argentina 1930-1960, capítulo Deportes*, por Félix Daniel Frascara, pág. 379/80.
[24] *Revista Extramuros, Nexos*, Universidad Nacional de Quilmes.
[25] Luego, en 1948 no sólo Borges fue víctima de ataques por parte del gobierno: su hermana Norah, su amiga Adela Grondona y su madre Leonor Acevedo fueron encarceladas por cantar el himno en la calle Florida sin solicitar permiso policial. Las llevaron a la cárcel de mujeres del Buen Pastor, aunque a Leonor se le decretó arresto domiciliario por su edad avanzada. A su vez, Victoria Ocampo fue detenida en Mar del Plata.

Se producen varias huelgas que fueron salvajemente reprimidas, como por ejemplo la de los ferrocarriles en 1951. El mencionado funcionario tuvo que renunciar en 1949 debido a la situación crítica y a diversas acusaciones de corrupción, e incluso debió exiliarse en el Uruguay.[26]

▓ Perón era un fracasado, con todos los estigmas clínicos de ese tipo freudiano ya habitual en las revistas de psiquiatría. Hay, ante todo, una advertencia de carácter general o filosófica que hacer, y es ésta: en Latinoamérica quien sigue la carrera de las armas es, casi en términos absolutos, consciente o inconscientemente un derrotado en la lucha por la vida. La Iglesia es, por su lado, un universal asilo de incapaces. Sus modelos pudieron haber sido mentalidades del calibre de Göring, Röhm o Millán Astray, militares–políticos *ersatz*.

Políticos jíbaros de microcefalia militar, o militares con la acromegalia del mando sobre las multitudes. No tenemos que pensar en Mussolini ni en Hitler, porque de acuerdo con las observaciones de Hegel sobre las especies enanas americanas, Perón fue una contra figura liliputiense de ellos. Nuestro militar-político sólo tuvo vehemencia para combatir la inteligencia y el decoro, y esto no lo hizo como militar ni como político, sino como soldado de la Compañía de Jesús, que es otra forma de la milicia y de la prédica cuando su finalidad es inconfesada. Transgredió las advertencias de los más grandes militares de América: San Martín y Bolívar, en cuanto previnieron a sus pueblos del peligro de los militares afortunados que desbordaban de su función específica. Cumplió paladinamente como un paladín de la traición, que es lo que califica a todos los tiranos. Es un representante, pues, de lo argentino y de lo americano residuales. (…)

Independientemente del mecanismo de las comisiones (coimas, dice el pueblo) para la compra de ciertas mercancías, el peso moneda nacional de curso legal no tiene valor ni curso por muy soberano que sea. Las industrias están estancadas por falta de máquinas y herramientas. El crecimiento del producto bruto en el período 1945-1955 fue de sólo el 3,5%. El desastre económico puede apreciarse también en otros números. En 1946 el país tenía en reservas U$S 1.733.000.000, y en 1955 sólo U$S 509.000.000; en Oro U$S 1.090.000 en 1946 y sólo U$S 372.000 en 1955. Se exportaba en 1946 por U$S 1.159.000, cayendo en 1955 a sólo U$S 119.000.000, a la inversa de las importaciones, que eran de U$S 588.000.000 en 1946, y pasaron a ser de U$S 1.173.000.000 en 1955.[27]

▓ Llega el primer embajador soviético. Mijaíl Sergei tenía 34 años en 1946, cuando arribó a la Argentina. Fue el primer Embajador Soviético, y se fue un año más tarde, sin regresar. Hasta 1950 no habrá diplomacia entre estos dos países, año en que llega un nuevo embajador: Giorgio Rezhanov, quien a diferencia del anterior tenía una experiencia latinoamericana: había sido consejero diplomático de la embajada soviética en Colombia entre 1943 y 1948. En Buenos Aires jugó un papel destacado, y tuvo mucho que ver en la organización del famoso *match* ajedrecístico entre Argentina y la URSS en 1954.[28]

▓ ¡Perón y todo su gabinete en el Teatro Colón! El 12 de octubre el gobierno organiza un gran acto en celebración del Día de la Raza. Luego, todo el equipo gubernamental se traslada al Teatro Colón para la velada de gala.

De izquierda a derecha, el 2° es el Cardenal Caggiano, el 4° el presidente Juan D. Perón, y luego Eva Perón, Hortensio Quijano y otros. Foto AGN

---

[26] *Martínez Estrada, Borges y el Viejo Vizcacha 2ª edición* 2019, Juan S. Morgado, pág. 393/4.
[27] *¿Qué es esto? Catilinaria*, Ezequiel Martínez Estrada, pág. 197/9. Resumen. Cita de *Los primeros gobiernos peronistas*, Eduardo Basualdo, FLACSO, pág. 12, 2004.
[28] *El Oro de Moscú*, Isidoro Gilbert, Planeta, Buenos Aires, 1994, pág. 421.

Teatro Colón, Día de la Raza, 1946. Izquierda a derecha: 1) Rolando Lagomarsino –ministro de Comercio e Industria–; 2) Fidel Anadón –ministro de Marina–; 3) Ramón Cereijo –ministro de Economía–; 4) Hortensio Quijano –vicepresidente–; 5) presidente Juan D. Perón; Atilio Bramuglia –ministro de Relaciones Exteriores–; Belisario Gache Pirán –ministro de Justicia e Instrucción Pública–; Juan Carlos Picazo Elordy –ministro de Agricultura–; Bartolomé de la Colina –secretario de Aeronáutica–; coronel Oscar Silva –secretario militar–; José Miguel Figuerola –secretario de la presidencia–; Ricardo Guardo –presidente de la Cámara de Diputados. Foto y texto AGN

▋Parámetros económicos de 1946: la tasa de inflación de Buenos Aires bajó levemente a 17,7%. La revista de la Asociación Metropolitana costaba en diciembre $ 0,50; la *Cartilla* de Grau, $ 1,80; *El Final* de Czerniak $ 7; el Tratado Completo de Grau en 4 tomos, $ 38.[29]

---

[29] *Ensayos sobre la historia económica argentina*, op. cit., pág. 414, 441.

Capítulo 2

STÅHLBERG GANA EN PARANÁ

■ De acuerdo con lo resuelto por las autoridades de la Federación Entrerriana de Ajedrez, en el próximo mes de enero se realizará en Paraná el Torneo de Maestros anunciado oportunamente, y que por razones de fuerza mayor ha sufrido una prolongada suspensión. Viene a sumarse al interés el hecho de que la FADA haya resuelto recientemente levantar la suspensión impuesta a los destacados maestros extranjeros y aficionados argentinos por haber participado en torneos no programados por ella. Con esa medida se resuelve favorablemente la situación planteada a nuestra entidad máxima respecto a las invitaciones a cursarse y se anticipa la participación de los mejores ajedrecistas que actualmente se encuentran en nuestro país, tales como Najdorf, Ståhlberg, Michel, Luckis, Guimard, Rossetto, Pilnik, Maderna y otros, los que juntamente con varios campeones provinciales y los más destacados aficionados de Paraná, han de brindar una prueba de magistral jerarquía.

Contando con la base del subsidio oportunamente concedido por el Excelentísimo Interventor de la Provincia, General de Brigada Don Humberto Sosa Molina, y son el aporte de entidades particulares y deportivas, han de lograr las autoridades de la Federación Entrerriana concretar una de sus mejores aspiraciones: la realización en nuestra ciudad de un Torneo Magistral que reunirá el mejor número de ajedrecistas argentinos.[30]

■ Activamente vienen trabajando los miembros de la Federación Entrerriana en la organización del Torneo Magistral que se disputará en Paraná durante la segunda quincena de este mes de enero y los primeros días de febrero. El torneo será inaugurado en un acto público, al cual serán especialmente invitados los representantes de los clubes deportivos locales, los periodistas, las autoridades y el público. Hará uso de la palabra el escritor Aníbal Álvarez en nombre de la Federación.

Con toda diligencia se prosigue con la colocación de bonos de $ 5 y $ 10 profinanciación de esta importante prueba. El gobierno de la provincia ha aportado $ 2.000, pero debe obtenerse otra cantidad similar, ya que el presupuesto total es de $ 4.000.[31]

Se ha determinado que las dos primeras ruedas se jugarán en el Automóvil Club Argentino, las cinco siguientes en el Club Social de Paraná, tres en el Paraná Rowing Club y las tres últimas en el Club del Progreso. Falta determinar la sede de las dos rondas restantes. Si las condiciones del tiempo lo permiten, las partidas a disputarse en el Rowing Club lo serán al aire libre, en sus terrazas. Serán días de juego los lunes, martes, jueves, viernes y sábado. Las suspendidas continuarán los miércoles, y los domingos serán de descanso. Será presidente de honor, Lucio Arengo, y juez del torneo, Pedro Demonte Vitali. Como fiscales actuará, entre otros, Alberto Laurencena, y comentará las partidas para El Diario Miguel Ángel Rivas. El horario de juego será de 20.30 a 1.30, con el ritmo de 40 jugadas en dos horas y media. Los premios instituidos son de $ 500, $ 300, $ 250, $ 150, $ 80 y $ 50.[32]

El torneo fue inaugurado por Juan J. Reca, secretario de la federación local, quien expresó que "nuestra modesta federación provinciana ha hecho en favor de la difusión y progreso del ajedrez argentino más, mucho más, de lo que sus precarios medios materiales le hubiesen permitido. Este torneo es una prueba más.[33]

---

[30] *Ajedrez, Órgano Oficial del Círculo Paranaense* nº 12, agosto de 1945.
[31] El presupuesto total de $ 4000 equivaldría hoy a unos U$S 25.000.
[32] En total de premios sería de unos U$S 9.000 de hoy.
[33] Libro de recortes de Gaspar D. Soria.

La información de este certamen pudo ser recopilada gracias al libro de recortes de Gaspar Darwin Soria, quien fue participante. Sólo se conocen 21 partidas de las 91 que se jugaron.[34]

El torneo de Paraná 1946 en los diarios locales

Participantes del Torneo de Paraná 1946 en *El Diario* de esa ciudad

Sonja Graf hace declaraciones en *El Diario* de Paraná

Cuando era muy pequeña, muy jovencita, tenía la virtud de ser mala, díscola y descarada. A decir verdad, todavía tengo algunas de esas cualidades. Cuando llegué más o menos a los 12 o 14

[34] Nota del autor.

años, me enamoré terriblemente desde la cabeza hasta los pies. Bien es cierto que esto no es raro, porque seguramente les pasa lo mismo a casi todas las muchachas, que a esa edad tienen un íntimo ideal y ya suspiran con el príncipe enamorado. Pero mi amor era de distinta índole, y será seguramente una sorpresa para usted, mi querido lector, conocer el motivo de mis amores: era un Rey, un Rey de madera, esbelto y enigmático, pensativo y melancólico. Rey del más noble y espiritual de los juegos, era un Rey del ajedrez.

Así nos cuenta su amor Sonja Graf, la magnífica ajedrecista que nos visita, en su libro *Así juega una mujer*, donde la autora revela una capacidad narrativa muy aguda e interesante. En Múnich, la hoy destruida ciudad alemana, nació Sonja Graf. Sus padres le inyectaron la pasión del ajedrez. Luego en el Club de Ajedrez de Múnich, bajo la dirección cariñosa del maestro Siegbert Tarrasch, aprendió a conocer los mil secretos de este juego. Desde entonces vive enamorada de este Rey de madera.

Ha recorrido gran parte del mundo, asombrando a los grandes maestros y al público por la calidad de su juego. Leyendo su libro recorremos las principales capitales y ciudades del globo, los torneos en que ha participado, y sabrosas anécdotas de su vida, descripto todo con singular estilo. En 1919 llegó a nuestro país participando en el Torneo de las Naciones realizado en Buenos Aires. Desde entonces ha fijado su residencia en el país. Su actuación ha sido siempre brillante. Las mujeres de Paraná podrán ver ahora a esta magistral ajedrecista, que, como la Reina de su juego, domina el centro de acción de atracción de los torneos que juega. Sonja Graf, expresión de voluntad triunfante, cordial, sencilla y amable, dejará en Paraná el grato recuerdo de su presencia femenina y de su condición de ajedrecista.[35]

Sonja Graf en *El Diario*, de Paraná, 1946

1ª rueda, 14 de enero, ACA de Paraná

En Paraná ha empezado a disputarse un torneo con la participación de varios maestros de la Capital Federal, y varios aficionados locales y santafesinos. Los resultados de la rueda inicial fueron: Ståhlberg 1:0 García Vera; Mackinnon 1:0 Burgalat; Letelier 1:0 Soria; Pilnik 1:0 Barbagelata; Sonja Graf 1:0 Berenguer; Corte 1:0 Jacobo Bolbochán; Arigós ½:½ Demonte Vitali.[36]

Corte, César Juan – Bolbochán, Jacobo [C54]
Paraná – Entre Ríos (1), 14.01.1946 *[Ciro Fernández / Juan S. Morgado]*

1.e4 e5 2.Cf3 Cc6 3.Ac4 Ac5 4.c3 Cf6 5.d4 exd4 6.cxd4 Ab4+ 7.Cc3 Cxe4 8.0–0 Cxc3 [8...0–0 da clara ventaja a las blancas: 9.d5 Axc3 10.bxc3 Ce7 11.Te1 Cf6 12.d6± Spielmann – Cohn,

---

[35] Libro de recortes de Gaspar D. Soria. Sonja Graf fue presentada como "campeona mundial", ya que ella se considera como tal luego del trágico fallecimiento de Vera Menchik en un bombardeo alemán sobre Londres.
[36] *La Prensa*, 18 de enero de 1946.

Carlsbad 1907] **9.bxc3 Axc3?** [9...d5=] **10.Aa3!±** [sugerida por el maestro escocés Dr. J. M. Aitken en 1937, y más tarde apoyado por Keres en sus análisis sobre esta apertura; otras posibilidades: **a)** 10.Cg5!?><, Zalla – Soubelet, correspondencia Argentina 1974; **b)** 10.Db3 d5! *(10...Axa1 11.Axf7+ +–)* 11.Axd5 0–0 12.Axf7+ Txf7 13.Cg5 Ae6 14.Dxc3... *(14.Dxe6 Dd7∓)* 14...Tf6 15.Cxe6 Txe6 16.Dc4 Df6=] **10...d5** [a) 10...d6? 11.Tc1 Aa5 12.Da4 a6 13.Ad5 Ab6 14.Txc6+–, Stadler – Erler, Zirndorf 1985; b) 10...Df6 11.De2+ Rd8 12.Tad1 d6 13.De3 Aa5 14.Cg5 Ae6 15.d5±, Reinhardt – Maccioni Seisdedos, Torneo Internacional de Mar del Plata 1946] **11.Ab5 Axa1 12.Te1+ Ae6 13.Da4?!...** [13.Dc2!±] **13...Tb8?** [a) 13...Db8 14.Txe6+ fxe6 15.Ce5 Rd8 16.Axc6 bxc6 17.Cxc6+ Rc8 18.Cxb8 Txb8 19.g3±; b) 13...Dd7 14.Ce5 Cxe5 15.Axd7+ Cxd7 16.Txa1 Rd8 17.Ac1±] **14.Ce5+– Dc8 15.Axc6+ bxc6 16.Dxc6+ 1–0**

Letelier Martner, René – Soria, Gaspar Darwin [D81]
Paraná – Entre Ríos (1), 14.01.1946

1.d4 Cf6 2.c4 g6 3.Cc3 d5 4.Db3 dxc4 5.Dxc4 Ag7 6.Af4 c6 7.e4 Cbd7 8.Cf3 0–0 9.Td1 Da5 10.b4 Dd8 11.e5 Cb6 12.exf6 Cxc4 13.fxg7 Rxg7 14.Axc4 b5 15.Ae2 a5 16.a3 axb4 17.axb4 Ta3 18.d5 f6 19.dxc6 Db6 20.Tc1 Ag4 21.0–0 Axf3 22.Axf3 Tb3 23.Cd5 Da7 24.c7 1–0

Mackinnon, Diego Eduardo – Burgalat, Francisco [C36]
Paraná – Entre Ríos (1), 14.01.1946 *[Juan S. Morgado]*

1.e4 e5 2.f4 exf4 3.Cf3 d5 4.exd5 Ad6 5.d4 c6 6.Ad3 Cf6 7.c4 cxd5 8.c5 Ac7 9.0–0 Ce4 10.Cc3 Cxc3 11.bxc3 Ae6? [11...0–0=] **12.Tb1±** b6 **13.Da4+ Rf8??** [13...Cd7 14.c6±] **14.cxb6 Axb6 15.Txb6 1–0**

2ª rueda, 15 de enero, ACA de Paraná

En el ACA de Paraná se llevaron a cabo las partidas de esta rueda, favoreciendo los resultados a los maestros Ståhlberg y Pilnik, al excampeón de Entre Ríos, Diego Mackinnon, al representante de Santa Fe Burgalat, y al de la Federación Rosarina García Vera, dejándose pendientes dos cotejos para proseguirse mañana. Los resultados fueron: Mackinnon 1:0 Soria; Ståhlberg 1:0 Demonte Vitali; Barbagelata 0:1 Burgalat; Corte 0:1 García Vera; Arigós ½:½ Berenguer; Bolbochán 0:1 Pilnik, en una especie de Ataque Marshall, en 22 jugadas. La partida Letelier – Graf, que fue interrumpida anoche, no prosiguió por haber abandonado Graf (Sic). Esta mañana, una delegación de ajedrecistas visitó en su despacho al Interventor Federal para presentarle sus saludos. La 3ª ronda (y hasta la 7ª) se jugará en el Club Social de Paraná.[37]

Bolbochán, Jacobo – Pilnik, Herman [C88]
Paraná – Entre Ríos (2), 15.01.1946 *[Juan S. Morgado]*

1.e4 e5 2.Cf3 Cc6 3.Ab5 a6 4.Aa4 Cf6 5.0–0 Ae7 6.Te1 b5 7.Ab3 0–0 8.a4 b4 9.c3 d5 10.exd5 Cxd5 11.Cxe5 Cxe5 12.Txe5 c6 13.d4 Ad6 14.Te2 Dh4 15.g3 Dh5

---

[37] *La Nación,* 17 de enero de 1946.

16.Te1?... [16.Te4=] **16...Ag4∓ 17.Dd3?...** [17.Dc2 Tae8 18.Ae3 f5 19.cxb4 f4 20.Dxc6 fxe3 21.Txe3 Rh8 22.Txe8 Txe8 23.Cd2 Axb4 24.Axd5 Axd2∓] **17...Tae8–+ 18.Ae3 Cf4 19.Dxa6 Ch3+ 20.Rf1 Df5 21.Af4 Txe1+ 22.Rxe1 Te8+ 0–1**

Corte, César Juan – García Vera, Oscar [B61]
Paraná – Entre Ríos (2), 15.01.1946

1.e4 c5 2.Cf3 Cc6 3.d4 cxd4 4.Cxd4 Cf6 5.Cc3 d6 6.Ag5 Ad7 7.Dd2 a6 8.Ae2 e6 9.0–0 Ae7 10.f4 Dc7 11.f5 Ce5 12.Af4 b5 13.a3 Db7 14.Cf3 Dc7 15.h3 h6 16.g4 Tb8 17.Tfb1 a5 18.Cd4 Cc4 19.Axc4 bxc4 20.Te1 e5 21.Cd5 Db7 22.Dc3 Cxe4 23.Txe4 Dxd5 24.Tae1 0–0 25.Cf3 Af6 26.Ag3 Tfc8 27.h4 Tb6 0–1

Mackinnon, Diego Eduardo – Soria, Gaspar Darwin [C35]
Paraná – Entre Ríos (2), 15.01.1946

1.e4 e5 2.f4 exf4 3.Cf3 Ae7 4.Ac4 Cf6 5.Cc3 Cxe4 6.Axf7+ Rxf7 7.Ce5+ Rg8 8.Cxe4 Ah4+ 9.g3 fxg3 10.hxg3 Axg3+ 11.Cxg3 Dg5 12.Cg4 d6 13.De2 Ad7 14.Ch6+ gxh6 15.Ce4 Dg6 16.d3 d5? [16...Cc6!?] 17.Ae3+– Rf7 18.Txh6 Dg7 19.Dh5+ Re7 20.Ag5+ Rf8 21.Tf6+ 1–0

Ståhlberg, Gideon – Demonte Vitali, Manuel [E09]
Paraná – Entre Ríos (2), 15.01.1946

1.Cf3 d5 2.c4 e6 3.g3 Cf6 4.Ag2 Ae7 5.0–0 0–0 6.d4 c6 7.b3 Cbd7 8.Dc2 b6 9.Cbd2 Ab7 10.Ab2 c5 11.Tad1 Dc7 12.cxd5 exd5 13.Ce5 Tac8 14.Cdf3 cxd4 15.Dxc7 Txc7 16.Cxd7 Cxd7 17.Cxd4 Cf6 18.Tc1 Tfc8 19.Txc7 Txc7 20.Cf5 Rf8 21.Cxe7 Rxe7 22.Aa3+ 1–0
[restantes jugadas, ilegibles]

Ganan Ståhlberg y Pilnik en Paraná.
La Nación, 17 de enero de 1946

3ª rueda, 17 de enero, Club Social de Paraná

De las siete partidas iniciadas se definieron tres, quedando las cuatro restantes suspendidas en el momento de expirar el tiempo reglamentario. Los resultados fueron: Soria 0:1 Ståhlberg; García Vera ½:½ Bolbochán; Berenguer 0:1 Mackinnon.[38]

García Vera, Oscar – Bolbochán, Jacobo [C49]
Paraná – Entre Ríos (3), 17.01.1946

1.e4 e5 2.Cf3 Cc6 3.Cc3 Cf6 4.Ab5 Ab4 5.0–0 0–0 6.d3 d6 7.Ag5 Axc3 8.bxc3 De7 9.Axc6 bxc6 10.De2 Ag4 11.De3 Axf3 12.Dxf3 h6 13.Axf6 Dxf6 14.Dxf6 gxf6 15.Tab1 Tab8 16.Tb3 Tb6 17.Tfb1 c5 18.c4 Tfb8 19.g4 Rg7 20.f3 Rg6 21.Rg2 ½–½

Soria, Gaspar Darwin – Ståhlberg, Gideon [B84]
Paraná – Entre Ríos (3), 17.01.1946 *[Miguel A. Rivas / J. S. Morgado]*

1.e4 c5 2.Cf3 e6 3.d4 cxd4 4.Cxd4 Cf6 5.Cc3 d6 6.Ae2 a6 7.a4 b6 8.f4 Ab7 9.Af3 Cbd7 10.e5... [10.0–0 Tc8 *(10...Cc5 11.De2→)* 11.Te1⩱] 10...dxe5 11.Axb7 exd4 12.Df3?... [a) 12.Axa8 Dxa8 *(12...Dxa8 13.Ce2 Dxg2 14.Cg3 Ab4+ 15.Ad2 Ce4–+)* 13.Dxd4 Dxg2 14.Tg1 Dxh2 15.Df2 Dxf2+ 16.Rxf2 Ac5+ 17.Ae3 Axe3+ 18.Rxe3 g6 ∞; 12.Ce2 Ta7 13.Ac6 Dc7 14.Cxd4 Ac5 15.Axd7+ Dxd7⩱; b) 12.Dxd4 Ta7 13.Af3 Ac5 14.Dd3 0–0 15.Ae3 Dc7⩱] 12...Ta7⩱ 13.Ce4 Ab4+ 14.Ad2 Axd2+ 15.Cxd2 0–0 16.0–0 Cc5 [16...Dc7!?] 17.Ac6 Tc7 18.Cc4 Ccd7 19.Tad1 Cb8 20.Ce5 Dc8?! [20...Dd6⩱] 21.Ae4 Cxe4 22.Dxe4 Txc2 23.Dxd4 Dc7 [23...Cc6→] 24.Tf2 Txf2 25.Rxf2 b5 26.axb5 axb5 27.Td3>< Dc2+ 28.Td2 Dc1 29.Td1 Dc8 30.Td3?... [30.Dd6 f6 31.Tc1!... *(31.Cd7? Cxd7 32.Dxd7 Dxd7 33.Txd7 Tc8 y el final es inferior para las blancas, pero aún de larga lucha)* 31...De8 32.Cf3 Dd7 33.Db6=] 30...Cc6→ 31.Cxc6 Dxc6 32.Tc3 Da8 33.Tg3 g6 34.Td3 Tc8 35.Td2 Dc6 36.Df6 Dc5+ 37.Re2 Dh5+ 38.Rf2 Dxh2 39.Td8+... [39.Dg5 Tc1⩱] 39...Txd8 40.Dxd8+ Rg7–+ 41.Dd4+ f6 42.Dd7+ Rh6 43.Dxb5 Dxf4+ 44.Rg1 Dd4+ 45.Rh2 e5 46.Db8 e4 47.Df8+ Rg5 48.b4 e3 0–1

Pocas definiciones. *El Mundo*, 21 de enero de 1946

Jugáronse en el Club Social las partidas de la tercera fecha del torneo organizado por la Federación Entrerriana. El campeón sueco, Ståhlberg, y el excampeón de Entre Ríos, ganaron sus respectivas con Soria y Berenguer –ambos con negras– quedando sin definirse las de los otros maestros que encabezan con ellos la tabla de posiciones: Pilnik y Letelier. En el cotejo entre el campeón entrerriano, Corte, y el santafesino Burgalat se produjo una li-

---
[38] *El Mundo*, 21 de enero de 1946.

gera incidencia, quedando el caso a resolución del juez del torneo, y suspendida la partida en la jugada 38ª.³⁹ Otros resultados fueron: García Vera ½:½ Bolbochán, Apertura Cuatro Caballos, en 21; Sonja Graf – Pilnik suspendida en posición difícil para ambos (Sic) en la jugada 41ª; Demonte Vitali – Barbagelata, y Letelier – Arigós, suspendidas.⁴⁰

4ª rueda, 18 de enero, Club Social de Paraná

▪ La ronda se jugó en los salones del Club Social. El maestro sueco Ståhlberg supo vencer en forma rápida a Berenguer. Mackinnon fue derrotado por Letelier. Sonja Graf, que venía actuando en forma acertada, sufrió un serio contraste contra Arigós Garasino.⁴¹

▪ La nota saliente de la sesión fue la primera derrota del ex-campeón entrerriano, Diego Mackinnon, quien fue batido por el maestro chileno Letelier. Tampoco Pilnik logró salir airoso en su cotejo con el rosarino García Vera, con quien dividió honores. Por su parte, Ståhlberg mantuvo su destacada posición al obtener una rápida victoria sobre Berenguer. El campeón sueco cuenta así con 4/4. Le sigue Letelier con 3 y una suspendida. Bolbochán obtuvo su primer triunfo frente el santafesino Burgalat, y Sonja Graf fue derrotada por Arigós Garasino, que está desempeñándose muy bien. Barbagelata se impuso a Soria, logrando su primera victoria, y Corte derrotó a Demonte Vitali.⁴²

Stahlberg se impuso a Berenguer en el concurso de ajedrez de Paraná

Ståhlberg ganó fácilmente; ¿Corte perdió por tiempo? *La Nación*, 19 de enero de 1945

▪ ¡Extraño! La Federación Entrerriana organiza una competencia prestigiada por la actuación de Pilnik, Ståhlberg y Jacobo Bolbochán. En la 4ª rueda Arigós Garasino cometió la grosería de ganarle a la campeona (¿del Mundo?) Sonia Graf. Fueron 28 jugadas sobre un Gambito de Dama Rehusado. De Dama, ¿y una propia dama lo rehúsa? ¿Ve? ¡Esto le pasa por ser despreciativa, Miss Sonia Graf!⁴³

**Barbagelata, Eduardo – Soria, Gaspar Darwin [C09]
Paraná – Entre Ríos (4), 18.01.1946**

1.d4 e6 2.e4 d5 3.Cd2 c5 4.Cgf3 Cc6 5.exd5 exd5 6.Ab5 a6 7.Axc6+ bxc6 8.0–0 Ad6 9.Te1+ Ce7 10.b3 cxd4 11.Cxd4 Dc7 12.Cf1 0–0 13.Ab2 Cg6 14.Cf3 f6 15.Ce3 Ae5 16.Cxe5 fxe5 17.Cxd5 Df7 18.Ce3 Dxf2+ 19.Rh1 Cf4 20.Axe5 Ae6 21.Axf4 Dxf4 22.Te2 Tad8 23.De1 Td6 24.Rg1 Tfd8 25.Df2 Db4 26.a3 Dc5 27.Tae1 Tf8 28.Dh4 Td4 29.Dg3 Dxa3 30.De5 Dd6 31.Dxd6 Txd6 32.Cf1 Ag4 33.Te7 Td1 34.Txd1 Axd1 35.Ce3 Ae2 36.Tc7 Tf6 37.g4 g6 38.g5 Te6 39.Rf2 Ab5 40.c4 1–0

---

³⁹ El juez debía decidir si Corte perdió o no por tiempo, y su veredicto fue favorable al santafesino.
⁴⁰ *La Nación*, 19 de enero de 1946.
⁴¹ *La Razón*, 20 de enero de 1946.
⁴² *La Nación*, 20 de enero de 1945.
⁴³ *Patoruzú*, 26 de enero de 1946.

Mackinnon, Diego Eduardo – Letelier Martner, René [C00]
Paraná – Entre Ríos (4), 18.01.1946

1.e4 e6 2.f4 d5 3.e5 c5 4.d3 Cc6 5.Cf3 f6 6.Ae2 fxe5 7.fxe5 Cge7 8.c3 Dc7 9.d4 cxd4 10.cxd4 Cf5 11.Cc3 Ae7 12.Ab5 0–0 13.Dd3 a6 14.Aa4 b5 15.Ad1 b4 16.Ce2 a5 17.Aa4 Ad7 18.b3 Tac8 19.h4 Cfxd4 20.Cexd4 Cxd4 21.Dxd4 Axa4 22.bxa4 Dc2 23.Dd1 Dxg2 0–1

Pilnik, Herman – García Vera, Oscar [C66]
Paraná – Entre Ríos (4), 18.01.1946 *[Juan S. Morgado]*

1.e4 e5 2.Cf3 Cc6 3.Ab5 Cf6 4.0–0 d6 5.Te1 Ad7 6.c3 Ae7 7.d3 0–0 8.Cbd2 g6 9.Cf1 Ch5 10.Ah6 Te8 11.Aa4 Af6 12.Ab3 Ca5 [12...Ag7 13.Dd2 oo] 13.Ac2 b6 [13...Ag7 14.Dd2 c5 oo] 14.Cg3 Cxg3 15.fxg3 Ag7 16.Dd2 De7 17.Tf1 f6 18.Tf2 Ae6 19.h3 Tad8 20.Axg7 Rxg7 21.b4 Cb7 22.Aa4 Tf8 23.Ac6 Tb8 24.g4 Cd8 25.Ad5 c6 26.Ab3 Axb3 27.axb3 Ce6 28.g3 Tbd8 29.d4 d5

[29...exd4 30.cxd4 Cg5 31.Cxg5 fxg5 32.Txf8 Txf8 33.De3=] 30.exd5 Txd5 31.De3 exd4 32.Cxd4 Te5 33.Txa7 Dxa7 34.Cxe6+ Txe6 35.Dxe6 Da1+ 36.Rg2 Dxc3 37.Dc4 Dxc4 38.bxc4 ½–½

Ståhlberg, Gideon – Berenguer, Liberto [B10]
Paraná – Entre Ríos (4), 18.01.1946 *[Juan S. Morgado]*

1.e4 c6 2.Cc3 d5 3.Cf3 dxe4 4.Cxe4 Af5 5.Cg3 Ag6 6.h4 h6 7.Ce5 Dd6 8.d4 Cd7 9.Cxg6 fxg6? [9...Dxg6 10.c3 De6+ 11.Ae2 Cgf6 12.0–0 Dd6 13.Cf5 Dc7 14.g3 e6 15.Af4 Dd8 16.Cd6+ Axd6 17.Axd6 Cb6 oo] 10.c3?!... [10.Ce4±] 10...Cgf6? [10...0–0–0 11.Dg4 e5 oo] 11.Ad3+– Cd5 12.Dg4 0–0–0 13.Ce4 Dc7 14.Cc5 Rb8 15.Ce6 C7f6 16.De2 1–0

Ståhlberg gana rápido, Sonja Graf pierde.
La Razón, 20 de enero de 1945

Letelier venció a Mackinnon y
Ståhlberg a Berenguer. *La Nación*,
20 de enero de 1946

Una broma para Sonia. *Patoruzú*,
26 de enero de 1946

5ª rueda, 19 de enero, Club Social de Paraná

Fue una rueda reñida y difícil. De las seis partidas jugadas en el Club Social sólo se definieron dos, registrándose el triunfo del representante de Concordia, Soria, sobre Corte, y el empate de Berenguer con Barbagelata. El *match* de mayor interés de la rueda fue el de Letelier con el maestro sueco Ståhlberg, que quedó en situación difícil, aparentemente favorable para el ajedrecista chileno. Pilnik logró un final favorable con Burgalat, y tanto Sonia Graf como Bolbochán se hallan en situación desventajosa frente a García Vera y Demonte Vitali, respectivamente. Mackinnon tiene mejores perspectivas que Arigós Garasino.[44]

Berenguer, Liberto – Barbagelata, Eduardo [A06]
Paraná – Entre Ríos (5), 19.01.1946

1.Cf3 d5 2.b3 c5 3.d4 g6 4.Ab2 Ag7 5.e3 Cc6 6.Ab5 Cf6 7.Cbd2 a5 8.Axc6+ bxc6 9.Ce5 cxd4 10.Cxc6 Dc7 11.Cxd4 Aa6 12.Tc1 Ce4 13.Cxe4 dxe4 14.c4 e5 15.Ce2 Td8 16.Dc2 0–0 17.Td1 Td7 18.0–0 Tfd8 19.Cc1 Ab7 20.Ce2 Td3 21.Cc1 T3d7 22.Ce2 Td3 23.Cc1 T3d7 ½–½

Letelier Martner, René – Ståhlberg, Gideon [D18]
Paraná – Entre Ríos (5), 19.01.1946 *[Juan S. Morgado]*

1.d4 d5 2.Cf3 Cf6 3.c4 c6 4.Cc3 dxc4 5.a4 Af5 6.e3 e6 7.Axc4 Ab4 8.0–0 Cbd7 9.Ch4 0–0 10.Cxf5 exf5 11.Ca2 Ad6 12.Df3 g6 13.b4 Ce4 14.De2 Cb6 [14...Te8!?] 15.Ab3 Te8 16.Ab2?!... [16. g3!?] 16...Cd5 17.b5?!... [17.Axd5 cxd5 18.g3 h5↑] 17...Axh2+ 18.Rxh2 Dh4+ 19.Rg1 Cdf6? [19... f4 20.Df3 Cg5 21.Axd5 Cxf3+ 22.Axf3 fxe3 23.bxc6 bxc6 24.Axc6 Tab8 25.Ac3 Te7 (25...Te6 26.d5

---
[44] *La Nación*, 21 de enero de 1946.

Te4 27.d6 Te6 28.Af3 Txd6 *{28...exf2+?! 29.Txf2 Txd6 30.Ae5 Tbd8 31.Axd6 Txd6 ∞}* 29.fxe3... *(29. Ae5 Td2∓) 29...Te8↑)* 26.d5 Df4 27.Ab5 Te4 28.f3 e2 29.Tf2 Te3↑] **20.Dc4= Te7** [20...Cg5 21.d5 Cf3+ 22.gxf3 Ce4=] **21.Ad1...**

21...f4?? [21...Cg5 22.bxc6 Txe3 23.fxe3 Ch3∓] **22.d5+− Td8 23.bxc6 bxc6 24.Cb4 cxd5 25.Dd4 Tc7 26.Tc1 Txc1 27.Axc1 Tc8 28.Cd3 Tc4 29.De5 Cg3 30.fxg3 fxg3 31.Txf6 Te4 32.Dxd5??...** [32.Db8+ Rg7 33.Tf3 Dh2+ 34.Rf1 Dh1+ 35.Re2 Dxg2+ 36.Re1+−] **32...Dh2+ 33.Rf1 Dh1+ 34.Re2 Dxg2+ 35.Re1 Txe3+ 36.Axe3 Dxd5 37.Rd2 g2 38.Tf4 h5 39.Td4 Df5 40.Tf4 Dh3** ½–½

Letelier tenía una posición abrumadora, pero luego de cometer un *blunder,* arruinó su partida frente al maestro sueco.

Soria, Gaspar Darwin – Corte, César Juan [E22]
Paraná – Entre Ríos (5), 19.01.1946

1.d4 Cf6 2.c4 e6 3.Cc3 Ab4 4.Db3 Cc6 5.e3 d5 6.a3 Axc3+ 7.Dxc3 Ce4 8.Db3 0–0 9.Cf3 Te8 10.Ae2 b6 11.Dc2 Ab7 12.0–0 Ca5 13.cxd5 exd5 14.b4 Cc6 15.Ab2 Te6 16.Tac1 a6 17.Ce5 f6 18.Ag4 Td6 19.Cd3 De7 20.Cf4 g6 21.Af3 f5 22.Tfd1 g5 23.Cd3 Th6 24.Ce5 g4 25.Axe4 Cxe5 26.Dxc7 Dh4 27.Dxe5 fxe4 28.Tc7 Tg6 29.Txb7 Tf8 30.Dxd5+ Rh8 31.De5+ Rg8 32.Dd5+ Rh8 33.g3 Df6 34.De5 Rg8 35.Dxf6 1–0

6ª rueda, 21 de enero, Club Social de Paraná

♜ La nota de la sesión la dio la campeón mundial femenina (Sic) Sonia Graf, quien se impuso al excampeón local Diego Mackinnon, uno de los jugadores bien colocados hasta el momento. Los otros tres que con él ocupaban los puestos de preferencia, Letelier, Ståhlberg y Pilnik, se adjudicaron sus cotejos frente a Barbagelata, Arigós Garasino y Demonte Vitali, respectivamente. Mantienen así estos maestros una excelente colocación. Corte le ganó a Berenguer por haberse éste excedido en el tiempo reglamentario, circunstancia que fue muy comentada, ya que el primero es quien habitualmente insume mucho tiempo en la consideración de sus jugadas. Otros resultados fueron Bolbochán 1:0 Soria, García Vera ½:½ Burgalat.[45]

---

[45] *La Nación,* 23 de enero de 1946.

Bolbochán, Jacobo – Soria, Gaspar Darwin [C09]
Paraná – Entre Ríos (6), 21.01.1946

1.e4 e6 2.d4 d5 3.Cd2 c5 4.exd5 exd5 5.Ab5+ Cc6 6.Cgf3 c4 7.0–0 Ad6 8.b3 cxb3 9.axb3 Cge7 10.Te1 0–0 11.c3 Dc7 12.Cf1 Cg6 13.Ce3 Cce7 14.Ab2 Cf4 15.g3 Ch3+ 16.Rg2 Rh8 17.c4 Ab4 18.Te2 dxc4 19.bxc4 a5 20.Tc2 Db6 21.Ce5 Ad6 22.Cd7 Axd7 23.Axd7 Cg5 24.c5 Dd8 25.cxd6 Dxd7 26.dxe7 Dxe7 27.Dg4 1–0

Pilnik, Herman – Demonte Vitali, Manuel [C42]
Paraná – Entre Ríos (6), 21.01.1946 *[Juan S. Morgado]*

1.e4 e5 2.Cf3 Cf6 3.Cc3 Ab4 4.Ac4 0–0 5.d3 d5 6.exd5 e4 7.dxe4 Cxe4 8.0–0 Cxc3 9.bxc3 Axc3 10.Tb1 c6? [10...Cd7 11.Cg5 Ce5 12.Ae2 Cg6 13.Ce4 Aa5 oo] **11.Cg5± h6 12.Dd3?!...** [12.Ce4±] **12...hxg5 13.Dxc3 cxd5 14.Td1→ Df6 15.Dxf6 gxf6 16.Axd5 Cc6 17.Ab2?!...** [17.f4→] **17...Ae6??** [17...Rg7 18.Ae4→] **18.Axf6+– Tac8 19.c4 Ca5 20.Tdc1...** [20.Tb5+–] **20...g4 21.Tb5...** [21.h3+–] **21...Axd5 22.Txa5** [22.Txd5 Tc6 23.Tg5+ Rh7 24.Txa5 Txf6 25.Txa7±] **1–0**

7ª rueda, 22 de enero, Club Social de Paraná

▋Mackinnon fue vencido nuevamente, esta vez por el campeón de Succia, Ståhlberg, quien se perfila como uno de los más probables ganadores del certamen. Sus más serios enemigos son ahora Pilnik y Letelier, especialmente este último, que suspendió su partida con el campeón local en posición favorable. Por su parte, Pilnik tiene un final aparentemente tablas con Soria. Otros resultados: Demonte Vitali 0:1 García Vera; Arigós 1:0 Barbagelata; Letelier–Corte, suspendida en la jugada 40ª en situación que favorece a este; Sonja Graf – Burgalat, PD Irregular, suspendida en la jugada 40ª en posición ventajosa para el santafesino.[46]

Sonja Graf vence a Mackinnon. La Nación, 23 de enero de 1945

Demonte Vitali, Manuel – García Vera, Oscar [A53]
Paraná – Entre Ríos (7), 22.01.1946

1.d4 Cf6 2.c4 d6 3.Cc3 Cbd7 4.e4 e5 5.Ae3 c6 6.f3 Ae7 7.Cge2 a6 8.g4 h5 9.g5 Ch7 10.h4 f6 11.f4 Chf8 12.Dd2 exf4 13.Axf4 fxg5 14.Axg5 Axg5 15.hxg5 Ce6 16.Tg1 b5 17.d5 Ce5 18.0–0–0 Cxc4 19.Dd3 Ce5 20.Dg3 cxd5 21.exd5 Cc5 22.Cd4 b4 23.Te1 bxc3 24.Cc6 cxb2+ 25.Rxb2 Db6+ 26.Ra1 0–0 27.Ce7+ Rf7 28.Txe5 Cb3+ 29.axb3 Dd4+ 30.Ra2 dxe5 31.Cc6 Dd2+ 32.Ra3 Dc1+ 33.Ra2 Dd2+ 34.Ra3 Rg8 35.Ce7+ Rf7 36.g6+ Re8 37.Dxe5 Da5+ 38.Rb2 Tf2+ 39.Ae2 Dd2+ 0–1

---
[46] *La Nación*, 24 de enero de 1946.

Mackinnon, Diego Eduardo – Ståhlberg, Gideon [E12]
Paraná – Entre Ríos (7), 22.01.1946 *[Juan S. Morgado]*

1.d4 Cf6 2.Cf3 e6 3.c4 b6 4.Ag5 Ab7 5.Cc3 Ab4 6.Dc2 h6 7.Af4 0–0 8.e3 Ce4 9.Ad3 f5 10.h4 d6 11.0–0–0 Axc3 12.Axe4??... [Pierden una pieza; 12.bxc3 De7→] **12...Axb2?** [pero el maestro sueco elige una línea que sólo gana un peón. 12...fxe4–+; por ejemplo: 13.Cg1 Aa5 14.a3 Ca6 15.b4 Axb4 16.axb4 Cxb4 17.Db3 a5–+] **13.Dxb2 fxe4 14.Cd2 Cd7∓ 15.Cb3 a5 16.De2?...** [16.Cd2 De7∓] **16...a4 17.Ca1 De7 18.Cc2 e5 19.Ag3 Aa6 20.Cb4 Df7 21.Cxa6 Txa6 22.Dc2 Ta5 23.Td2 a3 24.Rd1 Dh5+ 25.Te2 Dg4 26.Re1 exd4 27.exd4 e3 28.Dd3 exf2+ 29.Axf2 Taf5 30.Dh3 Dg6 31.Ae3 Tf1+ 32.Txf1 Db1+ 33.Rd2 Txf1 34.De6+ Rh7 35.Rc3 Cf8 36.De8 Td1 37.Tc2 Da1+ 38. Rb3 Td3+ 39.Ra4 Dd1 40.De4+ Cg6 0–1**

Soria, Gaspar Darwin – Pilnik, Herman [E12]
Paraná – Entre Ríos (7), 22.01.1946

G. Stahlberg le ganó a Mackinnon en el torneo de ajedrez de Paraná

1.d4 Cf6 2.Cf3 b6 3.c4 e6 4.Cc3 Ab7 5.g3 Ce4 6.Dc2 Cxc3 7.Dxc3 Ae4 8.Ag2 Cc6 9.0–0 d5 10.Af4 Ab4 11.De3 0–0 12.Tac1 Ae7 13.Axc7 Dd7 14.Af4 Tac8 15.c5 Axf3 16.Axf3 Af6 17.Ae5 Axe5 18.dxe5 bxc5 19.Txc5 Cxe5 20.Txc8 Cxf3+ 21.Dxf3 Txc8 22.Df4 Dc6 23.Td1 h6 24.Td3 Dc1+ 25.Dxc1 Txc1+ 26.Rg2 Tc2 27.Ta3 Txb2 28.Txa7 Txe2 29.Ta8+ Rh7 30.Rf3 Te1 31.a4 d4 32.a5 e5 33.a6 f6 34.h3 Ta1 35.Re4 Rg6 36.f4 exf4 37.Rxf4 d3 38.Td8 Txa6 39.Txd3 Ta2 40.h4 Tf2+ 41.Rg4 f5+

42.Rh3 Rf6 43.Ta3 Te2 44.Tb3 g5 45.Tb6+ Re5 46.hxg5 hxg5 47.Tb4 Ta2 48.Tc4 Rd5 49.Tb4 Rc5 50.Tb3 Rd4 51.Tb5 g4+ 52.Rh4 Re4 53.Tb4+ Re3 54.Tb3+ Rf2 55.Tb4 Rg1 56.Tb1+ Rg2 57.Tb5 Tf2 58.Ta5 Rh2 59.Ta3 Rg2 60.Tb3 Te2 61.Ta3 Rh2 62.Tb3 Tg2 63.Ta3 Td2 64.Rg5? Rh3 65.Rxf5 Tf2+ 66.Rg5 Tf3 67.Ta4 Txg3 68.Tb4 Ta3 69.Tb2 g3 70.Rf4 g2 71.Tb8 g1D 0–1

8ª rueda, 24 de enero, Club del Progreso

La jornada se jugó en el Club del Progreso. Ståhlberg se adjudicó un nuevo triunfo, esta vez frente a la *campeón mundial femenina* (Sic) Sonja Graf. También el campeón nacional, Herman Pilnik, logró otro punto, por lo haberse presentado su rival Berenguer. El campeón rosarino, García Vera, y el ex titular de Santa Fe, Francisco Burgalat, ganaron frente a Soria y Demonte Vitali. Por su parte, el excampeón entrerriano, Mackinnon, sufrió un nuevo contraste al ser vencido por el doctor Barbagelata. Bolbochán – Letelier suspendieron en la jugada 41ª en posición indecisa, en tanto Corte – Arigós hicieron lo propio, con ventaja para Corte.[47]

También Ståhlberg vence a Mackinnon. *La Nación*, 24 de enero de 1946

---

[47] *La Nación*, 26 de enero de 1946.

Bolbochán, Jacobo – Letelier Martner, René [C04]
Paraná – Entre Ríos (8), 24.01.1946

1.e4 e6 2.d4 d5 3.Cd2 Cc6 4.Cgf3 Cf6 5.e5 Cd7 6.c3 f6 7.exf6 Dxf6 8.Ab5 e5 9.dxe5 Ccxe5 10.Cxe5 Dxe5+ 11.De2 c6 12.Cf3 Dxe2+ 13.Axe2 Ad6 14.Ae3 Cf6 15.h3 0–0 16.0–0 Af5 17.Cd4 Ae4 18.Tad1 Tae8 19.Ad3 Axd3 20.Txd3 Ce4 21.Te1 a6 22.Cf3 Te6 23.Te2 Ac7 24.Tc2 Cd6 25.Ac5 Txf3 26.gxf3 Te1+ 27.Rg2 Cf5 28.f4 Axf4 29.Rf3 Ac7 30.h4 h5 31.Te2 Cxh4+ 32.Re3 Cg2+ 33.Rf3 Ch4+ 34.Re3 Af4+ 35.Rxf4 Txe2 36.Rg5 Cg2 37.c4 Txb2 38.cxd5 cxd5 39.Txd5 Rh7 ½–½

García Vera, Oscar – Soria, Gaspar [A02]
Paraná – Entre Ríos (8), 24.01.1946

1.f4 e5 2.fxe5 d5 3.e3 Cc6 4.d4 Ae6 5.Cf3 Ae7 6.Ad3 Dd7 7.c3 f6 8.exf6 Cxf6 9.b4 0–0 10.b5 Cd8 11.0–0 Cf7 12.Cbd2 Tac8 13.Tb1 c6 14.b6 axb6 15.Txb6 Dc7 16.Db3 Cd6 17.Aa3 Ad8 18.Axd6 Dxd6 19.Txb7 Ta8 20.Db1 h6 21.Ce5 Ac7 22.Cdf3 Cg4 23.Ah7+ Rh8 24.Cg6+ Rxh7 25.Cxf8+ 1–0

Ståhlberg, Gideon – Graf, Sonja [D31]
Paraná – Entre Ríos (8), 24.01.1946

1.d4 d5 2.c4 e6 3.Cf3 Ab4+ 4.Cc3 c5 5.dxc5 Cc6 6.e3 Cf6 7.Ad2 Axc5 8.Ae2 0–0 9.0–0 dxc4 10.Axc4 De7 11.e4 h6 12.e5 Cg4 13.De2 Dc7 14.b4 Cd4 [14...Axb4 15.Cb5 Da5 16.Axb4 Dxb4 17.Tac1 h5 18.h3 Ch6 19.Cg5↑] 15.Cxd4 Axd4 16.Dxg4 Dxc4 17.Ce4 b5 18.Tac1 Dd3 19.Axh6 Axc5 20.Axg7 f5 21.Dg6 Axg7 22.Tc7 Ad7 [22...Dd4 23.Cg5 Td8 24.Dh7+ Rf8 25.Tf7+ +–] 23.Cc5 Tf6 24.Dxg7+ Rxg7 25.Cxd3 1–0

9ª rueda, 25 de enero, Paraná Rowing Club

▌El mayor interés de la sesión se concentró en el cotejo entre el maestro chileno Letelier y el excampeón nacional, Pilnik. Uno y otro, se hallan en excelente situación en la tabla de posiciones, y en condiciones de dirimir con el sueco Ståhlberg la primera colocación. La partida, iniciada por Letelier con el PD, siguió las líneas de la Defensa India del Oeste, opuesta por Pilnik. Correcta y complicada, se llegó a la jugada 41ª sin que pudiera definirse, acusando la posición equilibrio. Los resultados fueron: Ståhlberg 1:0 Barbagelata; Graf 0:1 Demonte Vitali; Arigós 0:1 Bolbochán; Soria 0:1 Burgalat; Mackinnon 0:1 Corte.[48]

▌Con la presencia del vicepresidente de la FADA, Jorge Sanguineti, se inició la ronda en el Paraná Rowing Club. Entre los resultados más destacados, Ståhlberg derrotó a Barbagelata, Graf perdió con Demonte Vitali, y Letelier – Pilnik suspendieron.[49]

Ståhlberg se impuso a Sonia Graf en el torneo de ajedrez de Paraná

Ståhlberg derrota a Sonja Graf.
La Nación, 26 de enero de 1946

---

[48] *La Nación*, 27 de enero de 1946.
[49] *El Mundo*, 27 de enero de 1946.

Arigós Garasino, Alfredo – Bolbochán, Jacobo [A00]
Paraná – Entre Ríos (9), 25.01.1946 *[Juan S. Morgado]*

1.d4 Cf6 2.c4 d6 3.Cc3 Cbd7 4.Cf3 e5 5.e4 Ae7 6.Ae2 0–0 7.0–0 c6 8.h3 Te8 9.Dc2 Dc7 10.Ae3 a6 11.Tfc1... [11.Tfd1 b5 12.a3 Ab7 13.Tac1 Tac8 14.Db1 Db8 15.dxe5 dxe5 16.b4=, Polak – Unn, Plzen 2003] **11...Af8 12.d5 c5 13.a3 g6 14.Cd2 Ag7 15.b4 b6 16.Tab1 Tf8 17.bxc5 Cxc5 18.Axc5 bxc5 19.Ca4 Ah6 20.Tb2??...** [20.Cc3=] **20...Axd2∓ 21.Dxd2 Cxe4 22.De3 f5 23.Tcb1 Ta7 24.Af3 Cf6 25.Cb6?...** [25.Cc3 e4∓] **25...f4–+ 26.De2 Af5 27.Te1 Tb7 28.Ca4 Tfb8 29.Ag4 Da5 30.Axf5 gxf5 31.Teb1 Txb2 32.Txb2 Txb2 33.Dxb2 Dxa4 34.Db8+ Rf7 35.Dxd6 Dxc4 36.Dc7+ Rg6 37.d6 Dd4 38.Db6 e4 39.Dxa6 e3 40.fxe3 fxe3 41.Rh2 De5+ 0–1**

Berenguer, Liberto – García Vera, Oscar [A13]
Paraná – Entre Ríos (9), 25.01.1946

1.Cf3 Cf6 2.c4 e6 3.g3 d5 4.Ag2 d4 5.d3 c5 6.0–0 Cc6 7.Ag5 h6 8.Axf6 Dxf6 9.Cbd2 Ad7 10.a3 Dd8 11.Tb1 a5 12.e3 dxe3 13.fxe3 Ae7 14.d4 cxd4 15.exd4 0–0 16.Ce4 Db6 17.Rh1 Tad8 18.c5 Dc7 19.De1 Ac8 20.Df2 e5 21.Cxe5 Cxe5 22.dxe5 Dxe5 23.Tbe1 Dd4 24.Dxd4 Txd4 25.c6 bxc6 26.Cc3 Af6 27.Axc6 Tc4 28.Ag2 Ae6 29.Tc1 Tfc8 30.Tf3 Tb8 31.Af1 Tcc8 32.Aa6 Tc6 33.Ae2 Ad5 34.Cxd5 Txc1+ 35.Af1 Ad4 36.b4 Te8 37.b5 Tee1 0–1

Mackinnon, Diego Eduardo – Corte, César Juan [C77]
Paraná – Entre Ríos (9), 25.01.1946

1.e4 e5 2.Cf3 Cc6 3.Ab5 a6 4.Aa4 Cf6 5.d3 d6 6.Cc3 Ae7 7.h3 0–0 8.Ag5 b5 9.Ab3 Ca5 10.Axf6 Axf6 11.Cd5 c6 12.Cxf6+ Dxf6 13.Dd2 Cxb3 14.axb3 h6 15.De3 d5 16.Re2 a5 17.Dc5 Te8 18.Tad1 b4 19.Cd2 Aa6 20.De3 c5 21.The1 a4 22.Rf1 axb3 23.cxb3 d4 24.Dg3 Dg5 25.Cf3 Dxg3 26.fxg3 Ab5 27.Te2 Ta2 28.Tc2 f5 29.Rg1 Axd3 30.Txd3 fxe4 31.Tdd2 Ta1+ 32.Rh2 e3 33.Txc5 exd2 34.Cxd2 e4 35.Tc4 e3 36.Txd4 exd2 37.Txd2 h5 38.Td4 Tee1 39.g4 h4 0–1

Soria, Gaspar Darwin – Burgalat, Francisco [E12]
Paraná – Entre Ríos (9), 25.01.1946

1.d4 Cf6 2.Cf3 b6 3.c4 e6 4.Cc3 Ab7 5.g3 c5 6.d5 exd5 7.cxd5 d6 8.Ag2 g6 9.0–0 Ag7 10.Ag5 h6 11.Ad2 0–0 12.e4 a6 13.Dc2 Dc7 14.Tfe1 Cbd7 15.Te2 Cg4 16.h3 Cge5 17.Cxe5 Cxe5 18.f4 Cc4 19.Ac1 b5 20.b3 Ad4+ 21.Rh2 Da5 22.bxc4 Dxc3 23.Dxc3 Axc3 24.Tb1 b4 25.e5 Tfe8 26.Ab2 Axb2 27.Tbxb2 Rf8 28.Te3 Te7 29.Rg1 Tae8 30.Tbe2 a5 31.Te1 Ac8 32.Ae4 Axh3 33.e6 Af5 34.Axf5 gxf5 35.Rf2 fxe6 36.dxe6 Rg7 37.g4 fxg4 38.Rg3 Rf6 39.Th1 Th8 40.Rxg4 h5+ 41.Txh5 Txh5 42.Rxh5 Rf5 43.Rh6 Rxf4 0–1

Letelier – Pilnik, suspendida.
La Nación, 27 de enero de 1945

10ª rueda, 26 de enero, Club del Progreso

Una nutrida cantidad de aficionados se hizo presente en el salón del Club del Progreso donde jugaban los campeones, ansiosos de seguir de cerca las alternativas de los distintos encuentros. Estuvieron presentes varios dirigentes del ajedrez local, representantes de las entidades que han contribuido al mayor brillo del torneo, y el vicepresidente de la FADA, doctor Jorge A. Sanguinetti. Los resultados fueron: Corte 0:1 Ståhlberg; Bolbochán 1:0 Mackinnon; Pilnik ½:½ Arigós; García Vera ½:½ Letelier; Demonte Vitali 1:0 Soria. Suspendieron Burgalat – Berenguer y Barbagelata – Graf. De ruedas anteriores, Soria 0:1 Pilnik en 71 jugadas, y Letelier 1:0 Corte, en 73.[50]

Corte, César Juan – Ståhlberg, Gideon [C14]
Paraná – Entre Ríos (10), 26.01.1946

1.e4 e6 2.d4 d5 3.Cc3 Cf6 4.Ag5 Ae7 5.e5 Cfd7 6.Axe7 Dxe7 7.f4 0–0 8.Cf3 c5 9.dxc5 Dxc5 10.Ad3 f6 11.Cd4 Db6 12.Dh5 f5 13.Cce2 Cc5 14.Td1 Cc6 15.c3 Cxd4 16.cxd4 Db4+ 17.Rf2 Ce4+ 18.Axe4 fxe4 19.Tc1 Ad7 20.Tc7 Dd2 21.Dg4 h5 22.Dg3 Tf7 23.Te1 Taf8 24.Rg1 e3 25.Tc3 h4 26.Dxh4 Ab5 0–1

Demonte Vitali, Manuel – Soria, Gaspar Darwin [D37]
Paraná – Entre Ríos (10), 26.01.1946

1.d4 d5 2.c4 e6 3.Cc3 Cf6 4.Cf3 Ae7 5.Af4 0–0 6.e3 c5 7.dxc5 Axc5 8.Ae2 dxc4 9.Axc4 b6 10.0–0 Ab7 11.De2 Cc6 12.Tfd1 De7 13.Ag5 Ad6 14.Ab5 a6 15.Aa4 b5 16.Ac2 Ae5 17.Tac1 Axc3 18.bxc3 Dc7 19.Axf6 gxf6 20.Ch4 Ce5 21.Td4 f5 22.Dh5 Dxc3 23.Cxf5 exf5 24.Th4 Cf3+ 25.gxf3 Dg7+ 26.Rf1 Dg6 27.Tg4 fxg4 28.Axg6 fxg6 29.De5 Tad8 30.fxg4 Af3 31.h3 Td2 32.Rg1 Ad5 33.f4 1–0

García Vera, Oscar – Letelier Martner, René [D27]
Paraná – Entre Ríos (10), 26.01.1946

1.d4 d5 2.Cf3 e6 3.c4 c5 4.e3 Cf6 5.Ad3 dxc4 6.Axc4 a6 7.0–0 b5 8.Ae2 Ab7 9.a4 b4 10.Cbd2 cxd4 11.Cxd4 e5 12.C4f3 Cc6 13.Cc4 Dc7 14.a5 Ae7 15.b3 Td8 16.Dc2 e4 17.Ce1 0–0 18.Ab2 Db8 19.g3 Td5 20.Cg2 Tfd8 21.Tfd1 Txd1+ 22.Txd1 Txd1+ 23.Dxd1 Dc7 24.Cf4 Ca7 25.Axf6 Axf6 26.Cd5 Axd5 27.Dxd5 Dc6 28.Dxc6 Cxc6 29.Ag4 Ad8 30.Ac8 Cxa5 31.Cxa5 Axa5 ½–½

Insólita errata: "Pilnik no logra vencer a Arigós". *El Mundo*, 28 de enero de 1945

---

[50] *El Mundo*, 28 de enero de 1946. Evidentemente el redactor del diario (¿Paulino Alles Monasterio?) confundió la partida, ya que Pilnik se impuso fácilmente a Arigós en una Defensa Siciliana, en 21 jugadas.

Pilnik, Herman – Arigós Garasino, Alfredo [B72]
Paraná – Entre Ríos (10), 26.01.1946 *[Juan S. Morgado]*

1.e4 c5 2.Cf3 Cc6 3.d4 cxd4 4.Cxd4 Cf6 5.Cc3 d6 6.Ae2 g6 7.Ae3 Ag7 8.Dd2 0–0 9.Td1 a6 10.0–0 Dc7 11.f4 Cxd4 12.Axd4 Ae6 13.Tf2 Cg4? [13...Ac4 oo] **14.Axg4 Axd4 15.Dxd4 Axg4 16.Cd5 Dd8 17.Td3 Ae6 18.Cb6 Tb8 19.f5 Ad7 20.f6?...** [20.De3+–] **20...exf6??** [20...Ac6 21.Cc4→] **21.Cd5 1–0**

11ª ronda, 28 de enero, Paraná Rowing Club

▪ En forma equilibrada (Sic) se desarrolla el torneo, cuya 11ª ronda se jugó anoche en el Paraná Rowing Club. Ståhlberg y Pilnik volvieron a imponerse en sus respectivos cotejos, frente a Jacobo Bolbochán y Mackinnon. Letelier suspendió en posición equilibrada frente a Burgalat. La partida suspendida Letelier – Pilnik fue tablas, luego de un laborioso final en la jugada 71ª.[51]

Barbagelata, Eduardo – Corte, César Juan [C66]
Paraná – Entre Ríos (11), 28.01.1946

1.e4 c5 2.Cf3 Cc6 3.d4 cxd4 4.Cxd4 Cf6 5.Cc3 d6 6.Ae2 e6 7.0–0 Ae7 8.Ae3 a6 9.f4 Dc7 10.Cb3 b5 11.Af3 Ab7 12.Dd2 0–0 13.Tad1 Tab8 14.Df2 Aa8 15.Td2 a5 16.a4 bxa4 17.Cxa4 Tb4 18.Cb6 Ab7 19.Ta1 Cxe4 20.Axe4 Txe4 21.Cxa5 Cxa5 22.Txa5 d5 23.Td3 Td8 24.Tc3 Db8 25.Tb3 d4 26.Ad2 Dc7 27.c4 Ac5 [27...dxc3∓] 28.Txc5 Dxc5 29.Tb5 Dc6 30.Aa5 d3 31.Cd5 exd5 32.Axd8 Dxc4 33.Tc5 d2 34.Dxd2 Dxc5+ 35.Rh1 Dc2 0–1

Graf, Sonja – Soria, Gaspar Darwin [D02]
Paraná – Entre Ríos (11), 28.01.1946

1.d4 Cf6 2.Cf3 g6 3.g3 d5 4.Ag2 Ag7 5.h3 0–0 6.Ae3 Cbd7 7.Dc1 Te8 8.0–0 e5 9.dxe5 Cxe5 10.Cbd2 Cxf3+ 11.Cxf3 De7 12.c3 Ad7 13.a4 Ce4 14.Ad4 c5 15.Axg7 Rxg7 16.Dd1 Ac6 17.Rh2 Tad8 18.e3 b5 19.a5 b4 20.Dc2 bxc3 21.bxc3 Df6 22.Tfc1 Tb8 23.Rg1 Tb5 24.Ce1 Teb8 25.Cd3 Tb3 26.Axe4 dxe4 27.Cb4 De6 28.Cxc6 Dxc6 29.Ta2 De6 30.Ta4 Tb2 31.Dxe4 Dxe4 32.Txe4 Ta2 33.Td1 Txa5 34.Td7 Ta3 35.c4 a5 36.Tf4 Tf8 37.Tc7 Tc3 38.Txc5 a4 39.Ta5 a3 40.Ta7 Tc1+ 41.Rg2 Tc3 42.h4 Rg8 43.Rf3 f6

44.Td4 Tf7 45.Ta4 Tc7 46.Re4 a2 47.Txa2 T3xc4 48.Rd3 Tc3+ 49.Re4 T7c4 50.Ta6 Rf7 51.g4 f5+ 52.gxf5 gxf5+ 53.Re5 Txd4 54.Rxd4 Tc2 55.f4 Th2 56.Re5 Th3 57.Rxf5 Txe3 58.Ta7+ Rg8 59.Rf6 Te8 60.f5 Tb8 61.Tg7+ Rh8 62.Te7 Rg8 63.h5 Ta8 64.Tg7+ Rh8 65.Td7 Tf8+ 66.Re6 Rg8 67.f6 Te8+ 68.Te7 Ta8 69.Tg7+ Rh8 70.Td7 Rg8 71.h6 Tf8?? [71...Te8+ 72.Rd5 Tb8=] 72.f7+ Rh8 73.Te7 1–0

Ståhlberg, Gideon – Bolbochán, Jacobo [E50]
Paraná – Entre Ríos (11), 28.01.1946 *[Juan S. Morgado]*

1.d4 Cf6 2.c4 e6 3.Cc3 Ab4 4.Cf3 0–0 5.e3 b6 6.Ae2 Ab7 7.0–0 a5 8.Dc2 Ca6 9.Ad2 Axc3 10.Axc3 Ce4 11.Cd2 Cxc3 12.bxc3 De7 13.f4 f5 14.Tab1 d6 15.e4 e5 16.c5... [16.fxe5 dxe5 17.c5 fxe4 18.cxb6 exd4 19.cxd4 cxb6 20.Txb6=] **16...exd4 17.cxd6?!...** [17.cxb6=] **17...**

---
[51] *La Nación*, 30 de enero de 1946.

Dxd6→ **18.exf5?!...** [18.e5 Dc5 19.Ac4+ Rh8 20.cxd4 Dxd4+ 21.Tf2 Cb4→; 18.Ac4+ Rh8 19.e5 Dc5 traspone] **18...d3?** [a) 18...Dc5 fue sugerida por Ståhlberg en sus análisis *post mortem*. 19.Ac4+ Rh8 20.cxd4 Dxd4+ 21.Tf2 Cb4 22.Db2 Dxb2 23.Txb2 Txf5 y las negras tienen un neto peón de ventaja; b) 18...Tad8 19.cxd4 Cb4 20.Db3+ Rh8 21.Db2 Cxa2∓] **19. Axd3= Tad8 20.Ac4+ Rh8 21.Tf2 Dc5 22.Axa6** [22.Ae6=] **22... Axa6 23.Cb3 Dxf5 24.Dxf5 Txf5 25.Cd4 Tf6**

26.g3 h6 [26...Rg8!?] **27.Te1 c5 28.Cf3 Td3 29.Te8+ Rh7 30.Ce5 Td1+** [30...Txc3 31.Td2 Tc1+ 32.Rg2 Af1+ 33.Rf3 Ab5 34.Tb8 Te1 35.Cg4 Tfe6 36.Ce5 Tf6=] **31.Rg2 Ab7+ 32.Rh3 Ae4 33.g4...** [33.Te7=] **33...Te1** [33...g5 34.Te7+ Rg8 35.Te8+ Rg7 36.Te7+ Rf8 37.Tc7 Txf4 38.Txf4+ gxf4 39.Tf7+ Re8 40.Txf4 Ab1 oo] **34.f5 Ac6** [34...Ad5=] **35.Te7 Te3+ 36.Rh4 Ab5 37.Tf3 Txf3?!** [37...Te2=] **38.Cxf3→ Ac4?** [38...Rg8 39.Ce5 Rf8 40.Tb7→] **39.a3± Ad5 40.Ce5 Td6?** [40...Ac6 41.Tc7±] **41.Td7+− Txd7 42.Cxd7 b5 43.Cxc5 Rg8 44.Rg3 Rf7 45.Rf4 Re7 46.Re5 Af3 47.h3 Ae2 48.Cb3 a4 49.Cd4 Ac4 50.h4 Ad3 51.g5 hxg5 52.hxg5 Ac4 53.Ce6 Rf7 54.g6+ Rg8 55.f6 gxf6+ 56.Rxf6 1−0**

12ª ronda, 29 de enero, Club Social de Paraná

▌Al comenzar esta rueda, Ståhlberg iba en punta con 10 puntos sobre 11, cediendo solamente dos tablas. Le seguían Pilnik a medio punto, y Letelier a uno y medio, todos invictos. Frente al PD, el argentino eligió una mezcla de Nimzoindia e India de Dama, produciéndose tempranamente una feroz lucha de peones centrales. Ståhlberg no acertó con los cambios, y pudo quedar claramente inferior si Jacobo acertaba con jugada 18…Dc5 (o bien …Tad8). Pero eligió 18…d3? Y el juego se equilibró nuevamente. Pudieron luego quedar con ventaja posicional las negras con 33…g5!, pero eligieron 33…Te1?!, que dio respiro a Ståhlberg para avanzar sus peones en el flanco rey, creando amenazas sobre el rey negro. Por último, un error táctico ocasionó a Bolbochán la pérdida de un peón, que el sueco impuso en la jugada 56ª. Pilnik derrotó a Mackinnon y Letelier igualó con Demonte Vitali.[52]

Stahlberg se impuso a Bolbochan en el torneo de ajedrez de Paraná

Paraná, 29.—En forma equilibrada se desarrolla el torneo organizado por la Federación Entrerriana de Ajedrez, cuya undécima ruede se jugó anoche en el Paraná Rowing Club. El maestro Stahlberg y el campeón nacional Pilnik, volvieron a imponerse en sus respectivos cotejos frente a Bolbochan y Mackinnon. Letelier suspendió en posición equilibrada con Burgalat.

El detalle de la rueda fué como sigue:

Mackinnon 0 v. Pilnik 1. Ruy López, Morphy, 20 jugadas.
Berenguer 0 v. Demonte Vitali 1. Apertura Inglesa, 31 jugadas.
Stahlberg 1 v. Bolbochan 0. Peón Dama, defensa Nimzovitsch, variante Bogoljubov, 56 jugadas.
Barbagelata 0 v. Corte 1. Peón Rey, defensa Siciliana, variante Scheveningen, 35 jugadas.
Letelier v. Burgalat. Peón Dama, Nimzovitsch, suspendida en la jugada 41a. en posición equilibrada.
Arigós Garasino v. García Vera. Peón Dama, contraataque Cambridge-Springs, variante Marshall, suspendida en la jugada 47a. La posición parece favorecer a Arigós Garasino.
Sonia Graf v. Sorla. Peón Dama, defensa Grünfeld. En situación ligeramente favorable para las blancas se interrumpió en la jugada 40a.
El cotejo Barbagelata v. Sonia Graf, de la rueda precedente, realizado el domingo, quedó suspendido en la jugada 42. Fué una apertura de los Cuatro Caballos. Esta y las anteriores partidas en suspenso proseguirán en la sesión especial de mañana.

Resultados de partidas suspendidas

En las partidas que habían quedado para terminar se registraron los resultados siguientes:

Bolbochan ½ v. Letelier ½. Se declaró tablas de común acuerdo en la jugada 46a.
Letelier 1 v. Corte 0. Como consecuencia del análisis de la posición, las negras abandonaron sin proseguir.
Letelier ½ v. Pilnik ½. Ofreció un final laborioso que, a pesar del empeño de los adversarios, se declaró empatado, dada la situación a que se llegó en la jugada 71a.

El Paraná Rowing Club recibe a los maestros. *La Nación*, 30 de enero de 1946

Demonte Vitali, Manuel – Letelier Martner, René [E01]
Paraná – Entre Ríos (12), 29.01.1946

1.d4 d5 2.Cf3 c5 3.g3 Cc6 4.Ag2 Cf6 5.0–0 e6 6.c4 a6 7.cxd5 exd5 8.Cc3 c4 9.Ag5 Ae7 10.Ce5 0–0 11.f4 Cg4 12.Axe7 Cxe7 13.Dd2 Cf6 14.a4 Tb8 15.e4 Cxe4 16.Cxe4 dxe4 17.Axe4 Af5 18.Axf5 Cxf5 19.Cxc4 Dxd4+ 20.Dxd4 Cxd4 21.Tfd1 Tfd8 22.Rf2 Rf8 23.Tac1 Cb3 24.Txd8+ Txd8 25.Tc2 Tc8 26.Re3 Re7 27.Tc3 Cc5 28.Ca5 Rd7 29.b3 f6 30.Cc4 Te8+ 31.Rf3 b5 32.axb5 axb5 33.Ca3 Ce4 34.Td3+ Rc6 35.Cc2 Cc5 36.Cb4+ Rc7 37.Cd5+ Rc6 38.Cb4+ Rc7 39.Cd5+ Rb7 40.Tc3 Ca6 ½–½

---

[52] Notas del autor.

García Vera, Oscar – Mackinnon, Diego Eduardo [D60]
Paraná – Entre Ríos (12), 29.01.1946

1.d4 Cf6 2.Cf3 d5 3.c4 e6 4.Ag5 Ae7 5.Cc3 Cbd7 6.e3 0–0 7.Ad3 dxc4 8.Axc4 Cd5 9.Axe7 Cxe7 10.Dc2 Te8 11.0–0 c6 12.e4 Cb6 13.Ad3 h6 14.g3 e5 15.dxe5 Cg6 16.Rg2 Cd7 17.Tad1 Da5 18.e6 Txe6 19.Cd4 Te8 20.f4 Cc5 21.Ae2 Db6 22.e5 Ce7 23.f5 Cd5 24.Cxd5 cxd5 25.e6 f6 26.Ah5 Te7 27.Tc1 Tc7 28.De2 Ce4 29.Db5 1–0

Pilnik, Herman – Ståhlberg, Gideon [B45]
Paraná – Entre Ríos (12), 29.01.1946 *[Juan S. Morgado]*

1.e4 c5 2.Cf3 Cc6 3.d4 cxd4 4.Cxd4 Cf6 5.Cc3 e6 6.Cdb5 Ab4 7.a3 Axc3+ 8.Cxc3 d5 9.exd5 exd5 10.Ad3 Ag4 11.f3 Ae6 12.0–0 0–0 13.De1 Cd7 14.Dg3... [14.f4 Te8 15.Df2 f5 16.Cb5 Cf6=, Kinnmark – Stenborg, Bollnas 1973] **14...Cde5 15.Ah6 Cg6 16.Ad2 Dd7 17.Tad1 Af5 18.Ae3 d4 19.Ae4 Axe4 20.fxe4 Tad8 21.Ce2 De6 22.Cxd4 Cxd4 23.Txd4 Txd4 24.Axd4 Dxe4 25.c3...** [25. Axa7 Dxc2 26.Ad4 De4=] **25...a6 26.Df2 f6 27.Te1 Dc6 28.De3 Rf7 29.g3 Te8 30.Dxe8+ Dxe8 31.Txe8 Rxe8 32.c4 Ce7 33.Rf2 Cf5 34.Ac5 Rd7 35.Re2 h5 36.b4 b5 37.Rd3 h4 38.gxh4...** [38.g4 Ch6 39.h3 Cf7 40.Ad4 Cg5 41.Af2=] **38...Cxh4 39.Af2 Cf5 40.Ac5 Ch4 41.Af2 Cf3 42.Ag3 Re6 43.Rc3 g5 44.Rd3 f5 45.Ab8...** [45.Re3 Cg1 46.c5 f4+ 47.Axf4 gxf4+ 48.Rxf4><] **45...f4**

46.h3 Cg1 47.cxb5 axb5 48.h4 gxh4 49.Axf4 Rd5 [Es interesante la variante que nace de 49... Rf5, aunque no alcanza para ganar: 50.Re3 Ch3 51.Ah6 Cg5 52.Rf2 Rg4=] **50.Ag5...** [Hace tablas también 50.Re3 Ch3 51.Ab8 Cg5 52.Cf7 53.Rg4 Ce5+ 54.Rxh4 Cc4 55.Rg5 Cxa3 56.Rf6 Cc2 57.Re7 Cxb4 58.Ad6 Cd3 59.Aa3 Ce5=] **50...Cf3** [50...h3 51.Af4 Cf3 52.Re3=] **51.Axh4 Cxh4 52.Rc3 Cf5 53.Rb3 Cd4+ 54.Rc3 Ce2+ 55.Rb3 Cd4+ 56.Rc3 Cf3 57.a4! bxa4 58.b5 Rc5 59.b6 Ce5 60.b7 Cc6 61.Rb2 Rb6** [61...Rb4 62.Ra2 a3 63.Rb1 Rb3 64.Ra1=] **62.Ra3 Rxb7** [62...Rb5 63.Ra2 Rb4 64.Rb2 a3+ 65.Ra2 Ra4 66.Rb1 Rb3 67.Ra1=] **63.Rxa4 ½–½**

Soria, Gaspar Darwin – Berenguer, Liberto [E12]
Paraná – Entre Ríos (12), 29.01.1946

1.d4 Cf6 2.Cf3 b6 3.c4 e6 4.Cc3 Ab7 5.g3 Ab4 6.Ag2 c5 7.0–0 cxd4 8.Cb5 Cc6 9.Cfxd4 a6 10.Cxc6 Axc6 11.Cd6+ Axd6 12.Dxd6 Db8 13.Da3 Axg2 14.Rxg2 Db7+ 15.Rg1 Tc8 16.b3 Tc5 17.Ae3 Th5 18.f3 Te5 19.Rf2 h5 20.Dd6 Tf5 21.Dxb6 Dxb6 22.Axb6 h4 23.Te1 hxg3 24.hxg3 Th2 25.g4 Te5 26.Af2 g5 27.Td1 d5 28.Td2 dxc4 29.Ag3 c3 30.Tc2 Thxe2+ 31.Txe2 c2 32.Rd2 1–0

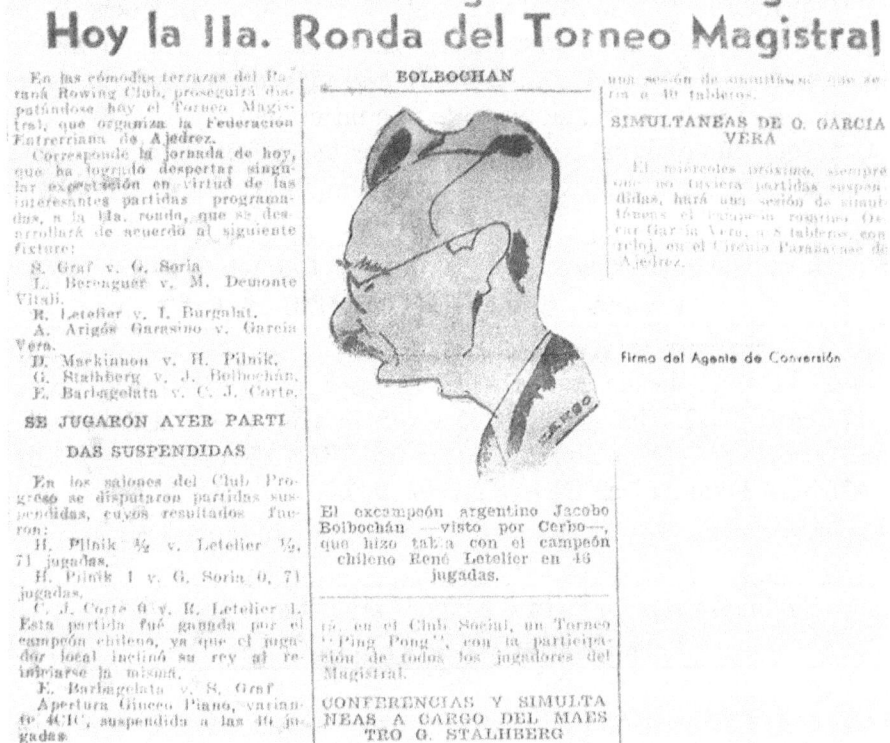

Notable caricatura de Jacobo Bolbochán en *El Diario* de Paraná

13ª ronda, 31 de enero y 1º de febrero, Club Social de Paraná

▪ Con las partidas jugadas anoche y esta tarde en el Club Social finalizó el torneo, que tanto interés y éxito de concurrencia tuvo desde su iniciación. El triunfo correspondió al maestro sueco Gideon Ståhlberg, quien, como el campeón argentino, Herman Pilnik, y el chileno Letelier, terminaron la prueba invictos. El cotejo pendiente entre Ståhlberg y Pilnik finalizó tablas, y en la rueda final los tres maestros lograron sendas victorias frente a Burgalat, Corte y Berenguer, respectivamente. Es indudable que el resultado del torneo ha sido lógico, y se destaca la actuación de Pilnik, clasificado a sólo medio punto del vencedor. El tercer puesto de Letelier también es meritorio.

Los resultados de la última rueda fueron: Soria ½:½ Arigós; Pilnik 1:0 Corte; Burgalat 0:1 Ståhlberg; Berenguer 0:1 Letelier; Demonte Vitali 1:0 Mackinnon; García Vera ½:½ Barbagelata; Bolbochán 1:0 Graf. Partida pendiente de ruedas anteriores: Corte 1:0 Graf. Las posiciones finales fueron: Gideon Ståhlberg 12/13, Herman Pilnik 11½; René Letelier 10; Oscar García Vera 8½; Jacobo Bolbochán 7½; Manuel Demonte Vitali y César Corte 7; Francisco Burgalat 6½; Sonja Graf y Alfredo Arigós 4½; Diego Mackinnon 4; Eduardo Barbagelata 3; Liberto Berenguer y Gaspar Soria 2½.

Esta tarde se realizó un torneo relámpago, que también ganó Ståhlberg. Luego el señor José María Gangli pronunció un discurso en nombre de la FEDA, a cuyo Concejo Directivo pertenece. Por la noche se sirvió una comida, haciéndose la entrega de premios. (Se distribuyeron en efectivo $ 500, 300, 250, 150, 80 y 50) en cuya circunstancia usó de la palabra el vicepresidente de la FADA, doctor Jorge Sanguineti.[53]

---

[53] *La Nación*, 2 de febrero de 1946.

Antes de la entrega de premios se jugó un torneo "ping pong" con premios de $ 40, $ 25, $ 15, $ 10 y $ 5 a los primeros. Venció Ståhlberg, seguido por Jacobo Bolbochán, Letelier, Pilnik y Corte. Habló en nombre de la FADA el doctor Jorge Sanguineti. La Federación local agasajó a los jugadores con una cena en el *Restaurant Gambrinus,* a la cual fueron invitados las autoridades del certamen. El público podía concurrir adquiriendo una tarjeta por valor de $ 4,50. La reaparición de la señorita Graf, que cumplió una performance discreta a pesar de su prolongado alejamiento del tablero, significó una contribución de importancia al interés despertado por la competencia.[54]

Burgalat, Francisco – Ståhlberg, Gideon [C09]
Paraná – Entre Ríos (13), 31.01.1946

1.e4 e6 2.d4 d5 3.Cd2 c5 4.exd5 exd5 5.Ab5+ Cc6 6.Cgf3 c4 7.0–0 Ad6 8.b3 cxb3 9.c4 Cge7 10.cxd5 Cxd5 11.Ce4 0–0 12.axb3 Ab4 13.Ce5 Cxe5 14.dxe5 Cc3 15.Cxc3 Axc3 16.Aa3 Axa1 17.Dxa1 Ae6 18.Axf8 Dxf8 19.Ad3 Db4 20.Db1 g6 21.f4 Td8 22.Ac4 Dc5+ 23.Rh1 Axc4 24.Dc2 Tc8 25.Tc1 De3 26.bxc4 Dxf4 27.Dc3 De4 28.h3 b6 29.Da3 Db7 30.Dd6 Dc6 31.Dd4 Dc5 32.Dd7 Dc7 33.Dd4 Dc5 0–1

Soria, Gaspar Darwin – Arigós Garasino, Alfredo [D05]
Paraná – Entre Ríos (13), 31.01.1946

1.d4 d5 2.Cf3 Cf6 3.e3 e6 4.Ad3 c5 5.c3 Cc6 6.Cbd2 Ad6 7.0–0 0–0 8.e4 e5 9.dxe5 Cxe5 10.Cxe5 Axe5 11.Cf3 Ag4 12.h3 Axf3 13.Dxf3 dxe4 14.Axe4 Cxe4 15.Dxe4 Dc7 16.Ae3 b6 17.Tad1 Tfe8 18.Dc2 Tad8 19.Txd8 Txd8 20.Td1 Td6 21.Txd6 Dxd6 22.Dd2 ½–½

Torneo Internacional de Paraná, Entre Ríos 1946

	Participantes	1	2	3	4	5	6	7	8	9	0	1	2	3	4	Pts.	S.B.
1	Ståhlberg, Gideon	*	½	½	1	1	1	1	1	1	1	1	1	1	1	12.0/13	
2	Pilnik, Herman	½	*	½	½	1	1	1	1	1	1	1	1	1	1	11.5/13	
3	Letelier Martner, René	½	½	*	½	½	1	½	½	1	1	1	1	1	1	10.0/13	
4	García Vera, Oscar	0	½	½	*	½	1	1	½	0	1	1	½	1	1	8.5/13	
5	Bolbochán, Jacobo	0	0	½	½	*	0	0	1	1	1	1	1	½	1	7.5/13	
6	Corte, César Juan	0	0	0	0	1	*	1	0	1	1	1	1	1	0	7.0/13	33.00
7	Demonte Vitali, Manuel	0	0	½	0	1	0	*	0	½	1	1	1	1	1	7.0/13	31.25
8	Burgalat, Francisco	0	0	½	½	0	1	1	*	1	½	0	1	0	1	6.5/13	
9	Arigós Garasino, Alfredo	0	0	0	1	0	0	½	0	*	1	0	1	½	½	4.5/13	22.00
10	Graf, Sonja	0	0	0	0	0	0	0	½	0	*	1	1	1	1	4.5/13	15.25
11	Mackinnon, Diego Eduardo	0	0	0	0	0	0	0	1	1	0	*	0	1	1	4.0/13	
12	Barbagelata, Eduardo	0	0	0	½	0	0	0	0	0	0	1	*	½	1	3.0/13	
13	Berenguer, Liberto	0	0	0	0	½	0	0	1	½	0	0	½	*	0	2.5/13	14.00
14	Soria, Gaspar	0	0	0	0	0	1	0	0	½	0	0	0	1	*	2.5/13	11.75

[54] *Blancas y Negras* nº 2, marzo de 1946.

CAPÍTULO 3

CASTELLS MÉNDEZ PRESENTA A JOHN WILLIAM COOKE EN EL CLUB ARGENTINO

La noche del 24 de febrero, día de las elecciones nacionales, John William Cooke concurre al Club Argentino de Ajedrez y se hace socio, presentado por el doctor Rafael Castells Méndez. Estaba seguro de la victoria electoral, que se confirmó un mes después luego del largo escrutinio, siendo elegido diputado. Se iniciaba así el gran desembarco peronista en la institución. Seguirían, entre otros, Carlos Federico Cooke –hermano de John William– el 20 de junio, el también diputado Leopoldo Zara, el 29 de junio. Varios testimonios confirman la reiterada presencia de importantes dirigentes políticos en los salones del Club Argentino:

Leonardo Lipiniks: No registré a estas personas como jugadores de ajedrez; me inclino a pensar que ingresaron como socios en el club más por las actividades del segundo piso, donde se desarrollaban los juegos de azar, que normalmente son la principal actividad que les interesa a los políticos de turno.

GM Héctor Decio Rossetto: John William Cooke venía seguido durante estos años. Iba al segundo piso a jugar al póker.

Horacio Amil Meilán: A John William Cooke lo vi varias veces en el segundo piso en las mesas de juego, pero no concurría a las salas donde se jugaba ajedrez.

Juan Carlos Martínez: Nunca lo vi a Cooke en el salón de ajedrez. Él subía por el ascensor hasta el segundo piso, donde se jugaba al póker por dinero. Luego solía ir al Restaurant, que estaba en el tercer piso, junto a Castells Méndez, Zara, Vignart, Frydman, Najdorf, y otros, donde todos ellos comían y bebían en abundancia. A veces dejaban la cuenta sin pagar, con la promesa de pagarla al día siguiente, pero más de una vez se generaron problemas por este motivo.[55]

Los Cooke en el libro de socios del Club Argentino

Leopoldo Zara, John William Cooke y Rafael Castells Méndez en los registros del Club Argentino

---

[55] En su obra *Martínez Estrada, Borges y el Viejo Vizcacha*, 2ª edición, 2019, este autor afirma que el peronismo funciona como una religión, pudiendo pasar de la extrema derecha (José López Rega, Oscar Ivanissevich) a la extrema izquierda (John Cooke, Firmenich, los Kirchner).

Club Argentino Acta nº 729 del 12 de junio de 1950

Solicitud de socio de John William Cooke al Club Argentino, 24 de febrero de 1946

Solicitud de socio de Rafael Castells Méndez al Club Argentino, 19 de diciembre de 1942

Capítulo 4

ACTIVIDADES VARIAS 1946

Viña del Mar, fallido

▪ En febrero se anuncia la realización del torneo de Viña del Mar, donde participarían Ståhlberg, Najdorf, Guimard, Pilnik y los principales valores chilenos. El certamen fue luego cancelado.[56]

La revista *Caissa* aparece retrasada

▪ Hemos recibido el número de *Caissa* correspondiente a octubre de 1945, que apareció con considerable retraso, según lo destaca la propia dirección de la revista en la primera página. 'El abarrotamiento de las imprentas y la falta de renovación de materiales gráficos constituyen la causa fundamental de esta falla, que se hace sentir en diversas publicaciones. De todos modos, creemos que este número de *Caissa* es el mejor editado hasta ahora.[57]

Blancas y Negras, la revista de Marini

▪ En febrero aparece una nueva revista de ajedrez: *Blancas y Negras*, Publicación mensual de Ajedrez dirigida por Luis Marini. Se vende a $ 1, y está bien impresa, con tapa en cartulina y en color. El editorial de su nº 2 (marzo de 1946) se titulaba 'Reciprocidad', y decía:

> Una feliz acogida tuvo nuestra revista en el ambiente ajedrecista metropolitano. Ello, por sobre la satisfacción del esfuerzo premiado, nos obliga a superarnos a fin de merecer en forma amplia conceptuosos juicios que nosotros valoramos como amable aliciente hacia la tarea futura.

Según informa esta revista, Julio Bolbochán ganó el Torneo Mayor de la Asociación Cordobesa, invicto. Había sido invitado especialmente para probar la fuerza de los ajedrecistas locales.

Portada de Blancas y Negras, marzo 1946

XIII Torneo Mayor de Córdoba: Jorge V. Emiliani, campeón

▪ Fue éste el último Torneo Mayor de la Asociación Cordobesa, y fue ganado por el notable periodista y compositor de finales Jorge V. Emiliani. Graves controversias en los planos directrices llevaron al ajedrez institucional cordobés a momentos de zozobra, y la profunda crisis desembocó en la división de la vieja entidad, formándose la Unión Provincial de Córdoba –que reunía a los mejores valores– y la vieja Asociación. Las posiciones finales fueron: Jorge V. Emiliani 11½/12;

---

[56] *Caissa* nº 82, pág. 32.
[57] Amílcar Celaya bajo el seudónimo de Roque de Reina, *Mundo Argentino*, 12 de enero de 1946.

Máximo Ramadán Gómez 9½; Manuel C. Román 8½; Cleto Negrini 8; Jaime Kohan 7; Ricardo Strasser 6; Pompilio Olmedo 4½; Basilio Kaputensky 1. Se jugó en febrero y marzo de 1946.[58]

Emiliani gana en Córdoba. *Los Principios*, 1º de marzo de 1946

Arturo Loeffler presenta los torneos de ajedrez por correspondencia

▌A comienzos de marzo el Sr. Arturo Loeffler, con dirección en la Casilla de Correo nº 3238, presenta su organización "Torneos de Ajedrez por Correspondencia" (TAC), y publica avisos publicitarios en varias revistas y diarios, invitando a jugar al ajedrez postal, incluso en las Olimpíadas, que comenzarán el 1º de enero de 1947. Tuvo un gran éxito en su convocatoria, formándose 17 grupos de 7 jugadores.[59]

El cisma en *Blancas y Negras*: prescindencia

▌En el editorial del nº 3 del mes de abril, *Blancas y Negras* se refiere al cisma del ajedrez argentino. Con el título 'Prescindencia', dice:

> El ajedrez argentino se halla dividido" es una frase común pero inexacta. En realidad, entre los ajedrecistas argentinos, y no refiriéndonos sólo a los de primera fuerza, sino a esa enorme masa de aficionados anónimos que son la esencia y vida del ajedrez nacional, siempre existió el ademán cordial y la camaradería típica de nuestro ambiente. De ahí que conceptuamos equivocada la especie común.
>
> Más bien podrían lamentarse pequeñas vanidades, anidadas en un grupo intransigente de dirigentes locales. *Blancas y Negras* no se prohíja ni se embandera, por eso mismo, con ninguna tendencia, sino que adopta la única actitud noble que cabe en su modesta pero sincera labor de vehículo de difusión ajedrecística: absoluta prescindencia. Las noticias de cualquier entidad, las inquietudes de todos los aficionados, sin distinción alguna, tendrán cabida en sus cordiales páginas. Ésta es nuestra sincera verdad.

Simultáneas de Ståhlberg

▌Los días 12 y 13 de abril Gideon Ståhlberg ofrece en la Ciudad de Mendoza y en San Rafael sesiones de simultáneas, con y sin reloj. En estas últimas, fue vencido por Winz y Biava.[60]

▌Entre las actividades para festejar la Semana del Ateneo de la Juventud, se llevó a cabo una sesión de simultáneas a cargo del maestro Gideon Ståhlberg, que obtuvo +22 =4 –0, empatando

---

[58] Héctor Luis González, *50 años de ajedrez en Córdoba*, 1979. *Los Principios*, 1º de marzo de 1946.

[59] *Enroque!!* nº 49/50, marzo-abril 1946, pág. 190, nº 52/3 pág. 236, nº 54/5 pág. 264 y nº 58 pág. 309. *Caissa* nº 83, abril 1946. pág. 63/4.

[60] *Sistema Pereyra y el ajedrez mendocino*, op. cit., pág. 123.

después de tres horas y cuarto, frente a Raúl Rodríguez Ponte, Américo Castro, O. Gutiérrez y Jorge Furtado, que recibieron sendos banderines con las insignias de la entidad. El maestro Ståhlberg fue obsequiado con una de las medallas de *vermeil* y esmalte que se habían reservado para quienes le vencieran.[61]

Gregorio Brunstein, gana el Campeonato de 2ª Categoría

▌Con excepcional inscripción se inicia hoy a las 21 el Torneo de Nacional de 2ª Categoría, organizado por la FADA. En un éxito sin precedentes, que ha reunido a 40 representantes seleccionados de 12 entidades afiliadas. El Torneo Nacional de segunda categoría organizado por la FADA. Dado el número de inscriptos, el certamen ha sido dividido en cinco grupos, que se jugarán en el Club Caissa –L. Sáenz Peña 720 U.T. 38 8605–, Asociación Nueva Argentina –Viamonte 2561 U.T. 47 1284–, Club San Lorenzo de Almagro –Avenida La Plata 1674 U. T. 60 2139–, Círculo de Villa Crespo –Corrientes 5583 U. T. 54 7901– y Club Atlético Huracán –Caseros 3159 U. T. 61 0757–.

Los 40 jugadores representan además a la Federación Suburbana del Sur, Club Ríver Plate, Asociación Cristiana de Jóvenes, Club Lanús, Círculo La Regence, Círculo de Villa del Parque y Círculo de Villa Raffo. Los dos primeros de cada grupo clasificarán a la final. Se jugará los martes y viernes a las 21.[62]

▌Diez finalistas juegan el Torneo Nacional de 2ª Categoría, clasificados en los grupos preliminares, dos por cada uno. Son ellos Humberto Gómez (Nueva Argentina), José Sassón (Club Lanús), Raúl Belinco y Mario Vermeulen (Villa Crespo), Alberto Alecio (Ríver Plate), Roberto Raffo y Jacobo Schapces (San Lorenzo), Antonio Garritani (La Regence), Gregorio Brunstein (Club Huracán), Bernardo Wexler (Villa del Parque). Las nueve rondas de la final se disputarán en seis instituciones: San Lorenzo, Nueva Argentina, Villa Crespo, La Regence, Huracán y Villa del Parque.[63]

▌Gana Gregorio Brunstein, del Club Huracán, el Torneo Nacional de 2ª Categoría. Quedó segundo Roberto Raffo, del Club San Lorenzo, tercero Bernardo Wexler, del Círculo de Villa del Parque y cuarto Mario Vermeulen, del Círculo de Villa Crespo. Estos valores han obtenido el derecho a intervenir en el próximo Torneo de Selección, en calidad de condicionales. Las posiciones finales fueron: Gregorio Brunstein 7½/9 (+7 =1 –1); Roberto Raffo y Bernardo Wexler 6 (+5 =2 –2); Mario

Un torneo de 2ª categoría multitudinario.
El Mundo, 23 de abril de 1946

---

[61] *El Mundo*, 26 de octubre de 1946.
[62] *La Nación*, 23 de abril de 1946. *El Mundo*, 23 de abril de 1946.
[63] *El Mundo*, 8 de junio de 1946.

Vermeulen 5½ (+4 =3 –2); Antonio Garritani (+4 =2 –3) y Humberto Gómez (+5 =0 –4) 5; Raúl Belinco (+3 =2 –4); Jacobo Schapces (+3 =1 –5) 3½; José Sassón (+2 =1 –6) 2½ y José Alecio sin puntos. Todo el desarrollo del certamen insumió dos meses y medio, desde el 23 de abril hasta el 8 de julio.[64]

Club Editorial Haynes

■ Las autoridades del Club Editorial Haynes invitan a sus asociados al lunch que se realizará en su sede social, Bogotá 115, hoy a las 19,30, en atención al presidente honorario, señor Harry Wesley Smith, y al señor Hanley A., Cole, Administrador General de la Empresa Haynes, por el amplio apoyo brindado en la adquisición de la sede propia. En la misma reunión se entregarán los premios ganados por el equipo de ajedrez en los concursos de la Federación Comercial de Deportes durante la temporada de 1945, así como de tenis y bochas.[65]

Bernardo Wexler entre los diez finalistas de 2ª categoría.
El Mundo, 8 de junio de 1946

Festejos en la Asociación Nueva Argentina

■ Con motivo de cumplirse el X Aniversario de fundación de la Asociación Nueva Argentina, la institución organizó, entre otras actividades, un torneo relámpago por equipos, compuesto por dos jugadores de 2ª, dos de 3ª y dos de 4ª categorías. Ganó la Sociedad Hebraica Argentina, con 44/60, y le siguieron el equipo organizador con 36½; Club Huracán 30; Club San Lorenzo 25½; Club Caissa 24 y Círculo de Liniers 21.[66]

Lipiniks vence a Bartís y es campeón de Nueva Argentina

■ Se inició el *match* que por el título individual de la Asociación Nueva Argentina sostienen Gustavo Bartís, su actual poseedor, y Leonardo Lipiniks, su desafiante. Se jugará a seis partidas, a disputarse lunes y viernes desde las 20.30. El primer resultado ha sido favorable a Bartís, que conduciendo las negras se impuso en la 40ª jugada. En el segundo venció el desafiante, siendo el resultado actual 1:1. Finalmente se impuso con comodidad Lipiniks.[67]

Match por el Campeonato de la Asociación Nueva Argentina 1946

	Participantes		1	2	3	4	5	Pts.
1	Lipiniks, Leonardo	+241	0	1	1	1	1	4.0/5
2	Bartís, Gustavo	–241	1	0	0	0	0	1.0/5

[64] *El Mundo*, 8 de julio de 1946.
[65] *El Mundo*, 8 de julio de 1946.
[66] *El Mundo*, 8 de julio de 1946.
[67] *El Mundo*, 30 de abril de 1946.

Jacobo Bolbochán, de gira por Córdoba

El notable ajedrecista Argentino Jacobo Bolbochán ha iniciado una gira por el interior, presentándose en Río Cuarto, invitado por el Gorriones Rugby Club, donde desarrollará un intenso programa de simultáneas, conferencias y *matches* con reloj. De esa ciudad pasará a otras localidades cordobesas, donde era esperado la primera semana de este mes[68].

"El Campeonato Mundial de ajedrez se disputará en Argentina". TRAPALANDA

Participarían Botvínnik y las grandes figuras del ajedrez actual. Son legión los aficionados al ajedrez que hay en nuestro país. A todos ellos les vamos a dar una noticia que los entusiasmará: ¡el Campeonato Mundial se va a jugar este año o el venidero en la Argentina! En Buenos Aires o en Mar del Plata, pero dentro del territorio nacional. ¿Será posible? ¿qué no? ¿No se disputó ya el histórico *match* Capablanca – Alekhine en 1927 en el Club Argentino? ¿Por qué no habría de repetirse 20 años después? Tenemos que sacarnos de la cabeza la vieja frase de que la Argentina es el país del trigo y de la carne. Sí lo es, y bien que el mundo lo necesita ahora. Pero, además, cabe en su territorio privilegiado y en las preferencias de su pueblo joven las más elevadas manifestaciones culturales, intelectuales y artísticas.

Perfectamente. Pero ¿cómo financiarlo? Se necesitará mucho dinero, y la FADA no podría hacerlo por sí misma. Pero sabemos que se han entablado conversaciones para que sea la Lotería Nacional la encargada de financiarlo. No le faltarían fondos para ello, y el campeonato serviría de magnífico vehículo de propaganda para la Argentina intelectual. País de trigo, de la carne, de la mente. América del Sur presentará dos candidatos: uno radicado en Brasil, Erich Eliskases, que ya ha pedido la ciudadanía brasileña, y otro radicado en la Argentina, el maestro polaco Miguel Najdorf. Es probable que la Argentina pueda incluir también un maestro local, que podrían ser Herman Pilnik o Carlos Guimard.[69]

¿El Campeonato Mundial se jugará en Argentina? *Clarín*, 18 de mayo de 1946

---

[68] *El Mundo*, 8 de mayo de 1946.
[69] Primera manifestación explícita del discurso propagandístico peronista, y precursora de las futuras notas de este mismo autor en *Noticias Gráficas*. Amílcar Celaya, *Clarín*, 18 de mayo de 1946. ¡Típico TRAPALANDA argentino!

Rossetto, de gira por Santa Fe

En gira por varias ciudades de la Provincia de Santa Fe se ha presentado el excampeón argentino, Héctor Rossetto, actuando en varias localidades afectas al juego ciencia como Rafaela y Santa Fe. En el Círculo Italiano de esta ciudad jugó una serie de siete partidas simultáneas cronometradas, venciendo a Alfredo Mottironi, José Pinter y Juan Nikitenko, haciendo tablas con Agustín Pettinari, Carlos Bahamonde, Eusebio Díaz y José Gallegos. Intervino luego en un torneo relámpago, logrando 12/14, perdiendo con Nikitenko y Passero.[70]

Renovó su CD el Club Argentino

De acuerdo con la primera reunión realizada en la nueva sede social de Arenales 1626, ha quedado constituida así: Ricardo Mazzini, presidente; Joaquín Gómez Masía, vicepresidente; Raúl Cruz, Paulino Alles Monasterio y Roberto Caviggioli, secretarios; Juan J. Lascestremere, tesorero; Guillermo Puiggrós, protesorero; Enrique Ibáñez, Julio Casco, Enrique Huergo, Alfredo Saravia, Ovidio Barrancos, Jorge Passicot, A. Ugalde Portela, Adolfo España Solá y Mario Rodríguez Laredo, vocales.[71]

Nuevos libros de ajedrez

Aparecen el libro del Torneo de Groninga 1946, por Palau y Skalicka, y el Torneo Internacional del Círculo de Ajedrez de 1939, por Miguel Czerniak.

Ajedrez en la revista *Vea y Lea*

La conocida revista *Vea y Lea* incorporó, a partir del 30 de octubre, una sección de ajedrez, que en su primera edición estuvo a cargo del conocido maestro Carlos Portela, y luego del gran maestro sueco Gideon Ståhlberg.[72]

La revista *Vea y Lea* incorpora una columna de ajedrez, 30 de octubre de 1946

Confirmó Rusia que su ajedrez es el mejor del mundo

Los maestros norteamericanos, que para desquitarse viajaron a Moscú, cayeron derrotados 12½:7½. La primera partida que disputaron Keres y Fine no se conoce en el país. *CLARÍN* la ha obtenido del doctor Adolfo J. Seitz, el más célebre de los periodistas que en el mundo se han especializado en ajedrez. Gracias a sus buenos oficios, nos hallamos en condiciones de ofrecer esta extraordinaria primicia a nuestros lectores aficionados al juego ciencia.[73]

Frydman gana en el Salón Rex

En un restaurant central un grupo de amigos, admiradores y participantes del Torneo Extra del Salón Rex, recientemente ganado por el maestro Paulino Frydman, se reunieron para agasajarle con motivo de su triunfo fuera de concurso, en el que terminó invicto.[74]

---

[70] *El Mundo*, 15 de mayo de 1946.
[71] *El Pueblo*, 24 de julio de 1946.
[72] *Vea y Lea*, 30 de octubre de 1946.
[73] *Clarín*, 28 de setiembre de 1946.
[74] *El Mundo*, 26 de octubre de 1946.

Feigins y Rebizzo en el Club Huracán (FADA)

Destácase Movsa Feigins en el torneo de primera categoría de Huracán. En la sala de ajedrez de la institución ha comenzado, este torneo, en el que intervienen, además del maestro letón Movsa Feigins, los jugadores de la categoría superior de la FADA, Cayetano Rebizzo y Osvaldo Montiel, y de primera categoría, Ricardo Rivarola y Gregorio Brunstein. Completan la nómina E. Álvarez, Fernando Casas, Abraham Eliaschev, Lorenzo Álvarez y Luis Caramés, elementos animosos para los que se brinda una espléndida oportunidad de progresar alternando con elementos avezados. Los resultados registrados en las cuatro primeras rondas fueron:

1ª ronda: E. Álvarez 0:1 Feigins; Caramés 0:1 Casas; Rebizzo ½:½ L. Álvarez; Eliaschev ½:½ Montiel; Rivarola 1:0 Brunstein.

2ª ronda: Feigins 1:0 Brunstein; Montiel 1:0 Rivarola; L. Álvarez 0:1 Eliaschev: Casas 0:1 Rebizzo; E. Álvarez 1:0 Caramés.

3ª ronda: Caramés 0:1 Feigins; Rebizzo 0:1 E. Álvarez; Eliaschev 0:1 Casas; Rivarola 1:0 L. Álvarez; Brunstein ½:½ Montiel.

4ª ronda: Feigins 1:0 Montiel; L. Álvarez 0:1 Brunstein; Casas ½:½ Rivarola; Caramés 0:1 Rebizzo; E. Álvarez ½:½ Eliaschev.

Feigins tiene 4/4; Casas, Rebizzo, Rivarola y E. Álvarez 2½; Montiel y Eliaschev 2; Brunstein 1½; L. Álvarez 1 y Caramés 0.[75]

Feigins y Rebizzo, primeros en Huracán.
El Mundo, 3 de octubre de 1946

Entre fines de setiembre y principios de octubre, el Club Atlético Huracán organizó su torneo de primera categoría, que fue ganado por Movsa Feigins y Cayetano Rebizzo con 7½/9, seguidos por Fernando Casas 6½; Abraham Eliaschev 5½; Osvaldo Montiel 5; Ricardo Rivarola 4½; Gregorio Brunstein y Enrique Álvarez 3½; Luis Álvarez ½; Luis Caramés sin puntos.[76]

Conflicto en Córdoba: 14 suspensiones

La Federación Cordobesa de Ajedrez, a través de su secretario, Raúl Ramírez Capdevila, ha publicado una nota con estos párrafos:

** Hace cuatro años se realizó el Congreso de Ajedrez de la Provincia de Córdoba, formándose las Asociaciones Departamentales afiliadas, y se aprobó el estatuto.

** Las asociaciones organizaron sus propios torneos, surgiendo de ellos los verdaderos valores en actividad.

** Con motivo de la Quincena de Turismo, la Federación Cordobesa propuso la realización de un torneo por el título provincial. El certamen tendría que estar sujeto a las probabilidades que brindara una suma que no pasaba de $ 1000, con los alojamientos para diez jugadores durante diez días. Acep-

---
[75] *El Mundo*, 3 de octubre de 1946. No pudieron obtenerse más datos de este torneo.
[76] *El Ajedrez Argentino* 2ª época nº 1, pág. 8.

tadas estas condiciones, se redactó el reglamento del Torneo de Campeones, ajustándolo a las posibilidades prácticas. En consecuencia, la prueba no podía ser de inscripción libre, ni por eliminación, ni por grupos. Cada campeón y subcampeón departamental surgido del último Torneo Mayor, tendría derecho a inscribirse en el Torneo de Campeones. Con respecto a que la ciudad de Córdoba debe tener mayor representación por contar con mayoría de entidades, ello no demostraría que son los mejores.

** A raíz de este último punto, los jugadores de la ciudad de Córdoba emitieron un comunicado en que expresan que esa resolución es inaceptable, y que debe permitirse que puedan hacerse más inscripciones. A resultas, la Federación Cordobesa suspendió a 14 de los principales ajedrecistas por tres años, a saber: Jorge Emiliani, Eduardo Secchi, Rodolfo A. Redolfi, Jorge Mario Lagos, Máximo Ramadán, Manuel Román, Jaime Kohan, Fernando Arraya, Ricardo Strasser, Pompilio Olmedo, Abel Ramírez Capdevila, Basilio Kaputensky, Juan P. Dublanc y Ciro Colleoni. Esta medida provocará probablemente la división del ajedrez cordobés, ya que los jugadores suspendidos podrían formar otra Federación.[77]

Club Nacional de Montevideo – Club Jaque Mate (AMDA)

Hoy se realizará en Montevideo un encuentro ajedrecístico internacional entre un conjunto representativo del Club Nacional y un equipo del Club Jaque Mate, que recientemente conquistó el Campeonato de 4ª Categoría de la AMDA. Está integrado por Antonio Adámoli, Agustín Robledo, Juan Etcheverry, Benjamín Pascolat, Rodolfo Casas, Ernesto Casas y Armando Huguet. Además, jugarán una partida los campeones de ambas entidades, Fernando Casas y Pacífico Rodríguez.[78]

Peñarol vence a Ríver Plate 6:5

En la sede del Club Ríver Plate se llevó a cabo el cotejo entre los primeros equipos de ajedrez del local con el Club Peñarol, de Montevideo, concertándose a partida y desquite. La entidad uruguaya se impuso por 6:5, con estos resultados parciales:[79]

1ª Ronda

	Club Peñarol	3½:1½	Club Ríver Plate
1	Carlos Hounie Fleurquin	1:0	Horacio Pazos Gramajo
2	Ángel Pons	½:½	Pedro Aguilar
3	Emilio Rubio	½:½	Á. Álvarez
4	Alejandro Muñiz	1:0	Enrique Cella Irigoyen
5	P. Aguilera	½:½	Ariel Fernández

2ª Ronda

	Club Peñarol	2½:3½	Club Ríver Plate
1	Luis Roux	0:1	Renato Sanguinetti
2	Carlos Hounie Fleurquin	½:½	Héctor Beretta
3	Ángel Pons	½:½	? Boulain
4	Emilio Rubio	½:½	Horacio Pazos Gramajo
5	Alejandro Muñiz	0:1	Á. Álvarez
6	P. Aguilera	1:0	Enrique Cella Irigoyen

[77] *El Mundo*, 3 de octubre de 1946. *La Nación*, 23 de octubre de 1946.
[78] *La Prensa*, 12 de octubre de 1946.
[79] *El Mundo*, 18 de octubre de 1946.

Rossetto y Jacobo Bolbochán en Bahía Blanca

En octubre Rossetto y Jacobo Bolbochán realizaron una serie de exhibiciones en la ciudad de Bahía Blanca y zonas aledañas. Rossetto jugó en los clubes Bella Vista, Dublín, YPF y Pueyrredón, perdiendo una sola partida ante Héctor Porte; además jugó contra 4 equipos en consulta de tres jugadores de primera categoría cada uno, obteniendo +3 =1 –0, entablando con Cuadrado–Galfón–Saavedra. En tanto, Jacobo Bolbochán se presentó en el Círculo de Bahía Blanca, en el Club Rosario Puerto Belgrano de Punta Alta y en la localidad de Médanos.[80]

Ståhlberg en el Club Argentino

Con el objeto de efectuar práctica de ciertas variantes, fue contratado el maestro Gideon Ståhlberg para jugar partidas en consulta, por parejas integradas por jugadores de 1ª categoría. En la primera partida jugaron Ståhlberg – Matías Calandrelli contra Luis Piazzini y Guillermo Puiggrós. El tema fue la variante 13.D3A de la Defensa Eslava.[81]

Un novedoso torneo por teléfono

En mayo y junio se juega un novedoso torneo en consulta, por teléfono y por equipos. Participan cinco equipos, venciendo el Club Cristalerías Rigolleau con 7/8; luego siguieron el Círculo de Ajedrez 5½; Club Jaque Mate 3½; Círculo de Vélez Sarsfield 3 y Club Social Ameghino 1. El equipo ganador se integró con Jorge Pelikán, Emilio Dodero y Alfredo Espósito. Los jugadores de cada equipo jugaban en sus propios clubes, y pasaban las jugadas a sus rivales por teléfono.[82]

Miguel Czerniak en el Círculo de Ajedrez (AMDA)

En los salones del Círculo de Ajedrez, Cerrito 1241, dará esta tarde a las 18 una conferencia el conocido maestro Miguel Czerniak, quien se referirá a diversos temas de estrategia en ajedrez. Corresponde al ciclo de conferencias iniciado por la entidad, iniciado la semana anterior por Alejandro Nogués Acuña. Próximamente se presentarán Luis Palau y Atilio Laguzzi. Las exhibiciones se realizarán todos los sábados a las 18, y las autoridades del Círculo organizador han dispuesto permitir la entrada libre a todos los aficionados que acrediten pertenecer a entidades afiliadas a la Asociación Metropolitana.[83]

Najdorf en el Círculo de Ajedrez (AMDA)

También en junio la revista *Caissa* publica un artículo titulado *El Campeonato Mundial*. En los salones del Círculo de Ajedrez, Cerrito 1241, dará hoy por la tarde una conferencia el destacado maestro Miguel Najdorf, actual poseedor del título mundial de partidas a ciegas. Su brillante campaña en nuestro país lo acredita

Miguel Najdorf Dará Una Conferencia en el Círculo de Ajedrez

En los salones del Círculo de Ajedrez, Cerrito 1241, dará hoy por la tarde una conferencia el destacado maestro de ajedrez Miguel Najdorf, actual poseedor del título de campeón mundial de partidas a ciegas y cuya brillante campaña en nuestro país, donde ha ganado trece torneos internacionales de los quince disputados, lo acreditan indiscutiblemente como el mejor de los ajedrecistas radicado en esta parte del continente.

En su exposición de hoy se referirá el maestro a diversos aspectos de determinadas aperturas, ilustrando su disertación con varios ejemplos instructivos.

La exhibición se realizará hoy a las 18, y las autoridades del Círculo organizador han dispuesto permitir entrada libre a todos los aficionados que acrediten pertenecer a entidades afiliadas a la Asociación Metropolitana de Ajedrez.

Corresponde esta conferencia a la serie que se está desarrollando en el Círculo de Ajedrez y en la que colaboran varios jugadores conocidos pertenecientes a la entidad, como Alejandro Nogués Acuña, Miguel Czerniak, Luis Palau, Vicente Vuskovic y Atilio Laguzzi.

Conferencia de Najdorf en el Círculo, desafiando la amenaza de sanciones de la FADA
La Prensa, 22 de junio de 1946

---

[80] *Caissa* nº 90, pág. 282.
[81] *El Mundo*, 6 de noviembre de 1946.
[82] *Revista de la Asociación Metropolitana de Ajedrez* nº 17/18, julio-agosto, pág. 204.
[83] *La Prensa*, 8 de junio de 1946.

indiscutiblemente como el mejor ajedrecista radicado en esta parte del continente. En su exposición de hoy se referirá a diversos aspectos de las aperturas. La exhibición se realizará a las 18, y las autoridades del Círculo organizador han dispuesto permitir la entrada libre a todos los aficionados que acrediten pertenecer a entidades afiliadas a la Asociación Metropolitana.[84]

Francisco Benko, *Cabalgata* ¡y Cortázar!

El 24 de junio aparece el primer número de una revista cultural. Su nombre completo era *Cabalgata, revista Mensual de Letras y Artes*. Tuvo dos años de vida (24 números), hasta julio de 1948. Entre noviembre de 1947 –n° 13– y abril de 1948, Julio Cortázar publicó allí 42 reseñas de libros, muchas firmadas con sus iniciales y algunas con su nombre completo, y su obra *"Lejana"*, en febrero de 1948. Curiosamente, *Cabalgata* ha sido ignorada por los biógrafos de Cortázar, y es una rareza bibliográfica: está ausente incluso en las grandes bibliotecas argentinas. Tenía un formato similar al del diario Clarín de hoy. Estaba pensada para el público argentino y americano. No tenía un director renombrado, aunque su calidad era similar a la de *Sur* o *Realidad*.

Desde octubre de este año, publica en cada número una nota de ajedrez, con la firma de Francisco Benko. Era una época muy sensible a los acontecimientos de la Guerra Mundial, y en las primeras notas Benko se refirió a las muertes de Karel Treybal y David Przepiorka en campos de concentración nazis. Luego publicó partidas comentadas, problemas y finales, muy en su estilo.[85]

Nota de Francisco Benko en la revista *Cabalgata*

I Campeonato Metropolitano (AMDA)

También en junio la revista *Caissa* publica un artículo titulado *El Campeonato Mundial*. El 7 de julio se inició el I Campeonato Metropolitano, organizado por la disidente Asociación Metropolitana, que se jugó en varias de las instituciones afiliadas: el Círculo de Ajedrez, el Club Cristalerías Rigolleau, el Club Jaque Mate y el Círculo de Vélez Sarsfield. Ganó Francisco Benko, con 11/13, seguido por Czerniak, Pelikán, Reolín, Magee, Grané, Incutto, Lynch, Hand y el resto.[86]

---

[84] *La Prensa*, 22 de junio de 1946.
[85] Libro de recortes de Luis Piñol.
[86] *Revista de la Asociación Metropolitana de Ajedrez* n° 15/16, mayo-junio, pág. 177.

La Regence vende libros

En un aviso publicado en la contratapa de la revista *Enroque!!*, el Círculo La Regence ofrece en venta varios libros de torneos: Viña del Mar 1945, Radio *match* EE. UU. vs URSS, y el Torneo de las Naciones de Buenos Aires 1939, recién editado por Milcíades Lachaga.

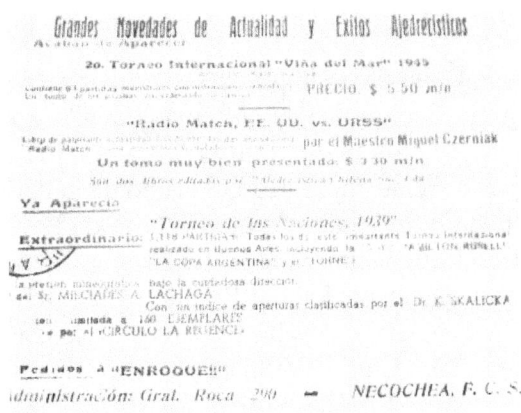

Libros de ajedrez en venta en *Enroque!!*

El Colegio Nacional de Buenos Aires gana el VII Torneo Intercolegial

Con especial entusiasmo ha comenzado la disputa del VII Campeonato Intercolegial organizado por la FADA, con el patrocinio de la Dirección General de Educación Física. Participan 9 equipos: Colegio del Salvador, Escuela Nacional de Comercio nº 5, Colegio Nacional de San Isidro, Colegio Nacional Mariano Moreno, Escuela Industrial Huergo, Colegio Nacional de Buenos Aires, Escuela Normal Nacional Mixta de Quilmes y Colegio Nacional B. Rivadavia.[87]

El Colegio Nacional de Buenos Aires gana el VII Torneo Intercolegial, por ventaja mínima sobre la Escuela Industrial Otto Krause. Obtuvieron 29½ y 29 puntos, respectivamente. Siguieron el Colegio Huergo 23½, Nacional San Isidro 22, Bernardino Rivadavia 20½, Mariano Moreno 20, Comercial nº 5 19½ y Colegio del Salvador 3. Obtuvieron los mejores puntajes individuales Carlos Villanueva (Otto Krause, 5º tablero) 6½/7 y Leonardo Berconsky (Nacional Buenos Aires, 5º) 6½/7. Luego siguieron Rodolfo Jufré (Mariano Moreno, 2º), Héctor Diéguez (Huergo, 3º), Abel Fortunato (Rivadavia, 5º) todos con 6. Se jugó en los locales del Círculo Metropolitano, Centro Asturiano, Círculo de Villa Crespo, y Asociación Nueva Argentina.[88]

Nueva Mesa Directiva de la FADA

Para el período 1946/7 la Mesa Directiva quedó constituida de esta forma: presidente, doctor Carlos Querencio; vicepresidente 1º, Jorge Sanguineti; vicepresidente 2º, Jesús Palacios; secretario general, Osvaldo Canevari; secretario de actas, Francisco Blumetti; tesorero, Luciano Oliber; protesorero, Ovidio Barrancos y bibliotecario, Horacio Pazos Gramajo.[89]

Las revistas siguen su marcha

En agosto aparecieron las revistas ajedrecísticas *Enroque!!* nº 51, que edita en Necochea el aficionado Santiago Oliva, y *Caissa* nº 86, dirigida por el problemista Arnoldo Ellerman.[90]

El Torneo Semana de Turismo en Paraná

La Federación Entrerriana, con el auspicio de la Dirección Provincial de Turismo, organiza el Torneo Semana de Turismo, que tendrá lugar en Paraná entre el 10 y el 17 del mes en curso. Serán invitados 8 jugadores, entre los que se cuenta con la participación de dos destacados maestros residentes en la Capital Federal, tres participantes de Paraná –incluido el campeón, César Corte–, y los campeones de Rosario, Santa Fe y Córdoba.[91]

---

[87] *El Mundo*, 20 de agosto de 1946.
[88] *El Mundo*, 20 de octubre de 1946.
[89] *El Mundo*, 8 de julio de 1946.
[90] *El Mundo*, 13 de agosto de 1946.
[91] *El Mundo*, 1º de agosto de 1946.

Jorge Lagos, ganador del Torneo de la Provincia de Córdoba

Organizado por la Federación y la Asociación Cordobesa, y con el auspicio económico de la Junta Económica de la Semana de Córdoba, se llevó a cabo el Torneo Provincial, que reunió en la Capital Cordobesa a numerosos y calificados adversarios de toda la Provincia. Resultó vencedor, por haberse adjudicado el grupo de ganadores, el doctor Jorge Mario Lagos, después de superar en lucha individual a Julián O'Neill, de Bell Ville, que terminó segundo. En el tercer puesto se clasificó Raúl Espinosa, de Alta Gracia, firme promesa del ajedrez serrano. En el grupo de perdedores se destacaron Horacio Roque Núñez, Juan P. Dublanc, Abel Ramírez Capdevila, Ricardo Strasser, Cleto Negrini, Basilio Kaputensky, José Pohludka y E. Funes Miró. Intervinieron, además, jugadores de La Calera, Villa María, Río Cevallos, y el aficionado de Mendoza, M. Marchevsky.[92]

El Campeonato Superior Rápido (AMDA)

Hoy se Disputará un Campeonato de Ajedrez

En los salones del Círculo de Ajedrez de Vélez Sársfield, Rivadavia 6728, se realizará esta noche a las 21 el campeonato metropolitano de ajedrez rápido, competencia que corresponde al programa oficial de la Asociación Metropolitana de Ajedrez, entidad que otorga al vencedor de dicha prueba el título de campeón de la ciudad de Buenos Aires. Como en años anteriores, la exhibición de esta noche ha suscitado mucho interés por el hecho de que en la misma intervienen destacados jugadores de primera fuerza, figurando, entre ellos, Julio A. Lynch, Jiri Pelikán, Carlos Skalička, F. Benko, Luis Palau, Enrique Falcón, Ángel Reolin, Guillermo Hand, Eduardo Magee, Christián De Ronde, Fernando Casas, Alfonso Adámoli, Alejandro Nogués Acuña, Vicente Vuskovic, Mario Camponovo, Marcial De Gregorio, Arístides Góliz y Joaquín Alonso Díaz.

Alejandro Nogués Acuña, rápido.
La Prensa, 10 y 16 agosto de 1946

En el local del Círculo de Vélez Sarsfield se jugó ayer el Campeonato Rápido de la categoría superior, que anualmente organiza la Asociación Metropolitana, y que siempre constituye una nota sobresaliente en las actividades del año, por la cantidad y calidad de los participantes. Este año intervinieron jugadores representantes del Círculo, el Club Jaque Mate, y la entidad local. Luego de reñida lucha se impuso el actual campeón del Círculo, el Ingeniero Alejandro Nogués Acuña, clasificándose en 2° lugar el veterano Julio Lynch, y el campeón del Jaque Mate, Fernando Casas.[93]

Encuentro internacional por radio

El sábado 19 de setiembre los dirigentes y jugadores de Ferro Carril Sud de Olavarría organizaron un encuentro radial con aficionados de Estados Unidos, que constituyó un hito para la historia del juego ciencia en el país. Por Olavarría jugaron Reynaldo Oscar Taborelli, Alfredo Sosa y Dante Brun, jugando en consulta contra los aficionados de Los Ángeles, California, Estados Unidos, Newcombe, Vorkapich y los hermanos Reinhardt (hijos del famoso productor cinematográfico Max Reinhardt). Luego de 5h. 45m., la partida fue declarada tablas. Posteriormente, en noviembre y diciembre volvieron a enfrentarse. El primero se realizó entre el 2 y el 16 de noviembre de 1946 a 4 tableros, con el siguiente resultado: Ferro C. Sud 3:1 Los Ángeles (Reynaldo O. Taborelli ½:½ Vorkapich, A. Sosa ½:½ E. Davis, Dante A. Brun 1:0 W. Newcombe y Carlos Grigera 1:0 Weiss). El segundo enfrentamiento fue en diciembre de 1946, imponiéndose Ferro Carril Sud por 2:1.

Actuó como asesor de los norteamericanos el maestro internacional Herman Steiner. Jugaron para los albicelestes los jugadores Alfredo Sosa, Carlos Grigera y Dante Américo Brun. Todo esto fue posible merced a los buenos oficios del señor Reynaldo Alfieri, que con su poderosa estación de onda corta LU8 EE, estableció enlace con la emisora de Los Ángeles, California W6WYC de su colega señorita Dorothy Newcombe. Ofició de traductor el joven Mario Enrique Alfieri.[94]

---

[92] *El Mundo*, 1° de agosto de 1946.
[93] *La Prensa*, 10 y 16 de agosto de 1946.
[94] *Historia del Ajedrez en Olavarría*, Biblioteca Mundial Deportiva, Oscar H. Guffanti, julio de 1999. *El Mundo*, 22 de enero de 1947.

Capítulo 5

LOS ÚLTIMOS DÍAS DE ALEKHINE

Botvínnik desafía a Alekhine

▪ El campeón ruso Mikhail Botvínnik ha desafiado al poseedor del título de campeón mundial, doctor Alexander Alekhine, a realizar un certamen (*match*) para lo cual ofrece la suma de 2.500 libras esterlinas oro, según anunció hoy el presidente de la Federación Británica, quien agregó que el desafío ha sido aceptado y concertado.[95] La carta del 4 de febrero decía así:

Señor Alejandro Alekhine:
    Lamento que la guerra haya impedido la organización de nuestro *match* en 1939. Pero por el presente desafío nuevamente a usted para realizar un *match* por el Campeonato Mundial. Si acepta usted, una persona autorizada por mí mismo y el Club de Ajedrez de Moscú, efectuarán las negociaciones pertinentes con usted o su representante, para concertador las condiciones, la fecha y el lugar dónde deberá realizarse el *match*, preferiblemente por intermedio de la Federación Británica de Ajedrez. Espero su respuesta, en la que le agradecería consignara sus ideas acerca de la fecha y el lugar del *match*. Le ruego enviar una contestación telegráfica, con posterior confirmación por carta, al Club de Moscú.
    Firmado: Botvínnik[96]

Alekhine parte para Londres para jugar con Botvínnik

▪ Alejandro Alekhine, que reside en España desde hace varios años, partió hacia Lisboa en viaje hacia Londres, donde pondrá en juego su título de campeón mundial ante el maestro soviético Mikhail Botvínnik. Alekhine expresó que espera la prueba con ánimo, aunque no tiene excesivo optimismo, ya que "Botvínnik es un gran jugador, capaz de inspirar respeto al más valiente". El *match* tendrá como recompensa un premio de 100.000 pesetas, alrededor de $ 33.000 argentinos.[97]

▪ Dos rusos disputarán en Londres por el cetro del ajedrez mundial. El uno es Gospodín Alekhine,[98] el otro es Tovarish Botvínnik.[99]

Alekhine viaja a Londres.
La Nación, 8 de marzo de 1946

---

[95] *El Mundo*, 4 de marzo de 1946.
[96] Francisco Lupi, *Leoplán*, 4 de setiembre de 1946.
[97] Agencia AP, *La Nación*, 8 de marzo de 1946. *El Mundo*, 6 de marzo de 1946.
[98] Aristócrata.
[99] Camarada. *Clarín*, 13 de marzo de 1946.

Gospodín versus Tovarish. *Clarín*, 13 de marzo de 1946

La situación de Alekhine para defender su título frente a Botvínnik

Los ajedrecistas de Estados Unidos quedaron sorprendidos al conocer la noticia de que el campeón mundial Alekhine estaba dispuesto a disputar su título con el joven maestro soviético Mikhail Botvínnik. La noticia del *match* propuesto procede de Lisboa, donde se anunció que los dos rusos, uno rojo y otro blanco, se encontrarán frente al tablero en la capital británica. La información produjo también sensación en los medios ajedrecísticos de los Estados Unidos, porque Alekhine, que huyó de la Revolución de 1917, ha sido acusado de haber colaborado con los alemanes durante la ocupación de Francia.

Sin embargo, la noticia de que el rojo Botvínnik aceptó jugar con Alekhine será suficiente para que la acusación de colaboracionismo contra el campeón sea reconsiderada. Fred Reinfeld, crítico de ajedrez y director de la conocida revista *Chess Review*, dijo que tanto él como la mayoría de los aficionados norteamericanos apostarían seguramente por el joven Botvínnik. Respecto a las acusaciones hechas contra Alekhine en el sentido de haber colaborado con los nazis, expresó que serían dejadas a un lado, ya que la URSS no ha puesto dificultades para que su joven campeón vaya a Londres a disputar el título mundial, y es natural que las demás naciones aliadas no se opongan al encuentro.

Nathan Halpern, competidor veterano de los torneos del Marshall Chess Club es de opinión de que, si los rusos han aceptado el *match*, los cargos contra Alekhine deben ser desechados totalmente. Sin embargo, sugirió que la postura de los rusos en este caso se debe probablemente a los deseos de obtener el Campeonato Mundial.[100]

La amistad de Alekhine con el doctor Frank

En las últimas semanas, el pesar, la salud y la pobreza aplastaron a Alekhine por completo. Algunos de nosotros, desesperados, decidimos hacer un nuevo llamamiento a su esposa.

Le escribimos:

> Desde su llegada aquí, hace un mes, su esposo ha estado en una situación imposible, enfermo, sin recursos materiales, y viviendo virtualmente de la caridad en una pensión de Estoril.

Pasaron los días, y nada sucedió. Alekhine pasaba el tiempo en la cama, o paseando por su habitación como un león en su jaula. Una tarde le pregunté cómo era que había recibido tantas atenciones y privilegios de los alemanes, y en los países ocupados por los alemanes. Me reveló que eso derivaba de un antiguo conocimiento con el notorio doctor Frank, el opresor de los checos, que era un entusiasta aficionado al ajedrez, y que tenía una de las bibliotecas más completas del juego que él hubiese visto. Me dijo nerviosamente:

El *match* Alekhine – Botvínnik según los norteamericanos. *La Nación*, 16 de marzo de 1946)

> Al principio se mostró muy generoso conmigo, pero luego comenzó a mostrar sospechas, especialmente después que se enteró de un comentario que hice sobre la ejecución de Przepiorka, un jugador judío que había entrado en un café de Praga *verboten* (prohibido) para los judíos. **Tal vez, algunos de mis colegas no comprendan que tuve que actuar discretamente para conservar la vida.**

Quince días antes de su muerte me llamó por teléfono para preguntarme lleno de tristeza, si quería trabajar con él en unos "comentarios sobre las mejores partidas del Torneo de Hastings", añadiendo:

Estoy completamente sin dinero, y necesito ganar algo para comprar cigarrillos.[101]

Un discurso de Churchill frustra el *match* Alekhine – Botvínnik

Unos cuantos días después, cuando Alekhine había pedido ya a Mr. Dumont, director de la British Chess Magazine de Londres que fuese su representante, ocurrió algo que parecería fuera de lugar comentar aquí. Mr. Winston Churchill pronunció su sensacional discurso en Fulton, Estados Unidos.[102]

---

[100] William Steel, *Agencia INS, La Nación*, 16 de marzo de 1946.
[101] Francisco Lupi, *Leoplán*, 4 de setiembre de 1946. El autor se refiere a Hans Frank, gobernador nazi de Polonia 1939/34, que fue colgado el 18 de octubre de 1946. Había dicho: "Polonia será tratada como una colonia; los polacos serán esclavos del Gran Reich Alemán".
[102] Francisco Lupi, *Leoplán*, op. cit.

Dijo Churchill el 5 de marzo de 1946:

> Desde Stettin, en el Báltico, a Trieste, en el Adriático, ha caído sobre el continente un telón de acero. Tras él se encuentran todas las capitales de los antiguos Estados de Europa central y oriental, todas estas famosas ciudades y sus poblaciones y los países en torno a ellas se encuentran en lo que debo llamar la esfera soviética, y todos están sometidos, de una manera u otra, no sólo a la influencia soviética, sino a una altísima y, en muchos casos, creciente medida de control por parte de Moscú. Por cuanto he visto de nuestros amigos los rusos durante la guerra, estoy convencido de que nada admiran más que la fuerza y nada respetan menos que la debilidad. Es preciso que los pueblos de lengua inglesa se unan con urgencia para impedir a los rusos toda tentativa de codicia o aventura.

Esto implicaba el nacimiento de la guerra fría. La Unión Soviética era considerada como un enemigo. Por lo tanto, Gran Bretaña ya no estaría interesada en un *match* entre Alekhine y un ruso. Tan pronto como Alekhine lo leyó en los diarios, me telefoneó, pidiéndome que fuese a verle inmediatamente. Cuando llegué estaba sentado en un sillón, completamente desmoralizado. Exclamó:

> ¿Ve lo desgraciado que soy? El mundo no tiene cordura, y va hacia otra guerra. Estoy seguro de que mi *match* con Botvínnik no será posible jamás.

A la 1 de la madrugada del viernes 22 de marzo, cuando subía la escalera de mi apartamento en Lisboa, vi a alguien inclinado contra la puerta, a quien no tardé en reconocer como mi amigo. Cuando estuve junto a él, me aferró nerviosamente los brazos, y me dijo:

> Lupi, la soledad me está matando. ¡Quiero vivir! Debo sentir la vida a mi alrededor. Ya he gastado el piso de mi habitación de tanto pasearme. ¡Lléveme a cualquier club nocturno!

Esa fue la última vez que sintió la fuerza dinámica vital dentro de él. Mientras la orquesta ejecutaba tangos melancólicos, me sentí enfermo al contemplar la sombra de quien había sido otrora el jugador de ajedrez más grande de todos los tiempos. Conversamos nuevamente del *match* con Botvínnik. ¿Podría realizarse, después de todo? Era muy tarde cuando nos separamos, y esa fue la última vez que lo vi con vida.[103]

Alekhine no es invitado al Torneo de Londres, enero de 1946

Fui invitado al Torneo de Londres. Era duro para mí tener que decírselo a Alekhine. Yo iba a ir, pero él, el campeón mundial, no. Sin embargo, antes de mi partida, jugamos un *match* de cuatro partidas, y Alekhine, pese a jugar bajo un aplastante hándicap psicológico, ganó 2½:1½. Cuando partí para Inglaterra, Alekhine no había recibido ninguna carta importante por la cual pudiera juzgar acertadamente lo que pensaba de él el mundo del ajedrez. De modo que antes de partir le prometí que sondearía en Londres las opiniones de los maestros que intervenían en el torneo, sus antiguos colegas de tantos países. Un día antes de terminar la competición, los maestros Euwe y Denker convocaron a una asamblea para juzgar el caso Alekhine.

Entre los presentes, además de los nombrados, estaban sir George Thomas, el doctor Ossip Bernstein, el doctor Tartakower, Liszt, Friedmann, Medina, Abrahams y Steiner. La reunión fue bastante agitada, y puede comprenderse fácilmente que los judíos presentes se mostrasen muy

---

[103] Francisco Lupi, *Leoplán*, 4 de setiembre de 1946.

resentidos. Debo decir, sin embargo, que la actitud de Euwe y Denker fue muy severa y digna. Parecían comprender la responsabilidad de juzgar a un hombre por la vida profesional mientras se hallaba a muchos kilómetros de distancia. Al final, la cuestión fue pasada a la FIDE, pidiéndose a Alekhine que se presentara ante sus propias autoridades ajedrecísticas francesas para defenderse de las acusaciones que se formulaban contra él. Cuando volví a Lisboa, encontré a Alekhine muy dispuesto a seguir esa indicación. Pidió inmediatamente una *visación* francesa. Pero murió antes que se la concedieran.[104]

El fallecimiento de Alekhine

El 24 de marzo fallece Alekhine en Estoril, Portugal, y la noticia corre como reguero de pólvora por la mayoría de los diarios y revistas. Paulino Alles Monasterio escribe en *Mundo Deportivo* nº 3 del 5 de mayo de 1949:

> Preocupa a la servidumbre de un hotelucho de Lisboa que el doctor Alekhine, campeón mundial de ajedrez, no haya dejado su pobre habitación, a pesar de lo avanzado de la hora de la tarde. Golpean a la puerta y nadie responde. Fuerzan la entrada y sorprende a todos un cuadro trágico. Sentado frente a los restos de la cena de la noche anterior, y teniendo a su lado un tablero con las piezas colocadas, yace sin vida el Gran Maestro, cuya salud, minada por el alcohol y una vida disipada, era ya muy precaria.
>
> Se le practica la autopsia y ésta arroja otra sorpresa. Alekhine ha muerto asfixiado por un trozo de carne que se le desvió al conducto respiratorio. Había cumplido 53 años. El Gran Maestro ha dejado de existir en la más extrema miseria, repudiado por su última esposa, por su país de nacimiento –Rusia– y por su país de adopción –Francia–. Los amigos de Alekhine visitaron al embajador francés para que la Embajada contribuyese al sepelio del compatriota ilustre. Pero la respuesta del embajador no pudo ser más cortante:
>
> ¡Francia no quiere saber nada con los traidores!

Alles Monasterio alude a los datos conocidos en la época, es decir, a la "versión oficial". Es difícil creer que, si Alekhine murió asfixiado, pueda haberlo hecho quedando en una posición de sentado y con la mesa ordenada. Cualquier médico diría hoy que ese tipo de fallecimientos se produce luego de profundas convulsiones, que harían imposible que permaneciera en esa posición. Más modernamente se ha especulado con una muerte ocasionada por causas diferentes, incluso de un asesinato producido por vengadores franceses.

El Gráfico nº 1395 del 5 de abril, publica una extensa necrológica, ilustrada con varias fotos. En una de ellas se destaca: *Esta es la única foto en la que Alekhine aparece riendo*. La hazaña de haber vencido la invariable hosquedad del campeón mundial le corresponde a don Alberto Daroqui, es presidente del Club Argentino. A su vez, *Noticias Gráficas* decía:

> Ha muerto Alekhine, el genio del ajedrez. Condenado a muerte por Lenin, perseguido por la *Cheka*, colaboracionista con los nazis, borracho y genial: todo eso era el maravilloso ajedrecista muerto. Envuelto en los odios que él mismo había sembrado, viejo y decadente, iba a perder en Londres su Campeonato del Mundo, que era toda la razón de su existencia. La muerte lo salvó de la indignada reacción del mundo, y de los hombres a quienes él había vejado con desatada e inexplicable pasión.[105]

---

[104] Francisco Lupi, op. cit.
[105] Amílcar Celaya, *Noticias Gráficas*, 24 de marzo de 1946. Notas del autor.

Interpretación de la muerte de Alekhine. *Noticias Gráficas*, 24 de marzo de 1946

Desde Buenos Aires Alekhine se trasladó a Francia, su país de adopción, e ingresó en el ejército como oficial de servicios auxiliares. Al terminar la contienda fue objeto de ataques apasionados. Pero no se hablaba de ajedrez, sino de política, y el feo calificativo de colaboracionista se unía ahora a su nombre, antes tan admirado. Como quiera que sea, los cargos no llegaron a invalidar la decisión de la Federación Británica de dar curso a las gestiones por el *match* entre Alekhine y Botvínnik. Tampoco influyeron esas denuncias en el ánimo del gobierno soviético, que autorizó el desafío lanzado por su campeón y su viaje a Londres. La repentina muerte de Alekhine deja ahora vacante el título mundial.[106]

---

[106] *La Prensa*, 25 de marzo de 1946.

Falleció el Campeón Mundial de Ajedrez Dr. Alejandro Alekhine

Lisboa, marzo 24 (UP) — El doctor Alejandro Alekhine, campeón mundial de ajedrez, fué hallado muerto hoy, a consecuencia de un ataque cardíaco en sus habitaciones del hotel del Estoril, cerca de Lisboa.

Alekhine se encontraba escribiendo sus memorias en esta ciudad y al mismo tiempo se adiestraba con el campeón de ajedrez de Portugal, señor Francisco Lupi.

El fallecimiento del doctor Alejandro Alekhine, ocurrido repentinamente en las vísperas de su anunciado "match" con el maestro soviético Moisés Botwinik, provocará sorpresa y consternación en los cultores y aficionados del noble juego que, en todos los países, admiraban las excepcionales dotes del campeón mundial. Brillantes éxitos y no pocas memorables hazañas jalonan la larga carrera de Alekhine, que se inicia en Rusia, su país natal, en torneos que, como el famoso de Moscú de 1914, ganado por el doctor Lasker —entonces campeón mundial— hicieron que la atención de los expertos se fijara en el juego dinámico y emprendedor del joven iniciado. Y justamente cuando la experiencia iba madurando la inteligencia del novel maestro, surgieron acontecimientos políticos y sociales que abrieron un paréntesis en su actuación deportiva y que, al mismo tiempo, sirvieron para destacar sus cualidades de abogado y funcionario. El doctor Alekhine ocupó diversos cargos públicos, y durante el breve gobierno de Kerensky desempeñó con acierto un juzgado de instrucción. Derrocado aquel régimen de tendencia democrática por la revolución comunista de octubre de 1917, Alekhine debió huir al exterior. Su destierro debía durar hasta el final de su vida.

Restablecida la paz, volvieron a cultivarse las relaciones entre los ajedrecistas de todo el mundo. En 1921 Capablanca venció a Lasker. La fama del cubano eclipsó a todos los nombres, y los más autorizados críticos del tablero llegaron a considerarlo como imbatible. Capablanca era, según la frase atribuída a Tartakower, "the perfection in chess". Alekhine no se dejó desmoralizar por la opinión ajena, y con una decisión y empeño tan grandes como la empresa que proyectaba, resolvió superarse a sí mismo y vencer al cubano. Tocóle a Buenos Aires ser el escenario del anhelado "match", que se realizó a fines de 1927 en el Club Argentino de Ajedrez; y contra las previsiones de los entendidos, terminó con el triunfo del desafiante. Pero, esencialmente, fué el triunfo de la voluntad puesta al servicio de una concepción superior del juego ciencia. La verdad es que Capablanca había caído mucho antes, cuando creyó que podía detenerse, sin exigirse ningún esfuerzo, confiado en su instinto de jugador nato.

Ya en posesión del título máximo, Alekhine fué la antítesis de su predecesor. Sabía que detenerse, era caer. Le horrorizaba la rutina. Estudió y se perfeccionó sin conocer la fatiga, y sin escuchar mucho a los que, necesitados de crearse un ídolo en cualquier orden de actividad, proclamaban que el nuevo campeón era un genio insuperable. En el gran torneo de San Remo de 1930, venció en forma tan concluyente a los más calificados maestros de la época, que ya no hubo duda posible sobre su superioridad. Nimzowitz, uno de los participantes, comentaba agriado: "Nos trata como a principiantes". En 1935 perdió su título frente al holandés Euwe; esta derrota obró como acicate en su espíritu combativo, y fué así que dos años después, al cabo de una perfecta preparación intelectual y física, pudo reconquistar el cetro perdido.

Mientras tanto, los nuevos valores se abrían paso con la fuerza de la juventud, y desalojaban a los que ya no podían rendir más. Los nombres de Flohr, Reshewsky, Keres, Botwinik, Fine, comenzaron a figurar en los puestos de honor de las pruebas internacionales, y con ello se acortó, lógicamente, hasta desaparecer en algunos casos, como en el Torneo de A.V.R.O., la distancia que antes separaba al campeón de sus mejores rivales. Cuando en 1939 se jugó en Buenos Aires el Torneo de las Naciones, todavía Alekhine seguía siendo el campeón indiscutido, sin que esta afirmación importe desconocer las posibilidades que tenía Capablanca, postergado injustamente en sus aspiraciones de desquite, por las llamadas "condiciones de Londres", a su hora propiciadas por él mismo. Desde Buenos Aires, Alekhine se trasladó a Francia, su país de adopción, e ingresó en el ejército como oficial de servicios auxiliares. Al terminar la contienda, fué objeto de ataques apasionados. Pero no se hablaba de ajedrez, sino de política, y el feo calificativo de "colaboracionista" se unía ahora a su nombre, antes tan admirado.

Como quiera que sea, los cargos no llegaron a invalidar la decisión de la Federación Británica de Ajedrez, en el sentido de dar curso a las gestiones para el "match" entre Alekhine y el maestro ruso Botwinik. Tampoco influyeron esas denuncias en el ánimo del gobierno soviético, que autorizó el desafío lanzado por su viaje a Londres. La repentina muerte de Alekhine deja vacante el título mundial, que ahora deberá ser conquistado mediante una rigurosa selección internacional.

En los últimos años se había notado una declinación en el juego otrora seguro y deslumbrante de Alekhine, quien, para emplear sus propias palabras gustaba "hacer vibrar el tablero" con un estilo vigoroso, pleno de iniciativa, que eludía los caminos trillados. Pero los que conocían bien sus asombrosas virtudes de recuperación, no querían arriesgarse en un pronóstico demasiado terminante con respecto al resultado del encuentro de Londres, por más que el campeón contaba con 64 años de vida intensa, y Botwinik se encuentra en el mejor momento de su notable carrera.

Aparte del sentimiento de pesar que provocará la noticia de su desaparición, es de lamentar que la

La muerte política de Alekhine. *La Prensa*, 25 de marzo de 1946

Capítulo 6

IX TORNEO INTERNACIONAL DE MAR DEL PLATA: OTRA VEZ NAJDORF

▓ Apasiona un gran torneo. La realización del IX Torneo Internacional ha de alcanzar este año extraordinario interés por la notoriedad de las figuras que en él participarán, y por tratarse del más grande torneo que se realiza en el mundo, ya que se congregan en él las más destacadas figuras del juego ciencia. En este certamen participarán los campeones de Chile, Brasil, Paraguay, y los maestros europeos Ståhlberg, Michel, Najdorf, Luckis, y muy probablemente Eliskases, residente actualmente en el Brasil. Intervendrán también los mejores valores del ajedrez nacional: Pilnik, Rossetto, Bolbochán, Guimard, Iliesco, Maderna y otros.[107]

▓ Dio a conocer la FADA la nómina completa de los competidores que intervendrán en el IX Torneo, que se inaugurará esta noche a las 23 en el Salón de Actos del Piso de Deportes del Casino Provincial. Los maestros que han asegurado su presencia son los siguientes: M. Mendel Najdorf, Gideon Ståhlberg, Paul Michel, Markas Luckis, Heinrich Reinhardt, João de Souza Mendes –campeón carioca que debe llegar hoy por avión–, Letelier y Maccioni –representantes chilenos– Bauzá y Hounie Fleurquin –campeón y subcampeón uruguayos–. La lista de argentinos es ésta: el campeón Pilnik, Jacobo Bolbochán, Ion Iliesco, Maderna, Guimard, Romeo García Vera, Corte y Renato Sanguinetti. La primera ronda se iniciará el martes a las 14.15 horas en el salón citado, previo sorteo. El certamen cuenta con el patrocinio de la Lotería de Beneficencia Nacional y Casinos y Administración del Kursaal, la Asociación de Hoteleros de Mar del Plata, y la Asociación de Propaganda y Fomento.[108]

Juega Mendel Najdorf en Mar del Plata

▓ El maestro norteamericano Rubén Fine comunicó su imposibilidad de concurrir, en tanto el maestro Erich Eliskases no ha podido obtener turno en el avión para trasladarse a tiempo desde Brasil, donde se halla radicado.[109]

Inauguración

▓ El IX Torneo Internacional de Torneo Internacional de Mar del Plata estará organizado por el Consejo Federal de la FADA, bajo la presidencia de Carlos Querencio, secundado en esta ocasión por Jorge Sanguineti. Se realiza bajo los auspicios de la Lotería de Beneficencia Nacional, División Casinos, y colaboran la Asociación de Propaganda y Fomento de Mar del Plata, y la Asociación de Hoteleros de Mar del Plata. Apoya también el Gobierno de la Intervención Federal de la Provincia de Buenos Aires. Se juega en el Piso de Deportes, cedido por la Dirección General de Educación Física. La inauguración se realiza el 12 de marzo a las 14 horas, y media hora después comienza la primera ronda. Es director del certamen Paulino Alles Monasterio, asistido por Arnoldo Ellerman y Ángel Ríos.[110]

---

[107] *La Razón*, 7 de marzo de 1946.
[108] *El Mundo*, 11 de marzo de 1946.
[109] *La Nación*, 11 de marzo de 1946.
[110] *Revista de la Asociación Metropolitana de Ajedrez* nº 11/12, ene-feb, pág. 157. *Caissa* nº 83, pág. 41/2.

En medio de gran animación se realizó anoche en el Piso de Deportes del Casino la inauguración del torneo, en el que competirán numerosos profesores (Sic) de renombre universal. Debido a la fuerte lluvia que impidió la ceremonia inaugural, ésta quedó postergada para mañana a las 10. El excampeón, Carlos Guimard, es esperado mañana, por haber demorado su viaje un delicado asunto de familia.[111]

La lluvia torrencial impide la ceremonia de apertura.
El Mundo, 12 de marzo de 1946

1ª ronda, 12 de marzo

En el Piso de Deportes del edificio del Casino comenzó a jugarse hoy por la tarde del Torneo Internacional, que realiza aquí por 9ª vez y en el que intervienen este año 18 destacados ajedrecistas argentinos y extranjeros. Momentos antes de la hora anunciada para la iniciación, se procedió a efectuar el acto inaugural, dando la bienvenida a los maestros y delegados el señor Rufino Inda, en nombre de la Asociación de Propaganda y Fomento de Mar del Plata. A continuación, habló el director del torneo, señor Paulino Alles Monasterio, en representación de la entidad organizadora, la FADA, y finalmente saludó a los participantes el director del Piso de Deportes, don Manuel Chaves.

Enseguida comenzaron las partidas, que fueron presenciadas por gran cantidad de aficionados, notándose también la presencia de distintos periodistas, entre ellos el doctor Carlos Skalicka, que tiene la representación de la revista australiana de ajedrez, Jaque Mate de Chile, y la revista checoslovaca. En buena forma venció Ståhlberg (negras) a Iliesco, en una partida que comenzó con la Apertura Inglesa, y en su parte final remató el sueco con un fuerte ataque sobre el costado del rey.[112]

En nombre de la Asociación de Propaganda y Turismo pronunció un conceptuoso discurso don Rufino Inda, quien, en 1928, como intendente de esta ciudad, prestó su decidido concurso para la realización del primero de esos certámenes. Dijo: "Quisiera que fuera un rincón de estímulo para las más bellas expresiones del arte; que la música, las ciencias y las letras encontraran aquí campo propicio". Seguidamente, Paulino Alles Monasterio, en nombre de la FADA y como director del torneo, dijo breves palabras de salutación, declarando inaugurada la prueba. A continuación, comenzaron las partidas, que fueron seguidas con gran interés. La primera partida que se definió fue Maderna – Michel, Giuoco Piano Ataque Möller, constituyendo una sorpresa, no por la calidad probada del vencedor, sino por la seguridad característica y habitual en el vencido. Michel cometió una falta de apertura con 12…P3CR que le costó la partida. Debía haber jugado 12…P3D. Iliesco perdió con Ståhlberg, Apertura Inglesa transformada en una Zukertort con el Sistema Reti, en 32 jugadas. En un planteo teórico, las acciones parecieron estacionarse en el sector de dama, pero, con habilidad, Ståhlberg trasladó rápidamente sus fuerzas al ala rey, ganando brillantemente por ataque. Además, García Vera venció a Letelier y Sanguinetti a Maccioni. Se definieron en le sesión nocturna

---

[111] *El Mundo*, 12 de marzo de 1946.
[112] *La Prensa*, 13 de marzo de 1946.

Najdorf 1:0 Bolbochán; Souza Mendes ½:½ Luckis; Reinhardt 0:1 Corte; Hounie Fleurquin ½:½ Pilnik. Bauzá – Guimard fue postergada para el domingo.[113]

▨ Con un fulminante Ataque a la Bayoneta, el platense Maderna hizo trizas al alemán Michel en sólo 16 jugadas, mediante un procedimiento llamado técnicamente así, y que, en efecto, fue un verdadero asalto de infantería, con toda su audacia, sublime desprecio por la vida, y sus innúmeros riesgos. Consiste en una agresión de peones sobre la ciudadela enemiga, que procura barrerlos disparando su artillería pesada. Si los peones, al precio de su sangre, toman la ciudadela, conquistan la victoria. Pero si la ciudadela resiste, los peones quedan indefensos y se los acribilla, desde detrás de los bastiones, como a moscas. La transformación del panorama es instantánea. Maderna se jugó, pues, una carta bravísima, y frente a un adversario de primer orden. Jugó y ganó.[114]

Bauzá, Lorenzo – Guimard, Carlos Enrique [E18]
Torneo Internacional de Mar del Plata (1), 12.03.1946

1.Cf3 Cf6 2.c4 e6 3.g3 b6 4.Ag2 Ab7 5.0–0 Ae7 6.Cc3 0–0 7.Dc2 d5 8.cxd5 exd5 9.d4 c6 10.b3 Cbd7 11.Ab2 Ad6 12.e4 Cxe4 13.Cxe4 dxe4 14.Dxe4 Cf6 15.Dh4 Cd5 16.Dh5 Tc8 17.Ce5 Tc7 18.Cxc6 Axc6 19.Axd5 Axd5 20.Dxd5 Tc2 21.Ac1 Ab4 22.Dxd8 Txd8 23.Ae3 Aa3 24.Tfd1 Td5 25.Td3 f6 26.Rf1 h5 27.Re1 Ab2 28.Tb1 Aa3 29.b4 Txa2 30.Tbb3 Ta1+ 31.Td1 Ta2 ½–½

García Vera, Romeo – Letelier Martner, René [E48]
Torneo Internacional de Mar del Plata (1), 12.03.1946

1.c4 e6 2.d4 Cf6 3.Cc3 Ab4 4.e3 0–0 5.Ad3 d5 6.Cge2 c5 7.0–0 cxd4 8.exd4 dxc4 9.Axc4 Cc6 10.Ag5 Ae7 11.Tc1 b6 12.a3 Ab7 13.Dd3 Cd5 14.Ad2 Dd7 15.Cxd5 exd5 16.Aa2 Af6 17.Cf4 Cxd4 18.Ch5 Ae5 19.f4 Dg4 20.Tfe1 Ad6 21.Cg3 Ce6 22.Ab1 g6 23.h3 Dh4 24.Tf1 Cxf4 25.Axf4 Axf4 26.Txf4 Dxf4 27.Tf1 Dc4 28.Dd2 Aa6 29.Rh2 Dc7 30.Tf4 Tae8 31.Ch5 gxh5 32.Df2 Rh8 33.Dg3 Tg8 34.Dh4 Tg7 35.Df6 Te6 36.Df5 Te4 37.Axe4 dxe4 38.Dxe4 1–0

Hounie Fleurquin, Carlos – Pilnik, Herman [B70]
Torneo Internacional de Mar del Plata (1), 12.03.1946

1.e4 c5 2.Cf3 d6 3.d4 cxd4 4.Cxd4 Cf6 5.Cc3 g6 6.Ae2 Ag7 7.0–0 Cc6 8.Cb3 a5 9.a4 Ae6 10.Cd4 Cxd4 11.Dxd4 0–0 12.Dd1 Tc8 13.Ae3 Txc3 14.bxc3 Cxe4 15.Af3 Cxc3 16.Dd2 Ca2 17.Tab1 Ac4 18.Ab6 Dd7 19.Tfe1 Cc3 20.Ta1 Cxa4 21.Ad4 Axd4 22.Dxd4 Ab5 23.c4 Aa6 24.Ag4 e6 25.Ad1 Cc5 26.Txa5 Dc7 27.Ta3 e5 28.Dh4 f5 29.Ae2 Ce6 30.Af1 e4 31.Th3 Tf7 32.f3 Cc5 33.Df4 Te7 34.Td1 Te5 35.g4 exf3 36.gxf5 Txf5 37.Dxd6 Dxd6 38.Txd6 f2+ 39.Rg2 b6 40.Ae2 Ab7+ 41.Rf1 ½–½

Iliesco, Juan Traian – Ståhlberg, Gideon [A14]
Torneo Internacional de Mar del Plata (1), 12.03.1946

1.c4 e6 2.Cf3 Cf6 3.g3 d5 4.Ag2 Ae7 5.0–0 d4 6.b4 c5 7.Ab2 0–0 8.d3 Dc7 9.Cbd2 e5 10.bxc5 Ca6 11.Cg5 Cxc5 12.Aa3 Cfd7 13.Cde4 h6 14.Axc5 Cxc5 15.Cxc5 Axc5 16.Ce4 Ae7 17.Tb1 Tb8 18.Db3 Ad7 19.Tfc1 Rh8 20.Cd2 f5 21.Ad5 b6 22.Dd1 Aa3 23.Tc2 Aa4 24.Cb3 De7 25.e3 dxe3 26.fxe3 Dg5 27.Df3 f4 28.e4 Ad7 29.Tf2 Ag4 30.Dg2 fxg3 31.Dxg3 Txf2 32.Rxf2 Tf8+ 0–1

---

[113] *La Nación*, 13 de marzo de 1946.
[114] Amílcar Celaya, *Noticias Gráficas*, 13 de marzo de 1946.

Maderna, Carlos Hugo – Michel, Paul [C54]
Torneo Internacional de Mar del Plata (1), 12.03.1946 *[Juan S. Morgado]*

1.e4 e5 2.Cf3 Cc6 3.Ac4 Ac5 4.c3 Cf6 5.d4 exd4 6.cxd4 Ab4+ 7.Cc3 Cxe4 8.0–0 Axc3 9.d5 Af6 10.Te1 0–0 11.Txe4 Ce7 12.g4…

12…g6? [12…d6 13.g5 Ae5 14.Cxe5 dxe5 15.Txe5 Cg6↔, Bandelj – Potrata, email 2006; 12…Cg6 13.d6 b5 14.dxc7 Dxc7 15.Ad5 Ab7↔] **13.Ah6± Te8??** [13…b5 14.Axf8 Dxf8 15.Ab3±] **14.Tf4 d6 15.Txf6 Cxd5 16.Txf7 1–0**

Najdorf, Miguel – Bolbochán, Jacobo [E21]
Torneo Internacional de Mar del Plata (1), 12.03.1946 *[Juan S. Morgado]*

1.d4 Cf6 2.c4 e6 3.Cc3 Ab4 4.Cf3 0–0 5.Ag5 d6 6.e3 Cbd7 7.Ae2 Axc3+ 8.bxc3 Te8 9.Cd2 e5 10.0–0 h6 11.Ah4 Cf8 12.Ce4 g5 13.Cxf6+ Dxf6 14.Ag3 Cg6 15.Da4 Af5 16.Af3 e4 17.Ah5 De6 18.c5 dxc5 19.Axc7 Ag4 20.Axg6 Dxg6 21.dxc5 Tec8 22.Ad6 b6 [22…Ae2=] **23.cxb6…** [23.f3 Af5 24.f4 g4 25.Tad1 bxc5 oo] **23…axb6 24.Db4 Tc6 25.Ae5 De6 26.Ad4 Ae2 27.Tfe1 Ad3 28.a4 Tc4 29.Db3 Dc6 30.h3 Tcxa4 31.Txa4 Txa4 32.Axb6 Ac4** [32…Dc4><] **33.Dd1 Ad3 34.Ad4 Ta2?! 35.Db3→ Ta8 36.Db4 Rh7 37.De7 Rg6 38.c4 Te8 39.Da3 Ta8 40.Db2 Dxc4 41.Ah8?!…** [41.Tc1→] **41…Tg8><**

42.Ta1 Rh7?? [42…Dd5><] **43.Ad4??…** [43.Ta8+–; ¡han sido dos *blunders* asombrosos!] **43…Dd5 44.Ta7→ Te8??** [Para defenderse exitosamente, las negras deben evitar la maniobra de la dama blanca hacia 'f6'; por ejemplo: 44…Ac4!? {comparar con ***} 45.Db4 Dc6 46.Ab2 Dd5 47.Tc7 Aa2 48.Tc5 Dd3 49.Tb5 Ae6 50.Tb8 Dc4 *(50…Txb8 51.Dxb8 f6 52.Axf6 Dd7 53.Ad4 Df7 y las negras se defienden)* 51.Db6… (51.Dd6 Txb8 52.Dxb8 Dc8 53.De5 Dg8 54.g4 Rg6 55.Rg2 Rh7 56.Dxe4+ f5 57.De5… *{57.gxf5?? Ad5–+}* 57…Df7 58.Rg3 Rg6 59.f4 gxf4+ 60.exf4 Ad7=) 51…Txb8 52.Dxb8 f5 53.Dh8+ Rg6 54.h4 gxh4 55.Ae5 Dc6 56.Af4 Rf7 57.Axh6 Dc8 58.Dg7+ Re8><] **45.Ac3??…** [45.

Tc7 Td8 46.Db4+–] **45...Ac4** [comparar con ***; ahora las blancas logran quebrar la ciudadela]. **46. Db6 Dd1+ 47.Rh2 Dd8**

48.Dc5... [48.Dc6 Ad5 49.Dc5 Rg6 50.Dd4 f6 51.Ta6 Tf8 52.Rg1 Tf7 53.f3 Tf8 54.fxe4 Aa8 55.De5+–] **48...Dd5 49.Dc7?...** [49.Db6 Td8 50.Tc7... traspone a **** *(50.Txf7+ Dxf7 51.Dxd8 Rg6 y la ventaja blanca es insuficiente para ganar)* 50...Td6 única 51.Db4 Aa6 única 52.Ab2 Td7 única 53.Dc3 f6 54.Txd7+ Dxd7 55.Dxf6 Ac4 única 56.De5 Ad5 y las negras se defienden con éxito] **49... De6** [49...Rg6!><] **50.Dc5 Dd5** [50...Rg6! 51.Tb7 Dd5 52.Dc7 Aa6 única 53.Tb6+ Te6=] **51.Db6 Dd8??** [única era 51...Td8 52.Tc7, que vuelve a la posición de tablas ****] **52.Tc7??...** [52.Dc6 Ad5 53.Dc5 Rg6 54.Dd4 f6 55.Ta6 Tf8 56.Rg1 Ag8 57.Dxe4+ Rg7 58.Db4 Dd1+ 59.Rh2 Dd8 60.f4 Tf7 61.fxg5 hxg5 62.h4 Rg6 63.Td6 Dc8 64.g4 Dc7 65.Rg1 gxh4 66.Dd4 y mate en 23] **52...Dd5??** [52... Ae6 única 53.Dc6 Ad5 54.Dc5 g4! 55.Da7 Db8 *(55...Tf8!?)* 56.hxg4 Dxa7 57.Txa7 Ta8 58.Tc7 Ae6 59.Tb7 Tc8 60.Ae5 Tg8 61.f3 Rg6 62.Tb6 exf3 63.gxf3 h5 64.gxh5+ Rxh5 65.Af4, y las negras tienen todas las posibilidades de entablar] **53.Df6+– Tg8 54.Tc6 Dxc6 55.Dxc6 Ae6 56.Dxe4+ Tg6 57.f4 gxf4 58.exf4 1–0**

Fue esta una partida con muchos *blunders*, pero debe reconocerse que la posición con alfiles de distinto color, dama y torre sobre el tablero era de una gran dificultad práctica.

Reinhardt, Enrique – Corte, César Juan [E43]
Torneo Internacional de Mar del Plata (1), 12.03.1946

1.d4 Cf6 2.c4 e6 3.Cc3 Ab4 4.e3 b6 5.Db3 c5 6.Cf3 0–0 7.Ae2 Ab7 8.0–0 Cc6 9.Td1 cxd4 10.Cxd4 De7 11.a3 Cxd4 12.exd4 Ad6 13.Ag5 Tac8 14.Td3 Ab8 15.Th3 h6 16.Ah4 Af4 17.Td1 Rh8 18.g3 g5 19.gxf4 gxh4 20.Txh4 Tg8+ 21.Rf1 Tg6 22.Ah5 Cxh5 23.Txh5 Af3 24.Te5 Dh4 25.Ce2 Dg4 26.Re1 Axe2 27.Txe2 Dxf4 28.Te3 Tg2 29.Tf3 De4+ 30.Rf1 Tcg8 31.Tg3 T8xg3 32.hxg3 Th2 33.De3 Th1+ 34.Re2 Dc2+ 35.Td2 Dxc4+ 36.Rf3 Dd5+ 37.De4 Dxe4+ 38.Rxe4 f6 39.d5 e5 40.Tc2 Td1 41.Tc7 Rg7 42.Txd7+ Rg6 43.Txa7 Td4+ 44.Re3 Txd5 45.Ta6 b5 46.Ta5 Rf5 47.b3 Tc5 48.Rd3 Td5+ 49.Re2 Tc5 50.Rf1 Tc1+ 51.Rg2 Ta1 52.Rf3 h5 53.Rg2 Ta2 54.Rf3 Ta1 55.Re3 Ta2 56.f3 Ta1 57.Rd3 h4 58.gxh4 Rf4 59.Txb5 Txa3 60.h5 Rxf3 61.h6 Ta7 62.Tb6 f5 63.Tg6 e4+ 64.Rd4 e3 65.Re5 e2 66.Tg1 f4 67.Rf5 Rf2 68.Th1 f3 0–1

Sanguinetti, Renato – Maccioni Seisdedos, Alejandro [E48]
Torneo Internacional de Mar del Plata (1), 12.03.1946

1.d4 Cf6 2.c4 e6 3.Cc3 Ab4 4.e3 0–0 5.Ad3 d5 6.Cge2 c5 7.0–0 dxc4 8.Axc4 a6 9.a3 cxd4 10.axb4 dxc3 11.Cxc3 Cbd7 12.b5 Dc7 13.Ae2 a5 14.Da4 b6 15.e4 Ab7 16.Ae3 Cc5 17.Dc4 Cfd7 18.Ca4 Tac8 19.f3 Ce5 20.Dc3 Cxa4 21.Txa4 Db8 22.Dd4 Tc5 23.Td1 Tc2 24.Rf1 Ac8 25.Dd6 Ad7 26.Dxb8 Txb8 27.Tad4 Ae8 28.Td8 Txd8 29.Txd8 Rf8 30.Axb6 Re7 31.Td1 Txb2 32.Ac5+ Rf6 33.Ad4 Tb4 34.f4 Txd4 35.Txd4 Cd7 36.e5+ Re7 37.Ta4 f6 38.exf6+ gxf6 39.Txa5 Ag6 40.Ta7 Rd6 41.Ta6+ Rd5 42.Af3+ Rc5 43.Txe6 Ad3+ 44.Ae2 Rd5 1–0

Souza Mendes, João de – Luckis, Marcos [B19]
Torneo Internacional de Mar del Plata (1), 12.03.1946

1.e4 c6 2.d4 d5 3.Cc3 dxe4 4.Cxe4 Af5 5.Cg3 Ag6 6.h4 h6 7.h5 Ah7 8.Cf3 Cd7 9.Ad3 Axd3 10.Dxd3 Cgf6 11.Ad2 e6 12.0–0–0 Dc7 13.Rb1 0–0–0 14.De2 c5 15.Ce5 Cb6 16.dxc5 Axc5 17.Cd3

Ad6 18.Ce4 Cxe4 19.Dxe4 Dc4 20.Dxc4+ Cxc4 21.Ac3 f6 22.Tde1 e5 23.Th4 Cb6 24.Aa5 Td7 25.Axb6 axb6 26.a4 Thd8 27.b3 Ac5 28.Tc4 Td4 29.Te4 Txe4 30.Txe4 Td4 31.f3 Rd7 32.b4 Txe4 33.fxe4 Ad4 34.Ra2 f5 35.exf5 e4 36.Cf4 Rd6 37.Rb3 Re5 38.Ce2 Af2 39.g4 Rf6 40.Rc4 Rg5 41.Rd5 Rxg4 42.Rxe4 Ae1 43.Cf4 Axb4 44.Cd5 Ac5 45.Cf4 Ae7 46.Cd5 Ad8 47.Cf4 Ag5 48.Ce6 Af6 49.Cf4 Ab2 50.Cd3 Aa1 51.Cf4 Af6 52.c4 Rg5 53.Ce6+ Rxh5 54.Rf3 g5 55.Rg3 Ae5+ 56.Rh3 g4+ 57.Rg2 Rh4 58.c5 bxc5 59.Cxc5 Rg5 60.Cxb7 h5 61.Cc5 h4 62.Ce4+ Rxf5 63.Cf2 g3 64.a5 Ad4 65.Ch3 Rg4 66.a6 Aa7 67.Cg1 Rf4 68.Cf3 ½–½

Ståhlberg derrota a Iliesco brillantemente.
La Prensa, 13 de marzo de 1946

El Ataque a la Bayoneta de Maderna tuvo éxito. *Noticias Gráficas*, 13 de marzo de 1946

2ª ronda, 13 de marzo

■ El campeón uruguayo Lorenzo Bauzá comenzó con P4R la partida contra Najdorf, quien respondió con la Defensa Siciliana. La lucha adquirió en la parte media gran vivacidad, y poco a poco conquistó el polaco una posición ventajosa, que le permitió organizar un buen ataque, y vencer cuando se habían efectuado 32 movimientos. Muy interesante y teóricamente instructiva resultó la partida entre Pilnik y Maderna. Se planteó una Apertura Ruy López, y Maderna, con las negras, adoptó un procedimiento similar al de la conocida Variante Dilworth, que consiste en el sacrificio de una pieza. Pilnik realizó una jugada débil en la jugada 13ª, con la que creyó neutralizar las amenazas, pero ello pudo ocasionarle serios trastornos si Maderna hubiese continuado con precisión.

Sin embargo, no fue así, pues en lugar de 13...PxC, el platense optó por otro procedimiento, que lo dejó con la pieza de menos definitivamente, y más tarde perdió. Comenzó Guimard su partida con Ståhlberg con P4D, respondiendo el sueco con la Defensa India del Oeste. Las acciones no sufrieron desnivelación, y en la jugada 25ª ambos rivales convinieron en declarar tablas el juego.[115]

■ La rueda trajo a una concurrencia numerosa, que se fue renovando constantemente en las cinco horas que insumió la sesión de la tarde. De las nueve partidas que se jugaron, terminaron siete. Había interés en el estreno del campeón uruguayo, Lorenzo Bauzá, quien no jugó ayer por haberse postergado su encuentro con Guimard. Su adversario de hoy fue el maestro polaco Najdorf, uno de los jugadores más fuertes del tablero internacional y ganador en cuatro oportunidades de este certamen. La partida dio la pauta de lo que vale el jugador uruguayo, quien, a pesar de perderla, ofreció buena lucha, sobre todo en el medio juego. Michel empató con Souza Mendes, Defensa Siciliana Variante del Dragón. Fue un juego correcto y vistoso, en la 31ª jugada.

Bolbochán igualó con Hounie Fleurquin en la 24ª. Guimard – Ståhlberg, PD Defensa India de Dama. Las blancas hicieron el *fianchetto* del rey, y uno y otro maestro maniobraron con gran precisión. Se declaró tablas en 25. Pilnik derrotó a Maderna, Ruy López Defensa Morphy, con una especie de Ataque Dilworth un tanto a destiempo. En la jugada 13ª Pilnik ofreció un caballo erróneamente, y Maderna contestó con otro error. La 13ª jugada de las blancas debió ser C4D, en vez de 13.C4R?, que las negras debieron contestar con 13...PxC aceptando el sacrificio. Los otros resultados fueron: Luckis 1:0 Reinhardt; Maccioni 1:0 Iliesco; Letelier 0:1 Sanguinetti; Corte 1:0 García Vera.[116]

■ Maderna pudo ganarle a Pilnik mediante una de las más maravillosas combinaciones del ajedrez. Benito Villegas, el veterano gran maestro criollo, afirma a quien quiera oírlo que Maderna tiene mucha suerte, como mejor explicación de las muchas veces que el ajedrecista platense le ha ganado a él. "Ese chico tiene una suerte que es como para colocarla en una vitrina". Pero si el viejo maestro hubiera debido comentar la partida que jugaron Pilnik y Maderna, se habría equivocado. Maderna fue tan poco favorecido por la suerte que perdió una partida que tenía ganada en la jugada 13ª, si bien es cierto que Pilnik se equivocó antes, en la misma, exactamente la misma jugada. ¡Número fatídico! Corte, Sanguinetti y Najdorf 2/2.[117]

Bauzá, Lorenzo – Najdorf, Miguel [B54]
Torneo Internacional de Mar del Plata (2), 13.03.1946 *[Juan S. Morgado]*

1.e4 c5 2.Cf3 d6 3.d4 cxd4 4.Cxd4 Cf6 5.Ad3 Cc6 6.Cxc6 bxc6 7.c4 g6 8.0–0 Ag7 9.Cc3 0–0 10.Dc2 Da5 11.Tb1 Cg4 12.h3 Ce5 13.Ae2 Tb8 14.Ad2 f5 15.b4 Dc7 16.f4 Cf7 17.Ae3 e5 18.Ad3?!... [18.fxe5 Cxe5 19.c5=] 18...exf4→ 19.Axf4 g5 20.Ah2 f4 21.e5?!... [21.b5 Axc3 22.Dxc3

---

[115] *La Prensa*, 14 de marzo de 1946.
[116] *La Nación*, 14 de marzo de 1946.
[117] Amílcar Celaya, *Noticias Gráficas*, 17 de marzo de 1946.

cxb5→] 21...Cxe5∓ 22.Axh7+ Rh8 23.Ae4 Ae6 24.h4 d5 25.Ad3 Cxd3 26.Dxd3 Af5 27.Df3 g4 28.Axf4 gxf3 29.Axc7 Axc3 30.Axb8 Ad4+ 31.Rh2 Axb1 32.Txb1 f2 0–1

Bolbochán, Jacobo – Hounie Fleurquin, Carlos [A06]
Torneo Internacional de Mar del Plata (2), 13.03.1946

1.Cf3 d5 2.b3 c5 3.e3 e6 4.Ab2 Cf6 5.Ce5 Cbd7 6.Ab5 Ae7 7.0–0 a6 8.Axd7+ Axd7 9.d3 0–0 10.Cd2 Ce8 11.f4 f6 12.Cxd7 Dxd7 13.Dh5 f5 14.Cf3 Cf6 15.Dg5 De8 16.Dg3 Cg4 17.Tae1 Af6 18.Axf6 Cxf6 19.Ce5 Tc8 20.Dh4 Dh5 21.Dxh5 Cxh5 22.h3 Cf6 23.g4 Tfd8 24.g5 Cd7 ½–½

Corte, César Juan – García Vera, Romeo [B55]
Torneo Internacional de Mar del Plata (2), 13.03.1946

1.e4 c5 2.Cf3 d6 3.d4 cxd4 4.Cxd4 Cf6 5.f3 e5 6.Ab5+ Ad7 7.Axd7+ Dxd7 8.Cf5 d5 9.Ag5 Ca6 10.Cc3 dxe4 11.Dxd7+ Cxd7 12.Cxe4 f6 13.Ae3 b6 14.0–0–0 g6 15.Cfd6+ Axd6 16.Txd6 Re7 17.Thd1 Thd8 18.f4 exf4 19.Axf4 Cac5 20.Cc3 Ce5 21.Txd8 Txd8 22.Txd8 Rxd8 23.Axe5 fxe5 24.Cb5 a6 25.Cd6 Cd7 26.Rd2 Re7 27.Ce4 h6 28.c4 Cc5 29.Re3 a5 30.Cc3 Re6 31.Cd5 Cd7 32.b3 Rd6 33.Cc3 Cc5 34.Ce4+ Re6 35.Cf2 Rf5 36.Cd3 Re6 37.Cc1 Rf5 38.a3 Ca6 39.Cd3 Cc5 40.b4 Cb7 41.c5 axb4 42.axb4 bxc5 43.bxc5 h5 44.c6 Cd6 45.Cc5 Cc8 46.c7 Cb6 47.Rd3 Rf4 48.Ce4 Cc8 49.Cc3 Cd6 50.Cd5+ Rg4 51.Ce7 h4 52.Cxg6 h3 53.g3 Rf5 54.Ce7+ Rg4 55.Re2 Rg5 56.c8D Cxc8 57.Cxc8 1–0

Guimard, Carlos Enrique – Ståhlberg, Gideon [E18]
Torneo Internacional de Mar del Plata (2), 13.03.1946

1.d4 Cf6 2.Cf3 e6 3.c4 b6 4.g3 Ab7 5.Ag2 Ae7 6.0–0 0–0 7.Cc3 Ce4 8.Cxe4 Axe4 9.Ce1 Axg2 10.Cxg2 d6 11.e4 Cc6 12.Ae3 Dd7 13.Tc1 f5 14.d5 Cd8 15.dxe6 Cxe6 16.exf5 Txf5 17.f4 Te8 18.b3 Tf7 19.Dd5 Af6 20.Tcd1 Cc5 21.Axc5 bxc5 22.Tfe1 Rh8 23.Rh1 Rg8 24.Rg1 Rh8 25.Rh1 ½–½

Letelier Martner, René – Sanguinetti, Renato [D43]
Torneo Internacional de Mar del Plata (2), 13.03.1946

1.d4 Cf6 2.c4 e6 3.Cf3 d5 4.Cc3 c6 5.Db3 Cbd7 6.Af4 Ae7 7.h3 0–0 8.e3 dxc4 9.Axc4 c5 10.dxc5 Cxc5 11.Dc2 h6 12.b4 Ccd7 13.a3 b5 14.Aa2 Ab7 15.Td1 Tc8 16.Ce5 De8 17.Ab1 Ae4 18.Db2 Axb1 19.Cxb1 Cxe5 20.Axe5 Dc6 21.0–0 Tfd8 22.Txd8+ Axd8 23.Td1 Ae7 24.Ad4 Ce8 25.Cd2 Dc2 26.Dxc2 Txc2 27.Ce4 f6 28.Td3 Cd6 29.Axf6 Cxe4 30.Axe7 Tc1+ 31.Rh2 Cxf2 32.Td8+ Rf7 33.Ah4 Ce4 34.Td7+ Rg6 35.Te7 Tc6 36.Ae1 Rf6 37.Txa7 h5 38.g4 Tc1 39.g5+ Rg6 40.Ah4 Tc6 41.Rg2 Cd6 42.Ag3 Cc4 43.Rf3 Rxg5 44.Txg7+ Rf6 45.Th7 Rg6 46.Td7 Cxa3 47.Td6 Txd6 48.Axd6 Cc4 49.Ac7 Rf5 50.e4+ Rf6 51.Rg3 Ce5 52.Axe5+ Rxe5 53.Rh4 Rxe4 54.Rxh5 Rf5 55.h4 e5 56.Rh6 e4 0–1

Luckis, Marcos – Reinhardt, Enrique [D81]
Torneo Internacional de Mar del Plata (2), 13.03.1946

1.d4 Cf6 2.c4 g6 3.Cc3 d5 4.Db3 dxc4 5.Dxc4 Ag7 6.e4 c6 7.Cf3 0–0 8.Ae2 b6 9.Da4 Ab7 10.0–0 Cfd7 11.Af4 Te8 12.Tfd1 Dc8 13.Tac1 c5 14.d5 a6 15.e5 b5 16.Da5 g5 17.Cxg5 Cxe5 18.Cce4 c4 19.Axe5 Axe5 20.Ah5 Tf8 21.Da3 Df5 22.Dxe7 Cd7 23.g4 Df4 24.Dxd7 Ac8 25.De7 Axg4 26.Axg4 Dxg4+ 27.Rf1 Df4 28.Cf3 Ag7 29.Ced2 Axb2 30.Tc2 Ag7 31.Dg5 Dc7 32.Ce4 f5 33.Cg3 h6 34.Dh5 c3 35.Rg2 1–0

Maccioni Seisdedos, Alejandro – Iliesco, Juan Traian [E72]
Torneo Internacional de Mar del Plata (2), 13.03.1946

1.d4 Cf6 2.c4 g6 3.Cc3 Ag7 4.e4 d6 5.g3 0–0 6.Ag2 e5 7.Cge2 Cc6 8.d5 Cd4 9.0–0 Cxe2+ 10. Dxe2 Cd7 11.Ae3 a5 12.a3 a4 13.Dc2 f5 14.exf5 gxf5 15.Cxa4 f4 16.Ad2 f3 17.Ah3 Cb6 18.Cxb6 Axh3 19.Cxa8 Dd7 20.Cxc7 Dg4 21.Tfe1 Af1 22.De4 Dh3 23.Dxf3 Txf3 24.Txf1 Tf5 25.f3 Th5 26. Tf2 e4 27.Ce6 Ae5 28.fxe4 h6 29.Taf1 Ag7 30.Cxg7 Rxg7 31.Tf7+ Rg8 32.Tf8+ Rh7 33.T1f7+ Rg6 34.Tf6+ Rh7 35.T8f7+ Rg8 36.Tf2 Te5 37.Tf8+ Rh7 38.T2f7+ Rg6 39.Tf6+ Rg7 40.T8f7+ Rg8 41.Tf8+ Rg7 42.Axh6+ Rh7 43.T8f7+ Rh8 44.Tf8+ Rh7 45.T6f7+ Rg6 46.Tg7+ Rxh6 47.Th8+ Rxg7 48.Txh3 Txe4 49.Th4 Te2 50.b4 Ta2 51.Te4 Rf6 52.Te6+ Rf5 53.Txd6 Rg4 54.Tg6+ Rf3 55.Tf6+ Re3 56.d6 1–0

Michel, Paul – Souza Mendes, João de [B74]
Torneo Internacional de Mar del Plata (2), 13.03.1946

1.e4 c5 2.Cf3 d6 3.d4 Cf6 4.Cc3 cxd4 5.Cxd4 g6 6.Ae2 Ag7 7.0–0 Cc6 8.Ae3 0–0 9.Cb3 Ae6 10.f4 Dc8 11.Rh1 Td8 12.Af3 Cd7 13.Cd4 Cxd4 14.Axd4 Axd4 15.Dxd4 Dc5 16.Dd2 Tac8 17.f5 Ac4 18.Ae2 De5 19.Tae1 Cf6 20.Df4 Dxf4 21.Txf4 Axe2 22.Txe2 Tc4 23.fxg6 hxg6 24.Tf3 Tc5 25.Td3 Tdc8 26.Td4 Rf8 27.Rg1 Re8 28.Rf1 Th5 29.h3 Thc5 30.Re1 Cd7 31.Rd1 Cb6 ½–½

Pilnik, Herman – Maderna, Carlos Hugo [C82]
Torneo Internacional de Mar del Plata (2), 13.03.1946 [Juan S. Morgado]

1.e4 e5 2.Cf3 Cc6 3.Ab5 a6 4.Aa4 Cf6 5.0–0 Cxe4 6.d4 b5 7.Ab3 d5 8.dxe5 Ae6 9.c3 Ac5 10.Dd3 0–0 11.Cbd2 Cxf2?! [11...f5 12.exf6 Cxf6 13.Cg5 Ce5 14.Dg3 Dd6↔] 12.Txf2 f6?! [12...Axf2+ 13.Rxf2 f6 14.exf6 Dxf6 15.Rg1 Rh8 16.Ac2± Zielinski – Pokojowczyk, Jachranka 1987] 13.Ce4?... [ganaba 13.Cd4 Cxe5 14.Dg3 Af7 (14...Dd7 15.Ce4+– Ae7 16.Cg5 fxg5 17.Txf8+ Txf8 18.Dxe5 Af7 19.Axg5+–) 15.C2f3+–] 13...Cxe5 [era buena 13...dxe4 14.Axe6+ Rh8 15.Dxe4 Dd1+ 16.De1 Dxe1+ 17.Cxe1 fxe5 ∞] 14. Cxe5→ 14...Axf2+ 15.Cxf2 fxe5 16.Dg3 Tf5? [16...Dd6 17.Ah6 Tf7 18.Te1±] 17. Ae3?!... [17.Cg4±] 17...Dd6 18.Ac2?... [18. Cg4±] 18...Tf7 19.b4→ Af5 [19...d4!? 20.Ce4→] 20.Ac5→ Dg6 21.Dxg6 hxg6 22.Ab3 c6 23.Te1 Te8 24.h3 Rh7 25.g4 Ad7 26.Ce4 Tf4 27.Cd2 d4?? [27...g5 28.Rg2 Rg6 29.a4→] 28.cxd4 1–0

Continuó ayer en Mar del Plata el torneo de ajedrez

Najdorf vence a Bauzá. *La Nación*, 14 de marzo de 1946

Maderna, y la victoria que se transformó en derrota. *Noticias Gráficas*, 17 de marzo de 1946

3ª ronda, 14 de marzo

▌Ante una apertura de PD que planteó el maestro brasileño Joao de Souza Mendes, respondió el campeón de la Argentina, Herman Pilnik, con la Defensa Lasker. Las acciones fueron favorables para el primero, que poco a poco aumentó la ventaja inicial hasta ganar la calidad y rematar el juego correctamente a su favor. El alemán Reinhardt jugó una apertura Zukertort frente a su colega Michel, adoptando las blancas el procedimiento de ataque a base del *fianchetto* del rey. El juego resultó parejo, y a pesar de algunas tentativas por ambos lados, el juego terminó empatado luego de 31 jugadas. Muy buena resultó esta partida, que comenzó con PD. El excampeón argentino contestó con la Defensa Ortodoxa, y en la parte media, luego de un cambio de piezas menores, quedó una posición con dama, torre y peones para ambas partes, algo favorable para el maestro polaco, quien remató la lucha a su favor mediante una excelente maniobra, imponiéndose el polaco en 37 movidas. En duelo entre argentinos, Renato Sanguinetti venció al entrerriano Corte, y quedó primero. Se jugó una Apertura de PD, con la Defensa Nimzowitch. En la parte final de la sesión Corte tuvo que jugar precipitadamente, apremiado por el reloj, y perdió en la jugada 34ª.[118]

▌La rueda dio motivo a varias partidas en las que el juego fue de alta calidad. Tal, por ejemplo, la que ganara el maestro polaco Miguel Najdorf al excampeón argentino, Carlos Guimard. Jugaron una Ortodoxa Variante Capablanca. Luego de 15.P4CD!! Najdorf considera que hay superioridad sobre 15.A3C o 15.TR1A, porque se llega a una presión acelerada en el flanco dama, sin permitir la reacción del contrario en el flanco rey. El error que cuesta la partida es 17...A3R? Era lógico 17...T1D, con partida igual (Sic) según el mismo Najdorf.[119]

---

[118] *La Prensa*, 15 de marzo de 1946.
[119] Juan Iliesco, *La Razón*, 17 de marzo de 1946.

■ La atención de los aficionados se concentró en la partida Najdorf – Guimard, no sólo por el prestigio de los adversarios, sino por existir entre ellos una cuenta pendiente desde el Torneo de Viña del Mar, en que el campeón argentino se clasificó ganador absoluto, derrotando a Najdorf en su cotejo individual. Esta tarde al maestro polaco tomó revancha en una buena partida. Se jugó un PD Defensa Ortodoxa con 7.T1A. Fue una partida viva e interesante, en la que Najdorf logró imponer paulatinamente una pequeña ventaja posicional de planteo, hasta rematar en la jugada 37ª. Pero la nota especial de la sesión la brindó el doctor Souza Mendes con su triunfo frente a nuestro campeón, Herman Pilnik, confirmando así la apreciación que hiciéramos ayer respecto al distinguido maestro brasileño.

Mientras se realizaban las partidas, llegó un telegrama de la Confederación Brasileña, expresando que debido al retraso en la recepción de la invitación sólo había podido enviar ayer a su campeón, el doctor Osvaldo Roças, y solicitaba su inclusión en el certamen. La FADA consideró el caso, accediendo, pero indudablemente se plantea una situación extraordinaria que traerá a la dirección del torneo complicaciones para el nuevo ordenamiento de los encuentros. Ståhlberg derrotó a Maccioni, Defensa Nimzowitsch. La mejor situación obtenida por el blanco le permitió ganar un peón a poco de iniciado el cotejo. Más tarde fueron liquidándose las piezas con la misma ventaja, y en un final teórico de reyes y peones Ståhlberg ganó en la jugada 48ª. Sanguinetti y Najdorf 3; Ståhlberg y Luckis 2½.[120]

García Vera, Romeo – Luckis, Marcos [E17]
Torneo Internacional de Mar del Plata (3), 14.03.1946

1.d4 Cf6 2.c4 e6 3.Cf3 b6 4.g3 Ab7 5.Ag2 Ae7 6.0–0 0–0 7.b3 c5 8.d5 exd5 9.Ch4 Ce4 10.cxd5 Axh4 11.gxh4 Dxh4 12.Dd3 Te8 13.Ab2 d6 14.f4 Cf6 15.Cd2 Cg4 16.Cf3 Dh6 17.h3 Ce3 18.Tf2 Aa6 19.Dd2 Cd7 20.Ch2 Cf6 21.Rh1 Te7 22.Tg1 Tae8 23.Dc3 Ab7 24.Af3 Cexd5 25.Dd2 Ce3 26.Axb7 Txb7 27.Dxd6 Ce4 28.Txg7+ Dxg7 29.Axg7 Cxd6 30.Ae5 Td7 31.Tf3 Cdf5 0–1

Hounie Fleurquin, Carlos – Bauzá, Lorenzo [B95]
Torneo Internacional de Mar del Plata (3), 14.03.1946

1.e4 c5 2.Cf3 d6 3.d4 cxd4 4.Cxd4 Cf6 5.Cc3 e6 6.Ag5 a6 7.Ae2 Ae7 8.0–0 Dc7 9.Rh1 0–0 10.Dd2 b5 11.a3 Ab7 12.Axf6 Axf6 13.f4 Cc6 14.Cxc6 Axc6 15.Af3 Tfd8 16.Tae1 Da5 17.Te3 Tac8 18.Td1 Ab7 19.Cd5 Dxd2 20.Cxf6+ gxf6 21.Txd2 Rf8 22.Rg1 Re7 23.Rf2 Tc5 24.Ted3 Ac8 25.g4 Ab7 26.Re3 Tc4 27.b3 Tc7 28.h4 a5 29.g5 e5 30.gxf6+ Rxf6 31.Txd6+ Txd6 32.Txd6+ Re7 33.fxe5 Txc2 34.Ag4 Ac6 35.Rd3 Tc1 36.Rd2 Tg1 37.Af5 Ae8 38.h5 Ta1 39.h6 Txa3 40.Axh7 Txb3 41.Af5 Tb2+ 42.Rc3 Th2 43.h7 Rf8 44.Td3 1–0

Iliesco, Juan Traian – Letelier Martner, René [D33]
Torneo Internacional de Mar del Plata (3), 14.03.1946

1.c4 e6 2.Cf3 d5 3.g3 Cf6 4.Ag2 c5 5.cxd5 exd5 6.d4 Cc6 7.0–0 Ae6 8.Cc3 Ae7 9.dxc5 Axc5 10.Ca4 Ae7 11.Ae3 Ce4 12.Tc1 0–0 13.Cd4 Cxd4 14.Axd4 Dd7 15.f3 Cd6 16.Cc5 Db5 17.Cxe6 fxe6 18.Ah3 Cf5 19.Af2 Rh8 20.Dc2 Ag5 21.f4 Af6 22.Tfd1 g6 23.Afl Da5 24.Db3 Tf7 25.e4 dxe4 26.Dxe6 e3 27.Dxf7 exf2+ 28.Rh1 Ag7 29.De6 Tf8 30.Tc8 Cxg3+ 31.hxg3 Dh5+ 32.Rg2 Dxd1 33.Txf8+ Axf8 34.De5+ 1–0

---

[120] *La Nación*, 15 de marzo de 1946.

Maderna, Carlos Hugo – Bolbochán, Jacobo [D68]
Torneo Internacional de Mar del Plata (3), 14.03.1946

1.d4 Cf6 2.c4 e6 3.Cc3 d5 4.Ag5 Ae7 5.e3 0–0 6.Cf3 Cbd7 7.Tc1 c6 8.Ad3 dxc4 9.Axc4 Cd5 10.Axe7 Dxe7 11.0–0 Cxc3 12.Txc3 e5 13.Ab3 e4 14.Cd2 Cf6 15.Dc2 Rh8 16.Tc5 Cd7 17.Tf5 g6 18.Ta5 f5 19.Dc3 b6 20.Ta3 Ab7 21.Tc1 Cf6 22.Dc2 a5 23.Ac4 b5 24.Af1 a4 25.Tc3 b4 26.Tc5 Cd7 27.Tc4 Cb6 28.Tc5 Cd7 29.Tc4 Cb6 ½–½

Najdorf, Miguel – Guimard, Carlos Enrique [D68]
Torneo Internacional de Mar del Plata (3), 14.03.1946 *[Juan S. Morgado]*

1.d4 d5 2.c4 e6 3.Cc3 Cf6 4.Ag5 Ae7 5.e3 0–0 6.Cf3 Cbd7 7.Tc1 c6 8.Ad3 dxc4 9.Axc4 Cd5 10.Axe7 Dxe7 11.0–0 Cxc3 12.Txc3 e5 13.Db1 e4 14.Cd2 Cf6 15.b4 Cd5 16.Axd5 cxd5 17.Db3 Ae6 18.Tfc1 Tad8 19.Da4 f5 20.f4... [20.Tc7 Td7 21.Txd7 Axd7 22.Da5 Ac6 23.b5 b6 24.Da4 Ae8 25.Db3 De6 26.a4 h6 oo] **20...exf3 21.Cxf3 f4 22.Te1...** [22.Dxa7 Ag4!><] **22...Ag4 23.exf4 Df6 24.Dxa7 Dxf4 25.Dc5 Axf3** [25...h5 oo; 25...h6 oo] **26.Txf3 Dd2 27.Tef1 Txf3 28.Txf3 Dxa2?** [28... De1+ 29.Tf1 De3+ 30.Rh1 De2 31.Dc1 h6><] **29.De7± Da1+ 30.Tf1 Da8 31.h3 h6 32.b5 Rh8 33.b6?...** [un error poco común en Najdorf, que da posibilidades a Guimard para equilibrar el juego; luego de 33.Tf7 Te8 34.Dd7 Dc8 35.Dxd5±] **33...Tc8 34.Dd6=**

[34.De5 Tc6 35.Tf7 Tg6 36.Dxd5 De8=] **34...Tc6??** [34...Da6! 35.De6 Ta8 36.Tf4 Da5 37.Tg4 Db4 38.De5 Tg8 39.Dc7 g5 40.Rh2... *(40.Dxb7 h5=)* 40...Tg7=] **35.Tf8+ Rh7 36.Dxc6 Da1+** [36... Dxf8 37.Dxb7+–] **37.Rh2 1–0**

Reinhardt, Enrique – Michel, Paul [A08]
Torneo Internacional de Mar del Plata (3), 14.03.1946

1.Cf3 d5 2.g3 c5 3.Ag2 Cf6 4.0–0 e6 5.d3 Cc6 6.Cbd2 Ae7 7.e4 0–0 8.Te1 Dc7 9.c3 dxe4 10.dxe4 e5 11.Dc2 Ae6 12.Cg5 Ad7 13.Cc4 h6 14.Cf3 Ae6 15.Ce3 Tfd8 16.Ad2 Td7 17.h3 Tad8 18.Te2 g6 19.Tc1 Af8 20.c4 Cd4 21.Cxd4 cxd4 22.Cd5 Cxd5 23.exd5 Axd5 24.Aa5 Dxa5 25.Txe5 d3 26.Db1 Ag7 27.Txd5 Dd2 28.Td1 Dc2 29.Dxc2 dxc2 30.Tc1 Axb2 31.Txc2 Af6 ½–½

Sanguinetti, Renato – Corte, César Juan [E33]
Torneo Internacional de Mar del Plata (3), 14.03.1946

1.d4 Cf6 2.c4 e6 3.Cc3 Ab4 4.Dc2 Cc6 5.Cf3 d5 6.Ag5 h6 7.Axf6 Dxf6 8.e3 0–0 9.a3 Axc3+ 10.Dxc3 Te8 11.Td1 Rf8 12.Ae2 dxc4 13.Axc4 e5 14.d5 Cd8 15.0–0 Ag4 16.Ae2 Dd6 17.e4 f6

18.Td2 Axf3 19.Axf3 Te7 20.Tfd1 Cf7 21.Ag4 g6 22.h4 Rg7 23.Tc2 Tf8 24.Dg3 Rh7 25.h5 g5 26.Df3 Rh8 27.Ae6 Cd8 28.Af5 Tff7 29.Td3 Tg7 30.Ag6 Cf7 31.Axf7 Tgxf7 32.Df5 b6 33.Tc6 Dd7 34.Dg6 1–0

Souza Mendes, João de – Pilnik, Herman [D56]
Torneo Internacional de Mar del Plata (3), 14.03.1946

1.d4 Cf6 2.c4 e6 3.Cc3 d5 4.Ag5 Ae7 5.Cf3 0–0 6.e3 h6 7.Ah4 Ce4 8.Axe7 Dxe7 9.Dc2 c6 10.Ad3 f5 11.Ce5 Df6 12.f4 Cxc3 13.bxc3 Cd7 14.cxd5 exd5 15.c4 Cxe5 16.dxe5 Dh4+ 17.g3 Dd8 18.cxd5 Da5+ 19.Rf2 cxd5 20.Tab1 Ad7 21.Txb7 Tac8 22.Db2 Ac6 23.Tb3 d4 24.Ac4+ Rh7 25.Tc1 dxe3+ 26.Txe3 Tfd8 27.Dc3 Td2+ 28.Re1 Txa2 29.Dxa5 Txa5 30.Ae6 Ad7 31.Txc8 Axe6 32.Tc6 Ad5 33.Td6 Ae4 34.g4 Ta1+ 35.Td1 Ta6 36.gxf5 Axf5 37.Td6 Ta1+ 38.Rf2 Tb1 39.e6 Tb8 40.e7 Te8 41.Td8 Ag6 42.Txe8 Axe8 43.Ta3 Rg6 44.Txa7 Rf6 45.Re3 g6 46.Rd4 Re6 47.h4 h5 48.Ta8 Rxe7 49.Re5 Ab5 50.Ta7+ Re8 51.Rf6 Ad3 52.Tg7 1–0

Souza Mendes sorprendió a Pilnik.
La Prensa, 15 de marzo de 1946

Iliesco analiza la victoria de Najdorf sobre Guimard.
La Razón, 17 de marzo de 1946

> **Ståhlberg, Gideon – Maccioni Seisdedos, Alejandro [E21]**
> **Torneo Internacional de Mar del Plata (3), 14.03.1946**

1.d4 Cf6 2.c4 e6 3.Cc3 Ab4 4.Cf3 b6 5.Db3 c5 6.a3 Aa5 7.e3 0–0 8.Ae2 d5 9.0–0 cxd4 10.Cxd4 Ab7 11.Td1 Cbd7 12.Ad2 Ce5 13.cxd5 Cxd5 14.e4 Cf6 15.Ag5 Db8 16.Axf6 gxf6 17.Cxe6 Te8 18.Cf4 Cg4 19.Axg4 Dxf4 20.Td7 Tf8 21.Txb7 Axc3 22.Dxc3 Dxg4 23.Db4 Tad8 24.Te1 Td7 25.Txd7 Dxd7 26.h3 Tc8 27.Te3 Tc5 28.Rh2 Dc7+ 29.Tg3+ Tg5 30.Dc3 Df4 31.De3 Dh4 32.e5 Txg3 33.Dxg3+ Dxg3+ 34.Rxg3 fxe5 35.Rg4 f6 36.Rf5 Rf7 37.g4 b5 38.h4 Re7 39.g5 fxg5 40.hxg5 Rd6 41.Rf6 e4 42.Rg7 Re5 43.Rxh7 Rf4 44.g6 Rf3 45.g7 Rxf2 46.g8D e3 47.Df7+ Rg2 48.Dxa7 1–0

4ª ronda, 15 de marzo

▣ Se ha producido una pequeña modificación en el programa, como consecuencia de la inesperada llegada del campeón brasileño, doctor Orlando Roças. En vista del pedido especial de las autoridades brasileñas, que solicitaron la inclusión telegráfica de su representante, la FADA accedió al pedido y resolvió que hoy jugara con Najdorf, y que después juegue las partidas atrasadas los días destinados para descanso de los jugadores.

En la reunión se destacó el triunfo del alemán Reinhardt sobre el campeón nacional Pilnik. El programa del certamen ha sufrido una pequeña modificación, como consecuencia de la inesperada llegada del campeón brasileño, doctor Orlando Roças, y en vista del pedido especial de las autoridades brasileñas. Que solicitaron cablegráficamente la inclusión de su representante, la FADA accedió al pedido, y resolvió que hoy Roças jugase con Najdorf, y que después juegue las partidas atrasadas los días destinados para el descanso de los jugadores. Dado el título que ostenta el brasileño, su participación tiene especial importancia, y su actuación es esperada con interés.

Una reñida partida jugaron el chileno Letelier y el sueco Ståhlberg. Comenzó el juego con PD, Defensa Nimzowitch, y en la parte media, ante el ataque de las blancas, optó Ståhlberg por sacrificar la dama por las dos torres, suspendiéndose la lucha en un final favorable para el maestro sueco. Najdorf venció a Roças. En su primera presentación, el campeón brasileño tuvo como adversario al ganador de los cuatro últimos certámenes. Najdorf organizó un fuerte ataque contra el sector del rey adversario, y obtuvo el triunfo en la jugada 32ª.[121]

▣ La inclusión del doctor Orlando Roças determinó una modificación del *fixture*, complicada por haberse realizado ya tres ruedas, y el propósito de no prolongar el torneo más de una fecha. De acuerdo con el nuevo programa Roças jugará hoy por la noche su partida con Najdorf, y el adversario de éste, que era Hounie Fleurquin, quedará libre. Los demás encuentros fueron los mismos anunciados. De manera análoga se ha programado para las sesiones restantes, en las que cada vez quedará libre un jugador. El torneo, pues, finalizará el 1º de abril. Cabe señalar la simpática actitud de todos los maestros, renunciando a fechas de descanso en el deseo de hacer viable la resolución de la FADA, inspirada en propósitos de una cordial confraternidad. Pilnik perdió con Reinhardt, Defensa Siciliana, que las negras trataron con mayor justeza.

Pilnik quiso forzar el juego, hallándose luego muy apremiado por el reloj, al extremo de que al llegar a la jugada 32ª cayó su aguja. Bien es cierto que en ese momento la posición favorecía posicionalmente a su adversario, que jugó muy bien toda la partida. Roças perdió con Najdorf, Apertura Bird, convertida luego en una doble Stonewall. Se inició a las 21.15 y finalizó en la jugada 31ª. Letelier – Ståhlberg, PD, Defensa Nimzowitsch, todavía seguía jugándose esta madrugada.

---

[121] *La Prensa*, 15 y 16 de marzo de 1946.

Fue una verdadera maratón por entregas, que requirió 12 horas de larga labor. Creemos que Letelier, en el final de la segunda suspensión, equivocó el plan ganador, pero es cierto que Ståhlberg se había lanzado a una maniobra aventurera, con el propósito de eludir las tablas. Al llegarse a la 11ª jugada, la nulidad ya era evidente. Quedaban a las blancas, dama y dos peones, y las negras dos torres y un peón, en una situación imposible de forzar. Najdorf 4/4; Sanguinetti 3½; Luckis, Corte y Ståhlberg 3.[122]

Bauzá, Lorenzo – Maderna, Carlos Hugo [C68]
Torneo Internacional de Mar del Plata (4), 15.03.1946

1.e4 e5 2.Cf3 Cc6 3.Ab5 a6 4.Axc6 dxc6 5.d4 exd4 6.Dxd4 Dxd4 7.Cxd4 Ad6 8.0–0 Ce7 9.Cc3 0–0 10.Ae3 f5 11.f3 c5 12.Cxf5 Cxf5 13.exf5 Axf5 14.Tf2 Tae8 15.Te1 Te6 16.Cd1 Tfe8 17.Tfe2 c4 18.a3 b5 19.Rf2 h5 20.g3 a5 21.Ad2 Ac5+ 22.Ae3 Af8 23.Ad2 Txe2+ 24.Txe2 Ac5+ 25.Ae3 Ad6 26.Td2 b4 27.axb4 axb4 28.Ad4 Rf7 29.Ce3 Ae6 30.h4 Ta8 31.Cg2 Ta1 32.Ce1 Axg3+ 33.Rxg3 Txe1 34.Ac5 b3 35.cxb3 cxb3 36.Ab4 Th1 37.Th2 Tc1 38.Ac3 Txc3 39.bxc3 Af5 40.Tb2 Ac2 41.Rf4 Rf6 42.Re3 Re5 0–1

Bolbochán, Jacobo – Souza Mendes, Joåo de [D97]
Torneo Internacional de Mar del Plata (4), 15.03.1946

1.d4 Cf6 2.c4 g6 3.Cc3 d5 4.Cf3 Ag7 5.Db3 dxc4 6.Dxc4 0–0 7.e4 c6 8.Ae2 Cbd7 9.0–0 Cb6 10.Db3 Ae6 11.Dd1 h6 12.a4 a5 13.Tb1 Dc7 14.Dc2 Tfc8 15.b3 Ag4 16.Ae3 Cbd7 17.Tfd1 e5 18.h3 exd4 19.Axd4 Ae6 20.Db2 Ch5 21.Axg7 Cxg7 22.Dd2 Rh7 23.Cd4 Td8 24.De3 Cf8 25.f4 Te8 26.Df2 f5 27.g4 Af7 28.gxf5 gxf5 29.e5 Cfe6 30.Ac4 Cxd4 31.Txd4 Ae6 32.Td6 Df7 33.Dh4 Te7 34.Rh2 Ce8 35.Axe6 Txe6 36.Txe6 Dxe6 37.Td1 Tc8 38.Td3 Tc7 39.Ce2 Td7 40.Dg3 Tg7 41.Dc1 Td7 42.Dd2 Txd3 43.Dxd3 Cg7 ½–½

Corte, César Juan – Iliesco, Juan Traian [B63]
Torneo Internacional de Mar del Plata (4), 15.03.1946

1.e4 c5 2.Cf3 Cc6 3.d4 cxd4 4.Cxd4 Cf6 5.Cc3 d6 6.Ag5 e6 7.Dd2 Ae7 8.Ae2 0–0 9.Td1 a6 10.0–0 Dc7 11.Axf6 gxf6 12.Dh6 Rh8 13.Ah5 Da5 14.Cxc6 bxc6 15.f4 Ad7 16.Tf3 Tg8 17.e5 d5 18.Th3 Db6+ 19.Rh1 Af8 20.Dxf6+ Tg7 21.Axf7 Dd8 22.Axe6 Ae7 23.Dh6 Axe6 24.Dxe6 Db6 25.Tg3 Tag8 26.Cxd5 Dd8 27.Ce3 Df8 28.Cf5 Txg3 29.hxg3 Ad8 30.Td7 Tg6 31.Df7 Th6+ 32.Ch4 Dxf7 33.Txf7 Rg8 34.Tf5 Ab6 35.Rh2 Af2 36.Rh3 c5 37.Rg4 Tb6 38.b3 c4 39.Cf3 h6 40.Tf6 1–0

Guimard, Carlos Enrique – Maccioni Seisdedos, Alejandro [E18]
Torneo Internacional de Mar del Plata (4), 15.03.1946

1.d4 Cf6 2.c4 e6 3.Cf3 b6 4.Cc3 Ab7 5.g3 Ae7 6.Ag2 0–0 7.0–0 Ce4 8.Dc2 Cxc3 9.bxc3 f5 10.d5 Dc8 11.Cd4 c5 12.Cb3 d6 13.e4 exd5 14.cxd5 fxe4 15.c4 Dg4 16.Ab2 Cd7 17.Tae1 Af6 18.Txe4 Dg6 19.f4 Axb2 20.Dxb2 Tae8 21.Tfe1 Txe4 22.Txe4 Aa6 23.Cd2 Cf6 24.Te6 Te8 25.Ae4 Dh5 26.Af3 Df5 27.Txe8+ Cxe8 28.Da3 Dc2 29.Dxa6 Dxd2 30.Dxa7 Dc1+ 31.Rg2 Dxc4 32.De7 Dxa2+ 33.Rh3 Da8 34.Ag4 Cf6 35.Ae6+ Rh8 36.Dxd6 c4 37.Dc6 De8 38.Dxc4 Dh5+ 39.Rg2 g6 40.g4 Dh4 41.Dc8+ 1–0

[122] *La Nación*, 16 y 18 de marzo de 1945.

Letelier Martner, René – Ståhlberg, Gideon [E21]
Torneo Internacional de Mar del Plata (4), 15.03.1946

1.d4 Cf6 2.c4 e6 3.Cc3 Ab4 4.Cf3 Axc3+ 5.bxc3 d6 6.e3 De7 7.Ad3 e5 8.Cd2 0-0 9.0-0 c5 10.Dc2 Cc6 11.d5 Ca5 12.Aa3 b6 13.Tae1 Aa6 14.f3 g6 15.Ac1 e4 16.Cxe4 Cxe4 17.fxe4 Axc4 18.De2 Axd3 19.Dxd3 Tae8 20.e5 Dxe5 21.e4 f5 22.Ah6 Tf7 23.exf5 Dxe1 24.Txe1 Txe1+ 25.Rf2 Te5 26.Da6 Texf5+ 27.Rg3 Tc7 28.c4 Rf7 29.Db5 Te7 30.Af4 g5 31.Ad2 Rg6 32.Axa5 bxa5 33.Db8 h5 34.h3 h4+ 35.Rh2 Tf6 36.Db1+ Rg7 37.Db8 a4 38.a3 a6 39.Db2 Te3 40.Db7+ Rh6 41.Db8 Rg7 42.Db7+ Rg8 43.Db8+ Rf7 44.Db7+ Te7 45.Db1 Rg7 46.Dd1 Tf4 47.Dd2 Tf6 48.Db2+ Rg6 49.Db8 Tf6

50.Db1+ Rh6 51.Db2 Rg7 52.Dd2 Te5 53.Rg1 Rg6 54.Dd3+ Rh6 55.Dd2 Te4 56.Dc3 Td4 57.Db2 Td1+ 58.Rh2 Tff1 59.Dh8+ Rg6 60.Dg8+ Rf5 61.De6+ Rf4 62.Dg4+ Re3 63.Dxg5+ Tf4 64.Dh6 Tdd4 65.Dxd6 Txc4 66.De7+ Tfe4 67.Dg5+ Rd3 68.d6 Tcd4 69.Dxc5 Tf4 70.Dg5 Re3 71.De5+ Tfe4 72.Dg5+ Rd3 73.Dh5 Rd2 74.Df5 Tf4 75.De6 Tf1 76.d7 Td1 77.Dg4 Rc3 78.d8D Txd8 79.Db4+ Rc2 80.Dxa4+ Rb2 81.Dxa6 T1d4 82.a4 Ra3 83.a5 Ra4 84.Db6 T8d6 85.Dc5 T6d5 86.Db6 Td6 87.Dc5 T6d5 88.Dc3 Rb5 89.Rg1 Td6 90.Rf2 Tf6+ 91.Re3 Tdd6 92.Db3+ Rxa5 93.Re4 Tb6 94.Da3+ Rb5 95.Re5 Th6 96.Db3+ Ra6 97.Da4+ Rb7 98.Dd7+ Ra6 99.Da4+ Rb7 100.Dd7+ Ra6 ½-½

Luckis, Marcos – Sanguinetti, Renato [C89]
Torneo Internacional de Mar del Plata (4), 15.03.1946

1.e4 e5 2.Cf3 Cc6 3.Ab5 a6 4.Aa4 Cf6 5.0-0 Ae7 6.Te1 b5 7.Ab3 0-0 8.c3 d5 9.exd5 Cxd5 10.Cxe5 Cxe5 11.Txe5 c6 12.d4 Ad6 13.Te2 Dh4 14.g3 Dh5 15.Te4 Dg6 16.Ac2 Af5 17.Te2 Axc2 18.Dxc2 f5 19.Cd2 Cf4 20.Te3 Ch3+ 21.Rg2 Dh5 22.f4 Axf4 23.gxf4 Dg4+ 24.Tg3 De2+ 25.Rh1 De1+ 26.Rg2 Cxf4+ 27.Rf3 Tae8 28.Cb3 Df1+ 29.Df2 Dd3+ 30.Rxf4 De4+ 31.Rg5 h6+ 32.Rh5 f4 33.Tg4 De7 34.Dc2 Td8 35.Tg6 Td5+ 36.Rg4 Dd7+ 37.Rf3 Dh3+ 38.Rf2 Dxh2+ 39.Tg2 Dh4+ 40.Rf1 Dh3 41.Rg1 f3 42.Th2 ½-½

Michel, Paul – García Vera, Romeo [C73]
Torneo Internacional de Mar del Plata (4), 15.03.1946

1.e4 e5 2.Cf3 Cc6 3.Ab5 a6 4.Aa4 d6 5.Axc6+ bxc6 6.d4 f6 7.Dd3 g6 8.dxe5 fxe5 9.Dc3 Ad7 10.Ag5 Cf6 11.Cbd2 Ag7 12.0-0-0 Db8 13.Cxe5 dxe5 14.Dxe5+ Rf7 15.Df4 Db4 16.Cb3 Thd8 17.Td4 De7 18.e5 Af5 19.exf6 Txd4 20.Cxd4 Axf6 21.Axf6 Dxf6 22.Dxc7+ Rg8 23.Dxc6 Dxc6 24.Cxc6 Axc2 25.Rxc2 Tc8 26.b4 Txc6+ 27.Rb3 Tf6 28.f3 Te6 29.Tc1 Te3+ 30.Tc3 Te2 31.a4 Txg2 32.b5 axb5 33.axb5 Tg1 34.Rc4 Tb1 35.Tb3 Tc1+ 36.Rd5 Td1+ 37.Re6 Te1+ 1-0

Pilnik, Herman – Reinhardt, Enrique [B80]
Torneo Internacional de Mar del Plata (4), 15.03.1946

1.e4 c5 2.Cf3 e6 3.d4 cxd4 4.Cxd4 Cf6 5.Cc3 d6 6.Ae3 a6 7.Ad3 Dc7 8.0-0 Cc6 9.De2 Ae7 10.f4 0-0 11.a3 Ad7 12.Tae1 b5 13.Cxc6 Axc6 14.Ad4 e5 15.Ae3 Db7 16.fxe5 dxe5 17.Tf5 g6 18.Txe5 Ad6 19.Tg5 Cxe4 20.Axe4 Axe4 21.Ad4 Ac6 22.Dg4 Tae8 23.Tf1 f6 24.Tgf5 Ad7 25.Df3 Ac6 26.Dg4 Axg2 27.Txf6 Txf6 28.Txf6 Te1+ 29.Rf2 Tf1+ 30.Re2 Txf6 31.Axf6 Rf7 32.Ad4 h5 0-1

> **Roças, Orlando – Najdorf, Miguel [A03]**
> **Torneo Internacional de Mar del Plata (4), 15.03.1946** *[Juan S. Morgado]*

1.f4 d5 2.Cf3 Cf6 3.e3 g6 4.d4 Ag7 5.Ad3 0-0 6.Cbd2 c5 7.c3 Dc7 8.Ce5 Cc6 9.0-0 Tb8 10.De2 a6 11.a4 Ad7 12.Cxd7 Cxd7 13.Cf3 e6 14.Ad2 Tbe8 15.Df2 f5 16.Dh4 Cd8 17.Rh1 Cf7 18.Ce5 Cf6 19.h3 Cd6 20.Ae1?!... [20.b4 oo] **20...Cfe4→ 21.g4 Af6 22.g5?!...** [22.Dh6 c4 23.Ac2 fxg4 24.hxg4 Db6=] **22... Ag7** [22...Axe5 23.fxe5 Cc4∓] **23.Axe4 Cxe4 24.Cd3 cxd4 25.exd4 Dc4 26.Tf3 b5 27.axb5 axb5∓ 28.Ta7?...** [28.Af2 b4 29.cxb4... *(29.Cxb4 De2∓)* 29...Tc8∓] **28... Ta8-+ 29.Txg7+ Rxg7 30.Dh6+ Rg8 31.h4 Cd6 0-1**

5ª ronda, 16 de marzo

▪ Najdorf va aún adelante, pero perdió con Maderna la partida más larga del torneo. El gran maestro polaco encabeza la nómina de los participantes. No constituye ésta una novedad, porque Najdorf ha ganado los torneos de Torneo Internacional de Mar del Plata de 1942 a 1945, de manera que es un permanente abonado al triunfo. Pero Najdorf ha perdido ayer frente al ajedrecista platense Carlos Hugo Maderna, después de una partida que se prolongó durante tres sesiones. Maderna inició el combate sacrificando un peón, para emplazar un violento asalto. Najdorf aceptó el peón. ¡Nunca lo hubiera hecho! El platense lo atacó con una intensidad verdaderamente salvaje, que obligó al gran maestro no sólo a devolver el peón, sino todavía a desprenderse de otro. De inmediato, la batalla tomó un camino completamente distinto. Maderna tenía un peón de ventaja y necesitaba ganar en un estilo diferente en absoluto, conservador y tozudo, en lugar de brillante. El tesón y la voluntad del muchacho platense rayaron entonces a gran altura.

Durante 89 largas jugadas fue minando pacientemente la defensa del polaco, que se desesperaba por emparejar, hasta que otro peón perdido por Najdorf lo indujo a abandonar. Habían transcurrido nada menos que tres sesiones y la 89ª jugada desde el comienzo de la partida. Una salva de aplausos saludó este triunfo extraordinario del platense, quizás el más meritorio de su brillante campaña deportiva, por la calidad magistral del vencido –futuro campeón mundial según Tartakower– y por la estrategia múltiple y magnífica de nuestro compatriota.[123]

▪ El encuentro entre Maderna y Najdorf fue el que con mayor interés siguieron los aficionados, por el hecho de que Maderna quedó con un peón de ventaja al promediar el juego. Después de algunos cambios se arribó a un final de damas, un caballo y peones por ambos lados, siempre favorable

Ingresa el brasileño Roças y Reinhardt también vence a Pilnik.
La Nación, 16 de marzo de 1946

---

[123] Amílcar Celaya, *Noticias Gráficas*, 18 de marzo de 1946.

para el maestro argentino, y la partida se postergó hasta la sesión de la noche. El juego se definió a favor de Maderna luego de una larga lucha de 89 jugadas. Una bonita victoria conquistó hoy el excampeón argentino, Carlos Guimard (negras), al vencer al excampeón uruguayo, Carlos Hounie Fleurquin. Se jugó una Defensa Holandesa en la Apertura PD. Una partida dificultosa y sumamente reñida disputaron el excampeón de Suecia y el entrerriano Corte. Se jugó una apertura de PD con la Defensa Nimzowitch, en la que las negras atacaron por el flanco del rey al principio, para producirse luego una serie de acciones interesantes y complejas en ambos lados. El juego quedó en situación equilibrada al terminar la sesión de la tarde. En la sesión de la noche no siguió el juego debido a un anterior compromiso del maestro sueco. Finalmente se declaró el empate en la jugada 66ª.[124]

■ La rueda jugada hoy fue quizás una de las más interesantes realizadas en lo que va del certamen. Sólo dos quedaron sin definir después de las cinco horas reglamentarias: Maderna – Najdorf –dos peones de ventaja para Maderna – y Ståhlberg – Corte. Los resultados fueron: Reinhardt 0:1 Bolbochán; Sanguinetti 0:1 Michel; Hounie Fleurquin 0:1 Guimard; Souza Mendes 1:0 Bauzá; García Vera 0:1 Pilnik; Maccioni 0:1 Roças; Iliesco 1:0 Luckis. Najdorf 4; Maderna, de Souza Mendes, Sanguinetti, Ståhlberg y Corte 3½.[125]

García Vera, Romeo – Pilnik, Herman [A22]
Torneo Internacional de Mar del Plata (5), 16.03.1946 *[Juan S. Morgado]*

1.c4 e5 2.Cc3 Cf6 3.e4 Ac5 4.Ae2 d6 5.d3 0–0 6.Cf3 Ag4 7.h3 Axf3 8.Axf3 Cc6 9.Ag5 Ce7 10.Axf6 gxf6 11.Ag4 c6?! [11...Rh8 oo] 12.Df3→ Rg7?! [12...Cg6 13.g3→] 13.0–0 Tg8 14.Ce2 Cg6 15.Cg3 Rh8 16.Ch5?!... [16.Cf5±] 16...Cf4? [16...Ch4 17.Dxf6+ Dxf6 18.Cxf6 T6 19.Ch5→] 17.Cxf4 exf4 18.Dxf4± Ad4 19.Af5 Tg7 20.Dh6?... [20.Dd2±] 20...De7= 21.Tab1 De5 22.b3 Dg3 23.Ag4 Tg6 24.Dd2 Dh4 25.Af5 Tg5? [25...Tg7!?] 26.Rh2± Tag8

27.g4??... [27.g3±] 27...Txg4 28.Axg4 Txg4 29.De2??... [29.De1=] 29...Ae5+ 30.f4 Tg3 0–1

Pueden apreciarse las dificultades que tenían aún los jugadores argentinos más fuertes. Luego de salir de una apertura muy débilmente jugada, Pilnik quedó perdido. Fueron necesarios dos *blunders* de Cristiá para dar vuelta el resultado.

Hounie Fleurquin, Carlos – Guimard, Carlos Enrique [A91]
Torneo Internacional de Mar del Plata (5), 16.03.1946

1.d4 f5 2.c4 e6 3.g3 Cf6 4.Ag2 Ae7 5.Cc3 d5 6.Af4 0–0 7.Cf3 c6 8.c5 Ce4 9.Tc1 Cd7 10.Ce5 g5 11.Cxd7 Axd7 12.Ae5 Af6 13.Cxe4 Axe5 14.dxe5 fxe4 15.Dd2 Tf5 16.0–0 g4 17.f3 gxf3 18.exf3

---
[124] *La Prensa*, 17 de marzo, de 1946.
[125] *La Nación*, 17 de marzo de 1946.

exf3 19.Txf3 Dg5 20.Dxg5+ Txg5 21.Tcf1 Txe5 22.Tf7 Td8 23.Ah3 d4 24.Te7 d3 25.Ag4 d2 26.Rg2 Te1 27.Ad1 Ae8 28.Rf2 Ah5 0–1

Iliesco, Juan Traian – Luckis, Marcos [A30]
Torneo Internacional de Mar del Plata (5), 16.03.1946

1.Cf3 Cf6 2.g3 b6 3.Ag2 Ab7 4.0–0 e6 5.b3 c5 6.Ab2 Ae7 7.c4 0–0 8.Cc3 Cc6 9.d4 cxd4 10.Cxd4 Dc8 11.e4 Td8 12.Cc2 d6 13.De2 a6 14.Tfd1 Dc7 15.Tac1 Tac8 16.Ce3 Db8 17.f4 Cd7 18.Ced5 exd5 19.exd5 Cce5 20.fxe5 Cxe5 21.Ah3 Tc7 22.Ce4 f6 23.Ae6+ Rh8 24.Ad4 Ac8 25.Cc3 Ad7 26.Axe5 fxe5 27.Tf1 Ae8 28.a4 Ag6 29.h4 h6 30.Dg4 Ah7 31.Tf2 Tf8 32.Tcf1 Txf2 33.Txf2 Af6 34.Af5 Ag8 35.Ce4 Ae7 36.Dg6 Tb7 37.Cg5 Af8 38.Ae6 Ae7 39.Axg8 1–0

Maccioni Seisdedos, Alejandro – Roças, Orlando [A44]
Torneo Internacional de Mar del Plata (5), 16.03.1946

1.d4 c5 2.d5 e5 3.e4 d6 4.Ad3 g6 5.Ce2 Ag7 6.0–0 Ce7 7.Cd2 Cd7 8.Cc4 Dc7 9.a4 0–0 10.Cc3 a6 11.a5 b5 12.axb6 Cxb6 13.De2 Cxc4 14.Axc4 f5 15.f3 f4 16.Ad2 Db6 17.Ca4 Dc7 18.Cc3 Db6 19.Ca4 Dc7 20.b3 g5 21.Cb2 h5 22.Axa6 Txa6 23.Txa6 c4 24.Tc6 Cxc6 25.dxc6 cxb3 26.Dc4+ Rh7 27.cxb3 Db6+ 28.Tf2 g4 29.Db4 Da7 30.Da5 Aa6 31.b4 g3 32.hxg3 fxg3 33.Ae1 Ta8 34.Ca4 Ah6 35.Cc5 gxf2+ 0–1

Maderna, Carlos Hugo – Najdorf, Miguel [D15]
Torneo Internacional de Mar del Plata (5), 16.03.1946 *[Juan S. Morgado]*

1.d4 d5 2.c4 c6 3.Cf3 Cf6 4.Cc3 dxc4 5.e4 b5 6.e5 Cd5 7.a4 Cxc3 8.bxc3 e6 9.Ae2 Ae7 10.Cd2 a6 [10...Ab7 11.Af3 Dc7 12.Ce4 a6 13.h4 0–0 14.Ag5 oo, Fronczek – Moeckel, Bad Bevensen 1997] **11.Af3 Ta7 12.0–0>< Tc7** [12...0–0!?] **13.Ce4 0–0 14.De2 Cd7 15.Aa3 Axa3 16.Txa3 c5 17.axb5 axb5 18.Cd6 b4** [18...cxd4 19.cxd4 b4 20.Ta4 b3 21.Cxc4 Ab7 22.Axb7 Txb7 23.Cd6 Tb8 24.Tb1 Dc7 25.Tc4 Da7 oo] **19.cxb4 cxb4 20.Ta4 b3 21.Cxc4 Ab7 22.Tb1 Axf3** [22...Txc4!=] **23. Dxf3 Dh4 24.Dd3 Tfc8** [24...f6↔] **25.g3 Dg4 26.Txb3 g6?** [26...Cf8 27.Ce3 Df3 28.Cf1 Dd5 29.Tb5→] **27.Rg2!± Td8?** [27...Tf8 28.Tab4±] **28.h3 Dh5 29.Cd6+– Dg5 30.Df3 De7 31.Tb7 Cf8 32.Taa7 Tdd7 33.Txc7 Txc7**

34.Txc7?... [después de este error, Najdorf se defenderá largamente; definía inmediatamente 34.Ta8!+–] **34...Dxc7 35.Df6± Dd7 36.h4 h5 37.Df3 Da7 38.Rh2 Dd7 39.Da8 Dc7 40.Df3 De7 41.Dc6 Da7 42.Rg2 De7 43.Ce4 Ch7 44.Dc8+ Cf8 45.Cf6+ Rg7 46.Da8 Db4 47.Da7 Db5 48.Dc7 Da4 49.Dc3 Ch7 50.Ce4 Da7 51.Cd6 Da8+ 52.Df3 Da7 53.Df4 Dd7 54.Dc1 Cf8 55.Dg5 Ch7**

56.Df4 Cf8 57.f3 Ch7 58.g4 hxg4 59.fxg4 g5 [59...Da7 60.Df3 Cf8 61.Rh2 Rg8 62.Rg3±] **60.hxg5 Dc6+ 61.Rg1 Dd7 62.Rh2 Cf8 63.Df6+ Rg8 64.Df3 Da7 65.Db7 Dxb7 66.Cxb7 Ch7 67.g6 fxg6 68.Rg3 Cg5 69.Rf4 Ch3+ 70.Re3 Rf7 71.Cd6+ Re7 72.Ce4 g5 73.Rd3 Rd7 74.Rc4 Rc7 75.d5 exd5+ 76.Rxd5 Cf4+ 77.Rc4 Ce6 78.Cf6 Rd8 79.Rd5 Re7 80.Re4 Rf7 81.Cd5 Rg6 82.Ce7+ Rf7 83.Cc6 Cf4 84.Rf5 Ce6 85.Cb4 Re7 86.Cd3 Rf7 87.Ce1 Cd4+ 88.Rxg5 Re6 89.Cd3 Cc6 1–0**

Reinhardt, Enrique – Bolbochán, Jacobo [C86]
Torneo Internacional de Mar del Plata (5), 16.03.1946

1.e4 e5 2.Cf3 Cc6 3.Ab5 a6 4.Aa4 Cf6 5.0–0 Ae7 6.De2 b5 7.Ab3 d6 8.h3 0–0 9.c3 Ca5 10.Ac2 c5 11.d4 Dc7 12.d5 c4 13.Ag5 Ce8 14.Cbd2 Axg5 15.Cxg5 h6 16.Cgf3 Cf6 17.g4 Ch7 18.Ch4 Dd8 19.Cg2 g5 20.Rh2 Te8 21.Ce3 Cf8 22.Cf5 Cg6 23.Rg3 Cf4 24.Df3 Cb7 25.Ce3 Rg7 26.Cg2 h5 27.Ce3 Th8 28.Th1 Cc5 29.Cf5+ Axf5 30.exf5 Df6 31.Ae4 Dh6 32.Tag1 Tag8 33.Dd1 hxg4 34.Dxg4 Dh4+ 35.Dxh4 Txh4 36.Ag2 Ce2+ 37.Rf3 Cxg1+ 38.Txg1 Rf6 39.Rg3 Rxf5 40.Te1 Rg6 0–1

Sanguinetti, Renato – Michel, Paul [D34]
Torneo Internacional de Mar del Plata (5), 16.03.1946

1.d4 d5 2.c4 e6 3.Cc3 c5 4.cxd5 exd5 5.Cf3 Cc6 6.g3 Cf6 7.Ag2 Ae7 8.0–0 Ae6 9.Ag5 Ce4 10.Axe7 Dxe7 11.Tc1 Cxc3 12.Txc3 c4 13.Ce5 Cxe5 14.dxe5 Dc5 15.e3 0–0 16.Dh5 Tad8 17.g4 d4 18.exd4 Txd4 19.Th3 h6 20.Tg3 Td3 21.Ae4 Txg3+ 22.hxg3 Dd4 23.Te1 Dd2 24.Tb1 De2 25.Dh1 Axg4 26.f3 De3+ 27.Rf1 Ae6 28.Dh2 Dd4 29.Te1 Td8 30.Df2 b5 31.Dxd4 Txd4 32.Re2 b4 33.Td1 Txe4+ 34.fxe4 Ag4+ 35.Rd2 Axd1 36.Rxd1 h5 0–1

Souza Mendes, João de – Bauzá, Lorenzo [E32]
Torneo Internacional de Mar del Plata (5), 16.03.1946

1.d4 Cf6 2.c4 e6 3.Cc3 Ab4 4.Dc2 0–0 5.e4 d5 6.e5 Ce4 7.Ad3 f5 8.Cf3 c5 9.cxd5 cxd4 10.Cxd4 Dxd5 11.Cf3 Cc6 12.Ad2 Cxc3 13.Axc3 Cxe5 14.0–0–0 Axc3 15.Dxc3 Cxf3 16.gxf3 Dxf3 17.Thg1 Tf7 18.Tg3 Df4+ 19.Rb1 Tc7 20.Ac4 h6 21.Tdg1 g5 22.Df6 Txc4 23.Dg6+ Rf8 24.Dxh6+ Re7 25.Td1 De4+ 26.Ra1 Dd4 27.Dxg5+ Df6 28.Dd2 Rf7 29.f4 Tc5 30.De2 Td5 31.Dh5+ Re7 32.Txd5 exd5 33.Dh7+ 1–0

Ståhlberg, Gideon – Corte, César Juan [E43]
Torneo Internacional de Mar del Plata (5), 16.03.1946 *[Juan S. Morgado]*

1.d4 Cf6 2.c4 e6 3.Cc3 Ab4 4.e3 b6 5.Cf3 Ce4 6.Dc2 f5 7.Ae2 Ab7 8.0–0 0–0 9.Cd2 Axc3 10.bxc3 Dh4 [10...c5 11.Aa3 Cxd2 12.Dxd2 d6 ∞, Karman – Weyerstrass, Blaricum 1973] **11. f4 Tf6** [11...Cxd2 12.Axd2 d5 ∞] **12.Cf3 Dh5 13.Cg5 Dh4 14.Af3 d5 15.cxd5 exd5 16.Axe4 fxe4 17.Aa3 Tg6 18.Db3...** [18.c4!?] **18...a5 19.Dd1 Ac8 20.Db3 Ab7 21.Db5 Ac6 22.De2 Ad7 23.g3?...** [23.Tab1!?] **23...Dg4∓ 24.Dxg4 Axg4 25.Rg2 h6 26.Ch3 Cd7** [26...Tc6!?] **27.Cg1 Tc6 28.Tfc1 Tc4?** [28...Af5 29.Tc2 h5∓] **29.h3 Ae6 30.g4 b5= 31.f5 Af7 32.Ce2 Ta4 33.Ae7 Te8 34.Ah4 Cb6 35.Rf2 Cc4 36.Tg1 Cd2 37.g5 hxg5 38.Axg5 Cf3 39.Tg3 Rf8 40.Af4 Te7 41.Cg1?...** [41. h4!?] **41...Cd2∓ 42.Re1 Cc4 43.Ce2 Ta3 44.Ag5 Td7 45.Rf2 Cd2** [45...Ae8!?] **46.Cf4?...** [46.h4 Cf3 47.Tg2 Rg8 48.Rg3 Ae8 49.Cg1 Txc3 50.Cxf3 exf3 51.Rxf3 Tf7∓] **46...Td6 47.Ce2 Tc6** [47...b4 48.Tc1 Txa2 49.cxb4 Cc4 50.bxa5 Ah5 51.Te1 Tc6 52.Tg2 Af3 53.Th2 Cxa5 54.Rg3 Tcc2–+] **48.Af4...**

48...Tf6 [48... Ah5–+] **49.Axc7 Txf5+ 50.Rg2 Cc4 51.Rg1 Ah5 52.Cf4 Af7 53.Tb1 Txc3?** [53... g5!–+] **54.Txb5 Tc1+ 55.Rh2 Tc2+ 56.Tg2 Cxe3 57.Txc2 Cxc2 58.Ae5 Cxd4?** [58... Ce3 59.Ad6+ Re8 60.h4 Cc4 61.Ab8 g5 62.hxg5 Txg5 63.Ch3 Tg7 64.Cg1 Rd7 65.Tb7+ Rc8 66.Tb3 Ah5→] **59.Tb8+...** [59.Axd4 Txf4 60.Txa5 Tf3→] **59...Re7 60.Cxd5+ Re6?** [60... Axd5 61.Axd4 Axa2 62.Axg7 Ae6 63.h4 a4 64.Ta8 Ad7∓] **61.Axd4 Txd5 62.Axg7 e3∓ 63.Tb6+ Rd7 64.Tb7+ Re6 65.Tb6+ Rd7 66.Tb7+ ½–½**

Aplausos para Maderna por su victoria ante Najdorf.
Noticias Gráficas, 18 de marzo de 1946

6ª ronda, 18 de marzo

Una modificación prodújose en los encuentros anunciados, ya que Najdorf quedó libre, jugando Maderna con el doctor Souza Mendes. Se definieron en la sesión de la tarde seis partidas, quedando tres para proseguir por la noche. En la rueda complementaria de anoche, que finalizó a la madrugada de hoy, fue declarada tablas Ståhlberg – Corte. El detalle de la rueda de hoy es el siguiente: Michel 1:0 Iliesco, PR, Defensa Siciliana Variante del Dragón, en 41; Pilnik 1:0 Sanguinetti, Caro–Kann, en 39; Bolbochán 1:0 García Vera, PD, Eslava, en 41; Bauzá 0:1 Reinhardt, Zukertort, en 30; Souza Mendes ½:½ Maderna, Zukertort, en 34; Corte 1:0 Maccioni, Defensa Siciliana, en 35; Luckis ½:½ Ståhlberg, Defensa Francesa, en 54; Roças 0:1 Fleurquin, Defensa Siciliana, en 47; Guimard–Letelier, suspendida.[126]

---

[126] *La Nación*, 19 de marzo de 1946.

■ Con una Apertura PR comenzó Corte el juego frente al chileno Maccioni, quien adoptó la Defensa Siciliana. La lucha fue equilibrada al principio, pero al promediar el juego se tornó favorable para Corte, que ganó un peón y más tarde el juego. Una dificultosa partida jugaron los maestros Luckis y Ståhlberg. Este último adoptó la Defensa Francesa, y luego de algunos cambios se llegó a un final con damas, caballos y peones con posibilidades para ambos, quedando pendiente la partida para la sesión complementaria de la noche. Tras algunas jugadas, luego de reanudarse la partida, se convino tablas. Después del triunfo obtenido anoche por Maderna frente a Najdorf, la partida que hoy jugaba el ajedrecista platense con el brasileño Souza Mendes atrajo la atención general. El juego comenzó con la Apertura Zukertort, que proporcionó en la parte media una situación superior para el argentino. Sin embargo, cuando la posición era ganadora, Maderna cometió un error, y el juego se equilibró, declarándose tablas.[127]

■ Ya no es Najdorf el líder: lo pasó el entrerriano Corte por medio punto, aunque tiene una partida más jugada que Najdorf. Corte surgió como un niño prodigio hace una década y media, y sin duda, es uno de los ajedrecistas argentinos más capacitados para aspirar al Campeonato Nacional. Desgraciadamente, tenga buena o mala posición, *el chico* Corte piensa y vuelve a pensar… hasta que está por expirarle el tiempo reglamentario, y entonces, desesperado, hace cualquier disparate. La única partida que perdió en este torneo, con Sanguinetti, la perdió precisamente por su manía de *pensador*. Corte ha logrado la honrosa colocación que hoy ostenta gracias a que ayer le pagó una buena partida al representante chileno doctor Maccioni, y a que, en la madrugada de hoy, le hizo tablas al gran maestro sueco en el final que tenía pendiente con él, y en el que faltó poco para que el sueco mordiese el polvo de una derrota, que hubiese sido sensacional.

Pilnik, el campeón argentino, se ha rehabilitado anoche del comienzo poco afortunado que tuvo, pues perdió dos partidas de las cinco primeras, con el agravante de que aún la que le ganó a Maderna debió haberla perdido. Trabajo su combate con Sanguinetti en una serie de escaramuzas tácticas, Pilnik hizo valer sus condiciones de táctico consumado al epilogar la lucha con un mate espectacular. Corte 4½; Maderna, Souza Mendes, Michel, Ståhlberg y Najdorf 4.[128]

Bauzá, Lorenzo – Reinhardt, Enrique [E94]
Torneo Internacional de Mar del Plata (6), 18.03.1946

1.Cf3 Cf6 2.c4 g6 3.Cc3 Ag7 4.d4 0–0 5.e4 d6 6.Ae2 Cbd7 7.0–0 e5 8.h3 Te8 9.d5 Ch5 10.g3 Cf8 11.Rg2 h6 12.Ch2 Cf6 13.Cg4 Rh7 14.f4 Axg4 15.Axg4 exf4 16.Txf4 h5 17.Ae2 C8d7 18.g4 hxg4 19.hxg4 Cc5 20.Af3 Ah6 21.Dh1 Rg7 22.Txf6 Axc1 23.Txf7+ Rxf7 24.Dh7+ Rf6 25.Txc1 Th8 26.e5+ dxe5 27.g5+ Rxg5 28.Dg7 Df6 29.Dxc7 Taf8 30.Tf1 Df4 0–1

Bolbochán, Jacobo – García Vera, Romeo [D14]
Torneo Internacional de Mar del Plata (6), 18.03.1946

1.d4 d5 2.c4 c6 3.Cf3 Cf6 4.cxd5 cxd5 5.Cc3 Cc6 6.Af4 Af5 7.e3 a6 8.Ad3 Axd3 9.Dxd3 e6 10.0–0 Ae7 11.Tfc1 0–0 12.Ca4 Cd7 13.a3 Tc8 14.b4 b5 15.Cc5 Axc5 16.bxc5 Da5 17.a4 b4 18.Ad6 Tfe8 19.Cd2 Ta8 20.e4 Cf6 21.e5 Cd7 22.f4 Ta7 23.Tel Cf8 24.Te3 Cg6 25.Cb3 Dd8 26.Tf1 Cge7 27.Th3 h6 28.g4 Cc8 29.f5 Dg5 30.Tg3 Rh8 31.Rg2 Dh4 32.Tf4 Dg5 33.Df3 Rh7 34.h4 Dd8 35.g5 Tg8 36.Dh5 De8 37.f6 Cxd6 38.cxd6 Df8 39.fxg7 Dxg7 40.Tf6 Te8 41.Txf7 1–0

---

[127] *La Prensa*, 19 de marzo de 1946.
[128] Amílcar Celaya, *Noticias Gráficas*, 19 de marzo de 1946.

Corte, César Juan – Maccioni Seisdedos, Alejandro [B55]
Torneo Internacional de Mar del Plata (6), 18.03.1946

1.e4 c5 2.Cf3 d6 3.d4 cxd4 4.Cxd4 Cf6 5.f3 e5 6.Ab5+ Ad7 7.Axd7+ Dxd7 8.Cf5 d5 9.Ag5 Cc6 10.Cc3 d4 11.Axf6 dxc3 12.Axg7 Dxd1+ 13.Txd1 Axg7 14.Cxg7+ Rf8 15.Cf5 cxb2 16.Tb1 Ce7 17.Ce3 Tc8 18.Txb2 b6 19.Re2 Rg7 20.Td1 Tc7 21.Tb3 Thc8 22.Tbd3 Rf8 23.Td6 Tc6 24.Td8+ Rg7 25.Txc8 Txc8 26.Td7 Cc6 27.Cf5+ Rf8 28.c3 a6 29.Cd6 Td8 30.Txd8+ Cxd8 31.Cc4 f6 32.Cxb6 Re7 33.Cd5+ Rf7 34.Rd3 Cb7 35.c4 1–0

Guimard, Carlos Enrique – Letelier Martner, René [A47]
Torneo Internacional de Mar del Plata (6), 18.03.1946

1.Cf3 e6 2.d4 Cf6 3.e3 b6 4.Ad3 Ab7 5.Cbd2 d5 6.0–0 Cbd7 7.b3 Ce4 8.Ab2 Ad6 9.Ce5 0–0 10.f3 Cxd2 11.Dxd2 f6 12.Cxd7 Dxd7 13.c4 c5 14.cxd5 exd5 15.f4 Tac8 16.De2 cxd4 17.Axd4 Ac5 18.Tf3 Axd4 19.exd4 Tce8 20.Dc2 f5 21.Dd2 De6 22.Rf2 Df6 23.Af1 Te4 24.Td1 Tfe8 25.g3 h6 26.h4 T8e7 27.Tc3 Dd6 28.Ag2 T4e6 29.Af3 a5 30.Tcc1 Rf7 31.Dd3 Rf6 32.h5 Db4 33.g4 g6 34.gxf5 Te3 35.Dxe3 Txe3 36.Rxe3 De7+ 37.Rd2 Rxf5 38.hxg6 Db4+ 39.Re3 De7+ 40.Rd2 Rxg6 41.Tg1+ Rf6 42.Th1 Rf5

43.Ad1 Db4+ 44.Re3 De7+ 45.Rf2 Df6 46.Re3 De7+ 47.Rf2 Df6 48.Rf3 Dxd4 49.Ac2+ Rf6 50.Txh6+ Rg7 51.Th7+ Rf8 52.Txb7 Dc3+ 53.Re2 d4 54.Tb8+ Re7 55.Te8+ Rd6 56.Td8+ Re7 57.Te8+ Rf6 58.Te6+ Rxe6 59.Af5+ Rxf5 60.Txc3 dxc3 61.Rd3 Rxf4 62.Rxc3 Re5 63.Rc4 Rd6 64.Rb5 Rc7 65.Ra6 Rc6 66.a3 Rc5 67.Rb7 Rb5 68.Rc7 Rc5 69.Rb7 Rb5 ½–½

Luckis, Marcos – Ståhlberg, Gideon [C03]
Torneo Internacional de Mar del Plata (6), 18.03.1946

1.e4 e6 2.d4 d5 3.Cd2 f5 4.exf5 exf5 5.Ad3 Cf6 6.Ce2 Ad6 7.Cf3 0–0 8.0–0 Cc6 9.c3 Ad7 10.Af4 De7 11.Te1 Tae8 12.Dc2 Axf4 13.Cxf4 Dd6 14.g3 g6 15.Af1 Rg7 16.Cd3 Ce4 17.Cfe5 Cxe5 18.Cxe5 f4 19.f3 Cg5 20.Ag2 Ah3 21.Axh3 Cxh3+ 22.Rg2 Cg5 23.g4 Te6 24.Te2 Tfe8 25.Tae1 Cf7 26.Cd3 Txe2+ 27.Txe2 Txe2+ 28.Dxe2 g5 29.Cb4 c6 30.Cd3 Rf8 31.Dc2 Dg6 32.De2 Dd6 33.Dc2 De7 34.Cf2 Cd6 35.b3 Rg7 36.Dd2 De3 37.Dc2 b6 38.a4 c5 39.dxc5 bxc5 40.Dd3 Dxd3 41.Cxd3 c4 42.bxc4 Cxc4 43.Rf2 Rf6 44.Re2 Re6 45.h4 h6 46.h5 Rd6 47.Cb4 Ce5 48.Cc2 Rc5 49.Cd4 Rc4 50.Rd2 a5 51.Rc2 Cd3 52.Rd2 Ce5 53.Rc2 Cd3 54.Rd2 Ce5 ½–½

Maderna, Carlos Hugo – Souza Mendes, Joåo de [A09]
Torneo Internacional de Mar del Plata (6), 18.03.1946

1.Cf3 d5 2.c4 d4 3.e3 Cc6 4.exd4 Cxd4 5.Cxd4 Dxd4 6.Cc3 c6 7.d3 e5 8.Ae3 Dd8 9.d4 exd4 10.Dxd4 Dxd4 11.Axd4 f6 12.Ae2 Ch6 13.Ah5+ Rd8 14.0–0–0 Rc7 15.Ae3 g5 16.Ad4 Ag4 17.Axg4 Cxg4 18.Ce4 Ae7 19.The1 Ab4 20.Tf1 Ae7 21.h3 Ce5 22.Cxg5 Cxc4 23.Ce6+ Rc8 24.Tfe1 Cb6 25.Cf4 Ad8 26.Rb1 Tg8 27.g4 Cd7 28.Te6 f5 29.f3 fxg4 30.fxg4 Ag5 31.Ch5 Rc7 32.Af2 Tae8 33.Ted6 Cb6 34.Ag3 Rc8 ½–½

Michel, Paul – Iliesco, Juan Traian [B70]
Torneo Internacional de Mar del Plata (6), 18.03.1946

1.e4 c5 2.Cf3 Cc6 3.d4 cxd4 4.Cxd4 Cf6 5.Cc3 d6 6.Ae2 g6 7.0–0 Ag7 8.Cb3 a5 9.a4 Ae6 10.f4 Axb3 11.cxb3 0–0 12.Ae3 e6 13.Af3 d5 14.exd5 exd5 15.Cxd5 Cxd5 16.Dxd5 Dxd5 17.Axd5 Cb4 18.Tad1 Tfe8 19.Rf2 Axb2 20.Axb7 Tab8 21.Td7 Cc2 22.Aa7 Ad4+ 23.Axd4 Cxd4 24.Td1 Cxb3 25.T1d5 Rg7 26.Tb5 Cc1 27.Txa5 Te2+ 28.Rf1 Tbe8 29.Af3 Te1+ 30.Rf2 T1e3 31.Taa7 Cd3+ 32.Rg3 Tf8 33.Te7 Txe7 34.Txe7 Tb8 35.Ad5 Tb4 36.Txf7+ Rh8 37.Ac6 g5 38.fxg5 Ce5 39.Tc7 Cxc6 40.Txc6 Txa4 41.g6 1–0

Pilnik, Herman – Sanguinetti, Renato [B16]
Torneo Internacional de Mar del Plata (6), 18.03.1946

1.e4 c6 2.Cc3 d5 3.Cf3 dxe4 4.Cxe4 Cf6 5.Cxf6+ gxf6 6.d4 Ag4 7.Ac4 e6 8.c3 Dc7 9.h3 Ah5 10.De2 Cd7 11.g4 Ag6 12.Ch4 0–0–0 13.Ad2 Cb6 14.Ab3 c5 15.Cxg6 hxg6 16.dxc5 Axc5 17.0–0–0 g5 18.c4 Ad4 19.Rb1 Dc5 20.f4 gxf4 21.Axf4 f5 22.Ac1 fxg4 23.hxg4 De5 24.Df3 Dg7 25.Txh8 Txh8 26.Tf1 Tf8 27.g5 Cd7 28.Ac2 f5 29.Te1 Df7 30.c5 e5 31.c6 bxc6 32.Dxc6+ Rb8 33.Dd6+ Rc8 34.Ab3 Dg7 35.Ad2 Cc5 36.Tc1 Td8 37.Ae6+ Rb7 38.Dxd8 Cxe6 39.Dc8+ Rb6 40.Dc6# 1–0

Roças, Orlando – Hounie Fleurquin, Carlos [B24]
Torneo Internacional de Mar del Plata (6), 18.03.1946

1.e4 c5 2.Cc3 Cc6 3.Cge2 g6 4.g3 Ag7 5.Ag2 d6 6.d3 Ad7 7.Cd5 Dc8 8.c3 Cf6 9.Cxf6+ Axf6 10.Cf4 h5 11.h4 Ag4 12.f3 Ad7 13.Ae3 e6 14.Dd2 Ce5 15.b3 Dd8 16.d4 cxd4 17.cxd4 Cc6 18.Tc1 e5 19.Cd5 exd4 20.Ag5 Axg5 21.hxg5 Tf8 22.f4 Tc8 23.Cf6 Ae6 24.Th4 a5 25.g4 Cb4 26.Txc8 Dxc8 27.gxh5 Dc5 28.Af1 d3 29.Th1 Dd4 30.a3 Cc2+ 31.Rd1 Da1+ 32.Dc1 Dc3 33.Axd3 Dxd3+ 34.Dd2 Dxd2+ 35.Rxd2 Axb3 36.h6 Te7 37.Rc3 a4 38.h7 Cxa3 39.f5 Cb5+ 40.Rb4 Cc7 41.Tc1 Ca6+ 42.Ra3 Cc5 43.e5 b5 44.Tc3 gxf5 45.exd6+ Rxd6 46.Rb4 Ac4 47.g6 fxg6 0–1

El *chico* Corte, a la punta. *Noticias Gráficas*, 19 de marzo de 1946

7ª ronda, 19 de marzo

Una nueva derrota sufrió hoy el actual campeón del país, Herman Pilnik. Tuvo esta vez como adversario a Iliesco, que comenzó el juego con la Apertura Zukertort, y obtuvo el triunfo en buena forma. Reinhardt empató con Najdorf. Se jugó una Defensa Siciliana, y la lucha no ofreció mayores alternativas. Ambos rivales convinieron en dar el juego por tablas cuando se habían efectuado 21 movimientos. La reunión se destacó por las situaciones emocionantes que se produjeron en varios de los tableros. El entrerriano César Corte, al vencer a Luckis, se mantiene en el primer puesto en el cuadro de posiciones, seguido de cerca por varios de los maestros participantes. Por esta razón las próximas ruedas adquieren especial expectativa. En esta partida se jugó una Defensa Caro–Kann, adoptando las blancas el ataque denominado Panov. En la parte final, después de que Luckis había ganado una calidad, ambos jugadores realizaron varias movidas precipitadamente por falta de tiempo en el reloj, y de esa situación salió airoso Corte.[129]

■ Es imposible analizar seriamente esta partida. ¡Parecen dos ajedrecistas aficionados de café! Al problema psicoanalítico de Corte –especie de masoquismo que le ocasiona permanentemente dramáticos apuros de tiempo– Luckis le opuso la peor receta: imitarlo. Continuos cambios de escenario, tres damas sobre el tablero, memorables *blunders*, dieron marco a una partida esquizofrénica.

Corte encabeza el torneo. En la reunión de hoy, que fue en extremo interesante y atrajo a numeroso público, cayó un invicto, el doctor Souza Mendes, campeón carioca. El entrerriano Corte se colocó a la vanguardia con 5½/7, precediendo por un punto al polaco Miguel Najdorf. Corte venció a Luckis, Defensa Caro–Kann en la 40ª jugada; Reinhardt igualó con Najdorf, PR Defensa Siciliana, en 21; Souza Mendes fue derrotado por Hounie Fleurquin, Gambito Dama Ortodoxo, en 36; Iliesco le ganó a Pilnik, Apertura Zukertort, en la 24ª jugada.[130]

■ Pocas veces se ha presentado a esta altura una lucha tan reñida, pues varios maestros se hallan separados por una mínima diferencia en las primeras colocaciones. Por ello, despertaron especial interés los encuentros Ståhlberg – Michel, Maderna – Guimard, Corte – Luckis y Souza Mendes – Hounie Fleurquin. Este último se tradujo en la primera derrota del otorrinolaringólogo, que tras una excelente partida fue vencido por el subcampeón uruguayo. Los dos primeros *matches* mencionados no se definieron en la sesión de la tarde. En cuanto al maestro Najdorf, sólo llevó medio punto a su haber al empatar con Reinhardt, mientras Corte aumentó el suyo en uno venciendo a Luckis en una curiosa partida. Fue una Defensa Caro–Kann con el Ataque Panov, en que las blancas quedaron algo mejor. Sin embargo, una buena evolución del maestro lituano cambió las acciones y Corte se vio en dificultades, por lo que tuvo que ceder calidad a cambio de un peón pasado.

Hallándose, además, muy apurado de tiempo, como le ocurre en casi todas las partidas, Luckis empeñóse en buscar la definición por un ataque que falló, e hizo varias jugadas deficientes. La consecuencia fue que Corte completó sus 40 jugadas en momentos en que tenía nada menos que tres damas y caballo en juego, contra dama y torre de su rival. En tales condiciones, Luckis abandonó inmediatamente. La concurrencia aplaudió, más que por la calidad del juego, por su dramatismo, lo imprevisto del resultado, y, sobre todo, la forma espectacular en que se produjo. Corte 5½; Ståhlberg 5; Najdorf 4½ con una partida menos.[131]

> **Corte, César Juan – Luckis, Marcos [B14]**
> **Torneo Internacional de Mar del Plata (7), 19.03.1946** *[Juan S. Morgado]*

1.e4 c6 2.d4 d5 3.exd5 cxd5 4.c4 Cf6 5.Cc3 e6 6.Cf3 Ae7 7.Ag5 0–0 8.c5 b6 9.b4 Ce4 10.Axe7 Dxe7 11.Dc1?... [11.Dc2 Cc6 12.a3 Ab7 oo; 11.Cxe4 dxe4 12.Ce5 Td8∓ Necesany – Zagorovsky, ICCF corr 1972] **11...a5→ 12.a3?!...** [12.b5 bxc5 13.Cxe4 dxe4 14.Dxc5 Dxc5 15.dxc5 exf3 16.c6 Ta7→] **12...axb4∓** [12...bxc5 13.bxc5 Cc6 14.Ab5=] **13.axb4 Txa1 14.Dxa1 Cc6∓ 15.Db2 bxc5 16.bxc5 Da7** [16...e5∓] **17.Ab5 Ad7?** [17...Aa6∓] **18.Axc6?!...** [18.0–0 Tb8 19.Ta1 Dc7 20.Da3 Cxc3 21.Axc6 Ce2+ 22.Rf1 Cxd4 23.Axd7 Cxf3 24.c6 Cd2+ 25.Rg1 Cc4 26.Dg3 Ce5→] **18... Tb8 19.Dc1...** [19.Da2 Dxa2 20.Cxa2 Tb1+ 21.Re2 Tb2+ 22.Re3 Axc6 23.Cc1 Cxf2 24.Cd3 Cxd3 25.Rxd3 f6∓] **19...Cxc3 20.Dxc3 Tb1+ 21.Re2 Txh1∓ 22.Axd7 Dxd7 23.c6 Dc8 24.Ce1 Da6+ 25.Rf3 e5?** [a) 25...Txe1!? 26.Dxe1 Dxc6∓; b) 25...g6?! 26.c7 Dc8 27.Re2 oo] **26.c7?...** [26.dxe5

---

[129] *La Prensa*, 20 de marzo de 1946.
[130] *El Mundo*, 20 de marzo de 1946.
[131] *La Nación*, 20 de marzo de 1946.

d4 27.Dc1 Da8 28.Rf4 g5+ 29.Rg3 h6 30.c7 Dc8=] **26...Dc8?** [26...e4+ 27.Rg3 Dg6+ 28.Rf4 Dh6+ 29.Re5 De6+ 30.Rf4 Dh6+ 31.Re5 De6+ 32.Rf4 Dc8 33.Cc2 Tc1∓] **27.dxe5= h5 28.h3?...** [28.Re3 única Txe1+ 29.Dxe1 Dxc7=] **28...d4?** [28...Txh3+! 29.g3 Th4!∓] **29.Da5?...** [29.Dc1 única Txe1 30.Dxe1 Dxc7=] **29...Df5+ −+ 30.Re2 De4+ 31.Rd1 Db1+ 32.Re2 d3+??** [32...De4+ 33.Rd1 d3−+] **33.Cxd3= Dc2+ 34.Re3 Rh7??** [34...Td1 única 35.Cc5 Te1+ 36.Dxe1 Dxc5+ 37.Rf3 Dxc7 38.De3 y pese al peón menos, las negras tienen posibilidades de igualar] **35.e6+− Rg6** [35...g6 36.exf7+−] **36.e7 Td1 37.Da6+ Rh7 38.c8D Dd2+ 39.Rf3 1−0**

Muchos *blunders*, característicos de las partidas de Corte. Aquí Luckis cometió el último, permitiendo la victoria del entrerriano.

García Vera, Romeo – Bauzá, Lorenzo [A12]
Torneo Internacional de Mar del Plata (7), 19.03.1946

1.Cf3 Cf6 2.c4 c6 3.g3 d5 4.Ag2 Af5 5.0−0 e6 6.b3 Ae7 7.Ab2 h6 8.d3 0−0 9.Cbd2 Cbd7 10.Tc1 Tc8 11.Tc2 Cc5 12.Da1 Ce8 13.Tfc1 Ca6 14.a3 Ah7 15.b4 Af6 16.cxd5 exd5 17.b5 Cb8 18.Ce5 Dd6 19.Cb3 Cc7 20.bxc6 b6 21.Ah3 Ce6 22.f4 Tc7 23.f5 Cg5 24.Ag4 h5 25.Axh5 Axf5 26.h4 Ce6 27.Rg2 Axh4 28.Tf1 Ad8 29.Txf5 g6 30.Tf2 gxh5 31.Dh1 d4 32.Cf3 Cxc6 33.Dxh5 f5 34.Ch4 Axh4 35.Df3 Ce5 36.gxh4 Cxf3 37.Txc7 Dh2+ 0−1

Iliesco, Juan Traian – Pilnik, Herman [A08]
Torneo Internacional de Mar del Plata (7), 19.03.1946

1.Cf3 d5 2.g3 c5 3.Ag2 f6 4.d4 cxd4 5.Cxd4 e5 6.Cb3 Ce7 7.0−0 Cbc6 8.Cc3 d4 9.Ce4 f5 10.Cec5 e4 11.c3 dxc3 12.Dc2 Cd5 13.bxc3 Ae7 14.Td1 0−0 15.Cxe4 fxe4 16.Dxe4 Cxc3 17.Dc4+ Rh8 18.Txd8 Txd8 19.Ad2 Txd2 20.Cxd2 Af6 21.Axc6 bxc6 22.Dxc6 Cxe2+ 23.Rg2 Ab7 24.Dxb7 Td8 25.Te1 1−0

Letelier Martner, René – Roças, Orlando [E21]
Torneo Internacional de Mar del Plata (7), 19.03.1946

1.d4 Cf6 2.c4 e6 3.Cc3 Ab4 4.Cf3 b6 5.Db3 De7 6.a3 Axc3+ 7.Dxc3 Ab7 8.e3 0−0 9.Ad3 Ce4 10.Dc2 f5 11.b3 d6 12.Ab2 Cd7 13.0−0−0 a5 14.Thg1 Cdf6 15.h3 c5 16.a4 Tac8 17.g4 Cc3 18.Axc3 Axf3 19.gxf5 Axd1 20.Dxd1 e5 21.dxe5 dxe5 22.f4 e4 23.Ac2 Tcd8 24.De2 Rh8 25.Ae5 Tf7 26.Dg2 Db7 27.h4 De7 28.h5 Cxh5 29.Dxe4 Cf6 30.Df3 De8 31.Ac3 Te7 32.e4 Dc6 33.Dg3 Td4 34.Axd4 cxd4 35.e5 Ce8 36.Dg5 Dc5 37.f6 h6 38.Dg6 Da3+ 39.Rb1 d3 40.Dxd3 gxf6 41.Dg6 1−0

Maderna, Carlos Hugo – Guimard, Carlos Enrique [D36]
Torneo Internacional de Mar del Plata (7), 19.03.1946

1.d4 e6 2.c4 d5 3.Cc3 Cf6 4.Ag5 Cbd7 5.e3 c6 6.cxd5 exd5 7.Ad3 Ae7 8.Dc2 0−0 9.Cge2 Te8 10.0−0 Cf8 11.Cg3 Cg4 12.Axe7 Dxe7 13.h3 Cf6 14.Ca4 g6 15.Cc5 h5 16.Tae1 h4 17.Ch1 b6 18.Ca4 Ad7 19.a3 Ce6 20.b4 Tac8 21.f4 Cg7 22.Cc3 Af5 23.Cf2 c5 24.dxc5 bxc5 25.b5 c4 26.Axf5 Cxf5 27.Cg4 Cxg4 28.hxg4 Cxe3 29.Cxd5 Dxa3 30.Cf6+ Rf8 31.De2 Cxf1 32.Dxe8+ Txe8 33.Txe8+ Rg7 34.g5 De3+ 35.Txe3 Cxe3 36.Rf2 Cc2 37.Ce8+ Rf8 38.Cd6 Cd4 39.Cxc4 Cxb5 40.Re3 Re7 41.Ce5 0−1

Reinhardt, Enrique – Najdorf, Miguel [B54]
Torneo Internacional de Mar del Plata (7), 19.03.1946

1.e4 c5 2.Cf3 d6 3.d4 cxd4 4.Cxd4 Cf6 5.f3 e6 6.c4 Ae7 7.Cc3 0–0 8.Ae3 Cc6 9.Dd2 d5 10.Cxc6 bxc6 11.cxd5 exd5 12.exd5 Cxd5 13.Cxd5 cxd5 14.Td1 Ae6 15.Ad3 Ah4+ 16.g3 Af6 17.Ab1 Db8 18.Ad4 Axd4 19.Dxd4 Tc8 20.0–0 Tc4 21.Df2 Db7 ½–½

Sanguinetti, Renato – Bolbochán, Jacobo [D69]
Torneo Internacional de Mar del Plata (7), 19.03.1946

1.d4 Cf6 2.c4 e6 3.Cc3 d5 4.Ag5 Ae7 5.e3 0–0 6.Cf3 Cbd7 7.Tc1 c6 8.Ad3 dxc4 9.Axc4 Cd5 10.Axe7 Dxe7 11.0–0 Cxc3 12.Txc3 e5 13.Cxe5 Cxe5 14.dxe5 Dxe5 15.f4 Df6 16.f5 b5 17.Ad3 Td8 18.Dc2 Ab7 19.Ae4 Td6 20.Td1 Tad8 21.Txd6 Txd6 22.b4 g6 23.a3 Dd8 24.Td3 Txd3 25.Dxd3 Dxd3 26.Axd3 Rg7 27.fxg6 fxg6 28.Rf2 Ac8 29.Ae4 Ad7 30.Re2 Rf6 31.Rd3 Re5 32.Af3 g5 33.Ae4 h5 34.g3 h4 35.gxh4 gxh4 36.Ag6 Ae6 ½–½

Souza Mendes, João de – Hounie Fleurquin, Carlos [D65]
Torneo Internacional de Mar del Plata (7), 19.03.1946

1.d4 d5 2.c4 e6 3.Cc3 Cf6 4.Ag5 Ae7 5.Cf3 0–0 6.e3 Cbd7 7.Tc1 a6 8.cxd5 exd5 9.Ad3 c6 10.0–0 Te8 11.Dc2 Cf8 12.Ce5 C6d7 13.Axe7 Dxe7 14.Cxd7 Axd7 15.Tfe1 Tad8 16.Tb1 Ac8 17.b4 Td6 18.a4 Th6 19.Ce2 Dh4 20.h3 Axh3 21.gxh3 Dxh3 22.Cg3 Dh2+ 23.Rf1 Tf6 24.Af5 Ce6 25.Tb3 h5 26.Td1 g6 27.Axe6 Dxg3 28.e4 Dh2 29.Th3 Df4 30.exd5 fxe6 31.dxc6 bxc6 32.Tdd3 Tef8 33.Thf3 De4 34.Txf6 Txf6 35.Tc3 Dh1+ 36.Re2 Dg2 0–1

Ståhlberg, Gideon – Michel, Paul [D34]
Torneo Internacional de Mar del Plata (7), 19.03.1946

1.d4 d5 2.c4 e6 3.Cf3 c5 4.cxd5 exd5 5.g3 Cc6 6.Ag2 Cf6 7.0–0 Ae7 8.Cc3 Ce4 9.dxc5 Cxc3 10.bxc3 Axc5 11.Ce1 Ae6 12.Cd3 Ad6 13.Tb1 Dd7 14.Da4 Tb8 15.Af4 0–0 16.Axd6 Dxd6 17.Tfd1 Tfd8 18.Td2 Td7 19.Tbd1 Tbd8 20.Cf4 De5 21.Da3 b6 22.Cd3 Dc7 23.Cb4 Cxb4 24.cxb4 d4 25.b5 Dc3 26.Da4 Dc4 27.Dxc4 Axc4 28.Ac6 Td6 29.e3 d3 30.Tc1 Ae6 31.f3 Rf8 32.Rf2 Ad7 33.Axd7 T8xd7 34.e4 Td4 35.Re3 Tb4 36.Txd3 Re7 37.Tb3 Ta4 38.a3 a6 39.bxa6 Txa6 40.Tcc3 Tda7 41.h4 h5 42.Rf4 Ta5 43.Td3 g6 44.Tdc3 Rf8

45.Re3 Ta4 46.Rd3 b5 47.Rc2 Tb7 48.Tb4 Ta5 49.Tcb3 Re7 50.Rb2 Re8 51.Td4 Taa7 52.Tc3 Ta5 53.Tc5 Ta6 54.Tb4 Ta5 55.f4 Re7 56.Tb3 Rf6 57.Tc6+ Rg7 58.e5 Ta4 59.Tb4 Tba7 60.Txa4 Txa4 61.Tb6 Ta5 62.Tb8 Rh7 63.Rb3 Rg7 64.Tb6 Rf8 65.Tb7 Rg8 66.Tb8+ Rg7 67.Ra2 Rh7 68.Rb2 Rg7 69.Rb3 Rh7 70.Tb6 Rg7 71.e6 Rf6 72.exf7+ Rxf7 73.Tb7+ Rf6 74.Rb2 Re6 75.Ra2 Rf6 76.Rb3 Re6 77.Tc7 Ta4 78.Tc5 Td4 79.Txb5 Td3+ 80.Rb2 Txg3 81.a4 Tf3 82.Tb4 Rd5 83.a5 Tf2+ 84.Ra3 Tf3+ 85.Ra4 Rc6 86.a6 Tf1 87.Ra5 Ta1+ 88.Ta4 Tc1 89.Rb4 Tb1+ 90.Rc3 Tb8 91.Rd4 Rb5 92.Ta1 Td8+ 93.Re5 Rb6 94.a7 1–0

8ª Ronda, 20 de marzo

▌El polaco Miguel Najdorf venció al rosarino García Vera en una partida que comienza con PR, y las negras defendieron con la variante Ortodoxa. El vencedor remató bien el juego a su favor con la entrada decisiva de ambas torres en la séptima línea. El campeón de la Argentina, Hernán (Sic) Pilnik fue derrotado hoy por el maestro sueco Gideon Ståhlberg, en una partida que se inició con el PR, y que el vencedor defendió con la Variante Winawer. Al promediar la lucha perdió Pilnik un peón, pero el juego se dificultó. Sin embargo, Ståhlberg condujo bien el final y consiguió vencer en la jugada 40ª. Carlos Maderna, que dos ruedas antes había derrotado a Najdorf, hoy cayó vencido por el actual campeón brasileño Orlando Roças.[132]

▌Ståhlberg figura al frente. Este año, quizás más que en los anteriores, los altibajos del torneo provocan honda expectativa por la forma en que se desarrollan los juegos, surgiendo una verdadera incógnita sobre quién será el maestro que impondrá su supremacía a los demás. La competición es intensa, y día a día se entrevén nuevas posibilidades respecto a los jugadores que figurarán en la primera colocación. Este privilegio estaría reservado a las dos grandes figuras –Najdorf y Ståhlberg–, pero aquí y allá surgen participantes destacados que acreditan méritos para la misma situación. Corte, en primer lugar, demuestra una calidad técnica que lo hace acreedor a las posiciones de vanguardia. Maderna, en cierto momento, avivó la profecía que sobre él hiciera Tartakower, pero su claudicación de ayer frente al doctor Roças revela que en él los decaimientos son tan frecuentes como sus momentos lúcidos. Los otros resultados fueron: Luckis 1:0 Letelier; Pilnik 0:1 Ståhlberg; Bauzá 0:1 Sanguinetti; Najdorf 1:0 García Vera; Hounie Fleurquin 1:0 Reinhardt. Ståhlberg y Corte 6; Najdorf 5½.[133]

Bauzá, Lorenzo – Sanguinetti, Renato [D30]
Torneo Internacional de Mar del Plata (8), 20.03.1946

1.Cf3 Cf6 2.c4 c6 3.d4 d5 4.e3 e6 5.Ad3 Ae7 6.Cbd2 Cbd7 7.0–0 0–0 8.e4 dxe4 9.Cxe4 Cxe4 10.Axe4 Cf6 11.Ac2 c5 12.Ag5 h6 13.Ah4 Db6 14.dxc5 Dxc5 15.Dd4 Dxd4 16.Cxd4 Td8 17.Tad1 Ad7 18.b3 Tac8 19.Ab1 g5 20.Ag3 Ch5 21.Ae4 Cxg3 22.hxg3 Tb8 23.a4 f5 24.Ab1 Rf7 25.f3 Ac5 26.Rh1 Axa4 27.bxa4 Txd4 28.Txd4 Axd4 29.g4 fxg4 30.fxg4+ Re7 31.g3 Ae5 32.Rg2 Td8 33.Te1 Td2+ 34.Rf3 Ad4 35.Te2 Txe2 36.Rxe2 Rd6 37.Ae4 b6 38.Ag6 Ae5 39.Rd3 Axg3 40.Re4 Rc5 41.Rd3 Rb4 42.Ae8 Af4 43.Ad7 e5 44.Ab5 h5 45.gxh5 g4 46.Ad7 g3 47.Ac6 Rb3 48.Ag2 Rxa4 49.c5 bxc5 50.Rc4 a5 51.Ad5 Ra3 52.Rc3 a4 53.Ac6 e4 54.Axe4 Ae5+ 55.Rc2 Rb4 0–1

Bolbochán, Jacobo – Iliesco, Juan Traian [E86]
Torneo Internacional de Mar del Plata (8), 20.03.1946

1.d4 Cf6 2.c4 g6 3.Cc3 Ag7 4.e4 d6 5.f3 0–0 6.Ae3 e5 7.Cge2 Cbd7 8.Dd2 c6 9.d5 c5 10.g4 Ce8 11.Cg3 f6 12.Ad3 Tf7 13.h4 Cf8 14.h5 a6 15.Re2 Ad7 16.a4 Tb8 17.Rf2 Cc7 18.De2 De8 19.h6 Ah8 20.a5 b5 21.axb6 Txb6 22.Ta2 Db8 23.Tb1 Ac8 24.Ac2 Ad7 25.b3 Ac8 26.Rg1 Ce8 27.Ad2 Dc7 28.Cd1 De7 29.Ce3 Cd7 30.Dg2 Tb8 31.Rh1 Cb6 32.Tg1 Cc7 33.Dh2 Ab7 34.Aa5 Cc8 35.Dh4 Dd7 36.Ad1 Ce7 37.Dh2 Ac8 38.Tgg2 Ca8 39.Dg1 Cb6 40.Tgb2 De8 41.b4 Df8 42.bxc5 1–0

---

[132] *La Prensa*, 21 de marzo de 1946.
[133] *El Mundo*, 21 de marzo de 1946.

Guimard, Carlos Enrique – Corte, César Juan [A47]
Torneo Internacional de Mar del Plata (8), 20.03.1946

1.d4 Cf6 2.Cf3 b6 3.e3 Ab7 4.Cbd2 g6 5.Ad3 Ag7 6.0–0 0–0 7.Te1 d6 8.e4 Cc6 9.b3 Cb4 10.Af1 c5 11.Ab2 d5 12.e5 Ce4 13.c3 Cxd2 14.Dxd2 Cc6 15.Aa3 cxd4 16.cxd4 Dd7 17.Tac1 Tfc8 18.h3 Cd8 19.Dg5 Af8 20.h4 Txc1 21.Axc1 Ce6 22.Dd2 Tc8 23.Ad3 Cg7 24.Ab2 Dg4 25.a4 Cf5 26.Dg5 Dxg5 27.hxg5 e6 28.g4 Ce7 29.Rf1 Cc6 30.Tc1 Ca5 31.Txc8 Axc8 32.Ac2 Aa6+ 33.Re1 Ab4+ 34.Cd2 Rf8 35.Rd1 Re8 36.Cb1 Cc6 37.Cd2 Rd7 38.f4 Rc7 39.Cf3 Rd7 40.Ce1 Af1 41.Cd3 Aa5 42.Cf2 b5 43.Cd3 Ab6 44.Cc5+ Axc5 45.dxc5 b4 46.Re1 Aa6 47.Ac1 Cd4 48.Ad1 Ab7 49.Ad2 a5 50.Rf2 Aa6 51.Ac1 Cc6 52.Re3 Cd8 53.Ab2 Rc6 54.Ad4 Cb7 55.Ae2 Cxc5 56.Axc5 Axe2 57.Axb4 Ad1 58.Axa5 Axb3 59.Ac3 Axa4 60.Ad4 Ad1 61.Aa7 Axg4 62.Ad4 Rb5 63.Aa7 Rb4 64.Ad4 Rc4 65.Ab6 Rc3 66.Aa5+ Rc2 67.Ab4 Rd1 68.Aa5 Af5 69.Ab4 Ac2 70.Aa5 ½–½

Hounie Fleurquin, Carlos – Reinhardt, Enrique [E16]
Torneo Internacional de Mar del Plata (8), 20.03.1946

1.d4 Cf6 2.c4 e6 3.Cf3 b6 4.g3 Ab7 5.Ag2 Ab4+ 6.Ad2 Ae7 7.Cc3 0–0 8.0–0 d5 9.Ce5 c6 10.Ag5 Cbd7 11.Axf6 Cxd7 12.Cxd7 Dxd7 13.cxd5 cxd5 14.Dd2 f5 15.Tfe1 Af6 16.Df4 Ag7 17.Tac1 Tac8 18.e3 Tc6 19.Af3 Tfc8 20.Rh1 b5 21.g4 fxg4 22.Dxg4 f5 23.Dg3 Rh8 24.Tg1 Af6 25.Tg2 Dc7 26.Tcg1 Dxg3 27.Txg3 b4 28.Ca4 Tf8 29.Cc5 Ac8 30.Ah5 Tc7 31.Cd3 a5 32.f4 Aa6 33.Cc5 Ac8 34.a3 bxa3 35.bxa3 Ag7 36.T3g2 Td8 37.Tc2 Td6 38.Tb2 Tdc6 39.Tb8 e5 40.Ae8 exd4 41.Axc6 Txc6 42.Ce6 dxe3 43.Cxg7 e2 44.Cxf5 1–0

Luckis, Marcos – Leteller Martner, René [D55]
Torneo Internacional de Mar del Plata (8), 20.03.1946

1.d4 Cf6 2.c4 e6 3.Cf3 d5 4.Cc3 Ae7 5.Ag5 0–0 6.e3 Ce4 7.Axe7 Dxe7 8.Dc2 Cxc3 9.Dxc3 dxc4 10.Axc4 b6 11.0–0 Ab7 12.Tac1 Tc8 13.Tfd1 Cd7 14.Dd3 a6 15.Ab3 c5 16.d5 exd5 17.Axd5 Cf6 18.Axb7 Dxb7 19.Ce5 g6 20.Cc4 Td8 21.Dxd8+ Txd8 22.Txd8+ Rg7 23.Tcd1 b5 24.Cd6 Db6 25.h3 c4 26.Tc8 h5 27.e4 h4 28.e5 Ch7 29.Tc7 Cg5 30.e6 Cxe6 31.Txf7+ Rg8 32.Te7 Cf4 33.Cc8 Da5 34.Tdd7 Rf8 35.Cd6 g5 36.Te8# 1–0

Michel, Paul – Maccioni Seisdedos, Alejandro [B74]
Torneo Internacional de Mar del Plata (8), 20.03.1946

1.e4 c5 2.Cf3 d6 3.d4 cxd4 4.Cxd4 Cf6 5.Cc3 g6 6.Ae2 Ag7 7.0–0 0–0 8.Ae3 Cc6 9.Cb3 Ae6 10.f4 Ca5 11.f5 Ac4 12.Cxa5 Axe2 13.Dxe2 Dxa5 14.g4 Cd7 15.Cd5 Tae8 16.c3 Cf6 17.Cxf6+ exf6 18.Dd3 Da4 19.Ad4 Dc6 20.Tae1 d5 21.exd5 Dxd5 22.b3 b6 23.Te2 Te5 24.Dc2 Txe2 25.Dxe2 Dd6 26.De4 Ah6 27.Tf2 Ag5 28.Rg2 Tc8 29.Df3 Rg7 30.Te2 Tc7 31.De4 Af4 32.h3 Ae5 33.Td2 Dc6 34.Dxc6 Txc6 35.Rf3 Td6 36.Re4 Td7 37.Td3 Te7 38.Rd5 Rh6 39.Ae3+ Rg7 40.c4 Td7+ 41.Re4 Tc7 42.Td5 Te7 43.Rd3 g5 44.c5 bxc5 45.Axc5 Tb7 46.Td8 h6 47.Rc4 Rh7 48.b4 h5 49.b5 h4 50.a4 Ag3 51.a5 Ae1 52.Ta8 Td7 53.Txa7 1–0

Najdorf, Miguel – García Vera, Romeo [D64]
Torneo Internacional de Mar del Plata (8), 20.03.1946 *[Juan S. Morgado]*

1.d4 d5 2.c4 e6 3.Cc3 Cf6 4.Ag5 Ae7 5.e3 Cbd7 6.Cf3 0–0 7.Tc1 c6 8.Dc2 Ce4 9.Axe7 Dxe7 10.Ad3 Cxc3 11.Dxc3 dxc4 12.Axc4 b6 13.0–0 Ab7 14.Ae2 Tfc8 15.b4 a5 16.a3 axb4 17.axb4 Ta4 18.Tb1 Cf6 19.Ce5 Cd5 20.Dc2 b5 21.Cd3 Cxb4? [21...Tca8!?] 22.Dc5!± Cd5 23.e4! Dxc5 24.Cxc5 Cc3 25.Cxa4 Cxe2+ 26.Rh1 bxa4 27.Txb7 Cxd4 28.Ta1 Cb5 29.Txa4 g6 30.e5 Td8 31.g3 Td2? [31...Cd4 32.Taa7±] 32.Tf4+– Cd4 33.Tfxf7 Cf5 34.Tfc7 Td8 35.Txh7 c5 36.g4 Cd4 37.Tbg7+ Rf8 38.Ta7 Cf3 39.Th8# 1–0

Pilnik, Herman – Ståhlberg, Gideon [C18]
Torneo Internacional de Mar del Plata (8), 20.03.1946

1.e4 e6 2.d4 d5 3.Cc3 Ab4 4.e5 c5 5.a3 Axc3+ 6.bxc3 Ce7 7.h4 Cbc6 8.h5 Ad7 9.a4 Dc7 10.h6 g6 11.Cf3 cxd4 12.cxd4 Cb4 13.Ad3 Dc3+ 14.Ad2 Cxd3+ 15.cxd3 Dxd3 16.De2 Dxe2+ 17.Rxe2 Cc6 18.a5 Tc8 19.Tab1 Tb8 20.Tb2 a6 21.Thb1 Cd8 22.Ab4 Ab5+ 23.Re3 Cc6 24.Ad6 Tc8 25.Ta1 Ce7 26.g4 Tc3+ 27.Rf4 g5+ 28.Rg3 Cc6 29.Ta3 Txa3 30.Axa3 Cxa5 31.Cxg5 Cc4 32.Tc2 Ad7 33.Ab4 a5 34.Txc4 dxc4 35.Axa5 Ac6 36.f4 0–0 37.f5 Ta8 38.Ab4 c3 39.fxe6 fxe6 40.Cxe6 c2 41.Ad2 Ta1 42.Cf4 Td1 43.Ae3 Txd4 44.Rf2 Td1 45.Ce2 Ab5 46.Cc1 Ac4 47.g5 b5 0–1

Najdorf, Ståhlberg y el increíble Corte.
El Mundo, 21 de marzo de 1946

Roças, Orlando – Maderna, Carlos Hugo [A03]
Torneo Internacional de Mar del Plata (8), 20.03.1946

1.f4 d5 2.Cf3 c5 3.e3 Cf6 4.d4 Cc6 5.c3 e6 6.Ad3 Ad7 7.Cbd2 Db6 8.Ce5 cxd4 9.exd4 Ae7 10.0–0 Ca5 11.De2 a6 12.a4 Tc8 13.Rh1 0–0 14.Tf3 Ae8 15.Th3 g6 16.b4 Cc6 17.Cdf3 Ce4 18.Axe4 dxe4 19.Dxe4 Cxe5 20.fxe5 f5 21.exf6 Axf6 22.Ah6 Tf7 23.Ce5 Axe5 24.Dxe5 Dc7 25.Dxc7 Txc7 26.Rg1 Tf5 27.g4 Tff7 28.Te3 Ad7 29.Tae1 Tc8 30.h3 Tf6 31.a5 Tf7 32.c4 Txc4 33.d5 e5 34.Txe5 Tc8 35.Te7 Ab5 36.d6 Ac6 37.Txf7 Rxf7 38.Te7+ Rf6 39.h4 g5 40.Axg5+ Rg6 41.d7 1–0

9ª ronda, 21 de marzo

■ Después de los resultados registrados en esta ronda el entrerriano César Corte mantiene su privilegiada situación, encabezando la tabla de posiciones con medio punto de ventaja sobre los Grandes Maestros Najdorf y Ståhlberg. La reunión de hoy tuvo alternativas curiosas, y no faltaron los momentos de emoción por la complejidad producida en varios de los tableros en disputa. El argentino Renato Sanguinetti abrió el fuego con PR frente al polaco Najdorf, quien respondió con la Defensa India del Rey. El juego fue en extremo complicado, pero finalmente pudo Najdorf quebrar la resistencia de su adversario y obtener una posición ventajosa en momentos de suspenderse la partida. En la sesión de la noche Sanguinetti abandonó sin continuar el juego.

Con una apertura de PR inició el juego el entrerriano Corte frente al actual campeón del Brasil, Orlando Roças, quien adoptó una Defensa Caro–Kann. Fue una lucha reñida que terminó como la mayor parte de las partidas de Corte, con un excesivo apremio de tiempo que obligó a jugar a ambos rivales precipitadamente. En esas condiciones, el brasileño, cuando podía salvar el juego y quedar con un peón de ventaja, cometió un grave error y perdió.[134]

▐ El entrerriano Corte demuestra una tenacidad y pericia tales en todas las partidas jugadas hasta ahora, que resultará difícil desplazarlo de su posición privilegiada. (…) Llegó a este balneario el destacado ajedrecista señor Paulino Frydman, quien es probable que comente las partidas restantes del torneo. Corte 7/9; Najdorf 6½/8; Ståhlberg 6½/9; Michel 6/9.[135]

Corte, César Juan – Roças, Orlando [B14]
Torneo Internacional de Mar del Plata (9), 21.03.1946 *[Juan S. Morgado]*

1.e4 c6 2.d4 d5 3.exd5 cxd5 4.c4 Cf6 5.Cc3 e6 6.Cf3 Ae7 7.c5 b6 8.Ab5+ Ad7 9.b4… [9. Axd7+ Cfxd7 10.cxb6 Dxb6 11.0–0 0–0 12.De2 Cc6 13.Ae3 Tab8 14.b3 Da5∓, Regedzinski – Lokvenc, Cracovia/Varsovia 1941] **9…a5 10.Axd7+ Cfxd7 11.Da4 0–0 12.Tb1 Dc8 13.a3 Db7 14.Db3 axb4 15.axb4 b5 16.0–0 Cc6 17.Ae3 Ta6 18.Db2 Tfa8 19.De2 Ca7 20.Ta1 Cb8 21.Ce5 f6 22.Cd3 Ad8?** [22…Cac6><] **23.Dg4?…** [23.Af4↔] **23…f5 24.Dh5 g6 25.De2 Cd7?** [25…Cac6><] **26. Cf4…** [26.Txa6 Dxa6 27.Ah6↔] **26…Ac7 27.Ad2 Cf8 28.Tfe1 Dc6 29.h4 Td8?** [29…Txa1 30.Txa1 Db7 31.h5↑] **30.Txa6 Dxa6 31.Cxe6 Te8 32.Cxc7 Txe2 33.Cxa6 Txd2 34.Cxd5 Txd4 35.Cac7…** [35. Te7+−] **35…Txh4?** [35…Cc6 36.g3±, ya que no es posible 36…Cxb4 por 37.Cxb4 Txb4 38.c6 Tc4 39.Cd5+−] **36.Te8…** [36.Te7+−] **36…Cc6 37.Tc8 Cxb4 38.Ce6?…** [38.f4+−] **38…Cxd5??** [38…Rf7 39.Cd8+ Rg7 40.Tc7+ Rh6 41.Cf6±] **39.Txf8# 1–0**

García Vera, Romeo – Hounie Fleurquin, Carlos [E38]
Torneo Internacional de Mar del Plata (9), 21.03.1946

1.d4 Cf6 2.c4 e6 3.Cc3 Ab4 4.Dc2 c5 5.dxc5 Ca6 6.Cf3 0–0 7.a3 Axc3+ 8.Dxc3 Cxc5 9.e3 Cfe4 10.Dc2 a5 11.b3 b6 12.Ab2 Ab7 13.Ae2 De7 14.0–0 Tac8 15.b4 Ca6 16.Db3 d5 17.cxd5 Axd5 18.Dd1 Cb8 19.bxa5 bxa5 20.Dd4 f6 21.Tfc1 Db7 22.Ac4 Axc4 23.Txc4 Txc4 24.Dxc4 Dxb2 25.Dxe6+ Rh8 26.Tf1 Cd2 27.Ch4 Cxf1 28.Cg6+ hxg6 29.Dh3+ Rg8 30.De6+ Tf7 31.Dc8+ ½–½

Iliesco, Juan Traian – Bauzá, Lorenzo [A12]
Torneo Internacional de Mar del Plata (9), 21.03.1946

1.Cf3 Cf6 2.c4 c6 3.g3 d5 4.Ag2 Af5 5.0–0 e6 6.b3 Ae7 7.d3 h6 8.Ab2 0–0 9.Cbd2 Cbd7 10.Dc2 Ah7 11.e4 Tc8 12.Tfe1 Cc5 13.Ce5 Cfd7 14.Cxd7 Dxd7 15.b4 Ca6 16.a3 Tfd8 17.Tad1 dxc4 18.Cxc4 c5 19.Ce5 cxb4 20.De2 De8 21.axb4 Cxb4 22.Td2 Tc7 23.Cg4 Db5 24.Af1 Tdc8 25.h4 Tc2 26.Ted1 a5 27.Df3 Txd2 28.Txd2 f5 29.Ce5 Af6 30.d4 fxe4 31.Db3 De8 32.Ah3 Rh8 33.Axe6 Ag8 34.d5 Axe6 35.dxe6 Axe5 36.Axe5 Tc1+ 37.Rh2 Cd3 38.Axg7+ Rxg7 39.Dxb7+ Rf6 40.Dxe4 Ce5 41.Td6

---

[134] *La Prensa*, 22 de marzo de 1946.
[135] *El Mundo*, 22 de marzo de 1946.

Te1 42.Df4+ Re7 43.Ta6 Db5 44.Ta7+ Rxe6 45.Dxh6+ Rd5 46.Dd2+ Rc6 47.Dc3+ Dc4 48.Dxc4+ Cxc4 49.h5 Rb6 50.Ta8 Rb7 51.Td8 a4 52.Td4 a3 53.Txc4 a2 54.Ta4 a1D 55.Txa1 Txa1 56.Rh3 Rc7 57.Rg4 Rd7 58.f4 Re7 59.Rg5 Tf1 [59...Ta5+ 60.f5 Rf7 61.h6 Ta1 62.g4 Th1 es el final que indican otras fuentes] 60.f5 Rf7 61.h6 Th1 62.g4 Ta1 0–1

Letelier Martner, René – Michel, Paul [C77]
Torneo Internacional de Mar del Plata (9), 21.03.1946

1.e4 e5 2.Cf3 Cc6 3.Ab5 Cf6 4.De2 a6 5.Aa4 Ac5 6.c3 b5 7.Ab3 d6 8.d3 0–0 9.Cbd2 Ae6 10.Ac2 Ab6 11.Cf1 Cg4 12.Ce3 Cxe3 13.Axe3 Axe3 14.Dxe3 f5 15.Cg5 f4 16.Cxe6 fxe3 17.Cxd8 exf2+ 18.Re2 Taxd8 19.Thf1 Tf6 20.Txf2 Txf2+ 21.Rxf2 Tb8 22.Re3 Rf7 23.b4 Re7 24.a4 Cd8 25.axb5 axb5 26.Ab3 Rd7 27.Ag8 h6 28.Ad5 c6 29.Ab3 Tc8 30.d4 Tc7 31.Ta6 Re7 32.g3 Rd7 33.Ad1 Re7 34.Rd3 Tb7 35.Ta8 Rd7 36.Ag4+ Re7 37.Ta6 Tc7 38.Ta5 Cb7 39.Ta8 Cd8 40.Ta6 Tb7 41.Ad1 exd4 42.cxd4 c5 43.bxc5 dxc5

44.d5 Cf7 45.Te6+ Rd8 46.Re3 b4 47.Ab3 Te7 48.Tc6 Tc7 49.Tb6 Ce5 50.Rf4 Cd7 51.Tb5 c4 52.Ac2 b3 53.Axb3 cxb3 54.Txb3 g6 55.h4 Tc4 56.Te3 Cf6 57.Rf3 Re7 58.Ta3 g5 59.hxg5 hxg5 60.Ta6 Tc3+ 61.Rg2 Td3 62.Rh3 Td4 63.e5 Cg4 64.Tg6 Cf2+ 65.Rg2 Ce4 66.Rf3 Rf7 67.Tb6 Cc3 68.Tb7+ Rg6 69.d6 Rf5 70.Te7 Td3+ 71.Rg2 Rg4 72.d7 Td2+ 73.Rf1 Rxg3 0–1

Maccioni Seisdedos, Alejandro – Pilnik, Herman [D29]
Torneo Internacional de Mar del Plata (9), 21.03.1946

1.d4 d5 2.c4 dxc4 3.Cf3 Cf6 4.e3 e6 5.Axc4 c5 6.0–0 a6 7.De2 b5 8.Ab3 Ab7 9.Td1 Cbd7 10.a4 Db6 11.axb5 axb5 12.Txa8+ Axa8 13.Cc3 c4 14.Ac2 Ae7 15.e4 0–0 16.e5 Cd5 17.Cg5 Axg5 18.Axg5 Cxc3 19.bxc3 Te8 20.Dg4 Cf8 21.h4 Rh8 22.h5 Cd7 23.h6 Tg8 24.Dh4 Dc6 25.f3 gxh6 26.Dxh6 Tg7 27.Ae4 Tg6 28.Axg6 fxg6 29.Af6+ 1–0

Reinhardt, Enrique – Maderna, Carlos Hugo [A08]
Torneo Internacional de Mar del Plata (9), 21.03.1946

1.Cf3 d5 2.g3 c5 3.Ag2 Cc6 4.0–0 e5 5.d3 Ad6 6.e4 d4 7.Cbd2 Cge7 8.Cc4 Ac7 9.a4 0–0 10.Ag5 f6 11.Ad2 Ag4 12.h3 Ae6 13.b3 Dd7 14.Rh2 b6 15.Cg1 g5 16.Af3 a6 17.Rg2 b5 18.Cb2 h6 19.Ag4 Rg7 20.De2 Cg6 21.Tae1 Aa5 22.Axa5 Cxa5 23.axb5 axb5 24.Ah5 Ce7 25.f4 Cac6 26.fxg5 hxg5 27.Ta1 Cb4 28.Df2 Cg8 29.g4 Db7 30.Cf3 c4 31.bxc4 bxc4 32.Rg3 c3 33.Txa8 Txa8 34.Cd1 De7 35.Ce1 Ta2 36.Dg2 Dd7 37.Tf2 Da4 38.h4 Da3 39.hxg5 Dc1 40.gxf6+ Cxf6 41.Df3 Dg5 42.Th2 Ta1 43.Cg2 Cxc2 44.Th4 Cb4 45.Cf2 c2 0–1

Sanguinetti, Renato – Najdorf, Miguel [E68]
Torneo Internacional de Mar del Plata (9), 21.03.1946 *[Juan S. Morgado]*

1.d4 Cf6 2.c4 g6 3.g3 Ag7 4.Ag2 0–0 5.Cc3 d6 6.Cf3 Cbd7 7.0–0 e5 8.e4 Te8 9.Ae3 h6 10.h3 b6 11.Dd2 Rh7 12.Tad1 Ab7 13.d5 a5 14.Dc2 Cc5 15.b3 Ac8 16.Cd2 Ch5 17.a3 Rh8?! [17... f5 18.exf5 Axf5 19.Cde4 Dd7 20.Rh2 ∞] **18.b4→ axb4 19.axb4 Ca6 20.Db3 f5 21.Ce2 Ad7 22.Rh2?!...** [22.exf5 gxf5 23.Cf3→] **22...Df6**

[22...f4 23.gxf4 exf4 24.Ad4 Axd4 25.Cxd4 Df6 oo] **23.Af3 Df7** [23...f4 oo] **24.Tb1 Cf6 25.Dd3= g5** [25...Tf8=] **26.exf5 e4 27.Cxe4 Axf5 28.Cxd6 Axd3 29.Cxf7+ Rg8 30.Cxh6+ Axh6 31.Tbd1?...** [31.d6 Axb1 32.Axa8 Ad3 33.Ac6 Tf8 34.Ab7 Axe2 35.Ta1 Axc4 36.Axa6 Axa6 37.Txa6 cxd6 38.Txb6 Td8 oo] **31...Cxb4∓ 32.d6 c5 33.d7?...** [33.Axa8 Axe2∓] **33...Cxd7–+ 34.Txd3 Cxd3 35.Axa8 Txa8 36.h4 C7e5 37.Rg2 Cxc4 38.Axg5 Axg5 39.hxg5 Ta2 40.Cc1 Td2 41.Rf3 Cxc1 0–1**

Souza Mendes, Joåo de – Guimard, Carlos Enrique [D36]
Torneo Internacional de Mar del Plata (9), 21.03.1946

1.Cf3 Cf6 2.c4 e6 3.Cc3 d5 4.d4 Cbd7 5.Ag5 c6 6.cxd5 exd5 7.e3 Ae7 8.Ad3 0–0 9.Dc2 Te8 10.0–0 Cf8 11.h3 Ce4 12.Af4 Cg5 13.Axg5 Axg5 14.b4 Ae7 15.b5 Ad6 16.bxc6 bxc6 17.e4 Ae6 18.e5 Ae7 19.Ce2 Tc8 20.Da4 Tc7 21.Tac1 Ad7 22.Da5 Ce6 23.Dd2 c5 24.dxc5 Axc5 25.Aa6 Ac8 26.Ab5 Ad7 27.Aa6 Ac8 28.Ab5 Ad7 29.Aa6 ½–½

Ståhlberg, Gideon – Bolbochán, Jacobo [E29]
Torneo Internacional de Mar del Plata (9), 21.03.1946

1.d4 Cf6 2.c4 e6 3.Cc3 Ab4 4.a3 Axc3+ 5.bxc3 c5 6.e3 0–0 7.Ad3 Cc6 8.Ce2 d6 9.e4 e5 10.d5 Ce7 11.f3 Ce8 12.g4 f6 13.h4 g6 14.Ah6 Tf7 15.Dd2 Rh8 16.Tg1 Cg8 17.Ae3 Ad7 18.f4 exf4 19.Cxf4 Cc7 20.g5 f5 21.exf5 Axf5 22.Axf5 Txf5 23.0–0–0 De7 24.Tde1 Df7 25.Cd3 Tf8 26.Cxc5 dxc5 27.Axc5 Ce8 28.Txe8 Txe8 29.Ad4+ Cf6 30.Axf6+ Rg8 31.d6 Dd7 32.Te1 Txe1+ 33.Dxe1 Dxd6 34.De8+ Df8 35.De6+ Df7 36.Dc8+ Df8 37.De6+ Df7 38.Dc8+ ½–½

César Corte es sorpresa. *El Mundo*, 22 de marzo de 1946

10ª ronda, 22 de marzo

■ El alemán Michel sigue ascendiendo en el cuadro de posiciones. Hoy derrotó al hasta ayer puntero del torneo, el entrerriano Corte, en una partida que comenzó con PR y que las negras defendieron bien con la Variante Francesa, llegándose a un final favorable para el alemán, en cuyas circunstancias se produjo la ya habitual situación de apremio para Corte, por falta de tiempo. Esta vez no alcanzó a efectuar las jugadas reglamentarias, y perdió. El campeón uruguayo Lorenzo Bauzá cayó hoy vencido ante el maestro sueco Ståhlberg, que jugó una apertura de PR con la Defensa Francesa, en la que el vencedor atacó en el flanco R hasta adjudicarse la victoria en la jugada 31ª. Frente al PD de Najdorf, Iliesco opuso la Defensa Grünfeld, pero pecó de un exceso de originalidad en jugada 6ª y quedó en posición inferior desde muy temprano.

El rumano entregó una pieza por dos peones para procurar salir de su posición restringida, y Najdorf decidió devolverla algunas jugadas después, aunque sin acertar con la línea ventajosa, y dando oportunidad a Iliesco para rehacerse al quedar con torre y dos peones frente a alfil y caballo de Najdorf. Nuevos errores de Iliesco en las movidas 36ª y 39ª volcaron el juego a favor de Najdorf, que finalmente se impuso a Iliesco en 51 jugadas.[136]

■ Ståhlberg vuelve a predominar. Las partidas de la rueda se caracterizaron por la gran complicación de los juegos. Cuatro tan solo fueron los tableros en que finalizaron las partidas, mientras las parejas que dejaron selladas sus jugadas fueron cinco. El entrerriano Corte se vio superado por el alemán Paul Michel en una partida de PR, Defensa Siciliana, que llegó a la 39ª movida. Corte ocupa el segundo puesto, que comparte con su rival de hoy. Ståhlberg, en una ascensión inesperada, se ha colocado a la vanguardia, aunque su posición se ve seriamente amenazada por Najdorf, quien no ha definido aún su situación. Najdorf y Ståhlberg 7½; Michel y Corte 7.[137]

Bauzá, Lorenzo – Ståhlberg, Gideon [C07]
Torneo Internacional de Mar del Plata (10), 22.03.1946

1.e4 e6 2.d4 d5 3.Cd2 c5 4.dxc5 Axc5 5.Ad3 Cf6 6.e5 Cfd7 7.Cgf3 Cc6 8.De2 f6 9.exf6 Cxf6 10.Cb3 Ad6 11.Cfd4 e5 12.Cb5 Ae7 13.c4 d4 14.Ag5 0–0 15.0–0 a6 16.Ca3 e4 17.Ab1 d3 18.De3 Cg4 19.Axe7 Dxe7 20.Dg3 Df6 21.h3 Ch6 22.c5 Ae6 23.Cd2 Dxb2 24.Cxe4 Dxa1 25.Axd3 De5 26.f4 Dd4+ 27.Rh2 Cf5 28.Df3 Ce3 29.Cg5 Cxf1+ 30.Axf1 Dxf4+ 31.Dxf4 Txf4 0–1

Bolbochán, Jacobo – Maccioni Seisdedos, Alejandro [E22]
Torneo Internacional de Mar del Plata (10), 22.03.1946

1.d4 Cf6 2.c4 e6 3.Cc3 Ab4 4.Db3 Cc6 5.Cf3 a5 6.Ad2 d6 7.a3 Axc3 8.Axc3 0–0 9.e3 Ce4 10.Ad3 Cxc3 11.Dxc3 De7 12.Ae4 Ad7 13.0–0 f5 14.Ac2 e5 15.b4 axb4 16.axb4 Df6 17.c5 exd4 18.exd4 dxc5 19.bxc5 Ae6 20.Ab3 Txa1 21.Txa1 Td8 22.Te1 Af7 23.h3 h6 24.Ce5 Cxe5 25.Txe5 f4 26.Dc2 Axb3 27.Dxb3+ Df7 28.Dxb7 Txd4 29.Db8+ Rh7 30.Te8 Td1+ 31.Rh2 Tc1 32.Th8+ Rg6 33.Tf8 De7 34.Txf4 Rh7 35.Db2 Txc5 36.Db1+ Rg8 37.Db8+ Rh7 38.Db1+ Rg8 39.Db8+ Rh7 40.Db1+ Rg8 41.Db3+ Rh7 42.Dd3+ Rg8 ½–½

---

[136] *La Prensa*, 23 de marzo de 1946.
[137] *El Mundo*, 23 de marzo de 1946.

Guimard, Carlos Enrique – Luckis, Marcos [A47]
Torneo Internacional de Mar del Plata (10), 22.03.1946

1.d4 Cf6 2.Cf3 b6 3.e3 c5 4.Ad3 Ab7 5.0–0 e6 6.Cbd2 Ae7 7.b3 cxd4 8.exd4 Cc6 9.a3 0–0 10.Ab2 Dc7 11.Te1 Tfe8 12.Ce5 d6 13.Cg4 Cxg4 14.Dxg4 f5 15.Dh3 Af6 16.Cf3 g6 17.Dg3 Te7 18.Tab1 Ag7 19.h4 Tae8 20.h5 gxh5 21.Dh3 Cd8 22.Dxh5 Cf7 23.Te2 Ch8 24.Tbe1 Cg6 25.Cg5 Cf8 26.c4 h6 27.Ch3 d5 28.Dh4 Cg6 29.Dh5 Cf8 30.Dh4 Cg6 31.Dh5 ½–½

Hounie Fleurquin, Carlos – Sanguinetti, Renato [D31]
Torneo Internacional de Mar del Plata (10), 22.03.1946

1.d4 d5 2.c4 e6 3.Cc3 c6 4.e3 Cf6 5.Ad3 Ae7 6.Cf3 0–0 7.0–0 Cbd7 8.b3 b6 9.De2 Ab7 10.Td1 Ab4 11.Ab2 De7 12.cxd5 exd5 13.Aa6 Tab8 14.Axb7 Txb7 15.Ce5 Cxe5 16.dxe5 Cd7 17.e4 d4 18.Txd4 Cxe5 19.Tad1 Ac5 20.T4d2 Dh4 21.h3 Te8 22.Rh2 Axf2 23.Rh1 Ag3 24.Da6 Tbe7 25.Ce2 Ae1 26.Td8 f6 27.Dc8 Txd8 28.Txd8+ Rf7 29.Tf8+ Rg6 30.Df5+ Rh6 31.Ac1+ g5 32.Txf6+ Cg6 33.Txg6+ hxg6 34.Df8+ 1–0

Maderna, Carlos Hugo – García Vera, Romeo [C54]
Torneo Internacional de Mar del Plata (10), 22.03.1946

1.e4 e5 2.Cf3 Cc6 3.Ac4 Cf6 4.d3 Ac5 5.c3 Ab6 6.0–0 0–0 7.Ag5 De7 8.Te1 h6 9.Ah4 d6 10.Cbd2 a6 11.Ab3 Ae6 12.Aa4 g5 13.Ag3 Ag4 14.Cc4 Aa7 15.Ce3 Axe3 16.Txe3 b5 17.Ab3 Ca5 18.Ac2 c5 19.h3 Ae6 20.Ch2 Cc6 21.h4 Rg7 22.Dd2 Ch5 23.Ad1 Cf4 24.Cf3 Tg8 25.hxg5 hxg5 26.d4 cxd4 27.cxd4 Ag4 28.Cxe5 dxe5 29.Axg4 Cxd4 30.Tc1 Dd6 31.Da5 Th8 32.Axf4 gxf4 33.Th3 f3 34.Dc7 Ce2+ 35.Rf1 Dxc7 36.Txc7 fxg2+ 37.Rxg2 Cf4+ 38.Rg3 Cxh3 39.Axh3 Th6 40.Te7 Rf6 41.Tb7 Te8 42.a4 bxa4 43.Tb4 Rg7

44.Txa4 Tb8 45.b4 Tbb6 46.f3 Thd6 47.Af1 Td2 48.Txa6 Txa6 49.Axa6 Tb2 50.b5 Rg6 51.Ac8 Txb5 52.Ad7 Tb3 53.Ac8 Rg5 54.Ad7 f6 55.Ac8 Tb1 56.Ae6 Ta1 57.Af5 Ta7 58.Ae6 Te7 59.Ac8 Ta7 60.Ae6 Ta8 61.Ad7 Tb8 62.Ae6 Tf8 63.Ad7 Tg8 64.Ae6 Tg7 65.Ag4 Rh6 66.Rf2 Rg6 67.Rg2 Rf7 68.Rf2 Re7 69.Ac8 Rd6 70.Af5 Ta7 71.Rg3 Rc5 72.Ae6 Tg7+ 73.Rf2 Rd4 74.Af5 Tc7 0–1

Michel, Paul – Corte, César Juan [B45]
Torneo Internacional de Mar del Plata (10), 22.03.1946

1.e4 c5 2.Cf3 Cc6 3.d4 cxd4 4.Cxd4 Cf6 5.Cc3 e6 6.Cdb5 Ab4 7.a3 Axc3+ 8.Cxc3 d5 9.Ad3 dxe4 10.Cxe4 Cxe4 11.Axe4 Dxd1+ 12.Rxd1 Ad7 13.Ae3 0–0 14.Rc1 Tac8 15.Td1 Tfd8 16.b3 b6 17.Rb2 Ae8 18.f3 Rf8 19.c4 Re7 20.a4 Txd1 21.Txd1 Ca5 22.Tc1 f5 23.Ad3 Cb7 24.b4 h6 25.Rb3 Ad7 26.Ad4 Rf7 27.h4 Axa4+ 28.Rxa4 Td8 29.Tc3 Txd4 30.Rb5 Cd6+ 31.Ra6 e5 32.Rxa7 e4 33.fxe4 fxe4 34.Ae2 b5 35.c5 Ce8 36.Tb3 Cc7 37.Rb6 Td7 38.Tc3 Te7 39.Axb5 1–0

Najdorf, Miguel – Iliesco, Juan Traian [D81]
Torneo Internacional de Mar del Plata (10), 22.03.1946 *[Juan S. Morgado]*

1.d4 Cf6 2.c4 g6 3.Cc3 d5 4.Db3 dxc4 5.Dxc4 Ag7 6.e4 b6? [Iliesco acostumbraba a "inventar" tempranamente, pero muchas veces quedaba perdido en plena apertura] **7.e5± Ae6** [7...Cfd7 8.h4 c5

9.Dd5 cxd4 10.Cb5 a6 11.Dxa8 axb5 12.h5… *(12.f4!?)* 12…Cxe5 13.hxg6 fxg6 *(13…hxg6?? 14.Txh8+ Axh8 15.Dxb8+–)* 14.f4… *(14.Dxb8 0–0=)* 14…Cec6 15.Axb5 Ad7 16.Cf3 Cb4 17.Da4 Axb5 18.Dxb5+ C8c6 19.0–0±] **8.Da4+ Ad7 9.Dd1 Cg4 10.Df3 c6 11.Ac4 f5 12.Ag5 Dc8 13.h3 Ch6 14.De3 Cf7 15.e6 Cxg5 16.exd7+ Dxd7 17.Dxg5 Dxd4 18.Ab3 Cd7 19.Cge2 Df6 20.De3 e5 21.0–0 0–0–0 22.a4?!...** [22.Tad1±] **22…Af8?** [22…a5 23.Tac1±] **23.a5+– Ac5 24.Dd3 b5 25.Cxb5 cxb5**

26.Tac1??… [no es habitual en Najdorf cometer errores graves cuando tiene posición ganadora; definía enseguida 26.Dxb5+–; por ejemplo: 26…a6 27.Da4 Aa7 28.Tac1+ Cc5 29.Db4 Td7 30.Txc5+ Axc5 31.Dxc5+ Rb8 32.Cc3+–] **26…a6= 27.Dd5 Rb8 28.Txc5 Cxc5 29.Dxc5 Td2↔ 30. Td1 Thd8 31.Txd2 Txd2 32.Cc3 Dd6 33.Dxd6+ Txd6 34.Ag8 h6 35.Rf1 Td2 36.b3 Rb7** [36… Rc7=] **37.Cd5 g5?** [37…Ta2! 38.Ce7… *(38.b4 Ta1+ 39.Re2 Ta2+ 40.Re3 Ta3+ 41.Re2=)* 38…Ta1+ 39.Re2 Txa5 40.Cxg6 Ta2+ 41.Re3 f4+ 42.Rf3 e4+ 43.Rxe4 Txf2 44.Cxf4 a5 45.g4 a4 46.bxa4 bxa4 47.h4 a3 48.g5 hxg5 49.hxg5 a2 50.Axa2 Txa2=] **38.Cb4→ Td6??** [a] era necesaria 38…Td1+ 39.Re2 Ta1 40.Cc2 Tb1 41.g4 f4 42.Cb4 Ta1 oo; b) o bien 38…Td4 39.Ad5+ Rc8 40.Ae6+ Rb7 41.Cc2 Td1+ 42.Re2 Tb1 43.Rd3 Rc7 44.Rc3 Tg1 45.g4 fxg4 46.Axg4 Tc1 47.Af3 Tf1 oo] **39.Ad5+ Rc7 40.g4 fxg4 41.hxg4 Tf6 42.Ae4 Td6 43.Re2 Rb8 44.f3 Rc7 45.Cd3 Td4 46.Cc5 Td6 47.Re3 Tf6 48.Ad5 Tg6 49.Re4 Rd6 50.Cb7+ Rc7 51.Rxe5 1–0**

Cuando Iliesco había conseguido remontar una posición inferior desde la apertura, apareció el *blunder*.

Pilnik, Herman – Letelier Martner, René [C90]
Torneo Internacional de Mar del Plata (10), 22.03.1946

1.e4 e5 2.Cf3 Cc6 3.Ab5 a6 4.Aa4 Cf6 5.0–0 Ae7 6.Te1 b5 7.Ab3 d6 8.c3 Ca5 9.Ac2 c5 10.d4 Dc7 11.h3 Ad7 12.d5 c4 13.Cbd2 Cb7 14.Cf1 Cc5 15.C3h2 a5 16.f4 b4 17.Cf3 0–0 18.g4 Ab5 19.Cg3 Tfc8 20.Cf5 Af8 21.fxe5 dxe5 22.Ag5 Ce8 23.Dd2 b3 24.axb3 cxb3 25.Ab1 a4 26.Ah4 a3 27.Txa3 Txa3 28.bxa3 Ca4 29.c4 Axc4 30.Ag3 Axa3 31.Axe5 Db6+ 32.Ad4 Db7 33.Td1 b2 34.d6 Axd6 35.Cxd6 Cxd6 36.Axg7 Cxe4 37.De3 Cac5 38.Cd4 Rxg7 39.Cf5+ Rh8 40.Dd4+ f6 41.Dxc4 Db3 42.Dd4 Ce6 43.Dxe4 Dxd1+ 0–1

Roças, Orlando – Souza Mendes, João de [C68]
Torneo Internacional de Mar del Plata (10), 22.03.1946

1.e4 e5 2.Cf3 Cc6 3.Ab5 a6 4.Axc6 dxc6 5.d4 exd4 6.Dxd4 Dxd4 7.Cxd4 Ad7 8.Cc3 0–0–0 9.Ae3 Ce7 10.0–0–0 Cg6 11.f3 Ad6 12.Cde2 f6 13.a3 The8 14.Af2 b5 15.Ag3 Ce5 16.Cf4 a5 17.Cd3 Cc4 18.Af2 Ae6 19.g3 Af7 20.Cb1 g5 21.The1 Ce5 22.Cd2 Cxd3+ 23.cxd3 Ae5 24.Rc2 a4 25.Ae3 Ad4 26.Axd4 Txd4 27.Rc3 Ted8 28.Cf1 Ab3 29.Ce3 Axd1 30.Txd1 c5 31.Cf5 b4+ 32.Rc2 T4d7

33.Ce3 Rb7 34.Cc4 Td4 35.Td2 Rc6 36.Td1 h5 37.h3 Rd7 38.Td2 Re6 39.Ce3 T4d7 40.Td1 Tb8 41.Cc4 Th7 42.Ta1 h4 43.g4 Ta8 44.Tf1 Td7 45.f4 gxf4 46.Txf4 Tad8 47.Tf3 Td4 48.Cd2 T8d6 49.Te3 Td8 50.Tf3 ½–½

11ª ronda, 23 de marzo

Esta reunión había suscitado intensa expectativa por la circunstancia de que debían medirse entre sí los fuertes maestros Najdorf y Ståhlberg. La lucha brillante y de gran emoción atrajo la atención general y dio especial realce a la jornada. Abrió el maestro sueco el juego con P4D y las negras adoptaron la Defensa India de la Dama. En el planteo optaron las blancas por el sistema de ataque Rubinstein, y en la parte media del encuentro se sucedieron interesantes y complejas maniobras tácticas que dieron a la partida jerarquía de magistral. De las contingencias de la lucha salió airoso el maestro polaco, aunque omitió un cambio de damas al finalizar la sesión, que le hubiera proporcionado un claro triunfo. Continuada la partida por la noche, abandonó Ståhlberg en la jugada 48ª, siendo ésta la primera derrota que sufre en el presente torneo.

Corte y Pilnik jugaron una partida entretenida. El entrerriano abrió con PR y Pilnik contestó con la Defensa Siciliana, transformándose en una variante Paulsen con el alfil negro en 5C. Corte montó un ataque sobre el flanco rey sólo con sus piezas, sin intervención de peones. Pilnik se defendió cuidadosamente, y capturó un peón en el flanco dama. Si hubiera acertado su jugada 26ª, Corte habría tenido aún posibilidades de compensar la desventaja material, y como de costumbre, su tiempo de reflexión quedó comprometido. Sin embargo, jugó muy bien, y sólo un tremendo error en la jugada 38ª dio por tierra con su partida, en momentos en que tenía calidad de ventaja a cambio de un peón.[138]

La partida Ståhlberg – Najdorf brindó en sus comienzos una lucha intensa, en que ambos adversarios jugaron en todo momento para ganar, y que siguió la línea de una Defensa india de Dama de acciones complicadas, en que las negras sacaron la mejor parte, suspendiéndose en la jugada 40ª en una situación muy delicada para el maestro sueco, quien, si bien cuenta con una calidad, que Najdorf sacrificó en la jugada 34ª, éste tenía dos formidables peones pasados, que debían ser factores de triunfo. Corte abusó nuevamente de su tiempo, y aunque logró al caer la aguja completar su jugada 40ª reglamentaria en las 2½ horas, quedó una posición tal de inferioridad que abandonó de inmediato.[139]

Ståhlberg, arriba; Corte pierde con Michel.
El Mundo, 23 de marzo de 1946

---

[138] *La Prensa*, 24 de marzo de 1946.
[139] *La Nación*, 24 de marzo de 1946.

▎Fleurquin encabeza el torneo con Ståhlberg y Najdorf. La situación a que se ha llegado es un resultado lógico de la calidad de sus principales participantes, quienes parecen marchar directamente a las mejores posiciones de la clasificación. Aludimos así a las dos grandes figuras del concurso, los maestros Ståhlberg y Najdorf, quienes parecen ejercer un derecho de propiedad sobre los puestos avanzados de la competición. Sin embargo, el jugador polaco se ve enfrentado por otro participante, y es el maestro uruguayo Hounie Fleurquin.

Este excelente ajedrecista iguala en puntos a los dos maestros citados, con lo cual sus probabilidades de salir triunfante son dignas de tenerse en cuenta. Los resultados fueron: Reinhardt 1:0 Guimard; García Vera ½:½ Souza Mendes; Sanguinetti ½:½ Maderna; Iliesco 0:1 Hounie Fleurquin; Maccioni 0:1 Bauzá; Letelier ½:½ Bolbochán; Corte 0:1 Pilnik. Ståhlberg – Najdorf, suspendida. Najdorf 8½; Hounie Fleurquin y Ståhlberg 7½; Michel (una partida menos) y Corte 7.[140]

Corte, César Juan – Pilnik, Herman [B45]
Torneo Internacional de Mar del Plata (11), 23.03.1946 *[Juan S. Morgado]*

1.e4 c5 2.Cf3 Cc6 3.d4 cxd4 4.Cxd4 Cf6 5.Cc3 e6 6.Ae2 Ab4 7.0–0 0–0 8.Af3 a6 9.Af4... [9.Te1 Dc7 10.Cde2?!... *(10.Cxc6)* 10...Ce5→, Stoehr – Baldauf, Oberhof 1999] 9...Axc3 10.bxc3 d5 11.Ag5 Ce7 12.e5 Cd7 13.De2 Te8 14.Ah5 Cf8 15.Tad1 Dc7 16.Td3 Ceg6 17.Te1 Dc4 18.h4 Ad7 19.Dg4 Tac8 20.Th3 Tc7 21.Dg3 Tec8 22.Ad2 Dxa2 23.Ae2 Ce7 24.Ad3 Cf5 25.Axf5 exf5 26.Dg5?!... [a) 26.e6 Axe6 27.Dd6 oo; b) 26.Ah6 Cg6 27.e6 Axe6 28.Dd6 oo] 26...h6?! [26...f4 27.Td3 Ce6→] 27.Df4?!... [27.Dh5!? oo] 27...Cg6→ 28.Df3 f4 29.Th2?... [29.e6 Axe6 30.Cxe6 fxe6 31.Txe6 Cf8 32.Td6 Tf7 33.Dxd5 Dxd5 34.Txd5 Tc6→] 29...Ae6 30.h5 Cf8?! [30...Ce7→] 31.Dxf4 oo Tc4 32.Dg3 Rh8 33.f4 Txd4 34.cxd4 Txc2 35.Ab4 Cd7 36.Dd3 Dc4 37.Td1 Tc1 38.Txc1??... [38.Dxc4 Txc4 39.Ad6 b5 oo] 38...Dxd3 39.Rh1 Dxd4 40.Ad6 Dxf4 0–1

García Vera, Romeo – Souza Mendes, Joao de [D61]
Torneo Internacional de Mar del Plata (11), 23.03.1946

1.d4 Cf6 2.c4 e6 3.Cf3 d5 4.Cc3 Cbd7 5.Ag5 Ae7 6.e3 0–0 7.Dc2 h6 8.Ah4 c5 9.cxd5 cxd4 10.Cxd4 Cxd5 11.Axe7 Cxe7 12.Ae2 e5 13.Cdb5 a6 14.Cd6 Dc7 15.Td1 Cf6 16.Cxc8 Taxc8 17.Db3 Cc6 18.0–0 Tfd8 ½–½

Iliesco, Juan Traian – Hounie Fleurquin, Carlos [A08]
Torneo Internacional de Mar del Plata (11), 23.03.1946

1.Cf3 d5 2.g3 c5 3.Ag2 Cc6 4.0–0 e5 5.d3 f6 6.e4 Ae6 7.Ch4 Cge7 8.f4 dxe4 9.dxe4 Dxd1 10.Txd1 Cd4 11.Ca3 0–0–0 12.Ae3 Ag4 13.Te1 exf4 14.gxf4 g5 15.fxg5 fxg5 16.Cf5 Cexf5 17.exf5 Cf3+ 18.Axf3 Axf3 19.Rf2 Ac6 20.Axg5 Td5 21.h4 Txf5+ 22.Re2 h6 23.Ae3 Af3+ 24.Rd2 Ag7 25.c3 a6 26.Cc2 Td8+ 27.Rc1 Tfd5 28.Ca3 b5 29.c4 Td1+ 0–1

Letelier Martner, René – Bolbochán, Jacobo [E14]
Torneo Internacional de Mar del Plata (11), 23.03.1946

1.d4 Cf6 2.c4 e6 3.Cf3 b6 4.e3 Ab7 5.Ad3 Ab4+ 6.Cbd2 0–0 7.0–0 d5 8.a3 Ae7 9.b3 c5 10.Ab2 Cbd7 11.De2 Ce4 12.Tad1 Dc8 13.Ce5 Cxd2 14.Txd2 Cxe5 15.dxe5 dxc4 16.Axc4 Td8 17.Txd8+ Dxd8 18.e4 a6 19.a4 Ac6 ½–½

---

[140] *El Mundo*, 24 de marzo de 1946.

Luckis, Marcos – Roças, Orlando [A44]
Torneo Internacional de Mar del Plata (11), 23.03.1946

1.d4 c5 2.d5 e5 3.c4 d6 4.Cc3 g6 5.e4 Ag7 6.Ae3 Ce7 7.Dd2 h6 8.f4 exf4 9.Axf4 a6 10.a4 g5 11.Ag3 Cg6 12.Ae2 De7 13.0-0-0 Cd7 14.Cf3 g4 15.Ce1 Cde5 16.Rb1 Ad7 17.h3 h5 18.hxg4 hxg4 19.Txh8+ Axh8 20.Cc2 Af6 21.Th1 Ag5 22.Dd1 0-0-0 23.Dg1 Ad2 24.Ce3 Dg5 25.Ced1 Rb8 26.Ae1 f5 27.Axd2 Dxd2 28.De3 Dd4 29.Dg5 Tf8 30.Th6 Tg8 31.Df6 Rc7 32.exf5 Tf8 33.Dg7 Tf7 34.Dg8 Axf5+ 35.Ra2 ½–½

Maccioni Seisdedos, Alejandro – Bauzá, Lorenzo [E01]
Torneo Internacional de Mar del Plata (11), 23.03.1946

1.d4 Cf6 2.c4 e6 3.g3 d5 4.Ag2 Cbd7 5.Cf3 Ad6 6.Cc3 c6 7.0-0 0-0 8.Dc2 b6 9.e4 dxe4 10.Cg5 Ab7 11.Cgxe4 Ae7 12.Af4 Cxe4 13.Cxe4 Cf6 14.Tad1 Cxe4 15.Axe4 g6 16.c5 Af6 17.a4 Te8 18.b4 Te7 19.Ad6 Td7 20.De2 Txd6 21.cxd6 Dxd6 22.b5 Td8 23.Dc4 cxb5 24.De2 Axe4 25.Dxe4 bxa4 26.d5 exd5 27.Dxa4 a5 28.Tc1 Dd7 29.Df4 Dd6 30.Da4 Ae7 31.Tb1 Df6 32.Tfd1 Ac5 33.Td2 Df5 34.Tbd1 d4 35.Dc4 d3 36.Rg2 Td4 37.Db5 a4 38.Txd3 Txd3 39.Dxd3 Dxd3 40.Txd3 a3 41.Rf3 Rg7 42.Td2 b5 43.Re2 b4 44.Rd1 b3 45.Rc1 a2 46.Rb2 Ae7 0-1

Reinhardt, Enrique – Guimard, Carlos Enrique [C04]
Torneo Internacional de Mar del Plata (11), 23.03.1946

1.e4 e6 2.d4 d5 3.Cd2 Cc6 4.Cgf3 Cf6 5.e5 Cd7 6.b3 f6 7.Ab2 fxe5 8.dxe5 Ac5 9.c4 0-0 10.Ad3 Cdxe5 11.Axe5 Cxe5 12.Cxe5 Axf2+ 13.Re2 Ad4 14.Cef3 e5 15.cxd5 Ag4 16.Dc2 Axa1 17.Txa1 Rh8 18.Ae4 c6 19.dxc6 bxc6 20.h3 Ah5 21.Tc1 Tf6 22.g4 Ag6 23.Axg6 Txg6 24.Ce4 Dd5 25.Td1 Da5 26.Dd2 Da6+ 27.Rf2 Tf8 28.De2 Da5 29.Rg3 h5 30.Ch4 Te6 31.g5 g6 32.Cxg6+ Txg6 33.Dxh5+ Rg7 34.Td7+ Tf7 35.Txf7+ Rxf7 36.Dh7+ Tg7 37.g6+ Re6 38.Dxg7 De1+ 39.Cf2 De3+ 40.Rg2 Dg5+ 41.Rf3 Df5+ 42.Re3 Dg5+ 43.Re2 1-0

Sanguinetti, Renato – Maderna, Carlos Hugo [D32]
Torneo Internacional de Mar del Plata (11), 23.03.1946

1.d4 d5 2.c4 e6 3.Cc3 c5 4.cxd5 exd5 5.g3 cxd4 6.Dxd4 Ae6 7.Ag2 Cc6 8.Dd1 d4 9.Ce4 Ad5 10.Rf1 Ae7 11.Ch3 Cf6 12.Cxf6+ Axf6 13.Cf4 Axg2+ 14.Rxg2 0-0 15.Db3 De7 16.Te1 Tad8 17.Ad2 Tfe8 18.Tad1 b6 19.Rg1 Ce5 20.Cd3 Db7 21.Af4 Cd7 22.Tc1 Tc8 23.Txc8 Txc8 24.Tc1 Txc1+ 25.Axc1 Dc6 26.Af4 g5 27.Ad2 De4 28.Dd1 Rg7 29.Ac1 Cc5 30.Cxc5 bxc5 ½–½

Ståhlberg, Gideon – Najdorf, Miguel [E14]
Torneo Internacional de Mar del Plata (11), 23.03.1946 *[Juan S. Morgado]*

1.d4 Cf6 2.c4 e6 3.Cf3 b6 4.e3 Ae7 5.Ad3 d5 6.b3 0-0 7.0-0 Cbd7 8.Ab2 Ab7 9.Cc3 Ce4 10.De2 a6 11.Tfd1 Ad6 12.Ce5 Dh4 [a] 12...Cxe5? 13.dxe5 Cxc3 *(13...Axe5? 14.Axe4 Dh4 15.g3 Df6 16.Ac2+−)* 14.Axc3 Ae7 15.cxd5 exd5 16.f4±; **b)** 12...De7 13.Cxd7 Dxd7 14.f3 Cxc3 15.Axc3 c5 16.Tac1 Tfd8=, Eismont – Meijers, Gelsenkirchen 2001] **13.f4 Cdf6** [13...Cxe5 14.dxe5... *(14. fxe5 Ab4 15.Tac1 Axc3 16.Axc3 dxc4 17.bxc4 f5* ∞*)* 14...Ab4 15.Cxe4 dxe4 16.Ac2 a5 17.a3 Ac5 18.Ad4 De7=] **14.cxd5...** [a) 14.Cxe4 dxe4 15.Ac2 Tfd8=; **b)** 14.Axe4 dxe4 15.Td2 Tfd8=] **14...exd5 15.Axe4**

dxe4 **16.Tac1 b5 17.Df2…** [17.a3=] **17…Dh6!?** [17…Dxf2+ 18.Rxf2 h5 **oo**] **18.Te1 Tad8** [18… Tfd8!?] **19.Dg3 Cd7 20.Ce2 Cb6 21.Ac3?!…** [21.Dg5=] **21…Cd5?!** [21…f6 22.Cg4 Dh5→] **22.Aa5 f6 23.Cg4?…** [23.Cc4 bxc4 24.bxc4 **oo**] **23…Dg6** [23…Dh5∓] **24.Cc3 Cb4 25.Axb4 Axb4 26.f5 De8=** [26…Dg5 27.h4 Dh5 **oo**] **27.Ted1…** [a) 27.Dxc7? Aa8 28.Dg3 Tc8 29.Ce2 Axe1 30.Txe1 Ac6∓; b) 27.Tf1!?] **27…Ad6 28.Dh4 Tf7 29.Cf2 Te7 30.Ce2 Df7 31.g4…** [31.Cf4=] **31…De8** [31…b4!?] **32. Ch3…** [32.g5 fxg5 33.Dxg5 h6 34.Dg4 Tf7 35.Tf1 Ac8 36.Ch1 Df8 37.Chg3 c5 38.Dxe4 Ab7 39.d5 Axd5 40.Dxd5 Axg3 41.Dxc5 Ad6 42.Dc6 Txf5 43.Cg3 Txf1+ 44.Txf1 De7 **oo**] **32…c5?**

[32…g5 33.fxg6 hxg6 34.Dxf6 Dd7 35.Cg3 Axg3 36.hxg3 Dxg4 37.Dh4 Ac8 38.Cf2 Dxh4 39.gxh4 Tf8=] **33.Chf4??…** [33.g5!+−] **33…cxd4∓ 34.Ce6?…** [34.Txd4 Axf4 35.Cxf4 Txd4 36.exd4 Dd8∓] **34…Txe6!−+ 35.fxe6 d3 36.Cd4 Ae5 37.Df2 Axd4 38.exd4 Dxe6 39.Df5 Dd6 40.d5 Axd5 41.Tc8 Txc8 42.Dxc8+ Rf7 43.Tc1 De6 44.Dc7+…** [44.Tc7+ Rg6−+] **44…Rg6−+ 45.Df4 e3 46.h4 h6 47.h5+ Rh7 48.Dd4 d2 0−1**

Emociones en la partida Ståhlberg – Najdorf. *La Nación*, 24 de marzo de 1946

Esta partida ha sido publicada en muchos lugares, y en varios casos los comentarios son completamente desacertados, como por ejemplo en el libro *Schaakromanticus Miguel Najdorf*, Postma, Amberes 1996, pág. 54.

12ª ronda, 24 de marzo

Desaparecido Alekhine, Najdorf puede detentar el cetro mundial. Este Torneo de Torneo Internacional de Mar del Plata está prácticamente definido. El subcampeón uruguayo, Hounie Fleurquin, que venía cumpliendo una actuación verdaderamente meritoria, hasta el punto de constituir la amenaza más seria para Najdorf, mayor aún –hasta ayer– que el mismo Ståhlberg, sucumbió en esta rueda frente al líder. A pesar de esta derrota, Hounie Fleurquin no ha perdido todavía el segundo lugar de la tabla de posiciones, si bien ahora lo comparte con los maestros Michel y Ståhlberg. En cuanto a Najdorf, lleva ahora dos buenos puntos de ventaja sobre aquellos tres perseguidores. Nos parece muy difícil, en la semana que falta para finalizar el torneo, que este maestro pueda ser alcanzado. Si, como todo lo hace prever, Najdorf ganara también este certamen, serían cinco los Torneos de Torneo Internacional de Mar del Plata que figurarían en su brillante campaña deportiva: 1942, 1943, 194, 1945 y, suponemos, 1946. Ante tal reiteración de magníficas actuaciones, otro es el problema que se plantea a Miguel Najdorf. ¿No podría aspirar al Campeonato del Mundo?

Nosotros creemos que sí, y en esa apreciación no estamos solos. El doctor Tartakower opina que los dos candidatos más calificados para conquistarlo son Sammy Reshevsky, polaco naturalizado norteamericano, y Miguel Najdorf, polaco. En todo caso, en el mundo entero emerge un solo nombre cuyos títulos para aspirar al cetro universal, están, sin duda, mejor cotizados que los de Najdorf: Miguel Botvínnik, campeón soviético. Pero fuera de él, tanto Reshevsky como Fine, Boleslavsky, Smyslov, Eliskases, Keres, Euwe, etc., se hallan más o menos a la misma altura que Najdorf. Según Rossetto, que ha jugado contra los dos yanquis en Hollywood, Najdorf es más temible que ellos. La República Argentina, que financió el Campeonato Mundial de Alekhine, bien podría hacer otro tanto con Najdorf. Ello dependería, en parte, de que el maestro polaco limase algunas asperezas que, innecesariamente, ha creado entre nosotros.[141]

▌El torneo ha entrado en una de sus fases más interesantes, pues comienzan ya a hacerse más claras las posibilidades de los participantes. El polaco Najdorf, luego de su brillante triunfo de ayer ante su más calificado adversario el sueco Ståhlberg, pasó a encabezar la lista de competidores. Tal circunstancia, unida al hecho de que hoy tenía que medirse con el ajedrecista uruguayo Hounie Fleurquin, que estaba colocado en segundo lugar, asignaron a la sesión extraordinaria importancia, pues se presumía una lucha emocionante. Najdorf, al obtener hoy el triunfo, consolidó su situación de puntero del certamen, quedando con dos puntos de ventaja sobre los tres maestros que comparten el próximo lugar: Hounie Fleurquin, Ståhlberg y Michel.

Najdorf comenzó la partida con PD, sistema antiguo, y en la parte media conquistó un punto fuerte en 5R, pero las negras compensaron las acciones con la ocupación de la columna rey con sus torres. Más tarde, efectuó Najdorf una buena maniobra y pudo quebrar la resistencia de su adversario, quien abandonó en la jugada 31ª. Najdorf 9½; Ståhlberg, Hounie Fleurquin y Michel 7½.[142]

Hounie Fleurquin, sorpresivo puntero.
El Mundo, 24 de marzo de 1946

---

[141] Amílcar Celaya, *Noticias Gráficas*, 25 de marzo de 1946.
[142] *La Prensa*, 25 de marzo de 1946.

García Vera, Romeo – Sanguinetti, Renato [D52]
Torneo Internacional de Mar del Plata (12), 24.03.1946

1.Cf3 d5 2.d4 Cf6 3.c4 e6 4.Ag5 Cbd7 5.e3 c6 6.Cc3 Da5 7.cxd5 Cxd5 8.Dd2 Ab4 9.Tc1 0–0 10.e4 Cxc3 11.bxc3 Aa3 12.Tb1 e5 13.Ad3 Te8 14.0–0 Ad6 15.Ah4 a6 16.Ag3 Ab8 17.Dc2 b5 18.Tbd1 c5 19.dxe5 c4 20.Ae2 Cxe5 21.Cxe5 Axe5 22.Axe5 Txe5 23.f4 Te8 24.Td6 Ab7 25.e5 Dc7 26.Dd2 Tad8 27.Td1 Dc5+ 28.Dd4 Dxd4+ 29.T1xd4 Txd6 30.Txd6 g6 31.Rf2 Te7 32.g3 Tc7 33.Re3 Rf8 34.Rd4 Re7 35.a3 Ac8 36.Af3 a5

37.Ad1 b4 38.axb4 axb4 39.Tb6 b3 40.Ae2 Ae6 41.g4 Td7+ 42.Re3 Ta7 43.f5 gxf5 44.gxf5 Axf5 45.Axc4 Ac2 46.Axb3 Axb3 47.Txb3 Ta2 48.h4 Th2 49.Re4 Txh4+ 50.Rd5 Th1 51.Tb7+ Rf8 52.c4 Td1+ 53.Rc6 h5 54.c5 h4 55.Tb3 Re7 56.Rb7 Re6 57.c6 Tc1 58.c7 Rxe5 59.Tb4 f5 60.Txh4 f4 61.Th1 Tc2 62.Th5+ Re4 63.Rb6 f3 64.Tc5 Txc5 65.Rxc5 f2 66.c8D f1D 67.Db7+ Re3 68.De7+ ½–½

Guimard, Carlos Enrique – Roças, Orlando [A47]
Torneo Internacional de Mar del Plata (12), 24.03.1946

1.d4 Cf6 2.Cf3 e6 3.e3 b6 4.Ad3 Ab7 5.0–0 Ae7 6.Cbd2 d5 7.Ce5 0–0 8.f4 g6 9.Df3 Cbd7 10.c3 c5 11.g4 Dc7 12.g5 Ce8 13.h4 Cg7 14.Tf2 Tad8 15.Th2 Cxe5 16.fxe5 Dc8 17.De2 Ch5 18.Cf1 Rg7 19.Ad2 Th8 20.Tg2 h6 21.Ch2 hxg5 22.Tf1 Tdf8 23.hxg5 Dd8 24.Dg4 Ac6 25.Tf6 Ae8 26.Df3 b5 27.Cg4 Rg8 28.Tf2 Axf6 29.exf6 Dc7 30.Ce5 Th7 31.Th2 Rh8 32.Df1 Tg8 33.Th3 a5 34.Dg2 b4 35.Dh2 c4 36.Ae2 Dd8 37.Rh1 1–0

Luckis, Marcos – Michel, Paul [A34]
Torneo Internacional de Mar del Plata (12), 24.03.1946

1.c4 c5 2.Cc3 Cf6 3.Cf3 d5 4.cxd5 Cxd5 5.g3 Cc6 6.Ag2 Cc7 7.d3 e5 8.Ae3 Ae7 9.0–0 0–0 10.Cd2 Cd4 11.Cc4 f6 12.a4 Tb8 13.a5 Rh8 14.h3 Ae6 15.Rh2 Cd5 16.Axd4 cxd4 17.Cxd5 Axd5 18.Axd5 Dxd5 19.Db3 Dd7 20.Dd1 Dd5 ½–½

Maccioni Seisdedos, Alejandro – Letelier Martner, René [D30]
Torneo Internacional de Mar del Plata (12), 24.03.1946

1.d4 d5 2.c4 c6 3.Cf3 Cf6 4.e3 e6 5.Cbd2 Cbd7 6.Ad3 c5 7.0–0 Ad6 8.e4 cxd4 9.cxd5 e5 10.Cc4 De7 11.Ce1 0–0 12.De2 Te8 13.Ad2 Cc5 14.Tc1 b6 15.b4 Cxd3 16.Cxd3 Ad7 17.Cxd6 Dxd6 18.Cb2 ½–½

Najdorf, Miguel – Hounie Fleurquin, Carlos [D05]
Torneo Internacional de Mar del Plata (12), 24.03.1946 *[Juan S. Morgado]*

1.d4 Cf6 2.Cf3 e6 3.e3 d5 4.Ad3 c5 5.0–0 c4 6.Ae2 b5 7.Ce5 Cbd7 8.f4 Ab7 9.Cd2 Ad6 10.c3 0–0 11.Dc2 Dc7 12.Af3 Cb6 13.e4 Tac8 14.exd5 exd5 15.g3 Cfd7 16.Ag2 f6 17.Cg4 Tce8 18.Cf3 Te7?! [18...f5 19.Cge5 g6 20.g4 fxg4 21.Cxg4 Ac8 oo; 18...Cc8 19.Ch4 Cdb6 20.Af3 Dd7 21.Ce3 Ac7 22.b3 Cd6 23.Chf5 Cxf5 24.Dxf5 Dxf5 25.Cxf5 Te6 oo] **19.Ch4 Tfe8** [a) 19...g6 20.Ad2 Ac8 21.Ch6+ Rg7 22.C6f5+ gxf5 23.Cxf5+ Rh8 24.Cxe7 Axe7 25.f5 oo; b) 19...Cc8 20.Df5 Cdb6 21.Ce3 g6 22.Dh3 Tg7 23.Cg4 f5 oo] **20.Dd1...** [20.Ad2→] **20...Te6 21.Ah3...**

21...Te2? [21...Cc5 22.Cf2... *(22.dxc5 Axc5+ 23.Cf2 Te2><)* 22...Te2 23.Cf5 Cca4 24.Ag4 Cxb2 25.Axb2 Txb2 26.Te1→] **22.Cf5 ±** **22...T2e4 23.Ag2 T4e6?** [23...Af8 24.Axe4±] **24.Cgh6+ +– Rf8 25.Dg4?!...** [25.Cxg7 Rxg7 26.Dg4+ Rf8 *(26...Rxh6 27.f5+ Te3 28.Ad2+–)* 27.f5 Te2 *(27...Te4 28.Axe4 Txe4 29.Dg8+ Re7 30.Dxh7+ Re8 31.Af4 Dc6 32.Dg6+ Re7 33.Df7+ Rd8 34.Dg8+ Re7 35.Ag5 traspone a **)* 28.Af3 T2e4 29.Axe4 Txe4 30.Dg8+ Re7 31.Dxh7+ Re8 32.Af4 Dc6 33.Df7+ Rd8 34.Dg8+ Re7 35.Ag5... {traspone de **} 35...b4 36.Dh8 Dc8 37.Cg8+ Rf7 38.Dh7+ Re8 39.Axf6+–] **25...Cb8 26.Cxd6...** [26.Dh4 gxh6!?] **26...Dxd6 27.Cf5 Dc7 28.Ch4?!...** [28.Dh4→] **28...De7** [28...Te1 29.Txe1 Txe1+ 30.Rf2 Te8 31.f5→] **29.b3?!...** [29.Ad2→] **29...Te1??** [29...Rg8!=] **30.Cf5+– Ac8 31.Aa3 Txa1 32.Dxg7# 1–0**

Fue una partida intrincada y bien conducida por el uruguayo, que Najdorf definió luego de un *blunder*.

Pilnik, Herman – Bolbochán, Jacobo [C91]
Torneo Internacional de Mar del Plata (12), 24.03.1946

1.e4 e5 2.Cf3 Cc6 3.Ab5 a6 4.Aa4 Cf6 5.0–0 Ae7 6.Te1 b5 7.Ab3 d6 8.c3 0–0 9.d4 Ag4 10.Ad5 Dd7 11.Cbd2 exd4 12.Axc6 Dxc6 13.Cxd4 Db7 14.f3 Ad7 15.Cf1 c5 16.Cc2 Ae6 17.Ag5 Tad8 18.Cfe3 h6 19.Ah4 g5 20.Af2 d5 21.exd5 Cxd5 22.Cxd5 Dxd5 23.De2 Af6 24.a4 Dc6 25.axb5 axb5 26.Ce3 Ta8 27.Txa8 Txa8 28.Cg4 Axg4 29.fxg4 c4 30.Dc2 Td8 31.De2 ½–½

Roças, Orlando – Iliesco, Juan Traian [A02]
Torneo Internacional de Mar del Plata (12), 24.03.1946

1.f4 Cf6 2.Cf3 g6 3.e3 Ag7 4.d4 b6 5.Ad3 Ab7 6.Cbd2 d5 7.Ce5 0–0 8.0–0 c5 9.c3 Cc6 10.Df3 cxd4 11.exd4 Ce4 12.Cxc6 Axc6 13.Cxe4 dxe4 14.Axe4 Axd4+ 15.Rh1 Axe4 16.Dxe4 Af6 17.Ae3 Dc8 18.Tfd1 Td8 19.Ad4 Dg4 20.h3 Dh5 21.Td2 Tac8 22.Tad1 Tc7 23.Rh2 Axd4 24.De2 Dxe2 25.Txe2 e5 26.Txe5 Tcd7 27.Txd4 Txd4 28.cxd4 Txd4 29.Rg3 Td2 30.Tb5 h5 31.h4 ½–½

Roças, Orlando – Bauzá, Lorenzo [B85]
Torneo Internacional de Mar del Plata (12), 24.03.1946

1.e4 c5 2.Cf3 d6 3.d4 cxd4 4.Cxd4 Cf6 5.Cc3 e6 6.Ae2 Ae7 7.0–0 a6 8.a4 Ad7 9.Ae3 Cc6 10.Cb3 Ca5 11.Cxa5 Dxa5 12.Dd4 0–0 13.Tfd1 Tac8 14.Db6 Dxb6 15.Axb6 Tc6 16.a5 Tfc8 17.f3 Ae8 18.Rf2 Rf8 19.g3 h6 20.Td2 Cd7 21.Ad4 Ad8 22.f4 Af6 23.Axf6 gxf6 24.Tad1 Re7 25.Re3 b5 ½–½

Souza Mendes, Joåo de – Reinhardt, Enrique [E32]
Torneo Internacional de Mar del Plata (12), 24.03.1946

1.d4 Cf6 2.c4 e6 3.Cc3 Ab4 4.Dc2 0–0 5.e4 d6 6.e5 dxe5 7.dxe5 Cfd7 8.Cf3 Cc6 9.a3 Ae7 10.Af4 g5 11.Ag3 g4 12.Cd2 Cdxe5 13.0–0–0 f5 14.Axe5 Cxe5 15.Cf3 Ag5+ 16.Rb1 Df6 17.Cxe5 Dxe5 18.g3 a6 19.h3 h5 20.hxg4 hxg4 21.Th5 Af6 22.Ad3 b5 23.Dd2 bxc4 24.Axc4 Tb8 25.Dh6 Tf7 26.Tg5+ Tg7 27.Txg7+ Axg7 28.Td8+ Rf7 29.Dh5+ Rf6 30.Cd1 c5 31.De8 Rg5 32.De7+ Rh6 33.Td2 De4+ 34.Ad3 De1 35.Rc2 De5 36.Rc1 c4 37.Axc4 Tb7 38.Dd8 Tc7 39.Ce3 a5 40.Dh4+ Rg6 41.Rb1 Af6 42.Dh1 Ab7 43.Dd1 Af3 44.Ae2 Ae4+ 45.Ra1 Dc5 46.Ra2 Tb7 47.Axg4 De5 48.Dc1 fxg4 49.Cxg4 Ad5+ 50.Ra1 De4 51.Cxf6 Rxf6 52.Tc2 Th7 53.Td2 Th1 54.Td1 Dc4 0–1

Najdorf, ¿aspirante al Campeonato Mundial? *Noticias Gráficas*, 25 de marzo de 1946

13ª ronda, 25 de marzo

■ La primera partida en definirse fue la del alemán, Michel, y el campeón argentino, Pilnik, resuelta rápidamente en un empate. Poco después, Najdorf terminaba la suya con el campeón de Río de Janeiro, Souza Mendes, sumando con ella un nuevo punto en su haber. Najdorf logró emplazar un fuerte ataque sobre el enroque, colocando a su adversario en una posición de mate. Se registraron algunas novedades en materia de aperturas, no por lo moderno de las jugadas, sino por lo poco frecuentes en los torneos de hoy. Tal el caso de la Apertura Anderssen que usó Letelier ante Corte. Éste, como de costumbre, ofreció una desesperada exhibición contra reloj: tenía que hacer y anotar 25 jugadas en 5 minutos. Ganó una vez más el reloj, sin desconocer la labor de Letelier. O la Defensa Bird que empleó Pilnik contra la Apertura Española.[143]

■ El interés general se concentró en la partida que el maestro polaco Miguel Najdorf jugaba hoy con el excampeón, doctor Souza Mendes, explicándose tal expectativa por la circunstancia de que Najdorf tenía dos puntos de ventaja en el cuadro de posiciones, y se consideraba que, de no sufrir un contraste enseguida, resultará luego poco menos que imposible desalojarlo del puesto de privilegio. Asimismo, también suscitó interés el encuentro del maestro Ståhlberg con el campeón del Brasil, doctor Orlando Roças, especialmente al terminar la sesión, por advertirse que el jugador

---

[143] *La Nación*, 26 de marzo de 1946.

sudamericano conquistaba una posición superior y ponía en serias dificultades a su fuerte rival. Michel ½:½ Pilnik;

Abrió el juego con 1.P4R el maestro alemán, y el campeón argentino le respondió de igual forma, planteándose una Apertura Ruy López con la Defensa Rubinstein. La lucha fue pareja y sin mayores alternativas, llegándose a la jugada 18 en que ambos maestros convinieron el empate. El puntero Najdorf derrotó a Souza Mendes en una partida que inició con P4D, y que las negras defendieron con el Sistema Ortodoxo. En la parte media atacó con energía el vencedor, y se adjudicó el triunfo en buena forma. El alemán Reinhardt, planteando una Apertura de PD, le ganó a García Vera, quien optó por la Defensa Balogh, consistente en la inmediata salida del AD a 4A. La lucha resultó favorable para las blancas, y luego de algunas maniobras lucidas conquistó Reinhardt el triunfo en la jugada 48ª. Letelier 1:0 Corte; el ajedrecista chileno jugó una Apertura Anderssen, nombre que se da a la antigua jugada 1.P3TD. Las acciones se mantuvieron equilibradas hasta promediar el juego, donde las blancas forzaron una ruptura central, para entrar con sus torres en la 7ª línea y ganar finalmente la partida cuando se habían realizado 38 movimientos. Ståhlberg ½:½ Roças, PD que el brasileño respondió con la Defensa Nimzowitsch.

Este cotejo resultó muy atractivo y sumamente reñido. En la parte final de la sesión de la tarde Roças consiguió sacar provecho de la situación desguarnecida del rey de las blancas, entrando decididamente con una de sus torres en campo enemigo y obteniendo un juego superior.[144]

▋ Descartada ya la expectativa por el primer puesto, el interés principal del concurso se basa en la segunda colocación, por la cual compiten el alemán Michel, con 8 puntos, y el sueco Ståhlberg y el uruguayo Hounie Fleurquin, con 7½ y una suspendida. La reunión de hoy se caracterizó por la complicación de las partidas, cinco de las cuales quedaron suspendidas para la sesión de la tarde, sin que se produjeran encuentros calificados, salvo el que promete derivar del encuentro entre Ståhlberg y Roças, quien tiene posibilidades de adjudicarse el triunfo. Los resultados fueron: Letelier 1:0 Corte; Reinhardt 1:0 García Vera; Michel ½:½ Pilnik; Najdorf 1:0 Souza Mendes. Suspendidas: Fleurquin – Maderna; Sanguinetti – Iliesco; Bolbochán – Bauzá; Maccioni – Luckis; Ståhlberg – Roças. Najdorf 10½; Ståhlberg y Michel 8; Jacobo Bolbochán y Hounie Fleurquin 7½.[145]

Bolbochán, Jacobo – Bauzá, Lorenzo [B54]
Torneo Internacional de Mar del Plata (13), 1946

1.e4 c5 2.Cf3 d6 3.d4 cxd4 4.Cxd4 Cf6 5.f3 g6 6.c4 Ag7 7.Cc3 0–0 8.Ae3 b6 9.Ae2 Ab7 10.0–0 Cbd7 11.Dd2 Te8 12.Tfd1 Ce5 13.Tac1 Tc8 14.b3 Cfd7 15.Cd5 Cc5 16.De1 Cc6 17.Cb5 Dd7 18.Dh4 Aa6 19.Ag5 Ce6 20.f4 Axb5 21.cxb5 Ccd4 22.Ac4 Cxg5 23.Dxg5 Rh8 24.a4 Tc5 25.b4 Tcc8 26.Ad3 e6 27.Cf6 h6 28.Cxd7 hxg5 29.fxg5 Cb3 30.Tc6 Ad4+ 31.Rf1 Ae3 32.Txd6 Axg5 33.g3 Ae7 34.Tc6 Axb4 35.Ae2 Rg7 36.Rg2 Ac5 37.Cxc5 Cxc5 38.e5 Txc6 39.bxc6 Tc8 40.Af3 Cxa4 41.Td7 a6 42.h4 Cc5 43.Td1 f6 44.exf6+ Rxf6 45.Tb1 b5 46.Tc1 Cd3 47.Ta1 Cb4 48.g4 Cxc6 49.Txa6 Ce5 50.Ad5 Tc2+ 51.Rg1 Tc1+ 52.Rg2 Cxg4 53.Axe6 Ce3+ 54.Rf3 Cf5 55.Ad7+ Rg7 56.Axf5 Tf1+ 57.Rg4 Txf5 58.Tb6 Tc5 59.Tb7+ Rh6 60.Rf3 Tc3+ 61.Rg4 Tb3 62.Rf4 Tb1 63.Rg4 b4 64.Rf4 b3 65.Rf3 b2 66.Rg2 Rh5 67.Tb4 ½–½

Hounie Fleurquin, Carlos – Maderna, Carlos Hugo [C77]
Torneo Internacional de Mar del Plata (13), 1946

1.e4 e5 2.Cf3 Cc6 3.Ab5 a6 4.Aa4 Cf6 5.De2 Ac5 6.c3 b5 7.Ab3 d6 8.0–0 Ag4 9.d3 De7 10.Ag5 Cd8 11.a4 Tb8 12.axb5 axb5 13.Cbd2 h6 14.Ae3 Axe3 15.Dxe3 0–0 16.d4 Ch5 17.h3 Ac8 18.Rh2

---
[144] En una posición muy superior, Roças se equivocó en la 46ª, y tablas en la 57ª. *La Prensa*, 26 de marzo de 1946.
[145] *El Mundo*, 26 de marzo de 1946.

Cf4 19.Cg1 g5 20.g3 Cg6 21.Cdf3 Rg7 22.Ce2 Ae6 23.d5 Ac8 24.Ta7 f5 25.exf5 Axf5 26.g4 Ac8 27.Ac2 Tf6 28.Cg3 Cf4 29.Cd4 Rf8 30.Cdf5 Axf5 31.Cxf5 Df7 32.Ab3 h5 33.f3 Txf5 34.gxf5 Dxf5 35.Df2 Dxh3+ 36.Rg1 Df5 37.Dc2 Dxc2 38.Axc2 Cxd5 39.Ab3 Cc6 40.Ta6 Cce7 41.Tfa1 Re8 42.Ta8 Txa8 43.Txa8+ Rd7 44.Tb8 c6 45.Th8 Cf4 46.Af7 g4 47.Ae8+ Re6 48.Th6+ Rd5 49.Af7+ Rc5 50.b4+ Rb6 51.fxg4 hxg4 52.Txd6 e4 53.Tf6 Ce2+ 54.Rg2 Cxc3 55.Rg3 Ced5 56.Axd5 Cxd5 57.Te6 Cxb4 58.Txe4 Cd5 59.Rf2 g3+ 60.Re1 g2 61.Tg4 Ce3 62.Rd2 Cc4+ 63.Rd3 Ce5+ 0–1

Letelier Martner, René – Corte, César Juan [A00]
Torneo Internacional de Mar del Plata (13), 1946

1.a3 d5 2.d4 Cf6 3.Cf3 Af5 4.c4 c6 5.Db3 Db6 6.Dxb6 axb6 7.cxd5 cxd5 8.Cc3 Cc6 9.Cb5 Rd7 10.Af4 e6 11.Tc1 Tc8 12.e3 Ce4 13.Ce5+ Cxe5 14.Txc8 Ab4+ 15.Tc3 Axc3+ 16.bxc3 Cg6 17.f3 Cf6 18.Ac7 Rc6 19.Rd2 h5 20.Ae2 Tc8 21.Ag3 Ta8 22.Cc7 Ta5 23.a4 Rd7 24.Ab5+ Rd8 25.h4 Cd7 26.c4 Ce7 27.Tc1 f6 28.cxd5 exd5 29.Ad6 Cc6 30.Cxd5 Ca7 31.Ac7+ Re8 32.Axb6 Txb5 33.axb5 Cxb5 34.Aa5 Rf7 35.Cc7 Cxc7 36.Txc7 Re6 37.e4 Ah7 38.Ab4 Cb6 1–0

Maccioni Seisdedos, Alejandro – Luckis, Marcos [E19]
Torneo Internacional de Mar del Plata (13), 1946

1.d4 Cf6 2.c4 e6 3.Cf3 b6 4.g3 Ab7 5.Ag2 Ae7 6.0–0 0–0 7.Cc3 Ce4 8.Dc2 Cxc3 9.Dxc3 Ae4 10.Ce1 Axg2 11.Cxg2 c6 12.d5 cxd5 13.cxd5 Ca6 14.Af4 Tc8 15.Dd2 Cc5 16.Tac1 Af6 17.f3 e5 18.Ae3 d6 19.b4 Ca6 20.a3 Dd7 21.Dd3 b5 22.Txc8 Txc8 23.Tc1 Txc1+ 24.Axc1 Ad8 25.e4 Cc7 26.Dc3 Rf8 27.Ae3 Ca8 28.Af2 g6 29.f4 f6 30.Ce3 Ab6 31.fxe5 fxe5 32.Cf1 Re7 33.Cd2 Axf2+ 34.Rxf2 Cb6 35.Rg2 Rd8 36.Dc2 Dg4 37.Rf2 Dh3 38.Rg1 Dh5 39.Cf1 Cc4 40.a4 Df3 41.Da2 Dxe4 42.Df2 Dd4 43.a5 Re7 44.h3 a6 45.g4 Cb2 46.Ce3 Cd3 47.Dh4+ Re8 48.Dxh7 Dxe3+ 49.Rh2 Df2+ 50.Rh1 Df3+ 51.Rh2 Df4+ 52.Rh1 Df7 53.Dh8+ Re7 54.Dc8 Dxd5+ 55.Rh2 Ce1 56.Dc7+ Rf8 57.Db8+ Rg7 58.Da7+ Df7 0–1

Michel, Paul – Pilnik, Herman [C61]
Torneo Internacional de Mar del Plata (13), 1946

1.e4 e5 2.Cf3 Cc6 3.Ab5 Cd4 4.Cxd4 exd4 5.0–0 Ce7 6.d3 c6 7.Ac4 d5 8.exd5 Cxd5 9.Te1+ Ae6 10.Cd2 Ae7 11.Cf3 Af6 12.Te4 Db6 13.Ag5 0–0 14.Axf6 Cxf6 15.Txd4 Axc4 16.Txc4 Dxb2 17.Db1 Dxb1+ 18.Txb1 ½–½

Najdorf, Miguel – Souza Mendes, João de [D66]
Torneo Internacional de Mar del Plata (13), 1946 *[Juan S. Morgado]*

1.d4 d5 2.c4 e6 3.Cc3 Cf6 4.Ag5 Ae7 5.e3 h6 6.Ah4 0–0 7.Cf3 Cbd7 8.Tc1 c6 9.Ad3 dxc4 10.Axc4 b5 11.Ad3 a6 12.0–0 c5 13.a4 bxa4 14.Cxa4 cxd4 15.Cxd4 Ce5 16.Ab1 Ab7 17.Cc5 Ad5 18.Dc2 Te8?? [18...Ceg4!?; 18...g5 19.Ag3 Tc8 20.Cdxe6 Axe6 21.Cxe6 fxe6 22.Dxc8 Dxc8 23.Txc8 Txc8 24.Axe5 Cd7 25.Ac3→] **19.Axf6+– Axf6 20.Tfd1...** [20.Dh7+ Rf8 21.e4+–] **20...Cd7** [20...g6 21.e4±] **21.Dh7+ Rf8 22.Cf5 g6 23.Cxh6 Ag7 24.Dg8+ 1–0**

Reinhardt, Enrique – García Vera, Romeo [D00]
Torneo Internacional de Mar del Plata (13), 1946

1.d4 d5 2.Cc3 Af5 3.f3 Cf6 4.Ag5 Cbd7 5.Dd2 e6 6.e3 Ae7 7.0–0–0 c6 8.g4 Ag6 9.Af4 Da5 10.h4 h6 11.Rb1 0–0–0 12.Cb5 Db6 13.Ac7 Da6 14.Cd6+ Rxc7 15.Axa6 bxa6 16.h5 Axc2+ 17.Dxc2 Axd6 18.Tc1 c5 19.Ce2 c4 20.e4 Ae7 21.e5 Ce8 22.Ra1 Cb6 23.f4 Rd7 24.Tcf1 Cc7 25.f5 Thf8 26.f6 gxf6 27.exf6 Ad6 28.Dh7 Ca4 29.b3 cxb3 30.axb3 Cb6 31.Dxh6 a5 32.g5 Th8 33.Dg7 Tdf8 34.g6 a4 35.h6 axb3 36.h7 Cc4 37.Dxh8 Txh8 38.g7 b2+ 39.Ra2 Tb8 40.g8D Tb6 41.Dxf7+ Rc6 42.Dxc7+ Axc7 43.h8D Ta6+ 44.Rb3 Ta3+ 45.Rc2 Ce3+ 46.Rxb2 Cc4+ 47.Rb1 Cd2+ 48.Rc1 1–0

Sanguinetti, Renato – Iliesco, Juan Traian [E85]
Torneo Internacional de Mar del Plata (13), 1946

1.d4 Cf6 2.c4 g6 3.Cc3 Ag7 4.e4 d6 5.f3 0–0 6.Ae3 e5 7.Cge2 Cc6 8.d5 Ce7 9.Dd2 Cd7 10.g4 f5 11.gxf5 gxf5 12.0–0–0 f4 13.Af2 Cf6 14.Rb1 b6 15.Cc1 Cg6 16.Ae2 Rh8 17.Tdg1 Ch5 18.Cd3 Af6 19.Ce1 Ad7 20.Cc2 Tg8 21.Cd1 De7 22.Ae1 Ch4 23.Cf2 Cg2 24.Cg4 Cxe1 25.Cxe1 Ag5 26.Ad1 Cf6 27.Cf2 Ah4 28.Ced3 Df7 29.De2 Tg6 30.Txg6 Dxg6 31.Df1 Tg8 32.Ce1 a5 33.Cfd3 Tg7 34.a3 Dg5 35.De2 Axe1 36.Cxe1 Dh4 37.b4 axb4 38.axb4 h6 39.Db2 Ah3 40.c5 bxc5 41.bxc5 Cd7 42.Cd3 De7 43.c6 Cb6 44.Ae2 Rh7 45.Dc1 Dg5 46.De1 Tg8 47.Af1 Axf1 48.Txf1 Cc4 49.Tf2 Tb8+ 50.Rc2 Dg8 51.Rc3 Ce3 52.Ta2 Tb6 53.Da1 Cxd5+ 54.exd5 Dxd5 55.Tb2 Dxc6+ 56.Rd2 Dxf3 57.Db1 e4 58.Ce1 De3+ 59.Rd1 f3 60.Td2 d5 61.Da2 f2 0–1

Ståhlberg, Gideon – Roças, Orlando [E21]
Torneo Internacional de Mar del Plata (13), 1946

1.d4 Cf6 2.c4 e6 3.Cc3 Ab4 4.Cf3 b6 5.Db3 De7 6.g3 Ab7 7.Ag2 0–0 8.0–0 Axc3 9.Dxc3 d6 10.b3 Cbd7 11.Ab2 Ce4 12.Dc2 f5 13.Tad1 a5 14.d5 Cdc5 15.dxe6 Cxe6 16.Cd4 Cxd4 17.Txd4 Tae8 18.e3 Tf7 19.a3 Dd8 20.Tdd1 Da8 21.Ac1 h6 22.b4 Te6 23.f3 Cg5 24.Df2 Tg6 25.h4 Ch7 26.Ah3 Cf8 27.Rh2 Cd7 28.f4 Ae4 29.Ab2 Cf6 30.Axf6 Tgxf6 31.g4 fxg4 32.Axg4 Te7 33.Tg1 axb4 34.axb4 Da3 35.b5 Tf8 36.Dd2 Dc5 37.Dc3 Ta8 38.Ae6+ Rh7 39.f5 Ta2+ 40.Rg3 Ta3 41.Dd4 Txe3+ 42.Rf2 Tf3+ 43.Re2 Tf4 44.Dxc5 bxc5 45.Tdf1 Txh4 46.Rd2 g5 47.fxg6+ Axg6 48.Tf6 Ae4 49.Ag8+ Rh8 50.Tf8 Th2+ 51.Rc1 Tc2+ 52.Rd1 Th2 53.Tc8 Ac2+ 54.Rc1 Ae4 55.Ad5+ Rh7 56.Ag8+ Rh8 ½–½

Jugóse Otra Rueda del Torneo de Ajedrez de Mar del Plata

Michel, Ståhlberg y Hounie Fleurquin luchan por el 2° lugar.
El Mundo, 26 de marzo de 1946

14ª ronda, 26 de marzo

■ Najdorf se anotó una nueva victoria, y con ella se mantiene a la vanguardia de los competidores, con 11½ puntos. Por su parte Ståhlberg, al ganar su partida con Hounie Fleurquin, ha quedado en el segundo puesto, por cuanto Michel hizo tablas con Guimard. Najdorf le ganó a Maccioni, luego de una larga combinación que creó serias dificultades a la defensa. En la jugada 25ª ganó una pieza, y el doctor Maccioni abandonó en la 29ª. Hounie Fleurquin – Ståhlberg fue una Defensa Francesa. Las blancas se lanzaron a un ataque sobre el enroque negro, habiendo enrocado, a su vez, en el ala dama. La partida tuvo momentos de verdadera incertidumbre, pero el maestro Ståhlberg había considerado bien las posibilidades de defensa, y salió airoso de las dificultades, atacando por su parte, e imponiéndose en la jugada 35ª. La Dirección del Piso de Deportes ha donado un premio especial para adjudicarse a la partida más brillante.[146]

■ Las partidas de la ronda no hicieron sino consolidar la posición del polaco Mendel Najdorf como probable ganador del concurso, y afirmar el puntaje de Ståhlberg y Michel para los puestos siguientes. Mañana a las 21.30 los maestros Ståhlberg y Maderna jugarán una serie de 30 partidas simultáneas en el Palacio Municipal de esta ciudad. Los resultados fueron: Guimard ½:½ Michel; Pilnik 1:0 Luckis; Bolbochán 1:0 Corte; Najdorf 1:0 Maccioni; Fleurquin 0:1 Ståhlberg; Maderna 0:1 Iliesco; Roças 0:1 Reinhardt.[147]

■ El maestro polaco Miguel Najdorf, ganador de los cuatro torneos internacionales efectuados en esta ciudad en los años 1942, 1943, 1944 y 1945, parece estar ya a punto de repetir tan extraordinaria hazaña, pues en el torneo actualmente en disputa lleva apreciable ventaja sobre sus más cercanos competidores, y resulta ahora poco menos que imposible alcanzarlo en la colocación final. Una nueva victoria conquistó Najdorf, que esta vez tuvo como rival al chileno Maccioni, a quien derrotó en una partida de PD, Defensa India de Dama. El uruguayo Hounie Fleurquin jugó una apertura de PR, a lo que Ståhlberg contestó con la Defensa Francesa.

Las blancas adoptaron el ataque favorito del gran ajedrecista uruguayo Félix Berasain, y la lucha resultó reñida y complicada, pero en definitiva consiguió el maestro sueco inclinar la balanza a su favor y vencer en la jugada 35ª. Una buena victoria conquistó hoy el campeón argentino, Pilnik, frente al lituano Luckis. Se jugó una Defensa Caro–Kann que el vencedor finalizó en excelente estilo. Najdorf 11½; Ståhlberg 9; Michel y Jacobo Bolbochán 8½.[148]

---

[146] *La Nación*, 27 de marzo de 1946.
[147] *El Mundo*, 27 de marzo de 1946.
[148] *La Prensa*, 28 de marzo de 1946.

Bauzá, Lorenzo – Letelier Martner, René [D33]
Torneo Internacional de Mar del Plata (14), 1946

1.Cf3 d5 2.c4 e6 3.g3 c5 4.cxd5 exd5 5.d4 Cc6 6.Ag2 c4 7.0–0 Ab4 8.Cc3 Cge7 9.a3 Aa5 10.b4 cxb3 11.Dxb3 0–0 12.Ab2 Ab6 13.e3 Ca5 14.Da2 Ae6 15.Ce5 Tc8 16.Tac1 f6 17.Cd3 Cc4 18.Cf4 Af7 19.Ca4 Ac7 20.Ah3 Axf4 21.Axc8 Dxc8 22.exf4 Dh3 23.Ac3 Ah5 24.f3 Ce3 25.Tf2 C7f5 26.g4 Axg4 27.fxg4 Dxg4+ 28.Rh1 Tc8 29.De2 Dh3 30.Tf3 Dh5 31.Te1 Te8 32.Df2 Cg4 33.Txe8+ Dxe8 34.De1 Cge3 35.Cc5 b6 36.Cd3 De4 37.De2 Cc4 38.Cc1 Cce3 39.Ad2 Cc4 40.Dxe4 dxe4 41.Tf2 e3 42.Axe3 Cfxe3 43.Tf3 Rf7

44.Rg1 Re6 45.Rf2 Cc2 46.f5+ Re7 47.a4 Cb2 48.Cb3 Cxa4 49.Th3 Cb4 50.Txh7 Rf7 51.Th8 Cd5 52.Td8 Cac3 53.Td7+ Ce7 54.Txa7 Re8 55.Re3 Cxf5+ 56.Rd3 Cd5 57.Rc4 Cfe7 58.Cd2 g5 59.Ce4 Rf7 60.Cc3 Cxc3 61.Rxc3 Re6 62.Rc4 Cc8 63.Ta6 Cd6+ 64.Rd3 b5 65.Tc6 Rd5 66.Tc5+ Re6 67.h3 f5 68.Te5+ Rf6 69.Rc3 Ce4+ 70.Rb4 Cf2 71.Te3 f4 72.Te2 Cxh3 73.d5 f3 74.Td2 f2 75.Td1 g4 0–1

Bolbochán, Jacobo – Corte, César Juan [A47]
Torneo Internacional de Mar del Plata (14), 1946

1.d4 Cf6 2.Cf3 b6 3.Ag5 Ab7 4.Cbd2 c5 5.e3 Cc6 6.c3 e6 7.Cc4 b5 8.Cce5 c4 9.Cxc6 Axc6 10.Ae2 Ae7 11.0–0 h6 12.Ah4 g5 13.Ag3 h5 14.Ae5 d6 15.Axf6 Axf6 16.b3 d5 17.Ce5 Axe5 18.dxe5 Dc7 19.Dd4 Db6 20.f4 Dxd4 21.exd4 g4 22.a4 a6 23.axb5 axb5 24.Txa8+ Axa8 25.Ta1 Ac6 26.Ta6 Rd7 27.Ta7+ Re8 28.b4 Rf8 29.Tc7 Ae8 30.Ad1 Tg8 31.Rf2 Tg7 32.f5 f6 33.Txg7 Rxg7 34.exf6+ Rxf6 35.fxe6 Ag6 36.Re3 Rxe6 37.Rf4 Rf6 38.h3 gxh3 39.gxh3 Ae8 40.Af3 Af7 41.h4 Re6 42.Rg5 Ac8 43.Ag2 Af7 44.Ah3+ Rd6 45.Rf6 Ac8 46.Af5 1–0

Guimard, Carlos Enrique – Michel, Paul [D04]
Torneo Internacional de Mar del Plata (14), 1946

1.d4 d5 2.Cf3 Cf6 3.e3 c5 4.dxc5 e6 5.Cbd2 Axc5 6.a3 0–0 7.c4 a6 8.b4 Ae7 9.Ab2 dxc4 10.Cxc4 Cc6 11.Dc2 Cd5 12.Ae2 b5 13.Cce5 Cxe5 14.Cxe5 Ab7 15.0–0 Tc8 16.Db3 Cb6 ½–½

Hounie Fleurquin, Carlos – Ståhlberg, Gideon [C13]
Torneo Internacional de Mar del Plata (14), 1946

1.e4 e6 2.d4 d5 3.Cc3 Cf6 4.Ag5 Ae7 5.Axf6 Axf6 6.Cf3 0–0 7.e5 Ae7 8.Ad3 c5 9.dxc5 Cd7 10.h4 f5 11.exf6 Cxf6 12.De2 Axc5 13.0–0–0 Ad7 14.Ce5 Tc8 15.g4 Ae8 16.f4 Db6 17.Tde1 Af2 18.f5 Axe1 19.Txe1 d4 20.Cd1 exf5 21.Axf5 Ab5 22.Df3 Da5 23.Db3+ Rh8 24.Axc8 Dxe1 25.Cf7+ Txf7 26.Dxf7 Ae2 27.b3 Dxd1+ 28.Rb2 Axg4 29.Df8+ Cg8 30.Axb7 De1 31.Dd8 Dc3+ 32.Ra3 Dc5+ 33.Rb2 Af5 34.Ad5 Dxc2+ 35.Ra3 Dc8 0–1

Maderna, Carlos Hugo – Iliesco, Juan Traian [E67]
Torneo Internacional de Mar del Plata (14), 1946

1.d4 Cf6 2.c4 g6 3.g3 Ag7 4.Ag2 0–0 5.Cc3 d6 6.Cf3 Cbd7 7.h3 e5 8.Ae3 Te8 9.0–0 h6 10.Db3 De7 11.Tfd1 c6 12.dxe5 dxe5 13.Cd2 Cf8 14.Cde4 Cxe4 15.Cxe4 Ce6 16.Cd6 Tf8 17.Td3 Cd4

18.Cxc8 Taxc8 19.Dd1 Tcd8 20.Dd2 e4 21.Axd4 exd3 22.Axg7 Rxg7 23.exd3 Df6 24.Td1 Dd4 25.b4 Tfe8 26.a4 Te7 27.b5 Td6 28.Af3 cxb5 29.axb5 a6 30.bxa6 Txa6 31.Rg2 Tb6 32.Te1 Txe1 33.Dxe1 Dxd3 34.Da1+ Rh7 35.Ad5 Df5 36.Dd4 Td6 37.Dc5 Td7 38.Db6 De5 39.Axb7 Db8 0–1

Najdorf, Miguel – Maccioni Seisdedos, Alejandro [E17]
Torneo Internacional de Mar del Plata (14), 1946 *[Juan S. Morgado]*

1.d4 Cf6 2.Cf3 b6 3.c4 e6 4.g3 Ab7 5.Ag2 Ae7 6.0–0 0–0 7.Dc2 Ae4 8.Da4 Ac6 9.Db3 d5 10.Cc3 dxc4 11.Dxc4 Ab7 12.Td1 Dc8 13.Ag5 Cbd7 14.Tac1 h6 15.Af4 c5 16.Dd3 Cd5?! [16... Td8=] **17.Cxd5 exd5 18.dxc5 bxc5 19.Cd4→ Cf6 20.Cf5 Dd8?** [20...Te8 21.Ae5→] **21.e4+– d4 22.Db5 Axe4 23.Axe4 Cxe4 24.Db7 Te8 25.Dxe4 Ad6 26.Df3 Axf4 27.Dxf4 Dd5 28.b4 g6 29.Txc5 1–0**

Pilnik, Herman – Luckis, Marcos [B19]
Torneo Internacional de Mar del Plata (14), 1946

1.e4 c6 2.d4 d5 3.Cc3 dxe4 4.Cxe4 Af5 5.Cg3 Ag6 6.Cf3 Cd7 7.h4 h6 8.h5 Ah7 9.Af4 Da5+ 10.c3 Cgf6 11.Ad3 Axd3 12.Dxd3 e6 13.Ad2 0–0–0 14.De2 Dc7 15.0–0–0 c5 16.Rb1 Ad6 17.Ce4 Cxe4 18.Dxe4 Cf6 19.De2 Rb8 20.c4 a6 21.Ac3 Ra8 22.Ce5 cxd4 23.Axd4 Axe5 24.Axe5 Dc6 25.g3 Txd1+ 26.Txd1 Tc8 27.b3 Cxh5 28.Td6 Dh1+ 29.Rb2 f6 30.Ad4 e5 31.Dg4 Tb8 32.Ae3 f5 33.Dxf5 Cf6 34.De6 b6 35.Axb6 1–0

Roças, Orlando – Reinhardt, Enrique [A03]
Torneo Internacional de Mar del Plata (14), 1946

1.f4 d5 2.Cf3 Cf6 3.e3 g6 4.d4 Ag7 5.Ad3 0–0 6.Cbd2 c5 7.c3 b6 8.Ce5 Dc7 9.0–0 Ab7 10.Df3 Cc6 11.Dh3 Tad8 12.Cdf3 Ac8 13.Dh4 Cxe5 14.fxe5 Ce8 15.Cg5 h6 16.Cf3 Dd7 17.h3 f5 18.exf6 Txf6 19.Ad2 g5 20.Dh5 Cd6 21.Ce5 De8 22.Ag6 Df8 23.Txf6 exf6 24.Tf1 f5 25.Ae1 Axe5 26.dxe5 Cc4 27.h4 Cxe5 28.hxg5 Td6 29.Ae8 Te6 30.Ab5 hxg5 31.Ag3 Df6 32.Ae2 Ad7 33.Td1 Ae8 34.Dh2 Ac6 35.Dh5 Rg7 36.Dh2 Cg6 37.Af3 Txe3 38.Ab8 f4 39.Dh3 Dd8 40.Df5 Dxb8 41.Ah5 De8 0–1

Najdorf sigue ganando. *La Nación*, 27 de marzo de 1946

Souza Mendes, João de – Sanguinetti, Renato [D44]
Torneo Internacional de Mar del Plata (14), 1946

1.d4 d5 2.c4 e6 3.Cc3 c6 4.Cf3 Cf6 5.Ag5 dxc4 6.a4 Ab4 7.Dc2 Cbd7 8.e4 Da5 9.Ad2 e5 10.Axc4 0–0 11.Ae2 Te8 12.dxe5 Cxe5 13.Cxe5 Dxe5 14.f3 Dc5 15.Dd3 Ae6 16.Ae3 Da5 17.0–0 Tad8 18.Dc2 Ac5 19.Axc5 Dxc5+ 20.Rh1 Td4 21.Tad1 Ted8 22.Txd4 Txd4 23.Td1 Cd7 24.Txd4 Dxd4 25.Dd1 Dxd1+ 26.Axd1 a5 27.Rg1 Cc5 28.Ac2 g5 29.Rf2 Rf8 30.Re3 Re7 31.g3 h6 32.f4 f6 33.Rd4 b6 34.e5 fxe5+ 35.fxe5 Ab3 36.Axb3 Cxb3+ 37.Re4 Re6 38.Rf3 Rxe5 39.Rg4 Rf6 40.Rh5 Rg7 41.Ce4 b5 42.axb5 cxb5 43.Cd6 b4 44.Cf5+ Rh7 45.Ce3 Cc5 46.h4 gxh4 47.gxh4 Cd3 48.b3 Cc5 49.Cd5 Cxb3 50.Ce7 Cd4 51.Cd5 Cb5 0–1

15ª ronda, 27 de marzo

■ El maestro polaco Miguel Najdorf se mantiene firme en su privilegiada situación de puntero, y van resultando cada vez más lejanas las posibilidades de alcanzarlo para sus adversarios, pero el interés por las ruedas finales nada ha decaído, por el hecho de que varios maestros luchan en forma reñida por los puestos inmediatos. Las autoridades de este certamen anunciaron hoy que se había instituido una copa artística para premiar la partida más brillante. Tal trofeo ha sido donado por la dirección del Piso de Deportes del Casino. Asimismo, la firma Fava Hermanos donó una medalla de oro para ser adjudicada al jugador argentino que obtenga mejor clasificación final. Najdorf derrotó hoy al chileno Letelier, el que comenzó el juego con PR. Adoptaron las negras la Defensa Siciliana con la variante denominada Paulsen, y en la parte media asumió el polaco la iniciativa y conquistó el triunfo en la jugada 40ª, por lo que mantiene una ventaja de 2½ puntos sobre Ståhlberg.[149]

El polaco *Mendel* Najdorf se consolida.
El Mundo, 27 de marzo de 1946

Corte, César Juan – Bauzá, Lorenzo [B04]
Torneo Internacional de Mar del Plata (15), 1946

1.e4 Cf6 2.e5 Cd5 3.d4 d6 4.Cf3 g6 5.c4 Cb6 6.Cc3 Ag4 7.exd6 cxd6 8.Ae2 Ag7 9.Ae3 0–0 10.0–0 Cc6 11.b3 e5 12.d5 Ce7 13.Tc1 h6 14.Ce1 Axe2 15.Dxe2 f5 16.f3 Dd7 17.Cc2 Tae8 18.Cb5 Cbc8 19.b4 a6 20.Cc3 g5 21.c5 Cg6 22.Dc4 Rh7 23.c6 Dc7 24.b5 a5 25.b6 Cxb6 26.Db3 Cxd5

[149] *La Prensa*, 28 de marzo de 1946.

27.Cxd5 Dxc6 28.Ca3 a4 29.Db5 Dxb5 30.Cxb5 e4 31.Cbc7 f4 32.Cxe8 Txe8 33.Tc7 Rg8 34.Ab6 e3 35.Tfc1 Ce5 36.Tc8 Rf7 37.T1c7+ Re6 1–0

García Vera, Romeo – Guimard, Carlos Enrique [D61]
Torneo Internacional de Mar del Plata (15), 1946

1.d4 e6 2.c4 Cf6 3.Cc3 d5 4.Ag5 Cbd7 5.e3 Ae7 6.Cf3 0–0 7.Dc2 h6 8.Ah4 c6 9.Td1 a6 10.a3 Te8 11.h3 b5 12.cxd5 cxd5 13.Ad3 Ab7 14.0–0 Tc8 15.Db1 Cb6 16.Ce5 Cc4 17.Cxc4 dxc4 18.Axf6 Axf6 19.Ae4 Axe4 20.Dxe4 Db6 21.f4 a5 22.Df3 b4 23.axb4 axb4 24.Ce4 Ae7 25.f5 exf5 26.Dxf5 De6 27.Dxe6 fxe6 28.Tc1 Tc7 29.Rf2 Ta8 30.Tc2 b3 31.Te2 Tf8+ 32.Rg1 Txf1+ 33.Rxf1 Ab4 34.Cd2 Tf7+ 35.Rg1 Axd2 36.Txd2 Ta7 37.Td1 c3 38.bxc3 b2 0–1

Iliesco, Juan Traian – Souza Mendes, João de [D78]
Torneo Internacional de Mar del Plata (15), 1946

1.Cf3 Cf6 2.g3 g6 3.Ag2 Ag7 4.0–0 0–0 5.d4 d5 6.c4 c6 7.Ce5 Ae6 8.cxd5 Cxd5 9.Cf3 Cb6 10.Cc3 Ca6 11.Af4 h6 12.Ae5 Cd7 13.Axg7 Rxg7 14.e4 Db6 15.b3 Tad8 16.Dc1 Ag4 17.Db2 Rh7 18.Ca4 Da5 19.h3 Ae6 20.Tad1 Cf6 21.Tfe1 Tfe8 22.Cc3 Dc7 23.Td2 Dc8 24.Rh2 Cc7 25.Ce5 Cd7 26.Cc4 Axc4 27.bxc4 Cb6 28.Db3 Ce6 29.c5 Cd7 30.Ted1 Cf6 31.Ca4 Rg7 32.Dc3 Cc7 33.d5 Cb5 34.Db2 Rh7 35.Db3 Rg8 36.e5 Ch5 37.f4 Dc7 38.d6 exd6 39.cxd6 Da5 40.Cc5 Db6 41.e6 1–0

Letelier Martner, René – Najdorf, Miguel [B85]
Torneo Internacional de Mar del Plata (15), 1946 *[Juan S. Morgado]*

1.e4 c5 2.Cf3 Cc6 3.d4 cxd4 4.Cxd4 Cf6 5.Cc3 d6 6.Ae2 e6 7.Ae3 a6 8.0–0 Ae7 9.f4 Dc7 10.De1 0–0 11.Td1 Ad7 12.g4 Cxd4 13.Axd4 Ac6 14.Af3 e5 15.Ae3 exf4 16.Axf4 Db6+ 17.De3 Dxb2 18.Axd6?!... [a) 18.g5 Cd7 19.Cd5 Axd5 20.exd5 Tfe8 21.Db3 Dxb3 22.axb3 Af8→; b) 18.Cd5 Axd5 19.exd5 Tfe8 20.Db3 Dxb3 21.cxb3 Cd7 oo] **18...Axd6 19.Txd6 Tae8 20.Dd4...** [20.g5 Cd7 21.Tdd1 Ce5 22.Dc5 b6 23.Dd4 Cxf3+ 24.Txf3 b5→] **20...Tc8** [20...Dxc2 21.h4 Cd7 22.Ad1 Db2 23.Ab3 Ce5 24.g5 Rh8→] **21.Ce2 Da3** [21...Dxa2 22.Txf6 gxf6 23.Cf4 Tfd8 24.Dxf6 Dc4 25.Tf2 Dd4 26.e5 Axf3 27.Dg5≠] **22.Txf6?...** [22.Cg3 Ab5∓] **Tcd8∓ 23.Df2 gxf6 24.Cg3 Dc3–+ 25.Cf5 Ad7** [25...Tfe8–+] **26.Ce7+ Rh8 27.Cd5 De5 28.Ag2 Ae6 29.Dxf6+ Dxf6 30.Txf6 Axg4 31.Tb6 Td7 32.e5 Tc8 33.Cf6 Td1+ 34.Rf2 Txc2+ 35.Rg3 Tg1 36.Rxg4 Tgxg2+ 37.Rf5 Tgf2+ 38.Re4 Tb2 39.Td6 Tfd2 40.Cd5 Txa2 41.Td8+ Rg7 0–1**

Luckis, Marcos – Bolbochán, Jacobo [C99]
Torneo Internacional de Mar del Plata (15), 1946

1.e4 e5 2.Cf3 Cc6 3.Ab5 a6 4.Aa4 Cf6 5.0–0 Ae7 6.Te1 b5 7.Ab3 d6 8.c3 0–0 9.h3 Ca5 10.Ac2 c5 11.d4 Dc7 12.Cbd2 cxd4 13.cxd4 Cc6 14.Cb3 a5 15.Ae3 a4 16.Cbd2 Cb4 17.Ab1 Ad7 18.a3 Cc6 19.Ad3 Ca5 20.Tc1 Db8 21.De2 Te8 22.Tc2 Ad8 23.dxe5 dxe5 24.Ac5 Ch5 25.De3 Cf4 26.Af1 Ta6 27.Cb1 Tg6 28.Rh2 Cc4 29.Dc1 Tc6 30.Ae3 Cxe3 31.fxe3 Txc2 32.Dxc2 Cg6 33.Cc3 Aa5 34.Td1 Dc7 35.Txd7 Dxd7 36.Axb5 Dc8 37.Axe8 Dxe8 38.Dxa4 Dd8 39.Cd5 h6 40.b4 Ac7 41.b5 Ad6 42.b6 f5 43.Dc4 Rh8 44.a4 f4 45.a5 Ch4 46.Cxh4 1–0

Maccioni Seisdedos, Alejandro – Hounie Fleurquin, Carlos [A40]
Torneo Internacional de Mar del Plata (15), 1946

1.d4 c6 2.c4 d6 3.Cc3 Cd7 4.e4 e5 5.Cge2 Cgf6 6.g3 Dc7 7.Ag2 h5 8.h3 Tg8 9.Ae3 g5 10.Dd2 Ch7 11.0-0-0 Ae7 12.Rb1 Cb6 13.b3 Cf8 14.Tdg1 f6 15.f4 Ae6 16.f5 Af7 17.d5 Cfd7 18.Cc1 Rf8 19.Cd3 Rg7 20.Af3 a6 21.De2 Th8 22.Tc1 Cc8 23.Thd1 c5 24.Td2 Ca7 25.Cb2 Da5 26.Df1 b5 27.Ae2 Thb8 28.Dd1 Th8 29.Df1 h4 30.gxh4 Txh4 31.Dg2 Tah8 32.Ag4 T4h7 33.Tdd1 Ah5 34.Axh5 Txh5 35.Th1 Cb6 36.Ccd1 bxc4 37.Ad2 Db5 38.Cxc4 Cxc4 39.Txc4 Cc8 40.Cc3 Db7 41.Ca4 Ad8 42.Ae1 Rf8 43.Tc2 Dh7 44.De2 Db7 45.Dd3 Ca7 46.Cb2 Cb5 47.Tch2 Re8 48.Cc4 Ac7 49.Dg3 Ab8 50.Ca5 Dh7 51.Dd3 Aa7

52.a4 Cc7 53.Dc4 Tg8 54.Cc6 Ab6 55.a5 Cb5 56.Rb2 Ac7 57.De2 Th8 58.h4 Rd7 59.Ag3 Dg8 60.Ae1 T8h7 61.hxg5 Txh2 62.Txh2 Txh2 63.Dxh2 Dxg5 64.Dg3 Dh5 65.Dg2 Dd1 66.Dd2 Df3 67.Dc2 Rc8 68.Ad2 Rb7 69.Ae1 Cd4 70.Cxd4 exd4 71.Ad2 d3 72.Dc4 De2 73.Rc1 Df1+ 74.Rb2 Dd1 75.Dc1 De2 76.De1 Dh2 77.Ra3 De5 78.Ac3 Df4 79.Ad2 Df3 80.Rb2 Dg2 81.Ra3 Ad8 82.De3 Df1 83.De1 Df3 84.Rb2 Dg4 85.Ra3 Dh5 86.Dc1 Dg4 87.De1 Df3 88.Rb2 Ac7 89.Ra2 Dg2 90.Ra3 Dh2 91.Ac3 Ad8 92.Ad2 De5 93.Ac3 De8 94.Dg3 c4 95.b4 Ac7 96.De3 Ad8 97.Dc1 Dxe4 98.Dh6 Dxf5 99.Dg7+ Ac7 0-1

Michel, Paul – Roças, Orlando [B11]
Torneo Internacional de Mar del Plata (15), 1946

1.e4 c6 2.Cc3 d5 3.Cf3 Ag4 4.d4 e6 5.h3 Axf3 6.Dxf3 Cf6 7.exd5 cxd5 8.Cd1 Cc6 9.c3 Da5 10.Ae3 Ae7 11.Ad3 0-0 12.0-0 b5 13.b4 Db6 14.a4 bxa4 15.Cb2 a5 16.Cxa4 Db8 17.b5 Ca7 18.Tfb1 Cc8 19.Af4 Cd6 20.b6 Dd8 21.Cc5 Tb8 22.b7 Cfe8 23.Ab5 Cc7 24.Ac6 Cc4 25.Cd7 g5 26.Cxb8 Dxb8 27.Dg3 Ad8 28.Axg5 Rh8 29.Axd8 Txd8 30.Df4 f5 31.Ta4 Tf8 32.Ad7 1-0

Sanguinetti, Renato – Reinhardt, Enrique [B95]
Torneo Internacional de Mar del Plata (15), 1946

1.e4 c5 2.Cf3 e6 3.d4 cxd4 4.Cxd4 Cf6 5.Cc3 d6 6.Ag5 a6 7.a4 b6 8.f3 Ae7 9.Dd2 Dc7 10.Cb3 Ab7 11.Td1 Cbd7 12.Af4 Ce5 13.Df2 0-0 14.Ae3 Cfd7 15.Ae2 Tac8 16.0-0 Tfd8 17.Rh1 Af8 18.f4 Cc4 19.Ac1 Cf6 20.Ad3 d5 21.exd5 Cxd5 22.Cxd5 Axd5 23.f5 e5 24.f6 g6 25.Dh4 Db7 26.Tg1 Dc6 27.Tdf1 Dxa4 28.Cd2 Cxb2 29.Ce4 Cxd3 30.cxd3 Axe4 31.dxe4 Tc4 32.Ah6 Txe4 33.Dh3 Th4 0-1

Ståhlberg, Gideon – Maderna, Carlos Hugo [A27]
Torneo Internacional de Mar del Plata (15), 1946

1.c4 e5 2.Cc3 Cc6 3.Cf3 g6 4.e3 Ag7 5.d4 d6 6.Ae2 Cge7 7.d5 Cb8 8.b3 Cd7 9.Ab2 a5 10.0-0 0-0 11.a3 Cf5 12.Dc2 b6 13.b4 Ch6 14.Ca4 De7 15.c5 bxc5 16.bxc5 dxc5 17.Tac1 Tb8 18.Tfd1 Cf5 19.Aa1 Ah6 20.Dc3 Te8 21.Dxa5 Tb3 22.Dxc7 Txa3 23.d6 Cxd6 24.Cxc5 Cxc5 25.Dxc5 Cf5 26.Dxc8 Txc8 27.Txc8+ Af8 28.Axe5 Ta2 29.Ac4 Ta4 30.Ab3 Tb4 31.Tc7 Txb3 32.Txe7 Axe7 33.g4 Ch4 34.Cd4 Tb7 35.Ta1 Af8 36.Af6 g5 37.Axg5 1-0

16ª ronda, 28 de marzo

Se siguió con visible interés las jugadas alternativas que se produjeron en varios tableros, especialmente en las que actuaban los maestros Najdorf y Ståhlberg, que tuvieron como adversarios, respectivamente, a Corte y a Souza Mendes. La circunstancia de que los dos maestros citados pasaron por dificultades creó en el ambiente una expectativa intensa, que se mantuvo hasta el momento de suspenderse las partidas. El cotejo entre Souza Mendes y Ståhlberg resultó el más emocionante de la tarde, por la circunstancia de que el brasileño consiguió ganar un peón en el planteo, y más tarde, ante la presión constante de las blancas, optó Ståhlberg por entregar la calidad, en procura de contra juego. Pero al finalizar la sesión el brasileño malogró el esfuerzo al perder una pieza, apremiado por el tiempo. La partida se suspendió en posición ganadora para Ståhlberg, y por la noche Souza Mendes abandonó sin continuar.

El polaco Najdorf encontró hoy una seria resistencia en el argentino Corte, quien, contra una apertura de PD, adoptó la Defensa India del Oeste. Pareció en cierto momento que las dificultades del blanco aumentarían peligrosamente, pero Najdorf defendió la situación con seguridad y arribó a un final en que la posición era pareja, pero reanudado el juego no actuó Corte con la debida precisión y Najdorf ganó la partida en 66 jugadas. Najdorf 13½; Ståhlberg 11; Michel 10; Guimard, Luckis y Bolbochán 9.[150]

Bauzá, Lorenzo – Luckis, Marcos [A14]
Torneo Internacional de Mar del Plata (16), 1946

1.Cf3 Cf6 2.c4 e6 3.g3 b6 4.Ag2 Ab7 5.0–0 Ae7 6.Cc3 0–0 7.b3 c5 8.Ab2 d5 9.cxd5 Cxd5 10.Cxd5 Axd5 11.Dc2 Af6 12.Tfd1 Cc6 13.Axf6 Dxf6 14.e4 Cb4 15.Db1 Ab7 16.d4 Tfd8 17.a3 Ca6 18.e5 De7 19.Cg5 g6 20.Axb7 Dxb7 21.Ce4 cxd4 22.b4 Cc7 23.Dd3 Ce8 24.Tac1 Tac8 25.Txc8 Dxc8 26.h4 Dc7 27.f4 h5 28.g4 hxg4 29.h5 gxh5 30.Cg5 Td7 31.Dh7+ Rf8 32.Dxh5 Dc2 33.Dxg4 Cg7 34.Df3 Re7 35.Ce4 Cf5 36.Td2 Dc1+ 37.Rf2 Td8 38.Td1 Dc2+ 39.De2 d3 40.Txd3 Dxd3 0–1

Bolbochán, Jacobo – Michel, Paul [D33]
Torneo Internacional de Mar del Plata (16), 1946

1.d4 d5 2.c4 e6 3.Cc3 c5 4.cxd5 exd5 5.Cf3 Cc6 6.g3 Cf6 7.Ag2 cxd4 8.Cxd4 Db6 9.Cxc6 bxc6 10.0–0 Ae7 11.e4 dxe4 12.Cxe4 0–0 13.Dc2 Cd5 14.Ag5 Af5 15.Axe7 Cxe7 16.b3 Tad8 17.Tad1 Td5 18.De2 Tfd8 19.Cc3 Txd1 20.Txd1 Ae6 21.Ca4 Dc7 22.Cc5 Txd1+ 23.Dxd1 Ad5 ½–½

Guimard, Carlos Enrique – Pilnik, Herman [D64]
Torneo Internacional de Mar del Plata (16), 1946

1.d4 Cf6 2.Cf3 e6 3.c4 d5 4.Cc3 Ae7 5.Ag5 0–0 6.e3 Cbd7 7.Tc1 c6 8.Dc2 h6 9.Ah4 Ce4 10.Axe7 Dxe7 11.Ad3 f5 12.0–0 g5 13.Cd2 Cdf6 14.Axe4 dxe4 15.f3 exf3 16.Cxf3 Ad7 17.e4 Dg7 18.Ce5 Tad8 19.Tcd1 f4 20.c5 Ae8 21.Td2 Cd7 22.Cc4 e5 23.Cd6 exd4 24.Ce2 b6 25.b4 bxc5 26.bxc5 De5 27.Cxd4 Dxc5 28.Dxc5 Cxc5 29.e5 Ad7 30.Tc1 Ce6 31.Cxe6 Axe6 32.Txc6 Td7 33.Ta6 Tb8 34.Rf2 Tb1 35.g3 fxg3+ 36.hxg3 Tc7 37.Ce8 Te7 38.Cf6+ Rg7 39.Re3 Tb6 40.Txb6 axb6 41.Tb2 Af7 42.Re4 Ta7 43.Txb6 Txa2 44.g4 Ta4+ 45.Re3 Tc4 46.Ce4 Ad5 47.Cf6 Af7 ½–½

---

[150] *La Prensa*, 29 de marzo de 1946.

Hounie Fleurquin, Carlos – Letelier Martner, René [B10]
Torneo Internacional de Mar del Plata (16), 1946

1.e4 c6 2.c4 d5 3.exd5 cxd5 4.cxd5 Cf6 5.Ab5+ Cbd7 6.Cc3 g6 7.De2 a6 8.Aa4 b5 9.Ab3 Cc5 10.Ac2 Ab7 11.d4 Ccd7 12.Cf3 Cxd5 13.Ab3 C7f6 14.Ce5 Ag7 15.0–0 0–0 16.Te1 Tc8 17.Ad2 e6 18.Tac1 Cxc3 19.Txc3 Txc3 20.Axc3 Cd5 21.Ad2 Dh4 22.Cf3 Dg4 23.h3 Df5 24.g4 Df6 25.Ce5 Cf4 26.Axf4 Dxf4 27.De3 Dxe3 28.Txe3 Td8 29.f4 Txd4 30.f5 Te4 31.Txe4 Axe4 32.fxe6 Axe5 33.e7 Ac6 0–1

Maderna, Carlos Hugo – Maccioni Seisdedos, Alejandro [B22]
Torneo Internacional de Mar del Plata (16), 1946

1.e4 c5 2.c3 d5 3.exd5 Dxd5 4.d4 Cf6 5.Cf3 Ag4 6.Ae2 cxd4 7.cxd4 e6 8.0–0 Ae7 9.Cc3 Dd8 10.h3 Ah5 11.Db3 Dc7 12.d5 0–0 13.dxe6 Cc6 14.Ae3 Ca5 15.Da4 a6 16.Tac1 b5 17.Dh4 Db7 18.Ag5 Ag6 19.Ce5 h6 20.Cxg6 fxg6 21.Axf6 Txf6 22.Dg3 b4 23.Ca4 Te8 24.Cc5 Dd5 25.Af3 Dxa2 26.Ta1 Dc4 27.Tfc1 Db5 28.Dc7 Ad8 29.Dd7 Dxd7 30.exd7 Te5 31.Cd3 Tb5 32.Tc8 Tf8 33.Cc5 Rf7 34.Ae2 Txc5 35.Txc5 Re7 36.Tcxa5 Axa5 37.Txa5 Rxd7 38.Txa6 1–0

Najdorf, Miguel – Corte, César Juan [E16]
Torneo Internacional de Mar del Plata (16), 1946 *[Juan S. Morgado]*

1.d4 Cf6 2.c4 e6 3.Cf3 b6 4.g3 Ab7 5.Ag2 Ab4+ 6.Ad2 Ae7 7.0–0 0–0 8.Cc3 d5 9.Ce5 c6 10.Da4 a6 11.Db3 c5 [a) 11...b5 12.c5 Cbd7 13.Cxd7 Cxd7 14.f4 a5 15.a4 b4 16.Cd1 Aa6=, Mühring – Kramer, Zaanstreek 1946; b) 11...Cbd7!?] **12.Cf3…** [12.dxc5 dxc4 13.Dxb6 Axg2 14.Rxg2 Dxd2 15.Db7 Cbd7 16.Tad1 Tab8 17.Cxd7 Txb7 18.Cxf6+ gxf6 19.Txd2 Axc5=] **12...cxd4 13.Cxd4 dxc4 14.Dxc4 Axg2 15.Rxg2 b5 16.Dd3 Ta7 17.Cf3 Dxd3 18.exd3 Cc6** [luego de 18...Td7 19.d4 Cc6 20.Ce2 Ce4 se advierte que Najdorf quedó con una posición poco airosa] **19.d4 Tc7 20.Tfd1 Td8 21.Ae3 Tcc8 22.Tac1 Cb4 23.Rf1 Tf8 24.Re2 Cbd5 25.Cxd5 Cxd5 26.Ce5 Ad6 27.Cd3 Re8 28.Ag5 f6 29.Ad2 Rd7** [obligaba a una defensa incómoda, 29...Tc4] **30.b4…** [30.Cc5+ Axc5 31.dxc5 Rc6 32.b4 Td7 33.Ae1=] **30...Tc4 31.Cc5+ Axc5 32.Txc4 bxc4 33.dxc5 Rc6 34.Tc1 Rb5** [las negras conseguían un buen prefinal luego de 34...a5 35.bxa5 Rxc5 36.Ae1 Tb8 37.Tc2 Rd4 38.Td2+ Rc5 39.Tc2 Ta8 40.Tc1 Cb4 41.Tb1 Cxa2 42.Rf3 c3 43.Ta1 c2 44.Ad2 Txa5 45.Axa5 c1D 46.Txc1+ Cxc1, y las negras tienen algunas posibilidades de imponerse en el largo final que se produce] **35.a4+ Rxa4 36.Txc4 Rb5 37.Te4 e5 38.f4 exf4 39.gxf4 Td7 40.Te6…**

[40.Te8!?] **40...Tb7** [40...Cxb4! 41.Axb4 Rxb4 42.Txa6 Rb5 43.Ta8 Rxc5 44.Ta6 Rd5→, y las negras tienen chances de ganar este final porque los peones blancos están rotos] **41.Rd3 Td7 42.Re4 Rc4 43.Txa6 Cxb4 44.Axb4 Te7+ 45.Rf5 Rxb4= 46.Tc6 Rc4 47.h4 Rd5 48.Tc8 Te1 49.Tc7 Tg1**

50.h5 Th1?? [50...h6=] 51.Txg7 Txh5+ 52.Rxf6+– Re4 53.c6 Th6+ 54.Rg5 Txc6 55.Te7+ Rd5 56.Txh7 Tc1 57.Te7 Rd6 58.Te3 Rd7 59.f5 Tc6 60.f6 Tc1 61.Rg6 Th1 62.Rg7 Tf1 63.f7 Tg1+ 64.Rf8 Tg2 65.Td3+ Rc7 66.Td4 1–0

Reinhardt, Enrique – Iliesco, Juan Traian [B55]
Torneo Internacional de Mar del Plata (16), 1946

1.e4 c5 2.Cf3 d6 3.d4 cxd4 4.Cxd4 Cf6 5.f3 e5 6.Ab5+ Cbd7 7.Cf5 d5 8.exd5 a6 9.Aa4 b5 10.Ab3 Cb6 11.Ce3 Ac5 12.Cc3 Ab7 13.Dd3 0–0 14.Ce4 Axe3 15.Cxf6+ Dxf6 16.Axe3 Cxd5 17.Axd5 Tad8 18.Axb7 Txd3 19.cxd3 Dd6 20.0–0 Dd7 21.Ac5 Tb8 22.Axa6 Dc6 23.d4 exd4 24.Axd4 Dxa6 25.a3 f6 26.Tfe1 Td8 27.Ac3 Db6+ 28.Rf1 Dd6 29.h3 Dh2 30.Rf2 Td5 31.Th1 Dd6 32.h4 Dc5+ 33.Rg3 h5 34.Tae1 g5 35.Te2 Dd6+ 36.Rf2 Db6+ 37.Rg3 Dc7+ 38.Rf2 Db6+ 39.Rg3 Db8+ 40.Rf2 Db6+ 0–1

Roças, Orlando – García Vera, Romeo [C68]
Torneo Internacional de Mar del Plata (16), 1946

1.e4 e5 2.Cf3 Cc6 3.Ab5 a6 4.Axc6 dxc6 5.d4 exd4 6.Dxd4 Dxd4 7.Cxd4 Ad7 8.Cc3 0–0–0 9.Ae3 g6 10.0–0–0 Ag7 11.Td2 Ch6 12.h3 f6 13.Thd1 Cf7 14.Cde2 Cd6 15.Af4 Cc4 16.Td4 Ce5 17.b3 g5 18.Ae3 Cf7 19.T4d2 The8 20.Ad4 Ce5 21.Cg3 Af8 22.Rb2 Ad6 23.Ca4 Ae7 24.Cc5 Axc5 25.Axc5 Ae6 26.Ad4 Tf8 27.Ch5 b6 28.Ac3 Txd2 29.Txd2 Cd7 30.g4 Tf7 31.Td3 Ce5 32.Td2 Cd7 33.Rc1 a5 34.Rd1 h6 35.Re2 Tf8 36.Re3 Af7 37.Cxf6 Cxf6 38.Axf6 Te8 39.f4 gxf4+ 40.Rxf4 Ag6 41.e5 Tf8 42.h4 Ah7 43.h5 c5 44.c4 Te8 45.Ag7 Te6 46.a4 c6 47.Td6 Txd6 48.exd6 Rd7 49.Re5 Ac2 50.Axh6 Ad1 51.Af4 Axb3 52.h6 Ac2 53.g5 b5 54.cxb5 cxb5 55.axb5 a4 56.Ac1 c4 57.Aa3 1–0

Souza Mendes, João de – Ståhlberg, Gideon [D30]
Torneo Internacional de Mar del Plata (16), 1946

1.d4 d5 2.Cf3 e6 3.c4 c5 4.cxd5 exd5 5.g3 Cc6 6.Ag2 c4 7.0–0 Ab4 8.b3 cxb3 9.Dxb3 Cge7 10.Ce5 0–0 11.Cxc6 Cxc6 12.e3 Ae6 13.a3 Ae7 14.Dxb7 Ca5 15.Da6 Tb8 16.Cd2 Dc7 17.Dd3 g6 18.a4 Af5 19.e4 dxe4 20.Axe4 Ah3 21.Te1 Tfd8 22.Aa3 Af6 23.Tac1 Dd7 24.d5 Dxa4 25.Tc7 Cb3 26.Cc4 Tbc8 27.Df3 Af5 28.d6 Cd4 29.Dd3 Ae6 30.Tc1 Tb8 31.Ab2 Txb2 32.Cxb2 Da2 33.Tb1 Txd6 34.Tb7 Ad5 35.Tb8+ Rg7 36.Cd1 Ae6 37.Cc3 Da5 38.Rg2 Cf5 39.Db5 Axc3 40.De8 Ad5 41.T1b5 0–1

17ª ronda, 29 de marzo

▎Najdorf siguió distanciándose de sus rivales. El interés mayor de hoy se concentró en torno de los maestros Markas Luckis, lituano, y Mendel Najdorf, polaco, quien se ha hecho acreedor al apodo *El Expreso de Varsovia*, que se ha aplicado por la forma veloz con que se aleja de sus competidores. El público se agolpó a este tablero, ávido de las peripecias que se producirían. Pero, aun cuando el lituano pudo llevar un fuerte ataque contra el rey opuesto, Najdorf maniobró con adecuada justeza y pudo frustrar todas las arremetidas, aparentemente promisorias, del contrario. A la 40ª jugada, el encuentro se definió, y El Expreso aumentó su puntaje, colocándose a una distancia que lo hace totalmente inaccesible. Los otros resultados fueron: Ståhlberg ½:½ Reinhardt; Letelier 1:0 Maderna; Corte 1:0 Fleurquin; Michel 1:0 Bauzá. Suspendidas Sanguinetti – Guimard; Iliesco – García Vera; Maccioni – Souza Mendes; Pilnik – Roças.[151]

---

[151] *El Mundo*, 30 de marzo de 1946.

■ El maestro polaco Miguel Najdorf venció hoy al lituano Marcos Luckis, y con ello se clasificó primero absoluto en el gran certamen, a pesar de que aún faltan dos ruedas para su terminación. Con tres puntos de ventaja, Najdorf ya no puede ser alcanzado, aun cuando perdiese las dos partidas que le faltan por jugar. El interés el torneo se reduce, por lo tanto, a los puestos inmediatos. Intensa expectativa había suscitado el encuentro Luckis – Najdorf, y desde temprano numerosos aficionados se ubicaron frente al tablero en que se desarrollaba la lucha. Comenzó el juego con P4R y el polaco adoptó la Defensa Siciliana, con la que conquistó una situación preferible. Las blancas trataron de compensar las acciones mediante un sacrificio de calidad, pero Najdorf condujo la partida con su habitual maestría y se adjudicó el triunfo en la jugada 40ª, después de lo cual ha quedado primero absoluto en el torneo, por lo que recibió muchas felicitaciones. Najdorf 14½; Ståhlberg 11½; Michel 11; Guimard 9½.[152]

Corte, César Juan – Hounie Fleurquin, Carlos [B74]
Torneo Internacional de Mar del Plata (17), 1946

1.e4 c5 2.Cf3 d6 3.d4 cxd4 4.Cxd4 Cf6 5.Cc3 g6 6.Ae2 Ag7 7.Ae3 0–0 8.0–0 Cc6 9.Cb3 Ae6 10.f4 Ca5 11.f5 Ac4 12.Ad3 Axd3 13.cxd3 a6 14.Cxa5 Dxa5 15.Dd2 Cg4 16.Cd5 Dxd2 17.Cxe7+ Rh8 18.Axd2 Axb2 19.Tab1 Ad4+ 20.Rh1 gxf5 21.Txf5 Tae8 22.Cd5 Cf2+ 23.Txf2 Axf2 24.Ac3+ f6 25.Cxf6 Tc8 26.Txb7 Txf6 27.Axf6+ Rg8 28.g4 Tc1+ 29.Rg2 Tc2 30.Tb2 1–0

Iliesco, Juan Traian – García Vera, Romeo [D02]
Torneo Internacional de Mar del Plata (17), 1946

1.Cf3 d5 2.g3 c5 3.Ag2 Cc6 4.d4 e6 5.0–0 Db6 6.e3 Cf6 7.b3 Ae7 8.Ab2 cxd4 9.exd4 0–0 10.Cbd2 Ad7 11.c4 dxc4 12.Cxc4 Da6 13.Cfe5 Tfd8 14.Df3 Tac8 15.Tfd1 Ae8 16.a3 Cxe5 17.dxe5 Ac6 18.Txd8+ Txd8 19.exf6 Axf3 20.fxe7 Te8 21.Axf3 Txe7 22.Td1 Te8 23.Td7 Tb8 24.Cd6 Dd3 25.Rg2 Dxb3 26.Ae5 f6 27.Af4 Dxa3 28.Cxb7 Te8 29.Cd6 Da4 30.Tb7 Td8 31.Ce4 a5 32.Ta7 Db5 33.Ae3 Td7 34.Cc3 Dd3 35.Ae2 Dd6 36.Ta8+ Td8 37.Af3 Txa8 38.Axa8 Dc7 39.Ca4 Dd8 40.Ab7 Dc7 41.Cc5 a4 42.Aa6 e5 43.Ac4+ Rh8 44.Rf1 Db8 45.Ae6 Db1+ 46.Re2 a3 47.Cb3 a2 48.h4 e4 49.Af7 Dd3+ 50.Re1 Dd7 51.Ac4 Dc6 52.Af7 Db7 53.Ae6 Da6 54.Af7 Db7 55.Ae6 De7 56.Ad5 Db4+ 57.Ad2 a1D+ 58.Cxa1 Db1+ 59.Re2 Dd3+ 60.Re1 Dxd5 61.Cc2 0–1

Letelier Martner, René – Maderna, Carlos Hugo [D55]
Torneo Internacional de Mar del Plata (17), 1946

1.d4 Cf6 2.c4 e6 3.Cc3 d5 4.Cf3 Ae7 5.Ag5 0–0 6.e3 Ce4 7.Axe7 Dxe7 8.cxd5 Cxc3 9.bxc3 exd5 10.Db3 Td8 11.c4 Ae6 12.Dxb7 dxc4 13.Dxa8 Da3 14.Tb1 Da5+ 15.Cd2 c3 16.Dxb8 cxd2+ 17.Rd1 c5 18.Ad3 cxd4 19.Tb5 dxe3 20.Txa5 Txb8 21.fxe3 1–0

Luckis, Marcos – Najdorf, Miguel [B80]
Torneo Internacional de Mar del Plata (17), 1946 *[Juan S. Morgado]*

1.e4 c5 2.Cf3 e6 3.d4 cxd4 4.Cxd4 Cf6 5.Cc3 d6 6.g3 a6 7.Ag2 Ae7 8.0–0 Dc7 9.Ae3 Cc6 10.Cb3 0–0 11.De2 b5 12.f4 Ab7 13.a3 Cd7 14.Df2 Ca5 15.Cxa5 Dxa5 16.Tfd1 Dc7 17.Td2 Ac6

---

[152] *La Prensa*, 30 de marzo de 1946.

18.Tad1 Tad8 19.Af3 Db7 20.Cd5 Axd5 21.exd5 e5 22.f5 Tc8 23.g4 f6 24.Rh1 Ad8 25.Tg1 Ab6 26.Axb6 Dxb6 27.De1?!... [27.Dxb6 Cxb6 28.c3 Cc4→; 27.Dg3 De3→] **27...Tc4→ 28.g5?...** [28.Dg3 Dc5∓] **28...fxg5–+ 29.Txg5 Cf6 30.Tdg2 Tf7 31.b3 Tf4 32.Dg3 Db7 33.h4 Rf8 34.h5 h6 35.Tg6 Txf5 36.Dh3 Dd7 37.Txf6 T7xf6 38.Ag4 Tf1+ 39.Rh2 De7 40.Ae6 T6f3 0–1**

Maccioni Seisdedos, Alejandro – Souza Mendes, João de [D44]
Torneo Internacional de Mar del Plata (17), 1946

1.d4 d5 2.c4 e6 3.Cc3 c6 4.Cf3 Cf6 5.Ag5 dxc4 6.g3 Ab4 7.Ag2 Axc3+ 8.bxc3 Da5 9.0–0 Cbd7 10.Af4 Dxc3 11.Tc1 Da3 12.Cd2 Cb6 13.Cxc4 Cxc4 14.Txc4 0–0 15.Dc2 Cd5 16.Ad2 Te8 17.Tb1 Dd6 18.e4 Cb6 19.Af4 De7 20.Tcb4 f6 21.Ae3 Cd7 22.Tc4 Cb6 23.Tc3 Td8 24.a4 Cd7 25.a5 Cb8 26.d5 e5 27.dxc6 bxc6 28.Af1 Rh8 29.Tcb3 Dc7 30.Ac4 Ca6 31.Dc3 Tb8 32.Txb8 Cxb8 33.Rg2 Dd7 34.Ae2 Dc7 35.Dc5 a6 36.Dc3 Cd7 37.Tc1 Ab7 38.f3 Tc8 39.Ac5 Cxc5 40.Dxc5 h6 41.Tb1 Td8 42.Db6 Td7 ½–½

Michel, Paul – Bauzá, Lorenzo [B85]
Torneo Internacional de Mar del Plata (17), 1946

1.e4 c5 2.Cf3 d6 3.d4 cxd4 4.Cxd4 Cf6 5.Cc3 e6 6.Ae2 Ae7 7.0–0 0–0 8.f4 a6 9.Af3 Dc7 10.Ae3 Cc6 11.Cb3 b5 12.g4 Ab7 13.g5 Cd7 14.Ag2 Ca5 15.Cxa5 Dxa5 16.a3 Dc7 17.f5 d5 18.exd5 Ad6 19.fxe6 Axh2+ 20.Rh1 fxe6 21.Dg4 exd5 22.Cxd5 Axd5 23.Axd5+ Rh8 24.Axa8 Txa8 25.Dg2 Te8 1–0

Pilnik, Herman – Roças, Orlando [B19]
Torneo Internacional de Mar del Plata (17), 1946

1.e4 c6 2.d4 d5 3.Cc3 dxe4 4.Cxe4 Af5 5.Cg3 Ag6 6.Cf3 Cd7 7.h4 h6 8.h5 Ah7 9.Ad3 Axd3 10.Dxd3 Cgf6 11.Af4 e6 12.0–0–0 Ae7 13.c4 Da5 14.Rb1 Td8 15.De2 0–0 16.Cd2 Tfe8 17.Cb3 Da6 18.Ae3 Af8 19.f3 b5 20.c5 Cd5 21.f4 Cxe3 22.Dxe3 b4 23.Ce4 f5 24.Cf2 Cf6 25.Df3 Db5 26.g4 fxg4 27.Cxg4 Cxg4 28.Dxg4 a5 29.The1 a4 30.Cc1 Rh8 31.Cd3 Txd4 32.Ce5 Txd1+ 33.Txd1 Dxc5 34.Dg6 b3 35.Cf7+ Rg8 36.Cxh6+ Rh8 37.Cf7+ Rg8 38.Ce5 Dc2+ 39.Dxc2 bxc2+ 40.Rxc2 Rh7 41.a3 Ac5 42.Td7 Tf8 43.Cf7 Te8 44.Tc7 Ad4 45.Tb7 Ta8 46.Cg5+ Rh6 47.Cxe6 Af6 48.Cc5 Ta5 49.Cd3 Rxh5 50.Tc7 Rg4 51.Txc6 Rf3 52.Tc4 Ae7 53.Ce5+ Re3 54.Tc3+ Rxf4 55.Cc6 Te5 56.Cxe5 Rxe5 57.Tc4 g5 58.Txa4 Rf5 59.Rd3 g4 60.Re2 Af6 61.Tb4 Ae7 62.Tb5+ Rf4 63.Rf2 Af6 64.a4 1–0

Sanguinetti, Renato – Guimard, Carlos Enrique [A95]
Torneo Internacional de Mar del Plata (17), 1946

1.d4 e6 2.c4 f5 3.Cc3 Cf6 4.g3 Ae7 5.Ag2 0–0 6.Cf3 d5 7.0–0 c6 8.Dc2 Cbd7 9.Cg5 Cb8 10.Ch3 dxc4 11.Td1 Cbd7 12.e4 Cxe4 13.Cxe4 fxe4 14.Axe4 Cf6 15.Ag2 De8 16.Dxc4 Rh8 17.Te1 Cd5 18.Ad2 Df7 19.f4 Ad7 20.a3 Tad8 21.Tad1 Ac8 22.Ac1 a6 23.Rh1 Af6 24.Cg1 Ce7 25.Cf3 g6 26.Ce5 Dg8 27.Ad2 Cd5 28.Ab4 Cxb4 29.Dxb4 Dg7 30.Dc3 g5 31.fxg5 Axg5 32.Tf1 Rg8 33.h4 Af6 34.b4 De7 35.De3 Ag7 36.Ae4 Txf1+ 37.Txf1 Tf8 38.Txf8+ Axf8 39.Df3 Ad7 40.Dg4+ Ag7 41.Dh5 ½–½

Ståhlberg, Gideon – Reinhardt, Enrique [D56]
Torneo Internacional de Mar del Plata (17), 1946

1.d4 d5 2.c4 e6 3.Cf3 Cf6 4.Ag5 Ae7 5.e3 0–0 6.Cc3 h6 7.Ah4 Ce4 8.Axe7 Dxe7 9.Ad3 Cxc3 10.bxc3 dxc4 11.Axc4 b6 12.0–0 Ab7 13.De2 c5 14.Ce5 Cc6 15.f4 Tac8 16.Tf2 Tc7 17.Taf1 cxd4 18.cxd4 Da3 19.Cxc6 Txc6 20.d5 exd5 21.Axd5 Aa6 22.Db2 Dxb2 23.Txb2 Tc3 24.Te1 Td8 25.Ab3 Rf8 26.Rf2 Re7 27.h4 Ad3 28.Ad1 Rd6 ½–½

18ª ronda, 30 de marzo

Finalizará esta noche el Torneo de Mar del Plata, pero su resultado ya está definido. Ha vuelto Najdorf a conquistar otro triunfo ajedrecístico en la Argentina. Con el certamen próximo a finalizar, son 15 los torneos que se ha adjudicado entre nosotros, sobre 16 en que ha participado. En el restante, Torneo Internacional de Mar del Plata 1941, llegó segundo, a la mínima diferencia de medio punto de Ståhlberg. Campaña magnífica, arrolladora, que revela a las claras el lugar prominente que en el ajedrez nacional ocupa Najdorf. Se preguntará el lector: ¿Cómo en el ajedrez nacional, si Najdorf es polaco? Sí, en el ajedrez nacional, porque a pesar de ser ya Najdorf un gran maestro cuando desembarcó en Buenos Aires, lo mejor de su campaña profesional lo ha hecho en la Argentina. Si Najdorf es hoy un candidato calificado al campeonato mundial, no lo es por lo que hizo antes de pisar tierra argentina, sino por lo que hizo después. (…)

Najdorf, *El Expreso de Varsovia,* vence a Luckis.
El Mundo, 30 de marzo de 1946

Najdorf fue de lírico a práctico. Cuando arribó a Buenos Aires era, en efecto, un aspirante a genio, por el lirismo desbordante de su estilo. Najdorf ganaba y perdía partidas, pero las que ganaba las definía a base de maniobras tan deslumbrantes que suscitaban el asombro y la rendida admiración del mundo ajedrecista. Suya es la *inmortal polaca*, la más hermosa partida que se haya jugado en Polonia. Decían los entendidos: *"Lástima grande que un ajedrecista tan brillante carezca por completo de solidez"*. Llegar a Buenos Aires y transformarse el lirismo de Najdorf en un practicismo cerrado, en ocasiones excesivo, fue todo uno. El maestro polaco ya no se proponía maravillar, sino sencillamente ganar.[153]

Bauzá, Lorenzo – Pilnik, Herman [D37]
Torneo Internacional de Mar del Plata (18), 1946

1.Cf3 d5 2.c4 e6 3.d4 Cf6 4.Cc3 Ae7 5.Af4 0–0 6.e3 Cbd7 7.h3 c6 8.c5 Ce4 9.Ad3 Cxc3 10.bxc3 b6 11.cxb6 axb6 12.a4 Aa6 13.0–0 Dc8 14.Dc2 Axd3 15.Dxd3 Da6 16.Dc2 Tfc8 17.Db3 Ta7 18.Tfb1

---

[153] Amílcar Celaya, *Noticias Gráficas,* 31 de marzo de 1946.

Tca8 19.Tc1 Dc4 20.Dxc4 dxc4 21.Cd2 Txa4 22.Txa4 Txa4 23.e4 b5 24.e5 Cb6 25.Ce4 Cd5 26.Ad2 Ta2 27.Rf1 f5 28.exf6 gxf6 29.Re1 f5 30.Cg5 Txd2 0–1

García Vera, Romeo – Ståhlberg, Gideon [D77]
Torneo Internacional de Mar del Plata (18), 1946

1.d4 Cf6 2.c4 g6 3.g3 Ag7 4.Ag2 d5 5.Cf3 0–0 6.0–0 c5 7.dxc5 Ca6 8.Cc3 dxc4 9.Dxd8 Txd8 10.c6 bxc6 11.Ce5 Cb4 12.a3 Cfd5 13.Cxc6 Cxc6 14.Axd5 Ab7 15.Axc4 Tac8 16.Ad5 Axc3 17.Axc6 Txc6 18.bxc3 Aa6 19.Te1 Txc3 20.Ae3 Td7 21.Tad1 Txd1 22.Txd1 f6 23.Rf1 Txa3 24.Td7 Ta1+ 25.Rg2 Axe2 26.Txa7 Txa7 27.Axa7 e5 28.f3 Rf7 29.Rf2 Ad1 30.Ab8 Re6 31.Ac7 Rd5 32.Re3 f5 33.Ad8 ½–½

Guimard, Carlos Enrique – Bolbochán, Jacobo [A47]
Torneo Internacional de Mar del Plata (18), 1946

1.d4 Cf6 2.Cf3 b6 3.Ag5 Ce4 4.Ah4 Ab7 5.Cbd2 Cxd2 6.Dxd2 g6 7.Ag5 h6 8.Af4 d6 9.d5 Ag7 10.c4 c6 11.e4 Cd7 12.Cd4 Tc8 13.dxc6 Axc6 14.Cxc6 Txc6 15.Ae2 Dc8 16.Tc1 Cc5 17.f3 Ce6 18.Ae3 Af6 19.0–0 h5 20.b3 Cc5 21.Rh1 h4 22.h3 Rf8 23.b4 Ce6 24.f4 Cg7 25.c5 bxc5 26.bxc5 Ch5 27.Axh5 Txh5 28.cxd6 exd6 29.Dxd6+ Txd6 30.Txc8+ Td8 31.Txd8+ Axd8 32.e5 Ab6 33.Axb6 axb6 34.g4 hxg3 35.Rg2 f6 36.Te1 Rf7 37.Rxg3 Th8 38.exf6 Ta8 39.Te2 Ta3+ 40.Rg4 Rxf6 41.Tb2 b5 42.h4 b4 ½–½

Hounie Fleurquin, Carlos – Luckis, Marcos [B13]
Torneo Internacional de Mar del Plata (18), 1946

1.e4 c6 2.d4 d5 3.exd5 cxd5 4.Ad3 Cf6 5.h3 Cc6 6.c3 Dc7 7.Cf3 g6 8.De2 Af5 9.Axf5 gxf5 10.g3 e6 11.Af4 Ad6 12.Axd6 Dxd6 13.Cbd2 Ce4 14.Cxe4 fxe4 15.Cd2 0–0–0 16.0–0–0 Rb8 17.Rb1 f5 18.Cb3 a6 19.Cc5 Ra7 20.a4 e5 21.Cb3 exd4 22.Cxd4 Thf8 23.De3 Ra8 24.Ce2 Tf7 25.Db6 Ce5 26.Dxd6 Txd6 27.Cf4 Tfd7 28.Rc2 d4 29.Txd4 Txd4 30.cxd4 Txd4 31.Td1 Txa4 32.Td5 Cf3 33.Ce6 Tc4+ 34.Rb1 Ce1 35.Txf5 Cd3 36.Cf4 Cxf2 37.Cd5 Td4 38.Cc7+ Rb8 39.Cxa6+ bxa6 40.Txf2 Td3 41.Tf7 ½–½

Maderna, Carlos Hugo – Corte, César Juan [E33]
Torneo Internacional de Mar del Plata (18), 1946

1.d4 Cf6 2.c4 e6 3.Cc3 Ab4 4.Dc2 Cc6 5.Cf3 d5 6.cxd5 exd5 7.a3 Axc3+ 8.bxc3 Ce4 9.e3 0–0 10.Ad3 Te8 11.0–0 Af5 12.c4 dxc4 13.Dxc4 Ca5 14.Db5 c5 15.Axe4 Axe4 16.Ad2 Axf3 17.gxf3 Dg5+ 18.Rh1 Dh5 19.Tg1 Dxf3+ 20.Tg2 Cc6 21.Dxc5 Te6 22.Rg1 Td8 23.Tg3 Tg6 24.Tb1 b6 25.Dc2 Tdd6 26.e4 h5 27.Tb3 De2 28.e5 Txd4 29.Txg6 Txd2 30.Txg7+ Rxg7 31.Tg3+ Rh8 32.Df5 Dxe5 33.Dc8+ Cd8 34.Dc1 Dd4 35.De1 Td1 0–1

Najdorf, Miguel – Michel, Paul [D30]
Torneo Internacional de Mar del Plata (18), 1946 *[Juan S. Morgado]*

1.d4 d5 2.c4 e6 3.Cf3 c5 4.cxd5 exd5 5.g3 Cc6 6.Ag2 Cf6 7.0–0 Ce4 8.Cc3 cxd4 [8...Cxc3 9.bxc3 Ae7 10.Ae3 c4 ∞] **9.Cxd4 Cxc3 10.bxc3 Ae7 11.Db3...** [11.Tb1!?] **11...Cxd4?!** [11...0–0] **12.**

cxd4 Ae6 13.Dxb7 0–0 14.Af4→ Ad6 15.Axd6 Dxd6 16.Db2 Tab8 17.Dd2 Da3 18.Tab1 h6 19.h4 Tfc8 20.Af3 Da4 21.Txb8 Txb8 22.Tc1 Da3 23.Tc2 Tb5 24.Rg2 Tb4 25.Tc5 Tb2 26.Da5 Dxa2 27.Dxa2 Txa2 28.e3 Rf8 29.Axd5 Axd5+ 30.Txd5 Re7 31.Rf3 a5 32.e4 a4 33.Re3 a3 34.Ta5 Ta1 35.Rf4 Ta2? [35...Rd7 36.d5±] 36.f3+– Td2 37.d5 a2 38.Re5 Tb2 39.h5 Rd7

40.g4 Rd8 41.f4 Rd7 42.Rf5 Td2 43.Re5 Tb2 44.g5 hxg5 45.fxg5 Te2 46.Ta7+ Rc8 47.g6 fxg6 48.hxg6 Rb8 49.Ta3 Rc7 50.Rf5 Rd6 51.Ta6+ Rc5 52.d6 a1D 53.Txa1 Rxd6 54.Ta6+ Re7 55.Ta7+ Rd6 56.Txg7 Tf2+ 57.Rg5 Tg2+ 58.Rf4 Tf2+ 59.Re3 Tg2 60.Ta7 Re5 61.Ta5+ Rf6 62.Ta6+ Re5 63.Rf3 Tg1 64.Tb6 Th1 65.Rg4 Rxe4 66.Te6+ Rd5 67.Te8 Rd6 68.Rg5 Tg1+ 69.Rf6 Tf1+ 70.Rg7 Tg1 71.Rf7 Rd7 72.Te4 Tf1+ 73.Rg8 Tg1 74.g7 Tg2 75.Th4 1–0

Reinhardt, Enrique – Maccioni Seisdedos, Alejandro [C54]
Torneo Internacional de Mar del Plata (18), 1946

1.e4 e5 2.Cf3 Cc6 3.Ac4 Ac5 4.c3 Cf6 5.d4 exd4 6.cxd4 Ab4+ 7.Cc3 Cxe4 8.0–0 Cxc3 9.bxc3 Axc3 10.Aa3 Df6 11.De2+ Rd8 12.Tad1 d6 13.De3 Aa5 14.Cg5 Ae6 15.d5 Ce5 16.Ab2 Ad7 17.Axe5 dxe5 18.d6 Ab6 19.Dd3 cxd6 20.Cxf7+ Rc7 21.Cxh8 Txh8 22.Ad5 Ac6 23.Rh1 Tf8 24.f3 Df4 25.Dc2 g6 26.Tfe1 Da4 27.Ab3 Db4 28.Te4 Dc5 29.Tc4 Df2 30.Dd3 Ac5 31.Tc2 De3 32.Dxe3 Axe3 33.Ad5 Ac5 34.h3 Tf4 35.Rh2 Axd5 36.Txd5 Rc6 37.Td3 b6 38.g3 Tf7 39.g4 d5 40.Rg2 Rd6 41.Tcd2 Ad4 42.Rg3 a5 43.Rg2 b5 44.Rf1 b4 45.Re2 Rc5 46.Td1 Rc4 47.h4 Tf4 48.Tc1+ Ac3 49.Te3 d4 50.Te4 Txe4+ 51.fxe4 a4 52.Tf1 b3 53.axb3+ Rxb3 54.Tf7 a3 55.Txh7 a2 56.Ta7 Ab4 57.h5 gxh5 58.gxh5 Aa3 0–1

Roças, Orlando – Sanguinetti, Renato [B13]
Torneo Internacional de Mar del Plata (18), 1946

1.e4 c6 2.d4 d5 3.exd5 cxd5 4.Ad3 Cc6 5.c3 Cf6 6.h3 Ce4 7.Cd2 f5 8.Cdf3 e6 9.Af4 Ad6 10.Axd6 Dxd6 11.Ce2 0–0 12.Dc1 Ad7 13.Df4 Dxf4 14.Cxf4 a6 15.Ae2 Tfb8 16.Cd3 b5 17.Cfe5 Cxe5 18.Cxe5 Ae8 19.Tc1 Rf8 20.Ad3 Re7 21.Axe4 dxe4 22.Rd2 Tc8 23.Re3 Ac6 24.h4 Ad5 25.b3 Ta7 26.c4 Tac7 27.Tc2 Rf6 28.g3 h6 29.Thc1 g6 30.a3 Aa8 31.Rd2 Ab7 32.cxb5 Txc2+ 33.Txc2 Txc2+ 34.Rxc2 axb5 35.Rd2 Ad5 36.a4 bxa4 37.bxa4 g5 38.hxg5+ hxg5 39.Re3 Re7 40.a5 Ab7 41.f3 exf3 42.a6 Axa6 43.Cxf3 Rf6 44.Ce5 Ab7 45.Cd7+ Rg7 46.Cc5 Ad5 47.Cd3 Rh6 48.Ce5 Rh5 49.Rf2 f4 50.gxf4 gxf4 51.Cd3 Rg4 52.Cc5 Rf5 53.Re2 Rg4 54.Rf2 Ac4 55.Cd7 Ab5 56.Cc5 Rf5 57.Rg2 ½–½

Souza Mendes, João de – Letelier Martner, René [A93]
Torneo Internacional de Mar del Plata (18), 1946

1.d4 e6 2.Cf3 f5 3.g3 Cf6 4.Ag2 d5 5.0–0 Ae7 6.c4 0–0 7.b3 De8 8.Aa3 Axa3 9.Cxa3 c6 10.Cc2 Cbd7 11.Dd3 Ce4 12.Cfe1 Dh5 13.f3 Cg5 14.f4 Ce4 15.Df3 Dh6 16.Dd3 Cdf6 17.Cf3 Ad7 18.Ce5 Ae8 19.Ce1 g6 20.C1f3 Dg7 21.cxd5 exd5 22.Cd2 Cd6 23.b4 De7 24.Db3 Tc8 25.Tac1 Rh8 26.a4 a6 27.Tc3 Dd8 28.h3 Tc7 29.g4 Te7 30.g5 Ch5 31.h4 Db6 32.Tc5 h6 33.a5 Dd8 34.De3 hxg5 35.hxg5 Rg7 36.Tcc1 Cb5 37.Rf2 Dd6 38.Tb1 Th8 39.Th1 Ad7 40.Af3 Ae8 41.Axh5 Txh5 42.Txh5 gxh5 43.Cdf3 Te6 44.Ch4 Df8 45.Dd3 Cd6 46.Rg2 Ce4 47.Dh3 Txe5 48.dxe5 Ad7 49.Cf3 Cc3 50.Tb2 Df7 51.Cd4 Cb5 52.Cxb5 axb5 53.Dc3 Ae6 54.a6 bxa6 55.Dxc6 d4 56.Rg3 h4+ 57.Rxh4 Dg6 58.Tc2 Dh7+ 59.Rg3 Dh5 60.Df3 Df7 61.Dh1 Ac4 62.Dh6+ Rg8 63.g6 Da7 64.Dh7+ Dxh7 65.gxh7+ Rxh7 66.Td2 1–0

19ª ronda, 31 de marzo

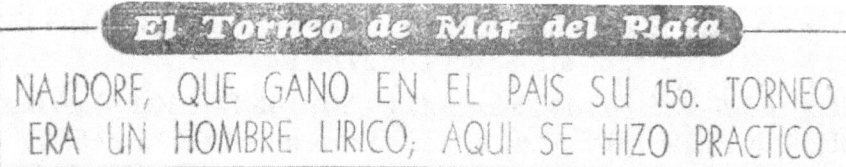

Najdorf, de lírico a práctico. *Noticias Gráficas*, 31 de marzo de 1946

▪ Realizada la 19ª rueda, finalizó hoy en el Casino de esta ciudad el Torneo Internacional de Ajedrez que organizó la FADA, con el auspicio del Gobierno de la Nación y la Asociación de Propaganda y Fomento de Mar del Plata. Como lo anunciáramos anteriormente, el triunfo correspondió este año al maestro Miguel Najdorf, quien ha vencido por gran ventaja y con tres puntos de diferencia con relación al maestro Ståhlberg, que ocupó el segundo lugar. Su extraordinaria actuación viene a confirmar todas las previsiones y los vaticinios hechos antes de comenzar la competencia, en la que se daba como el más lógico candidato al maestro polaco.

Debe recordarse que este jugador ha intervenido en 17 competencias en Sudamérica, de las cuáles ha ganado 15, y en las dos restantes ha entrado segundo. La rueda de hoy ofreció alternativas lucidas, especialmente en la reñida lucha entablada entre varios jugadores por el tercero y cuarto lugares, y por la obtención del premio especial al argentino mejor clasificado, al que aspiraban Corte, Jacobo Bolbochán y Guimard, clasificándose finalmente este último luego de empatar con Iliesco.

El campeón del país, Herman Pilnik, jugó una Apertura Ruy López contra el ganador del torneo, Miguel Najdorf, quien al promediar la lucha tenía un juego preferible. Pudo ganar Najdorf, pero en definitiva la partida terminó empatada en la jugada 56ª. El maestro Ståhlberg consolidó su segundo puesto al vencer hoy al argentino Sanguinetti, en una partida que comenzó con PD y que las negras defendieron con la Variante Eslava. Luego de algunas alternativas lucidas se llegó a un final en el que el ganador tenía un peón de ventaja, abandonando Sanguinetti en la jugada 48ª. El entrerriano Corte, que jugó P4R, perdió con Souza Mendes, quien opuso la Defensa Siciliana. El juego fue, en la parte media, accidentado, como consecuencia del apremio de reloj en que se vio Corte, y finalmente el brasileño se impuso cuando se había efectuado la 40ª movida.

▪ El campeón del país, Herman Pilnik, jugó una Apertura Ruy López contra el ganador del torneo, Miguel Najdorf, quien al promediar la lucha tenía un juego preferible. Pudo ganar Najdorf, pero en definitiva la partida terminó empatada en la jugada 56ª.[154]

▪ Venció Miguel Najdorf, en impresionante actuación, con 16/18, superando por tres unidades a su más inmediato rival, Gideon Ståhlberg, con 13.[155]

---

[154] Corte quedó perdido cometer el error 26.A4D? *La Prensa*, 1º de abril de 1946.
[155] *Revista de la Asociación Metropolitana de Ajedrez* nº 11/12, ene-feb, pág. 157. *Caissa* nº 83, pág. 41/2.

Bolbochán, Jacobo – Roças, Orlando [E43]
Torneo Internacional de Mar del Plata (19), 31.03.1946

1.d4 Cf6 2.c4 e6 3.Cc3 Ab4 4.e3 b6 5.Cf3 Ab7 6.Ad2 0–0 7.Ae2 d6 8.0–0 Cbd7 9.Dc2 Axc3 10.Axc3 Ce4 11.Cd2 f5 12.f4 Cdf6 13.Cf3 Cg4 14.Dd3 De8 15.h3 Cgf6 16.Ae1 Ch5 17.Rh2 Rh8 18.Dd1 Chf6 19.Ah4 Df7 20.Cg5 Cxg5 21.Axg5 Ce4 22.Ah5 Dd7 ½–½

Corte, César Juan – Souza Mendes, Joåo de [B74]
Torneo Internacional de Mar del Plata (19), 31.03.1946 *[Juan S. Morgado]*

Corte tenía muchas expectativas sobre esta partida: en caso de ganar podía aspirar a compartir un impensado tercer puesto. Su adversario venía en los últimos lugares de la tabla. Corte tenía todo a favor, pero su obstinada compulsión a jugar en extremo apuro de reloj le trajo consecuencias, en una partida con grotescos errores por ambos bandos. Veamos:

1.e4 c5 2.Cf3 d6 3.d4 cxd4 4.Cxd4 Cf6 5.Cc3 g6 6.Ae2 Ag7 7.Ae3 Cc6 8.0–0 0–0 9.Cb3 Ae6 10.f4 Dc8 11.h3 a5 12.a4 Cb4 13.Af3 Axb3 14.cxb3 Cd7 15.Ag4 f5 16.exf5 gxf5 17.Ae2 Cf6 18.g4 Rh8 19.g5 Ce4 20.Ac4 Dc6 21.Tc1 Tac8 22.Rh2 Cxc3 23.bxc3 Ca2 24.Tc2 Cxc3 25.Dd3 Cd5 26.Ad4??... [26.Ad2 Cb4 27.Axb4 axb4 28.Te2 e5 29.Td2=] **26...Cb4??** [26...e5! 27.Ac3… *(27.fxe5 Cb4–+)* 27...Cxc3 28.Dxc3 d5–+] **27.Axg7+ Rxg7 28.Dd4+??...** [28.Dc3+ e5 29.Te2 Dc7=] **28...e5–+ 29.fxe5 Cxc2 30.Dh4 dxe5** [30...d5–+] **31.Dh5 Ce3 32.Tf2 Cxc4 33.bxc4 e4 34.h4 Dd6+ 35.Rg2 Txc4 36.De2 Dd4 37.h5 e3 38.Tf3 Dg4+ 39.Rh2 Dh4+ 40.Rg2 Tg4+ 0–1**

Iliesco, Juan Traian – Guimard, Carlos Enrique [A10]
Torneo Internacional de Mar del Plata (19), 31.03.1946

1.c4 e6 2.Cf3 f5 3.g3 Cf6 4.Ag2 Ae7 5.0–0 0–0 6.d3 d6 7.Cc3 De8 8.Af4 e5 9.Ag5 h6 10.Axf6 Axf6 11.Tc1 Ad8 12.c5 dxc5 13.Ca4 Rh8 14.Cxc5 Cc6 15.Da4 f4 16.Tfe1 Tb8 17.b4 fxg3 18.hxg3 a6 19.a3 b5 20.Dc2 Tb6 21.Dd2 Ag4 22.Ce4 Axf3 23.exf3 Cd4 24.De3 Dh5 25.Cd2 Cc6 26.De4 Ag5 27.Txc6 Axd2 28.Te2 Ag5 29.Txb6 cxb6 30.Dxe5 Tc8 31.f4 Tc1+ 32.Te1 Txe1+ 33.Dxe1 Af6 34.Dc1 De8 35.Ae4 Dd7 36.Rg2 Rg8 37.Dd1 Rf8 38.Dc2 Ad4 39.Db3 Df7 40.Dc2 Dd7 41.Db3 Df7 42.Ad5 Dd7 43.Ae4 Df7 ½–½

Letelier Martner, René – Reinhardt, Enrique [D57]
Torneo Internacional de Mar del Plata (19), 31.03.1946

1.d4 d5 2.c4 e6 3.Cc3 Cf6 4.Cf3 Ae7 5.Ag5 0–0 6.e3 h6 7.Ah4 Ce4 8.Axe7 Dxe7 9.cxd5 Cxc3 10.bxc3 exd5 11.Db3 Td8 12.c4 Ae6 13.Dxb7 dxc4 14.Dxa8 Da3 15.Tb1 Ad5 16.Txb8 Axa8 17.Txd8+ Rh7 18.Ae2 Dc1+ 19.Ad1 Axf3 20.gxf3 Dc3+ 21.Rf1 Dd3+ 22.Ae2 Db1+ 23.Rg2 Dg6+ 24.Rf1 c3 25.Tc8 Db1+ 26.Rg2 Dg6+ 27.Rf1 Db1+ 28.Rg2 Dg6+ ½–½

Luckis, Marcos – Maderna, Carlos Hugo [D81]
Torneo Internacional de Mar del Plata (19), 31.03.1946

1.d4 Cf6 2.c4 g6 3.Cc3 d5 4.Db3 dxc4 5.Dxc4 Ag7 6.e4 c6 7.Cf3 0–0 8.Ae2 b5 9.Dd3 b4 10.Ca4 Aa6 11.Dc2 Da5 12.Cc5 Axe2 13.Dxe2 Cfd7 14.Cb3 Da6 15.Ae3 Tc8 16.e5 c5 17.Cxc5 Cxc5 18.dxc5

Dxe2+ 19.Rxe2 Cd7 20.Tac1 Cxe5 21.Cxe5 Axe5 22.Tc2 Tc6 23.Td1 Rf8 24.Td5 f6 25.f4 Ac7 26.Rd3 Re8 27.Rc4 Tb8 ½–½

Maccioni Seisdedos, Alejandro – García Vera, Romeo [D61]
Torneo Internacional de Mar del Plata (19), 31.03.1946

1.d4 d5 2.c4 e6 3.Cc3 Cf6 4.Ag5 Cbd7 5.e3 Ae7 6.Cf3 0–0 7.Dc2 h6 8.Ah4 c5 9.cxd5 cxd4 10.Cxd4 Cxd5 11.Axe7 Cxe7 12.Ae2 e5 13.Cf3 Cc6 14.0–0 Da5 15.Da4 Dxa4 16.Cxa4 b6 17.Tfd1 Cf6 18.Td6 Ab7 19.Cc3 Tfd8 20.Txd8+ Txd8 21.Td1 Txd1+ 22.Axd1 a6 23.Rf1 Rf8 24.Re2 Re7 25.Ac2 Rd6 26.Ab3 Cd8 27.Ce1 Cd7 28.f3 Cc5 ½–½

Michel, Paul – Hounie Fleurquin, Carlos [B73]
Torneo Internacional de Mar del Plata (19), 31.03.1946

1.e4 c5 2.Cf3 d6 3.d4 cxd4 4.Cxd4 Cf6 5.Cc3 g6 6.Ae2 Ag7 7.0–0 0–0 8.Ae3 Cc6 9.Dd2 d5 10.exd5 Cb4 11.d6 e6 12.Cdb5 Cbd5 13.Ad4 Cxc3 14.Dxc3 Cd5 15.Dd2 Axd4 16.Dxd4 a6 17.Cc3 Cxc3 18.bxc3 Ad7 19.Af3 Tb8 20.Tfb1 b5 21.c4 bxc4 22.Dxc4 Da5 23.Tb3 Tfc8 24.Dd3 Txb3 25.cxb3 Ab5 26.Dd4 e5 27.Dxe5 Te8 28.Dxe8+ Axe8 29.h3 Ad7 30.Ae2 De5 31.Te1 Ab5 32.a4 Axe2 33.d7 Dd6 34.Txe2 Dxd7 35.Te3 Rg7 36.Rh2 f5 37.g3 g5 38.Rg2 Dd5+ 39.Rh2 f4 40.gxf4 gxf4 41.Tc3 Rf6 42.Rg1 Rg5 43.b4 Dd1+ 44.Rg2 Dxa4 45.Tc5+ Rf6 46.Tc4 Re5 47.Tc5+ Rd4 48.Tf5 Dc6+ 49.Rh2 Df3 50.Rg1 Rc4 51.Tf6 Rb5 0–1

Pilnik, Herman – Najdorf, Miguel [C88]
Torneo Internacional de Mar del Plata (19), 31.03.1946 *[Juan S. Morgado]*

1.e4 e5 2.Cf3 Cc6 3.Ab5 a6 4.Aa4 Cf6 5.0–0 Ae7 6.Te1 b5 7.Ab3 0–0 8.a4 b4 9.d4 d6 10.c3 bxc3 11.bxc3 Ag4 12.d5 Ca5 13.Ac2 c6 14.h3 Ah5 15.g4?!... [15.dxc6 Tc8 16.Dd3 Txc6=] **15... Ag6 16.dxc6 Dc7** [16...Tc8!?] **17.Ch4 Dxc6 18.Cf5 Tfe8 19.h4…** [19.Cxe7+ Txe7 20.Ag5 Tc7→] **19... h5?** [19...Axf5 20.gxf5… *(20.exf5 d5 21.g5 Cd7 22.Ae3 e4 23.Cd2 Tac8∓)* 20...Tab8 21.Cd2 d5 22.Tb1 Txb1 23.Cxb1 Cxe4 24.Axe4 dxe4 25.Cd2 Td8∓] **20.g5= Ch7 21.Cd2 Tac8** [21...Dxc3 22.Te3 Dxa1 23.Ta3 Dxa3 24.Axa3 ∞] **22.c4 Cf8 23.Cf1 Cxc4 24.C1g3 Ce6**

25.Ad3?!... [25.Cxh5=] **25...d5?!** [25...Af8→] **26.exd5 Dxd5 27.Cxe7+ Txe7 28.Axg6 Dxd1 29.Axf7+ Txf7 30.Txd1 Cd4 31.Rg2 Tcf8 32.Ta2 g6 33.Ce4 Tc7 34.Cf6+ Rf7 35.f4 Cf5 36.Rh3 Tb8 37.Td3 Re6 38.Te2 Tb1 39.Tc3 Tb4 40.Txe5+ Cxe5 41.Txc7 Tb3+ 42.Rg2 Cxh4+ 43.Rf1 Cd3 44.Ad2 Cxf4 45.Tc6+ Rf5 46.Tc5+ Re6 47.Axf4 Tf3+ 48.Re2 Txf4 49.Tc6+ Rf5 50.Tc5+ Re6 51.Ta5 Cf5 52.Txa6+ Rf7 53.Ta7+ Re6 54.Ta6+ Rf7 55.Ta7+ Re6 56.Ta6+ Rf7 ½–½**

Ståhlberg, Gideon – Sanguinetti, Renato [D13]
Torneo Internacional de Mar del Plata (19), 31.03.1946

1.c4 Cf6 2.Cf3 c6 3.d4 d5 4.cxd5 cxd5 5.Cc3 Cc6 6.Af4 e6 7.e3 Ae7 8.Ad3 0–0 9.Tc1 Ch5 10.Ae5 f5 11.0–0 Cf6 12.Axf6 Axf6 13.Ca4 Dd6 14.Ab5 Cd8 15.Dc2 a6 16.Ad3 Ad7 17.Dc5 Cf7 18.Cb6 Tad8 19.Dxd6 Cxd6 20.Tc3 Ab5 21.Tfc1 Ce4 22.Tb3 Axd3 23.Txd3 Td6 24.Tb3 Tdd8 25.Rf1 g5 26.Re2 g4 27.Ce5 Axe5 28.dxe5 f4 29.f3 fxe3 30.Txe3 Cg5 31.fxg4 Tf4 32.Tc7 Txg4 33.Tg3 Txg3 34.hxg3 Tf8 35.Cd7 Tf7 36.Txb7 Rg7 37.Cc5 Txb7 38.Cxb7 Cf7 39.Cc5 Cxe5 40.Cxe6+ Rf6 41.Cc7 d4 42.Cxa6 Re6 43.Cb4 Rd6 44.b3 Cd7 45.Rd3 Rc5 46.a3 Ce5+ 47.Re4 Cg4 48.Cd3+ 1–0

Clausura, 1° de abril. TRAPALANDA

El vicepresidente de la FADA, Jorge Sanguinetti, habló al cierre. Najdorf ganó una medalla de oro donada por la Asociación de Propaganda, y una copa donada por la Municipalidad de General Pueyrredón. El doctor Jorge Sanguineti, vicepresidente de la FADA, destacó y agradeció el apoyo del Gobierno Nacional, y la decidida cooperación de la Asociación de Propaganda y Fomento de Mar del Plata, así como el de la Asociación de Hoteles y la prensa en general. Al entregarse los premios, el numeroso público recibió al maestro Najdorf con prolongados aplausos. Dicho ajedrecista usó de la palabra, y respondiendo a una alusión del doctor Sanguineti en el sentido de que se aspiraba a que en la Argentina se jugase el torneo por el Campeonato del Mundo, dijo que para él sería un gran honor representar a nuestro país en esa magna competencia, y destacó que en ninguna parte se había sentido tan cómodo como en la Argentina. Finalmente, se ofreció un *lunch* a la concurrencia, entre la que estaba el presidente de la Federación Uruguaya, don Gualberto Vidal Ayala.[156]

---

[156] *La Prensa*, 2 de abril de 1946.

Najdorf gana en Mar del Plata. *La Prensa*, 1° de abril de 1946

En el Salón de Actos del Piso de Deportes se llevó a cabo ayer a las 18.30 el acto de clausura y entrega de premios, con asistencia de las distintas autoridades. Se hallaban presentes el Señor A. Gómez, Administrador del Casino, P. Catuogno, presidente de la Asociación de Propaganda y Fomento de Mar del Plata, G. Vidal Ayala, presidente de la Federación Uruguaya, M. Chávez, titular de la Dirección del Piso de Deportes, y las autoridades de la FADA. Hizo uso de la palabra el doctor Jorge Sanguineti, vicepresidente 1º de la FADA, quien se refirió a la importancia del certamen, a su trascendencia, y a la influencia que pueda tener en el futuro para la elección de uno de los candidatos al Campeonato Mundial. A continuación, se procedió a la entrega de los premios, correspondiendo el primero al Señor Miguel Najdorf, que en nombre de los competidores pronunció un breve discurso, refiriéndose a su campaña en los torneos de Mar del Plata, donde se clasificó ganador por quinta vez. Manifestó su deseo de intervenir en el próximo Campeonato Mundial que ha dejado vacante la muerte de Alekhine, y expresó que tenía mucha fe en lograr un éxito para la afición argentina. Al cerrar el acto habló el señor Chávez para destacar la importancia del certamen, invitando a la concurrencia a tomar un aperitivo en un salón contiguo.[157]

Najdorf aspira al título mundial. *La Prensa*, 2 de abril de 1946

Cierre de gala del Torneo de Mar del Plata. *El Mundo*, 2 de abril de 1946

Najdorf inscribió una vez más su nombre en la lista de ganadores del ya clásico torneo que se realiza anualmente en la ciudad balnearia. En esta oportunidad su triunfo ha sido tan amplio, la forma de imponerse en los cotejos individuales, tan holgada, que hacen pensar seriamente en la necesidad de brindarle un escenario de mayor jerarquía donde pueda poner de manifiesto sus excepcionales dotes ajedrecísticas. No es difícil, pues, vaticinarle, sino el cetro mundial, por lo menos las grandes chances que posee para disputar su conquista ante cualquier conjunto de calificados maestros.[158]

---

[157] *El Mundo*, 2 de abril de 1946.
[158] *Blancas y Negras* nº 3, abril de 1946.

Ha vuelto a ser Guimard

▌Hoy podemos señalar la distancia exacta que ha separado a Najdorf de Ståhlberg, su más inmediato perseguidor y eterno rival en Argentina: 3 puntos. Diferencia elevada, que no se había registrado nunca entre el primero y el segundo en las justas de Mar del Plata, por lo menos en estos últimos años. La discreta actuación del segundo, Ståhlberg, no requiere mayores comentarios. Es la colocación que lógicamente le correspondía, aunque estimamos que la diferencia de puntaje ha sido exagerada. Carlos Guimard, el maestro santiagueño santafesino, que pareció en cierto momento el valor más alto que jamás había producido el ajedrez en la Argentina, ha sido, de todos nuestros compatriotas, el mejor clasificado.

Ganó, con ese motivo, un premio especial. Herman Pilnik, actual poseedor del título de campeón argentino comenzó jugando mal. Hubo un instante del torneo en que, sobre 10 partidas, había perdido seis, inclusive contra adversarios muy modestos. En todos los torneos juntos de Torneo Internacional de Mar del Plata no había rendido tantas veces su rey. Evidentemente, estaba actuando fuera de forma o con alguna preocupación. En la rueda final hizo maravillas para derrotar a Najdorf y estuvo a un tris de conseguirlo, pero la partida finalizó en tablas.[159]

Juego genial de Najdorf, declinación de los argentinos

▌El torneo ha finalizado con el categórico triunfo del destacado maestro polaco Miguel Najdorf, que reeditó en esta oportunidad sus ya acostumbradas brillantes performances. Y viene a ganarlo ahora, en el momento en que los grandes maestros han sido sorprendidos por la tremenda noticia de la muerte del campeón, Alekhine, que le permitirá usar el triunfo como credencial para participar con pretensiones en el próximo Campeonato Mundial. La verdad es que el torneo sirvió para ratificar la situación de privilegio que posee Najdorf en el conjunto de los maestros de Sudamérica. Najdorf se nos presenta con una seguridad casi absoluta en cada partida.

Guimard, el mejor argentino.
Noticias Gráficas, 1º de abril de 1946

---

[159] Amílcar Celaya, *Noticias Gráficas*, 1º de abril de 1946.

Imprime gran tensión desde el comienzo, para llevar luego el cotejo a un ataque arrollador, que en pocas jugadas debe rendirle su tributo. Juego positivo, del que habla claramente el promedio obtenido, que alcanzó casi al 95% del score ideal. Es que se adhirió a la época atómica con su materialismo (Sic). En cambio, Ståhlberg, que obtuvo el segundo puesto, mostró una modalidad distinta. A través del certamen ofreció una técnica más depurada que aquél, cuya síntesis es la teoría amasada con el conocimiento. Es el verdadero jugador del juego ciencia. Sabe aprovechar el error o tender una celada que hace crisis con una terminante derrota.

Ambos forman un verdadero medallón: Najdorf es el materialismo, y Ståhlberg trasunta el espíritu del juego ciencia. Michel, en cambio, no nos ofrece ninguna variación en este torneo. Hoy, como ayer y como siempre, insiste con su excesiva meditación en las jugadas iniciales de cada partida, con tendencia a buscar tablas en lugar de forzarlas en triunfos. Podríamos llamarlo *el maestro de las tablas*. Sin embargo, fue vencido por Guimard y Bolbochán. En el primero estuvo puesta la mirada de la afición argentina al comienzo del certamen. Se le ansiaba ver reeditar las performances de Viña del Mar y de Río de Janeiro, pero él demostró otra vez que es el gran jugador argentino fuera de su país, aunque haya logrado ahora su mejor clasificación en el grupo de maestros argentinos.

Ganó varias partidas excelentes, aunque en otras perdió inesperadamente. En cuanto a la *hormiguita estratégica* de Bolbochán, comenzó con ansias de triunfo, luego sufrió contrastes, y finalmente se dedicó nada más que a obtener tablas, hasta totalizar 12 empates. En forma irregular iba acusando sus altibajos inexplicables. No ocurrió lo mismo con Corte, que comenzó mal, reaccionó a partir de la 5ª ronda y al llegar a la 10ª se había encaramado en los primeros puestos, hasta constituirse esporádicamente en el puntero. Y todo eso a base de entusiasmo. Jugó con vigor, y actuando como un *tanque combinador* fue derribando a varios adversarios que actuaban en forma irregular. No obstante, su pintoresca personalidad y contagioso entusiasmo, Iliesco jugó mejorando sus actuaciones anteriores. Amigo de nivelar siempre sus partidas, se halló en más de una vez con una derrota. Cuando el triunfo se le insinuaba, le faltó envergadura y empató, y en esa forma fue perdiendo posiciones.[160]

Torneo de Torneo Internacional de Mar del Plata 1946

	Participantes	1	2	3	4	5	6	7	8	9	0	1	2	3	4	5	6	7	8	9	Pts.	S.B.
1	Najdorf, Miguel	*	1	1	1	1	1	1	1	½	½	1	0	1	1	1	1	1	1	1	16.0/18	
2	Ståhlberg, Gideon	0	*	1	½	½	½	½	1	1	½	½	1	1	1	1	½	½	1	1	13.0/18	
3	Michel, Paul	0	0	*	½	½	½	1	0	½	½	1	0	1	½	1	1	1	1	1	11.0/18	
4	Guimard, Carlos Enrique	0	½	½	*	½	½	½	1	½	0	½	1	½	½	½	1	1	1	½	10.5/18	
5	Bolbochán, Jacobo	0	½	½	½	*	0	1	½	½	1	½	½	1	½	½	½	1	½	½	10.0/18	83.75
6	Luckis, Marcos	0	½	½	½	1	*	0	½	0	1	1	½	0	½	½	½	1	1	1	10.0/18	80.00
7	Corte, César Juan	0	½	0	½	0	1	*	1	0	1	0	1	1	0	0	1	1	1	1	10.0/18	78.25
8	Hounie Fleurquin, Carlos	0	0	1	0	½	½	0	*	½	1	0	0	1	1	1	1	½	1	1	10.0/18	77.50
9	Pilnik, Herman	½	0	½	½	½	1	1	½	*	0	0	1	0	0	1	1	1	0	1	9.5/18	
10	Reinhardt, Enrique H.	½	½	½	1	0	0	0	0	1	*	½	0	0	1	1	1	1	0	1	9.0/18	
11	Letelier Martner, René	0	½	0	½	½	0	1	1	1	½	*	1	0	0	0	1	0	½	1	8.5/18	
12	Maderna, Carlos Hugo	1	0	1	0	½	½	0	1	0	1	0	*	0	½	½	0	0	1	1	8.0/18	73.50
13	Iliesco, Juan Traian	0	0	0	½	0	1	0	0	1	1	1	1	*	1	1	½	0	0	0	8.0/18	69.50
14	Souza Mendes, Joåo de	0	0	½	½	½	½	1	0	1	0	1	½	0	*	0	½	½	½	1	8.0/18	65.75
15	Sanguinetti, Renato	0	0	0	½	½	½	1	0	0	0	1	½	0	1	*	½	½	1	1	8.0/18	61.25
16	Roças, Orlando	0	½	0	0	½	½	0	0	0	0	0	1	½	½	½	*	1	1	½	6.5/18	
17	García Vera, Romeo	0	½	0	0	0	0	0	½	0	0	1	1	1	½	½	0	*	½	0	5.5/18	
18	Maccioni Seisdedos, A.	0	0	0	0	½	0	0	0	1	1	½	0	1	½	0	0	½	*	0	5.0/18	
19	Bauzá, Lorenzo	0	0	0	½	½	0	0	0	0	0	0	0	1	0	0	½	1	1	*	4.5/18	

[160] *La Razón*, 1º de abril de 1946.

CAPÍTULO 7

III MEMORIAL GRAU EN EL CÍRCULO (AMDA)

Vencen Nogués Acuña y Palau

Entre el 18 abril y el 6 de mayo se jugó el III Torneo Memorial Roberto Grau, participando ocho maestros y jugadores de 1ª Categoría del Círculo de Ajedrez. La información aparecida en diarios y revistas fue muy escasa.

3ª ronda

Prosiguió el certamen por el Trofeo Roberto Grau, que con singular éxito se viene cumpliendo en el Círculo de Buenos Aires, instituido por la entidad en homenaje a su expresidente y destacado maestro argentino, que por varios años ostentó el título de campeón nacional. En efecto, anoche, en los salones de Cerrito 1241, se jugó la 3ª ronda. Se destacó notablemente la partida jugada por el excampeón argentino, Luis Palau, y el maestro lituano (Sic) Christian De Ronde. Comenzaron las blancas con P4R, adoptando las negras una Defensa Escandinava que no fue lo suficientemente consistente, pues al insinuar Palau un vigoroso ataque, obligó a abandonar a De Ronde. Di Gregorio venció a Golitz (Sic), Casas perdió con Vuskovic y Nogués Acuña derrotó a Camponovo.[161]

Nogués Acuña y Vuskovic lideran el III Memorial Grau.
La Razón, 21 de abril de 1946

4ª ronda, 20 de abril

Por la 4ª ronda se medirán Palau – De Gregorio, De Ronde – Camponovo, Vuskovic – Nogués Acuña y Góliz – Casas.

---

[161] *La Razón*, 21 de abril de 1946.

5ª ronda, 28 de abril

En la 5ª ronda, el ingeniero Alejandro Nogués se impuso a su contrario ocasional en una partida relativamente breve, logrando poco después el mismo resultado Vuskovic al vencer a Camponovo. Mientras tanto, Palau, que conduciendo las piezas negras había logrado ventaja material en su partida con Casas, llegó al término de la sesión sin poder dar alcance a sus rivales, suspendiéndose la partida en posición sensiblemente equilibrada. Otros resultados: De Gregorio ½:½ De Ronde; Nogués 1:0 Góliz. Nogués tiene 5/5, siguen Vuskovic 4/5; Palau 3/4; Camponovo y De Gregorio 2/5; De Ronde 1½ y Góliz ½.[162]

Las mejores posibilidades de salir vencedor son del actual campeón de la entidad, Alejandro Nogués Acuña, que en esta rueda le ganó a Arístides Góliz una partida de PD en la que se produjo una situación de bloqueo, que más tarde se abrió, valorizando Nogués Acuña la acción de su par de alfiles para vencer con un ataque violento sobre el enroque enemigo. Palau le ganó al campeón del Club Jaque Mate, Fernando Casas. La partida fue dificultosa, pero el perdedor cometió al final debilidades que le hicieron perder un peón. Vuskovic venció a Camponovo, y empataron De Ronde – De Gregorio. Hoy se jugará la penúltima ronda.[163]

7ª Ronda, 6 de mayo

Hasta la última ronda, Luis Palau marchaba tercero en la tabla de posiciones. Difícil era imaginar que conquistase el primer premio, porque para ello iba a ser necesario que, en esa vuelta postrera, perdiesen tanto Nogués Acuña como Vuskovic, quienes le precedían. Aconteció, sin embargo, lo que no estaba previsto: perdió Nogués Acuña frente al doctor Marcial De Gregorio, y Vuskovic ha suspendido en situación perdida contra Arístides Góliz. Mientras tanto, Palau le ganaba con un mate espectacular a Mario Camponovo. El epílogo de esta partida asumió características risueñas. Cuando la posición era muy compleja, Camponovo cometió un grueso error que le permitió a Palau anunciar mate en dos. El veterano y pequeño maestro, entonces, revistiéndose de una seriedad cómica –es muy amigo de su adversario– pidió en alta voz:

¡Fotógrafos!

Y adoptó una pose de genio. Luego le dio mate a Camponovo, que se revolvía en su asiento, protestando contra su mala suerte. Con tal resultado, el triunfo del doctor De Gregorio sobre Nogués Acuña, y el del ajedrecista holandés Christian De Ronde sobre el joven Fernando Casas, definieron de esta forma el certamen. Teóricamente, el aficionado chileno Vuskovic, pero de formación ajedrecística argentina, podría ganar el torneo si se adjudicase el final que ha suspendido contra Góliz, pero seguramente lo perderá, porque tiene un alfil menos. Palau –Capital Federal– y Nogués Acuña –Catamarca–, siguen triunfando todavía.[164]

El torneo finalizó empatado entre el campeón de la entidad, Alejandro Nogués Acuña, y el excampeón Palau. La rueda pudo haber tenido consecuencias muy diferentes si Vuskovic, que tuvo en cierto momento buena partida, hubiese ganado o empatado con Góliz. En el primer caso, él habría sido el vencedor, y en el segundo, habría igualado con quienes lo precedieron; pero al perder, quedó relegado a la tercera colocación. Asimismo, si Nogués Acuña se halló en complicaciones desde el comienzo de su partida con De Gregorio, no pocas fueron las dificultades que debió sortear

---

[162] *El Mundo*, 30 de abril de 1946.
[163] *La Prensa*, 3 de mayo de 1946.
[164] *Clarín*, 8 de mayo de 1946.

Palau frente a Camponovo. La incertidumbre mantuvo el interés hasta el desenlace de esas partidas, la última de las cuáles, Vuskovic – Góliz, requirió una larga sesión complementaria. De todas maneras, el resultado lleva a compartir honores a los dos más calificados jugadores del Círculo, quienes mantienen sus prestigios y reconocidas condiciones. Los resultados finales fueron: Camponovo 0:1 Palau, en la 25ª; Nogués Acuña 0:1 de Gregorio, en 40, sufriendo el primero su única derrota; Vuskovic 0:1 Góliz, PD, Defensa Lasker con P3TR. Las acciones se desarrollaron parejas, pero una maniobra un tanto arriesgada y aparente trajo para éstas serias complicaciones. En un final en que se coronaron damas, quedó Góliz con una torre de ventaja, pero ante la dificultad de eludir un jaque perpetuo. Al lograrlo, las blancas perdieron en la jugada 86ª. Casas 0:1 De Ronde, PD, India del Rey, en la 38ª.[165]

Palau gritó: ¡Fotógrafos! Y le dio mate a su amigo Camponovo.
Clarín, 8 de mayo de 1946

■ El actual campeón Alejandro Nogués Acuña y Luis Palau empataron el primer puesto, con 5½/7, seguidos por Voyin Vuskovic 5, Marcial de Gregorio 3, Arístides Góliz y Christian De Ronde 2½, Fernando Casas y Mario Camponovo 2. Vuskovic, clasificado en tercer lugar, tuvo, como siempre, en sus nervios el mayor enemigo. Pudo en la última ronda clasificarse ganador absoluto, pues llevaba medio punto de ventaja, y jugaba contra el último. Sin embargo, perdió su chance frente a Góliz, el joven campeón del Club Jaque Mate, en una partida que le era sumamente favorable. Los resultados de la última ronda fueron: Camponovo 0:1 Palau, Nogués Acuña 0:1 De Gregorio; Vuskovic 0:1 Góliz y Casas 0:1 De Ronde, el holandés. De Gregorio y Góliz quedaron definitivamente clasificados en primera categoría.[166]

---

[165] *La Nación*, 8 de mayo de 1946.
[166] *Caissa* nº 84, pág. 94. *Blancas y Negras* nº 5, junio de 1946. *La Prensa*, 8 de mayo de 1946.

Sólo se conocen tres partidas y seis fragmentos de las 28 disputadas. El nivel técnico fue muy pobre, y se advierten en el Círculo los efectos del fallecimiento de Roberto Grau.

Casas, Fernando – Vuskovic, Vicente [C12]
III Memorial Grau – Círculo de Ajedrez (3), 20.04.1946

1.e4 e6 2.d4 d5 3.Cc3 Cf6 4.Ag5 Ab4 5.e5 h6 6.Ad2 Cfd7 7.f4 a6 8.Cf3 c5 9.Ce2 Axd2+ 10.Dxd2 Cc6 11.g3 b5 12.Ag2 Db6 13.0–0 b4 14.Rh1 a5 15.dxc5 Dxc5 16.c3 Aa6 17.Tfc1 Db6 18.Ced4 Cxd4 19.Cxd4 Tb8 20.cxb4 Dxb4 21.Dxb4 Txb4 22.Cc6 Txb2 23.Cxa5 0–0 24.Tc7 Cb6 25.Ta7 Ad3 26.Cc6 Cc4 27.Rg1 Rh7 28.a3 Ce3 29.Af3 Tc8 30.Cb4 Ab1 31.Txb1 Txb1+ 32.Rf2 Cf5 33.Rg2 Tc3 34.Ah5 Tb2+ 35.Rh3 Ce3 36.Axf7 Cf1 0–1

Nogués Acuña, Alejandro – Camponovo, Mario [A18]
III Memorial Grau – Círculo de Ajedrez (3), 20.04.1946

1.c4 Cf6 2.Cc3 e6 3.e4 d6 4.d4 c5 5.dxc5 Da5 6.cxd6 Cxe4 7.Ad2 Cxd2 8.Dxd2 De5+ 9.Ae2 Dxd6 10.Dc2 Ad7 11.Cf3 Ac6 12.0–0 Df4 13.Cb5 Ca6 14.Dc3 f6 15.Cfd4 Ad7 16.g3 Db8 17.Ah5+ g6 18.Cxe6 gxh5 19.Dxf6 Axe6 20.Dxe6+ Ae7 21.Tfe1 Rf8 22.Dxe7+ Rg8 23.Dg5+ Rf8 24.Te7 1–0

Palau, Luis – Nogués Acuña, Alejandro [B70]
III Memorial Grau – Círculo de Ajedrez (6), 03.05.1946 *[Juan S. Morgado]*

1.e4 c5 2.Cf3 d6 3.d4 cxd4 4.Cxd4 Cf6 5.Cc3 g6 6.g3 Cc6 7.Ag2 Cxd4 8.Dxd4 Ag7 9.Dd3 0–0 10.0–0 Da5 11.h3 b6 12.b4?!... [12.a4!?] 12...Dxb4 13.e5?!... [13.Tb1 Da5 oo] 13...Af5 14.De3 dxe5 15.Axa8 Txa8 16.g4 Axc2 [16...Ae6∓] 17.Ad2 e4 18.Tac1 Db2? [18...Ad3∓] 19.g5 Ch5 20.Cxe4 Td8 21.Cc3?!... [21.Ac3=] 21...Td3 [21...e6–+] 22.De2 Axc3 23.Axc3 Txc3 24.Dxe7 Tc5–+ 25.Tfe1 Rg7 26.h4 Cf4 27.Dd8 Td5?? [27...Ce2+ 28.Txe2 Dxc1+ 29.Rg2 Df4–+] 28.Txc2 Txd8?! [28...Dxc2?? 29.Df6+ Rf8 30.Dh8#; 28...Dd4!?] 29.Txb2 Td4 [29...Ce6 30.Te4→] 30.Te7± Ce6 31.Txa7 Txh4 32.Txb6 Cxg5 33.a4 Tf4 34.Tb2?!... [34.Tb3+–] 34...h5 35.a5?... [35.Tb3 Th4 36.Tg3 Ch3+ 37.Rf1 Cf4 38.Te7 Cd5 39.Te5→] 35...Ta4 36.a6 h4 37.Rg2 Ce6 38.Tbb7 Cg5 39.Tb6 h3+ 40.Rh2 Tg4 41.Tb3 ½–½

El campeonato del Círculo de Ajedrez finalizó empatado

El torneo Roberto G. Grau, campeonato del Círculo de Ajedrez, finalizó empatado entre el campeón de la entidad, Alejandro Nogués Acuña, y el ex campeón Luis Palau. La última ruedа, que determinó este resultado, pudo, sin embargo, haber tenido consecuencias muy diferentes si Vuskovic, que tuvo en cierto momento buena partida, hubiese ganado a Góliz, o empatado, puesto que en el primer caso él habría sido el vencedor y en el segundo habría igualado con quienes lo precedieron, pero al perder quedó relegado a la tercera colocación. Asimismo, si Nogués Acuña se halló en complicaciones desde el principio de su partida con De Gregorio, no pocas fueron las dificultades que debió orillar Palau frente a Camponovo. De lo expuesto se deduce que tal incertidumbre mantuvo el interés de la sesión hasta el desenlace de las partidas mencionadas, la última de las cuales (Vuskovic v. Góliz) requirió una larga sesión complementaria. De todas maneras, el resultado lleva a compartir honores a los dos jugadores más calificados del Círculo de Ajedrez, quienes, a pesar de su larga actuación, mantienen su prestigio y reconocidas condiciones de ajedrecistas. Puede señalarse el hecho curioso de que en esta rueda todas las partidas fueron ganadas por las negras. He aquí su detalle:

Camponovo 0 v. Palau 1. — Iniciada con la apertura Inglesa, fué por transposición una de peón Dama, con 5.D2A, en la que Camponovo logró clara ventaja posicional, pero no continuó con la precisión necesaria. Palau jugó lo mejor dentro de las circunstancias, aprovechando luego la oportunidad de ensayar un contrataque, que le dió la victoria en la jugada 25ª.

Nogués Acuña 0 v. De Gregorio 1. — También apertura Inglesa, pero con la defensa 1... P4AR, que se continuó 2. CR3A, CR3A; 3. P3CR, P3CD; 4. A2C, A2C; 5. O-O, P3R. De Gregorio estuvo muy feliz, superando desde el planteo hasta lograr la ganancia de una calidad, que Nogués Acuña cedió en busca de posibilidades, que no aliviaron su situación. En la jugada 40ª, el campeón del Círculo sufrió su única derrota del torneo, que le valió compartir la primera colocación.

Vuskovic 0 v. Góliz 1. — Peón Dama, defensa Lasker, con 6. P3TR, como previa a C5R. Las acciones se desarrollaron parejas, favoreciendo acaso ligeramente a las blancas, pero una maniobra un tanto arriesgada y aparente trajo para éstas serias complicaciones. En un final en que se coronaron damas, quedó Góliz con una torre de ventaja, pero ante la dificultad de eludir un jaque perpetuo. Al lograrlo, las blancas quedaron perdidas y abandonaron en la jugada 86ª.

Casas 0 v. De Ronde 1. — Peón Dama, India del Rey, a la manera de Grunfeld. Planteo y medio juego equilibrados. En su fase más avanzada, el negro obtuvo ventaja de posición, y el joven campeón del Jaque Mate no halló manera de oponerse al ataque del jugador holandés, que ganó bien en la jugada 38ª.

Posición final

	J.	G.	T.	P.	Pts.
Nogués Acuña	7	5	1	1	5½
Palau	7	5	1	1	5½
Vuskovic	7	5	—	2	5
De Gregorio	7	2	2	3	3
De Ronde	7	1	3	3	2½
Góliz	7	2	1	4	2½
Casas	7	2	—	5	2
Camponovo	7	1	2	4	2

Un final accidentado con dos ganadores.
La Nación, 8 de mayo de 1946

III Torneo Memorial Grau del Círculo de Ajedrez 1946

	Participantes	1	2	3	4	5	6	7	8	Pts.	S.B.
1	Nogués Acuña, Alejandro	*	½	1	0	1	1	1	1	5.5/7	16.75
2	Palau, Luis	½	*	0	1	1	1	1	1	5.5/7	14.75
3	Vuskovic, Vicente	0	1	*	1	0	1	1	1	5.0/7	
4	De Gregorio, Marcial	1	0	0	*	1	½	0	½	3.0/7	
5	Góliz, Arístides	0	0	1	0	*	½	0	1	2.5/7	8.25
6	De Ronde, Christiaan	0	0	0	½	½	*	1	½	2.5/7	5.75
7	Casas, Fernando	0	0	0	1	1	0	*	0	2.0/7	5.50
8	Camponovo, Mario	0	0	0	½	0	½	1	*	2.0/7	4.75

El campeonato del Círculo de Ajedrez finalizó empatado

El torneo Roberto G. Grau, campeonato del Círculo de Ajedrez, finalizó empatado entre el campeón de la entidad, Alejandro Nogués Acuña, y el ex campeón Luis Palau. La última rueda, que determinó este resultado, pudo, sin embargo, haber tenido consecuencias muy diferentes si Vuskovic, que tuvo en cierto momento buena partida, hubiese ganado a Góliz, o empatado, puesto que en el primer caso él habría sido el vencedor y en el segundo habría igualado con quienes lo precedieron, pero al perder quedó relegado a la tercera colocación. Asimismo, si Nogués Acuña se halló en complicaciones desde el principio de su partida con De Gregorio, no pocas fueron las dificultades que debió orillar Palau frente a Camponovo. De lo expuesto se deduce que tal incertidumbre mantuvo el interés de la sesión hasta el desenlace de las partidas mencionadas, la última de las cuales (Vuskovic v. Góliz) requirió una larga sesión complementaria. De todas maneras, el resultado lleva a compartir honores a los dos jugadores más calificados del Círculo de Ajedrez, quienes, a pesar de su larga actuación, mantienen su prestigio y reconocidas condiciones de ajedrecistas. Puede señalarse el hecho curioso de que en esta rueda todas las partidas fueron ganadas por las negras. He aquí su detalle:

Camponovo 0 v. Palau 1.—Iniciada con la apertura Inglesa, fué por transposición una de peón Dama, con 5.D2A, en la que Camponovo logró clara ventaja posicional, pero no continuó con la precisión necesaria. Palau jugó lo mejor dentro de las circunstancias, aprovechando luego la oportunidad de ensayar un contraataque, que le dió la victoria en la jugada 25a.

Nogués Acuña 0 v. De Gregorio 1.—También apertura Inglesa, pero con la defensa 1.... P4AR, que se continuó 2. CR3A, CR3A; 3. P3CR, P3CD; 4. A2C, A2C; 5. O-O, P3R. De Gregorio estuvo muy feliz, superando acaso desde el planteo hasta lograr la ganancia de una calidad, que Nogués Acuña cedió en busca de posibilidades, que no aliviaron su situación. En la jugada 40a, el campeón del Círculo sufrió su única derrota del torneo, que le valió compartir la primera colocación.

Vuskovic 0 v. Góliz 1.—Peón Dama, defensa Lasker, con 6. P3TR, como previa a C5R. Las acciones se desarrollaron parejas, favoreciendo acaso ligeramente a las blancas, pero una maniobra un tanto arriesgada y aparente trajo para éstas serias complicaciones. En un final en que se coronaron damas, quedó Góliz con una torre de ventaja, pero ante la dificultad de eludir un jaque perpetuo. Al lograrlo, las blancas quedaron perdidas y abandonaron en la jugada 86a.

Casas 0 v. De Ronde 1.—Peón Dama, india del Rey, a la manera de Grünfeld. Planteo y medio juego equilibrados. En su fase más avanzada, el negro obtuvo ventaja de posición, y el joven campeón del Jaque Mate no halló manera de oponerse al ataque del jugador holandés, que ganó bien en la jugada 38a.

Posición final

	J.	G.	T.	P.	Pts.
Nogués Acuña ..	7	5	1	1	5½
Palau	7	5	1	1	5½
Vuskovic . . .	7	5	—	2	5
De Gregorio . . .	7	2	2	3	3
De Ronde	7	1	3	3	2½
Góliz	7	2	1	4	2½
Casas	7	2	—	5	2
Camponovo	7	1	2	4	2

Nogués Acuña y Palau ganan el III Memorial Grau del Círculo de Ajedrez

CAPÍTULO 8

CLUB ARGENTINO:
SORPRESIVA VICTORIA DEL JOVEN LIPINIKS

Esta noche se iniciará en el Club Argentino, Santa Fe 1292, un torneo para maestros y jugadores de 1ª categoría. El torneo se jugará a un solo turno, iniciándose las partidas los martes y sábados a las 21. Se han instituido premios y medallas para los mejor clasificados, y el ganador tendrá derecho a disputar un *match* por el Campeonato de la institución frente a su actual poseedor, el doctor Arón Schvartzman. El sorteo dio el siguiente resultado: 1. Puiggrós; 2. Piro; 3. Lipiniks; 4. Piazzini; 5. Secchi; 6. Lynch; 7. Sanguinetti; 8. Beretta; 9. Marini; 10. Lascano; 11. Reinhardt y 12. Luckis.[167]

1ª ronda, 23 de abril

Con varias partidas comenzó en el Club Argentino el torneo, que llevó a la institución una extraordinaria concurrencia. La nómina anunciada sufrió una alteración al ser reemplazado en ella Luis Marini por el doctor Rafael Castells Méndez. Las partidas ofrecieron una lucha reñida, al punto que sólo la mitad de los cotejos pudo definirse en la primera fecha. Puiggrós 1:0 Luckis, Defensa Caro–Kann. Luego de 17.PxP las blancas tienen evidentemente juego muy superior, con serias amenazas que conducen a la ganancia de material.

En este momento, el maestro Luckis, que había solicitado jugar su partida en una sala aparte, y así lo hacía por haberse accedido a su requerimiento, manifestó que abandonaba el juego, molesto por el rumor de la concurrencia que llegaba hasta allí, y el proveniente de otras salas vecinas, retirándose sin firmar la planilla. Tratándose de un jugador que siempre ha hecho gala de corrección y goza de simpatía, esa actitud causó la consiguiente sorpresa. Es de esperarse que ella, así como la declaración que luego hizo de hallarse dispuesto a retirarse del certamen, no pase de una nerviosidad del momento. Lynch 0:1 Sanguinetti; Secchi 1:0 Beretta. Suspendidas: Lipiniks–Lascano, Piazzini – Castells Méndez, Piro – Reinhardt.[168]

¡Luckis se retiró! Existe un torneo de ajedrez, entre los numerosos que en la actualidad se realizan en el país, que responde a una tradición singular. Es el del Club Argentino, disputado por primera vez en el lejano 1905. De acuerdo con la tradición reavivada anualmente, anoche comenzó un nuevo certamen. El maestro Luckis, gran candidato a conquistar el triunfo abandonó en forma sorpresiva y se retiró visiblemente nervioso, molesto por el ruido de una mesa cercana donde se jugaba al dominó.[169]

Sólo se conocen 14 partidas y 5 fragmentos pequeños de las 56 partidas jugadas.

Intervendrán en un certamen de ajedrez conocidos jugadores

Esta noche se iniciará en el Club Argentino de Ajedrez, Santa Fe 1292, un torneo para maestros y jugadores de primera categoría. Intervendrán en el certamen, además del ex campeón nacional Luis R. Piazzini, los maestros Marcos Luckis, lituano, y Heinrich Reinhardt, alemán, y Renato D. Sanguinetti, quienes tuvieron muy buena actuación en el reciente torneo internacional de Mar del Plata, y destacados ajedrecistas, cuyos nombres dicen de la importancia de la prueba: Guillermo Puiggrós, Eduardo Secchi, Julio A. Lynch, Héctor Beretta, Leonardo Lipiniks, Luis Marini, Antonio Piro y Juan M. Lascano. El torneo se jugará a un solo turno, iniciándose las partidas los martes y sábados a las 21. El número de jugadas reglamentario será de 40, en dos horas. Las partidas no definidas deberán terminarse al día subsiguiente, en las mismas condiciones que rigen para las fechas de rueda. Se han instituido premios y medallas para los mejor clasificados, y el ganador tendrá derecho a disputar el match por el campeonato de la institución a su actual poseedor, Dr. Aarón Schvartzman. El sorteo para determinar el orden de los cotejos dió el siguiente: 1, Puiggrós; 2, Piro; 3, Lipiniks; 4, Piazzini; 5, Secchi; 6, Lynch; 7, Sanguinetti; 8, Beretta; 9, Marini; 10, Lascano; 11, Reinhardt, y 12, Luckis. En consecuencia, las partidas a jugarse esta noche serán éstas: Puiggrós v. Luckis, Piro v. Reinhardt, Lipiniks v. Lascano, Piazzini v. Marini, Secchi v. Beretta y Lynch v. Sanguinetti. Conducirán las blancas los citados en primer término.

Comienza el Torneo de 1ª Categoría del Club Argentino. *La Nación*, 24 de abril de 1946

---

[167] *La Nación*, 24 de abril de 1946.
[168] *La Nación*, 25 de abril de 1946.
[169] *Clarín*, 24 de abril de 1946.

Puiggrós, Guillermo – Luckis, Marcos [B18]
Club Argentino 1ª categoría (1), 23.04.1946 *[Juan S. Morgado / La Nación]*

1.e4 c6 2.d4 d5 3.Cc3 dxe4 4.Cxe4 Af5 5.Cg3 Ag6 6.Cf3 Cd7 7.Ad3 e6 8.0–0 Cgf6 9.Te1 Dc7 10.c3 Ae7 11.De2 Axd3 12.Dxd3 0–0 13.Ad2 c5 14.Tad1 a6 15.Cf5 exf5 16.Txe7 Ce4 17.dxc5 1–0

Luego de 17.dxc5 las blancas tienen evidentemente juego muy superior, con serias amenazas que conducen a la ganancia de material. En este momento, el maestro Luckis, que había solicitado jugar su partida en una sala a parte, y así lo hacía por haberse accedido a su requerimiento, manifestó que abandonaba el juego, molesto por el rumor de la concurrencia que llegaba hasta allí y el proveniente de otras salas vecinas, retirándose sin firmar la planilla. Tratándose de un jugador que siempre ha hecho gala de corrección y goza de simpatía, esa actitud causó la consiguiente sorpresa. Es de esperarse que ella, así como la declaración que luego hizo de hallarse dispuesto a retirarse del certamen, no pase de una nerviosidad del momento. [*La Nación*, 25 de abril de 1946]

Sin embargo, todavía las negras tenían recursos. Por ejemplo: 17.dxc5 Tad8 **(a)** *17...Dxc5 18.Dxd7 Dxf2+ 19.Rh1 Tad8 20.Dc7 Txd2 21.Cxd2 De2 22.Tf1 Dxd2 23.Df4 ±;* **b)** *17...Tad8 18.c6 bxc6 19.Ae1 Cdc5 20.Dxd8 Dxd8 21.Txd8 Txd8 22.Rf1 Cd3 23.Ce5 Rf8 24.Txf7+ Re8 25.Cxc6 Tc8 26.Te7+ Rf8 27.Te6 Cf4 28.Ca7 Td8 29.Te5 g6 30.f3 Cd2+ 31.Axd2 Txd2 32.g3→)* 18.c6 bxc6 19.Ae1 Cdc5 20.Dxd8 Dxd8 21.Txd8 Txd8 22.Rf1 Rf8 23.Tc7→

Piazzini, Luis Roberto – Castells Méndez, Rafael [A48]
Club Argentino 1ª categoría (1), 23.04.1946 *[Juan S. Morgado]*

1.d4 Cf6 2.Cf3 g6 3.b3 Ag7 4.Ab2 0–0 5.Cbd2 d5 6.g3 Cbd7 7.Ag2 c5 8.0–0 b6 9.c4 Ab7 10.cxd5 Axd5 11.Db1 cxd4 12.Axd4 Tc8 13.Db2 Ab7 14.Tfd1 Tc7 15.a4 Da8 16.a5 b5 17.a6 Ac6 18.Tac1 Ce8?? [18...Tfc8 19.e4→] **19.Axg7 Cxg7 20.Cd4+– Cb8 21.Cxb5...** [21.b4+–] **21...Tcc8 22.Af3??...** [22.Axc6 Cxc6 23.Cf3±] **22...Axf3 23.Cxf3→**, 1–0 en 67 jugadas; resto desconocido.

Secchi, Eduardo – Beretta, Héctor [A30]
Club Argentino 1ª categoría (1), 23.04.1946

1.c4 e6 2.Cf3 c5 3.g3 Cf6 4.Ag2 Ae7 5.d4 0–0 6.0–0 Db6 7.Cc3 d6 8.b3 Td8 9.Ca4 Dc7 10.dxc5 dxc5 11.Af4 Da5 12.De1 Dxe1 13.Tfxe1 Cc6 14.Tad1 Ad7 15.Ac7 Te8 16.Ad6 b6 17.Ce5±, 1:0 en 41 jugadas; resto desconocido.

2ª ronda, 28 de abril

Sólo tuvieron cuatro partidas, por haberse anticipado la que Beretta tenía que jugar con Lynch, en la que se impuso éste, y por haberse retirado definitivamente el maestro Marcos Luckis, dejando libre a Sanguinetti. La Comisión del Torneo decidió no atender el pedido del maestro lituano de que se dejara sin efecto el resultado adverso obtenido en las circunstancias especiales que dejamos consignadas en nuestra crónica anterior. Los resultados colocaron a

Piazzini y Secchi en los lugares de honor. Resultados: Puiggrós 1:0 Piro; Castells 0:1 Secchi; Beretta 0:1 Lynch; Lascano 0:1 Piazzini. Suspendida: Reinhardt – Lipiniks.[170]

■ El maestro Reinhardt, tras suspender nuestra partida del Club Argentino 1946 con dos peones de más para mí, me dijo:

> Usted sabrá que está terminantemente prohibido analizar las partidas suspendidas con terceros.

Me asustó tanto que no fui al salón de la Calle Corrientes de Renato Sanguinetti y, por falta de análisis, perdí, aunque por un increíble azar terminé ganando el torneo. Respecto a Luckis, él alegaba que sufría un trauma derivado de la guerra. Cualquier ruido lo sobresaltaba, incluso el simple *crick* que produce el papel cuando se hojea un diario.[171]

Beretta, Héctor – Lynch, Julio Alberto [C54]
Club Argentino 1ª categoría Buenos Aires (2), 27.04.1946

1.e4 e5 2.Cf3 Cc6 3.Ac4 Ac5 4.c3 Cf6 5.d4 exd4 6.cxd4 Ab4+ 7.Cc3 Cxe4 8.0–0 Axc3 9.d5 Ce5 10.bxc3 Cxc4 11.Te1 Ccd6 12.Cd2 0–0 13.Cxe4 Cxe4 14.Txe4 d6 15.Dh5 Df6 16.Ae3 Df5 17.Dxf5 Axf5 18.Te7 Tfc8 19.Te1 Rf8 20.Ag5 h6 21.Ah4 g5 22.Ag3 Te8 23.T7e3 Ad3 24.Td1 Ac4 25.a4 Ab3 26.Td4 f5 27.h4 Txe3 28.fxe3 Te8 29.hxg5 hxg5 30.Af2 Te4 31.a5 Txd4 32.exd4 Rf7 33.g3 Axd5 34.Ae3 Rg6 35.Rf2 Rh5 36.Ac1 Rg4 37.Ae3 f4 38.gxf4 gxf4 39.Ac1 Rf5 0–1

Castells Méndez, Rafael – Secchi, Eduardo [A00]
Club Argentino 1ª categoría (2), 27.04.1946

1.e4 e5 2.f4 Ac5 3.Cf3 d6 4.Ac4 Cf6 5.c. d5 10.exd5 Cxd5 11.Db3 Cxf4 12.0–0–0 Cc6 13.Ce5 Cxe5 14.dxe5∓, 0:1 en 46; resto desconocido.

Lascano, José Manuel – Piazzini, Luis Roberto [A00]
Club Argentino 1ª categoría (2), 27.04.1946 *[Juan S. Morgado]*

1.e4 e5 2.Cf3 Cc6 3.Ab5 a6 4.Aa4 Cf6 5.0–0 Cxe4 6.d4 Ae7 7.d5 Cb8 8.Cxe5 0–0 9.c4 d6 10.Cf3... [10.Cd3=] 10...Ag4 11.Ac2 f5 12.De2 Cd7 13.Axe4?!... [13.h3 Ah5 14.g4 fxg4 15.hxg4 Axg4 16.Dxe4 Af5 17.Dxf5 Txf5 18.Axf5 oo] 13...fxe4 14.Dxe4 Axf3 15.gxf3 Cc5↑ 16.De3?!... [16.Dg4 Tf6 17.Rh1 Tg6 18.Dh3 Af6→] 16...Af6∓ 17.f4 Dd7 18.Cc3 Df5 19.Df3 Tae8 20.Ae3 Cd3

La comisión rechaza el pedido de Luckis.
El Mundo, 30 de abril de 1946

---

[170] *El Mundo*, 30 de abril de 1946.
[171] Testimonio de Leonardo Lipiniks al autor, 29 de agosto de 2006.

21.Tab1 Ce5 22.De2 Cg4 23.Df3?... [23.h3 Cxe3 24.fxe3 Ad4∓] 23...Axc3–+ 24.bxc3 Tf6 25.Ad4 Tg6 26.Rh1 Te4 27.Tbe1 Dh5 28.h3 Txe1 29.Txe1 Cxf2+ 0–1

3ª ronda, 2 de mayo

▌Cuatro cotejos se resolvieron en las horas de juego iniciales, suspendiéndose para la sesión complementaria Secchi – Lascano, que finalizó a favor de este último. Los resultados fueron: Lipiniks 0:1 Puiggrós; Sanguinetti ½:½ Beretta; Piazzini 1:0 Reinhardt; Lynch 0:1 Castells Méndez; Secchi 0:1 Lascano.[172]

La comisión rechaza el pedido de Luckis.
El Mundo, 30 de abril de 1946

Lipiniks, Leonardo – Puiggrós, Guillermo [B74]
Club Argentino 1ª categoría (3), 30.04.1946

1.e4 c5 2.Cf3 Cc6 3.d4 cxd4 4.Cxd4 Cf6 5.Cc3 d6 6.Ae2 g6 7.Ae3 Ag7 8.Cb3 0–0 9.f4 Ae6 10.0–0 Ca5 11.f5 Ac4 12.Cxa5 Axe2 13.Dxe2 Dxa5 14.Tad1 b5 15.g4 b4 16.Td5 Dd8 17.g5 bxc3 18.gxf6 Axf6 19.bxc3 Axc3 20.fxg6 hxg6 21.h4 e6 22.Td3 Ae5 23.Dg4 Rg7 24.h5 Tc8 25.hxg6 fxg6 26.Txf8 Dxf8 27.Ta3 Df6 28.Txa7+ Rg8 29.De2 Dh4 30.Ta4 Tb8 31.Ac1 Tf8 32.Tb4 Dg3+ 33.Rh1 Tf1+ 0–1

Piazzini, Luis Roberto – Reinhardt, Enrique [D70]
Club Argentino 1ª categoría (3), 30.04.1946

1.d4 Cf6 2.c4 g6 3.f3 d5 4.cxd5 Cxd5 5.e4 Cb6 6.Cc3 Ag7 7.Ae3 0–0 8.f4 Cc6 9.d5 Cb8 10.a4 c6 11.a5 C6d7 12.e5 cxd5 13.Dxd5 Cc6 14.Cf3 e6 15.Dd6 Te8 16.Ab5 Af8 17.Dd1 Cxa5 18.0–0 Cc6 19.Ce4 Dc7 20.Tc1 Td8 21.Dc2 Cb6 22.Cf6+ Rg7 23.Tfd1 Cd5 24.Txd5 exd5 25.Cd4 Ae6 26.Df2 Ae7 27.Dh4 h5 28.Axc6 bxc6 29.Txc6 Db7 30.f5 Ad7 31.fxg6 fxg6 32.Cxh5+ gxh5 33.Dxe7+ 1–0

4ª ronda, 4 de mayo

▌Muy interesantes resultaron las partidas. Reinhardt 1:0 Secchi, PR, con la clásica Apertura de los Cuatro Caballos. Hubo no pocas jugadas objetables por ambas partes, en un enredado medio juego que se complicó al hallarse ambos adversarios sumamente apremiados por el tiempo. Ganó Reinhardt, que ya tenía posición muy superior. En la jugada 41ª. Puiggrós 0:1 Piazzini, PR, Defensa Petroff transformada en la variante de los cambios de la Defensa Francesa. Las negras ganaron en la jugada 48ª. Piro 0:1 Lipiniks, Zukertort Reti, PD, Defensa Grünfeld por trasposición. Las negras lograron calidad de ventaja por un peón. En apremio de tiempo, Piro facilitó la tarea de su joven rival, quien se impuso en la 44ª.

---
[172] *El Mundo*, 5 de mayo de 1946.

Castells Méndez 1:0 Sanguinetti, PD con el Gambito Aceptado en la 5ª jugada, continuando con 6.P4R P4CD (Sic). Tuvo la característica propia de esta línea de juego: largas maniobras de piezas menores. Sanguinetti, en apuros de reloj, incurrió en un error que permitió a su adversario dar un bonito mate de caballo en la jugada 41ª. Lascano 0:1 Lynch. Tampoco logró el doctor Lascano completar las 40 jugadas, si bien ya se encontraba en situación insostenible. La aguja fatal cayó en la jugada 29ª.[173]

Castells Méndez, Rafael – Sanguinetti, Renato [D44]
Club Argentino 1ª categoría (4), 04.05.1946 *[Juan S. Morgado]*

1.d4 Cf6 2.Cf3 d5 3.c4 e6 4.Cc3 c6 5.Ag5 dxc4 6.e4 b5 7.a4 b4 8.Ca2 Aa6 9.Ce5 c5 10.dxc5 Dxd1+ 11.Txd1 Axc5 12.Axc4 Axc4 13.Cxc4 Cbd7 14.f3 0–0 15.a5 Tfc8 16.b3 Tab8 17.Cc1 Af8 18.Af4 Tb5 19.Ad6 Cc5 20.Axf8 Txf8 21.Re2 Cb7 22.a6 Cc5 23.Td6 Tc8 24.Thd1 Tbb8 25.Ce5 Ce8 26.T6d2 Cxa6 27.Td7 Tc7 28.Txc7 Caxc7 29.Td7 f6 30.Cc6 Tb6 31.Cxa7 Ta6 32.Cc8 Rf8 33.Td4 Tc6 34.Tc4 Txc4 35.bxc4 Ca6 36.Cb3 e5 37.Rd3 Cec7 38.c5 Re8? [38...Ce6 39.c6 Re8 40.Rc4 Rd8=] **39.Rc4± 39...Rd7 40.Cb6+ Rc6??** [permite un mate directo de dos caballos!]

[40...Rd8 41.Cd5±] **41.Ca5# 1–0**

5ª ronda, 6 de mayo

■ Se llevaron a efecto las partidas de esta rueda, obteniéndose los siguientes resultados: Beretta 1:0 Castells Méndez, Defensa Francesa. Las negras efectuaron el avance erróneo de su PCR, del que Beretta sacó buen partido, ganando por ataque en la jugada 27ª. Lynch 0:1 Reinhardt, Zukertort, PD, Defensa Grünfeld por trasposición; Las negras ganaron un final de reyes y peones, en 37. Secchi 1:0 Puiggrós, Inglesa con 2.P3CR; tras un planteo parejo, las blancas penetraron con sus torres y agredieron al rey enemigo que había quedado en el centro en situación crítica, y ganaron en 31. Sanguinetti 1:0 Lascano,

[173] *La Nación*, 7 de mayo de 1946.

Reinhardt supera a Sanguinetti. *La Nación*, 7 de mayo de 1946

Ruy López, Morphy, en 30. Piazzini 0:1 Piro, Defensa Francesa. Piazzini sacrificó, acaso prematuramente, un caballo en la jugada 8ª. La situación se presentó difícil para las negras, pero consiguieron zafarse de los peligros inmediatos. Piazzini, con gran apremio de tiempo, no jugó luego lo mejor, y perdió un peón, abandonando en la 35ª. Libre, Lipiniks.[174]

▪ Se destaca la actuación del excampeón argentino, Luis Piazzini, que va primero con 4/5. Luego, Reinhardt y Secchi, con tres triunfos y dos derrotas. Luchas por desprenderse del último puesto Beretta, Lipiniks (1½/4) y Lascano (1½/5). Los resultados fueron: Beretta 1:0 Castells Méndez; Sanguinetti 1:0 Lascano; Secchi 1:0 Puiggrós; Lynch 1:0 Reinhardt y Piazzini 0:1 Piro.[175]

6ª ronda, 10 de mayo

▪ Piro dio *mate seco* a Secchi. Le arreó el rey hasta el medio del tablero, y allí lo ejecutó. Eso de que a un ajedrecista de primera categoría se le dé mate en medio del tablero, y que ese mate sea forzado, ineludible, no es cosa que ocurra todos los días. Aconteció, sin embargo, en el tradicional torneo del Club Argentino. El matador fue el señor Antonio Piro, y la víctima el señor Eduardo Secchi, excampeón cordobés, actualmente radicado en Buenos Aires. Advirtamos, entre paréntesis, que cuando Secchi recibió mate tenía una torre de ventaja. Su adversario había sacrificado la propia con toda alevosía. Los otros resultados fueron: Puiggrós 1:0 Lynch. Suspendidas Lascano – Beretta; Reinhardt – Sanguinetti; Lipiniks – Piazzini. Libre Castells Méndez.[176]

Beretta vence a Castells Méndez.
La Nación, 8 de mayo de 1946

Lipiniks, Leonardo – Piazzini, Luis Roberto [C88]
Club Argentino 1ª categoría (6), 11.05.1946

1.e4 e5 2.Cf3 Cc6 3.Ab5 a6 4.Aa4 Cf6 5.0–0 Ae7 6.Te1 b5 7.Ab3 0–0 8.a4 Tb8 9.axb5 axb5 10.c3 d5 11.d3 Ag4 12.h3 Ah5 13.Ta6 Tb6 14.Txb6 cxb6 15.exd5 Cxd5 16.g4 Ag6 17.Cxe5 Cxe5 18.Txe5 Cc7 19.Af4 Ce6 20.Td5 Da8 21.Ae3 Dc6 22.c4 Cc7 23.cxb5 Df6 24.Ag5 Dxb2 25.Axe7 Cxd5 26.Axf8 Cf4 27.Ad6 Cxh3+ 28.Rg2 Cxf2 29.Dc2 Cxd3 30.Dxb2 Cxb2 31.Cc3 Cd3 32.Cd5 Ae4+ 33.Rg3 Cc1 34.Ac4 Axd5 35.Axd5 Ce2+ 36.Rf2 Cc3 37.Ac6 f6 38.Ac7 Ca4 39.Ad5+ Rf8 40.Re3 Re7 41.Rd4 1–0

Piro, Antonio – Secchi, Eduardo [A54]
Club Argentino 1ª categoría (6), 11.05.1946 *[Juan S. Morgado]*

1.c4 e5 2.Cc3 Cf6 3.g3 Cc6 4.Ag2 Ae7 5.Cf3 0–0 6.d4 d6 7.d5 Cb8 8.h3 Cbd7 9.Ae3 Ch5 10.g4 Cf4 11.Axf4 exf4 12.Dd2 f5 13.gxf5 Ce5 14.Cxe5 dxe5 15.0–0–0 Axf5 16.Ce4 Rh8 17.Dc3 Ag5 18.Af3 Axe4 19.Axe4 De7?! [19...Ah4 oo] 20.h4 Axh4 21.Dd3?!... [21.c5→] 21...g5 22.Df3= Dc5?? [22...Tf6=] 23.Axh7+– Rxh7 24.Txh4+ gxh4 25.Dh5+ Rg7 26.Tg1+ Rf6 27.Dh7?... [27.

---

[174] *La Nación*, 8 de mayo de 1946.
[175] *La Razón*, 12 de mayo de 1946.
[176] *Clarín*, 13 de mayo de 1946.

Dg5+ y mate en 7.] **27...Tg8??** [27...Dxc4+ 28.Rb1 Tg8 29.Dxh4+ Rf5=] **28.Dh6+...** [28.Dxh4+ mate en 7] **28...Rf5 29.Dh7+ Rf6 30.Dxh4+ Rf7 31.Dh7+ Rf6 32.Dh6+ Rf5 33.Dh3+ Tg4 34.Dxg4+ Re4 35.Dg6+ Rd4 36.Dd3# 1–0**

Puiggrós, Guillermo – Lynch, Julio Alberto [D35]
Club Argentino 1ª categoría (6), 11.05.1946 *[Juan S. Morgado]*

1.d4 Cf6 2.c4 e6 3.Cc3 d5 4.Ag5 Cbd7 5.e3 c6 6.cxd5 exd5 7.Ad3 Ae7 8.Cge2 h6 9.Af4 Ch5 10.0–0 0–0 11.Tc1 Cxf4 12.Cxf4 Cf6 13.Ab1 Ad6 14.Dd3 Axf4 15.exf4 Dd6 16.Ce2 Te8 17.Tfe1 Ad7 18.Cg3 g6 19.Te5 Db4 20.b3 Cg4 21.h4 Cxe5 22.fxe5 Te6 23.f4?!... [23.h5 c5 oo] **23...f5** [23...c5!? 24.h5 Tc6 25.Tf1 Dxd4+ 26.Dxd4 cxd4 27.hxg6 Ag4∓] **24.h5 Tf8 25.De3 Tf7 26.Ad3...** [26.Rf2=] **26...Da3** [26...Rf8!?] **27.Dd2 a5 28.Ae2 Db4 29.Dd3?...** [29.Dxb4 axb4=] **29...Rf8?** [29...g5!∓] **30.Td1 Tg7= 31.Af3 De7 32.hxg6 Texg6 33.Cxf5 Axf5 34.Dxf5+ Rg8 35.Dh3 Tg3 36.Dh5?...** [36.Dc8+ Rh7 37.Df5+ Rh8 38.Rf2 Dh4 39.Re3 Txg2 40.Axg2 Txg2 41.Df8+ Rh7=] **36...Df7??** [36...Df8∓] **37.Dxf7+ Rxf7 38.Rf2 Re6 39.Th1 Rf5 40.Txh6 Rxf4 41.Tf6+ 1–0**

7ª ronda, 14 de mayo

Para no perder su dama, Secchi prefirió rendirse ante Lipiniks. Antes de seguir adelante con la crónica de esta rueda, queremos decir dos palabras acerca del señor Eduardo Secchi, a costa de quien hicimos nuestro comentario sobre la rueda anterior, y que llevará, también, el peso de esta reseña.

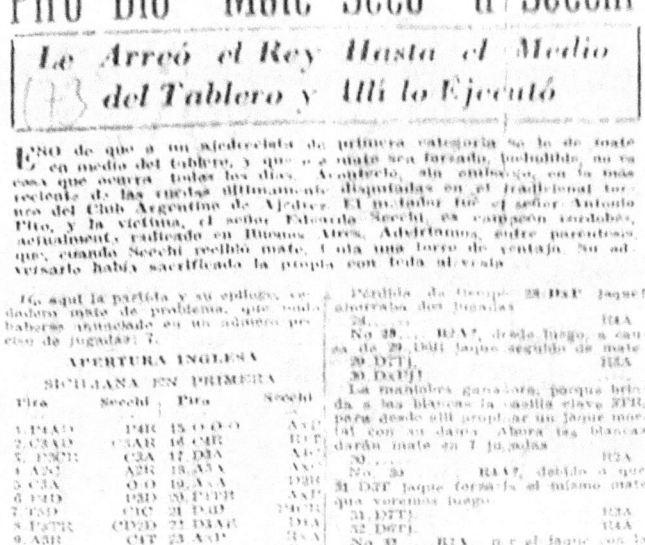

El mate seco de Piro a Secchi. *Clarín*, 13 de mayo de 1946

En nuestra opinión, el señor Secchi, excampeón cordobés, es el más promisorio de todos los ajedrecistas jóvenes. Su colocación en el certamen del año pasado. Precediendo, entre otros, aficionados de la talla de Piazzini, Sanguinetti, Puiggrós, Hounie Fleurquin, Beretta, y otros, corrobora nuestro punto de vista. Daniel Arroyo, que además de cantor y abogado, es ajedrecista, lo consideraba como el candidato con más posibilidades de ganar el torneo de este año. Si publicamos, el lunes, una partida en la que le dieron mate, y hoy, otra en que le ganan la dama, atribúyase a que tuvo la desgracia de suscitar los dos combates más interesantes de las últimas ruedas, y no a subestimación de sus excelentes cualidades, ni menos a ensañamiento...

Al público hay que darle la partida más emocionante, y por ese ineludible deber periodístico, el señor Secchi estará dos veces seguidas de turno. Otro muchacho de la nueva generación, Leonardo

Lipiniks, le ganó espectacularmente. Caballeresca y galantemente, antes de perder su dama, el señor Secchi abandonó. En efecto, fuera donde fuera el rey blanco, las negras hubieran dado un jaque con su caballo, para luego capturar impunemente la dama enemiga. No había resistencia posible. Los otros resultados fueron: Beretta 0:1 Reinhardt; Castells Méndez 1:0 Lascano; Lynch ½:½ Piro. Suspendida Sanguinetti 0:1 Puiggrós.[177]

> **Secchi, Eduardo – Lipiniks, Leonardo [A29]**
> **Club Argentino 1ª categoría (7), 14.05.1946** *[Juan S. Morgado]*

1.c4 e5 2.Cc3 Cf6 3.g3 d5 4.cxd5 Cxd5 5.Ag2 Cb6 6.Cf3 Cc6 7.0–0 Ae7 8.b3 0–0 9.Ab2 Ae6 10.Tc1 f5 11.d3 Dd7 12.Cb5 Af6 13.d4 exd4 14.Cbxd4 Ad5 15.Cxc6 Axb2 16.Cfe5 Axe5 17.Cxe5 De6 18.Cf3 c6 19.Dd2 Tad8 20.Tfd1?... [20.Da5!?; 20.Db2=] 20...Axf3∓ 21.Dxd8 Axg2 22.Dc7 Ad5 23.Dxb7 f4 24.Dxa7??... [24.Txd5 cxd5∓] 24...fxg3 25.hxg3 Dh6 26.f4 Dh1+ 27.Rf2 Dg2+ 28.Re3 Te8+ 29.Rd4 Df2+ 30.Rd3 Ae4+ 0–1

8ª ronda, 24 de mayo

■ Puiggrós vence a Beretta y encabeza el certamen. La nota de la sesión la dio el cotejo Reinhardt – Castells Méndez, brillantemente ganado por éste, desenlace que quitó al maestro alemán el puesto de vanguardia que ocupaba, para ser sustituido por Puiggrós. Las diferencias en los scores continúan siendo mínimas, y es realmente imposible hacer vaticinios sobre el resultado final. Reinhardt jugó 1.P4R y Castells respondió con la Defensa Francesa. Las blancas pretendieron, prematuramente, establecer un ataque en el sector de rey enrocando en el de dama y basándose en la cesión del PR. Castells contestó con precisión y energía, contraatacando a su vez. Bonitas maniobras y sacrificios eventuales culminaron con el de la dama, que habiendo colocado ya a Reinhardt en posición insostenible, determinó su abandono en la jugada 46ª.

Puiggrós venció a Beretta, PD, Defensa Siciliana que siguió la Variante del Dragón. Se mantuvo equilibrada en el planteo y la mayor parte del medio juego, pero hacia el final, Puiggrós logró ventaja de dos peones, imponiéndose en la jugada 37ª. Lipiniks derrotó a Lynch, Ruy López Defensa Morphy, con 5.A2R. Fue un juego complicado, que en vano trataron las blancas de inclinar a su favor. Lipiniks, que actuó muy bien, ganó en la jugada 35ª cuando Lynch, ya en inferioridad y apremiado por el tiempo, vio caer la aguja de su reloj. Han quedado pendientes para la sesión complementaria Piro – Sanguinetti, que ganó éste en la jugada 85ª, y Piazzini – Secchi, no iniciada, que terminó empatada en la jugada 78ª.[178]

Puiggrós le gana a Beretta y pasa a la punta.
La Nación, 20 de mayo de 1946

---

[177] *Clarín*, 16 de mayo de 1946.
[178] *La Nación*, 20 y 24 de mayo de 1946.

9ª ronda, 27 de mayo

▌Las dos últimas rondas han colocado a cuatro de los mejores jugadores en la posibilidad de ganar el certamen, tres de ellos con 5/8. Reinhardt, con una partida más jugada, también tiene 5, y siguen en orden de méritos Piazzini y Lipiniks. Los resultados fueron: Castells Méndez 1:0 Puiggrós; Lynch 1:0 Piazzini; Beretta 1:0 Piro; Sanguinetti 1:0 Lipiniks y Lascano ½:½ Reinhardt.[179]

▌Al vencer el doctor Castells Méndez a Puiggrós, en una partida rematada en excelente estilo, ha empatado con éste en 5 puntos la primera colocación. En la que sólo podrían ser igualados por Lipiniks, en caso de vencer éste a Sanguinetti, o superados en medio punto por Reinhardt. La partida Castells Méndez – Piazzini se complicó después de algunas acciones centrales debido a una maniobra objetable del blanco, que, al no ser debidamente refutada, dio oportunidad a Castells para emplazar un ataque directo que remató con elegante energía. En la jugada 25ª las negras abandonaron. Lynch venció a Piazzini, PD, Defensa Grünfeld. Las negras

Puiggrós y Castells Méndez, arriba.
El Mundo, 29 de mayo de 1946

efectuaron un sacrificio erróneo del peón, logrando alguna iniciativa que Lynch neutralizó. Luego intentaron hallar compensaciones posicionales con la entrega de una pieza, que resultó insuficiente para salvar la partida, abandonando en la jugada 51ª. Se suspendieron Lezcano – Reinhardt, compleja, Beretta – Piro, mejor Beretta, y Sanguinetti – Lipiniks, con ventaja para el primero.[180]

10ª Ronda, 30 de mayo

▌De acuerdo con los resultados de la rueda 9, Puiggrós encabeza la tabla de posiciones, ya que en la sesión complementaria Lascano hizo tablas con Reinhardt, Beretta venció a Piro y Sanguinetti a Lipiniks. En la 10ª Puiggrós 1:0 Lascano; Piro 1:0 Castells Méndez; Piazzini ½:½ Sanguinetti; Lipiniks 1:0 Beretta y Secchi – Lynch suspendida en posición equilibrada. Hoy se jugarán las partidas de la rueda final.[181]

11ª ronda, 1º de junio

▌No se definió el torneo: los resultados de la última rueda no dan aún una decisión definitiva. Si bien Lipiniks, al ganar su último cotejo con Castells Méndez –que debió, por cierto, perder– que-

---

[179] *La Razón*, 25 de mayo de 1946.
[180] *La Nación*, 26 de mayo de 1946.
[181] *La Nación*, 1º de junio de 1946.

da en el primer puesto, podría ser alcanzado por Sanguinetti, quien no ha terminado su partida con Secchi, suspendida en condiciones ligeramente favorables para él, aunque con muchas probabilidades de resolverse en tablas. En Castells Méndez – Lipiniks se jugó un Gambito Dama Rehusado. Las blancas quedaron mejor, y en una complicada posición del medio juego pudieron resolver el encuentro con mate, pero equivocaron el plan, definiéndose las acciones en su contra en la jugada 44ª.

Este triunfo coloca a Lipiniks en el primer puesto con 6½/10. Beretta perdió con Piazzini, Ruy López Morphy, en 28 jugadas; Piazzini logró 6/10. Reinhardt le ganó a Puiggrós, Defensa Siciliana. Desde el planteo las blancas quedaron en situación preferible, para ganar bien en la jugada 41ª. El ajedrecista alemán igualó los scores de Piazzini y Puiggrós. Sanguinetti – Secchi, PD Defensa India Sistema Bogoljuboff, suspendida en la jugada 41ª. Hay igualdad material, pero con una ligera ventaja posicional para Sanguinetti, que acaso pueda resultar insuficiente para ganar. Lascano – Piro se suspendió la jugada 42ª, en situación poco clara.[182]

▮ Con el triunfo de Leonardo Lipiniks finalizó el torneo. De la última rueda, y hasta de la misma sesión complementaria de ésta, dependió el resultado final, que ha sido este año particularmente reñido. Si el vencedor no hubiese ganado su cotejo con Castells, que debió perder, se habría visto precedido por cinco de sus adversarios. Esto no quita mérito a su excelente actuación. Elemento nuevo, entusiasta y en plena formación, mucho cabe esperar de él. Por lo demás, había probado ya sus condiciones al ganar el Torneo Nacional de 2ª Categoría en 1945, el de 1ª de Nueva Argentina y el reciente *match* por el título de esta entidad. Al adjudicarse el torneo del Club Argentino, adquiere el derecho de disputar en *match* al doctor Arón Schvartzman el título de la institución decana. A sólo medio punto se clasificaron Puiggrós, Piazzini y Reinhardt. Tras ellos se colocó Renato Sanguinetti, quien en la sesión complementaria perdió la posibilidad de empatar el primer puesto al perder con Secchi. Había quedado un final de dos caballos contra caballo y alfil, con seis peones por bando, en que Sanguinetti, con vistas a su score, se empeñó inútilmente en hallar procedimientos ganadores en una situación equivalente. Secchi ganó en buen estilo en la jugada 63ª.[183]

▮ Con el triunfo del aficionado Leonardo Lipiniks acaba de finalizar el campeonato interno del Club Argentino. En el segundo puesto empataron tres participantes: Piazzini, –cuya actuación fue promisoria en las cuatro primeras ruedas, pero que luego decayó visiblemente– Reinhardt –ajedrecista alemán, que tuvo un desempeño por debajo de sus méritos– y Puiggrós. En cuanto al veterano Julio Lynch, a través de sus partidas se advierte el efecto que le produce la prolongación de los juegos, a pesar de lo cual demuestra siempre la calidad que posee. La lucha en las ruedas finales resultó sumamente lucida, pues varios de los jugadores estuvieron a punto de conquistar el triunfo. Lipiniks debió perder con Castells Méndez, pero éste, en una posición ganadora, jugó mal y perdió la partida, y con ello la posibilidad de empatar el primer puesto.[184]

Castells Méndez, Rafael – Lipiniks, Leonardo [D46]
Club Argentino 1ª categoría (11), 04.06.1946 *[Juan S. Morgado]*

Esta fue la partida decisiva para determinar el primer puesto en solitario de Lipiniks, y estuvo plagada de errores graves por ambas partes.[185]

1.d4 d5 2.c4 e6 3.Cc3 c6 4.e3 Cf6 5.Cf3 Cbd7 6.Ad3 Ad6 7.0–0 0–0 8.e4 dxc4 9.Axc4 e5 10.Ag5 De7 11.Te1 Cb6 12.Ae2 exd4 13.Dxd4 Cbd7 14.Axf6 gxf6 [14...Dxf6 15.Dxf6 gxf6 16.Ted1

[182] *La Nación*, 4 de junio de 1946.
[183] *La Nación*, 5 de junio de 1946.
[184] *La Prensa*, 3 de junio de 1946.
[185] Publicada en *Nuestro Tablero* con muchos análisis erróneos.

Ab4 17.Cd4 Cb6 18.Tac1 Te8=] **15.Tad1 Ac5 16.Dd2 Ce5 17.Df4 Ad6 18.Dh4 Cg6 19.Dh6 Af4 20.Dh5 Db4 21.Cd4...** [21.g3=] **21...Dxb2 22.Td3 Db6?** [22...Td8→] **23.Cf5± Td8** [23...Te8 24.Th3 Cf8 25.Ag4±] **24.Th3+− h6 25.Ac4...** [25.Tb1 Dc7 26.g3 Ag5 27.f4±] **25...Rf8? 26.Tf3!+−...** [26. Tb1 Dc7 27.Tf3 b5 28.Ab3±] **26...Db4 27.Ab3 Ad2 28.Tg3??...** [28.Ch4 Rg7 29.Td1 Axc3 30.Txd8+−] **28...Axf5= 29.exf5 Dh4** [29...Axe1 30.fxg6 Axc3 31.g7+ Re7 32.g8D Txg8 33.Txg8 Txg8 34.Dxf7+ Rd6 35.Dxg8=] **30.De2?...** [30.Df3 Te8=] **30...Axe1∓ 31.fxg6...** [31.Dxe1 Ce5−+] **31...Te8?** [31... Axc3 32.g7+ Rg8 33.Txc3 Te8−+] **32.Dd3??...** [32.Df3=] **32...Tad8??** [32...Df4−+] **33.Dc2??...** [33. g7+ Rg8 34.Axf7+ Rxf7 35.g8D+ Txg8 36.Dh7+ +−] **33...Axc3−+ 34.Dxc3 Dd4 35.Dc1??...**

[35.h4 Dxc3−+] **35...Dd2?** [35...Dd1+! 36.Axd1 Te1#] **36.Dc5+ Dd6−+ 37.Dxd6+ Txd6 38.h4 Te1+ 39.Rh2 fxg6 40.Txg6 Te2 41.h5 Txf2 42.Txh6 Tf5 43.g4 Tg5 44.Rg3 Rg7 0−1**

Pudo apreciarse una insólita cantidad de *blunders*. La cuestión es que si Castells Méndez ganaba esta partida compartía el primer lugar con otros tres rivales, pero los superaba en el desempate Sonneborn.

La victoria de Lipiniks

▌ Se impuso el joven Leonardo Lipiniks, con 6½/10. Lipiniks adquirió el derecho de desafiar al campeón Arón Schvartzman.[186]

▌ Lipiniks tiene 22 años y se formó en una Biblioteca Cultural de Liniers. Un nuevo valor de subidos quilates ha surgido en el firmamento, con no pocas estrellas, del ajedrez nacional: se llama Leonardo Lipiniks. Nació en Letonia hace 22 años, y su familia se radicó en nuestra tierra generosa cuando el pequeño Leonardo contaba con 4 años. Aquel pequeño, hoy hombre, que apenas ha salido de la adolescencia, acaba de ganar el torneo de más grande y romántica tradición con que cuenta el país: el del Club Argentino, justa que se disputó por primera vez en el año 1905, 19 años antes que naciera su reciente triunfador.

▌ **La *barra* de Liniers.** Una *barra* numerosa del popular barrio de Liniers había invadido en la noche de la rueda final del torneo los salones del Club Argentino, en la aristocrática calle Santa Fe. Gente modesta, respetuosa,

Lipiniks se Adjudicó El Torneo de Ajedrez En el Club Argentino

Con el triunfo del aficionado Leonardo Lipiniks acaba de finalizar el campeonato interno del Club Argentino de Ajedrez, competencia en la que este año participaron once jugadores. En el segundo puesto del torneo empataron tres de los participantes: Luis Piazzini, cuya actuación fué promisoria en las cuatro primeras ruedas, pero que luego decayó visiblemente; Enrique Reinhardt, ajedrecista alemán, que tuvo un desempeño por debajo de sus méritos, y Guillermo Puiggrós. En cuanto al veterano Julio A. Lynch, a través de sus partidas se advierte el efecto que le produce la prolongación de los juegos, a pesar de lo cual demuestra siempre la calidad que posee. La lucha en las ruedas finales resultó sumamente lucida, pues varios de los jugadores estuvieron a punto de conquistar el triunfo. Lipiniks debió perder frente a Castells, pero éste, en una posición ganadora jugó mal y perdió la partida y con ello la posibilidad de empatar el primer puesto.

La colocación final de los participantes fué la siguiente:

	J.	G.	T.	P.	Pts.
Lipiniks	10	6	1	3	6½
Piazzini	10	5	2	3	6
Puiggrós	10	6	−	4	6
Reinhardt	10	5	2	3	6
Sanguinetti	10	4	3	3	5½
Castells	10	5	−	5	5
Secchi	10	4	2	4	5
Piro	10	4	1	5	4½
Lynch	10	3	2	5	4
Lascano	10	2	3	5	3½
Beretta	10	2	2	6	3

Lipiniks, una victoria muy afortunada. *La Prensa*, 3 de junio de 1946

---

[186] El *match* Schvartzman vs Lipiniks se jugó en noviembre, y Lipiniks abandonó cuando el score estaba igualado en 4½ puntos, ya que estaba más interesado en jugar el Torneo Mayor por el Campeonato Argentino, que se jugaba a partir de ese momento. Luego se arrepintió. *Caissa* nº 84, pág. 94, nº 86, pág. 155, nº 91, pág. 287, y nº 91, pág. 316.

que seguía con sosegado entusiasmo, casi con devoción, la partida en que el doctor Castells Méndez lo tenía muy mal, fuerza es confesarlo, al joven Lipiniks. Entre ellos se destacaba, por su emoción reprimida, un hombre maduro, de cabellera gris peinada hacia atrás y acentuadas facciones varoniles: era el señor Antonio Lipiniks, padre de Leonardo. Si éste ganaba la partida, se adjudicaría el tradicional torneo. Si la ganaba el doctor Castells, Lipiniks entraría sexto, a sólo medio punto de los cinco primeros empatados: el mencionado doctor Castells Méndez, el excampeón argentino Piazzini, el maestro alemán Reinhardt, y los ajedrecistas de categoría superior de la Federación Sanguinetti y Puiggrós. A sólo medio punto, pero sexto.

¿*Puesta* entre cinco? Basta lo que acabamos de mencionar para comprender el apasionamiento con que, no sólo los muchachos de Liniers, sino toda la concurrencia seguía las alternativas de esta última rueda. El viejo torneo que, en el año inicial en que se disputó tuvo tres vencedores: Benito Villegas, Lizardo Molina Carranza y Leopoldo Carranza, ¿ofrecía al cabo de 41 años una *puesta* de cinco triunfadores, resultado jamás registrado? Evidentemente, eso era lo que iba a ocurrir. El doctor Castells tenía en posición de mate a su joven adversario. ¡Podía cantar mate en 8 jugadas, ineludible, imposible de evitar! Julito Bolbochán, uno de los apasionados espectadores, lo vio antes que nadie, y nos lo dijo a nosotros. La noticia corrió como un reguero de pólvora entre el público, y se pusieron largas las caras de los muchachos de Liniers.

¿Daría mate Castells? En la posición crítica, el doctor Castells pudo anunciar mate en 8. Seguramente, lo anunciaría... ¿No había ganado brillantemente, en este mismo certamen, al maestro alemán Reinhardt y a Puiggrós? ¿Cómo, entonces, se le iba a escapar un sacrificio de alfil, fácil de ver, en la jugada siguiente? Además, había maniobrado muy rápido, y disponía de más de media hora en el reloj, de manera que podía pensar el mate a su gusto, todo el tiempo que quisiera.

No ve el mate, y huye. El doctor Castells pensó, pero no mucho. Podría haberlo hecho, pero no se dio ese trabajo. Y en lugar de avanzar su peón dando jaque al mismo tiempo, huyó con su dama. ¡Desolación en los rostros amigos! ¡Júbilo en la barra de Liniers! Cambió por completo la decoración: Castells, que empatado con cuatro ajedrecistas más debió haber ganado el torneo, quedó sexto; Lipiniks, que debió haber llegado sexto, ganó el certamen. ¿Ajedrez o tiro de dados?

Nos habla Lipiniks. Terminadas las partidas, interrogamos al flamante vencedor de un torneo de tan señorial tradición, cuyos triunfadores fueron, antaño, el malogrado Illa, Villegas, Lynch, Fernández Coria, Leopoldo Carranza, y más modernamente, Schvartzman, Puiggrós, Pilnik y el maestro Ståhlberg. Lo palmeaban, entusiasmados, los muchachos de Liniers. Nos dijo Lipiniks:

Nunca he sufrido tanto como en esta partida.

Le preguntamos:

¿Hace mucho que aprendió a jugar al ajedrez?

Triunfo lugareño.

Mi padre me enseñó el movimiento de las piezas. Un día, cuando tenía 14 años, concurrí a la Biblioteca Democracia y Progreso, de Liniers. En ella, al mismo tiempo que cultivaba mi espíritu con la lectura, participé en un torneo, y luego en otro, y en otro más, hasta que vine a jugar al asfalto. Así gané el certamen de 1ª categoría de la Asociación Cultural y deportiva nueva Argentina, y ahora este otro. Es un triunfo de la biblioteca de mi barrio.

Uno de los concurrentes nos dijo:

> Yo fui uno de sus maestros, pero el discípulo me ha dejado lejos…

■ **El padre, mal perdedor.** Y el señor padre de Lipiniks, terciando en el diálogo, explicó su posición frente al vástago:

> Primero corrimos carreras en la vereda, hasta que una vez me ganó; no corrí más. Luego le enseñé a jugar al ajedrez, y le gané durante dos o tres meses. Pero como inesperadamente me dio un mate, tampoco le volví a jugar nunca más. ¡Habráse visto, mocoso irrespetuoso!

■ **Modesto, jugó por condescendencia.** El joven Lipiniks, muy rubio, muy blanco, muy delgado, muy alto, muy serio, es modesto. Concluye la conversación diciéndonos:

> Comprendo que no debí ganar este torneo. Sólo me alegra el triunfo porque me da derecho a disputar el Campeonato del Club Argentino en un *match* con el doctor Schvartzman. Y tengo la mayor admiración por sus prendas de caballero, y sus brillantísimas dotes de ajedrecista. Si no fuera por eso, preferiría haber llegado 2º o 3º.

Así es el vencedor de este histórico torneo. La CD del Club Argentino le había permitido, a propuesta del señor Ibáñez, que lo juegue en forma condicional.[187]

■ Me llamó la atención el gran ruido que mi triunfo armó. Hoy pienso que habrá sido por la entrada de un joven proletario en el club donde se jugaba sólo con juegos Staunton, y se entraba sólo de saco y corbata. Ya se veía la entrada masiva de la juventud en la representación del país frente al mundo. No pude aprovechar este gran momento deportivo, en gran parte por razones económicas de mi familia.

La noticia de papá viene de Amílcar Celaya, que habló con él en el lugar de juego, porque rara vez mi viejo venía a verme. Y, cuando él estuvo presente en alguno de los torneos donde yo venciera, se preocupó durante todo el viaje de vuelta (casi siempre en el tranvía nº 2 o el nº 5 que cruzaban toda la ciudad de Buenos Aires hasta terminar en barrio de Liniers) trataba de convencerme de que sus buenas ondas telepáticas habían dictado algunas de mis buenas jugadas.[188]

Lipiniks sobre Castells Méndez

■ Jamás había sabido de él antes de jugar este campeonato del club. Cuando nos sentamos a jugar la partida decisiva, no intercambiamos palabra alguna. Se hizo notorio cuando no encontró la combinación ganadora, y le terminé ganando. Todos los diarios lo mencionaron a él, pero lo último que escuché fue un comentario de otro socio, que dijo haberlo visto salir de la sala de juego y golpear una pared, diciendo:

¡Mate, mate!

Después de este episodio nunca me encontré con él, ni tuve la menor noticia. No me felicitó cuando le gané, y me pareció que me dedicaba una *ordinariez*. Él me parecía de mediana edad, tirando a viejo, con anteojos. Yo tenía sólo 19 años.[189]

---

[187] *Clarín*, 7 de junio de 1946.
[188] Testimonio de Leonardo Lipiniks al autor, 16 de julio de 2009.
[189] Testimonio de Leonardo Lipiniks al autor, 14 de octubre de 2009.

Campeonato de 1ª Categoría del Club Argentino 1946

	Participantes	1	2	3	4	5	6	7	8	9	0	1	Pts.	S.B.
1	Lipiniks, Leonardo	*	0	1	0	0	1	1	1	1	½	1	6.5/10	
2	Reinhardt, Enrique	1	*	0	1	½	0	1	0	1	½	1	6.0/10	29.00
3	Piazzini, Luis Roberto	0	1	*	1	½	1	½	0	0	1	1	6.0/10	28.75
4	Puiggrós, Guillermo	1	0	0	*	1	0	0	1	1	1	1	6.0/10	27.00
5	Sanguinetti, Renato	1	½	½	0	*	0	0	1	1	1	½	5.5/10	
6	Castells Méndez, Rafael	0	1	0	1	1	*	0	0	1	1	0	5.0/10	25.00
7	Secchi, Eduardo	0	0	½	1	1	1	*	0	½	0	1	5.0/10	24.50
8	Piro, Antonio	0	1	1	0	0	1	1	*	½	0	0	4.5/10	
9	Lynch, Julio A.	0	0	1	0	0	0	½	½	*	1	1	4.0/10	
10	Lascano, José Manuel	½	½	0	0	0	0	1	1	0	*	½	3.5/10	
11	Beretta, Héctor	0	0	0	0	½	1	0	1	0	½	*	3.0/10	

Capítulo 9

CONTINUACIÓN DEL CISMA. LA GRIETA

Siguen las acusaciones de la FADA

Algunos diarios de esta Capital publicaron una resolución de la Federación Argentina de Ajedrez en la que se culpaba a la Asociación Metropolitana o a sus entidades afiliadas de haber malogrado la unión del ajedrez nacional. Cuesta creer que de hechos tan concretos se pueda sacar consecuencias tan ajenas a lo ocurrido. Es verdad que la iniciativa partió del presidente de la FADA, ya que a nuestra Asociación no se le había ocurrido pedir contacto alguno con aquella. Pero el hecho de ser cierto que fueron ellos los que nos llamaron, de ninguna manera prueba que tenían verdaderos deseos de concordia. Por lo contrario, ante un generoso ofrecimiento nuestro, evidenciaron claramente que lo que les preocupaba no era la unión del ajedrez nacional, sino que desapareciera la Asociación Metropolitana.

Nuestra Asociación, demostrando su buena voluntad y su deseo de lograr la unión del ajedrez nacional, hizo la generosa proposición siguiente: que la Asociación Metropolitana se afiliara a la Federación Argentina. ¡Esta es la propuesta que fue rechazada, tildándonos de incomprensión! En la citada resolución la Federación Argentina vinculó también este asunto al del torneo que organizó el Círculo en memoria de Roberto Grau, amenazando con sancionar a quienes interviniera en él. A su juicio, parece ser un delito realizar buenos certámenes de ajedrez y honrar la memoria del hombre que más hizo por el juego ciencia en la Argentina.

Los martes a las 19.15 prosiguen las transmisiones por LS5 Radio Rivadavia. Fue entrevistado, entre otros, el presidente de la FIDE, Augusto De Muro.[190]

Fracasan las gestiones de unidad, y la FADA amenaza nuevamente con sanciones

El llamado a la concordia y unidad del ajedrez metropolitano pronunciado por el presidente de la FADA, doctor Carlos Querencio, con motivo del homenaje al extinto Roberto Grau, invitando al Círculo de Ajedrez, Círculo de Vélez Sarsfield y Club Jaque Mate a reincorporarse al seno de esta, ha fracasado definitivamente. Las gestiones iniciales parecieron llevar al éxito. Primero se salvaron las formas partiendo de la FADA el llamado a la reincorporación, siendo consultados los dirigentes del Círculo de Ajedrez en lo referente a otros detalles, pero las conversaciones llegaron a un punto muerto al sentarse la pretensión de que debía reconocerse previamente a la Asociación Metropolitana, fundada por las entidades alejadas con el propósito de competir en la dirección del ajedrez argentino. Con tal motivo, el Consejo de la FADA resolvió por unanimidad dar por terminadas las gestiones, y expresar públicamente que los deseos de la presidencia han sido mal interpretados, y siendo inaceptables las exigencias, se dirigen a la afición ajedrecística en general, y a los maestros y aficionados en particular, recabándoles su adhesión por el derecho que dan más de 20 años de labor constructiva en pro del engrandecimiento del ajedrez argentino.

Recuerda a los maestros argentinos, extranjeros y aficionados, que la FADA está llamada a desempeñar un papel destacado en la reorganización del ajedrez internacional, y que todos tienen

---

[190] *Revista de la Asociación Metropolitana de Ajedrez* n° 11/12, enero-febrero/1946, pág. 149/52. El texto completo de la nota remitida el 30 de abril de 1945 a *La Nación*, respondiendo su nota anterior está en el mismo número, pág. 161.

el deber de prestarle colaboración, pues en caso contrario será inflexible en la aplicación de las sanciones que prohíben a sus afiliados intervenir en actividades que organicen o patrocinen las tres entidades expulsadas o la Asociación Metropolitana, y que llevará al seno de la federación respectiva o al de la FIDE cualquier diferencia que tenga con los maestros extranjeros. El comunicado deja constancia de que la declaración se formula con el voto expreso y unánime de trece consejeros.[191]

Fracasan gestiones de unidad: la FADA amenaza con sanciones.
El Mundo, 1º de mayo 1946

---

[191] *El Mundo*, 1º de mayo de 1946.

Capítulo 10

LA COPA RÍO DE LA PLATA EN MONTEVIDEO

▉ El 25 y 26 de mayo se juega en el Jockey Club de Montevideo la Copa Río de la Plata, un *match* por equipos a doble ronda. Venció ajustadamente el equipo argentino por 6½:5½. Los resultados individuales fueron: Rossetto 2:0 Bauzá; Passero 1½:½ Fleurquin; Renato Sanguinetti 1:1 Olivera; Puiggrós ½:1½ Liebstein; Piazzini 1:1 Cabral; Castells Méndez ½:1½ Cabral. El equipo argentino fue designado por la FADA, y concurrieron acompañando a los jugadores, el vicepresidente Jorge Sanguineti y Paulino Alles Monasterio. Inmediatamente después se jugó un pequeño torneo en el Círculo Uruguayo, denominado "Jorge H. Sanguineti", que fue ganado fácilmente por Rossetto, que ganó las 5 partidas disputadas. Atrás quedaron Liebstein 3½; Bauzá 3; Trasmonte 1½; Fleurquin y Cabral 1.[192]

▉ La Federación Uruguaya designó su equipo representativo para el cotejo por la Copa Río de la Plata que se jugará el 25 y 26 de mayo en los salones del Jockey Club de Montevideo. Integran el equipo: 1. Lorenzo Bauzá; 2. Carlos Hounie Fleurquin; 3. Alfredo Olivera; 4. Luis Roux Cabral; 5. Arturo Liebstein; 6. Santiago Trasmonte. El equipo argentino estará integrado por 1. Herman Pilnik; 2. Héctor Rossetto; 3. Pedro Passero; 4. Renato Sanguinetti; 5. Guillermo Puiggrós; 6. Luis Piazzini.[193]

▉ Comenzó el Montevideo el *match* por la Copa Río de la Plata, en los salones del jockey Club. El acto fue inaugurado por el presidente de la FUA, don Gualberto Vidal Ayala, quien finalizó sus palabras con un voto por la nación hermana, que celebra hoy su fecha patria. En nombre de la FADA contestó el doctor Jorge Sanguineti. Inmediatamente dieron comienzo las partidas, que ofrecieron una excelente calidad de juego. La delegación argentina consiguió finalizar invicta, venciendo 4:2.[194]

Rossetto, Héctor Decio – Bauzá, Lorenzo [B84]
Copa Río de la Plata, Montevideo (1), 25.05.1946

1.e4 c5 2.Cf3 d6 3.d4 cxd4 4.Cxd4 Cf6 5.Cc3 e6 6.Ae2 Ae7 7.Ae3 a6 8.Dd2 Dc7 9.g4 b5 10.a3 Ab7 11.f3 Cc6 12.Cxc6 Dxc6 13.0–0–0 0–0 14.h4 Tfd8 15.g5 Cd7 16.h5 Cf8 17.Tdg1 Tac8 18.Ad3 d5 19.exd5 exd5 20.Ad4 Ac5 21.Axc5 Dxc5 22.g6 fxg6 23.hxg6 hxg6 24.Axg6 Cxg6 25.Txg6 Td6 26.Tg5 Dc4 27.Dh2 1–0

Hounie Fleurquin, Carlos – Passero, Pedro [B74]
Copa Río de la Plata, revancha (2), 26.05.1946

1.e4 c5 2.Cf3 Cc6 3.d4 cxd4 4.Cxd4 Cf6 5.Cc3 d6 6.Ae2 g6 7.Ae3 Ag7 8.0–0 0–0 9.Cb3 Ae6 10.f4 Ca5 11.Cxa5 Dxa5 12.g4 Tfd8 13.f5 Ad7 14.g5 Cxe4 15.Cxe4 De5 16.fxg6 hxg6 17.Dd3 Af5 18.Txf5 gxf5 19.Cf2 Dxb2 20.Tf1 e6 21.Cd1 De5 22.c3 De4 23.Dd2 Ae5 24.Af3 Dh4 25.Dg2 Rh8 26.Af2 Dh7 27.Axb7 Tab8 28.Ad4 Tg8 29.Axe5+ dxe5 30.Rh1 f6 31.Ac6 Txg5 32.Dd2 Tbg8 33.Ce3 e4 34.Df2 Dh3 35.Ad7 Tg3 36.Axe6 Txe3 37.Df4 Dg2# 0–1

---

[192] *Caissa* nº 86, pág. 133, 149. *El Ajedrez Argentino* 2ª época nº 1, pág. 3.
[193] *Agencia AP, La Nación*, 18 de mayo de 1946.
[194] *Agencia AFP, La Nación y Clarín*, 26 de mayo de 1946.

Liebstein, Arturo – Puiggrós, Guillermo [B62]
Copa Río de la Plata, Montevideo (2), 26.05.1946

1.e4 c5 2.Cf3 Cc6 3.d4 cxd4 4.Cxd4 Cf6 5.Cc3 d6 6.Ag5 e6 7.Ae2 Ae7 8.0–0 0–0 9.Rh1 a6 10.f4 Dc7 11.Tf3 Ad7 12.Tg3 Rh8 13.Dd2 h6 14.Cxc6 Axc6 15.f5 Cxe4 16.Cxe4 hxg5 17.Cxg5 exf5 18.Df4 Axg5 19.Dxg5 f6 20.Dxf5 g5 21.Th3+ Rg8 22.Th6 Tf7 23.Ah5 Th7 24.Dg6+ Rh8 25.Tf1 Ae4 26. Txh7+ Dxh7 27.Dxf6+ Dg7 28.Dxd6 Axc2 29.Tf7 Te8 30.Rg1 Dxb2 31.Dh6+ Rg8 32.Dxg5+ Rh8 33.Tf1 Dd4+ 34.Rh1 Df2 35.Dh6+ Ah7 36.Dc1 1–0

■ Ganan los ajedrecistas argentinos el Campeonato del Río de la Plata. En la Sala de Armas del Jockey Club continuó esta tarde la Copa Río de la Plata, iniciándose las partidas de desquite a las 15. Los equipos se enfrentaron sin ninguna modificación, imponiéndose los uruguayos por 3½:2½. En el total, Argentina se impuso 6½:5½. En consecuencia, la Copa le ha sido adjudicada a la Argentina. Terminada la disputa de los *matches*, se efectuó la sesión del Congreso Rioplatense, resolviéndose todos los puntos concernientes a las actividades y relaciones que han de tener en el futuro las federaciones de ambas orillas del Plata. Por la noche se sirvió un vino de honor. Los argentinos regresarán mañana en el Vapor de la Carrera.[195]

Argentina 4:2 Uruguay en la primera fecha. *La Nación y Clarín*, 26 de mayo de 1946

	Federación Uruguaya	5½:6½	Federación Argentina
1	Lorenzo Bauzá	00:11	Héctor Rossetto
2	Carlos Hounie Fleurquin	½0:½1	Pedro Passero
3	Alfredo Olivera	01:10	Renato Sanguinetti
4	Arturo Liebstein	½1:½0	Guillermo Puiggrós
5	Luis Roux Cabral	½½:½½	Luis Piazzini
6	Santiago Trasmonte	½1:½0	Rafael Castells Méndez

■ Respecto a la partida Najdorf – Bauzá, las revistas de la época, *Selecciones de Ajedrez y Revista Metropolitana* la dan como tablas, mientras que *Caissa y Enroque!!* dicen que ganó Najdorf. Los diarios nada dicen. La partida fue tablas y como prueba de ello te adjunto la partida de puño y letra de Lorenzo con el resultado de esta y sus comentarios sobre la posición que se adjudicó. También hay unos análisis de Cotlar.[196]

---

[195] *Agencia AP, El Mundo*, 27 de mayo de 1946.
[196] Testimonio de Héctor Silva Nazzari al autor, 7 de diciembre de 2010.

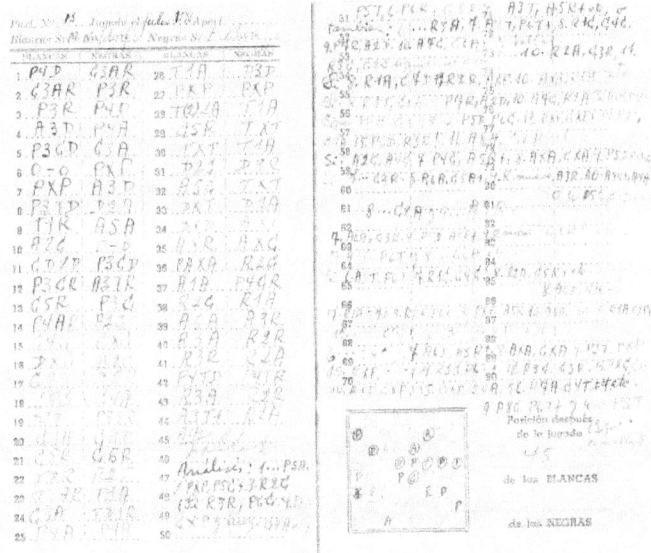

Libreta de anotaciones de Lorenzo Bauzá, archivo de Héctor Silva Nazzari

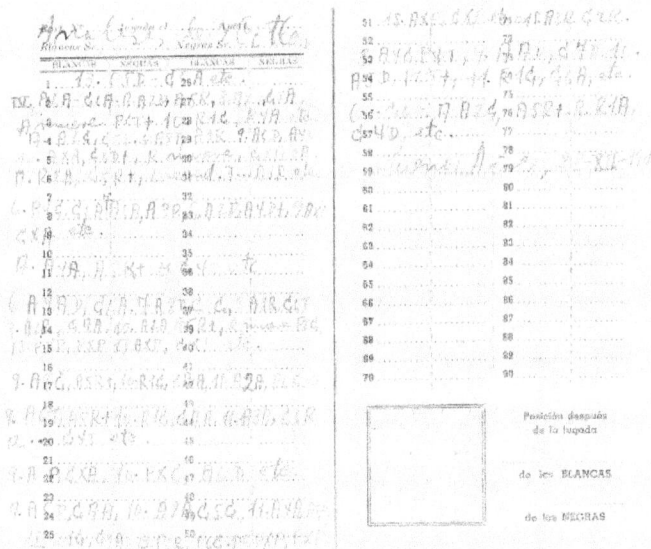

Análisis de Cotlar en la libreta original

Capítulo 11

REORGANIZACIÓN DE LA FIDE

Rueb convoca al Congreso

En junio, el doctor Alexander Rueb convoca al Congreso de Winterthur (Suiza), el 25 al 27 de julio, con el objeto de reconstruir la FIDE. Una de sus preocupaciones es recuperar los trofeos llevados a la Argentina en 1939. La Copa del Campeonato Mundial Femenino siempre estuvo a buen resguardo, ya que fue depositada en el Banco Holandés Unido de Buenos Aires, y el doctor Jacob Adolf Seitz se encargó de abonar los gastos de custodia correspondientes. Sin embargo, por bastante tiempo fue un misterio el paradero de la Copa Hamilton Russell. El encargado de recibirla en nombre del equipo de Alemania, ganador del Torneo de las Naciones, fue su primer tablero, Albert Becker. Una vez declarada la guerra, Becker entregó la Copa en la Embajada de Alemania. Luego de la declaración de guerra a Alemania en 1945, el Estado Argentino se quedó con los bienes de esa embajada, pero no fue posible encontrarla. Tampoco estaba en la Embajada de Suiza, que se encargó posteriormente de los asuntos alemanes. Merced a la tenacidad de Karel Skalicka, que hizo numerosas gestiones, se logró ubicar el trofeo en el Ministerio de Relaciones y Culto. El encargado de la custodia de esos bienes fue el doctor Bonifacio del Carril.[197]

Será reorganizada la entidad directora del ajedrez mundial

Caducas todas las autoridades de la FIDE, por imperio de su propio estatuto, y en la necesidad de retomar la dirección del ajedrez mundial unánimemente reclamada, el Dr. Rueb, activo expresidente por varios períodos ha decidido convocar a las federaciones afiliadas tomando por base las que han ratificado su adhesión, y las adheridas hasta 1940. A tal efecto, y a invitación de la Federación Suiza, va a reunirse en Winterthur el XVII Congreso de la FIDE. Ya Don Augusto De Muro expresó en repetidas ocasiones su deseo que fuera precisamente Rueb, por su acción constante y sus prestigios, quien tomara tal iniciativa, reiterándolo con motivo de la vacancia del título mundial tras el fallecimiento de Alekhine. Como se recordará, el señor De Muro, a la sazón presidente de la FADA, fue elegido presidente de la FIDE por el Congreso celebrado en Buenos Aires, 1939, en ocasión del Torneo de las Naciones, cargo que decidió aceptar en atención a los acontecimientos que envolvieron al mundo, entendiendo que la sede de la FIDE no podía hallarse tan alejada de los centros ajedrecísticos más importantes del mundo.

La terminación de la guerra y la situación de las autoridades de la FIDE, cuyos mandatos han caducado, acentuaron la urgencia de resolver ese estado de cosas, entre las que tiene particular importancia el asunto del Campeonato del Mundo, que debe lógicamente ser dirigido y organizado por la FIDE, como lo ha sostenido reiteradamente *La Nación*.[198]

Congreso de la FIDE: 8 países, ningún argentino. LA GRIETA

Entre el 25 y el 27 de julio se realizó en Winterthur, Suiza, la XVIII Asamblea General de la FIDE, con la presencia de los delegados de sólo ocho países (Francia, Bélgica, Holanda, Ingla-

---

[197] *La Prensa*, 8 de junio de 1946
[198] Carlos Portela, *La Nación*, 12 de julio de 1946.

terra, Suiza, Checoslovaquia, España e Italia), además del Comité Central formado por el doctor Alexander Rueb (presidente) y D. Hajek (tesorero y administrador). También asistió el presidente del Círculo de Ajedrez de Winterthur Walter Müller. Faltaron importantes miembros como Rusia, Estados Unidos, o la propia Argentina. La Memoria para los años 1940 a 1946 enumera las pérdidas dolorosas que la FIDE ha sufrido durante y después de la guerra. En otro párrafo dice que

> ...en el curso del verano de 1945, la Secretaría de La Haya pudo reemprender su actividad. El examen de la situación ha hecho aparecer la necesidad de reorganizar la estructura de la FIDE, llevándola a una descentralización. A este fin, el Consejo propuso la creación de cinco Regiones o Zonas administrativas, una de ellas la Zona Sudamericana, cuya sede estará en Buenos Aires. (...) La Mesa Directiva se considera feliz de anunciar que los dos preciosos trofeos que llevan el nombre de sus generosos donantes, F. G. Hamilton Russell y Lady margarita Hamilton Russell, existen siempre. El primero se encuentra actualmente en Buenos Aires y el doctor K. Skalicka se ocupa activamente de asegurar su retorno.

El tesorero, D. Hajek, presentó el balance financiero 1939–1946, que muestra un saldo en la caja de 10.700,20 francos suizos, más 25.000 francos suizos en bonos y otras inversiones. El Comité Central de la FIDE reconstruida quedó formado por Alexander Rueb como presidente, Mauricio S. Kuhns como vice, W. Preisswerk como tesorero, y miembros a designar por cada zona.[199]

■ El celo y actividad que en estos momentos el doctor Alexander Rueb pone de manifiesto en Europa para reconstruir la prácticamente desaparecida FIDE está en camino de recibir un justo premio, desde que ha sido anunciado en Congreso de Winterthur. Allí se estructurará la nueva Federación con sólida base, ahora más necesaria que nunca desde que el fallecimiento del doctor Alekhine ha dejado vacante el cetro mundial.

Las preocupaciones del doctor Rueb no se limitaron a la organización estatutaria, pues era necesario en el Congreso poder dar razón de los trofeos que fueron traídos a la Argentina en ocasión del último Torneo de las Naciones. La Copa del Torneo Femenino estuvo siempre a buen resguardo, desde que el propio doctor Rueb y la ganadora señora Vera Menchik la depositaron en custodia en el Banco Holandés Unido de Buenos Aires, y allí se encuentra, desde que, por orden de la Federación Inglesa, el doctor Seitz es el encargado de abonar periódicamente los gastos inherentes a la guarda.

En cambio, la incógnita más absoluta rodeaba a la valiosa Copa Hamilton Russell, ganada, como se recordará, por el *team* de Alemania. Producido el estado de guerra entre nuestro país y los del Eje, el profesor Albert Becker, ex capitán del equipo vencedor y a quien le fue entregada la Copa, nos hizo llegar sus temores acerca del destino de esta, desde que él, no queriendo correr con la responsabilidad de guardarla en su poder, ni remitirla a la Federación Alemana debido a las circunstancias internacionales del momento, había hecho entrega de esta en la Embajada de Alemania en Buenos Aires, en el mismo año 1939. A principios de año, nuestro distinguido asociado el doctor Carlos Skalicka, a quien interesé personalmente, puso todo su empeño en proseguir las averiguaciones, comenzando por visitar la Embajada de Suiza, porque ella se había hecho cargo de los intereses alemanes en Argentina. Pero allí no se pudo dar razón, desde que no figuraba en ningún inventario, y la desazón comentaba a abatirnos, cuando al fin el éxito comenzó a sonreírnos.

Hace pocos días, y tras múltiples averiguaciones realizadas en el Ministerio de Relaciones y Culto de nuestro país, el encargado de la custodia de los bienes y propiedades enemigas, doctor Del

---

[199] *El Ajedrez Argentino* 2ª época n° 2, pág. 35/39, n° 3 pág. 66/7, n° 4, pág. 98/9, n° 11/12, pág.298/300. La revista reproduce el acta de la asamblea y los estatutos en forma completa. En ningún momento se menciona al presidente designado por el Congreso de Buenos Aires, 1939, Augusto De Muro. Nuevamente aparece **LA GRIETA** argentina: a la FADA no le interesa que el país sea reconocido en la FIDE.

Carril,²⁰⁰ hizo saber que la venturosa Copa había por fin sido hallada entre los efectos personales del último Embajador de Alemania, señor (Edmund) von Thermann, y que previo reconocimiento por parte del profesor Becker, ella será entregada a la FIDE. Me imagino la alegría que tal noticia causará al doctor Rueb, al propio profesor Becker, desde que él había sido el último poseedor oficial del trofeo, y a toda la afición ajedrecística, puesto que, de haberse enviado a Europa, ella seguramente no habría podido jamás ser hallada. Para el doctor Skalicka, organizador de la pesquisa, van mis mejores plácemes. Los 22 años transcurridos desde París 1924 no han pasado en vano; ¡sólo él, integrante del equipo campeón aquella vez, pudo haber puesto tanto empeño y amor!²⁰¹

XVII Congreso de la FIDE en Winterthur 1946

En estos días habrá se efectuado en Winterthur, Suiza, la inauguración del XVII Congreso de la FIDE, el primero que la entidad mundial va a organizar después de la guerra. Ha de congregar a la mayoría de las federaciones nacionales afiliadas a ella hasta 1940; se espera la incorporación de la URSS, cuya presencia en el organismo llenaría un claro bien sensible.

El Congreso tendrá, aparte de otros asuntos vinculados con la vida y marcha de la FIDE, el Campeonato del Mundo, que puede y debe ser regido por la entidad. Se considerará para la discusión del tema un anteproyecto del Dr. Rueb, que establece la realización de un torneo de diez grandes maestros, anunciado para efectuarse en Los Ángeles, a iniciativa de la American Chess Federation, que podría cambiar de escenario, ya que hay una propuesta argentina para que se realice en Buenos Aires a disputarse el año venidero, y aún con mayor número de competidores. Lo cierto es que el título se establecerá por esta primera vez en un torneo. El proyecto dice que el ganador sería el nuevo campeón del mundo.²⁰²

Caissa, la FADA y la FIDE: vuelve el odio del Dr. Seitz. TRAPALANDA. LA GRIETA

También en junio la revista *Caissa* publica un artículo titulado *El Campeonato Mundial*. Producido recientemente el deceso del doctor Alekhine en la Capital de Portugal, el mundo ajedrecístico está pendiente y espera con creciente interés la próxima prueba en que se pondrá en juego el cetro del ajedrez mundial, que por 19 años retuvo en su poder el gran Alejandro, con un intervalo de dos años al caer vencido en 1935 por el gran maestro holandés, doctor Euwe, y después de vencer en el célebre *match* jugado en Buenos Aires durante el año 1927. Es la hora oportuna en que la FIDE reglamente definitivamente el asunto del campeonato sin favoritismos, y con la condición de disputarse el *match* por lo menos cada dos años. Deben evitarse las condiciones que estipulaban hasta ahora los campeones, aunque sí, debe existir una bolsa bien remunerada a dividirse entre los contrincantes, por tratarse de luchas entre los GM que han dedicado toda su vida y energías a jugar al ajedrez.

Dado que no existe el campeón para ser desafiado, la forma más acertada para designar al nuevo campeón sería la de hacer disputar un torneo magistral a cuatro turnos, interviniendo los GM más calificados de nuestra hora actual. Podrían ser: el excampeón mundial Max Euwe, el genial

---

²⁰⁰ Bonifacio del Carril era en ese momento subsecretario del interior del presidente, general Pedro Ramírez. Fue el fundador del Movimiento de la Renovación. Se alineó con el general Perlinger, ministro del interior, contra Perón en 1944. El embajador Edmund von Thermann estuvo en el cargo entre 1933 y 1942. Fue reemplazado por el doctor Erich Meynen, quien actuó entre 1942 y 1944. Cuando Argentina declaró tardíamente la guerra, Meynen tuvo que abandonar apresuradamente la embajada, quedando todas las pertenencias abandonadas, ya que la embajada de Suiza solamente se ocupó de las cuestiones diplomáticas más urgentes. Recién en 1951 Alemania volvió a enviar un embajador
²⁰¹ Nota de Milcíades Lachaga en *Enroque!!* n° 52/3 pág. 234, junio/julio de 1946.
²⁰² Carlos Portela, Frente al Tablero, *La Nación*, 28 de julio de 1946.

campeón soviético, Mikhail Botvínnik, el joven ruso Smyslov, el llamado segundo Morphy, Paul Keres, el checoslovaco Salo Flohr, los fuertes representantes de USA, Fine y Reshevsky, el formidable maestro polaco Miguel Najdorf, que entre nosotros ha progresado tanto hasta llegar a ser una revelación. (...)

La FADA, nuestra entidad máxima, que siempre procura brindar a nuestro medio números sensacionales, ya se ha dirigido al presidente de la FIDE, doctor A. Rueb, que nuevamente ha sido reconocido en su cargo por todas las entidades mundiales, solicitando la autorización necesaria para celebrar el magno certamen en nuestra metrópoli. Nos permitimos sugerir, en bien de las relaciones ajedrecistas internacionales, que la FADA manifestara en forma oficial su repudio por lo ocurrido en esta Capital durante la Asamblea de la FIDE en el año 1939, en la que se violaron los estatutos de esta a fin de elegir un presidente 'impuesto' con el voto de federaciones Sudamericanas constituidas con ese solo fin ilegal. En esta forma, y aunque ya el doctor Rueb ha manifestado amigablemente haber olvidado todo lo ocurrido en Buenos Aires, nuestro país podría estar presente en la próxima reunión de FIDE a efectuarse en Suiza en julio entrante.

En ella se discutirá y se aprobará sin duda todo lo referente al Campeonato Mundial. Sería verdaderamente un acontecimiento ver disputar en esta capital al magno certamen, y es casi seguro que se podría contar con el apoyo del Gobierno Superior de la Nación. Los torneos internacionales de Torneo Internacional de Mar del Plata que se disputan tan regularmente denotan cómo año a año es mayor el interés que le deparan las autoridades nacionales. Por otra parte, la celebración del Campeonato Mundial en la Ciudad de Buenos Aires significaría una mayor divulgación cultural en nuestro país y en esta hermosa América, digna de ocupar un puesto privilegiado en el concierto internacional de las naciones.

En la carta vía aérea dirigida a nuestro colaborador, doctor Jakob Adolf Seitz, el presidente de la FIDE, doctor Alexander Rueb, La Haya, Holanda, pide que se dé la más amplia publicidad a la siguiente noticia referente a la futura organización del Campeonato Mundial de Ajedrez, publicadas en el Boletín de la FIDE. (...) Todas las federaciones afiliadas quedan invitadas a enviar su correspondiente delegado con derecho a voto, de acuerdo con los Estatutos de esta.[203]

---

[203] *Caissa* nº 85, pág. 98/9. La nota no está firmada, pero tiene el inconfundible estilo de Jakob Adolf Seitz.

Capítulo 12

MATCH RADIAL ARGENTINA – URUGUAY (AMDA)

El 13 y 14 de julio se jugó un *match* radial por onda corta entre el Club Nacional de *Foot Ball* (Sic) de Uruguay y la Asociación Metropolitana, de Argentina, gracias a la colaboración del Radio Club Argentino y su similar de Uruguay. En Uruguay jugaron desde el Club Nacional de Montevideo, y en Argentina desde el Automóvil Club. El resultado fue una victoria argentina por 4:2, con los siguientes resultados individuales: Miguel Najdorf ½:½ Lorenzo Bauzá; Miguel Czerniak 1:0 Alfredo Olivera; Alejandro Nogués Acuña ½:½ Orlando Laphitz; Francisco Benko 1:0 Francisco Rodríguez; Luis Palau 0:1 Walter Estrada y Luis Piazzini 1:0 Vidal Trinidad. En Buenos Aires asistió el embajador del Uruguay, Enrique Martínez Thedy.

Prestaron amplia colaboración para el éxito de la disputa la Federación Metropolitana de Ajedrez, su similar uruguaya y el Automóvil Club Argentino, en cuyos salones se realizaron las partidas. Tanto el Radio Club Argentino como el Radio Club Uruguayo brindaron una transmisión clara y sin interrupciones, que facilitó el desarrollo de la interesante prueba.[204]

Como lo anunciáramos oportunamente, se llevó a cabo un *match* radiotelefónico entre la Asociación Metropolitana de Buenos Aires y el Club Nacional de Fútbol de Montevideo, que terminó a favor de los argentinos por 3½:1½ y una partida pendiente. Al acto inaugural realizado en el ACA a las 20, asistieron el embajador del Uruguay, Enrique Martínez Thedy, el agregado cultural, señor Bianchi, el delegado civil señor Fabregat y el presidente del Club Oriental, doctor O. Sciutti.

EL EQUIPO ARGENTINO SE IMPUSO AL URUGUAYO

En la sede central del A. C. A. se realizó el match internacional de Ajedrez por Radiotelefonía, que enfrentó a equipos representativos de Argentina y Uruguay, triunfando el conjunto de nuestro país que obtuvo 3 ½ puntos contra 1 ½ del uruguayo.

En el primer tablero el jugador polaco Najdorf, que integraba el team argentino, no pudo vencer al representante uruguayo Bauza en el tiempo reglamentario, suspendiéndose la partida para ser adjudicada por un jurado designado al efecto. En la jugada 31, Czerniak se impuso al campeón uruguayo Alfredo Olivera. El campeón del Círculo de Ajedrez de la Capital, Nogues Acuña, hizo tablas con Orlando Lapitz en la jugada

Match telegráfico Argentina – Uruguay en la revista del ACA

Martínez Thedy dirigió breves palabras a los ajedrecistas de su país, y luego habló el profesor Carlos de la Llave por la Asociación Metropolitana, quien destacó la importancia del cotejo, y la eficaz colaboración de los Radio Club de ambos países. El equipo uruguayo jugaba desde la sede del Club Nacional. Los juegos se definieron después de 7 horas, en medio de gran expectativa. Bauzá – Najdorf fue adjudicada tablas por un jurado compuesto por Ovsey Cotlar por Uruguay, y Valentín Fernández Coria por Argentina.[205]

---

[204] En ese momento no existía la Federación Metropolitana. Seguramente el redactor quiso referirse a la Asociación Metropolitana, que en ese momento era la entidad que se oponía a la FADA, en el marco del cisma que se estaba produciendo desde 1943. *Revista de la Asociación Metropolitana de Ajedrez* nº 17/18, julio-agosto, pág. 203. *Enroque!!* nº 54/5, pág. 262. *Caissa* nº 87, pág. 163. *Automovilismo, revista del Automóvil Club Argentino* nº 321, 15 de julio de 1946. *Selecciones de Uruguay* nº 3/4 de 1946.

[205] *El Mundo*, 13 y 17 de julio de 1946. *La Prensa*, 12 y 14 de julio de 1946. Enrique Martínez Thedy tuvo una importante actividad como diplomático y funcionario. En ocasión del 83° Aniversario del Museo Nacional Casa del Acuerdo, participó en la inauguración de este museo, efectuada el 16 de octubre de 1937. El material filmado se encuentre en el Museo del Cine *Pablo Ducrós Hicken* de la Ciudad Autónoma de Buenos Aires. La comitiva porteña estaba encabezada por el entonces presidente de la Nación, general Agustín P. Justo, el cardenal primado de Buenos Aires monseñor Copello, el gobernador de Buenos Aires, doctor

Por Radiotelefonía se Medirán Ajedrecistas De Uruguay y Argentina

En el salón de actos del Automóvil Club Argentino, Avenida Alvear 2750, se efectuará mañana a las 20 el acto inaugural y desarrollo de las partidas de un "match" por radiotelefonía, en el que intervendrán representaciones de esta capital y de Montevideo, con la participación de destacadas figuras del ajedrez de ambos países.

Los equipos, formados por seis jugadores en cada representación, estarán constituidos en la siguiente forma:

Buenos Aires: Miguel Najdorf, maestro polaco, campeón mundial de partidas a ciegas y próximo competidor en el gran torneo internacional de Holanda; Luis R. Piazzini, ex campeón argentino; Miguel Czerniak, ex campeón de Palestina; Luis Palau, ex campeón sudamericano; Alejandro Nogués Acuña, actual campeón del Círculo de Ajedrez de esta capital; Jiri Pelikán, integrante del conjunto checoslovaco que jugó en el Torneo de las Naciones de 1939; Franz Benkö, ganador del campeonato de la ciudad de Buenos Aires en 1945; Julio A. Lynch, prestigioso veterano ajedrecista argentino, y Movsa Feigins, maestro letón.

Montevideo: Lorenzo Bauzá, actual campeón del Uruguay; Alfredo Olivera, ex campeón nacional; Francisco Rodríguez, campeón del Club Nacional de Montevideo; Orlando Lapitz, Luis A. Gulla, integrante del equipo uruguayo al citado torneo de las Naciones; Vidal Trinidad y Walter Estrada.

Las autoridades de la Asociación Metropolitana de Ajedrez, entidad organizadora del "match", han dispuesto permitir libre entrada a los aficionados que deseen presenciar el desarrollo de las partidas y han invitado a concurrir al acto inaugural al embajador del Uruguay en nuestro país, señor Enrique Martínez Thedy, a autoridades nacionales, representantes de instituciones de ajedrez de esta capital y aficionados en general.

Argentina vence a Uruguay 4:2.
La Prensa, 12 de julio de 1946

▌El *team* argentino se impuso. En el Salón de Actos del ACA, Avenida Alvear 2750, se llevó a efecto anoche el acto inaugural y desarrollo de las partidas de un *match* de ajedrez por radiotelefonía en el que intervienen destacados maestros argentinos y uruguayos. Alrededor de las 20.10 comenzaron a mover las piezas Najdorf, Nogués Acuña y Palau, jugadas que fueron inmediatamente transmitidas por radiotelefonía a sus adversarios Bauzá, Laphitz y Estrada, respectivamente. Mientras, aquí recibían Czerniak, Benko y Piazzini las jugadas efectuadas por sus respectivos adversarios Olivera, F. Rodríguez y Trinidad. En esta forma se fueron desarrollando las

▌Los argentinos ganan el encuentro contra los uruguayos. El *match* internacional por radiotelefonía que disputaron representaciones de Argentina y Uruguay fue ganado por la Asociación Metropolitana, organizadora del encuentro. En el primer tablero, el fuerte maestro polaco Miguel Najdorf encontró una resistencia sumamente seria en el campeón uruguayo, Lorenzo Bauzá. La lucha comenzó con PD, adoptando el polaco el Sistema Rubinstein, lo cual le proporcionó una situación ventajosa. Sin embargo, Bauzá jugó en todo momento con gran corrección, y evitó con acierto los peligros inmediatos, suspendiéndose la partida para ser adjudicada por el jurado que integran el señor Ovsey Cotlar –por el Uruguay–, Valentín Fernández Coria –por Argentina– y el maestro checoslovaco doctor Carlos Skalicka.

La posición de la partida ha quedado en forma muy favorable para Najdorf. Corresponde destacar la excelente organización en su aspecto técnico, para lo cual colaboraron amplia y eficazmente las autoridades del ACA, del Radio Club Argentino y del Radio club uruguayo, que brindaron una transmisión clara y sin interrupciones, dando así mayor brillo a la exhibición.[206]

Los Argentinos Ganan El Match de Ajedrez Contra los Uruguayos

El "match" internacional de ajedrez que por radiotelefonía disputaron las representaciones de la Argentina y del Uruguay, y de cuyo acto inaugural informamos en nuestra edición de ayer, fue ganado por el conjunto representativo de la Asociación Metropolitana de Ajedrez, entidad organizadora del encuentro.

Los conjuntos estuvieron constituidos de la siguiente manera: Argentinos: Miguel Najdorf, Miguel Czerniak, Alejandro Nogués Acuña, Francisco Benko, Luis Palau y Luis Piazzini.

Uruguayos: Lorenzo Bauzá, actual campeón uruguayo; Alfredo Olivera, Orlando Lapitz, Francisco Rodríguez, Walter Estrada y Vidal Trinidad.

En el primer tablero, el fuerte maestro polaco Najdorf encontró una resistencia sumamente seria en el campeón uruguayo Bauzá. La lucha comenzó con peón dama, adoptando el polaco el sistema Rubinstein, lo que le proporcionó una situación ventajosa. Sin embargo, Bauzá jugó en todo momento con gran corrección y evitó con acierto los peligros inmediatos, suspendiéndose la partida para ser adjudicada por el jurado que integran el señor Ovsey Cotlar, por el Uruguay, y Valentín Fernández Coria, por la Argentina, y el maestro checoslovaco doctor Carlos Skalicka. La posición de la partida ha quedado en forma muy favorable para Najdorf. Czerniak tuvo como adversario al ex campeón uruguayo Alfredo Olivera, uno de los valores más firmes de su país. Se jugó una apertura de peón dama con el fianchetto del rey y luego representando local en la jugada treinta y uno. El campeón del Círculo de Ajedrez de esta capital, Nogués Acuña pasó por momentos bastante delicados en su encuentro frente a Orlando Lapitz, pero en la parte final de la lucha consiguió el argentino anular todo peligro y llegar a una posición de tablas, conviniéndose el empate en la jugada 36. Palau jugó una partida de peón dama, que el uruguayo Estrada defendió con el sistema Stonewall. El juego resultó favorable al principio para el argentino, pero al cometer éste un error, quedó en inferioridad y el uruguayo aprovechó con toda corrección la oportunidad para adjudicarse la partida. Benko venció al uruguayo Rodríguez con una partida de peón dama, en la que el vencedor empleó el sistema indio de la dama. Y en el sexto tablero, el ex campeón nacional Piazzini se impuso a Vidal Trinidad, a pesar de haber tenido al principio una partida bastante dificultosa, con una precaria situación que el uruguayo no supo explotar debidamente.

Sin contar, pues, la partida de Najdorf, que deberá ser adjudicada por el jurado, el encuentro dió este resultado: representación local, 3 1/2 puntos; conjunto uruguayo, 1 1/2.

Corresponde destacar la excelente organización del "match" en su aspecto técnico, para lo cual colaboraron amplia y eficazmente las autoridades del Automóvil Club Argentino, en cuyo salón de actos se desarrollaron las partidas, y del Radio Club Argentino y la entidad similar uruguaya, que brindaron una transmisión clara y sin interrupciones, que dieron así mayor brillo a la exhibición.

Argentina vence a Uruguay en el *match* radiotelefónico.
La Prensa, 15 de julio de 1946

Manuel Fresco, el embajador de Brasil doctor Bonifacio de Andrada e Silva y de Uruguay, doctor Enrique Martínez Thedy, entre otros. [Web Museo y Casa del Acuerdo – Ministerio de Cultura. Grabación original de 1937]

[206] *La Prensa*, 15 de julio de 1946.

seis partidas por espacio de 7 horas consecutivas. Las jugadas, que se anotaban en murales, fueron comentadas por los numerosos espectadores congregados en el salón de actos. Najdorf – Bauzá llegaron hasta la jugada 65ª, en que de común acuerdo optaron por suspenderla. Hasta ahora, Argentina vence 3½:1½.[207]

Tras 7 horas, Argentina prevaleció. *La Razón*, 14 de julio de 1946

	Club Nacional de Montevideo	**2:4**	**Asociación Metropolitana Buenos Aires**
1	Lorenzo Bauzá	½:½	Miguel Najdorf
2	Alfredo Olivera	0:1	Miguel Czerniak
3	Orlando Laphitz	½:½	Alejandro Nogués Acuña
4	Francisco Rodríguez	0:1	Francisco Benko
5	Walter Estrada	1:0	Luis Palau
6	Vidal Trinidad	0:1	Luis Piazzini

[207] *La Razón*, 14 de julio de 1946.

Capítulo 13

MATCH RADIAL ASOCIACIÓN METROPOLITANA – CLUB NACIONAL DE FÚTBOL DE MONTEVIDEO

En el equipo argentino participaron Miguel Najdorf, Miguel Czerniak, Luis Piazzini, Luis Palau, Alejandro Nogués Acuña y Franz Benko. Por Uruguay, Lorenzo Bauzá y Alfredo Olivera, los más destacados. Este encuentro, de carácter amistoso, el primero que se realiza de tal forma en nuestro continente, se llevó a efecto a título de ensayo, y con vistas a pruebas de mayor importancia y extensión. Su éxito se debe al desinteresado y entusiasta concurso de dos instituciones particulares: el Radio Club Argentino y el Radio Club del Uruguay, cuyos aficionados no omitieron esfuerzo para que la prueba pudiera realizarse como se realizó, sin tropiezos en las largas cinco horas que requirieron las partidas.

Con la autorización oficial de las respectivas direcciones de Radiocomunicaciones, pudieron actuar, así, desde Montevideo, la estación particular del doctor Francisco Nicolás Reyes, y efectuarse desde la sede del ACA, en cuyo gran Salón de Actos se instalaron las mesas del equipo local, la retransmisión de las jugadas por intermedio de la estación, también particular, del Ing. Luis Martínez. El ensayo no puede haber sido más feliz, ni el gesto de unos y otros más simpático. Sólo nos queda, para terminar, reiterar por los votos para un entendimiento que ponga fin al *impasse* entre nuestra institución máxima, la FADA, y la Asociación Metropolitana.[208]

Palau, Luis – Estrada, Walter [D02]
Radio *Match* Montevideo – Buenos Aires, 14.07.1946

1.d4 d5 2.Cf3 c6 3.e3 e6 4.Cbd2 Cd7 5.Ad3 f5 6.0–0 Ad6 7.b3 Cgf6 8.Ab2 Ce4 9.Ce5 Cdf6 10.f3 Cxd2 11.Dxd2 0–0 12.Tae1 Db6 13.Rh1 c5 14.c4 a5 15.Dc2 a4 16.bxa4 Db4 17.cxd5 Dxa4 18.dxe6 Dxc2 19.Axc2 Axe6 20.Ta1 Tfc8 21.Tfc1 c4 22.a4 c3 23.Aa3 Axa3 24.Txa3 b5 25.Cd3 Ac4 26.Cb4 Cd5 27.Cxd5 Axd5 28.Ab3 Axb3 29.Txb3 bxa4 30.Ta3 c2 31.Rg1 Tab8 32.Taa1 a3 33.Rf2 Tb2 34.Re2 a2 35.Rd2 Rf7 36.e4 fxe4 37.fxe4 Re6 38.h3 g5 39.g4 h6 0–1

Trinidad, Vidal – Piazzini, Luis Roberto [D49]
Radio *Match* Montevideo – Buenos Aires (1), 15.07.1946

1.d4 d5 2.c4 c6 3.Cf3 Cf6 4.Cc3 e6 5.e3 Cbd7 6.Ad3 dxc4 7.Axc4 b5 8.Ad3 a6 9.e4 c5 10.e5 cxd4 11.Cxb5 axb5 12.exf6 Db6 13.0–0 Ab7 14.De2 gxf6 15.Axb5 Td8 16.a4 Tg8 17.Td1 Ac5 18.b3 Re7 19.Af4 Ce5 20.Axe5 fxe5 21.g3 e4 22.Ce1 d3 23.Df1 Axf2+ 24.Dxf2 e3 25.Df4 Tg4 26.a5 Dxb5 27.Dxe3 Dd5 28.Rf2 Te4 29.Txd3 Df5+ 0–1

[208] Carlos Portela, Frente al Tablero, *La Nación*, 28 de julio de 1946.

Najdorf, Miguel – Bauzá, Lorenzo [D05]
Radio *Match* Montevideo – Buenos Aires, 14.07.1946 *[Juan S. Morgado]*

1.d4 Cf6 2.Cf3 e6 3.e3 d5 4.Ad3 c5 5.b3 Cc6 6.0–0 cxd4 7.exd4 Ad6 8.a3 Dc7 9.Te1 Af4 10.Ab2 0–0 11.Cbd2 b6 12.g3 Ah6 13.Ce5 g6 14.f4 Ab7 15.Cg4 Cxg4 16.Dxg4 Ag7 17.Cf3 Ce7 18.Cg5 Cf5 19.Dh3 h6 20.Cf3 Cd6 21.Ce5 Ce4 22.Te2 Rh7 23.Tf1 f6 24.Cf3 Tae8 25.c4 f5 26.Tc1 Dd6 27.cxd5 exd5 28.Tec2 Tc8 29.Ce5 Txc2 30.Txc2 Tc8 31.Dg2 De6 32.Ab5 Txc2 33.Dxc2 Dc8 34.Dxc8 Axc8 35.Ae8 Axe5 36.fxe5 Rg7 37.Ac1 g5 38.Rg2 Rf8 39.Ac6 Ae6 40.Tf3 Re7 41.Re3 Rf7 42.a4 h5 43.Rf3 Re7 44.Aa3+ Rf7 [44...Rf7 45.Ab4 f4 46.gxf4 g4+ 47.Re3 g3 48.hxg3 Cxg3 49.Rf3 Cf5 50.Ac3 h4 51.Ab5 Cg3 52.Ae1 Cf5≠] ½–½

CAPÍTULO 14

GRONINGA 1946:
PRIMER PASO PARA HALLAR UN NUEVO CAMPEÓN

Najdorf y Guimard volarán mañana hacia el Campeonato Mundial

Mañana partirá en avión rumbo a Groninga, poética ciudad holandesa, el gran maestro polaco Miguel Najdorf, que será la antesala del Campeonato del Mundo, vacante por el fallecimiento de Alekhine. El cetro del tablero se dilucidará más tarde, en la cinematográfica ciudad de Los Ángeles, entre los ajedrecistas mejor clasificados en Groninga. Hans Kmoch, el chispeante maestro vienés, cuya seriedad de procederes corre pareja con su carácter jovial y afecto al chiste, es el organizador único de la prueba.

De todos los maestros residentes en América Latina, Kmoch sólo ha invitado a dos: Miguel Najdorf, polaco, y Carlos Guimard, argentino. Jugarán también los cuatro ases del ajedrez norteamericano: Denker, Reshevsky, Fine y Steiner; el excampeón mundial, Max Euwe, y su compatriota Prins; el estonio Keres, que será el favorito si no participa Botvínnik; el doctor Kaketov, campeón de Praga; el campeón británico, Alexander; la guardia vieja representada por Tartakower, Bogoljubow, Bernstein y Rubinstein; la guardia novísima, encarnada en el pequeño campeón español de 14 años, Pomar; el campeón canadiense Yanofsky; el campeón suizo, Christoffel; el campeón belga, Paul Devos; y quizá el aristócrata inglés *sir* George Thomas.

¿Jugarán o no los rusos? No hay duda de que ellos serían los encargados de dar más jerarquía a la prueba. No se está seguro, sin embargo, de su concurrencia. Nosotros conversamos con Najdorf y con Guimard, que también partirá en avión el 1º del mes próximo, a fin de hallarse en Groninga el 12 de agosto, día de iniciación del certamen. Nos declaró Najdorf:

Mi compatriota Paulino Frydman dice que, si juega Botvínnik, él ganará el torneo y yo llegaré segundo. Y que, si no juega Botvínnik, yo seré el vencedor. Yo tengo otra opinión.

Najdorf: "Ganaré en Groninga".
Noticias Gráficas, 24 de julio de 1946

Yo creo que, juegue o no juegue el campeón soviético, será lo mismo. El torneo lo gano yo y nadie más que yo.

Guimard lo escucha sonriente, con su cazurrería[209] santiagueña:

> ¿Y Usted, Guimard?
> ¿Yo?
> Sí, Usted. ¿Cómo espera llegar colocado en Groninga?
> Delante de Najdorf.[210]

El viaje de Najdorf. TRAPALANDA

Najdorf parte hoy rumbo a Holanda. Piensa regresar para naturalizarse, y luego ganar en Los Ángeles para Argentina el Campeonato del Mundo. Abandona por el ajedrez sus ocupaciones, y gasta sus ahorros. Traerá de Varsovia su fe de nacimiento para poder naturalizarse. Nos decía ayer Najdorf:

> Si le tendré amor al ajedrez, que mañana tomaré el avión rumbo a Groninga, para retornar a Europa sumida en terribles necesidades, dispuesto a gastarme $ 10.000 de ahorros acumulados pacientemente en esta tierra generosa. ¡Dispuesto a padecer hambre, cuando en Argentina no me falta comer! ¡Dispuesto a interrumpir mis tareas de corredor de seguros, con las que me gano la vida sin sobresaltos! ¿Y todo para qué? ¿Para que los más grandes ajedrecistas de la tierra me derroten una y otra vez? ¿Y qué importa, si ese sacrificio del dinero, de las comodidades, del amor propio de profesional, y hasta de los alimentos, me deparará el maravilloso placer de jugar al ajedrez con maestros de talento profundo y de imaginación deslumbrante? En cada ajedrecista de alma, aunque no lo sospeche el público, hay un lírico incorregible.

Y ahí está frente a nosotros el maestro Najdorf, pequeño de estatura y grande en el ajedrez, nervioso, robusto, movedizo, parlanchín inagotable, risueño, gritón... ¡El único ser humano que ha conducido simultáneamente, llevándolas de memoria en su cerebro fenomenal, 40 partidas al mismo tiempo!

¿Qué mejor prueba? Abandona la Argentina que lo ha tratado tan bien –¡eso sí, para volver! – y se dispone a sufrir las consecuencias de la guerra, de la que se mantuvo alejado por la circunstancia casual de hallarse en Buenos Aires cuando Alemania invadió a Polonia, su tierra natal. La Argentina empezó por salvarle la vida a Najdorf, y luego le dio oportunidad de rehacerla. El maestro está, de ello, íntimamente agradecido, y ha iniciado las gestiones preliminares para naturalizarse. Nada ha podido adelantar, por el momento, porque le falta la fe de nacimiento, que obra en los archivos de Varsovia. Esta increíble hazaña de jugar 40 partidas al mismo tiempo y a ciegas, ¿no será prueba suficiente, ante los tribunales de justicia, para acreditar que Najdorf es Najdorf? Y aquí está frente a nosotros Najdorf, que por milagro ha eludido los campos de concentración, las torturas y la muerte, rebosante de alegría, pronto a cortar las amarras con el porvenir que se ha labrado con su trabajo en esta tierra pródiga... ¡porque va a jugar al ajedrez! ¡Sublime locura!

Es que en Groninga se va a disputar el torneo más importante de posguerra, al que ha sido invitado un solo ajedrecista residente en América del Sur: Najdorf. Le preguntamos:

> ¿No juega Botvínnik?

---

[209] Socarronería.
[210] Amílcar Celaya, *Noticias Gráficas*, 24 de julio de 1946.

Las versiones son contradictorias. Según algunos, sí; según otros, no. Mi impresión es que Botvínnik no participará en este certamen, lo que sería una verdadera lástima. Y no lo hará por una razón muy sencilla: el campeón soviético es considerado, con justicia, el primer ajedrecista del mundo. Juegue o no juegue en Groninga, será invitado por derecho propio al Torneo de Los Ángeles en que se discernirá el cetro del tablero, que sólo con la vida abandonó Alekhine. ¿Para qué, entonces, habría de exponerse a empañar su prestigio en una preliminar tan rigurosa como ésta? Yo daría cualquier cosa porque Botvínnik jugase.

La alegría de Najdorf es incontenible, comunicativa, casi violenta. ¡El otro yo de Najdorf, que ha estado ocultando su optimismo hasta este momento, pero no puede con su genio!

¡El torneo lo gano yo!

¡Usted!

Contra todos los grandes maestros, inclusive Alekhine, Capablanca, Keres –con la sola excepción de Flohr, que me derrotó la única vez que nos medimos– tengo score favorable, o al menos, igual. Quiere decir que yo me agrando frente a los ajedrecistas de primera línea. Y como en Groninga no jugarán más que figuras estelares... ¡mejor que mejor![211]

Parte Guimard para Groninga

Carlos Guimard, que hoy partió con el avión de la Flota Mercante Aérea con destino a Europa, es un maestro de reconocidas aptitudes, puestas de relieve especialmente en torneos realizados fuera de su país. Cabe esperar de él un brillante desempeño que lo coloque entre los fututos 10 aspirantes al cetro dejado vacante por Alekhine. *La Razón*, compenetrada de la importancia del torneo, requirió la colaboración de los maestros Najdorf y Guimard, quienes comentarán las partidas más importantes y suministrarán detalles más completos de cada ronda.[212]

Los avatares del torneo de Groninga

El 8 de agosto el semanario *Qué* anticipaba la pregunta: ¿Jugarán los rusos? El certamen de Groninga será el primer gran torneo universal de posguerra si en él participan los rusos, lo que no es seguro. El excampeón mundial Euwe hizo un viaje a Moscú para asegurarse la concurrencia de Botvínnik, Keres, Boleslavsky, Smyslov y Flohr, que en principio se le prometió. Najdorf no cree en la participación del ingeniero electrotécnico Miguel Moiseyewitsch Botvínnik, campeón soviético y virtual campeón del mundo, porque supone que se reservará para el torneo de Los Ángeles (California), donde se dilucidará el cetro dejado vacante por la muerte del doctor Alekhine. Dice Najdorf:

Botvínnik no tiene nada que ganar en Groninga, y sí mucho que perder. Entonces, ¿para qué va a jugar?

Pronto se sabrá. El gran certamen comenzará el 12 de agosto y finalizará el 8 de setiembre.

Muchos dólares y periodistas femeninas

En Groninga los rusos nos maravillaron con sus lujosos automóviles de confección nacional, y un grupo de periodistas femenino, activo y deslumbrante. Los ajedrecistas rusos llevaban dólares en abundancia, y frecuentaban los más lujosos lugares, invitando sin reservas a los demás

---

[211] Amílcar Celaya, *Clarín*, 25 de julio de 1946.
[212] *La Razón*, 1º de agosto de 1946.

ajedrecistas. Dejaron un recuerdo grato en Holanda los hombres del tablero, intelectuales y de buen físico.[213]

El 12 de agosto parten Najdorf y Guimard para Holanda, en avión, para participar en el Magistral de Groninga –Memorial Staunton–, que se jugaría hasta el 7 de setiembre. Y aquí viene un gesto que dice cuánto se ha adentrado en su corazón esta, nuestra tierra, tan generosa y hospitalaria. En Varsovia, en su querida Polonia, realizará los trámites necesarios para naturalizarse ciudadano argentino. Bajo ese carácter intervendría en la disputa del título máximo de ajedrez, en el torneo a realizarse próximamente en Los Ángeles. Si los proyectos de Najdorf se hicieran realidad, como él espera con ferviente optimismo, se registraría un acontecimiento de trascendental importancia en la historia de nuestro ajedrez; un ajedrecista argentino habría conquistado para nosotros el preciado título mundial. Antes del torneo de Groninga, Euwe gana los torneos de Maastricht y Zaandam.[214]

Con Veinte Competidores Inicióse el Torneo Internacional de Groninga

GRONINGA, 14 (AP). — Con la participación de veinte maestros, en representación de trece naciones, se inició ayer el Torneo Internacional de Ajedrez. Durante el certamen, que se prolongará tres semanas y media, cada uno de los competidores sostendrá diez y nueve partidas.

NOMINA DE LOS COMPETIDORES

Los competidores fueron presentados a las autoridades organizadoras del certamen en el siguiente orden: doctor Ossip S. Bernstein, Isaac Boleslavsky, ingeniero Mijail Botwinnik, Martín Christoffel, Arnold Denker, doctor Machgielis Euwe, Salo Flohr, Carlos E. Guimard, Cenek Kottnaur, Alexander Kotov, Erik Lundin, Michel Najdorf, Albert O'Kelly De Galway, Herman Steiner, Gösta Stolz, Vassily Smislov, Laszlo Szabó, doctor Xavielly Tartakower, doctor ingeniero Milan Vidmar y Abe Yonofsky.

a Laslo Szabo, de Hungría, que abandonó.
Herman Steiner se excedió en el tiempo, aunque ya se encontraba en posición sumamente difícil.
Martín Christoffel, de Suiza, venció a Ossip Bernstein, francés, que se excedió en el tiempo. Sin embargo, Bernstein presentó una protesta, que será tratada por el director del torneo.
Tartakower, de Francia, derrotó a Milan Vidmar, de yugoslavia, y Alexander Kotov, soviético, superó a su compatriota Salo Flor.
Yanofsky y Stolz suspendieron su partida.
Las partidas de la tercera rueda son las siguientes:
Steiner v. Vidmar, Botwinik v. Smislov, Denker v. Lundin, Boleslavsky v. Szabo,

Torneo de Groninga: 20 maestros.[214]

---

[213] Jaque Perpetuo, Juan Iliesco, *El Argentino de La Plata*, 8 de febrero de 1954.
[214] *El Ajedrez Argentino* 2ª época nº 2, pág. 46.
[215] *Clarín*, 25 de julio de 1946.

El Torneo de Groninga, Najdorf, la FADA y el cisma

Las publicaciones argentinas (...) subrayan jubilosamente el feliz desempeño que le cupo al maestro Najdorf, "el representante argentino nº 1", en el Torneo de Groninga. La Federación Argentina pareció aceptar muy complacida ese temperamento... Pero mientras se preparan agasajos extraordinarios para "quien ha defendido con tanto éxito los colores de su nueva patria", la mesa directiva de la Federación Argentina resuelve "prohibir a los maestros extranjeros residentes en el país tomar parte en el Campeonato Interprovincial". Najdorf es precisamente uno de los afectados. A su regreso se le hará saber que sólo es argentino cuando juega afuera. ¡Extraña manera de agasajar![216]

El certamen tuvo una discreta cobertura en los diarios argentinos a través de las notas de Carlos Guimard en *La Razón*, de las agencias internacionales AP, UP y otras.

¡Yo seré Campeón Mundial! Najdorf, en *Clarín*, 25 de julio de 1946

---

[216] Esta resolución de la FADA es una velada sanción a los maestros extranjeros que jugaron torneos de la Asociación Metropolitana, como Najdorf y Czerniak. *Revista de la Asociación Metropolitana de Ajedrez* nº 19/20, setiembre-octubre, pág. 209, 216. *Enroque!!* nº 59, pág. 1.

1ª ronda, 13 de agosto

■ Guimard hizo tablas con Boleslavsky, uno de los más fuertes jugadores del mundo. El equipo de Rusia, constituido por cinco ases, salió invicto de la primera ronda. El empate logrado por Guimard se considera un gran éxito. Najdorf convino esta mañana declarar tablas su partida suspendida con Arnold Denker, de Nueva York.[217]

■ Groninga es una apacible ciudad fronteriza con Alemania. Estuvo ocupada hasta último momento, pero el ritmo impreso en los días de paz devolvió las actividades comunes. Hoy celebra el primer acontecimiento ajedrecístico de la Europa de posguerra. Varios edificios aparecen profusamente embanderados, y no deja de causar profunda emoción ver flamear la enseña argentina a tanta distancia. Después de un par de días de ceremonias en las que participaron las autoridades de Groninga, representantes del Gobierno Central de Holanda y de una verdadera embajada especial soviética –vinieron acompañados de fotógrafos y periodistas– se dio comienzo al magistral torneo. Mi primera partida fue la que sostuve con Boleslavsky, considerado el segundo jugador de Rusia. Se siguieron las líneas clásicas de la Defensa Francesa, que me hicieron recordar una partida de Frydman con Ståhlberg, Torneo Internacional de Mar del Plata 1941.

Hay un fuerte caballo blanco centralizado en 4D, pero a cambio de ceder el dominio de las columnas laterales, y sobre todo creándose un punto débil en 5R. Es interesante el movimiento negro 28...A5R, invitando a dilucidar la cuestión en el terreno de las complicaciones en el caso de 29.A4C, atacando una vez más el PR negro. Pero con 29.A3A se llega a una simplificación ligeramente favorable para las negras.[218]

Boleslavsky, Isaak – Guimard, Carlos Enrique [C14]
Memorial Staunton – Groninga (1), 1946

1.e4 e6 2.d4 d5 3.Cc3 Cf6 4.Ag5 Ae7 5.e5 Cfd7 6.Axe7 Dxe7 7.f4 a6 8.Cf3 c5 9.dxc5 Cc6 10.a3 Dxc5 11.Dd2 b5 12.Df2 Ab7 13.Dxc5 Cxc5 14.Ce2 f6 15.Ced4 Cxd4 16.Cxd4 fxe5 17.fxe5 Re7 18.0–0–0 Taf8 19.Ae2 Tf4 20.Af3 Tc8 21.Rb1 Ac6 22.g3 Tff8 23.Thf1 Ad7 24.Ae2 Txf1 25.Txf1 Ae8 26.Tf3 Cd7 27.Te3 Ag6 28.Rc1 Ae4 29.Af3 Cxe5 30.Axe4 dxe4 31.Txe4 Rd6 32.c3 Rd5 33.Te2 Tf8 34.Rc2 Tf6 35.Rb3 Cd3 36.Td2 Cc5+ 37.Rb4 Ce4 38.Td1 Cf2 39.Td2 Ce4 40.Td1 Cf2 41.Td2 ½–½

Denker, Arnold Sheldon – Najdorf, Miguel [E69]
Memorial Staunton – Groninga (1), 1946 *[Juan S. Morgado]*

1.d4 Cf6 2.c4 g6 3.Cf3 Ag7 4.g3 0–0 5.Ag2 d6 6.Cc3 Cbd7 7.0–0 e5 8.h3 c6 9.e4 Te8 10.Ae3 Dc7 11.Tc1 exd4 12.Cxd4 Cc5 13.Dc2 De7 14.f3... [14.Tfe1 Ae6 *(14...Cfxe4?! 15.Cxe4 Cxe4 16.Axe4 Dxe4 17.Ad2 Dxe1+ 18.Txe1 Txe1+ 19.Axe1 Axd4 20.g4±)* 15.b4→ *(15.b3 Tad8 16.Tcd1 a5=,* Wojtkiewicz – Werner, Estocolmo 1991*)*] **14...Ad7** [14...Cfd7!?; 14...Ch5 15.Cde2 f5 **oo**] **15.Tfe1 Df8** [15...Ch5!?] **16.Tcd1 Tad8 17.b4! Ce6 18.Cb3 b6 19.f4 Ac8 20.c5...** [20.a4!?] **20... bxc5** [20...dxc5 21.bxc5 Ch5 22.Af2 Cexf4!? 23.gxf4 Cxf4 24.Txd8 Txd8 25.Te3 bxc5 **oo**] **21.bxc5 dxc5** [21...d5 22.e5 Cd7 **oo**] **22.e5 Cd5 23.Cxd5 cxd5 24.Cxc5 d4 25.Cxe6 Axe6 26.Txd4 Txd4 27.Axd4 Da3= 28.Te3...** [28.Df2 Dxa2 29.Dxa2 Axa2 30.Ta1 Ae6 31.Txa7 {traspone a *} 31...Tc8 y pese al peón de ventaja, será difícil para las blancas imponerlo.] **28...Dxa2 29.Dxa2 Axa2 30.Ta3 Ae6 31.Txa7...** {traspone de *} **31...Td8 32.Ae3...** [32.Ta4 Af8 33.Ae3 h5 es similar a las variantes anteriores.] **32...f6= 33.Ta6...** [33.exf6 Axf6 34.Ta5 Rf7 35.Rf2 h5 36.Ta7+ Td7 37.Txd7+ Axd7

[217] *Agencia AP, Noticias Gráficas*, 14 de agosto de 1946.
[218] Carlos Guimard, *La Razón*, 24 de agosto de 1946.

38.Ad5+ Ae6 39.Axe6+ Rxe6 40.Rf3=] **33...Rf7 34.Ta7+ Td7 35.Txd7+ Axd7 36.exf6 Axf6 37.g4 h5 38.g5 Ac3 39.Rf2 Af5 40.h4 Ae6 41.Ae4 Af5 42.Ad5+ Ae6 ½–½**

Guimard y Najdorf empatan en la 1ª rueda. *Noticias Gráficas*, 14 de agosto de 1946

2ª ronda, 14 de agosto

El representante argentino Miguel Najdorf conquistó una buena victoria frente al soviético Isaac Boleslavsky, 2º tablero del ranking de su país. Mientras, el excampeón argentino, Carlos Guimard, empató con el actual campeón de Bélgica, Alberic O'Kelly.[219]

Najdorf, Miguel – Boleslavsky, Isaak [A53]
Memorial Staunton – Groninga (2), 1946 *[Juan S. Morgado]*

1.d4 Cf6 2.c4 d6 3.Cc3 e5 4.dxe5 dxe5 5.Dxd8+ Rxd8 6.Cf3 Cfd7 7.g3 f6 8.Ag2 Ca6 9.0–0 c6 10.b3 Rc7 11.Ab2 Cac5 [11...Cdc5!?] **12.b4 Ce6 13.c5 Ae7 14.Ce4 b6 15.cxb6+ Cxb6** [jugada que, a mediano plazo, deja muy débil al peón 'c6', circunstancia que Najdorf sabrá aprovechar; 15...axb6 16.a3 f5 17.Cc3 e4 18.Cd2 Td8=] **16.a3...** [16.Tfc1 Axb4 17.Cxf6 gxf6 18.Cxe5 fxe5 19.Axe5+ Rd8 20.Axh8±] **16...Ca4** [Si 16...a5 17.Tab1... *(17.Cxe5 fxe5 18.Axe5+ Rb7 19.Tfc1 Td8 20.b5 Td5 21.bxc6+ Ra6 oo)* 17...axb4 18.axb4 Cd5 19.b5 cxb5 20.Axe5+ fxe5 21.Txb5 Cb4 22.Tc1+ Cc6 23.Cxe5 Ced4 24.Cc3 Cxb5 25.Cxb5+ Rb6 26.Axc6 y las blancas tienen juego promisorio] **17.Ac1 Aa6 18.Te1 Thd8** [18...c5? 19.Ae3→] **19.Ae3...**

[19.Ad2!?] **19...Cb6?!** [primer error de cierta significación; 19...Ac4!? mantenía el equilibrio] **20.Ah3→ Cf8 21.Tac1 Cfd7?** [era mejor 21...Ac8 22.Axc8 Taxc8 23.Cfd2 Cd5 24.Cc4 Cxe3 25.fxe3→] **22.Ae6?!...** [22.Cfd2 Cd5 23.Cb3 Cxe3 24.fxe3±] **22...Ab5?!** [en esta casilla el alfil está expuesto, como se verá; 22...Ab7 23.Tc2 a5 24.Tb1 axb4 25.axb4 Ta4 26.Ad2→] **23.Cfd2± Ca4** [23...a5 24.Cc3 axb4 25.Cxb5+ Rb7 26.Af5 cxb5 27.Ae4+ ±] **24.Cb3 Cdb6 25.Ca5± Te8 26.Ah3 Tad8 27.Tc2 Td5?** [27...Cd5 28.Axa7±] **28.Cxc6+– Axc6 29.Tec1 Rb8 30.Txc6 Ted8 31.Rg2 Td1 32.T1c2 Cd5 33.Ac5 Cab6 34.Ae6 Ta1 35.Td2 Rb7 36.Axe7 Te8 37.Txd5 1–0**

Fue una partida floja de Boleslavsky, muy bien ganada por Najdorf.

---

[219] *Agencia UP, La Prensa*, 15 de agosto de 1946.

Guimard, Carlos Enrique – O'Kelly de Galway, Alberic [D12]
Memorial Staunton – Groninga (2), 1946 *[Juan S. Morgado]*

1.d4 d5 2.Cf3 Cf6 3.e3 Af5 4.c4 c6 5.Cc3 e6 6.Ch4 Ag6 7.Db3 Db6 8.Cxg6 hxg6 9.Ad2 Cbd7 10.Ae2 Dc7 11.h3 Cb6 12.Tc1 dxc4 13.Axc4 Cxc4 14.Dxc4 Td8 15.e4 Dd7 16.e5 Cd5 17.Ag5 f6 18.exf6 gxf6 19.Ae3 Ad6 20.Ce4 Rf7 21.De2 Tde8 [21...Ab4+ 22.Cc3 Ce7 23.a3 Aa5 24.0-0 Cf5 25.Ce4 De7 oo] **22.Df3 Rg7 23.0-0 Ab8 24.Tfe1 Dc7 25.Rf1...** [25.Cg3 Da5 26.a3 Db6 27.Tcd1 Th4 28.Td3 Dxb2 29.Tb3 Dxb3 30.Ah6+ Txh6 31.Dxb3 Te7 oo] **25...Da5 26.a3...** [26.Ad2!?] **26...f5 27.Cc3 Cxc3 28.bxc3 Dd5 29.Tb1 b5 30.Dxd5 exd5 31.a4 a6 32.axb5 axb5 33.Ta1 f4 34.Ad2 Txe1+ 35.Txe1 Rf6 36.Re2 Te8+ 37.Rf3 Txe1 38.Axe1 Rf5 39.h4 Ad6 40.Ad2 Ae7 ½–½**

3ª ronda, 15 de agosto

Guimard suspende y Najdorf hizo tablas en la 3ª ronda. Guimard se enfrentó hoy con el francés Ossip Bernstein, y la partida se suspendió hasta al lunes, después de 57 jugadas, en posición equilibrada. El representante argentino jugó con las negras, y adoptó una Defensa Francesa ante una Apertura PR. El maestro polaco Mieczyslav Najdorf hizo tablas con el belga Alberic O'Kelly. Najdorf condujo las negras, y contestó con una Defensa Eslava a la Apertura Gambito de Dama, pero se vio en dificultades al no dar solución correcta a un problema de posiciones (Sic). Sin embargo, logró mejorar sus líneas, y su rival debió conformarse con hacer tablas en la 19ª jugada, después de una repetición de movidas. Botvínnik logró su tercera victoria consecutiva, esta vez frente a Smyslov.[220]

Bernstein, Ossip – Guimard, Carlos Enrique [C01]
Memorial Staunton – Groninga (3), 1946

1.e4 e6 2.d4 d5 3.Cc3 Ab4 4.exd5 exd5 5.Ad3 Cc6 6.Cge2 Cge7 7.0-0 Af5 8.Axf5 Cxf5 9.Dd3 Dd7 10.Cb5 Aa5 11.Af4 Cb4 12.Dh3 Ce7 13.Dxd7+ Rxd7 14.Ca3 The8 15.Cg3 g6 16.Tad1 Ca6 17.Cb5 Cc8 18.c3 c6 19.Ca3 Ac7 20.Axc7 Cxc7 21.Cc2 Cd6 22.Cb4 Ce6 23.Cd3 f6 24.f3 Te7 25.Tfe1 Tae8 26.Cc5+ Rc7 27.Cxe6+ Txe6 28.Txe6 Txe6 29.Rf2 Rd7 30.h4 Re7 31.Ce2 Rf7 32.g4 Te7 33.Cf4 Te8 34.Cd3 h5 35.Te1 Th8 36.Th1 hxg4 37.fxg4 Ce4+ 38.Rf3 Cd2+ 39.Re3 Ce4 40.Rf3 Cd2+ 41.Re3 Ce4 42.Th2 g5 43.h5 f5 44.gxf5 Rf6 45.Cf2 Cd6 46.Cg4+ Rxf5 47.Rf3 Ce4 48.Ce3+ Re6 49.Rg4 Th6 50.Cf5 Cf6+ 51.Rxg5 Txh5+ 52.Txh5 Cxh5 53.Cd6 Rxd6 54.Rxh5 Rd7 55.Rg4 Re8 56.Rf4 Rf7 57.Rf5 Re7 58.a4 a5 59.Re5 Rd7 60.Rf6 Rd6 ½–½

Muy buena partida de Guimard, aprovechando la pasiva apertura jugada por el veterano Bernstein.

O'Kelly de Galway, Alberic – Najdorf, Miguel [D17]
Memorial Staunton – Groninga (3), 1946 *[Juan S. Morgado]*

1.d4 d5 2.c4 c6 3.Cf3 Cf6 4.Cc3 dxc4 5.a4 Af5 6.Ce5 Cbd7 7.Cxc4 e6 8.f3 Ab4 9.Ag5 h6 10.Ah4 Cb6 [10...b5 11.Cd2 e5 12.dxe5= *(12.e4? exd4 13.Ca2 Cxe4! 14.Axd8 Axd2+ ∓, Mikenas – Kupreichik, Gomel 1973)* 12...Cxe5 13.axb5 0-0 14.e4 Ae6 15.bxc6 Db6><] **11.e4 Ah7 12.Db3 a5 13.Td1 Cxc4** [13...Cxa4!? 14.Dxa4 b5 15.Db3 bxc4 16.Axc4 Dc7 17.0-0 0-0-0=] **14.Axc4 0-0 15.0-0 Dc7 16.Ca2...** [16.Axf6 gxf6 17.Ce2 Tfd8 18.De3 Af8=] **16...Ae7 17.Cc3 Ab4 18.Ca2 Ae7 19.Cc3 Ab4 ½–½**

---

[220] *Agencia AP, El Mundo*, 16 de agosto de 1946.

Botwinnik Derrotó a Smyslov en El Torneo de Ajedrez de Holanda

Gröninga, agosto 15 (UP) — En la tercera reunión del torneo internacional que se realiza en esta ciudad, el campeón soviético, Moisés Botwinnik, conquistó su tercera victoria consecutiva al vencer hoy a su compatriota Vassyl Smyslov, en una partida que comenzó con la apertura de peón dama y el perdedor defendió con el sistema indio del rey. El representante argentino, Miguel Najdorf empató con el campeón belga O'Kelly y el ex campeón argentino Carlos Guimard suspendió su encuentro con el veterano Bernstein en una situación equilibrada.

Los resultados de los restantes tableros fueron los siguientes: el campeón estadounidense, Denker, le ganó al sueco Lundin; el ex campeón mundial doctor Euwe venció al suizo Christoffel; el sueco Stoltz derrotó al checoslovaco Kottnauer y Salo Flohr le ganó al campeón del Canadá, Janovsky, Boleslavsky, sufrió una nueva derrota frente al húngaro Szabo, El veterano Tartakower empató con el ruso Kotov y el mismo resultado tuvo la partida de Steiner con el yugoslavo Vidmar.

PARTIDA DE LA SEGUNDA RUEDA

Trascribimos a continuación la partida correspondiente a la segunda rueda del torneo, en que Botwinnik le ganó en excelente estilo al jugador sueco Lundin.

Defensa India de la dama

Blancas: Lundin - Negras: Botwinnik. — 1. P4D, C3AR; 2. P4AD, P3R; 3. C3AR, P3CD; 4. P3CR

Esta continuación goza de la preferencia de la mayor parte de los maestros, pero también es muy bueno el procedimiento siguiente: 4. P3R, A5C jaque; 5. CD2D, A2C; 6. A3D, C5R; 7. O—O, P4AR; 8. D2A, AxC; 9. CxA, D5T; 10. C3A, D2R; 11. P3D, O—O; 12. C2D, P3CD; 13. P3CD, y la posición es ventajosa para las blancas.

4. ... A2C; 5. A2C, A2R

En algunas ocasiones se ha jugado:

5. ... P4A, a lo cual puede seguir 6. O—O, PxP; 7. CxP, AxA; 8. RxA, P4D; 9. D4T jaque, D2D; 10. C5C, C3A; 11. PxP, PxP; 12. A4A, y las blancas tienen mejor posición. Otra continuación posible es: 5. ... A5C jaque; 6. A2D, D2R; 7. O—O, AxA; 8. DxA, O—O; 9. T1R, P4D; 10. C5R, C5R; 11. D2A, P3AR; 12. PxP, PxP; 13. C3D, C3AD; 14. D4T, y también quedan las blancas con superioridad.

6. O—O, O—O; 7. C3A, P4D

En el torneo Avro, de 1938, la partida de Alekhine contra Botwinnik, siguió así: 7. C5R; 8. D2A, PxP; 9. DxC, P4AR; 10. A3R, A3AR; 11. D2D, P3D; 12. P3D, con juego ligeramente superior para las blancas.

8. C5R, D1A

Esta jugada se realiza con frecuencia en la presente defensa. Con ello se anula, en parte, la presión central del enemigo.

9. PxP, CxP; 10. CxC, PxC

Es evidente que contra 10. ... AxC, seguiría 11. P4R, con gran juego.

11. D3C, D3R; 12. C3D

Las blancas amenazan ganar el peón central mediante 12. ... T1D; 13. A3R, P3AR;

— Buena jugada que permitirá a las negras destinar oportunamente sus piezas mayores a una misión más importante que la de permanecer en la defensa de un peón, a la vez que facilita el inmediato desarrollo.

14. TR1D, C2D; 15. TD1A, C3A; 16. T2A, C5R; 17. TR1AD, TD1A; 18. C4A, D2D; 19. D4T, P4TD; 20. D3C, P4CD

El plan de las blancas es lógico, puesto que tiende a provocar debilidades en el flanco dama enemigo, habiendo conseguido dejar al alfil dama de las negras entorpecido por sus propios peones, pero el extraordinario campeón soviético maniobra con su acostumbrada precisión.

21. D3D, P4C; 22. C5T, P4AR; 23. P3A, C3D; 24. A2A, T1A; 25. P3C, T2AE; 26. P3TR, D3R; 27. P4CR, D3C; 28. A3C

Una jugada débil que conduce a una peligrosa situación cerrada, en la que

Guimard Suspende y Najdorf Hizo Tablas en la 3ª Ronda del Torneo

GRONINGA, 15 (AP) — Hoy se jugó la tercera ronda del torneo magistral de ajedrez que se desarrolla en esta ciudad con intervención de veinte de las figuras más destacadas del panorama internacional de ese juego.

El maestro polaco Mieczyslaw Najdorf, que representa a la Argentina, hizo tablas con el representante belga Albert O'Kelly de Galway. Najdorf, que condujo las negras, contestó con la defensa es ava a la apertura gambito de dama pero se vio en dificultades al no dar solución correcta a un problema de posiciones. Sin embargo, logró mejorar sus líneas y su rival, el campeón argentino Carlos E. Guimard, debió conformarse con hacer tablas en la jugada 19, después de una repetición de movidas.

GUIMARD SUSPENDIÓ

Carlos Guimard se enfrentó hoy con el francés Ossip Bernstein y la partida suspendió hasta el lunes después de 57 jugadas, en posición equilibrada. El representante argentino, que jugó con las negras, aplicó la defensa francesa ante una apertura de peón de rey, y durante gran parte del desarrollo la partida siguió los lineamientos adoptados por Alekhine y

GANAN EUWE Y BOTVINNIK

Mikhail Botvinnik, primer jugador de la Unión Soviética, conquistó su tercera victoria consecutiva ante su compatriota Vassili Smyslov en 50 movidas. El ex campeón mundial Max Euwe, que encabeza la clasificación con Botvinnik, también venció hoy, obligando a abandonar al campeón suizo Martín Christoffel, después de 41 jugadas.

DENKER VENCE A LUNDIN

El campeón norteamericano Arnold Denker, que condujo las blancas ante el sueco Erik Lundin, venció en 42 movidas. El otro participante de la Unión, Herman Steiner, conquistó su primer medio punto, al hacer tablas con el profesor Milán Vidmar, de Yugoslavia. Xaviely Tartakower, que representa a Francia, también empató con el soviético Alexander Kotov. Abe Yanovski, de Canadá, había conquistado una posición ganadora ante Salo

Najdorf, tablas con O'Kelly; Guimard, suspende.
El Mundo, 16 de agosto de 1946

Importante triunfo de Botvínnik ante Smyslov.
La Prensa, 16 de agosto de 1946

4ª ronda, 16 de agosto

■ El excampeón mundial, Max Euwe, derrotó al argentino Carlos Guimard, y el campeón soviético, Botvínnik, le ganó a Steiner. Euwe y Botvínnik encabezan el certamen con 4/4, ganando todas las partidas. Denker y Stoltz marchan con 3. Najdorf empató con el veterano doctor Bernstein, y lleva 2½/4.[221]

Guimard, Carlos Enrique – Euwe, Max [A50]
Memorial Staunton – Groninga (4), 1946 *[Juan S. Morgado]*

1.d4 Cf6 2.Cf3 g6 3.g3 b6 4.Ag2 Ab7 5.c4 Ag7 6.0–0 0–0 7.Cc3 Ce4 8.Cxe4 Axe4 9.Af4 d6 10.Dd2 Cd7 11.Ah6 e6 12.Axg7 Rxg7 13.Ce1 Axg2 14.Cxg2 Cf6= 15.d5 e5 16.f3 De7 17.e4 Tae8 18.Rh1 h6 19.b4 Cd7 20.g4… [20.a4!? Dg5=] **20…Rh7** [20…Th8!?] **21.Ce3 Ta8 22.Tg1 a5 23.b5…** [no es agradable efectuar esta jugada en vista de la cesión de la casilla 'c5'; las blancas deberían ahora iniciar un plan para tratar de cambiar los caballos: 23.a3 Ta7 24.b5 Cc5=] **23…Dg5** [23…Cc5 24.Taf1 Th8 25.De2 Rg7 oo] **24.Tg3…** [24.De2 Cc5 25.Cg2 Rg7 26.Ce1 Th8 27.Cd3=] **24…Cc5 25.Te1 a4 26.a3…** [26.Rg2!?] **26…Th8 27.De2 Rg7 28.Cg2?!...** [28.Cf5+?! Rf8→; 28.Rg2 Tag8 29.Th1 h5 30.h4 Dd8 31.g5 Tf8 32.Cd1 f5 33.gxf6+ Txf6∓] **28…h5∓**

29.h4?… [29.Tf1 h4 30.Th3 De7 31.De3 g5 oo; la Th3 está atrapada, pero ¿cómo podrían las negras explotar esa situación careciendo de rupturas evidentes?] **29…hxg4 30.fxg4…** [30.Txg4 De7 31.Rg1 Tag8 32.Tf1 Rf8 33.f4 exf4 34.Tgxf4 Th7∓] **30…Txh4+!–+ 31.Cxh4 Th8** [31…Dxh4+?! 32.Dh2 Th8 33.Dxh4 Txh4+ 34.Rg2=] **32.Rg2 Dxh4 33.g5…** [33.Rf2!?] **33…Cb3?!** [33…Cxe4 34.Dxe4 Dh2+

---

[221] *Agencia UP, La Prensa*, 17 de agosto de 1946.

35.Rf3 Th4 36.De3 Tf4+ 37.Dxf4 exf4 38.Tg4 Dd2 39.Tgg1 Dc3+ 40.Rg4 f3 41.Tc1 Dxa3 42.Tgf1 De3–+] **34.Tg1…** [34.Rf2 Df4+ 35.Df3 Th2+ 36.Rg1 Dh4 37.Tf1 Th1+ 38.Dxh1 Dxg3+ 39.Dg2 De3+ 40.Df2 Dxg5+ 41.Dg2 Dxg2+ 42.Rxg2 Cd2 43.Te1 f5–+] **34…Cd2 35.Rf2 Cxe4+ 0–1**

Najdorf, Miguel – Bernstein, Ossip [D40]
Memorial Staunton – Groninga (4), 1946 *[Juan S. Morgado]*

1.d4 d5 2.c4 e6 3.Cc3 Cf6 4.Cf3 Ae7 5.e3 0–0 6.Ad3 c5 7.b3 cxd4 8.exd4 Ab4 9.Ab2 Da5 10.Dc2 dxc4 11.bxc4 b5!? 12.a3… [12.cxb5 Ab7 13.a3 Ae7 14.0–0 Axf3 15.gxf3 Cbd7 ∞] **12… bxc4??** [12…Ae7 13.cxb5 Ab7 ∞] **13.Axh7+??…** [13.Ae4! Cxe4 14.axb4 Dxb4 15.Ta4 Db3 16.Dxb3 cxb3 17.Cxe4+–] **13…Cxh7 14.axb4 Db6** [14…Dxb4? 15.Aa3±] **15.0–0 Cc6 16.Ca4= Db5 17.Tfc1 Cxb4 18.Dxc4 Tb8** [18…Aa6!?] **19.Dxb5 Txb5 20.Tc7 a6 21.Aa3⩲ Cf6 22.Axb4 Txb4 23.Cc5 Cd5 24.Ta7 Cc3 25.Cxa6 Axa6 26.T7xa6 Ce2+ 27.Rf1 Cxd4 28.Cxd4 Txd4 29.Ta8 Txa8 30.Txa8+ Rh7 ½–½**

La partida Najdorf – Bernstein fue muy accidentada. El veterano maestro francés cometió un grave error a poco de salir de la apertura, y en forma muy simple pudo perder una pieza, pero Najdorf no vio la continuación exacta, o no la concibió, produciéndose un cambio general de piezas con el consiguiente equilibrio absoluto. La ronda tuvo para mí un signo adverso. Después de conseguir una posición excelente frente a Euwe, no acerté con el mejor plan. No sólo perdí la iniciativa, sino que poco a poco fui quedando inferior. Un oportuno sacrificio de calidad permitió a mi adversario emplazar un ataque ganador.[222]

Euwe vence a Guimard; Najdorf sigue empatando. *La Prensa*, 17 de agosto de 1946

Najdorf no ve cómo ganarle una pieza a Bernstein. *La Razón*, 28 de agosto de 1946

---

[222] Carlos Guimard, *La Razón*, 28 de agosto de 1946.

5ª ronda, 18 de agosto

Najdorf empató con Euwe en una lucha compleja y lucida. Botvínnik tuvo como adversario al veterano maestro yugoslavo doctor Milan Vidmar, al que venció en una partida de interesantes acciones. Menos afortunado estuvo el otro representante argentino Carlos Guimard, pues volvió a ser vencido, esta vez por el veterano maestro sueco Gösta Stoltz. Botvínnik tiene ahora un score de 5/5, seguido por Euwe con 4½, Smyslov 3½, Najdorf, Kotov y Tartakower 3.[223]

Euwe, Max – Najdorf, Miguel [E33]
Memorial Staunton – Groninga (5), 1946 *[Juan S. Morgado]*

1.d4 Cf6 2.c4 e6 3.Cc3 Ab4 4.Dc2 Cc6 5.Cf3 d6 6.Ad2 0–0 7.a3 Axc3 8.Axc3 Te8 9.e3 e5 10.dxe5 Cxe5 11.Cxe5 dxe5 12.Ae2 c5 13.0–0 De7 14.Tae1 b6 15.f4 Ab7 [a) 15...exf4?! 16.Af3 Ab7 17.Axb7 Dxb7 18.Axf6 gxf6 19.Txf4→; **b)** 15...e4 16.h3 Td8 17.Td1 Ab7 18.b4=] **16.fxe5…** [16.Axe5! Cd7 17.Ac3… *(17.Ad3? Cxe5 18.Axh7+ Rh8 19.fxe5 g6∓)* 17...Ae4 *(17...Dxe3+? 18.Tf2 ±)* 18.Ad3 Axd3 19.Dxd3 Cf6=] **16...Ce4= 17.Af3 Cxc3 18.Axb7 Dxb7 19.Dxc3 De4 20.Td1 Txe5 21.Td7 f6 22.Tfd1 Te7** [22...Dxe3+ 23.Dxe3 Txe3 24.Tc7=] **23.Txe7 Dxe7 24.Td5 Te8 25.Rf2 De4 26.h3 Dh4+ 27.Rf3 De4+ 28.Rf2 ½–½**

Stoltz, Gösta – Guimard, Carlos Enrique [D37]
Memorial Staunton – Groninga (5), 1946 *[Juan S. Morgado]*

1.d4 d5 2.Cf3 Cf6 3.c4 e6 4.Cc3 Ae7 5.e3 0–0 6.Dc2 Cbd7 7.b3 b6 8.Ae2 Ab7 9.0–0 Tc8 10.Ab2 c5 11.Tad1 Dc7 12.dxc5 Cxc5 13.Cb5 Dd8 14.Cxa7 Ta8 15.Cb5 Txa2 16.Db1 Ta8 17.Cg5 h6 18.Axf6 hxg5 19.Ae5 Dc8?! [19...Af6=] **20.Db2…** [20. cxd5 exd5 21.b4 Ce4 22.Db2 Af6 23.Axf6 Cxf6 24.Tc1→] **20...dxc4** [20...f6 única 21.Ad6 Dd7 22.Axc5 Axc5 23.cxd5 exd5 24.b4 Ae7 25.e4→] **21.Axc4…** [21.Axg7 Dc6 22.f3 Dxb5 23.Axc4 Dc6 24.Ah6 f6 25.Axf8 Rxf8 26.De2 f5 **oo**] **21...Dc6 22.f3 Aa6** [22...f6? 23.Ad6 Tf7 24.Axe7 Txe7 25.Td6 Dc8 26.b4+–] **23.Cd4→ 23... Db7 24.Axa6?!...** [24.Axg7! Axc4 25.Axf8 Axf1 26.Axe7 Dxe7 27.Txf1→] **24... Txa6= 25.Axg7 Tfa8 26.Ae5 Cd7 27.Ag3 Ta2** [27...Af6><] **28.Db1 Af6?** [28... Dd5 29.e4→] **29.Cxe6!+– fxe6 30.Dg6+ Rh8 31.Txd7 Dxd7 32.Dxf6+ Rh7 33.Dxg5 Td2 34.Dh5+ Rg8 35.Dg6+ Rf8 36.Ae1 Taa2 37.Df6+ Re8 38.Axd2 Dxd2 39.Dxe6+ Rd8 40.Dxb6+ Rc8 41.Dc5+ 1–0**

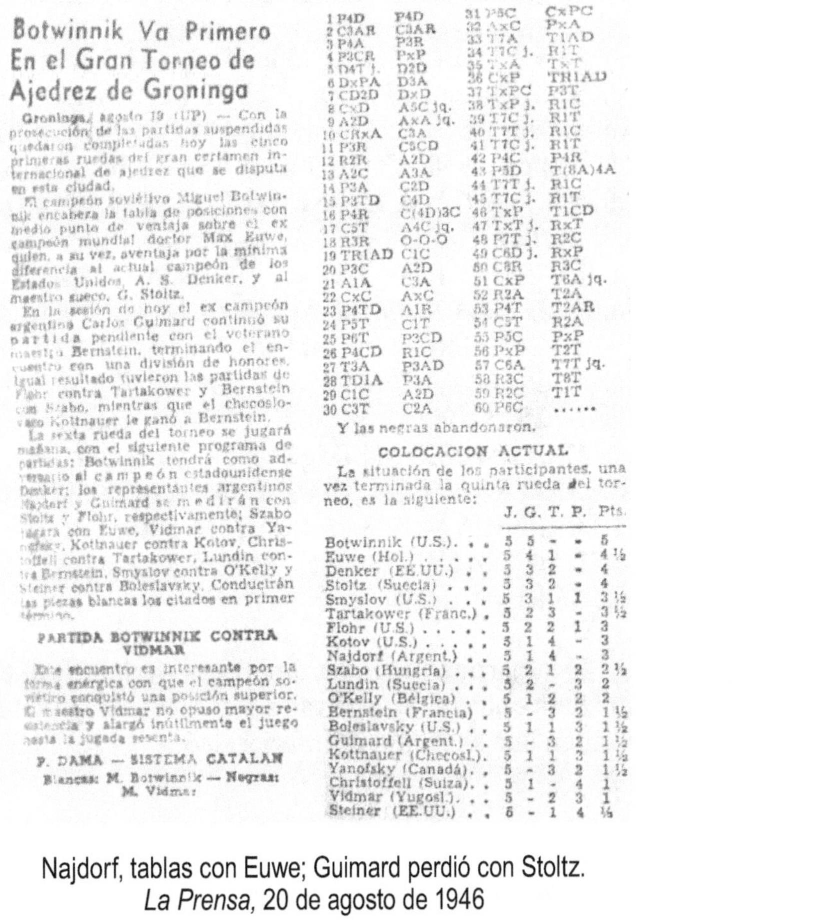

Botwinnik Va Primero En el Gran Torneo de Ajedrez de Groninga

Groninga, agosto 19 (UP) — Con la prosecución de las partidas suspendidas quedaron completadas hoy las cinco primeras ruedas del gran certamen internacional de ajedrez que se disputa en esta ciudad.

El campeón soviético Miguel Botwinnik encabeza la tabla de posiciones con medio punto de ventaja sobre el ex campeón mundial doctor Max Euwe, quien, a su vez, aventaja por la mínima diferencia al actual campeón de los Estados Unidos, A. S. Denker, y al maestro sueco, G. Stoltz.

En la sesión de hoy el ex campeón argentino Carlos Guimard continuó su partida pendiente con el veterano maestro Bernstein, terminando el encuentro con una división de honores. Igual resultado tuvieron las partidas de Flohr contra Tartakower y Bernstein con Szabo, mientras que el checoslovaco Kottnauer le ganó a Bernstein.

La sexta rueda del torneo se jugará mañana, con el siguiente programa de partidas: Botwinnik tendrá como adversario al campeón estadounidense Denker; los representantes argentinos Najdorf y Guimard se medirán con Stoltz y Flohr, respectivamente; Szabo jugará con Euwe, Vidmar contra Yanofsky, Kottnauer contra Kotov, Christoffell contra Tartakower, Lundin contra Bernstein, Smyslov contra O'Kelly y Steiner contra Boleslavsky. Conducirán las piezas blancas los citados en primer término.

PARTIDA BOTWINNIK CONTRA VIDMAR

Este encuentro es interesante por la forma enérgica con que el campeón soviético conquistó una posición superior. El maestro Vidmar no opuso mayor resistencia y alargó inútilmente el juego hasta la jugada sesenta.

P. DAMA — SISTEMA CATALAN

Blancas: M. Botwinnik — Negras: M. Vidmar

1 P4D	P4D	31 P8C	CxPC
2 C3AR	C3AR	32 AxC	PxA
3 P4A	P3R	33 T7A	T1AD
4 P3CR	PxP	34 T7C j.	R1T
5 D4T j.	D2D	35 TxA	TxT
6 DxPA	D3A	36 CxP	TR1AD
7 CD2D	DxD	37 TxPC	P3T
8 CxD	A5C jq.	38 TxP j.	R1C
9 A2D	AxA jq.	39 T7C j.	R1T
10 CRxA	C3A	40 T7T j.	R1C
11 P3R	C5CD	41 T7C j.	R1T
12 R2R	A2D	42 P4C	P4R
13 A2C	A3A	43 P5D	T(8A)4A
14 P3A	C2D	44 T7T j.	R1C
15 P3TD	C4D	45 T7C j.	R1T
16 P4R	C(4D)3C	46 TxP	T1CD
17 C5T	A4C jq.	47 TxT j.	RxT
18 R3R	O-O-O	48 P7T j.	R2C
19 TR1AD	C1C	49 C8D j.	RxP
20 P3C	A2D	50 C8R	R3C
21 A1A	C3A	51 CxP	T6A jq.
22 CxC	AxC	52 R2A	T2A
23 P4TD	A1R	53 P4T	T2AR
24 P5T	C1T	54 C5T	R2A
25 P6T	P3CD	55 P5C	PxP
26 P4CD	R1C	56 PxP	T2T
27 T3A	P3AD	57 C6A	T7T jq.
28 TD1A	P3A	58 R3C	T8T
29 C1C	A2D	59 R2C	T1T
30 C3T	C2A	60 P6C	......

Y las negras abandonaron.

COLOCACION ACTUAL

La situación de los participantes, una vez terminada la quinta rueda del torneo, es la siguiente:

	J.	G.	T.	P.	Pts.
Botwinnik (U.S.)	5	5	-	-	5
Euwe (Hol.)	5	4	1	-	4 ½
Denker (EE.UU.)	5	3	2	-	4
Stoltz (Suecia)	5	3	2	-	4
Smyslov (U.S.)	5	3	1	1	3 ½
Tartakower (Franc.)	5	2	3	-	3 ½
Flohr (U.S.)	5	2	2	1	3
Kotov (U.S.)	5	1	4	-	3
Najdorf (Argent.)	5	1	4	-	3
Szabo (Hungría)	5	2	1	2	2 ½
Lundin (Suecia)	5	2	-	3	2
O'Kelly (Bélgica)	5	1	2	2	2
Bernstein (Francia)	5	-	3	2	1 ½
Boleslavsky (U.S.)	5	1	1	3	1 ½
Guimard (Argent.)	5	-	3	2	1 ½
Kottnauer (Checosl.)	5	1	1	3	1 ½
Yanofsky (Canadá)	5	-	3	2	1 ½
Christoffell (Suiza)	5	1	-	4	1
Vidmar (Yugosl.)	5	-	2	3	1
Steiner (EE.UU.)	5	-	1	4	½

Najdorf, tablas con Euwe; Guimard perdió con Stoltz.
La Prensa, 20 de agosto de 1946

[223] Agencia UP, *La Prensa*, 18 de agosto de 1946.

6ª ronda, 20 de agosto

■ Empata Najdorf y pierde Guimard en la 6ª ronda. El maestro polaco Michel Najdorf (Sic), residente en la Argentina, hizo tablas hoy con el campeón de Suecia, Gösta Stoltz, mientras que el excampeón argentino, Carlos Guimard, volvió a experimentar una derrota, esta vez frente al maestro soviético Salo Flohr. El campeón soviético Botvínnik suspendió hoy su partida con el campeón norteamericano Denker. Euwe derrotó a Szabó, y Smyslov a O'Kelly.[224]

■ Botvínnik hizo tablas hoy con Denker. Después de 7 horas terminó el juego empatado en la movida 47ª. Con tal resultado, Botvínnik y Euwe tienen 5½/6; Najdorf 4.[225]

Guimard, Carlos Enrique – Flohr, Salo [D15]
Memorial Staunton – Groninga (6), 1946 *[Juan S. Morgado]*

1.d4 d5 2.Cf3 Cf6 3.c4 c6 4.Cc3 dxc4 5.e3 b5 6.a4 b4 7.Ca2 e6 8.Axc4 Ab7 9.0–0 Ae7 10.De2 Cbd7 11.Aa6 Db6 [11...Axa6 12.Dxa6 Db6=] **12.Axb7 Dxb7 13.a5 c5 14.Ad2 0–0 15.Tfd1 Tfc8 16.Ae1 Tab8 17.dxc5 b3 18.Cc3 Cxc5 19.Cd4 a6 20.f3 Td8 21.e4 Tbc8 22.Af2 g6 23.De3 Td7 24.Cde2 Tcd8 25.Txd7 Dxd7 26.e5?!...** [26.Rf1 Db7→] **26...Cd5 → 27.Cxd5 Dxd5 28.Cd4 Tb8?!** [28...Cd7→] **29.Dc3?!...** [29.h3 Cd7 30.f4 Cc5→] **29...Af8** [29...Td8→] **30.g3?...** [30.Rf1 h5→] **30...Dxe5∓ 31.Dc4 Dd6 32.f4 Dd7 33.Ta3??...** [33.Cf3 Db7∓] **33...Ce4–+ 34.Ta4 Tc8 0–1**

Najdorf, Miguel – Stoltz, Gösta [D22]
Memorial Staunton – Groninga (6), 1946 *[Juan S. Morgado]*

1.d4 d5 2.c4 dxc4 3.Cf3 a6 4.e3 Ag4 5.Axc4 e6 6.Db3 Axf3 7.gxf3 b5 8.Ae2 c5 9.dxc5 Cd7 10.Cc3... [10.c6 Cc5 11.Dc2 Tc8 12.Cc3... *(12.Cd2 Dd5 13.0–0 Cf6 14.f4 Dxc6 ∞, Ståhlberg – Foltys, Amsterdam 1950)* 12...Txc6 *(12...b4 13.Ca4 Da5 14.Cxc5 Axc5 15.b3=,* Kozma – Fuderer, Olimpíada de München, 1958*)* 13.Cxb5 axb5 14.b4 Db6 15.bxc5 Txc5 16.Db3→] **10...Cxc5 11.Dc2 Tc8** [11...Cf6=] **12.Ad2 Ad6 13.Ce4 Cxe4** [13...Ce7!?] **14.Dxe4 Cf6 15.Dd4...** [15.Db7=] **15...Tc5** [15...0–0!?] **16.Td1 Td5** [16...0–0 17.Aa5 Dxa5+ 18.b4 Da3 19.bxc5 Axc5=] **17.Dc3 0–0 18.Db3...** [18.e4 Tc5 19.Dd3 Tc6=] **18...Ac7** [18...Db6!?] **19.Ac3...** [19.Ab4!?] **19...Txd1+ 20.Dxd1 Cd5 21.Ad4 Aa5+** [21...Dh4 22.h3 Td8 23.Dc2 e5 24.Ac5 Aa5+ 25.Rf1 Tc8 26.De4 Dxe4 27.fxe4 Cf6 28.b4 Cxe4 29.Ag4 Tc7 30.Rg2 Cxc5 31.bxc5 Txc5∓] **22.Rf1 Dh4 23.Tg1?...** [23.h3 Td8=] **23...Dh3+?!** [23...g6 24.a4 Td8∓] **24.Tg2 Td8 25.f4...** [25.Axg7? Cxe3+ 26.fxe3 Txd1+ 27.Axd1 f6 28.Axf6+ Rf7 29.Ad4 Dh4∓] **25...Cxf4** [25...g6 26.Rg1 Dh4→] **26.exf4 Ab6 27.Ag4...** [27.Axb6?? Txd1+ 28.Axd1 Dd3+ –+] **27...Txd4 28.Dxd4 Dxg2+ 29.Rxg2 Axd4 30.b3 b4>< 31.f5 e5 32.Ae2 a5 33.Rf3 Rf8 34.Re4 Re7 35.f4 Rf6 36.Ac4 Ab2 37.fxe5+ Axe5 38.h3 Ac7 39.Ad5 g6 40.fxg6 hxg6 41.Ac4 Re7 42.Rf3 f5 43.Ab5 Rf6 44.Ae8 g5 45.Ad7 Re5 46.Ac8 Ab6 47.Ad7 Ad4 48.Ac8 Ab2 49.Ad7 Ac1 50.Ac8 f4 51.Ad7 Rd4 52.Ae8 Rc3 53.Aa4** [53.Aa4 Rb2 54.Rg4 Rxa2 55.h4 gxh4 56.Rxh4 Rb2 57.Rg4 Rc3 58.Rf3=] **½–½**

Esta partida fue importante para evaluar la fuerza actual del juego de Najdorf, considerando que Stoltz no era de los rivales más fuertes. Teniendo las blancas, apenas logró el empate luego de estar en una situación de inferioridad.

---

[224] Agencia AP, *El Mundo*, 21 de agosto de 1946.
[225] Agencia UP, *La Prensa*, 21 de agosto de 1946.

7ª ronda, 21 de agosto

▪ Miguel Najdorf empató ayer con Flohr. Se destacó el rápido triunfo de Botvínnik frente a su compatriota Boleslavsky. El representante francés doctor Savielly Tartakower, que está jugando con gran seguridad, venció al argentino Carlos Guimard, en tanto Denker – Vidmar finalizó con un empate. Interesante resultó el encuentro Flohr – Najdorf. Luego de lucidas alternativas finalizó el juego con una división de honores, cuando se habían realizado 55 movimientos. Bernstein – Smyslov y Euwe – Lundin empataron. Botvínnik tiene ahora 6½/7, y sigue Euwe 6, Denker, Tartakower y Smyslov 5/7, Flohr 5/8. Najdorf alcanzó 4/7.[226]

Tartakower, Savielly – Guimard, Carlos Enrique [C04]
Memorial Staunton – Groninga (7), 1946 *[Juan S. Morgado]*

1.e4 e6 2.d4 d5 3.Cd2 Cc6 4.Cgf3 Cf6 5.e5 Cd7 6.c3 f6 7.exf6 Dxf6 8.Ab5 Ad6 9.Cf1 a6 10.Aa4 e5 11.Ag5... [a) 11.dxe5 Cdxe5 *(11...Ccxe5 12.Cxe5 Dxe5+ 13.Ae3 0–0 14.Cg3 Ac5 15.De2 Axe3 16.Dxe3 Dxe3+ 17.fxe3 Cc5 18.Ac2 Ae6 oo)* 12.Cxe5 Dxe5+ 13.Ae3 De4 14.Tg1 0–0 15.Ac2 De5 16.Dd2 Af5 17.0–0–0 Axc2 18.Dxc2 Tae8 19.Cd2=; b) 11.Ce3 exd4 12.cxd4 Cb6 13.Axc6+ bxc6 14.0–0 0–0=] **11...Df7 12.Ce3 exd4** [12...e4!?] **13.Cxd4 0–0 14.0–0 Cxd4 15.Dxd4 c6⩲ 16.Ac2 Cc5 17.Ah4 Dh5 18.Ag3 Ce6 19.Dd1 Dxd1 20.Taxd1 Cf4 21.Tfe1 Ac5 22.Td2 a5 23.Ad1 Ad7 24.Cc2 Tae8 25.Txe8 Axe8 26.Cd4 Ag6 27.h4 Ab6 28.Af3 h6 29.Td1 Cd3 30.Td2 Te8 31.h5 Ah7 32.Ag4 Cc5** [32...Axd4=] **33.f3 Cd3 34.Rh2 c5 35.Cf5 c4 36.Cd6...** [36.b3 Axf5 37.Axf5 Ae3 38.Td1 Cf4 39.bxc4 dxc4 40.Te1 Te5 41.Txe3 Txf5 42.Axf4 Txf4 43.Te5 b6 44.Rg3 Tf6 45.a4, con alguna ventaja de las blancas en el final] **36...Tf8??** [un *blunder* que pone fin a la partida; 36...Ae3 37.Td1 Te7 38.Cf5 Te8 39.Cxe3 Txe3 40.Td2 b5 oo] **37.Ae6+ Rh8 38.Cf7+ Rg8 39.Cxh6+ Rh8 40.Cf7+ Rg8 41.Cg5+ Rh8 42.Cxh7 Ae3** [42...Rxh7 43.Axd5+–] **43.Te2 1–0**

Flohr, Salo – Najdorf, Miguel [E34]
Memorial Staunton – Groninga (7), 1946 *[Juan S. Morgado]*

1.d4 Cf6 2.c4 e6 3.Cc3 Ab4 4.Dc2 d5 5.cxd5 Dxd5 6.Cf3 c5 7.Ad2 Axc3 8.Axc3 Cc6 9.dxc5 Dxc5 10.Tc1 Ad7 11.e3 0–0 12.a3... [12.Db1 De7 13.Ad3... *(13.Ae2 Cd5 14.0–0 Cxc3 ½–½, Kelecevic – Landenbergue, Biel 1996)* 13...Cb4 14.Axf6 Cxd3+ 15.Dxd3 gxf6 16.0–0 Tac8 17.e4=, Seirawan (2647) – Adams, (2715), Bermuda 2000] **12...Cd5 13.Ad3 g6** [13...f5 14.0–0 Cxc3 15.b4 De7 16.Dxc3⩲] **14.Ad2 Dxc2 15.Txc2 Tfc8 16.0–0...** [16.e4 Cb6 17.Re2 e5 18.Ae3⩲] **16...Cce7** [16...f6=] **17.Tfc1⩲ Txc2 18.Txc2 Tc8** [18...Aa4 19.Tc1⩲] **19.Txc8+ Cxc8 20.Rf1...** [a) 20.e4 Cdb6 21.Ce5 Ae8 *(21...Aa4!?)* 22.Ac3⩲; b) 20.Ce5 Aa4 21.e4 Cdb6 22.Ac3 Rf8 23.f4 f6 24.Cg4 f5 25.Cf6 h6 26.g4 Ce7 27.Ad4⩲; si bien este prefinal debe ser tablas, es muy incómodo jugarlo con las negras] **20...Cd6 21.Re1...** [21.e4⩲] **21...Ab5 22.Ac2 Cc4 23.Ac1 f6 24.e4 Cc7 25.b3 Cd6 26.e5 fxe5 27.Cxe5 Cd5** [27...Cf7!?] **28.g3...** [28.a4 Ae8 29.Ad1 Cf7 30.Cc4 b6 31.g3 Ad7 32.Rd2 Rf8 33.Rd3 Re8 34.Aa3, con una pequeña pero muy molesta ventaja] **28...Cf7 29.Cf3 Ad7 30.Ab2 Ce7 31.Cd2...** [31.h4 Cf5 32.Rd2 Ac6 33.Ad1 a6 34.g4 Ce7 35.Cg5⩲] **31...Cd6 32.f3 Ac6 33.Rf2 Ad5 34.Cf1** [34.g4 Cc6 35.Re3 Rf7 36.h4⩲] **34...Ac6 35.Ce3 Cd5 36.Cg4 Cf7 37.Ad4 a6 38.h4 Rf8 39.Ch2 Rg8 40.Cg4 Rf8 41.Re2 Rg8 42.f4...** [42.Ch2 Cd6⩲] **42...Rf8 43.Rd2 Rg8 44.Ae4 Rf8 45.Ad3 Rg8 46.Ae2 h5 47.Ce5 Cxe5 48.Axe5 Rf7 49.g4 hxg4 50.Axg4 Cf6 51.Ad1 Ce4+ 52.Re3 Cg3 53.Rf2 Cf5 54.h5 gxh5 ½–½**

---

[226] Agencia UP, *La Prensa*, 22 de agosto de 1946.

8ª ronda, 22 de agosto

La nota de mayor relieve fue la derrota del excampeón mundial, Max Euwe, ante el maestro soviético Vassily Smyslov. Se caracterizó esta lucha por la complejidad de las acciones, y luego de alternativas de gran interés se impuso el jugador ruso en 49 jugadas. Se consolida entonces la situación del campeón soviético, Botvínnik, quien al vencer hoy al belga O'Kelly ha quedado encabezando la tabla de posiciones con 1½ puntos de ventaja sobre su más próximo competidor. El argentino Carlos Guimard sufrió una nueva derrota, siendo su vencedor de hoy el maestro soviético Kotov. El otro representante argentino, Miguel Najdorf, jugó una buena partida con el doctor Tartakower, con quien empató. Botvínnik tiene 7½/8, y le siguen Euwe y Smyslov 6, Tartakower y Flohr 5½. Najdorf va 8º con 4½, y Guimard último con 1½.[227]

Najdorf, Miguel – Tartakower, Savielly [A90]
Memorial Staunton – Groninga (8), 1946 *[Juan S. Morgado]*

1.d4 e6 2.c4 f5 3.g3 Cf6 4.Ag2 Ab4+ 5.Ad2 Ae7 6.Cc3 0–0 7.Db3 c5 8.d5... [8.dxc5 Ca6 9.Cf3 Cxc5=] **8...e5 9.e4...** [9.d6 Axd6 10.Axb7 Axb7 11.Dxb7 Cc6→] **9...d6** [9...fxe4 10.Cxe4 Cxe4 11.Axe4 d6 12.Dd3 h6=] **10.exf5 Axf5⇄** [dudoso sacrificio de peón] **11.Dxb7 Cbd7 12.Da6 Ad3** [Tartakower evaluó que con esta jugada lo compensaba] **13.Cge2...** [13.Ch3 De8 *(13...h6 14.b3=*, Wolfenter – Herrmann, corr. 1996*)* 14.0–0–0=, Chernenko – Maslovski, corr. Alemania 1984] **13...De8** [13...e4 14.0–0 Ce5 15.Tfe1 Cxc4 16.Cf4 Cxd2 17.Cxd3 exd3 18.Dxd3 Cg4 19.Dxd2 Cxf2 *(19...Txf2? 20.Dd1+–)* 20.Tf1 Cg4 21.Txf8+ Axf8 22.Tf1 c4 oo] **14.b3...** [14.Cc1 Af5 15.0–0 e4 oo] **14...Df7** [14...e4 15.0–0 Ce5 oo] **15.0–0 Dh5>< 16.f3 g5** [16...Cb6? 17.Tae1±] **17.Tae1...** [17.g4 Dg6 18.Cg3 h5 19.h3 h4 20.Cge4 Cxe4 21.Cxe4 Axf1 22.Txf1 Tfb8 oo] **17...e4>< 18.fxe4...** [18.Cxe4?? Cxe4 19.fxe4 Txf1+ 20.Axf1 Ce5–+] **18...Cg4 19.h3=**

19...Cde5? [19...Cge5 20.g4 Dh4 21.Td1 Axe2 22.Cxe2 h5 23.Da5 hxg4 24.Dc3 Cf3+ 25.Axf3 gxf3 26.Txf3 Ce5=] **20.Db7±** [20.hxg4?? Cxg4 21.Tf5 Dh2+ 22.Rf1 Dxg3–+, Kmoch] **20...Af6 21.Tf5 Ch6** [algo mejor era 21...Axe2 pero era imposible prever durante la partida viva las secuencias tácticas subsiguientes: 22.Cxe2 Ch6 23.Txf6 Txf6 24.Dxa8+ Tf8 25.Dxa7 Cf3+ 26.Rf2 Cd4+ 27.Af4 Cxe2 28.Txe2 gxf4 29.gxf4 Txf4+ 30.Re1 Cf7 31.Da8+ Rg7 32.Da5 Ce5 33.Dc3 Dh4+ 34.Rd1 Tf7 35.a4 Rg8 36.De1 Df4 37.Rc2±] **22.Txf6?...** [Ganaba 22.Cf4! De8 *(22...Df7 23.Dxf7+ Txf7 24.Txe5 gxf4 25.Te6+–)* 23.Txf6! Txf6 24.Ce6 Tf7 25.Da6+–] **22...Txf6 23.Dxa8+ Tf8>< 24. Dxa7...** [a] 24.g4 Chxg4 25.Dxf8+ Rxf8 26.hxg4 Dxg4 27.Tf1+ Re8=; **b)** 24.Dxf8+ Rxf8 25.Tf1+ Re8 26.g4 Cexg4 27.hxg4 Cxg4 28.Tf3 Dh2+ 29.Rf1 Dh4=] **24...Cf3+ 25.Rh1=** [25.Axf3 Dxf3 26.De7 Df2+ 27.Rh1 Df3⇅] **25...Cxe1 26.Axe1 Axe2 27.Cxe2 Dxe2 28.Ac3 Cf7 29.De7 De3!**

---

[227] *La Prensa*, 23 de agosto de 1946.

30.Df6 Ce5 31.De6+ Cf7 [31...Rg7 32.Axe5+ dxe5 33.Dxe5+ Rg8 34.De6+ Rg7=] **32.Df6 Ce5 33.De6+ Cf7 34.Df6 ½–½**

Najdorf pudo ganar esta partida, pero no pudo superar las complicaciones tácticas y debió aceptar el empate.

Guimard, Carlos Enrique – Kotov, Alexander [D45]
Memorial Staunton – Groninga (8), 1946 *[Juan S. Morgado]*

1.d4 Cf6 2.c4 e6 3.Cf3 d5 4.Cc3 c6 5.e3 Cbd7 6.b3 Ab4 7.Ad2 De7 8.Ae2 0–0 9.0–0 Ad6 10.Dc2 dxc4 11.bxc4 e5 12.Ac1 Te8 13.Te1 e4 14.Cd2 Cf8 15.f4?!... [15.c5∓] **15...exf3 16.Axf3 Cg4→** [16...Axh2+? 17.Rxh2 Cg4+ 18.Axg4 Dh4+ 19.Ah3 Axh3 20.Cf3!+−] **17.Axg4 Axg4 18.Cf1?!...** [quedar en esta posición tan inferior jugando con blancas evidencia la deficiente preparación de Guimard; 18.Cf3 Tad8→] **18...Ce6∓ 19.Ab2 Ah5 20.Df2 Ag6 21.c5...** [21.e4?? Cxd4−+] **21...Ac7 22.e4 Tad8 23.Tad1 f6 24.Ce3?...** [24.Cg3 Dd7∓] **24...Cxd4−+ 25.Ccd5 cxd5 26.Cxd5 De5?** [un remate sencillo era 26...Txd5 27.exd5 Ce2+ 28.Rh1 Aa5 29.Tf1 Ac2 30.d6 Dd7−+] **27.Cxc7 Ce2+?!** [27...Dxc7 28.Txd4 Tc8→] **28.Dxe2 Dxc5+ 29.Df2 Dxc7** [las negras perdieron casi toda su ventaja] **30.Txd8 Dxd8 31.Dxa7...** [31.e5!? Da5 32.Dg3 Dxa2 33.exf6 Txe1+ 34.Dxe1 gxf6 35.Axf6 Db1 36.Dxb1 Axb1, y las negras tienen todavía un largo final por delante para intentar imponer el peón] **31...Axe4 32.Dd4 De7 33.Te3 De6 34.a3 h6 35.h3 Rh7 36.Ac3 Df5 37.Ad2 Dg6 38.Te2 Ac6 39.Df2??...** [39.Tf2 f5→] **39...Axg2!−+ 40.Txe8 Ae4+ 41.Rh2 Dxe8 42.Ab4 De5+ 43.Dg3 Db2+ 44.Rg1 Db1+ 45.De1 Dd3 46.Dc3 De2 47.Dg3 Dd1+ 48.Ae1 Ac6 0–1**

Max Euwe Fué Vencido Ayer por Smyslov en El Torneo de Ajedrez

Groninga, agosto 22 (UP) — La nota de mayor relieve que se produjo hoy en la octava rueda del torneo internacional de ajedrez, que se disputa en esta ciudad, fué la derrota del ex campeón mundial de ajedrez doctor Max Euwe ante el maestro soviético Smyslov. Se caracterizó esta lucha por la complejidad de las acciones, y luego de alternativas de gran interés se impuso el jugador ruso en cuarenta y nueve jugadas, con lo que se consolida la situación del campeón soviético Mikhail Botwinnik, quien, al vencer hoy al belga O'Kelly, ha quedado encabezando la tabla de posiciones con un punto y medio de ventaja sobre su más próximo competidor. El argentino Carlos Guimard sufrió una nueva derrota, siendo su vencedor de hoy el maestro soviético Kotov. Pero el otro representante argentino, Miguel Najdorf, jugó una buena partida con el doctor Tartakower, con quien empató. También terminaron tablas las partidas de Flohr contra Szabo, Christoffel contra Yanofsky, Vidmar contra Kottnauer y Lundin contra Stoltz.

Quedaron suspendidas las partidas de Boleslavsky contra Denker y Steiner contra Bernstein.

Mañana viernes se jugará la novena rueda del torneo, correspondiendo efectuarse el siguiente programa de encuentros: Boleslavsky contra Vidmar, O'Kelly contra Denker, Bernstein contra Botwinnik, Euwe contra Steiner, Stoltz contra Smyslov, Flohr contra Lundin, Tartakower contra Szabo, Kotov contra Najdorf, Yanofsky contra Guimard y Kottnauer contra Christoffel.

Otra vez: Najdorf tablas,
Guimard pierde.
La Prensa, 23 de agosto de 1946

9ª ronda, 23 de agosto

El campeón soviético, Mikhail Botvínnik, mantuvo su ventaja sobre el doctor Max Euwe, en tanto que otro representante ruso, Vassily Smyslov, se vio desalojado del segundo puesto que compartía con el excampeón mundial, como consecuencia de su empate con el maestro sueco Gösta Stoltz. Miguel Najdorf, que representa a la Argentina, hizo tablas por octava vez desde el comienzo del torneo, ante el representante soviético Kotov, después de 43 movidas. Najdorf, que condujo las negras, se defendió con la Variante Lasker del Gambito Dama Rehusado, y llegó a un final equilibrado. Su compañero de representación, Carlos Guimard, volvió a sufrir un nuevo contraste frente al canadiense Abe Yanofsky. Opuso la Defensa Francesa, que evidentemente había preparado para este torneo, aunque sin mucha fortuna hasta el momento. Cometió un error y debió abandonar en la 27ª movida. Botvínnik venció con negras a Bernstein, y tiene 8½/9; Euwe sigue con 7; Smyslov 6½; Tartakower 6. Najdorf marcha con 5 y Guimard con 1½.[228]

---

[228] Agencia AP, *El Mundo*, 24 de agosto de 1946.

> **Kotov, Alexander – Najdorf, Miguel [D56]**
> Memorial Staunton – Groninga (9), 1946 *[Juan S. Morgado]*

1.d4 Cf6 2.c4 e6 3.Cc3 d5 4.Ag5 Ae7 5.e3 0–0 6.Cf3 h6 7.Ah4 Ce4 8.Axe7 Dxe7 9.Tc1 Cf6 10.Ad3 Cbd7 11.0–0 dxc4 [11...c6 12.e4 dxe4 13.Cxe4 Td8 14.De2 b6 15.Ce5 Ab7 16.c5 Cxe5 17.dxe5 Cxe4 18.Dxe4 g6= , Huguet – Cherta Clos, corr. 1948] **12.Axc4 c5 13.dxc5...** [13.De2 a6=; 13.e4 cxd4 14.Dxd4 e5 15.De3 Cb6 16.Ab3=] **13...Cxc5 14.Ce5 Ccd7 15.Dd4 Cxe5 16.Dxe5 Ad7 17.Cd5...** [17.Dc7 Db4∓] **17...Cxd5 18.Axd5 Ab5 19.Tfd1 Tac8** [19...Ae2=] **20.Af3 Aa6= 21.h3...** [21.Dd4 Txc1 22.Txc1 b6=] **21...b6 22.Txc8 Txc8 23.Td4 Tc1+ 24.Rh2 Dc7 25.Dxc7 Txc7 26.Rg3 Rf8 27.Td8+ Re7 28.Ta8 Ad3 29.b3 Rf6 30.Td8 Ab1 31.Td2 Tc3 32.Ae2 Tc2 33.Txc2 Axc2 34.f4 Re7 35.b4 Ae4 36.Af3 Ac2 37.e4 f6 38.e5 a5 39.a3 axb4 40.axb4 Ab3 41.Rf2 g5 42.Re3 Aa2 43.fxg5 fxg5 44.Rd4 Ab3 45.g3 Aa4 46.h4 gxh4 47.gxh4 Ab5 ½–½**

> **Yanofsky, Daniel Abraham – Guimard, Carlos Enrique [C04]**
> Memorial Staunton – Groninga (9), 1946 *[Juan S. Morgado]*

1.e4 e6 2.d4 d5 3.Cd2 Cc6 4.Cgf3 Cf6 5.e5 Cd7 6.Cb3 f6 7.exf6... [7.Ab5 Ae7 8.Af4 0–0 9.exf6 ⩱, Botvinnik – Boleslavsky, URSS 1944] **7...Cxf6** [7...Dxf6 8.Ag5 Df7 ∞, Flohr – Bondarevsky, URSS–ch 1947] **8.Ab5 Ad6 9.0–0 0–0 10.Ag5 De8 11.Ah4 Dh5 12.Ag3 Axg3? ** [12...Ce4=] **13.fxg3...** [13.hxg3? Cg4 14.Te1 Txf3 15.Dxf3 Ad7–+] **13...Cg4?** [13...Cd8 14.Ad3→] **14.Dd2± Cd8 15.h3 Cf6 16.g4 Df7 17.Ad3 De7 18.Tae1 g6 19.De3 b6 20.Ce5 Cd7 21.Txf8+ Cxf8 22.c4 Ad7?** [22...Ab7 23.c5±] **23.Tf1+– Ae8 24.g5 dxc4 25.Axc4 Cf7 26.Cg4 Dxg5 27.Cf6+ Rh8 28.Df3 1–0**

¡Quinta derrota al hilo de Guimard!

Nuevamente Najdorf tablas, Guimard pierde. *El Mundo*, 24 de agosto de 1946

10ª ronda, 25 de agosto

Excelente impresión causó en el ambiente local el comportamiento sobresaliente que tuvieron ayer nuestros representantes Miguel Najdorf y Carlos Guimard, que vencieron, respectivamente, al campeón canadiense Yanofsky y al checoslovaco Kottnauer. La actuación de Guimard no estuvo hasta ahora de acuerdo con sus antecedentes, aunque debe reconocerse que sus derrotas fueron ante jugadores de calidad, tales como Tartakower, Euwe y Stoltz. Pero en la sesión de ayer mostró su garra de maestro, rematando la lucha con energía y precisión.

En cuanto a Najdorf, todos los comentarios coinciden en asignarle excelentes perspectivas para la fase final del certamen, pues si bien es cierto que ha ganado sólo dos juegos y empatado 8, es necesario tener en cuenta que ha enfrentado ya a la casi totalidad de los maestros más calificados. De los 9 encuentros que le quedan por disputar, son de gran responsabilidad los de Botvínnik y Smyslov; en los 7 restantes las mejores posibilidades están de su parte. Botvínnik tiene 9/10; Euwe 7½; Smyslov 7; Denker –una partida menos–, Flohr, Najdorf, Stoltz y Tartakower 6.[229]

Najdorf, Miguel – Yanofsky, Daniel Abraham [D34]
Memorial Staunton – Groninga (10), 1946 *[Juan S. Morgado]*

1.d4 d5 2.c4 e6 3.Cc3 c5 4.cxd5 exd5 5.Cf3 Cc6 6.g3 Cf6 7.Ag2 Ae7 8.0–0 0–0 9.Ag5 Af5 10.Tc1 h6?! [10...c4 11.Ce5 Ae6 12.Cxc4 dxc4 13.Axf6 Axf6 14.d5±, Stefan – Jankovec, Zvolen 1963] **11.Axf6 Axf6 12.dxc5 d4 13.Cb5 Dd7 14.Cd6 Ae6 15.Da4±** [15.a3 a5 16.Ce1 a4 17.Cd3 Ab3 18.Dd2 oo, Donner – Padevsky, Wijk aan Zee 1968] **15...Tab8 16.b3 Ad5 17.Tfe1?!...** [17.Ce5 Axe5 18.Axd5 d3 19.Axc6 bxc6 20.exd3 Axd6 21.cxd6 Dxd6 22.d4±; 17.Tfd1±] **17...b5?** [a) 17...Tfd8 18.e4 dxe3 19.Txe3→; b) 17...b6 18.Cd2 Axg2 19.Rxg2 bxc5 20.Txc5 Dd6 21.Dxc6→] **18.Cxb5± a6?** [18...a5 19.Ted1±] **19.Cd6+– Dc7 20.e4 dxe3 21.Txe3 a5 22.Dg4 Ce7 23.Ce5 Ae6 24.De2 Cd5 25.Td3 Cb4 26.Td2 Tfd8 27.De3 a4 28.a3 Axe5 29.Dxe5 Cc6 30.Axc6 Dxc6 31.b4 Ah3 32.f4 Df3 33.Dc3 Dc6 34.b5 Dd7 35.c6 Da7+ 36.Dc5 Dc7 37.f5 h5 38.Tb1 Tb6 39.Te1 Tbb8 40.Td4 Da5 41.Tb4 Dc7 42.b6 1–0**

Guimard, Carlos Enrique – Kottnauer, Cenek [E81]
Memorial Staunton – Groninga (10), 1946 *[Juan S. Morgado]*

1.d4 Cf6 2.c4 c5 3.d5 d6 4.Cc3 g6 5.e4 Ag7 6.f3 0–0 7.Ae3 a6 8.Dd2 Te8 9.Ah6 Ah8 10.h4 e6 11.Ag5 Da5 12.Cge2 exd5 13.Axf6 Axf6 14.Cxd5 Dxd2+ 15.Rxd2 Ad8 16.Cec3± Cc6 17.h5 Ae6 18.Ad3 Rg7 19.Th2 Aa5 20.Tah1 Axc3+ 21.bxc3! Axd5 22.cxd5 Ce5 23.hxg6 hxg6 24.Th7+ Rf6? [24...Rf8 25.a4±] **25.f4 Cxd3 26.Rxd3± b5** [26...Tg8 27.g4±] **27.g4 Tg8? 28.e5+! +– dxe5 29.g5+ Re7 30.fxe5 Rf8 31.Re4 Tg7 32.Th8+ Tg8 33.d6 b4 34.c4 a5 35.Rd5 a4 36.Txg8+ Rxg8 37.d7 b3 38.axb3 axb3 39.Rd6 Ta6+ 40.Rc7 1–0**

Botvinnik, Mikhail – Euwe, Max [D27]
Memorial Staunton – Groninga (10), 1946 *[Juan S. Morgado]*

1.d4 d5 2.Cf3 Cf6 3.c4 dxc4 4.e3 e6 5.Axc4 c5 6.0–0 a6 7.a4 Cc6 8.De2 Ae7 9.Td1 Dc7 10.Cc3 0–0 11.b3 Ad7 12.Ab2 Tac8 13.d5 exd5 14.Cxd5 Cxd5 15.Axd5 Ag4 16.Dc4... [16.h3 Ah5 17.g4 Ag6 18.Ac4... *(18.h4 h6=)* 18...Ae4 oo, Miloszewski – Bojzan, corr. Polonia 1992] **16...Ah5 17.Axc6...** [17.g4 Ca5 18.Df1 Ag6 *(18...Axg4?? 19.Dg2+–)* 19.Tac1±] **17...Dxc6 18.Ce5= De8 19.Td5...** [19.g4 Af6 20.Td5 b5= *(20...Ag6 21.Txc5 Txc5 22.Dxc5 Axe5 23.Dxe5 Dxe5 24.Axe5 f6=)* 21.axb5 axb5 22.De2 De6=] **19...Td8** [19...b5 20.Dc2 Td8 21.Txd8 Dxd8 22.axb5 axb5 23.Cc6 Dd6 24.Cxe7+ Dxe7 25.Tc1 Td8=] **20.Cd7...** [20.g4 Ag6 21.Tad1... *(21.f4 b5 22.axb5 axb5 23.Txd8 Dxd8 24.Dxb5 Dd2=)* 21...Txd7 22.Dxd5 Dc8 23.Cd7 Td8 24.Axg7 Ac2 25.Ac3 Axd1 26.De5 f6 27.De6+ Rh8 28.Dxe7 Dxd7 29.Axf6+ Rg8 30.Dxd8+ Dxd8 31.Axd8 Axg4 32.Rg2 Ad1 33.Ab6 Axb3 34.a5→] **20...Txd7 21.Txh5 Dd8 22.Tf1 g6 23.Th3...** [23.Dc3? Af6!–+] **23...Td1 24.g4...** [24.Dc2 Txf1+ 25.Rxf1 Dd7=] **24...Txf1+ 25.Rxf1 b5**

---

[229] Agencia UP, *La Prensa*, 26 de agosto de 1946.

Las Ultimas Partidas De Najdorf y Guimard Son de Gran Calidad

Groninga, agosto 25 (UP) — Excelente impresión causó en el ambiente local el comportamiento sobresaliente que tuvieron ayer los representantes argentinos en el torneo internacional de ajedrez, Miguel Najdorf y Carlos Guimard, que vencieron, respectivamente, al campeón del Canadá, Yanofsky, y al checoslovaco Kottnauer. La actuación del ex campeón argentino Guimard no estaba hasta ahora de acuerdo con sus antecedentes, aunque debe reconocerse que sus derrotas fueron ante jugadores de calidad, tales como Tartakower, Euwe y Stolz. Pero en la sesión de ayer mostró su garra de maestro, rematando la lucha con energía y precisión, siendo presumible que este triunfo le sirva de aliciente para una reacción merecida.

En cuanto a Miguel Najdorf, todos los comentarios coinciden en asignarle excelentes perspectivas para la fase final del certamen, pues si bien es cierto que solamente ha ganado dos juegos y empatado ocho, es necesario tener en cuenta que ya ha enfrentado a la casi totalidad de los maestros más calificados del torneo. De los nueve encuentros que le quedan por disputar, son de gran responsabilidad los de Botwinnik y Smyslov. En los siete restantes, las mejores posibilidades están de su parte.

En la décima rueda jugó una partida de ataque, de concepción profunda, y demostró su alta calidad de maestro.

Trascribimos a continuación las dos partidas de los representantes argentinos:

Najdorf y Guimard rompen la racha: ambos ganan. La Prensa, 26 de agosto de 1946

26.axb5 axb5 27.Df4... [27.Dxb5? Dd1+ 28.Rg2 Dxg4+ 29.Tg3 De4+ 30.Tf3 f5→] **27...f6 28.e4 Dd1+ 29.Rg2 Ad6** [29...Dc2 30.Ac1 Tf7 31.Tf3=; 29...Tf7!?] **30.Df3 Dxf3+ 31.Txf3 Ae5 32.Axe5 fxe5 33.Tc3...** [33.Txf8+? Rxf8 34.Rf3 g5–+] **33...Tc8 34.Rf3 Rf7 35.Re3 Re6 36.f4...** [36.Td3 b4 37.g5 Ta8 38.Re2 Ta3 39.f3 Ta2+ 40.Td2 Txd2+ 41.Rxd2=] **36...exf4+ 37.Rxf4 c4 38.bxc4 bxc4 39.h4 h6** [a) 39...Tc5?! 40.e5 Rd5 41.Te3! c3 *(41...Tc6 42.h5=)* 42.e6 c2 43.e7 Tc8 44.Te1 Rd6 45.Rg5 Rd7 46.Tc1 Rxe7 47.Rh6=; b) 39...Tc6 40.e5... *{40.h5 Tc5 41.hxg6 hxg6 42.e5=}* 40...Rd5 41.Te3 Te6 *(41...c3 42.e6 c2 43.e7 Tc8 44.Te1=)* 42.h5 Tc6 43.hxg6 hxg6 44.Rg5 Rd4 45.Te1 Te6 46.Rf4 c3 47.Td1+ Rc4 48.Re4 c2 49.Tc1 Rc3 50.Rd5=] **40.g5! h5 41.Re3 Re5 42.Tc2! c3 43.Rd3 Td8+** [43...Tc7 44.Txc3 Txc3+ 45.Rxc3 Rxe4 46.Rc4 Rf4 47.Rd4 Rg4 48.Re5 Rxh4 49.Rf6=] **44.Re3...** [44.Rxc3 Rxe4=] **44...Td4 45.Txc3 Txe4+ 46.Rf3 Txh4 47.Tc6 Tf4+ 48.Re3 Te4+ 49.Rf3 Rf5 50.Tf6+ Rxg5 51.Txg6+ ½–½**

11ª Ronda, 27 de agosto

Ganó otra partida Carlos Guimard. El campeón soviético, Mikhail Botvínnik, se anotó una nueva victoria frente al representante de Suecia, Stoltz, con lo que continúa encabezando la clasificación. También ganó hoy Max Euwe, quien tuvo por adversario a Denker, campeón de los Estados Unidos, a quien le llevaba sólo medio punto de ventaja. A la jugada 29ª Denker propuso tablas, pero Euwe rechazó el ofrecimiento, lo que se vio justificado, pues poco más adelante logró una posición superior, ganando en la jugada 52ª. Guimard conquistó hoy su segundo triunfo ante Christoffel, de Suiza. Adoptó una vez más la Defensa Francesa, eligiendo las blancas el Ataque Chatard o Alekhine. La partida adquirió gran vivacidad, sacrificando Guimard una torre en la jugada 10ª. Luego logró dos peones pasados y ligados, y las perspectivas de resistencia del suizo fueron poco menos que nulas, abandonando en la 54ª.

El cotejo entre Najdorf y Kottnauer quedó sin definirse, habiendo acordado ambos maestros proseguirlo el sábado. Botvínnik tiene 10/11, y le siguen Euwe 8½, Smyslov 7½, Denker 7. Najdorf tiene 6 y una suspendida, y Guimard 3½. Najdord (Sic) logró en Groninga su tercer triunfo, derrotando al suizo Christoffel. Con esta victoria, el score de Najdorf es de 7/11. Su partida con el checoslovaco Cottanau (Sic) quedó suspendida.[230]

Kottnauer, Cenek – Najdorf, Miguel [E68]
Memorial Staunton – Groninga (11), 1946 *[Juan S. Morgado]*

1.c4 Cf6 2.Cf3 g6 3.g3 Ag7 4.Ag2 0–0 5.0–0 d6 6.d4 Cbd7 7.Cc3 e5 8.e4 Te8 9.d5 Cc5 10.Ce1 a5 11.b3 Tf8 12.Ab2... [12.a3 Ce8 13.Ae3 f5 14.b4 axb4 15.axb4 Txa1 16.Dxa1 Cxe4 17.Cxe4 fxe4 18.Axe4 Cf6= , Euwe – Gligoric, Amsterdam 1950] **12...Ag4 13.f3 Ad7 14.Cd3 b6 15.a3 De8 16.b4 Ca4 17.Cxa4 Axa4 18.Dd2 b5?!** [extraña jugada de Najdorf, que no hace nada más que provocar una respuesta buena de su rival; era lógica 18...Ch5!?] **19.c5 axb4 20.cxd6?!...** [20.

---

[230] Agencia AP, *La Nación y Noticias Gráficas*, 28 de agosto de 1946.

axb4 Ab3 21.Txa8 Dxa8 22.Ta1 Db7 23.f4→] **20...cxd6 21.Dxb4 Db8 22.Tac1 Db6+ 23.Rh1 Tfc8 24.Txc8+ Txc8 25.Tc1 Txc1+ 26.Axc1 Dc7?!** [a) el intento de reactivar el alfil con 26...Ad1 sería difícil. Por ejemplo: 27.De1 Ab3 28.Dc3 Ac4 29.Cb2 Dd4 30.Ad2 Ae2 31.Dc1 Db6 32.Ab4 Dd4 33.Dc2 Ac4 34.Dd2→; b) probablemente la mejor era 26...Ac2 27.Ce1 Ad1 28.Db2 Ce8 29.Cd3 Da5 30.Ad2 Da4 31.Ab4 Ah6 oo] **27.Af1 Af8** [a) 27...Ad1 28.Rg2 Dc2+ 29.Dd2→; b) 27...Cd7 28.Ae3 f5 29.Rg2 fxe4 30.fxe4→] **28.Ae3 Dc2**

29.Db2... [29.Cf2→] **29...Dc7?!** [29...Dxb2 30.Cxb2 Cd7 31.Cxa4 bxa4 32.Ab5 Cc5 33.Rg1 con idea del viaje Rf2–e2 hasta b4 *(33.Axc5? dxc5 34.Axa4 c4!=)* 33...f5 34.exf5 gxf5 35.Rf2 Rf7 36.Re2 e4 37.fxe4 fxe4 38.Rd2 Ag7 39.Axc5 dxc5 40.d6 Re6 41.d7 Af6 42.Axa4 Rd5 43.h4 y las blancas pueden crear tres peones libres: el 'a', el ´d´ y el 'g'] **30.Cb4...** [30.Dd2 Cd7 31.Rg2 Cc5 32.Dc3→] **30...Cd7 31.Cc6 Cc5 32.Db4?!...** [32.Axb5? Db6–+; 32.g4→] **32...Ca6** [32...f5 33.Rg1 fxe4 34.fxe4≐] **33.Dc3 Cc5 34.Db4 Ca6 35.Db1 Db7 36.Rg2...** [36.Ca7? b4!↔] **36...Cc5 37.Db4 f5** [37...Db6 38.g4 Rg7 39.g5→] **38.exf5 gxf5 39.Db1?!...** [39.Dh4→] **39...Df7= 40.Cb4 e4 41.Ae2 Df6 42.Dc1 Ag7?!** [42...De5=] **43.fxe4 Cxe4?**

[43...fxe4 44.Axc5 dxc5 45.Dxc5 Db2 46.Dc8+ Af8 47.De6+ Rh8 48.Dxe4 Ad1 49.Rf2 Axe2 50.Dxe2 Dxa3 51.Cd3 Da7+ 52.Rf3 Df7+ 53.Cf4 b4><] **44.Dc8+! Af8** [44...Df8 45.De6+ Rh8 *(45... Df7?? 46.Ah5 Dxe6 47.dxe6 Rf8 48.Cd5+–)* 46.Cc6±] **45.Cc6...** [puede observarse que hasta este momento el Aa4 no ha podido entrar en juego] **45...Cc5 46.Ad4?!...** [46.Cd4! h6 47.Cxf5 Ac2 48.Cxh6+ Rh7 49.Cg4 Ae4+ 50.Rg1 Da1+ 51.Af1 Ag7 52.Cf2+–] **46...Df7 47.Af3 Dd7** [47... Cd7 48.Aa1 Ab3 49.Cd8 De8 50.Dc3 Ce5 51.Dxb3 Dxd8 52.Dxb5→] **48.Db8 Ca6??** [48...Df7 49.Dc8 Cd7 50.Dd8 h6 única 51.Dc8 Ab3 52.Cd8 De8 53.Dc3 Dxd8 54.Dxb3→] **49.Da8+– Cc5 50.Ah5?!...** [50.Af6+–] **50...Ab3 51.Cd8 h6 52.Af7+ Rh7 53.Ce6! Cxe6** [53...Dxf7 54.Cxf8+ mate en 6] **54.Axe6 De7 55.Axf5+ Rg8 56.Ae6+ Rh7 57.Dc8 Ad1 58.Dc1 1–0**

Christoffel, Martin – Guimard, Carlos Enrique [C14]
Memorial Staunton – Groninga (11), 1946 *[Juan S. Morgado]*

1.e4 e6 2.d4 d5 3.Cc3 Cf6 4.Ag5 Ae7 5.e5 Cfd7 6.h4 c5 7.Axe7 Dxe7 8.Cb5 0–0[] 9.Cc7 cxd4 10.Cxa8 Db4+? [10...f6 11.Cc7 fxe5 12.Cb5 a6 13.Cxd4 exd4 14.Dxd4 Cc6 15.Dd2 oo, Gilg – Petrov, Ostrava 1933; 10...Cxe5 11.Dxd4 Cbc6 12.Dd2 oo, Rjumin – Lilienthal, Moscú 1935] **11.Dd2 Dxb2 12.Td1±** [12.Tc1!?] **12...Cc6 13.Cf3?!...** [13.Th3! Cdxe5 *(13...Dxa2 14.c3 Dxd2+ 15.Txd2 d3 16.Thxd3 Cc5 17.Te3 Ad7 18.Cc7 a6 19.Cxd5 exd5 20.Txd5 ±; 13...Cb4 14.Ae2 Cc5 15.Rf1 ±)* 14.c3 Dxd2+ 15.Txd2 d3 16.Cc7 Ad7 17.f4... *(17.Cb5 Cc4 18.Tdxd3 C6e5 19.Cd4 Cxd3+ 20.Axd3±)* 17...Cc4 18.Tdxd3 a6 19.Td1 C6a5 20.f5 Tc8 21.Cxd5 exd5 22.Txd5±] **13...Cc5 14.Ad3?!...** [14.c4 dxc3 15.Dxb2 cxb2 16.Tb1 Ad7 17.Cc7 a6 18.Txb2 Tc8 19.Tc2 Ce4 20.Cxa6 bxa6 21.Axa6 Ta8 22.Ab7 Cb4 23.0–0 Cxc2 24.Axa8 Cc3 25.Rh2 Cxa2 26.Tb1 Cab4 27.Cd4±] **14...Ad7 15.Cc7 Tc8 16.Cb5?!...** [16.Cxd5 exd5 17.0–0 a6 oo] **16...Cxd3+**

17.cxd3... [17.Dxd3 Cb4 18.Db3 Dxb3 19.axb3 Axb5 20.Cxd4 Cxc2+ 21.Cxc2 Txc2 22.Td2 Tc1+ 23.Td1=] **17...Dxb5= 18.0–0 Da4 19.Tc1 Tf8 20.Tc5 Ac8 21.Tfc1...** [21.Db2!?] **21...Ad7 22.Db2 b6 23.T5c2 Cb4 24.Td2 Cc6 25.Db3 Dxb3 26.axb3 a5 27.Rf1 Tb8 28.Re2 b5 29.Tdc2 Tb6 30.b4...** [30.Ta1=] **30...a4 31.Rd2 f6 32.exf6 gxf6 33.Tb2?...** [33.Tc5 Rf7 34.g4 Re7 35.g5 Ae8 36.Te1=] **33...Rf7∓ 34.Ce1 e5 35.Cc2 e4 36.Ca3?...** [36.f3 e3+ 37.Re2 Re6∓] **36...Ce5–+ 37.dxe4 dxe4 38.Tc7 Re6 39.Tb1 f5 40.Cc2 Td6 41.g3 Cc4+ 42.Re1 h6 43.Td1 Ce5 44.Rf1...** [44.Cxd4+ Txd4–+] **44...d3 45.Ce3 Td4 46.Tb1 Cf3 47.Td1 Rd6 48.Ta7 Ae6 49.Th7 Txb4 50.Txh6 a3 51.Cxf5+ Re5 52.g4 a2 53.Ce3 Tb1 54.Th5+ Rd6 0–1**

12ª ronda, 28 de agosto

▪ Volvieron a ganar en Holanda Najdorf y Guimard. Éste derrotó al maestro yugoslavo Vidmar, y se acredita así el tercer triunfo consecutivo, luego de un comienzo poco afortunado. Por su parte, el excelente ajedrecista polaco Miguel Najdorf, que también representa a la Argentina, conquistó hoy dos victorias, puesto que se impuso a Kottnauer, por la mañana, en el encuentro que había quedado suspendido, y por la noche derrotó a Christoffel. De gran interés resultó la lucha que sostuvieron Botvínnik y Flohr. El juego no pudo definirse, y quedó suspendido para terminarse mañana, estimando los entendidos que podría terminar en empate.[231]

Vidmar, Milan – Guimard, Carlos Enrique [A91]
Memorial Staunton – Groninga (12), 1946 *[Juan S. Morgado]*

1.d4 e6 2.c4 f5 3.Cc3 Cf6 4.g3 Ae7 5.Ag2 0–0 6.Db3 Rh8 7.Ch3 [7.Axb7 Axb7 8.Dxb7 Cc6 9.Cf3 Cb4 10.0–0 Tb8 11.Dxa7 Ta8 12.Db7 Tb8=; 7.d5 e5=] **7...d5?!** [7...c6=] **8.cxd5 exd5 9.Axd5?!...** [9.Cxd5 Cxd5 *(9...Ae6? 10.Chf4 ±)* 10.Dxd5 Dxd5 11.Axd5 Td8 12.Ab3! Txd4 13.Ae3→] **9...Cc6 10.Axc6 bxc6 11.Dc4 De8 12.Cf4 Tb8 13.a3 Ad6 14.b4 Cd5?!** [14...a5=] **15. Ccxd5?!...** [15.Dd3 a5 16.bxa5 Tb3 17.Cfxd5 cxd5 18.Dc2 Tb8 19.Af4→] **15...cxd5= 16.Dc2...** [16. Dxd5? Ab7–+; 16.Cxd5? Ae6–+] **16...g5 17.Cd3 f4 18.Ce5 Dh5 19.gxf4 gxf4 20.Ab2 Ae6 21.Dc3 f3** [21...a5!?] **22.exf3??...** [este terrible *blunder* permite a Guimard ganar rápidamente; 22.Cxf3 Ag4 23.Ce5 Axe2 24.De3 Ab5 25.f3 ∞] **22...Axe5–+ 23.dxe5 Txf3 24.Dc6 Txf2 25.Rxf2 Tf8+ 26.Re1 Df3 27.Rd2 Dg2+ 28.Rc1 Dxh1+ 29.Rc2 Dxh2+ 30.Rb1 Dh3 31.Dc5 Tf1+ 32.Rc2 Af5+ 0–1**

Najdorf, Miguel – Christoffel, Martin [D28]
Memorial Staunton – Groninga (12), 1946 *[Juan S. Morgado]*

1.d4 d5 2.c4 e6 3.Cc3 c6 4.Cf3 Cf6 5.e3 a6 6.Ad3 dxc4 7.Axc4 b5 8.Ab3 c5 9.0–0 Ab7 10.De2 Cc6 11.Td1 Dc7 12.d5 exd5 13.e4 ± [13.Cxd5 Cxd5 14.Axd5 Ae7=] **13...dxe4?** [a) 13...d4 14.Cd5!?...** *(14.e5 0–0–0 15.exf6 dxc3 16.Txd8+ Cxd8=)* **14...Dd8 15.Af4 Tc8 16.a4→;** b) 13...0–0–0 14.Axd5 Rb8 15.Ag5 ∞] **14.Cxe4 Cxe4 15.Dxe4+ Ae7?** [a) 15...Ce7?? 16.Axf7+ Rxf7 17.Cg5+ Re8 18.De6+–; b) 15...De7 16.Df4 Cd8 17.Te1±, Kotov – O'Kelly de Galway, Groninga 1946] **16. Af4 Dc8 17.Ad5 Cd8??** [17...Rf8 18.Te1 Af6 19.Ad6+ +–, Grizo – Weisner, corr Ucrania 1965] **18. Ad6+– Dd7 19.Axc5 Tb8 20.Axf7+ Cxf7 21.Txd7 1–0**

---

[231] *La Prensa* copia el error de información de la organización del torneo, ya que Kottnauer venció a Najdorf en la sesión complementaria, quitándole además el invicto. Ver ronda 14. Agencia Reuter, *La Prensa*, 29 de agosto de 1946

13ª ronda, 29 de agosto

Los dos maestros que encabezan la tabla de posiciones, Botvínnik y Euwe, ganaron hoy sus respectivas partidas, que ofrecieron momentos de gran interés. Lo propio puede decirse de la partida entre los dos representantes argentinos Najdorf y Guimard, que dividieron honores tras una reñida lucha. Botvínnik opuso una Defensa Francesa a la Apertura de Rey del doctor Tartakower. Por su parte, el doctor Euwe jugó contra una Defensa Nimzoindia que le opuso el representante belga O'Kelly de Galway a la Apertura de Dama. El maestro holandés, actuando con gran precisión, tras de intensa labor se adjudicó el triunfo en 35 jugadas.

Guimard inició su partida con 1.P4D, adoptando Najdorf la Defensa Eslava. Numerosos espectadores se congregaron frente a este tablero para presenciar la lucha, que alcanzó vivas alternativas. El rey de las negras se encontró en posición difícil al efectuar Guimard un espectacular sacrificio de alfil, pero Najdorf supo hacer frente a esa situación con su acostumbrada maestría. Luego el excampeón argentino, comprendiendo que su ataque perdía fuerza, forzó la nulidad con un jaque perpetuo cuando se había efectuado la 30ª jugada.[232]

Luego de esta rueda quedó primero Botvínnik 11½, y luego Euwe 10½; Smyslov y Szabó 8; Flohr, Denker, Najdorf 7½; Stoltz, Tartakower y Kottnauer 7; Boleslavsky 6½; Lundin 6; Kotov 5½; Guimard 5; Bernstein, Yanofsky y Steiner 4½; Christoffel 4; Vidmar y O'Kelly 3½.

Volvieron a ganar
Najdorf y Guimard.
La Prensa, 29 de agosto de 1946

Guimard, Carlos Enrique – Najdorf, Miguel [D17]
Memorial Staunton – Groninga (13), 1946 *[Juan S. Morgado]*

1.d4 d5 2.c4 c6 3.Cf3 Cf6 4.Cc3 dxc4 5.a4 Af5 6.Ce5 Cbd7 7.Cxc4 Dc7 8.g3 e5 9.dxe5 Cxe5 10.Af4 Cfd7 11.Ag2 Ae6 12.Cxe5 Cxe5 13.0–0 Ae7 14.Dc1... [14.Dc2 Da5 15.Ce4... (15.Cb5 cxb5 *(15...f6 16.Cd4 Ad7 17.Tfd1→)* 16.Axe5 0–0 17.Axb7 Tad8 18.Tfc1→) 15...0–0 16.b4=, Alekhine – Euwe, *Match* 1935] **14...Da5**

---

[232] Agencia AP, *La Nación*, 30 de agosto de 1946.

15.Cb5 f6 16.Axe5 fxe5 17.Axc6+ bxc6 18.Dxc6+ Rf7 19.Cc7… [luego de esta pequeña combinación las blancas quedaron bien paradas para igualar] **19…Db6 20.Df3+ Af6 21.Cxa8 Db8 22.Tac1 Dxa8 23.Dh5+ Re7 24.Tc7+ Rd6 25.Tfc1 De4 26.Txa7…** [26.f3 Dxa4 *(26…De3+ 27.Rf1 g6! 28.T1c6+ Rd5 29.Tc5+ Rd4 30.Tc4+ Axc4 31.Dg4+ e4!–+)* 27.b4 Td8 28.f4 Ad5 29.e4 Axe4 30.T7c4 Ad5 31.fxe5+ Axe5 32.Td1 Re6 33.Te1 Axc4 34.Dxe5+ Rd7 35.Dd4+ Rc7 36.Dxc4+ Dc6 37.Te7+ Td7 38.Txd7+ Rxd7 39.Dg4+ Re8 40.Dxg7 Db6+ 41.Rg2=] **26…Ad5 27.Ta6+ Re7 28.Ta7+ Rd6** [28…Rd8?? 29.Df3 Dxf3 30.exf3+–] **29.Ta6+ Re7 30.Ta7+ Rd6 ½–½**

Fue una buena partida de Guimard, que puso en algún aprieto a Najdorf.

14ª ronda, 30 de agosto

■ Sufrió su primera derrota el campeón soviético Botvínnik: perdió ante Kotov en sólo 24 jugadas. El maestro soviético Kotov proporcionó hoy la nota sensacional, al vencer a su compatriota, el campeón soviético, Botvínnik, en una partida relativamente corta, mediante un ataque violento sobre la posición del campeón, quien perdió el enroque en las jugadas del planteo. Con esta derrota, y teniendo en cuenta que Botvínnik tiene que jugar mañana su partida suspendida con Flohr, que debe finalizar empatada según los entendidos, el torneo adquiere extraordinario interés por la circunstancia de que el excampeón mundial doctor Euwe, que hoy le ganó a Bernstein, quedará compartiendo con Botvínnik el primer puesto en la tabla de posiciones, y será dado presenciar una lucha emocionante en las ruedas finales.

El argentino Guimard fue vencido hoy por el fuerte maestro húngaro Szabó, y el otro representante argentino, Najdorf, suspendió su partida con Vidmar. Con respecto a Najdorf, debe aclararse que se le anotó en el cuadro de posiciones el punto con Kottnauer, pero ello se debió a un error, ya que dicho encuentro quedó en suspenso y se proseguirá mañana. Ahora Euwe y Botvínnik tienen 11½/14, siguiendo Smyslov y Szabó 9½. Najdorf tiene 7½ y dos suspendidas; Guimard 5.[233]

■ Igualan en puntos Botvínnik y Euwe al resolverse los finales pendientes. Botvínnik acordó con Flohr no reanudar la partida suspendida, declarándola tablas. Mientras, Najdorf abandonó su encuentro ante Kottnauer después de haber realizado una sola movida. En su otra partida pendiente, el representante argentino logró hacer tablas con el veterano Milan Vidmar, quien se encontraba en posición ligeramente superior. Esta partida pareció en algún momento favorable a Najdorf, al punto que éste rechazó tres proposiciones de tablas que le hiciera su adversario, pero luego la posición se complicó, tornándose delicada para él. Sin embargo, Najdorf vio recompensada su tenacidad en la defensa, obteniendo medio punto.[234]

Posiciones: Botvínnik y Euwe 12½; Smyslov y Szabó 9½; Flohr, Denker, Stoltz y Najdorf 8; Tartakower 7½; Guimard está mucho más atrás con 5.

Szabó, Laszlo – Guimard, Carlos Enrique [E06]
Memorial Staunton – Groninga (14), 1946 *[Juan S. Morgado]*

1.d4 d5 2.c4 e6 3.Cf3 Cf6 4.g3 c5 5.cxd5 Cxd5 6.Ag2 Cc6 7.0–0 Ae7 8.dxc5 Axc5 9.Dc2 Ae7 [9…Db6 Landau – Szabó, Amsterdam 1946] **10.Td1 Ad7 11.e4 Cb6 12.Cc3 0–0 13.Af4 Cb4?!** [13…De8 14.De2⩲] **14.De2→ De8 15.Ce5 Td8 16.a4?!=** [16.h4→] **16…a6?!** [16…Axa4! 17.Txd8 Axd8 18.Cxa4 Cxa4 19.Dd2 Ae7 20.Cd7 Cc5 21.Cxf8 Cb3 22.Dd1 Cxa1 23.Cxe6 fxe6

---

[233] Agencia UP, *La Prensa*, 31 de agosto de 1946. Nada dice sobre la actuación de los argentinos. Agencia AP, *Noticias Gráficas*, 31 de agosto de 1946
[234] Agencia AP, *El Mundo*, 29 de setiembre de 1946.

24.Dxa1 Cc6=] **17.Ae3...** [17.a5 Cc8 18.Td2 Ac6 19.Tad1 Txd2 20.Txd2→] **17...Cc8 18.Cxd7?!...** [18.Tac1→] **18...Txd7 19.e5 Cc6 20.f4 Ab4 21.Ce4 C8e7 22.Cc5?!=** [22.Cd6→] **22...Txd1+ 23.Txd1 Dc8 24.Tc1 Td8 25.Cd3 Dd7 26.Cxb4 Cxb4 27.Ab6 Tc8 28.Txc8+ Dxc8= 29.Ae4 g6 30.Rg2 Cbd5 31.Af2 b6? 32.Dc2 Dd7 33.Dc4 b5** [33...a5 34.b3 h5=] **34.axb5 axb5 35.Dc5 b4 36.Rh3 Rg7 37.Dd6 Db5 38.Axd5! Cxd5 39.Ac5...**

39...Df1+?? [a) 39...Rh6?? 40.Df8+ Rh5 41.g4#; b) 39...De8!? 40.Axb4... *(40.Rg2 Da8 41.Rf2 b3 42.Aa3 h5 43.h4 Da7+ 44.Ac5 Da8 45.Re2 Rg8 46.Rd2 Da5+ 47.Re2 Da8=)* 40...Da8! 41.Dc5 Cxf4+! 42.gxf4 Df3+ 43.Rh4 Dxf4+ 44.Rh3=] **40.Rh4 g5+ 41.Rxg5 h6+ 42.Rh4 1-0**

Vidmar, Milan – Najdorf, Miguel [E95]
Memorial Staunton – Groninga (14), 1946 *[Juan S. Morgado]*

1.d4 Cf6 2.c4 g6 3.Cf3 Ag7 4.Cc3 0-0 5.e4 d6 6.Ae2 Cbd7 7.0-0 e5 8.Te1 Te8 9.Af1 exd4 10.Cxd4 c6 11.Cb3 Dc7 12.Af4 Ce5 13.h3 Ae6 14.Cd2 Cfd7 15.Tc1 Cc5 16.Dc2 a5 17.Cb3 b6 [17...Cxc4?? 18.Cxc5+–] **18.Cxc5 dxc5 19.Ah2 f5 20.f4 Cf7 21.g4?** [21.e5 Ted8 oo] **21...fxg4 22.hxg4** única [22.f5 g3!] **22...Axg4 23.Dg2 h5** [23...Ad4+ 24.Rh1 Ch6 25.Ae2 Dd7∓] **24.Ae2...** [24.e5 Tad8∓] **24...Ch6 25.e5 Tad8 26.Ce4 Rh8?** [26...Tf8 27.Tcd1 Axe2 28.Dxe2 Td4 29.Txd4 cxd4 30.c5 bxc5 31.Cxc5 Df7∓] **27.Ag3 Tf8 28.Axg4 Cxg4 29.Cg5 Dc8= 30.e6...** [30.De4=] **30...Td3 31.Tcd1 Ad4+ 32.Rh1 Txg3** [32...Txd1 33.Txd1 Ce3 34.De4 Cf5→] **33.Dxg3 Cf2+ 34.Rg2 Cxd1 35.Txd1 Dc7 36.Te1 De7 37.b3?=...** [37.Cf7+ Rh7 38.f5 Tg8 39.Rf3±] **37...Rg7 38.Te2 Af6 39.Ch3 Ad4 40.Df3 Dd6 41.Cg5 Af6 42.Cf7 Dd1?!** [42...Dd4=] **43.f5! ± 43...Dd4?** [43...Tg8 44.fxg6±] **44. Te4+– Dd2+ 45.Rh3?!...** [45.Te2+–] **45...Tg8 46.fxg6...**

46...Rxg6?? [46...Te8 47.Dxh5±] **47.Te2...** [47.Ce5+ Rg7 48.Te2+–] **47...Dc3** única **48.Dxc3 Axc3 49.Cd6! Af6 50.e7 Axe7 51.Txe7 Rf6 52.Te1??...** [52.Tc7+ Re6 53.Txc6 Rd7 54.Txb6+–] **52...Td8± 53.Ce4+ Rf5 54.Cg3+ Rg5 55.Te5+ Rf4 56.Te6= Td3 57.Tf6+ Rg5 58.Tf5+ Rg6 59.Tf2 a4**

60.bxa4 Tc3 61.Tb2 h4??= [61...Rg5 62.Txb6 h4 63.Tb3 Txc4 64.Cf1 Txa4 65.a3 Rf5=] **62.Txb6=** [a) 62.Rxh4? Txc4+ 63.Rh3 Txa4 64.Ce2 b5=; b) 62.a5! bxa5 63.Rxh4 Txc4+ 64.Rh3 Rg5 65.Te2 Rf4 66.Rg2 Td4 67.Rf2 c4 68.Te3 Td2+ 69.Ce2+ Rf5 70.a3 Ta2 71.Rf3 Rf6 72.Cc3 Th2 *(72...Tc2 73.Re4 Td2 74.Rf4 Tb2 75.Te2 Tb3 76.Ce4+ Rf7 77.Te3 Tb1 78.Cd6+ +–)* 73.Ce2 Th1 74.Rf2 Td1 75.Cc3 Td2+ 76.Re1 Td4 77.Te4 Td6 78.Re2 Rf7 79.a4 Rf6 80.Txc4 Re7 81.Tc5 Rd7 82.Txa5+–] **62...hxg3 63.Txc6+ Rf7 64.Txc5 Re6 65.a5 Rd6 66.Td5+ Rc6 67.a6 g2+ 68.Rxg2 Txc4 ½–½**

Fue esta una partida alarmante de Najdorf, que quedó en posición perdedora frente a uno de los colistas. Salvó medio punto luego de gravísimos errores por ambas partes.

15ª ronda, 2 de setiembre

■ El más joven de los ajedrecistas que participan en el torneo, el campeón del Canadá, Abe Yanofsky, proporcionó hoy la nota sensacional al vencer al campeón soviético, Miguel Botvínnik, luego de 6½ horas de juego. El maestro ruso abandonó en la jugada 53ª, habiendo pasado ahora a ocupar el 2° puesto detrás del doctor Euwe, que venció al veterano Vidmar. El representante argentino Miguel Najdorf ganó en gran forma al húngaro Laszlo Szabó, y el otro argentino, Carlos Guimard, empató con Lundin. Euwe tiene ahora 12½/15, y sigue Botvínnik 11½, Smyslov 10½, Szabó 9½, Flohr, Stoltz y Najdorf 9. Guimard marcha con 5½.[235]

Guimard, Carlos Enrique – Lundin, Erik [D05]
Memorial Staunton – Groninga (15), 1946 *[Juan S. Morgado]*

1.d4 d5 2.Cf3 e6 3.e3 Cf6 4.Ad3 c5 5.0–0 Cbd7 6.Cbd2 Ae7 7.b3! 0–0 8.Ab2 b6 9.Ce5 Ab7 10.f4 Ce4 11.De2 Tc8 12.Cxe4 dxe4 13.Ab5 Cxe5 14.dxe5 Dc7 15.f5 exf5 16.Ac4 [16.Txf5 Ad5=] **16...Tcd8** [16...g6? 17.e6... *(17.g4 fxg4 18.e6±)* 17...f6 18.Tad1 Tcd8 19.Txd8 Txd8 20.g4 Ac6 21.a4 a6 22.g5 fxg5 23.De1 b5 24.Dc3 Td4 25.axb5 axb5 26.exd4 Af6 27.e7+ Rg7 28.Ad5 Axd4+ 29.De3 Axb2 30.Dxc5 De5 31.Dxc6 Dxe7 32.Td1±] **17.Txf5 Ad5 18.Axd5 Txd5 19.Dg4 g6 20.Tf2 Dc6 21.Taf1 De6** [21...Dd7 22.Dxe4 Td1 23.Df3 Txf1+ 24.Txf1 De6 25.Td1 c4 oo] **22.Dxe4 f6?** [22...Dd7 23.h3∓] **23.h3?...** [23.Dc4 f5 24.a4 a6 25.Dxa6 Tdd8 26.a5±] **23...fxe5= 24.Txf8+ Axf8 25.c4 Td2 26.Ac3...** [26.Axe5 De7 27.Df3 Ah6 oo] **26...Td8 27.Dxe5 Dxe5 28.Axe5 Ah6 29.Af4 Axf4 30.exf4 Td2 31.Tf2 Td1+ 32.Rh2 Td3 33.g3...** [33.Tf3 Txf3 34.gxf3 Rf7 35.Rg3... *(35.f5 gxf5 36.Rg3 a6 37.Rf4 Rf6=)* 35...Rf6 36.Rg4 h5+ 37.Rg3 Re6=] **33...a5! 34.Tb2 Rf7 35.Rg2 Rf6 36.Tf2 h5 37.f5 gxf5 38.g4 hxg4 39.hxg4 f4 40.Txf4+ Rg5 41.Tf3 ½–½**

Najdorf, Miguel – Szabó, Laszlo [D28]
Memorial Staunton – Groninga (15), 1946 *[Juan S. Morgado]*

1.d4 d5 2.c4 dxc4 3.Cf3 Cf6 4.e3 a6 5.Axc4 e6 6.0–0 c5 7.De2 Cc6 8.Cc3 b5 9.Ab3 Ae7 10.Td1 0–0 11.dxc5 Dc7 12.e4 Axc5 13.h3 Ab7 14.e5 Cd7 15.Af4 Ae7 16.Ce4 Cc5 17.Cxc5 Axc5 18.Tac1 Ae7 19.a4! Tfc8 20.axb5 axb5 21.Ac2 g6?

---

[235] *La Prensa*, 3 de setiembre de 1946.

[21...Td8=] **22.Ae4!±**... [22.Dxb5? Aa6 23.Db3 Ae2=] **22...Ta4 23.b3 Ta5** [23...Ta6 24.Ae3 b4 25.Td2±] **24.Tc2 b4?** [24...Ta6 25.Ah6±] **25.De3+– Af8 26.Ag5 Tca8 27.Af6 Ta1 28.Txa1 Txa1+ 29.Rh2 Ta8?** [29...Ta6 30.Cd4 Dd7 31.Cxc6 Axc6 32.Axc6 Txc6 33.Td2 Db7 34.Df3 Db5 35.Td8+–] **30.Axc6+– Axc6 31.Cd4 Ta6 32.Dc1! Ae7 33.Txc6 1–0**

16ª ronda, 3 de setiembre

▮ Najdorf perdió ante Lundin. Euwe se mantiene en el primer puesto, pero su ventaja se ha reducido a sólo medio punto, como consecuencia de su empate con el sueco Stoltz, y el triunfo de su más inmediato perseguidor, Botvínnik, ante Kottnauer. Una de las sorpresas de hoy fue la derrota del representante argentino Miguel Najdorf por Erik Lundin, de Suecia. Éste, que actuó con blancas, inició el juego con CR3A, y la apertura siguió las líneas de la Variante Schlechter de la Defensa Eslava. En la primera fase de la partida ambos maestros se encontraron en igualdad, pero en el medio juego Lundin actuó con más energía, y mediante una serie de movimientos tácticos conquistó ligera ventaja. Luego la posición de Najdorf se hizo crítica, y se vio ante la pérdida de calidad. Cuando el mate ya era inevitable, Najdorf abandonó. El otro representante argentino, Carlos Guimard, jugó hoy una partida muy interesante, y luego de una serie de maniobras logró una división de honores con el maestro soviético Smyslov. Euwe sigue primero con 13/16, y siguen Botvínnik 12½, Smyslov 11, Szabó 10, Stoltz 9½, Flohr (1 suspendida) y Najdorf 9. Guimard quedó con 6.[236]

Lundin, Erik – Najdorf, Miguel [D94]
Memorial Staunton – Groninga (16), 1946 *[Juan S. Morgado]*

1.Cf3 d5 2.d4 Cf6 3.c4 c6 4.e3 g6 5.Cc3 Ag7 6.h3 0–0 7.Ad3 b6 8.0–0 Ab7 9.De2 Cbd7 10.Td1 Dc7 11.cxd5 cxd5 12.Ad2 Tad8 13.a4 Ce4 14.Cb5 Db8 15.Ab4 Af6 16.Ch2 Tc8?! [16...Ah4!?] **17.Cg4...**

---

[236] *La Nación*, 6 de agosto de 1946.

17...Ag5?? [17...Tfe8!?] **18.f4+– Ah4 19.Axe4 dxe4 20.g3...** [20.Ch6+ Rg7 21.Dg4 Af6 22.Cf5+ Rh8 23.Cxe7+–] **20...Axg3 21.Axe7 Tfe8 22.Ad6 Da8 23.Dg2 Ah4 24.Ch6+ Rh8 25.Dg4+– Af2+ 26.Rxf2 Tc2+ 27.Rg1 f5 28.Dg5 1–0**

Smyslov, Vassily – Guimard, Carlos Enrique [E06]
Memorial Staunton – Groninga (16), 1946 *[Juan S. Morgado]*

1.d4 d5 2.c4 e6 3.Cf3 Cf6 4.g3 Ae7 5.Ag2 0-0 6.0-0 b6 7.Cc3 Ab7 8.Ce5 c6 9.e4 dxc4 10.Cxc4 Aa6 11.b3 b5 12.Ce3 b4 13.Ce2 Axe2 14.Dxe2 Dxd4 15.Ab2 Db6 16.Cc4>< 16... Db5 17.Axf6 gxf6?! [17...Axf6 18.e5 Ae7 19.Tad1 a5 20.Td2 Ta7 21.Tfd1><] **18.Tad1→ 18...a5 19.Tfe1?!...** [19.f4 Rh8 20.e5 Ta7 21.Rh1 Cd7 22.exf6 Axf6 23.f5±] **19...a4 20.e5± Ta7 21.Df3...** [21. Dg4+ Rh8 22.Cd6 Axd6 23.Txd6±] **21...f5 22.g4?...** [22.Cd6 Axd6 23.Txd6 axb3 24.axb3 Db7 25.Df4 Rh8 26.Dh4 De7 27.Dxb4 oo] **22...fxg4 23.Dxg4+ Rh8= 24.Rh1 axb3 25.axb3 Dc5 26.Te3 f5** [26... Tg8=] **27.exf6...** [27.Dh5 Tg8 28.Tg3 Txg3 29.fxg3 Rg7 30.g4 Cd7 31.gxf5 Cxe5 32.f6+ Axf6 33.Cd6 Cd3 oo] **27...Axf6 28.Dxe6 Te7 29.Dd6 Dxd6 30.Txd6 Txe3 31.fxe3 Rg7= 32.Ae4...** [32.Axc6 Ae7 33.Te6 Cxc6 34.Txc6 Tf1+ 35.Rg2 Tb1=] **32...Td8 33.Rg2 Txd6 34.Cxd6 c5 35.Ce8+ Rf7 36.Cxf6 Rxf6 37.Axh7 Cc6 38.Rf3...** [38.Ag8!? Ce5 39.Rg3 c4 40.bxc4 b3 41.c5 b2 42.Aa2 Cd3 43.c6 Cb4 44.Ab1 Cxc6><] **38...c4! 39.bxc4 Ce5+ ½–½**

17ª ronda, 4 de setiembre

Cuando sólo faltan dos rondas para el fin del torneo, se ha intensificado la lucha por el primer puesto, que ahora comparten Max Euwe y Mijail Botvínnik como consecuencia del empate de aquél con Salo Flohr, y de la victoria de este sobre Martin Christoffel. Euwe, que condujo hoy las negras, optó por la Defensa Eslava ante la Apertura PD de Flohr, y la partida se desarrolló en un plano de igualdad, pese a los esfuerzos del representante soviético, que llevó a declarar su nulidad. Botvínnik volvió a exhibir hoy su juego agresivo, pese a jugar con las negras. De inmediato asumió la iniciativa, y logró la decisión a las 42 jugadas. El representante argentino Carlos Guimard empató con el maestro norteamericano Herman Steiner. Éste aceptó el Gambito Dama ofrecido por las blancas, pero se vio en dificultades ante el brillante juego de Guimard.

Después de un sacrificio de peón, seguido por el de la dama, Guimard persiguió al rey negro por todo el tablero. Sin embargo, Steiner pudo superar la gravedad de la situación, y en la jugada 44ª la partida fue declarada tablas. Najdorf jugó una buena partida ante Smyslov, que fue suspendida en posición equilibrada. Najdorf, que optó por la Apertura PD, se vio opuesto a una Defensa Grünfeld, y no trató la primera fase en forma muy correcta. El maestro ruso mostró entonces la fuerza de su ataque, que fue frustrado por una brillante maniobra de la dama blanca. Como consecuencia, Najdorf obtuvo una posición superior, al punto que Smyslov debió destinar más de una hora para realizar una sola jugada. Najdorf se encontró pronto en situación ganadora, pero el tiempo lo apremió, ya que apenas le quedaron 20 segundos para realizar 10 jugadas. Sin embargo, supo salvar el inconveniente, aunque al costo de una pérdida de la superioridad estratégica. Botvínnik y Euwe tienen 13/17, y siguen Smyslov 11, Szabó 10, Stoltz, Denker, Lundin y Flohr 9½. Najdorf tiene 9 y Guimard 6½.[237]

---

[237] Agencia AP, *El Mundo*, 5 de setiembre de 1946.

Guimard, Carlos Enrique – Steiner, Herman [D04]
Memorial Staunton – Groninga (17), 1946 *[Juan S. Morgado]*

1.d4 Cf6 2.Cf3 d5 3.e3 c5 4.dxc5 Da5+ 5.Cbd2 Ag4!? 6.Ae2 Cbd7 7.0-0 Dxc5 8.a3 Tc8 9.c4 dxc4 10.Cxc4 Axf3 11.gxf3 g6? [11...e6!?] **12.e4± Ag7 13.Ae3 Dc7?** [13...Dh5 14.f4 Dh4 15.e5±] **14. Tc1 Db8 15.e5!+– Ch5** [15...Cxe5?? 16.Cxe5 Txc1 17.Dxc1 0-0 18.f4+–] **16.Axa7...** [16.f4 b6 *(16...b5 17.Axa7+–)* 17.Ag4 Td8 18.Da4+–] **16...Da8** [16...Dxa7?? 17.Cd6+ exd6 18.Txc8+ Re7 19.Dxd6#] **17. e6??...** [en una posición totalmente ganadora, Guimard desperdicia sus posibilidades con un *blunder*; el rey negro tendrá que emprender un largo viaje por el centro del tablero, pero emergerá sano y salvo: 17.Ae3! Td8 18.Db3 0-0 19.Db5 Tfe8 20.Tfd1 Cf8 21.Cb6 Db8 22.f4+–] **17...fxe6= 18.Dxd7+ Rxd7 19.Cb6+ Rd6 20.Tcd1+...** [20.Tfd1+ Re5 21.Cxa8 Txc1 22.Txc1 Txa8=] **20...Re5 21.Cxa8 Txa8 22.Ad4+ Rf5 23.Ad3+ Rg5**

24.Ae3+... [24.Axg7 Cxg7 25.Ae4... Chess Base indica aquí "clara ventaja blanca", pero luego de 25...Ta5 26.Td7 Rf6 27.Txb7 Ch5 las piezas negras pueden crear contra chances en el debilitado flanco rey de las blancas; por ejemplo: 28.Tb3... *(28.Tb4 Td8 29.Tc4 Cf4 30.Rh1 Td2 31.Tc2 Tad5 traspone a **)* 28...Cf4 29.Rh1 Th5 30.Tb4 Td8 31.Tc4 Td2 32.Tc2 Thd5 {traspone de **} 33.Txd2 Txd2 34.b4... *(34.Tb1 Ch3 35.b4 Cxf2+ 36.Rg1 Cxe4 37.fxe4 Td3 38.a4 Ta3 39.a5 Ta2 40.Tc1 Re5 41.Tc6 Tb2 42.Tb6 Rxe4=)* 34...Ch3 35.Rg2 Cf4+ 36.Rg3 Ce2+ 37.Rh3 Cc3 38.Ac6 Tb2 39.Tc1 Cd5 40.Rg3 Ta2 41.Tc5 Txa3 42.Axd5 exd5 43.Txd5 Re6 44.Tb5 Ta1 45.Tb6+ Rd7 46.Tb7+ Re6 47.b5 Tg1+ 48.Rh3 Tf1 oo] **24...Rh4?** [24...Rf6 25.Ae4 Rf7 26.Tb1 Thb8 27.Tfd1 Ta4 28.Td7 b6><] **25.Rh1± e5 26.Tg1 Cf4 27.Tg4+?!...** [27.Ae4 Ta4 28.Td7 Af6 29.Txb7+–] **27...Rh5 28.Axf4?...** [28.Ae4 Tad8 29.Tgg1 Ch3 30.Tgf1 Ah6 31.Rg2 Cf4+ 32.Axf4 Axf4 33.Axb7±] **28... exf4 29.Txf4 Axb2= 30.a4 Af6 31.Tb4 b6 32.Rg2 Thd8 33.Txb6 Rh6** [33...Txa4?? 34.Axg6+ +–] **34.Ae2...** [34.Tb4 Td5 35.Tb5 Tad8 36.Txd5 Txd5 37.f4 e5 38.fxe5 Axe5><] **34...Tdc8 35.Tb4 Tc2 36.Te4 Ta2 37.Ab5 Tc8 38.Tde1 Tc5 39.T1e2 Ta1 40.f4 Tcc1 41.T4e3 Tg1+ 42.Rh3 Rg7 43.Tg3 Tgb1 44.Rg2 ½-½**

Es increíble que Guimard no haya sabido ganar una partida con tanta ventaja.

Najdorf, Miguel – Smyslov, Vassily [D94]
Memorial Staunton – Groninga (17), 1946 *[Juan S. Morgado]*

1.d4 d5 2.c4 c6 3.Cf3 Cf6 4.e3 g6 5.Cc3 Ag7 6.h3 0-0 7.Ad3 c5 8.0-0 cxd4 9.exd4 dxc4 10.Axc4 a6 11.a4 Cc6 [11...b6 12.De2 Ab7 13.Ag5 Cc6 14.Tad1 Cb4 15.Tfe1 e6=, Popov (2545) – Rublevsky(2657), San Petersburgo 2001] **12.d5...** [12.Ae3 Af5 13.d5 Cb4 14.Cd4 Ae4 15.Cxe4 Cxe4 16.Db3 a5 oo, Virgillito – Liascovich, Torneo Internacional de Mar del Plata 2007] **12...Ca5 13.Aa2 b5 14.Dd4...** [14.axb5 axb5 15.Te1 b4 16.Ce4 Ab7 17.Cxf6+ Axf6 oo] **14...Ab7?!** [14...Cc4!? 15.Axc4 bxc4 16.Dxc4 e6 17.Ag5... *(17.dxe6 Axe6 18.De2 Cd5 19.Ad2 Te8><)* 17...exd5 18.Dh4 Ab7 19.Tfd1 Te8=] **15.Db4!→ Ac8** [a)] 15...bxa4 16.Ae3 Cxd5 17.Cxd5 Axd5 18.Ab6 Tb8 19.Axd8 Txb4 20.Axe7 Tb5 21.Axf8 Axf3 22.Axg7 Tg5 23.g3 Rxg7 24.Tfc1±; **b)** la más resistente parece 15...Ce8 16.Ce4 h6 17.Ad2 Axd5 18.Axd5 Dxd5 19.Dxa5 Dxe4 20.axb5 Cd6 21.bxa6 Cc4 22.Da4 Tfc8 23.Ac3 Axc3 24.bxc3 Tc6 25.Tae1 Dd5 26.Txe7 Txa6 27.Dd7→]

16.Te1?... [16.Af4 Cc4 17.axb5 axb5 18.d6 exd6 19.Axc4 Txa1 20.Axf7+ Txf7 21.Txa1 h6 22.Ta8 Dd7 23.Dxb5±] **16...Cc4 17.Dxe7...** [17.Axc4 bxc4 18.Dxc4 Ab7± *(18...e6!?oo)* 19.Td1 Tc8 20.Db3 Aa8 21.Ae3→] **17...Af5 18.Dxd8 Tfxd8 19.axb5 axb5 20.Cxb5 Cd6** [20...Cxd5? 21.Ag5!+–] **21. Cbd4?!...** [a)] 21.Cfd4!? Cxb5 22.Cxb5 Cxd5 23.Ag5 Af6 24.Axf6 Cxf6 25.Ac4 Tac8 26.b3 Ad3

27.Tad1 Axc4 28.Txd8+ Txd8 29.bxc4 Tc8 30.Tc1→; **b)** 21.Cxd6 Txd6 22.Af4?... *(22.g4 Ad7 23.Ce5 Ab5 24.g5 Cxd5 25.Cxf7 Txa2 26.Cxd6 Txa1 27.Cxb5 Axb2=)* 22...Tda6∓] **21...Ae4?!** [21...Ta4! 22.Af4 Cfe8 23.Axd6 Cxd6 24.Cxf5 Cxf5 25.d6 Rf8 26.Ad5 Txa1 27.Txa1 Axb2 28.Ta7 Cxd6=] **22.Af4 Cxd5** [22...Axf3 23.Cxf3 Ch5 24.Ae5 Axe5 25.Cxe5 Te8 26.Cc4 Txe1+ 27.Txe1 Txa2 28.Cxd6 Txb2 29.Te8+ Rg7 30.Te7 Td2 31.Txf7+ Rg8 32.Ta7 Txd5 33.Cf7≠] **23.Axd6 Axf3**

24.Cb5?!... [**a)** 24.Ae5 Axe5 25.Txe5 Cb4 26.Cxf3 Cxa2 27.Tb5→; **b)** 24.Cxf3 Txd6 25.Axd5 Txa1 26.Axf7+ Rxf7 27.Txa1 Axb2 28.Cg5+ Rg8 29.Ta8+ Rg7 30.Ta7+ Rg8 31.Rf1≠ *(31.Cxh7 Td1+ 32.Rh2 Ae5+ 33.g3 Td2 34.Rg1 Ad4 35.Td7 Axf2+ 36.Rg2=)*] **24...Axb2!= 25.gxf3 Cc3 26.Cxc3...** [26.Axf7+ Rxf7 27.Te7+ Rg8 28.Txa8 Txa8 29.Cxc3 Axc3=] **26... Axc3 27.Axf7+ Rxf7 28.Te7+ Rg8 29.Txa8 Txa8 30.Ac5= Tc8 31.Ae3 Ag7 32.Rg2 Af8 33.Tb7 Ag7 34.f4 Tf8 35.Rf3 Tf7 36.Tb8+ Tf8 37.Tb3 Tf7 38.Tb5...** [38.Tb8+ Tf8 39.Txf8+ Rxf8 40.f5 Ac3 41.Re4 Rf7=] **38...Af6 39.Ta5 Rg7 40.Td5 Ae7 41.Tb5 Af6 42.Rg4 Td7 43.Tb4 Rf7 44.Ta4 Tb7 45.Ta6 Td7 46.Rf3 Tb7 47.Ac5 Tb3+ 48.Rg2 Tb7 49.Ad6 Ag7 50.Ae5 Te7 51.Ad6 Tb7 52.Tc6 Af6 53.Ae5 Ag7 54.Rg3 Te7 55.Ad6 Tb7 56.Rg4 Ad4 57.f3 Ag7 58.Ae5 Te7 59.Tc5 Af6 60.h4 ½–½**

Najdorf deja escapar la victoria ante Smyslov.
El Mundo, 5 de setiembre de 1946

Fue esta una partida muy difícil para Smyslov, quien llegó a tener dos peones menos. Najdorf perdió su última oportunidad en la jugada 24ª, donde debió jugar Ae5, ya que luego el ruso logró llegar a finales con sólo mínimas desventajas.

18ª ronda, 5 de setiembre

▮ Después de una emocionante partida que duró siete horas, el campeón soviético, Botvínnik, derrotó al excampeón argentino, Guimard, y pasó a ocupar solo el primer puesto, pues el doctor Euwe, con quien hasta ayer compartía esa posición, volvió a hacer tablas por tercera vez consecutiva, en esta oportunidad ante el maestro francés Savielly Tartakower. El representante argentino Miguel Najdorf optó por la Defensa Nimzowitch en su *match* con Steiner, y lentamente fue elaborando una mejor posición, que le significó la victoria en 40 jugadas. Las posiciones son: Botvínnik 14½/18; Euwe 14; Smyslov 12; Flohr 11; Najdorf y Szabó 10½.[238]

▮ Vuelve Botvínnik a ocupar el primer puesto, al derrotar al representante argentino Carlos Guimard, pues el doctor Euwe, que hasta ayer compartía esa posición, volvió a hacer tablas –3 consecutivas– en esta oportunidad con el maestro francés Tartakower. Najdorf venció a Steiner, en una Defensa Siciliana en la que lentamente fue elaborando una posición superior, que le significó la victoria en la jugada 40ª.[239]

▮ Mañana se dará por terminado el torneo. Al entrarse al último día de juego, el campeón soviético, Miguel Botvínnik, tiene medio punto de ventaja sobre el excampeón mundial, Max Euwe, y tal circunstancia permitirá observar un final emocionante. Botvínnik tendrá como adversario a Najdorf, y Euwe a Kotov. Los dos punteros jugarán con negras. Najdorf se muestra muy satisfecho con su reciente actuación, y hoy hizo declaraciones a los periodistas:

Estoy seguro de mantener mi cuarto puesto, y de que no perderé mañana ante Botvínnik. Me tengo tanta fe, que hasta he hecho una apuesta de 500 florines. Creo que ganaré o empataré. Si mañana gana o empata Euwe, se asegurará el primer puesto. Por mi parte, estimo que pude mejorar mi puntaje, pero conspiró contra mí la circunstancia de que me gusta la lucha. Por ejemplo, mi última partida con Smyslov fue sumamente reñida. El ruso me ofreció tablas y yo rehusé, eligiendo una maniobra compleja que bien pudo ocasionarme un contraste. Empecé este torneo con la idea de que varios maestros jugarían mucho mejor que yo, pero he comprobado que no debo temerles. Son de mi categoría.[240]

Botvínnik vence a Guimard y queda solo arriba.
La Nación, 6 de agosto de 1946

---

[238] *La Nación*, 6 de agosto de 1946.
[239] Agencia AP, *El Mundo*, 6 de setiembre de 1946.
[240] Agencia UP, *La Prensa*, 7 de setiembre de 1946.

19ª ronda, 7 de setiembre

▌Pocas veces se ha producido en un campeonato de ajedrez una situación tan emocionante como la que se originó en el torneo de Groninga. Al llegarse a la rueda final, Botvínnik se mantenía en primer término con medio punto de ventaja sobre el excampeón mundial, doctor Max Euwe, y ambos tenían que jugar partidas de gran riesgo con las piezas negras. Cuando al promediar la reunión de hoy se vio en serios apuros el ruso frente al representante argentino Miguel Najdorf, la nerviosidad del público fue cada vez mayor. A medida que avanzaba el juego se hacía más visible la situación delicada de Botvínnik, mientras que ante una creciente expectación, Najdorf continuaba maniobrando brillantemente hasta obligar a su extraordinario adversario a abandonar en la jugada 40ª, entre aplausos y felicitaciones. Cabe consignar que este encuentro tuvo entretelones curiosos. Ayer hizo Najdorf una apuesta de 500 florines a que no perdería, y hoy, antes de iniciarse el encuentro, comentó sus posibilidades, y contestando a quienes le auguraban buena suerte, dijo, hablando en español, inglés y alemán:

>Hoy jugaré la mejor partida de mi vida.

Y realmente, la extraordinaria producción con que venció al soviético justifica plenamente todas sus afirmaciones. Luego de este resultado, los centenares de aficionados concentraron su atención en la partida del campeón holandés Euwe, en la esperanza de que quedase en el país el primer premio. Pero Kotov jugó esta vez con seguridad. Merece elogios, desde todo punto de vista, la actuación que ha correspondido a la representación argentina en el torneo. El cuarto puesto conquistado por Miguel Najdorf, polaco de origen, pero radicado desde hace siete años en la Argentina, constituye un comportamiento sobresaliente, e indica que no estaban equivocados quienes pronosticaron a este maestro un brillante desempeño. Como sus mismos adversarios lo han manifestado, Najdorf es uno de los maestros más fuerte del mundo. Debe tenerse presente que en el torneo de Groninga sólo faltaban tres ajedrecistas que podían aspirar a la victoria: Reshevsky, Keres y Fine.[241]

▌A pesar de haberlo derrotado Najdorf, Botvínnik ganó el torneo. Max Euwe, segundo. La decisión del primer puesto se produjo a la mañana, al perder Euwe, que estaba a medio punto de Botvínnik, contra el maestro soviético Kotov, después de cuatro horas de juego. En el momento de abandonar Euwe, la partida entre Botvínnik y Najdorf estaba en posición complicada. Najdorf jugó enérgicamente, y cuando algún tiempo después Botvínnik extendió su diestra para señalar que se declaraba vencido, una ovación estalló en la sala. La doble derrota de los maestros que ocupaban el primer puesto hizo que no se alterara ese orden. Si tuviéramos que definir el estilo de Botvínnik, diríamos que es la antítesis del de Capablanca. Grandes maestros los dos. Capablanca era el griego: clarísimo, sobrio, de una artística pureza de líneas. Sus partidas eran nítidas y magníficas como el Partenón. Ese milagro es lo que se llamó *la difícil facilidad de Capablanca*.

Los planes de Botvínnik son, en cambio, de gran complejidad. *A la difícil facilidad* de Capablanca se opone la *difícil dificultad* de Botvínnik. Corresponde, además, decir dos palabras justicieras sobre los representantes de la República Argentina: el polaco Miguel Najdorf y el santiagueño Carlos Guimard. Al derrotar a Botvínnik, Najdorf ha logrado el triunfo más meritorio de toda su carrera de maestro. Ha probado que él también es un aspirante con justificados títulos al cetro universal, que el próximo año se disputará en los Ángeles. Guimard debió haberse clasificado mejor si su iniciación hubiese sido menos desafortunada. Sin embargo, apenas pudo asentar su juego, el muchacho santiagueño hizo tablas con grandes maestros como los rusos Smyslov y Boleslavsky, y

---

[241] *La Prensa*, 8 de setiembre de 1946.

con el mismo Najdorf, a quien sacrificó brillantemente una pieza y faltó poco para que le hiciera morder el polvo de la derrota.[242]

▪ La sorpresa de hoy la dio el representante argentino Miguel Najdorf, que venció hoy al campeón ruso, Miguel Botvínnik. Najdorf ganó también una apuesta de 500 florines, que hizo en esa partida con el vencedor del certamen.[243] Las posiciones finales fueron: Miguel Botvínnik 14½/20; Max Euwe 14.[244]

▪ ¡Emocionante última ronda! Najdorf y Botvínnik, y en una mesa vecina Kotov y Euwe, pusieron en la rueda final de certamen una nota sensacional y en cierto modo dramática. Separados Botvínnik y Euwe por sólo medio punto, del resultado de esos encuentros podía depender la primera clasificación. De ahí que el interés y la ansiedad del público que seguía los juegos fueran en aumento, cuando pudo advertirse sin lugar a duda cómo uno y otro de los aspirantes se hallaba en grandes dificultades. Botvínnik, casi perdido frente a Najdorf, veía peligrar su situación de privilegio. Pero Kotov, que ya había sido anteriormente vencedor de Botvínnik, vino esta vez a salvar su chance, al derrotar también a su amenazante y peligroso rival. Se desvanecieron así las esperanzas de los nueve millones de holandeses, y no pocos ajedrecistas de otras partes, inclinados a favor de caballeresco excampeón del mundo. La partida Najdorf – Botvínnik, destinada a perdurar en la historia del ajedrez, es una producción de elevado nivel.[245]

▪ Najdorf regresa sin el título, pero derrotó al campeón. El más notable vencedor de Botvínnik, campeón mundial en potencia, ha sido Najdorf. Para el mundo ajedrecístico, la actuación de Najdorf ha constituido una revelación. Para los aficionados argentinos, que lo han visto ganar en el país 15 torneos consecutivos, una confirmación de sus estupendas cualidades. Para el propio Najdorf, en cambio, ha sido casi una decepción, puesto que él aspiraba a adjudicarse el torneo, aún delante del mismo Botvínnik. Tartakower ha escrito en un diario holandés, hace poco, que, de todos los participantes de Groninga, Najdorf era el más genial, aunque, desgraciadamente para él, el más nervioso. Como conductor de partidas a ciegas, existe un abismo de diferencia entre Najdorf y Botvínnik. Mientras el primero batió en Rosario el récord mundial jugando 40 partidas al mismo tiempo, Botvínnik no ha jugado nunca a ciegas. ¿Por qué? El gobierno soviético lo tiene prohibido, por nocivo para la salud.[246]

Guimard, Carlos Enrique – Denker, Arnold Sheldon [E19]
Memorial Staunton – Groninga (19), 1946 *[Juan S. Morgado]*

1.d4 Cf6 2.Cf3 b6 3.c4 Ab7 4.g3 e6 5.Ag2 Ae7 6.0-0 0-0 7.Cc3 Ce4 8.Dc2 Cxc3 9.bxc3 f5 10.d5 Ca6 [10...Dc8 11.Cd4 c5 *(11...c6!?)* 12.Cb5⩲, Vidmar – Colle, Bled 1931] **11.Cd4 Cc5 12.Td1 Dc8 13.Tb1 g6 14.Aa3 e5 15.Cb3 d6 16.Axc5 dxc5 17.Ah3 De8 18.e4 f4** [18...Ac8!∓] **19.Cd2 Ac8 20.Axc8 Dxc8 21.Rg2 g5 22.Dd3 Dd7 23.Tg1 Rh8 24.Cf3 Af6 25.h3 Tf7** [25...fxg3 26.fxg3 g4?! 27.hxg4 Dxg4 28.Th1 Tg8 29.Th3 Taf8 ∞] **26.gxf4 gxf4** [26...exf4?? 27.e5+–] **27.Rh2 Tg8 28.Txg8+ Rxg8 29.Tg1+ Tg7 30.Dd1 Txg1 31.Dxg1+ Dg7 32.Dg4 Dxg4 33.hxg4 h6 34.Rh3 Rf7 35.Ch4** [35. g5 hxg5 36.Rg4 Rg6 37.Ce1 Ag7 38.a4 Af6 39.Cd3 a5 40.Ce1 Ae7 41.Cf3 Af6=] **35...Ae7 36.Cf3 Af6 37.Cd2 Ag5 38.Rg2 Re7 39.Cf3 ½–½**

---

[242] Amílcar Celaya, *Noticias Gráficas*, 8 de setiembre de 1946.
[243] La apuesta no fue con Botvínnik, sino con algún otro jugador o periodista presente.
[244] Agencia AP, *La Nación*, 8 de setiembre de 1946.
[245] Carlos Portela, *La Nación*, 23 de setiembre de 1946.
[246] Amílcar Celaya, *Clarín*, 8 de setiembre de 1946.

Najdorf, Miguel – Botvinnik, Mikhail [E35]
Memorial Staunton – Groninga (19), 1946 *[Juan S. Morgado]*

1.d4 e6 2.c4 Cf6 3.Cc3 Ab4 4.Dc2 d5 5.cxd5 exd5 6.a3 Axc3+ 7.bxc3 c5 8.Cf3 Da5 9.Cd2 Ad7 10.Cb3 Da4 11.Db2 Ca6 12.e3 c4 [12...cxd4 13.cxd4 0–0 14.Ad2 Tfc8=] **13.Cd2 0–0 14.Ae2 b5 15.Ad1 Da5 16.Ac2 Tfe8 17.0–0 Tab8 18.Cf3…** [18.f3 Cc7 (18...Txe3?! 19.Ce4 Cxe4 20.Axe3 Cxc3 21.Tfe1!... *(21.Ad2? Ce2+ 22.Rh1 c3!∓)* 21...Ca4 22.Db1 Tf8 23.Axh7+ Rh8 24.Af5±) 19.Td1 Db6=] **18...Dc7** [18...Ce4?! 19.Ce5 Txe5 20.dxe5 Cxc3 21.Rh1 Ce4 22.f3 c3 23.Db1 Cec5 24.Axh7+ Rh8 25.Ac2 Dc7 26.f4→] **19.Ce5 Ae6** [19...Txe5?! 20.dxe5 Dxe5 21.f3 Cc5 22.Ad2 a5 23.Ae1 Ac6 24.e4 dxe4 25.Ag3 De8 26.Axb8 Dxb8 27.a4 b4 28.cxb4 exf3 29.gxf3 axb4 30.Dd4±] **20.f3 Cc5 21.Ad2…**

21...Ca4 [alejar este caballo a la banda del tablero no es una idea feliz; sin embargo, no es todavía la causa de la posterior derrota del ruso; era correcta 21...Ccd7 22.Cxd7 Axd7 23.Tae1 Db7 24.Db1 Ac6 25.Te2 De7 26.Db4 Dxb4 27.axb4 y las blancas tienen cierta ventaja, pero sin damas les resultará sumamente difícil imponerla] **22.Db1 Tb6 (a)** en caso de 22...h6 23.Ae1 a6 24.Dd1 Tbc8 25.Axa4 bxa4 26.Dxa4 Db7 27.Af2 Tb8 28.Da5 Db6 29.Dxb6 Txb6 30.Tfb1 Teb8 31.Txb6 Txb6 32.a4 a5 las negras tienen un peón menos, pero dominan la única columna abierta 'b' e impiden la ruptura 'e3–e4'; además, los alfiles de distinto color son también un factor importante para la defensa; **b)** si 22...Tb7 23.e4 Cc5 24.exd5 Axd5 25.Ag5 Cd3 26.Axd3 cxd3 27.Dxd3 Cd7 28.Cxd7 Dxd7, se llegaría a una posición con elementos parecidos a la anterior; **c)** 22...a6 23.e4 Cc5 24.Af4 Cb3 25.Ta2 Tbc8 oo] **23.De1…** [o bien 23.e4 a5 24.De1 Cd7 25.Cxd7 Axd7 26.e5 Cb2 27.f4 f5 y las negras acomodaron la defensa, controlando el avance del peón 'e5' y evitando la apertura de columnas] **23...Cd7 24.Dh4…**

24...Cf8 [esta jugada tiene el problema de no cambiar una pieza menor, y de ese modo se potencia el avance 'e3–e4', con el consiguiente ataque sobre el enroque; era interesante 24...h6 25.Cg4 Axg4 26.Dxg4 Cf6 27.Dh4 Tbe6 28.Tae1 Cb2 29.e4 dxe4 30.fxe4 Cd3 31.Axd3 cxd3 32.e5

Cd5, y se arriba a una posición sin problemas para las negras] **25.e4...** [con la idea obvia del avance de los peones 'e4–e5, f3–f4–f5'] **25...f6 26.Cg4 Cg6 27.Dh5 Df7** [27...Dd7!? 28.exd5 Axd5 29.Dh3... *(una bonita variante era 29.Axg6 hxg6 30.Dxg6 f5 31.Ch6+ Rh8 32.Dxf5 Ae6 33.De5 Ad5 34.Df5 Ae6=)* 29...Df7 *(29...Ae6?! 30.Tae1 Tf8 31.Tf2 Cb2 32.Tfe2 f5 33.Cf2 Dd5 34.f4 Ad7 35.Dg3 Te6 36.Txe6 Axe6 37.h4 Ad7 38.h5 Ch8 39.Te5 Dd6 40.d5±)* 30.f4 Cf8 31.f5 Tb7 32.Dg3 Rh8 33.Tfe1 Tbe7 34.Txe7 Txe7 35.Ce3 Ae4 36.Axe4 Txe4 37.Df3 De8, y las negras todavía sufren bastante pero han logrado amortiguar el avasallamiento y mantienen buenas posibilidades de igualar] **28.Tae1...**

Una movida lógica, pero la alternativa quizás era aún mejor: veamos:

a) fuerte era 28.Ce3 y si 28...Cf4 29.Dxf7+ Axf7 30.Cxc4 dxc4 31.Axf4 Cxc3 32.Tfe1 Ca4 (32...b4 33.axb4 Txb4 34.Ad2... *{34.Txa7 Cb5 35.Tb7 Cxd4 36.Txb4 Cxc2=}* 34...Tb2 35.Axc3 Txc2 36.Aa5 c3 37.Tac1 Txc1 38.Txc1 Tc8 39.Txc3 Txc3 40.Axc3 Ab3 41.d5 con clara ventaja en el final, ya que pueden crear dos peones libres centrales y unidos.) 33.d5 Cc5 34.Tad1 Ta6 35.Te3 Td8 36.Ac7 Td7 37.Ag3 h5 38.Af2 Td8 39.h4 Tad6 40.Tb1 a6 41.Tc3 Tc8 42.Axc5 Txc5 43.Rf2 f5 44.Re3 Tc8 45.a4 fxe4 46.fxe4 Tg6 47.axb5 axb5 48.Txb5 Txg2 49.e5±;

b) o bien 28.exd5 Axd5 29.Tfe1 Txe1+ 30.Txe1 Ae6 31.Ce3 Cf8 32.Dh4 Cb2 33.De4 Dd7 34.d5 Af7 35.Cf5 Ag6!? (35...Cd3 36.Dg4 Ag6 37.Axd3 cxd3 38.Ce7+ Rh8 39.Dd4 Tb8 40.a4 bxa4 41.c4±) 36.Ce7+ Rf7 37.Cxg6 Cxg6 38.Tb1 Cd3 39.Axd3 cxd3 40.Dxd3 Ce7 41.Ae3 Tc6 42.Ad4 Dxd5 43.Dxb5 a6 44.Dxd5+ Cxd5 45.Tb3 a5 46.Rf2 a4 47.Tb7+ Rg6 48.Ta7 Tc4 49.Ta5 Cf4 50.Ta6 Cd5 51.h4 h5 52.Re2 Cf4+ 53.Rf1 Cd5, y se advierten las dificultades de las blancas para imponer el peón de ventaja.

28...Tbb8? [quizás fue esta la última oportunidad para Botvínnik. Resistía mediante:

a) 28...dxe4 29.fxe4 Ce5 30.Dxf7+ Cxf7 31.Cf2 Ta6 32.h4 Td8 33.Te2 Ac8 34.Tfe1 Ae6 y si bien las blancas están algo mejor, las negras resisten aún fuertemente; luego de cambiar los peones (dxe4 – fxe4), el avance 'd4–d5' deja la casilla 'e5' para el caballo negro;

b) 28...Ce7 29.Dh4 dxe4 30.fxe4 Axg4 31.Dxg4 Cb2 32.Te3±]

29.Ce3 Ce7?

a) 29...Cf4 30.Dxf7+ Axf7 31.Cxc4 Cxg2 32.Rxg2 dxc4 33.Tb1 Ted8 34.Rf2 Ae8 35.Tfe1 a6 36.Tg1 Rf8 37.h4 Ag6 38.Tb4 Ae8 y la posición negra sufre por el dominio central de las blancas y su pareja de alfiles.;

b) 29...Cb6 30.e5 Cf8 31.Dxf7+ Axf7 32.exf6 gxf6 33.Cg4 Cbd7 34.Ch6+ Rg7 35.Cf5+ Rg8 36.Af4 Txe1 37.Txe1 Te8 38.Txe8 Axe8 39.Ce7+ Rg7 40.Cxd5+–

30.Dh4 f5 31.g4! f4?? [31...dxe4 32.fxe4 Cg6 33.Dh5 f4 34.Cf5 Cb2 35.Cd6 Dd7 36.Cxe8 Txe8 37.h3 a6 38.Axf4±] **32.exd5!+– Cg6 33.dxe6 Txe6 34.Axg6 hxg6 35.Cg2 Tbe8 36.Txe6 Txe6 37.Cxf4 Tf6 38.Dg5 Cxc3 39.Axc3 Txf4 40.Rg2 1–0**

Fue esta una partida brillante de Najdorf, a la vez que una derrota humillante para Botvínnik. Aunque ganó el torneo gracias a la victoria de Kotov sobre Euwe, debe haber sido para él un acontecimiento amargo y deprimente.

Najdorf vence a Botvínnik, pero éste gana igual. *Noticias Gráficas*, 8 de setiembre de 1946

Un colosal "chiste holandés" a Guimard

▍Contaba el conocido periodista Pedro Patti en una de sus notas para la revista *Aquí Está*, su diálogo con el maestro Carlos Guimard, recién regresado desde Groninga y Praga:

Yo, hijo del nuevo mundo, tengo la impresión de que regreso de un estado novísimo.
¿De qué mundo me habla, Guimard?
De Europa, de una Europa diversa de la que conocí hace ocho o nueve años. Y como símbolo de ese nuevo mundo, dos personajes que se me han clavado aquí, entre ceja y ceja. Uno, neurótico, estrafalario, vestido de tablero ajedrecístico; el otro, fantasmal, ofreciéndome al filo de la medianoche la salchicha que le pertenecía.

Najdorf regresa sin título, pero con victoria sobre Botvínnik. *Clarín*, 8 de setiembre de 1946

De este modo comienzan a anudarse las confidencias que al día siguiente de su regreso a Buenos Aires me hace Carlos Guimard, luego de Groninga y Praga. Precisamente en Groninga, al descender el avión, Guimard se encuentra con un grupo de notabilidades ajedrecísticas. Incluso Hans Kmoch, director del torneo holandés, que le espera para presentarle sus saludos. Entre los que aguardan hay uno que le llama poderosamente la atención. Viste traje a cuadros blancos y negros, tiene 32 años, y ha sido oficial del ejército holandés. Hans Kmoch se lo presenta a Guimard:

El capitán Walter van Daas, una de las grandes promesas de nuestro ajedrez de antes de la invasión.

Luego agrega por lo bajo, por la extraña indumentaria:

Ha pasado cuatro años recluido en el campamento de concentración de Dachau.

Ese mismo día, horas después de llegar, Guimard ya está sentado frente a su primer adversario de Groninga. Como siempre, trata de concentrarse en cuanto está frente al tablero. No lo consigue al principio, porque el capitán van Daas se ha ubicado junto a él, y le observa con la atención anhelante de quien espera algo inusitado, y su extraordinaria actitud se mantiene tensa, invariable, mientras dura la partida. Terminado el encuentro, y un poco molesto por la conducta pegajosa del joven militar, Guimard le pregunta en tartamudeante francés:

¿Qué le pareció la partida?

Responde van Daas un poco confuso:

¿Qué partida?

Pero reacciona enseguida:

> *¡Ah, sí! Yo tenía que integrar el equipo que fue a Argentina, pero a última hora fui reemplazado por Theo van Scheltinga.*

El hombre vestido de ajedrez había resultado un fronterizo. Un casi demente inofensivo. Le cuentan a Guimard su tremendo drama. Efectivamente, en 1939 debía integrar el equipo holandés que participó en el Torneo de las Naciones. A última hora, y cuando va a embarcar, previendo la hoguera que está por encenderse en Polonia, lo mandan a una guarnición del este, junto a la frontera alemana. Meses después, consumada la invasión a los Países Bajos, Walter van Daas es apresado, y por su carácter rebelde y patriota, enviado al siniestro campo de Dachau, el que abandona años después, ya aplastada Alemania, convertido en ex hombre, que le da por vestirse a cuadros y frecuentar los lugares que rebullen de hombres y mujeres de todas las edades, que juegan ajedrez. Porque ése ha sido uno de los cuadros inesperados dejados por la guerra: a falta de otros entretenimientos, los ajedrecistas se han multiplicado por todas partes, como hongos en ambiente archi húmedo.

¡Pensar que van Daas era una posibilidad de la jerarquía de Botvínnik![247]

El loco Tammo, personaje de la broma a Guimard en Groninga

Y aquí es donde se devela el "misterio van Daas", a través de los testimonios de Hébert Pérez García y Dirk Ten Geuzendam:

> Guimard fue engañado. Le hicieron una broma, y él la tomó en serio con ingenuidad. Esta persona –van Daas– era bien conocida en Groninga como Malle Tammo (El loco Tammo). Él era un hombre muy modesto, que, por ejemplo, deambulaba por los alrededores del centro de Groninga como 'hombre sandwich', llevando carteles con propaganda de diversas tiendas. Al parecer, ellos también lo contrataron para hacer alguna publicidad para el torneo de ajedrez. Nació en 1888 y murió en 1966. El "ideólogo" del chiste pudo haber sido Hans Kmoch.[248]

Estos datos quedan confirmados, ya que van Daas no apareció nunca en ninguna revista de ajedrez. Eso sí, debió ser muy creíble para Guimard, porque en Argentina él relató el episodio a un periodista importante, que lo publicó con su firma en ¡Aquí Está!, semanario de alta circulación. ¡Todos engañados por un bromista holandés!

Groninga según Kotov

El torneo de Groninga no fue muy reñido en un principio. Botvínnik ganaba, una tras otra, todas las partidas a sus competidores y hasta la decimocuarta ronda se mantuvo firme en el primer puesto sin una sola derrota. Había tenido sólo tres empates, ¡brillantísimo resultado para un torneo, en el que participaban jugadores tan acreditados! Tras él iba Euwe, que había logrado salvar y ganar

---

[247] Testimonios de Hébert Pérez García y Dirk Ten Geuzendam al autor, noviembre de 2011. Guimard y el hombre vestido de ajedrez, Pedro Patti, ¡Aquí Está!, 10 de enero de 1947.
[248] La propia nota de Pedro Patti menciona que Kmoch le presentó a van Daas a Guimard.

varias partidas dudosas por medio de ingeniosas invenciones tácticas. A pesar de todo, la distancia que le separaba de Botvínnik era un punto entero, y no podía representar un serio peligro para éste.

En Groninga jugamos a razón de siete y nueve horas al día. Comenzaban las partidas a las dos y media de la tarde y se prolongaban cinco horas, hasta el descanso. Si en ese tiempo alguna partida no se había terminado, proseguíase desde las diez de la noche. Y si el plazo aún resultaba corto, los organizadores proponían "amablemente" que se continuara a la mañana siguiente, el día en que comenzaba ya otra vuelta.

Llegó la decimocuarta vuelta. Debíamos enfrentarnos Botvínnik y yo. El hizo una apertura desafortunada y excesivamente arriesgada, se vio en una posición peor que la mía, no se percató de una combinación sencilla con que yo le amenazaba, y perdió. Los holandeses no cabían en sí de gozo. ¡Botvínnik había sufrido una derrota! Lo que no habían podido hacer los maestros de Occidente, para pasmo suyo, habíalo conseguido un compatriota de Botvínnik. Ahora Euwe le dio alcance. Al haber sufrido una derrota, Botvínnik perdió al día siguiente contra el canadiense Janowski. Euwe iba ahora en cabeza. Decidíalo todo, la última vuelta.

¿Quién conquistaría el primer puesto en aquel torneo internacional, primero de postguerra? Es claro que el primer premio le hacía más falta que nunca a Botvínnik. Si él salía vencedor, el título de campeón del mundo se disputaría en un certamen especial, en el que tenía inmensas probabilidades de ganar. Si vencía Euwe, entonces el gran maestro holandés obtendría la posibilidad de ser campeón del mundo como resultado de una simple votación en un congreso de la Federación Internacional del ajedrez. Decían los ajedrecistas holandeses al calcular las probabilidades de su favorito:

> Euwe tiene medio punto menos que Botvínnik, pero le toca jugar contra Kotov, que actúa en el torneo con poca fortuna y es, en general, un jugador desconocido. Mientras que Botvínnik se enfrenta en la última partida con Najdorf, que va en el grupo de cabeza.

El lector comprenderá fácilmente mi estado de ánimo en la última vuelta. Con haber ganado a Botvínnik, yo había reducido en grado considerable, de conquistar el título de campeón del mundo. Ahora en mi mano estaba no dejar al holandés que ocupase el primer puesto en el torneo.

¿Cómo jugar aquella importante partida? He aquí la cuestión que era preciso resolver al prepararme para el último encuentro del torneo. ¿Jugar decididamente a ganar, acometer a toda costa, o limitarme a maniobrar con cautela, a la expectativa? Por el lugar que ocupaba en el torneo yo me contentaba con el empate, ya que entonces Botvínnik, aún en el caso de perder, tendría asegurado el reparto del primer y segundo premios. Sin embargo, yo era un ajedrecista lo suficientemente experto y sabía que jugar con la intención de hacer tablas es el camino más seguro para perder, pues el ajedrez no soporta la pasividad y la indecisión y la más de las veces, castiga por ello. Pero también era arriesgado complicar el juego.

Me ayudó a resolver esa compleja cuestión un consejo amistoso del gran maestro Flohr, quien me dijo:

> Según tengo entendido, Euwe es un ajedrecista muy fino y astuto. Tomará en consideración que tú no te vas a proponer ganar y elaborará en consecuencia la táctica a emplear en esta partida, importante para él. Yo creo que optará por una apertura calmosa y procurará irte ganando poco a poco, confiando en que tú vas a estarte quieto y no vas a arriesgar. De donde, tu misión es clara –dedujo el experto luchador de torneos– no debes precipitarte en la apertura, ni tampoco mantenerte a la expectativa. En el momento preciso no temas hacer jugadas arriesgadas, no te intimide debilitar tu propia posición. Si es menester atacar, ¡ataca!

El principio de la partida transcurrió como habíamos supuesto. Euwe eligió la tranquila variante del gambito de la reina. Yo tampoco quise arriesgar, hice el cambio de los peones centrales, con lo que la posición en el centro quedó definida. Creyose que no se tardaría en registrar el empate, mas cuán lejos de ello estábamos. Euwe inició de pronto una maniobra con un caballo, que, a primera vista, parecía inofensiva. Sólo al cabo de media hora de cavilaciones penetré lo sutil del propósito del gran maestro holandés. Basábase su plan en que yo no emprendería movimientos activos, que permanecería a la expectativa. En tal caso, las figuras negras se apoderarían del centro del tablero y la mías no tendrían espacio suficiente para maniobrar. ¡La espera conducía a un mate seguro!

¿Qué hacer? Para prevenir las intenciones de mi rival yo tenía que debilitar mi propia posición. Medité largo tiempo en la pauta a seguir y me determiné por una continuación compleja, aunque fuese arriesgada.

Al despejarse el tablero, mi peón del centro quedó aislado y, por consiguiente, débil. En cambio, todas las piezas mayores ocuparon posiciones activas. Avanzaron paulatinamente hacia el flanco rey negro, originándole amenazas desagradables. Euwe cometió un error en una posición precaria y perdió una figura. Su situación era ya desesperada. Varios lances después, las blancas sacrificaron la pieza que tenía de ventaja y encauzaron la partida hacia un final de peones fácil de ganar. Euwe paró el reloj y me tendió la mano. Yo firmé con alivio la planilla de aquella partida, la más difícil de mi vida, donde el excampeón del mundo había escrito en holandés: "Me rindo".

Más tarde recibimos en el hotel una llamada telefónica del local del torneo, y nos comunicaron que Botvínnik había perdido contra Najdorf. De manera que mi victoria sobre Euwe había permitido al campeón soviético conservar la distancia de medio punto y le había asegurado el primer puesto.[249]

Las personalidades opuestas de Najdorf y Botvínnik

■ Refiere Najdorf que, en las hermosas mañanas holandesas de Groninga, los maestros participantes de ese certamen solían hallarse reunidos en amable tertulia. La conversación de hacía cordial y alegre, hasta el punto de que el mismo Botvínnik, el más reservado y retraído de todos, se arriesgaba a participar de la cháchara. De pronto, una voz femenina interrumpía esa sesión de hombres:

¡Mikhail!

Es que eran las 11 de la mañana, y la esposa de Botvínnik, antigua bailarina, le recordaba que a esa hora debía realizar, en su compañía, el saludable paseo matinal. Botvínnik, sin decir palabra, abandonaba la tertulia, y seguía a su esposa y entrenadora, que de soltera fue bailarina.

No basta saber jugar al ajedrez, hacerlo bien, y tener experiencia. ¿El motivo? Una distracción cualquiera echa a rodar una partida. Botvínnik es tan celoso de las traiciones que se manifiestan en el preciso engranaje de la mente, que cuando interviene en un torneo no habla con nadie, y se cuida al punto de velar hasta por los detalles mínimos, como son los de seguir el mismo camino –de su casa al hotel o el salón de juego– para no turbar sus elucubraciones, ni interferir con imágenes sus disposiciones combativas. Está descontado que él no hace otra cosa.[250]

■ Botvínnik, el campeón mundial, es un hombre silencioso, serio, que se pasea lentamente y tiene una mirada profunda. Vive sus partidas y todo lo que le rodea parece no interesarle.[251]

---

[249] *Apuntes de un ajedrecista*, Alexander Kotov, ediciones en lenguas extranjeras, Moscú 1959.
[250] Carlos Guimard, *Mundo Deportivo*, diciembre de 1952. *Clarín*, 1º de mayo de 1948. Roque de Reina, *Mundo Deportivo*, 28 de marzo de 1948.
[251] Rodolfo A. Redolfi, *Los Principios*, Córdoba, 11 de octubre de 1958.

"Yo seré campeón mundial" (Najdorf). HYBRIS, TRAPALANDA, ÉPICO

▌ Najdorf muestra su optimismo ilimitado:

> Creo que las condiciones que un hombre debe reunir para aspirar al Campeonato Mundial pueden enunciarse así: confianza en sí mismo, capacidad técnica, voluntad de vencer, antecedentes, salud física a toda prueba... y talento. Me propongo analizar aquí la situación del firmante, Miguel Najdorf, aspirante al título mundial, y acerca de quien yo afirmo categóricamente que debe llegar y llegará a suceder a Lasker, Capablanca y Alekhine en su codiciada posesión, a la luz de las condiciones arriba expresadas.
>
> El 25 de julio de 1946, al embarcarme en Buenos Aires con destino a Europa para intervenir en los torneos internacionales de Groninga y Praga, después de una serie de triunfos en la Argentina, deseaba ardientemente confirmar si esos se debían a mi buena forma o a una calidad inferior del ajedrez local. Deseaba, además, resolver personalmente el enigma de los jugadores rusos, teóricos geniales y formidables practicantes del juego ciencia.
>
> Estuve siete meses en Europa; participé de cinco torneos internacionales (Groninga, Praga, Barcelona, Río y San Pablo), y ofrecí exhibiciones en otros seis países (Francia, Yugoslavia, Portugal, Inglaterra, Bélgica y Suiza). Al enfrentarme con los primeros maestros del mundo, penetré en la vida íntima de ellos, y pude interiorizarme del progreso ajedrecístico de postguerra, y me sorprendió que, a pesar del desastre, el ajedrez europeo hubiese progresado tanto. Todos los jugadores poseen una habilidad extraordinaria, y los he visto jugar partidas de hasta 23 jugadas en 5 minutos, plenas de innovaciones en las aperturas y finales.
>
> ¿No era todo eso la confirmación de mis temores? Se acercaba la prueba de fuego, el gran torneo de Groninga. Resolví jugar con gran prudencia; el respeto y el temor que me infundían esos maestros hizo que yo, un jugador de iniciativa, ¡empatara nada menos que 10 partidas y ganara una sola, en la primera mitad del torneo! Un amigo me escribió entonces, cambiándome el apodo de *El expreso de Varsovia*, por el de *tren de carga*.
>
> En la segunda parte del torneo reapareció en toda su fuerza la confianza en mí mismo. Los jugadores que me tocaban ahora eran más fuertes, pero obtuve mejor score general; el mejor score del torneo contra los participantes premiados, y el mejor score contra los jugadores rusos, 3½ de 5 puntos posibles, sin ninguna derrota, venciendo a Botvínnik y Boleslavsky.
>
> Mi falta de respeto, mi confianza, aparecen cabalmente en mi partida con Smyslov. Éste me ofreció el empate cuando yo debía hacer 12 jugadas en medio minuto. Rehusé. Las 4.000 personas que formaban el público exclamaron:
>
> *¡Najdorf está loco!*
>
> Pero yo me sentía confiado frente a mi gran adversario. En la jugada 38ª disponía de dos continuaciones ganadoras; no acerté con ninguna de ellas, y a pesar de la ventaja de mi peón, debí aceptar, finalmente, el empate.[252]

▌ Continuó Najdorf con su pormenorizado relato de lo sucedido en el torneo de Groninga:

> En cuanto a la capacidad técnica, he analizado fríamente mis propias condiciones y las de mis adversarios, y he llegado a la conclusión de que, si me invitan al torneo próximo por el Campeonato Mundial, ganaré, seguramente. Varias desventajas me colocan en un plano inferior a mis adversarios. Ellos serán Fine, Keres, Reshevsky, Euwe, Smyslov y Boleslavsky, este último en lugar del gran maestro Botvínnik, después de su sensacional retirada de último momento. Todos éstos

---

[252] No es exacto que en la jugada 38ª Najdorf dispusiera de dos jugadas ganadoras. Su ventaja era muy pequeña. Además, nadie gritaría "Najdorf está loco" (¡y menos 4.000 personas a la vez!) por rechazar tablas, cuando es él quien tiene una pequeña ventaja en un final muy simplificado. Estos relatos ficcionales aparecen a menudo en los textos de Najdorf.

son profesionales del ajedrez, menos Reshevsky. Juegan y viven bajo los auspicios de los estados ruso y holandés; cada uno de ellos dedica cuatro horas diarias al estudio de novedades teóricas que aplicarán en las partidas por el Campeonato Mundial.

Pero debo recordar aquí que, en plena disputa del Torneo de Groninga, me sobrepuse a condiciones aún más adversas. He tenido un poco de suerte también. Semanas antes de la guerra logré escapar a la Argentina, y encontré aquí nuevos estímulos y amigos. Perdí en la guerra todos mis familiares, padres, esposa, hijos, hermanos... Pero el dolor fortalece al hombre, e inspira al artista.

Concedo que mis futuros adversarios me llevan ventaja en la apertura. Pero yo juego mis propias líneas y tengo mis propias aperturas. Estoy estudiando, y habrá sorpresas en este punto. Tengo novedades que reservo para el momento oportuno. En cuanto al medio juego, creo que no me supera ningún jugador del mundo. He sufrido una evolución natural y beneficiosa. En mi juventud me gustaban las maravillosas y geniales combinaciones. Le gané a Glucksberg una partida que se conoce como *la inmortal polaca*. En el primer torneo en que participé, en 1928, entré 6º, pero gané los tres premios de brillantez. Me gustaba ganar sacrificando, y no vencía sino por mate. Pero después comprendí la belleza del juego de Capablanca: un juego sencillo, más difícil y hermoso que el aparatoso sacrificio.

En cuanto a los finales, éstos son uno de los puntales de mi fuerza. Baste decir que en Praga y Barcelona casi todas las partidas se definieron en esta importantísima fase. Pero mi fuerza, mi verdadera fuerza, es la iniciativa. Frente a mí, muchas veces basta que mi adversario no haga la mejor jugada estratégica, para que caiga en una posición inferior. Creo que en ajedrez lo más difícil es ganar una partida ganada. Mi fuerte es la precisión en el castigo, y a veces he alcanzado aquella célebre exactitud de máquina del gran Capablanca.

La voluntad de vencer y la tenacidad son esenciales en un campeón del mundo. Yo me siento muy bien en las posiciones inferiores, y juego con calma. A este respecto, vale la pena recordar mi partida con Flohr, en Groninga. Es una muestra de mi capacidad defensiva. Entré en una apertura defectuosa, y quedé en un semi–final completamente inferior. Estaba casi perdido en el centro, en el flanco de rey y en el flanco de dama. Al suspenderse la partida, después de cinco horas de juego, los diarios holandeses publicaron la información de que, probablemente, yo perdería. Mi amigo Guimard me ofreció aquella noche analizar juntos la posición suspendida. Rechacé la sugestión: *no quería hacerme mala sangre*. Acudí a proseguir la partida sin el menor análisis previo. Sin embargo, a lo largo de otras cinco horas de juego, no me equivoqué una sola vez; hice 30 jugadas únicas, hasta que Flohr, ya algo inferior, propuso el empate.[253]

En Praga, frente a Foltys, perdí un peón en la 15ª jugada. La posición parecía perdida. Jugamos 15 horas... ¡122 jugadas! Foltys, muerto de cansancio, acabó proponiéndome el empate. Veamos ahora algunos antecedentes. Todos los jugadores que han sido invitados al campeonato mundial tienen un score parejo o inferior frente a mí. El detalle es éste: Keres: 1:1; Botvínnik: 1:0; Boleslavsky: 1:0; Fine: ½:½; Euwe ½:½; Smyslov: ½:½. No he jugado con Reshevsky, y Flohr es el único maestro que tiene un score favorable conmigo: me ganó una partida y empatamos otra.

En cuanto a los maestros de la guardia vieja, mi score es éste: Capablanca: ½:½; Alekhine: ½:½; Rubinstein: 1½:½. Se dice por ahí que, como aspirante al campeonato mundial yo pierdo muchas partidas. He jugado 16 torneos en Argentina, de los cuáles ganó 14, y en ocho años he perdido solamente 11 partidas. En los cinco torneos que disputé recientemente en Europa, con los grandes maestros perdí sólo tres, y ninguna de éstas con un maestro de primera fuerza. Mis vencedores fueron Lundin, Kottnauer y Gligoric.

Hay, por fin, un aspecto que debe ser considerado: el de la intuición ajedrecística, las condiciones naturales, lo que se agrupa bajo el rubro talento. Recuerdo que fue Tartakower quien me dio el espaldarazo, hace años. Refiriéndose a la nueva generación, dijo mi viejo maestro:

---

[253] Flohr tenía sólo una leve ventaja, y la continuación de la suspendida constó de 12 jugadas, y no 30.

Todos juegan bien, pero entre ustedes el talento más grande que he conocido. Ése es Najdorf.

En el libro que el doctor Euwe acaba de publicar sobre el Torneo de Groninga, el campeón holandés recuerda, además, otra categórica opinión de Tartakower.

Najdorf es el más genial de todos los jugadores del mundo.

Si el campeón mundial ha de ser un hombre completo, capaz de dominar todos los estilos, yo puedo ser campeón mundial. Acaso sea excesivo decirlo, pero la práctica del ajedrez no me ofrece dificultades. No me causa desgaste, pues mi fuerza no siempre es el cálculo, sino la intuición. Al día siguiente de un compromiso severo, puedo retornar a mi actividad profesional. Porque yo no vivo actualmente del ajedrez. Siempre trabajé, y por eso he jugado menos que otros maestros. Mi intuición lo suple todo. A veces combino sin darme cuenta, y las cosas salen bien. Eso no es suerte: tengo fe en mi intuición. En la partida con Kotov, en Groninga, en una posición complicada, comencé a contestar rápidamente las jugadas de mi adversario, y caminaba por la sala. Kotov movía la cabeza, descontento. La partida fue tablas. Mi adversario me preguntó luego por qué no había respondido yo con la *jugada lógica*, en ciertos momentos, y le contesté:

Porque no me *gustaba*.

Él me mostró entonces varias combinaciones larguísimas, en que yo perdía con las jugadas *lógicas*. Con frecuencia me ocurre esto. Debo luchar conmigo mismo para no ceder a mi intuición, y confiar en el razonamiento. Cuando mi adversario contesta, tengo inmediatamente la respuesta, pero prefiero sujetarme al reloj. Dispongo de tiempo para meditar, y medito. ¡Y casi siempre acabo haciendo la jugada que se me ocurrió primero!

A esa intuición se suma la memoria, mi gran amiga. No conozco mucha teoría, pero la memoria me ayuda. No me olvido de una posición, una vez vista. Con Botvínnik, en Groninga, gané por eso. Al llegar a determinada posición, me acordé de pronto que Botvínnik le había ganado a Keres, en aquella oportunidad, por otra no conocida. Botvínnik meditó 27 minutos. Estaba claro que mi golpe lo tomó de sorpresa. Me sentí muy contento: a partir de ese momento los dos improvisaríamos.

Yo no llevo juego de ajedrez en mis valijas. En el avión, en el tren, leo los libros de ajedrez como si fueran novelas policiales. *Veo* las posiciones. Por esta condición he logrado el Campeonato Mundial (Sic) de partidas sin ver el tablero, con 40 partidas simultáneas primero, y luego, recientemente, con 45. Alcancé el Campeonato Mundial (Sic) de simultáneas con 222 tableros, en Bahía Blanca. Mi experiencia en Europa parece indicar que puedo competir con ventaja frente a los mejores jugadores del mundo, en juego rápido. Este conjunto de antecedentes es, probablemente, excepcional, cuando se recuerda a excampeones mundiales.

Me falta, pues, el Campeonato Mundial, lo que en mi caso podría denominarse *el campeonato* de todos los pesos. Tengo 36 años, y me siento en el mejor momento de mi vida. Antes de jugar en San Pablo 45 partidas a ciegas durante 23 horas consecutivas, me examinaron cuatro médicos: mi salud es perfecta. En lo moral, se van cerrando las viejas heridas. Vivo en la República Argentina, tierra generosa y libre; pronto obtendré mi carta de ciudadanía, y el aliento de mis queridos amigos me impulsa hacia delante. En este momento me siento capaz de vencer a cualquiera. Creo que ganaré el Campeonato Mundial de ajedrez, y sin grandes dificultades. Para la Argentina, mi nueva patria, y para mis buenos amigos que me alientan en América Latina.[254]

---

[254] *Yo seré Campeón Mundial*, por Miguel Najdorf, *Mundo Argentino*, 26 de febrero de 1947. La revista contrató a Najdorf por seis artículos. Éste fue el primero, y se anunciaron los títulos de los otros cinco: *Los niños prodigio en el ajedrez, La verdad sobre Pomar, El Campeonato del Mundo, El ajedrez argentino y Mi récord mundial de partidas a ciegas*. Se advierte la **HYBRIS** monumental de Najdorf.

Críticas a Najdorf

A fines de abril, en la *Revista Metropolitana*, desde la columna *Jaque Descubierto* se critica severamente a Najdorf por su nota de la revista *Qué sucedió en 7 días* del 8 de abril, donde habla en forma despectiva de Botvínnik, y por su artículo *Yo seré Campeón Mundial (Sic)*, publicado en *Mundo Argentino* el 26 de febrero.[255]

Rossetto sobre Kotov, Botvínnik y Najdorf

El Gran Maestro Héctor Decio Rossetto relató a este autor una versión de dichos de Kotov acerca del Torneo de Groninga 1946:

> Cuando en 1957 vinieron los rusos a Mar del Plata, era frecuente que nos encontráramos en algún bar a conversar de todo un poco. Ellos venían de un sistema de mucho control, y aquí se sentían más sueltos y se desinhibían. A Kotov, especialmente, le gustaba beber, y eso le "estimulaba el pico". Entre risa y risa, recuerdo y recuerdo, surgió el tema del Torneo de Groninga de 1946, cuando Najdorf apostaba a quien quisiera, 200 o 500 dólares, a que le ganaba a Botvínnik en la última ronda. Kotov no paraba de reírse. Cuando le preguntamos qué era lo que le hacía gracia, contó Kotov que la "especie" de las apuestas llegó a oídos de Botvínnik, que se puso rojo de furia, y llamó a los asistentes de la delegación, explicándoles lo que sucedía:
>
> Se fueron a otra habitación, y se oía que comenzaron a discutir entre ellos en forma vehemente. Insultaban, a los gritos de "cerdo capitalista", "ofende al Partido y a nuestra Nación", y otros peores. Cuando vieron que me acercaba, Botvínnik, que no se llevaba muy bien conmigo, dio por terminada la reunión, y dijo algo así como "Esto ha sido una afrenta para nuestro sistema. Ahora ustedes deben impedir que Najdorf juegue el torneo (por el Campeonato Mundial).

Como veremos, los acontecimientos subsiguientes dan razón a este relato.[256]

---

[255] *Revista de la Asociación Metropolitana de Ajedrez* nº 25/26, marzo-abril, pág. 236/7. La revista anuncia que las suscripciones anuales (6 números) cuestan $ 3, y el ejemplar suelto 0,60.

[256] Testimonio de Héctor Rossetto al autor, 15 de enero de 2006. Decía Amílcar Celaya en *Noticias Gráficas* el 29 de octubre de 1945: "El ingeniero Kotov fue el único gran maestro ajedrecista condecorado con la Orden de Lenin, distinción que le fue otorgada en 1944 en mérito a sus inventos de guerra, que ayudaron a su país a ganarla".

Najdorf: "Yo seré Campeón Mundial" (Sic). *Mundo Argentino*, 26 de febrero de 1947

El asceta Botvínnik

Hay jugadores que permanecen pegados al mostrador de algún que otro local hasta las 4 de la madrugada, se pasan la mañana durmiendo, y por la tarde se dedican al juego. Existen, en cambio, verdaderos ascetas del ajedrez. Uno de ellos fue durante varios años el campeón mundial, Mijail Botvínnik. En 1960 estuve en su *dacha*, junto a Moscú, invitado a almorzar. En la mesa, preguntó si quería tomar un vaso de vino, pero se disculpó inmediatamente por lo inapropiado de la pregunta, ya que aquella tarde yo debía jugar una partida. A pesar de eso, bebí un vaso, y le pregunté, asombrado:

Y usted, Mijaíl Moiseievich, ¿por qué no bebe? Usted no juega este torneo.

Botvínnik dijo que no, que no podía beber vino, porque se estaba preparando para el desquite contra Tal. Era en junio o julio. El *match* con Tal no se celebraría hasta marzo del año siguiente. Le dije entonces a Botvínnik:

Si hay que vivir así para ser campeón mundial, me alegro de no serlo.

Se echó a reír, me sirvió otro vaso de vino, y por su parte bebió agua mineral marca Borzom.[257]

Torneo Memorial Staunton – Groninga 1946

	Participantes	1	2	3	4	5	6	7	8	9	0	1	2	3	4	5	6	7	8	9	0	Pts.	S.B.
1	Botvínnik, Mikhail	*	½	1	0	1	½	1	1	1	0	1	½	1	0	1	1	1	1	1	1	14.5/19	
2	Euwe, Max	½	*	0	½	1	½	1	½	½	0	½	1	1	1	1	1	1	1	1	1	14.0/19	

---

[257] *Ajedrez y Comunismo*, Ludek Pachman, Martínez Roca, Madrid 1975, pág. 89.

		1	2	3	4	5	6	7	8	9	10	11	12	13	14	15	16	17	18	19	20		
3	Smyslov, Vassily	0	1	*	½	½	½	1	½	½	½	½	½	1	½	½	½	1	1	1	1	12.5/19	
4	Najdorf, Miguel	1	½	½	*	1	½	1	0	½	½	½	½	0	1	½	½	½	1	½	1	11.5/19	107.75
5	Szabó, Laszlo	0	0	½	0	*	½	1	0	1	1	½	0	1	1	½	1	½	1	1	1	11.5/19	95.25
6	Flohr, Salo	½	½	½	½	½	*	½	½	½	0	½	½	½	1	½	1	½	½	1	1	11.0/19	97.75
7	Boleslavsky, Isaak	0	0	0	0	0	½	*	1	1	1	1	½	½	½	½	½	1	1	1	1	11.0/19	90.50
8	Lundin, Erik	0	½	½	1	1	½	0	*	½	½	1	0	0	1	0	½	½	1	1	1	10.5/19	93.00
9	Stoltz, Goesta	0	½	½	½	0	½	0	½	*	½	½	1	1	½	1	1	0	½	1	1	10.5/19	89.50
10	Kotov, Alexander	1	1	½	½	0	1	0	½	½	*	½	1	0	½	0	1	½	0	1	0	9.5/19	96.25
11	Tartakower, Savielly	0	½	½	½	½	½	0	0	½	½	*	½	1	½	½	1	1	½	½	½	9.5/19	83.50
12	Denker, Arnold S.	½	0	½	½	1	½	0	1	0	0	½	*	0	½	1	½	½	1	1	½	9.5/19	83.50
13	Kottnauer, Cenek	0	0	0	1	0	½	½	1	0	1	0	1	*	1	1	0	½	½	0	1	9.0/19	
14	Yanofsky, Daniel A.	1	0	½	0	0	0	½	0	½	½	½	½	0	*	½	1	1	1	½	½	8.5/19	
15	Bernstein, Ossip	0	0	½	½	½	½	½	1	0	1	½	0	0	½	*	½	½	½	0	0	7.0/19	67.50
16	Guimard, Carlos E.	0	0	½	½	0	0	½	½	0	0	0	½	1	0	½	*	1	½	½	1	7.0/19	57.25
17	Vidmar, Milan	0	0	0	½	½	½	½	½	1	½	0	½	½	0	½	0	*	½	½	0	6.5/19	
18	Steiner, Herman	0	0	0	0	0	½	0	0	½	1	½	0	½	0	½	½	½	*	1	½	6.0/19	
19	O'Kelly de Galway, A.	0	0	0	½	0	0	0	0	0	0	½	0	1	½	1	½	½	0	*	1	5.5/19	
20	Christoffel, Martin	0	0	0	0	0	0	0	0	0	1	½	½	0	½	1	0	1	½	0	*	5.0/19	

Capítulo 15

EL *MATCH* RADIAL ESPAÑA – ARGENTINA

Surge la idea del *match* radial España – Argentina

Reunido un buen día –el 17 de julio de 1946– el Consejo Editorial de la revista *Ajedrez Español*, el presidente de este, don Ignacio Pérez Soriano tuvo la feliz ocurrencia de proponer la celebración de un *match* de ajedrez por radio con Argentina, entre los primeros equipos que ambos países seleccionaran. La novedad de los encuentros de ajedrez a través de la radio es algo que se ha puesto de moda. Y para ello no son escasas las razones. Sin necesidad de los cuantiosos gastos de viaje, sin tener que salvar las dificultades de los transportes, tan acentuadas en la posguerra, es posible a países no limítrofes pulsar sus fuerzas en torneos de igual valor que los realizados en condiciones normales.

La presencia física de los participantes no se hace absolutamente necesaria, y puesto que estos actos reúnen las garantías debidas de arbitraje y control, los resultados de tales encuentros acusarán verazmente la valía de ambos equipos. Razones como estas fueron bien consideradas por el Consejo para aceptar con gran regocijo esta propuesta del Sr. Pérez Soriano. Aprobada, pues, en principio, la idea, no quedaba sino poner manos a la obra. La primera gestión se orientó cerca de la FEDA, cuyo organismo rector del ajedrez en España había de prestar su conformidad, como asimismo la Delegación Nacional de Deportes, a la cual está vinculado subordinadamente. Sin pérdida de tiempo, quedó establecido el oportuno contacto con la FEDA, quien acogió con todo calor la idea, patrocinando su puesta en práctica y confiando a Ajedrez Español la tarea de llevar a cabo las gestiones oportunas para que estas sugestiones revistiesen el máximo sentido práctico.

Propuesta española aceptada

El 20 de julio fue propuesto el *match* al señor presidente de la FADA, doctor Carlos Querencio. La propuesta de España era, concretamente, celebrar por radiotelefonía un encuentro entre los veinte primeros tableros de ambos países, el día 12 de octubre de 1946. El 1º de agosto fue cursado un cable confirmando la proposición, al cual respondió Argentina con el siguiente, de fecha 2 de agosto:

Aceptamos complacidos match propuesto. Va carta. Saludos. FADA.

Según rezaba la carta argentina, el solo anuncio de este encuentro radiotelefónico despertó una extraordinaria expectativa en el ambiente ajedrecístico, y en general en el seno de la numerosa colectividad hispánica. No fue menor la sensación producida en España. De todas partes llegaron a *Ajedrez Español* peticiones de datos, consultas y sugerencias sobre tan sensacional anuncio. En los círculos, casinos, peñas, clubs y federaciones hervía el entusiasmo ante una prueba de tanta trascendencia para el porvenir del ajedrez español.

Se trataba de pulsar la valía de los ajedrecistas españoles lanzándoles a la lucha con uno de los más fuertes conjuntos del mundo. El ajedrez español se hallaba postergado, relegado a una situación oscura, y absolutamente desconocida. Si España obtenía un resultado, no ya de victoria, sino simplemente honorable, era tanto como dar un aldabonazo en la puerta del ajedrez mundial, un aldabonazo tanto más enérgico cuanto más numerosos fueran los puntos sumados por el conjunto hispano. Esto es lo que todos los ajedrecistas españoles pensaron al conocer el proyecto. Así se comprenderá la sensación y la emoción despertada por la noticia. Entretanto, *Ajedrez Español* continuaba sus consultas y gestiones, no libres, por cierto, de obstáculos.

Y la primera dificultad corría a cargo del inevitable presupuesto. Los cálculos de gastos a base de una transmisión radiotelefónica ascendían a la bonita cifra de 138.000 pesetas. Casi, casi, con un capital así podía intentarse el viaje de ida y vuelta a Buenos Aires. Este cálculo de gastos fue presentado a la Junta de Relaciones Culturales del Ministerio de Asuntos Exteriores, en unión de una solicitud interesando la ayuda económica de dicho organismo. *El Marqués de Auñón* acogió la idea con cariño, prometiendo, si no cubrir la suma interesada, al menos contribuir en una parte de los gastos para sufragar el encuentro. De las conversaciones mantenidas con Radio Nacional, *Ajedrez Español* obtuvo la impresión de que la transmisión del encuentro desde Madrid y la recepción de la emisión de Buenos Aires era cosa factible en principio. Ofreció Radio Nacional su concurso, aunque por razón de la fecha, aún lejana, de la señalada para el acto, no llegó a considerarse necesario concretar nada en firme.[258]

Gran interés de Perón y España con hambre

El 28 de agosto el Comité Argentino (encargado del *match* España – Argentina) notifica que el director de radiodifusión manifestó que carecían de equipos con la suficiente potencia para la transmisión, y que, por otra parte, la recepción sería en extremo dificultosa. En dicha carta, Argentina propuso encaminar las gestiones cerca de la Compañía Telefónica, realizando de ese modo la transmisión y recepción de mensajes como si se tratase de simples conferencias telefónicas, aunque, naturalmente, la vía de emisión fuese la radio. Visto el nuevo aspecto que el asunto ofrecía, *Ajedrez Español* celebró diversas entrevistas con la Compañía Telefónica, obteniendo a través de estas la impresión de que el medio resultaba impracticable, dado el elevadísimo precio que arrojaban las tarifas en vigor aplicadas a un acto del que no se sabía con exactitud sino la hora de comienzo, ya que, careciendo de experiencia, se ignoraba la duración de este.[259]

Enterado el General Perón de las gestiones del encuentro, se mostró vivamente interesado. Estaba por firmarse el protocolo, y nada mejor que un encuentro ajedrecístico a distancia, que tendría una buena repercusión mediática. En los años posteriores a la caída de Hitler y Mussolini, el gobierno de Franco estuvo jaqueado por el boicot de los países aliados, desde la Unión Soviética hasta los Estados Unidos. Todos pensaban que los días del "Caudillo de España por la Gracia de Dios" y su régimen fascista estaban contados.

Cientos de miles de españoles estaban presos por razones políticas y religiosas, otros tantos habían sido ejecutados luego de la Guerra Civil, y muchos (en especial los intelectuales y científicos) estaban en el exilio. La economía franquista, que había repuesto un sistema feudal luego de eliminar las reformas de la República, estaba en bancarrota. Pero no para todos: los grandes terratenientes y algunos industriales habían multiplicado tres o cuatro veces sus fortunas y sus rentas. La hambruna era una horrorosa realidad para la gran mayoría. El pan, su principal y casi único alimento, era distribuido por el gobierno. Para el 90% de la población esa ración no superaba los 150 gramos por día.

El trigo que producía España en esos años iba, sin embargo, al mercado negro (con precios que sólo podían pagar los muy ricos) y en contrabando a otros países europeos. Franco sólo se salvó porque el gobierno argentino del general Perón se constituyó durante más de tres años en su único sostén económico para la provisión de alimentos. Y en el único apoyo político ante las Naciones Unidas y en las reuniones internacionales, sobre la base del principio de no intervención en los asuntos internos de los países.

---

[258] *Argentina – España,* Julio Ganzo, Editorial Ajedrez Español, Madrid 1946, pág. 5/7.
[259] *Argentina – España*, Julio Ganzo, op. cit., pág. 8.

El profesor Rein aporta datos y documentación abundantes que demuestran que esa intervención existió, pero que fue en favor de Franco. La ayuda argentina fue mucho más decisiva para la continuidad de la dictadura franquista de la que se tenía conocimiento antes de la investigación aportada por el libro del profesor israelí. Apenas electo presidente, el general Perón suscribió un tratado político comercial con Franco, por el cual la Argentina enviaría trigo, carne y otros cereales a España en cantidades prácticamente ilimitadas y a crédito de largo plazo.[260]

Apoyos oficiales para cubrir los grandes costos

■ El 23 de setiembre, un poco apurados ya por el avance de las fechas, *Ajedrez Español* se dirige de nuevo a la FADA, aceptando en último extremo la solución de efectuar el encuentro por intermedio de los servicios telefónicos, pese a que tal solución significase un verdadero compromiso económico. Es por esta fecha cuando los organizadores españoles tienen noticia de la asignación concedida por la Junta de Relaciones Culturales. El ministro aprobó una subvención de 15.000 pesetas. Naturalmente, esta cantidad es insuficiente para asegurar económicamente le acto. Ante esta circunstancia, *Ajedrez Español* se moviliza con verdadero afán; el consejero don Alberto Reig inicia gestiones cerca de la Subsecretaría de Educación Popular; el Sr. Pérez Soriano aborda al Consejo de la Hispanidad; el consejero Don Vicente Lastanao visita al subsecretario de Educación Popular.

Todas estas gestiones resultan prometedoras, y vuelve a renacer el optimismo y la confianza en el seno del Consejo. En una de las cartas dirigidas a Argentina sugirió *Ajedrez Español* la posibilidad de que la Compañía radiotelegráfica Vía Radar fuese encargada de la transmisión. Esta sugerencia es la que en último extremo tomó cuerpo, pues Argentina, en carta del 21 de setiembre decide utilizar los servicios de esta Compañía. Dada la fecha avanzada de esta decisión, el resto de las gestiones se desarrollan precisamente a través del servicio de Vía Radar, cruzándose extensos telegramas de servicio que producen un resultado de gran eficacia, pues rápidamente se llega a un acuerdo total.[261]

■ Tiene apoyo oficial el *match* radiotelefónico. Las gestiones que realizaron las autoridades de la FADA tendiente a llevar a efecto el *match* entre las representaciones de España y Argentina se cumplieron con singular éxito, y su realización constituye un hecho el día 12 de octubre próximo, y será parte de los actos preparados para el Día de la Raza. En efecto, en una audiencia especial concedida por el *presidente de la Nación General Juan Domingo Perón (Sic)*, los miembros de la

La FADA en pleno visita a Perón, quien autoriza el *match* con España. *La Razón*. 22 de setiembre de 1946

---

[260] La perpetuación de la dictadura de Francisco Franco luego de la derrota del nazi fascismo en 1945, se debió, principalmente, a la extraordinaria ayuda económica y apoyo político del gobierno del general Juan Domingo Perón, entre 1946 y 1949. Esa es la tesis del investigador y catedrático en Historia de España de la Universidad de Tel Aviv, profesor Raanan Rein, en su libro "*Entre el Abismo y la Salvación: el Pacto Perón-Franco*" Ediciones Lumiere, Buenos Aires, 2004. *Franco y Perón: una nueva mirada*, Osvaldo Álvarez Guerrero, Editorial Río Negro 2004.

[261] *Argentina – España*, Julio Ganzo, op. cit., pág. 9/10.

FADA, doctor Carlos Querencio –presidente–, doctor Jorge Sanguineti –vice–presidente 1°–, y los señores Jesús Palacios y Osvaldo Canevari –secretarios–, sugirieron la necesidad del apoyo oficial. En el mismo acto se le hizo saber que los españoles contaban con la anuencia del Gobierno Español, y estaba asegurada la presencia del *Jefe de Gobierno, General Francisco Franco* (Sic) que haría la primera movida en la mesa del campeón español, Arturito Pomar, asistiendo en los dos actos los embajadores respectivos. El general Perón les aseguró el apoyo oficial y su concurrencia al iniciarse el encuentro, y efectuará, por su parte, la primera movida en el tablero del campeón argentino, señor Pilnik.[262]

Ensayos

El 29 de setiembre se concierta un ensayo a tres tableros para apreciar las posibles dificultades del encuentro radial España – Argentina. A propuesta de Argentina, España accede a que el *match* sea a quince tableros, en lugar de los veinte propuestos. Esta sugerencia está inspirada en razones técnicas y económicas. Argentina pide la aceptación definitiva por España de la celebración del *match* en estas condiciones y en la fecha y hora propuestas, al objeto de cerrar en firme todos los compromisos. Es este el momento más grave de cuántos hubo que afrontar el Consejo de Ajedrez Español, ya que, no contando aún con la seguridad de la debida ayuda económica, parece aconsejable –y así es estimado por algún consejero– aplazar hasta el 20 de octubre la fecha del encuentro.

Perón hace la 1ª jugada. A la izquierda, Paulino Alles Monasterio. *El Mundo*, 18 octubre 1946

El presidente apoya el *match* radiotelefónico. *El Mundo*, 22 de setiembre de 1946

---

[262] *La Razón*, 22 de setiembre de 1946. *La Nación*, 21 de setiembre de 1946. *El Mundo*, 18 y 22 de octubre de 1946. Este diario no menciona a Perón, sino que habla sólo "del presidente".

Sin embargo, el compromiso moral contraído ya con los organizadores argentinos es suficiente para que el Consejo decida hacer honor a cuantas gestiones fueran realizadas con Argentina, cerrando en firme el acuerdo de llevar a cabo el acto aún a costa de exponer en ello sus intereses económicos. De acuerdo con lo convenido, en este día a las seis de la tarde (hora española), Vía Radiar establece el correspondiente circuito. Se hace cargo de las pruebas en España el mismo Consejo organizador, designando a un técnico transmisor para cursar por teléfono los mensajes españoles y recibir por igual medio los telegramas argentinos. Las pruebas resultaron altamente provechosas.[263]

Cuatro tableros de prueba

▌Se dispuso que, en el torneo radiotelefónico entre España y Argentina a realizarse el 12 de octubre, cada equipo constará de quince jugadores. Los *matches* serán transmitidos por intermedio de la S. A. Radio Argentina, vía Radiar, en lugar de utilizarse el sistema telefónico español como se había resuelto anteriormente. También se alteraron los planes previos de efectuar el torneo en un solo día, luego de una práctica realizada ayer en cuatro tableros, en la que se comprobó que se necesitan alrededor de diez horas para las 15 partidas. Las pruebas insumieron 3½ horas para 15 jugadas, que los españoles realizaron rápidamente, a fin de ganar tiempo.

Las demoras fueron causadas por la necesidad de efectuar llamadas telefónicas separadas por cada jugada desde la oficina española a la oficina transmisora de la Radio Argentina. Algunas jugadas argentinas, que no podían realizarse en la forma en que se transmitieron, fueron rectificadas más tarde. El certamen comenzará a las 19, horas de España, y cada federación designará un representante en Madrid y en Buenos Aires para convenir detalles y controlar las jugadas.[264]

Ensayo radiotelefónico. *La Nación*, 1º de octubre de 1946

Simulacro de *match* desde el Club Argentino. *El Mundo*, 2 de octubre de 1946

▌Desde el Club Argentino se llevó a efecto ayer por la tarde el ensayo de la transmisión radiotelegráfica de las jugadas de cuatro partidas, que fueron recibidas y contestadas desde Madrid con

---
[263] *Argentina – España*, Julio Ganzo, op. cit., pág. 10/1.
[264] Agencia AP, *La Nación*, 1º de octubre de 1946.

toda facilidad, manteniéndose una comunicación ininterrumpida durante cuatro horas. Al ensayo asistieron las autoridades de la FADA, doctor Carlos Querencio, presidente de la entidad, doctor Jorge Sanguineti, vicepresidente, Osvaldo Canevari, secretario, y el presidente de la Comisión de Torneos, Paulino Alles, conduciendo uno de los tableros el aficionado de la categoría superior Antonio Piro. Después de cambiarse unos despachos relativos al ajuste de ciertos detalles, la experiencia se dio por terminada, interrumpiéndose las partidas en las posiciones alcanzadas.[265]

El equipo argentino, debilitado por el cisma

Designación de 20 titulares. *La Prensa*, 3 de octubre de 1946

Las autoridades de la FADA, organizadora del gran *match*, ha designado a los siguientes ajedrecistas para integrar el equipo argentino: 1. Herman Pilnik, 2. Héctor Rossetto, 3. Julio Bolbochán, 4. Jacobo Bolbochán, 5. Juan Iliesco, 6. César Corte, 7. Pedro Passero, 8. Renato Sanguinetti, 9. Carlos Maderna, 10. Luis Piazzini, 11. Oscar García Vera, 12. Arón Schvartzman, 13. Guillermo Puiggrós, 14. Cayetano Rebizzo, 15. Héctor Beretta, 16. Benito Villegas, 17. Luis Marini, 18. Osvaldo Montiel, 19. Oscar Arcamone y 20. Antonio Piro.[266] Al reducir posteriormente el encuentro a 15 tableros, se modificó la formación, quedando afuera valores importantes

Sin público

La Federación Española adoptará probablemente el mismo criterio de la FADA de separar a los ajedrecistas del público. El señor Vicente Lastanao, secretario de la FEDA, manifestó que el procedimiento argentino llamó la atención en España, y que ahora se considera su adopción. De aceptarse ese temperamento, los jugadores actuarán en un recinto privado, mientras que el público seguirá el desarrollo de las partidas en la gran pizarra que será colocada en la cancha de pelota a paleta del Real Madrid.[267]

Equipos, organización y costos

El equipo propuesto por la FEDA y aprobado por la Delegación Nacional de Deportes para enfrentarse contra la selección argentina los próximos días 12 y 13 de este mes de octubre, está integrado por los siguientes jugadores: Arturito Pomar, campeón de España, Antonio Medina y José Sanz Aguado, ex campeones de España, Rafael Llorens, Miguel Albareda, Amadeo Morera y

---

[265] *El Mundo*, 2 de octubre de 1946.
[266] *La Prensa y La Nación*, 3 de octubre de 1946.
[267] Agencia AP, *La Nación*, 3 de octubre de 1946.

Esteban Pedrol, seleccionados de Cataluña, José Vilardebó, José Alonso, Francisco J. Pérez, Celso Collazo y Alejandro Beltrán, finalistas del campeonato de España, Rafael Gamonal, Alberto Bové, Juan M. Fuentes, S. Martínez Mocete y Manuel de Agustín, seleccionados de Castilla, Antonio Rico, de Asturias, y L. García Junco, de Andalucía. El orden de la selección se determinará oportunamente por la FEDA. Falta un titular que aún no está designado. Hay que lamentar la ausencia del doctor Rey Ardid, el indiscutible maestro español, cuya colaboración hubiese valorizado especialmente el conjunto de nuestro país frente a selección tan fuerte como la de Argentina.

El equipo designado por la FADA lo constituyen los siguientes jugadores: Herman Pilnik, Héctor Rossetto, Julio y Jacobo Bolbochán, Juan Iliesco, César Corte, Pedro Passero, Renato Sanguinetti, Carlos Maderna, Luis Piazzini, Oscar García Vera, Arón Schvartzman, Guillermo Puiggrós, Cayetano Rebizzo y Héctor Beretta. Suplentes: Benito Villegas, Luis Marini, Osvaldo Montiel, Antonio Piro y Oscar Arcamone. Las partidas se jugarán a una velocidad de 40 jugadas en dos horas. El jurado que cada país designe estará facultado para, de común acuerdo, declarar terminados los tableros evidentemente decididos sin necesidad de jugar el final de la partida. El acto comenzará –salvo imprevistos– a las cinco de la tarde del día 12, y tendrá lugar posiblemente en el local del Real Madrid *Football* Club, cuya entidad tanto apoyo presta al ajedrez. La entrada será pública, y un sistema de altavoces describirá la marcha de un encuentro que se celebra entre equipos separados entre sí por millas y millas de océano. Por exigencias técnicas y a propuesta de la FADA, ha sido reducido a 15 el número de tableros.[268]

Equipo español, en el Club Real de Madrid

▮ Un canal radiotelefónico español que se extenderá los 9600 km que separan a Madrid de Buenos Aires será empleado durante 10 o 12 horas los días 12 y 13 del actual, para la realización de uno de los campeonatos de ajedrez por radiotelefonía que se han disputado entre las naciones de habla hispana. En esta ciudad de Madrid, quince de los principales jugadores españoles tomarán asiento frente a las mesas en el frontón Jai–Alai, en el Club Real de Madrid, alrededor de las 17 del Día de la Raza. Del otro lado de las mesas, habrá sillas vacías como aguardando a los jugadores ausentes del otro lado del Atlántico.

En cambio, grandes fotografías de los ajedrecistas argentinos decorarán las paredes, junto a las reproducciones de los tableros donde los espectadores podrán seguir los partidos. Sólo se admitirán en el frontón a los jugadores y funcionarios, pero las tribunas tienen capacidad para una multitud de varios miles de espectadores. Para los aficionados que no puedan asistir se proyecta transmitir cada media hora boletines noticiosos por radiotelefonía. Cada jugada que se efectúe en los tableros españoles será transmitida por la red telefónica paralela a la radiotelefónica directa a Buenos Aires. Aficionados elegidos por la FEDA permanecerán al lado de cada uno de los tableros en Madrid, para realizar en ellos los movimientos ordenados desde Buenos Aires.

El señor Lastanao declaró que la idea de realizar este encuentro surgió de una reunión en la redacción de la revista *El Ajedrez Español*, señalándole a la FADA el 28 de julio el interés que podía despertar un concurso de tal naturaleza. De acuerdo con las manifestaciones del Señor Lastanao, parecía que la Argentina no contaba con un transmisor lo suficientemente poderoso para efectuar la difusión, de modo que la Compañía Nacional Española de Teléfonos fue consultada, y se acordó realizar dos comunicaciones constantes en los días en que se efectúe el campeonato. Se espera que éstas durarán entre cinco y seis horas cada una, y su costo aproximado será de 25.000 a 30.000 pesetas. En total, insumirá a la FEDA unas 50.000 pesetas, señalando el secretario de la FEDA que esta suma es muy pequeña comparada con el costo de llevar a los ajedrecistas españoles a través del

---

[268] *Revista de la Asociación Metropolitana de Ajedrez* nº 21/2, nov-dic pág. 236/7. *Enroque!!* nº 56 pág. 273.

Atlántico hasta la Argentina. Se cobrará a los espectadores un derecho de entrada reducido, para hacer ayudar a hacer frente a los gastos, que incluyen también el transporte hasta Madrid de los jugadores, desde varias partes de España. El Señor Lastanao elogia mucho la calidad del ajedrez argentino

Tienen algunos jugadores poderosos, y no estamos, en manera alguna, seguros de ganar", expresó.[269]

Inauguración con Perón, pero sin Franco. TRAPALANDA. ÉPICO

▌Los organizadores del *match* decidieron definitivamente que el conjunto local actúe en una habitación apartada de la vista de los espectadores, y éstos podrán seguir las alternativas del juego en grandes tableros murales. Las entradas al frontón del Club Real Madrid costarán 5 y 10 pesetas. Se ha informado en esta capital que el general Perón presenciará las movidas iniciales, y se espera que haga lo propio en Madrid el general Franco. Los miembros de la Misión Especial argentina que preside el general Estanislao López, de conocida actuación en la dirección de varios deportes en su país, han sido especialmente invitados.[270]

▌El 4 de octubre, de acuerdo con los cambios de impresiones celebrado por el Consejo, se inició la gestión necesaria para obtener el local conveniente al acto. El Consejo en pleno se trasladó a la casa social del Real Madrid Club de Fútbol, visitando al Sr. Velásquez, quien de la manera más amable y desinteresada del mundo se apresuró a dar todo género de facilidades, asegurando que la Junta aceptaría encantada la sugerencia de Ajedrez Español, lo cual fue así, en efecto, una hora más tarde. (...) A las 5 de la tarde, hora española, la Compañía Telefónica avisó que quedaba abierto el circuito con Buenos Aires. En medio de una extraordinaria emoción son cruzadas las primeras palabras entre los organizadores.

En Madrid habla Ricardo Aguilera, y en Buenos Aires el secretario de la FADA, Sanguinetti. Argentina anuncia que se encuentra presente en el acto el presidente de la Nación, General Perón, y pide a España le conceda, sin sorteo, el primer tablero con las blancas, al objeto de que el presidente pueda realizar el saque de honor haciendo la primera jugada del encuentro. España accede gustosamente, y en ese momento es acordado que Argentina conduzca las piezas blancas en los tableros impares. De esta forma, Argentina jugará con blancas en 8 tableros, y España en 7.

Una vez establecido el acuerdo final, el presidente de la FADA (Carlos Querencio) empieza su discurso con unas palabras de salutación al presidente de la República, General Perón (Sic), autoridades y representaciones que asisten al acto, con estas palabras: La FADA, por invitación de la Federación Española, nos congrega para jugar el *Match* Internacional Radiotelegráfico en estos tableros, entre los ajedrecistas más destacados de los dos países, y para asistir a este importante certamen deportivo, que está realzado por la presencia del Jefe de la Nación y los representantes diplomáticos que nos honran con su asistencia. Se ha elegido esta fecha por tener un hondo significado para ambos países, para nuestra raza. España, Madre Nuestra que estás en la tierra al otro lado de América: en esta fecha en que se conmemora el Día de la Raza, recibe a través del éter nuestra infinita y eterna gratitud. El ajedrez tiene muchos puntos de contacto con el arte de la guerra. El campo de batalla es el tablero, donde se libra el combate encarnizadamente, sin derramamiento de sangre, con gran despliegue de fuerzas. Al final, después de una refriega intensa, los contendientes se estrechan caballerosamente la mano. ¡Qué feliz sería el mundo si llegara el día en que las diferencias internacionales se dirimieran en una partida de ajedrez!

---

[269] Agencia AP, *La Nación*, 5 de octubre de 1946.
[270] Agencia AP, Madrid, *La Nación*, 8 de octubre de 1946.

Después, el presidente de la República Argentina, general Perón, saludó a todos los maestros, que se habían colocado ante sus respectivos tableros, y ante Pilnik, lo saludó efusivamente y dijo:

Declaro abierto el *match* Argentina – España de ajedrez.

Al pronunciar estas palabras, inicia el comienzo del acto, realizando la primera jugada del primer tablero. Inmediatamente el general Perón abandona, acompañado de su esposa, los locales del Automóvil Club Argentino, siendo despedido por las autoridades ajedrecísticas y representaciones diplomáticas, así como las autoridades asistentes, miembros de federaciones deportivas, y el numerosísimo público que presenciara el desarrollo de este encuentro. En el Frontón Fiesta Alegre se hallaban, además del presidente de la Federación Española y demás miembros del citado organismo, el secretario general de la Delegación de Deportes, señor Cadenas, y en Jefe de Prensa, señor Martín Fernández, directivos de la Federación castellana, miembros representantes de la FADA y numerosísimo público.[271]

El General Perón inició un *match* de ajedrez. El general Perón, su señora esposa, el doctor Quijano y otras personalidades durante el acto realizado con motivo de jugarse el primer torneo radiotelefónico de ajedrez entre maestros españoles y argentinos. Obsérvese el Collar de Isabel La Católica que luce el Jefe de Estado, y que le fuera conferido momentos antes por el Gobierno de España.[272]

Perón y Eva asisten a la inauguración del *match* España – Argentina. *El Laborista*, 13 de octubre de 1946

Peón Cuatro Rey. Ésa fue la jugada inicial del torneo internacional hispano–argentino de ajedrez disputado ayer. El *Primer Magistrado de la Nación, General Perón* (Sic), mueve personalmente la primera pieza de uno de los 15 tableros, declarando abierta la competencia.[273]

Dio comienzo hoy el certamen radiotelegráfico de ajedrez. Realizó la jugada inicial el primer magistrado, general Juan Domingo Perón, en compañía de su esposa, doña María Eva Duarte de Perón, el vicepresidente de la Nación, Hortensio Quijano, y los ministros de Hacienda y Relaciones Exteriores y Culto, doctores Ramón Cereijo y Atilio Bramuglia, respectivamente, embajadores y miembros

Perón juega 1.P4R y declara iniciado el *match*. *El Laborista*, 13 de octubre de 1946

diplomáticos de los países de América, altas autoridades nacionales y representaciones de entidades deportivas. Cerca de las 13, el presidente de la FADA, doctor Carlos Querencio, recibió al Primer Magistrado y a su esposa en la planta baja del edificio del ACA, para después trasladarse al décimo piso, lugar donde fueron colocados los 15 tableros para jugar el *match*.

---

[271] *Argentina – España,* Julio Ganzo, Editorial Ajedrez Español, Madrid 1946, pág. 12, 15/20.
[272] *El Laborista,* 13 de octubre de 1946.
[273] *El Laborista,* 13 de octubre de 1946.

Acto continuo habló por radiotelefonía el doctor Querencio, refiriéndose a la importancia que tenía en América la efeméride del Día de la Raza, y que los vínculos que nos unen con la *Madre Patria* quedaban cimentados con el primer *match* radiotelegráfico de ajedrez entre Argentina y España. Por el mismo medio, pronunció un discurso de inauguración el presidente de la FEDA, que fue retransmitido por la red del Estado. A continuación, el Primer Magistrado de la Nación, General Perón (Sic), procedió, junto con su esposa, a saludar a los 15 maestros argentinos, y luego realizó la primera jugada en el tablero 1 de los argentinos, Herman Pilnik: 1.P4R. Con ello dio comienzo el certamen.[274]

Impresionante despliegue gubernamental: concurre el gabinete en pleno *La Razón*, 12 de octubre de 1946

Instante en que el presidente de la República, General Perón (Sic), hace la primera jugada en el *match* radiotelegráfico entre los equipos de España y Argentina. Asistieron al acto se señora esposa, doña María Eva Duarte de Perón, el vicepresidente, doctor Quijano, el ministro de Hacienda, doctor Cereijo, el embajador de España, conde de Bulnes, y otros altos funcionarios nacionales. En la foto, el primer mandatario aparece ostentando el Collar de la Orden de Isabel La Católica, que poco antes le colocara en el Salón Blanco el representante español en nombre del 'Generalísimo' Franco.[275]

Perón con el Collar de la Orden de Isabel La Católica. *El Diario*, 13 de octubre de 1946

---

[274] *La Razón*, 12 de octubre de 1946.
[275] *El Diario*, 13 de octubre de 1946.

Tedeum por el Día de la Raza con Perón y Evita

Buenos Aires 12. La Embajada de España organizó un solemne Tedeum en la Catedral de Buenos Aires, con motivo del Día de la Raza. Minutos antes de comenzar la ceremonia religiosa llegó el presidente de la República Argentina, general Perón, a quien acompañaba su esposa. A la entrada del templo fue saludado por el embajador de España, conde de Bulnes; Gobierno argentino en pleno, miembros del Cuerpo diplomático acreditado en Buenos Aires y representantes del Estado y del Ejército. El templo estaba completamente lleno de personas. Ofició el cardenal primado, doctor Copello.

Poco después de esta ceremonia se celebró el acto inaugural de la competición radiotelegráfica de ajedrez entre España y Argentina. Al acto asistió también el presidente Perón, acompañado de su esposa, así como el vicepresidente Quijano; los ministros de Asuntos Exteriores y Hacienda y otras numerosas personalidades, entre las que figuraban los miembros de la Embajada española.

Finalmente, el presidente Perón, el gobierno en pleno. Cuerpo diplomático de América y Portugal, así como altos jefes del Ejército argentino, asistieron a una recepción ofrecida por el embajador de España, conde de Bulnes, en el palacio de la Embajada. EFE.[276]

Una voz discordante: *España no está en la FIDE*

■ Es un error de la FADA aceptar el *match* con España. No ha estado feliz la FADA al aceptar la realización del *match* internacional de ajedrez con su similar española, que ha dado comienzo ayer. Justamente cuando el organismo ajedrecístico internacional (FIDE) con plausible actitud, acaba de tomar una medida excluyente con respecto a España, la entidad argentina acepta este *match*, que constituye una ofensa a los sentimientos de los argentinos, divorciados por completo con todo lo que tenga que ver con el franquismo. No interesan en este caso los individuos. Interesa sí, la representación que asumen. La FADA debió haber respetado la decisión del organismo internacional al que está afiliada, por otra parte, negándose a mantener relaciones de ninguna índole con la española.[277]

Contra la decisión de la FADA, contra España y contra Franco
La Hora, 14 de octubre de 1946

Comienzo con expectativas

Esta crónica dominical coincide con el *match* radial entre la Federación Argentina y la Federación Española. Planteado en un principio para 20 tableros por país, se acordó luego, debido al tiempo que insumiría la transmisión y retransmisión de las jugadas, reducirlo a 15. En la práctica, esta circunstancia no favorece a los argentinos, cuyo número podría extenderse a más de 30 sin que se estableciera diferencia demasiado marcada entre los primeros y los últimos jugadores. (…) Se nos ha formulado, con cierta amable discreción, la pregunta sobre el probable resultado del *match*. Creemos que deberá ser favorable a nuestros jugadores, aunque la forma de realizarse la prueba dista mucho de la habitual en los torneos. El límite prácticamente mayor de tiempo disponible, la posibilidad de comentarios, semi–consultas a que da lugar una competición como la de hoy, son factores que acortan diferencias de valores, y rara vez o nunca se presentan en la lucha normal del tablero.

[276] *ABC* nº 13469, domingo 13 de octubre de 1946, edición Andalucía.
[277] El Congreso de la FIDE en Winterthur, Suiza, 25 al 27 de julio de 1946, resolvió no incluir en la nómina de países afiliados a Alemania, España, Estonia, Letonia y Lituania. Se los excluye bajo acusaciones de colaboracionismo con los nazis. *La Hora,* 14 de octubre de 1946.

Además, las partidas "sin adversario", al menos visible, tienen algo de boxeo con la sombra. El juego pierde vitalidad: falta ese valioso factor humano y emocional que da la presencia del antagonista. Pero, naturalmente, el mundo del ajedrez ve siempre con justa simpatía estas pruebas, que llevan en sí algo más importante que una rivalidad ocasional, y constituyen primordialmente un motivo de acercamiento espiritual por la vía del más artístico y –¿y por qué no?– científico entre los juegos de la inteligencia.[278]

▮ Se jugará hoy el cotejo a quince tableros, en el salón del primer piso del ACA, el *match* radiotelegráfico que, por vía Radiar, se efectuará entre los mejores ajedrecistas de la Argentina y España. El acto ha adquirido una importancia extraordinaria, acentuada por la presencia del Primer Magistrado de la Nación y del Jefe de Estado español, quienes pronunciarán palabras alusivas al inaugurarse el mismo, habiendo sido invitados, además, ministros del Poder Ejecutivo, el embajador y demás autoridades de la Embajada Española, como también todos los miembros que componen la misión comercial que actualmente se encuentra en el país. La FADA hace saber que el acto será público, y podrán asistir todos los aficionados. La FEDA decidió adoptar el plan originalmente propuesto, es decir, mantener a los quince jugadores a la vista del público.[279]

▮ ¡¡Un *match* por radio entre Argentina y España organizado por *El Ajedrez Español*!! Nuestros lectores quizá lo sepan ya; lo ha dicho la prensa, lo ha divulgado la radio... ¡Estamos preparando un *match* inalámbrico con la Argentina! La Federación Española de Ajedrez nos ha confiado la tarea de organizar tan sugestivo encuentro, el cual ha sido objeto de una acogida llena de simpatía por parte de la FEDA. El contacto de nuestros ajedrecistas con el exterior tiene para España una significación muy especial y profunda. Se trata de pulsar la valía de nuestros maestros del tablero en un acto capaz por sí mismo para obtener de él una consecuencia sobre el progreso ajedrecístico que creemos haber alcanzado en los últimos años. En principio, nuestro proyecto es celebrar este encuentro a base de un equipo de 20 jugadores, los cuales seleccionará la FEDA oportunamente.

El acto tendrá lugar en Madrid, y hemos fijado la fecha del 12 de octubre para la primera ronda, terminando el *match* en la segunda ronda, al día siguiente. De esta forma, la fecha de la hispanidad tendrá para los ajedrecistas de ambos países un nuevo sentido de hermandad y de emoción. Sin embargo, tanto el número de jugadores como la fecha son detalles no definitivos, y pueden ser objeto de modificación. Dirigimos desde estas páginas un saludo cordialísimo a la afición argentina y a la FADA, y esperamos con ilusión la fecha de tan memorable acto.[280]

En los medios ajedrecísticos de Argentina ha causado enorme emoción y expectación el anunciado *match* por radio entre los primeros equipos de España y Argentina, cuya idea ha sugerido Ajedrez Español. La FADA realiza las gestiones laboriosas que el acto requiere, manteniendo con Ajedrez Español el contacto necesario para asegurar la perfecta organización del *match*. La fecha del 12 de octubre, señalada para el encuentro, resultará memorable para los ajedrecistas de ambos países hermanos.[281]

▮ En el momento de ver la luz este número, están realizadas las principales gestiones y concertados los más importantes acuerdos por nuestra parte para llevar a cabo el día 12 de este mes de octubre el anunciado *match* inalámbrico entre los primeros equipos de Argentina y España. Sólo dificultades técnicas de última hora podrían dar lugar al aplazamiento de este acto, para el cual contamos con el decidido apoyo de nuestras autoridades. La Delegación Nacional de Deportes ha aprobado el equipo de 20 jugadores propuesto por la FEDA para este *match*, cuyos componentes y demás datos complementarios figuran en otro lugar de este número. Estamos seguros que la ex-

---

[278] Frente al Tablero, Carlos Portela, *La Nación*, 13 de octubre de 1946.
[279] *El Mundo*, 12 de octubre de 1946.
[280] *Ajedrez Español* nº 58, pág. 327, octubre de 1946.
[281] *Ajedrez Español* nº 58, pág. 327, octubre de 1946.

pectación nunca conocida que ha despertado en los medios deportivos de Argentina y España el anuncio de este acto, se verá ampliamente justificada por el desarrollo de tan emocionante y sugestiva prueba. Concurren para ello dos factores igualmente notables: el tratarse de la primera prueba ajedrecística entre ambos países, y la novedad del uso de la radio en luchas de ajedrez. Aspiramos a que este encuentro sea una verdadera fiesta deportiva, es decir un acto que evidencie la afinidad y el espíritu de hermandad que une a los pueblos de América y España.[282]

Comienzo con grandes discursos

Cómo se inició el encuentro. A las cinco en punto de la tarde del día 12 de octubre (hora española), el teléfono une el contacto de Buenos Aires con Madrid, y los organizadores convienen los detalles finales del acto. Argentina anuncia su equipo, que está integrado por los siguientes maestros: Herman Pilnik, Héctor Rossetto, Jacobo Bolbochán, Julio Bolbochán, Juan Iliesco, César Corte, Pedro Passero, Renato Sanguinetti, Carlos Maderna, Oscar García Vera, Guillermo Puiggrós, Romeo García Vera, Cayetano Rebizzo, Benito Villegas y Osvaldo Montiel. Por su parte, España anuncia a Argentina el siguiente equipo y orden de tableros: Pomar, Medina, Albareda, Sanz, Francisco J. Pérez, Martínez Mocete, Bové, Vilardebó, Llorens, Gamonal, Fuentes, Leira, García Junco, Rico y Pedrol.

En Buenos Aires se celebra el acto en el Automóvil Club, uno de los más bellos locales bonaerenses, y asiste al mismo el Presidente de la Nación, General Perón (Sic). A petición de Argentina, en el primer tablero, que han de disputar los campeones respectivos, Pilnik y Pomar, conduce las blancas el jugador argentino, con el fin de que el presidente de la Nación pueda realizar el saque de honor, declarando inaugurado el acto. Se conviene en este momento que en los tableros impares sean adjudicadas las blancas a Argentina, con lo que España condujo las negras en ocho tableros. El presidente de la FADA, doctor Querencio, pronuncia unas vibrantes palabras de salutación, transmitidas por teléfono, a las que responde el presidente de la FEDA, Marqués de Montecorto. Seguidamente, siendo las 17.40 (hora española) empieza el encuentro, iniciando su actividad los aparatos teletipos...[283]

¿Campeonato del Mundo Latino? TRAPALANDA

España y la Argentina se enfrentan. En el primer tablero competirán Pilnik y Pomar, campeón español de sólo 15 años. Una incruenta batalla, la única posible entre la Argentina y España, se trabará mañana a la 1, hora local. Teatro del combate destinado a festejar el Día de la Raza será, en Argentina, el Salón de Actos del ACA, y en España, la cancha del Club Atlético (Sic) de Madrid. Quince guerreros locales, los mejores de nuestro país –con excepción de Najdorf y Guimard, que se hallan en el extranjero–, se

Don Quijote y Sancho Panza. *Noticias Gráficas*, 11 octubre de 1946

---

[282] *Ajedrez Español* nº 59, pág. 340/2, noviembre de 1946.
[283] *Ajedrez Español* nº 59, pág. 348, noviembre de 1946.

medirán con los 15 mejores ajedrecistas españoles, a través del éter, en otras tantas partidas inalámbricas de ajedrez. El *match* de mañana equivale al Campeonato del Mundo Latino (Sic).

No debe, sin embargo, interpretarse como una justa deportiva en que lo más interesante sea el nombre del ganador. Es un anudamiento más de viejos vínculos de raza, de idioma, de cultura y de corazón. Así lo han entendido en España, en cuya Capital altos funcionarios españoles entregarán al Ministro Consejero de la Embajada Argentina una estatua de bronce con pedestal que representa a Don Quijote y Sancho Panza, con una plaqueta indicando que se trata de un presente de los jugadores de ajedrez españoles para sus colegas argentinos, para conmemorar la realización del encuentro.[284]

Inesperada victoria de España

El 12 de octubre pasado la FADA sostuvo un *match* radiotelegráfico con la Federación Española. Este *match*, propuesto por la entidad española como un acto conmemorativo del Día de la Raza, alcanzó un éxito resonante como actividad ajedrecística de contornos excepcionales. Al acto concurrió el *Excmo. Presidente de la Nación, General Juan D. Perón* (Sic) acompañado por su señora esposa, *el Excmo. Señor vice–presidente de la Nación*, ministros del Poder Ejecutivo nacional y otras altas autoridades nacionales (Sic). Cabe señalar que, en oportunidad de servirse el vino de honor a las altas autoridades nacionales, nuestro presidente, doctor Carlos A. Querencio, anunció públicamente que el *Excmo. Presidente de la Nación Argentina* (Sic) le había prometido apoyar oficialmente a la FADA con un subsidio anual y permanente. Anuncio éste que fue acogido con mucha satisfacción y aplausos unánimes de los aficionados presentes.

El resultado del *match* favoreció al equipo que puso más empeño para lograr el triunfo y por ello ningún comentario o pretexto serviría para desmerecer la victoria española. En lo que respecta a la constitución del equipo argentino, que en cierta forma fue motivo de críticas en nuestro ambiente, debemos aclarar que su formación fue dispuesta con el voto unánime del Consejo en base a los méritos individuales de cada integrante. Nosotros no hemos perdido la fe en el equipo argentino y estamos seguros de que, si otra oportunidad tuvieran con la experiencia recogida en este *match*, cada uno de ellos, midiendo en todo su grado la responsabilidad que asumen, agotarían su empeño en aras del triunfo evitando abreviar las partidas con la aceptación de tablas a poco de su comienzo. Fue este un indudable error de nuestros jugadores que debemos lamentar, lo mismo que la ausencia justificada de Guimard, Piazzini, Schvartzman y Beretta.[285]

Participa Perón; ¿Y Franco? *El Mundo*, 12 de octubre de 1946

El 12 de octubre, Día de la Raza, se realizó el *match* radial entre Argentina y España. El inesperado triunfo del equipo español ha provocado extensos comentarios. (...) Creemos que un equipo argentino, integrado por sus mejores elementos y deseoso de luchar y vencer, debería superar al mejor equipo español. Pero en el equipo

---

[284] Amílcar Celaya, Noticias *Gráficas*, 11 de octubre de 1946.
[285] *El Ajedrez Argentino* 2ª época nº 1, pág. 3, 4. Indudablemente el cisma fue el causante principal de la debilidad del equipo argentino.

argentino faltaron varios jugadores de primer plano: Pleci, Piazzini, Schvartzman, Nogués Acuña, Palau, Cristiá y otros. Algunos estaban presentes, entre el público. Unos pocos diarios apuntaron que la composición del equipo argentino sufría las consecuencias del conflicto que sostiene la Federación Argentina con la Asociación Metropolitana. Los resultados fueron:

	España	**8:7**	**Argentina**
1	Arturo Pomar	½:½	Herman Pilnik
2	Antonio Medina	1:0	Héctor Rossetto
3	Miguel Albareda	1:0	Jacobo Bolbochán
4	José Sanz Aguado	0:1	Julio Bolbochán
5	Francisco Pérez	½:½	Juan Iliesco
6	Alberto Bove	0:1	Pedro Passero
7	Santiago Martínez Mocete	1:0	César Corte
8	José Vilardebó	½:½	Renato Sanguinetti
9	Rafael Llorens	½:½	Carlos Maderna
10	Rafael Gamonal	½:½	Oscar García Vera
11	Juan Manuel Fuentes	½:½	Guillermo Puiggrós
12	Juan Ignacio Alonso	1:0	Romeo García Vera
13	Leonardo García Junco	½:½	Cayetano Rebizzo
14	Antonio Rico González	0:1	Benito Higinio Villegas
15	Esteban Pedrol	½:½	Osvaldo Montiel

▓ En total, España ganó por 8:7. El equipo argentino jugó en los salones del Automóvil Club Argentino, y el equipo español en el Real Madrid *Football* Club.[286]

▓ En el equipo español se notó la ausencia del doctor Rey Ardid y Manuel Golmayo, en tanto en el argentino no han estado presentes Guimard, Piazzini, doctor Schvartzman, doctor Cristiá, Fenoglio y otros, que hubieran dado más categoría a la representación.[287]

▓ Alcanzó lucidos contornos el desarrollo del *match* radiotelefónico de ajedrez entre equipos de quince jugadores, representantes de la Federación Española y de la Federación Argentina, realizado en el salón de actos del Automóvil Club Argentino, entidad que gentilmente cedió esa sala a fin de que la comodidad para el público y los jugadores fuera mayor. Como se había anunciado, fue jugado en el tradicional Día de la Raza, que es la fecha que más nos une con la madre patria, por ser el día del descubrimiento de América. Pocas veces pudo constatarse, en un acto ajedrecístico, la concurrencia de un público tan numeroso y selecto como el que se hizo presente.

El gobierno nacional había prometido tanto su apoyo material como la asistencia del primer magistrado de la Nación. Siendo las 13 horas fue inaugurado el acto con la asistencia del Presidente de la Nación, General Juan D. Perón y su señora esposa (Sic); del vice–presidente, Hortensio Quijano y señora, del ministro de Justicia e Instrucción Pública, doctor Belisario Gache Pirán y señora, del titular del Ministerio de Hacienda, doctor Ramón Cereijo, a cargo de la Secretaría de Industria y Comercio, Rolando Lagomarsino, del presidente de la Cámara de Diputados de la Nación, doctor Ricardo Guardo y señora, del presidente del Banco Central, Manuel Miranda y señora, del jefe de la Casa Militar, teniente coronel Juan F. Castro, del director general de Correos y Telecomunicaciones de España Luis Rodríguez Miguel, de los miembros de la Embajada de España, de las autoridades de la FADA y sus clubes afiliados, y de numerosos maestros extranjeros y argentinos.

---

[286] *Ajedrez Español* nº 56, pág. 241, agosto de 1946.
[287] *Selecciones de Uruguay* nº 5, diciembre de 1946.

El presidente de la FADA, doctor Carlos Querencio, pronunció un brillante discurso, donde destacó el significado tradicional del 12 de octubre como fecha gloriosa para la raza latina, y lo que significa realizar estas luchas de pericia e inteligencia entre jugadores hispanos y argentinos. El discurso fue transmitido por la Compañía Internacional de Radio, contestando por igual conducto el presidente de la Federación Española, marqués de Monte Corto, quien hizo su disertación en las instalaciones de pelota del Real Madrid *Athletic* Club, donde los españoles dispusieron su equipo de 15 jugadores, junto con los teletipos y el material radiotelefónico que emplearon para la transmisión. También en nuestro Automóvil Club Argentino se instalaron los aparatos necesarios para que el cotejo se desarrollara sin retransmisiones.

Terminadas las palabras iniciales, el doctor Querencio invitó al presidente de la República a efectuar la movida inicial en el tablero 1. Pilnik – Pomar. Así lo hizo el general Perón, con 1.P4R, siendo en ese momento las 13.30 horas. De inmediato comenzaron también las demás partidas, y pudo constatarse que la transmisión era rápida y clara. Mientras se efectuaban las primeras movidas, fue servido un vino de honor en obsequio de las autoridades nacionales y españolas, y durante el transcurso del acto, el doctor Querencio hizo nuevamente uso de la palabra para expresar que el presidente de la Nación acababa de prometer un subsidio anual de importancia para la Federación Argentina, manifestación que fue recibida con grandes aplausos y manifestaciones de aprobación. (...) La última partida en terminar fue la de Passero con Bove, cerca de las 5 de la mañana del día 13.[288]

El resultado y el cisma

El cisma, parte de la causa del mal resultado.
La Nación, 14 de octubre de 1946

Con el merecido triunfo de la representación de España finalizó el *match* radiotelefónico con la FADA. A hora avanzada de la madrugada, pasadas las cuatro, aún quedaban sin terminar varias partidas, a pesar de las extenuantes 15 horas de juego. Aunque el resultado de éstas fue favorable por 2½:1½ al equipo argentino, no pudo descontar la ventaja ya obtenida por sus adversarios, siendo en consecuencia superado por la mínima diferencia. Si en un principio y por atendibles razones se creyó que el *match* favorecería a los jugadores de la FADA, a poco de iniciados los juegos, pudo advertirse que la lucha sería ardua. Los españoles demostraron excelentes condiciones de preparación, y tanto en la apertura como en el

[288] *Ajedrez Español* nº 57, pág. 276, setiembre de 1946.

medio juego, en varios casos igualaron, cuando no sacaron ventajas, a sus rivales. Desde luego, el equipo argentino pudo ser muy mejorado en su composición. Valores reconocidos rehusaron o se vieron imposibilitados para intervenir, y alguna influencia ha tenido también la actual división de nuestro ajedrez.[289]

Derrota y grieta

Los ajedrecistas españoles vencieron a los representantes de la FADA por 8:7. Como informáramos ayer, varias partidas tuvieron excesiva duración. Tanto en esta Capital como en Madrid el encuentro suscitó extraordinaria expectativa, especialmente entre los aficionados españoles, quienes consideraban sumamente difícil una victoria del equipo hispano por el prestigio que el ajedrez argentino tiene adquirido con sus intervenciones en los campeonatos por equipos. Por ello, al producirse el empate de Pilnik con Pomar, los españoles tributaron una gran ovación a éste. Asimismo, cuando momentos después el argentino Rossetto abandonaba su partida frente al español Medina, en el frontón del Club Real Madrid se produjeron grandes aclamaciones, y fue ejecutado el Himno Nacional. En nuestra Capital hubo pocas oportunidades de regocijo. La primera victoria la conquistó Julio Bolbochán, quien fue muy felicitado por la forma brillante en que la obtuvo.

Al promediar la lucha, Villegas fue objeto de una ovación al ganar su encuentro, y también fue muy felicitado Passero cuando ganó al finalizar el *match*. En realidad, fue una derrota inesperada, pero debemos puntualizar algunos hechos ilustrativos. A parte de que faltaron en el equipo algunos jugadores que pertenecen al cuadro de la FADA, Beretta no pudo intervenir por haber llegado con dos horas de retraso, y Antonio Piro, a quien correspondía jugar en el último tablero, fue sustituido por Montiel sin que se especificaran las causas de tal decisión.

Por otra parte, lo que es muy sensible, todos los aficionados saben que hay en nuestro ambiente ajedrecistas de calidad que pudieron reemplazar ventajosamente a varios de los integrantes del conjunto. Pero la división que desde hace varios años existe en el ajedrez argentino conspiró esta vez contra el prestigio del ajedrez nacional, que tanto esfuerzo costó alcanzar. He aquí unos pocos nombres. Luis Piazzini, Isaías Pleci, Alejandro Nogués Acuña, Arón Schvartzman, Vicente Vuskovic, Julio Lynch, José María Cristiá y otros. La experiencia de este *match* debería ser motivo suficiente para que las autoridades de las dos fuerzas en pugna depongan sus enconos y busquen la forma de llegar a una conciliación que desea la mayor parte de los ajedrecistas argentinos.[290]

Los problemas en la formación del equipo argentino. *La Prensa*, 14 de octubre de 1946

---

[289] *La Nación*, 14 de octubre de 1946.
[290] *La Prensa*, 14 de octubre de 1946.

Los españoles, exultantes

¡Una victoria contra todos los pronósticos! Como teníamos anunciado, el 12 de octubre se celebró el *match* radial Argentina – España organizado por nuestra revista. La práctica de ajedrez a través de la radio es algo que se ha puesto de moda en nuestro tiempo. La radio hace posible la celebración de encuentros entre naciones separadas por largas distancias. Usando de este privilegio, *Ajedrez Español* ha podido ofrecer a los ajedrecistas españoles la oportunidad de medir sus fuerzas con uno de los más acreditados conjuntos mundiales. El acto ha constituido para los ajedrecistas de ambos países una verdadera fiesta deportiva. Transcurrió el encuentro en medio del mayor entusiasmo, que no decayó ni aún después de 15 horas de juego.

En Madrid, este torneo por radio ha ofrecido varias notas altamente significativas. La principal de ellas ha sido la demostración de que existe para el espectáculo del ajedrez un público numeroso y entusiasta capaz de los más estimables sacrificios, incluso el que impone la taquilla.

En el local social del Real Madrid Club de Football, antiguo Frontón Fiesta Alegre, convenientemente adornado y acondicionado al acto, fueron instalados 15 tableros murales gigantescos, de forma que ofrecieran una perfecta visibilidad en todos los rincones del salón. Grandes letreros con los colores nacionales respectivos indicaban los jugadores que disputaban en cada uno de ellos. Los aparatos teletipos encargados de la transmisión y recepción radiotelegráfica fueron montados por Vía Radiar en el mismo local de juego, y a la vista del público. Previamente había sido amortiguado el ruido que normalmente producen estos aparatos, de forma que no ocasionaran molestia alguna ni al público ni a los jugadores. El equipo español se alineó en el centro del local, en sendas mesas situadas frente a los tableros que habrían de reproducir para el público las partidas en cada uno de ellos. De esta forma, todo el mundo quedaba a la vista del espectador, quien, al mismo tiempo, era informado de la marcha del encuentro y de cuantos detalles de interés se sucedían, por medio de un sistema de altavoces.

En virtud de las experiencias adquiridas en los ensayos realizados días antes, *Ajedrez Español* estudió un sistema de coordinación entre jugadores y aparatos transmisores, que reducía al mínimo posible la inevitable pérdida de tiempos. Para ello, se fijó un control en el centro de la sala. Este control disponía de un servicio de mensajeros, que se encargaban de conducir los telegramas a los teletipos, instalados a escasos metros de distancia. Para cada tablero quedó designado un secretario de mesa, cuya labor estaba sometida a la fiscalización del árbitro argentino. El secretario hacía las veces del jugador argentino, realizando la jugada recibida por telegrama, pero al mismo tiempo era el encargado de anotar la jugada del español, entregarla en su control, realizar el movimiento correspondiente en el tablero mural, esperar en el control la respuesta argentina, conducirla a su recepción, al jugador español, realizando la jugada y poniendo en marcha el reloj español y marcando seguidamente el movimiento en el tablero mural. Este servicio de secretarios, mensajeros y control funcionó magníficamente y constituyó la piedra angular del éxito de la organización. Hay que destacar asimismo de manera muy señalada la exactitud y perfección de los servicios transmisores a cargo de Vía Radiar, a quien reiteramos desde estas páginas nuestra felicitación.[291]

Caballerescos mensajes

El público siguió la marcha del torneo con inusitada expectación, y durante la primera hora del *match* se observa un tratamiento técnico cuidadoso y teórico en las aperturas, lo que contribuye a templar la calma de los espectadores, un poco inquietos por la fama del adversario y de los pronósticos francamente desfavorables para el equipo español, lanzados en casi todos los medios ajedre-

---

[291] *Ajedrez Español* nº 59, pág. 345, noviembre de 1946.

císticos españoles. Cada diez jugadas, aproximadamente, se efectuaba un control de relojes, bajo la fiscalización del árbitro argentino, Benjamín Saldías, Secretario Agregado Naval de la Embajada Argentina en Madrid, cuya actitud correctísima y justa mereció los mayores elogios. A la una de la madrugada habían sido declarados tablas, de común acuerdo, los tableros Fuentes – Puiggrós, Montiel – Pedrol, Rebizzo – García Junco, Sanguinetti – Vilardebó, Iliesco – Pérez y Pilnik – Pomar. Los resultados son acogidos con cerradas ovaciones, muy especialmente el alcanzado por Arturito Pomar frente a Pilnik. Poco después se produce la primera derrota para España: Sanz es batido de forma admirable por el maestro argentino Julio Bolbochán, después de un fortísimo ataque. Con corta diferencia de tiempo, Medina y Albareda vencen a sus rivales, Rossetto y Jacobo Bolbochán, después de bellísimas partidas.

Estas victorias son acogidas por el público con indescriptible entusiasmo, haciendo objeto a ambos jugadores de fuertes ovaciones e interpretándose el himno nacional. Alonso obtiene asimismo un brillante triunfo (ante Romeo García Vera), que es acogido con igual entusiasmo, logrando de esta forma situarse en espléndida posición España en el tablero de puntuaciones. Rico, después de una partida poco lucida se ve obligado a rendir armas, ante un final muy bien conducido por el veterano maestro argentino Villegas, quien es felicitado por radiograma. Entretanto, se produce una discusión cablegráfica entre los Comités de ambos equipos, por estimar Argentina que en el tablero Corte – Mocete ambos jugadores han rebasado el tiempo reglamentario de reflexión. El Comité español, en vista de esta sugerencia, reclama para España el punto, puesto que el reloj del español no ha alcanzado las dos horas previstas, dando fe de ello el árbitro argentino, quien suscribe los telegramas oficiales.

Esta discusión da lugar a que se prolongue la lucha, y finalmente, reanudado el juego –visto que no se llega a un acuerdo– vence el español Mocete en pocas jugadas, anotándose España su cuarta y última victoria. Han quedado rezagadas las partidas Passero – Bové y Oscar García Vera – Gamonal. Terminada esta última en tablas, en medio de gran emoción, puesto que de ella dependía el triunfo del equipo español, el Comité decide, después de deliberar sobre el caso, conceder a Argentina el punto en litigio en la partida Passero – Bové, toda vez que se estima en superioridad posicional al jugador argentino. Al terminar el acto, Argentina envió el siguiente radiograma:

La afición argentina aplaude el éxito obtenido por el ajedrez español. Convengamos que no nos sorprende el triunfo, porque por la forma en que se inició el juego nos convencimos de la fuerza del grupo español. Vemos que Alekhine ha dejado eximios alumnos en España. Un abrazo fraternal.

España contestó con el siguiente texto:

La FEDA reitera su admiración hacia los grandes maestros del tablero argentino y renueva su gratitud a la FADA por sus felicitaciones y constantes muestras de entrañable afecto, a que correspondemos sinceramente. Perfecta organización encuentro realizada por FADA y Revista Ajedrez Español merece cálidos elogios, constituyendo éxito deportivo sin precedentes que llena de orgullo a ajedrecistas argentinos y españoles. Más que la victoria, nos complace que el acto haya tenido tanta resonancia y sirva para estrechar lazos fraternos. Saludos efusivos toda la afición. ¡Viva el ajedrez argentino! Marqués de Montecorto.[292]

La nota más emotiva estuvo a cargo del público

Los mismos jugadores expresaron su sorpresa y reconocimiento a los espectadores, quienes, soportando las molestias de tan prolongada jornada, no abandonaron sus puestos en su mayor parte. Fueron ovacionadas algunas jugadas de Medina y de Albareda, con lo que resultaba evidente la

[292] *Ajedrez Español* nº 59, pág. 349, noviembre de 1946

competencia del público y su singular entusiasmo. Cuando quedó asegurada la victoria española, a las nueve de la mañana, y leído por el micrófono el último telegrama, los espectadores, rendidos por el sueño, pero firmes por su afición y entusiasmo, prodigaron su última ovación al equipo que conquista con este acto para España el más brillante y meritorio galardón de la historia ajedrecística española.[293]

Desarrollo del encuentro. TRAPALANDA

El *match* de ajedrez alcanzó gran éxito. En el salón de actos del Automóvil Club Argentino se realizó ayer el *match* radiotelefónico de ajedrez entre equipos de 15 jugadores, representantes de la Federación Argentina y la Federación Española. Ante una concurrencia realmente extraordinaria, se inició a as 13 el acto inaugural, con asistencia del Presidente de la Nación General Juan D. Perón y su señora esposa; del Vice–Presidente, doctor J. Hortensio Quijano y señora; del titular del Ministerio de Justicia e Instrucción Pública, doctor Belisario Gache Pirán; del titular del Ministerio de Hacienda, doctor Ramón Cereijo; del secretario de Industria y Comercio, Rolando Lagomarsino; del presidente de la Cámara de Diputados de la Nación, doctor Ricardo Guardo y señora; del presidente del Banco Central de la República, don Miguel Miranda y señora; del jefe de la Casa Militar, teniente coronel Juan F. Castro; del director general de Correos y Telecomunicaciones de España, don Luis Rodríguez Miguel; de los miembros de la embajada de España y de la Misión Comercial en la Argentina; de don Carlos Bruyn; de la RADIAR; de las autoridades de la FADA, de los clubes locales, y de numerosos maestros locales y extranjeros. (Sic)

El doctor Carlos Querencio, presidente de la FADA, pronunció breves palabras, que fueron transmitidas por intermedio de la Compañía Internacional de Radio, destacando la significación del acto ajedrecístico, que era lo era más que todo, de confraternidad argentino–española, contestando desde Madrid el presidente de la FEDA, Marqués de Monte Corto. En momentos en que era servido un vino de honor en obsequio de las autoridades nacionales y españolas presentes, el doctor Querencio volvió a usar la palabra para expresar que el presidente de la Nación había prometido un subsidio anual de importancia para la FADA, manifestación que fue acogida con grandes aplausos y muestras de simpatías. De inmediato, comenzaron las partidas, efectuando el general Perón la primera jugada en el tablero del campeón nacional Herman Pilnik, a quien correspondían las blancas en su cotejo contra el campeón español Arturo Pomar.

Un público que a pesar de renovarse constantemente llenó en todo momento el gran salón del primer piso, se apretaba para seguir en las mesas de los jugadores las alternativas de las partidas, surgiendo a cada paso el comentario de presuntos técnicos, que vislumbraban fantásticas combinaciones. Resultó también evidente el interés femenino por el ajedrez, notándose algunas jóvenes damas con pequeños tableros de bolsillo, analizando posibles variantes. Los planteos acusaron en casi todos los tableros buena preparación teórica, y de ahí que los juegos ofrecieran en toda su primera fase posiciones equilibradas. Sin embargo, en el primer tablero Pomar había elegido contra Pilnik la Defensa Caro–Kann, en una variante que los técnicos consideran actualmente algo deficiente. Y esto atrajo aún mayor atención a la mesa del campeón, quien había logrado claro dominio de espacio y comodidad posicional sobre su joven rival ibérico, aunque tales ventajas no se materializaran prácticamente. Las demás partidas continuaban indecisas, pese a pequeñas ventajas atribuidas por los espectadores para uno u otro bando.

A las 19.30 la partida Puiggrós – Fuentes, tablero 11, fue declarada tablas, e igual resultado se registró minutos después en la de Montiel – Pedrol, tablero 15. Un tercer empate se produjo poco después en el tablero 13, entre Rebizzo y García Junco. Hay dos propuestas de tablas del equipo

---

[293] *Caissa* nº 90, pág. 255/7.

español en el tablero 6, cortésmente rehusadas. En cambio, se acepta igual propuesta del jugador argentino en el tablero 8. La partida de Julio Bolbochán parece inclinada a su favor en el tablero 4. Maderna declara tablas con Llorens, tablero 9, jugada 27. El *match* entre Pilnik y Pomar se presenta evidentemente reñido, efectuándose la transmisión en forma impecable. Se recibió de Madrid un despacho para la Radiar que lo confirma. Hay un momento de gran expectativa cuando al enviar el campeón español su jugada 27 incluye la proposición de tablas. Tras breve pausa, Pilnik acepta y una salva de aplausos acoge el resultado. La partida, en realidad, fue algo pasiva por parte del campeón argentino, permitiendo así una excesiva simplificación de material.

Nuevamente hay alegría en la concurrencia, pues Julio Bolbochán ha ganado su encuentro con el excampeón español Julio Sanz en excelente estilo; es la primera partida que se define. Iliesco, en posición algo inferior, tiene oportunidad según parece de dar un jaque perpetuo, y empatar. El público se concentra en la mesa del veterano Villegas, que juega un final de piezas menores muy favorable. Romeo García Vera tiene una pieza menos por un peón libre: debe perder. En cambio, su hermano Oscar ha obtenido un peón de ventaja, aunque doblado, en un final de alfiles que lo favorece. Jacobo Bolbochán tiene juego difícil. Rossetto, con un peón menos, aspira a tablas en un final de torre…[294]

Pomar propone tablas, que son aceptadas por Pilnik.
La Nación, 13 de octubre de 1946

Perón inició el *match*. HYBRIS. ÉPICO

El primer magistrado de la Nación, general Perón, quiso dar realce con su presencia y la de miembros del Poder Ejecutivo, a la iniciación de la incruenta y amistosa contienda. Concurrió, en efecto, al ACA en compañía de su señora esposa, doña María Eva Duarte de Perón, asistiendo también el vice–presidente de la Nación, doctor Quijano, el ministro de Hacienda, doctor Cereijo, el ministro–secretario de Industria y Comercio, señor Lagomarsino, el presidente de la Cámara de Diputados, doctor Guardo, el presidente del Banco Central, señor Miranda, y altos funcionarios de la administración. La comisión de recepción condujo a Perón hasta el local donde comenzarían las partidas, y allí recibió los saludos del presidente de la FADA, doctor Carlos Querencio. Éste, de inmediato, pronunció un discurso destacando la trascendencia de la justa, y su íntima vinculación

---

[294] *La Nación*, 13 de octubre de 1946.

con el Día de la Raza, al que contestó, desde España, el presidente de la FEDA Marqués de Monte Corto, en palabras hondamente evocativas.

Las dos alocuciones se escucharon con igual nitidez. El presidente de la FADA invitó entonces al primer magistrado a efectuar la jugada inicial en el tablero de Pilnik, campeón nacional. El general Perón se dirigió en derechura (Sic) a ese tablero, y allí, tomando sin vacilar el PR, lo avanzó dos pasos, movimiento que se comunicó por vía radial a los aficionados de España. ¿Qué habría de responder Pomar a la jugada del presidente argentino? Pronto llegó, por vía inalámbrica, la respuesta del precoz ajedrecista *mallorquino* (Sic): 1…P3AD. ¡La Defensa Caro–Kann! Temió sin duda el pequeño Pomar que Pilnik continuase la estrategia iniciada por el presidente, precisamente, con la Apertura Española, que, por singular coincidencia, es la favorita de Pilnik.[295]

El *Pibe* Pomar empató con Pilnik. Ayer, por primera vez en la historia del ajedrez argentino, y utilizando también por primera vez la maravilla científica de la radiocomunicación aplicada a un torneo de esta naturaleza, se disputó el *match* entre 15 maestros representantes de la FADA y de la entidad similar de la Madre Patria. Oportunidad ajustada a la magna fecha que celebraba América para unir, a través del espacio, a los maestros del difícil juego universal, donde precisamente, argentinos y españoles han dado

"España es la Madre Patria; Argentina, su Hija Dilecta".
Clarín, 13 de octubre de 1946

---

[295] Amílcar Celaya, *Noticias Gráficas*, 12 de octubre de 1946.

notables muestras en los últimos tiempos, de su *resaltante* capacidad (Sic). La iniciación simultánea de las 15 partidas dio motivo a un acto emocionante, revestido de verdadera trascendencia. Se encontraban presentes en el local del ACA el presidente y vice–presidente de la República, y sus ministros de Relaciones Exteriores y Hacienda. (Sic) La ceremonia dio comienzo con un discurso pronunciado por el doctor Carlos Querencio, presidente de la FADA, quien, utilizando la red de comunicación intercontinental ya preparada, celebró en sus palabras y expresiones el Día de la Raza, su profundo significado histórico y real, que constituye muestra viva y eterna de los vínculos de la Argentina con la Madre Patria. Por igual conducto le respondió el presidente de la FEDA, cuyo discurso, destinado a exaltar los vínculos eternos que unen a España y Nuestra Patria su hija dilecta, fue difundido por la red de emisoras del estado.

Terminados los discursos, se tomaron las disposiciones definitivas para dar comienzo a las partidas, cuya iniciación realizó el presidente de la República, con una jugada en el tablero 1, perteneciente al maestro argentino Herman Pilnik, que tenía por adversario al campeón español, ese niño maravilloso de 12 años (Sic)[296] de edad que ha asombrado a Europa, llamado Arturo Pomar. El mayor interés de las primeras jugadas se concentró en el tablero 1. Era lógico. En extremo sur de este asombroso sistema de comunicación estaba el maestro Pilnik. En el extremo norte, el niño Pomar. ¿Cuál sería la actitud del niño español? Sólo supimos ayer de la actitud reconcentrada del maestro argentino. Pilnik, reconcentrado, ceñudo, atento, daba la impresión de volcar sus cinco sentidos sobre el tablero. De pronto cambiaba de posición, como si dijera para sus adentros:

¡Demonio con el pequeño Pomar! ¡Qué problemas me plantea!

Se apresta a jugar. Lo hace. Su rostro se aclara entonces y recobra la calma. El movimiento de su pieza es retransmitido velozmente, y el maestro se prepara a recibir el contragolpe del niñito que juega con los hombres serios a juegos serios. Eran las 21.30 –en Madrid la 1.30 de la madrugada– cuando la partida fue propuesta y declarada tablas. La solución produjo un ligero desencanto en la numerosa concurrencia, compuesta en su totalidad de aficionados al ajedrez.[297]

Peón al paso: las apostillas de Rebizzo

▌ Si en verdad resultó sorpresivo para muchos el éxito obtenido por los hispanos, no lo es tanto teniendo en cuenta los diversos factores que ocurrieron. Antes que nada, hay que reconocer el renacimiento del ajedrez en España, benéficamente influenciado en los últimos años por un teórico como el doctor Rey Ardid. En segundo término, cabe culpar la carencia de profundidad y falta de ambición manifestada en su juego por algunos de los jugadores argentinos, a una falla esencial de la organización. En efecto, cercados prácticamente por el público que llenaba el salón, las alternativas que les brindaba la suerte eran:

**Atender y refutar cada variante que les sugerían la mayor parte de las veces simples aficionados, o bien…

**Escapar del tablero una vez realizada la jugada, como mal remedio.

En estas condiciones, sin posibilidades de concentrarse, resulta tarea ciclópea elaborar una buena partida de ajedrez.

* Cuando llegó Renato Sanguinetti, oyó el discurso, pero sin poder ver al orador, que en ese momento decía:

Desde los Andes al Plata, y desde La Quiaca a Tierra del Fuego…

Dijo: *Es Querencio*, y acertó.

---

[296] En realidad, tenía 15.
[297] Amílcar Celaya, *Clarín*, 13 de octubre de 1946.

* Beretta se demoró casi una hora y no pudo jugar. Llegó acompañado de dos hermosas niñas. Así se justifica cualquier demora.

* Hay un contrasentido en lo que se refiere a fumar. Villegas sembró de puchos todo su alrededor, y sin embargo nunca he visto 70 años mejor llevados. Está demás decir lo que manifestó Villegas al saber que Golmayo no jugaría con él:

¡Me tuvo **MIEDO***!*

El aficionado que quería recibir una buena clase de ajedrez se hubiera colocado detrás de Benito, quien explicó, criticó, analizó y adivinó todas las jugadas del adversario.

* Un espectador lego escuchaba: Alicia, Dorotea, Carolina. Dijo:

No hay nada que hacer. Estas mujeres se meten en todo.[298]

* El apellido de Pilnik (Lima en idioma polaco) se melló ante la resistencia del pibe Pomar.

* Al mirar el piso vi unas gotas de tinta. ¿Sería Corte, a quien el reloj estaría haciendo sudar? No, Era la lapicera fuente de Lipiniks.

* Al ver a Maderna acompañado por su señora esposa, me hizo recordar a Alekhine. Pero ahora Penélope ya no teje.

* Marini, que no integró el equipo, jugó lo mismo. Montiel, discípulo suyo, aplicó íntegro el Gambito Marini de la Apertura Inglesa hasta la jugada 18.

* Le decían a Iliesco:

Ese Pérez que te tocó es el de la guía telefónica.

* A un espectador hispano que escuchaba a Alonso Díaz mientras éste explicaba en el tablero mural, se le deslizó una lágrima.

–¿Por qué llorás?–, le preguntaron.

–*Porque me hace recordar a mi Madre Patria*–[299]

* Le preguntamos a Pleci cuándo volvería a actuar. Dijo:

Estoy completamente alejado del ajedrez.

Al rato sacó la carterita del bolsillo para reproducir las partidas jugadas. Verdaderamente, no estaba tan alejado como decía.[300]

Los recuerdos de Lipiniks. LA GRIETA

▨ Como buen ajedrecista de mi generación yo me consideraba en la otra vereda, de modo que algunas cosas me sorprendieron mucho.

* Tenía bien claro que el gobierno era nazi–fascista y, por ende, antisemita, entonces me quedé con la boca abierta al ver que Herman Pilnik fue a saludar a la pareja real con la mayor naturalidad, y con algo de genuflexión. Después razoné que, ya que yo no estaba incluido en el plantel probablemente por no haber llegado en mi mejor momento, si lo hubiera estado habría sufrido un problema de conciencia. Pero seguramente, por no ser parte directa sino indirecta en las disputas político/raciales, me habría presentado a saludarlos naturalmente, aunque sin agacharme como Herman.

* En cambio, lo del viejo Villegas fue sensacional. Cuando fue llamado a saludar, se negó airadamente a subir, mientras caminaba nerviosamente en un espacio de un metro cuadrado, rodeado

---

[298] Para evitar confusiones, los operadores de telex recibían las jugadas con nombres femeninos, de los cuales tomaban la letra inicial. Carolina tres Amanda, significaba C3A.

[299] Alonso Díaz tenía un inconfundible acento español.

[300] *Blancas y Negras* nº 10, noviembre de 1946.

por todas las autoridades de la Federación, que querían persuadirle. Yo me quise morir, más que nada por las feroces represalias que la tiranía podría tomar contra una figura tan querida como lo era Villegas. Para mi gran alivio, de reojo miré al tablado del presidente y su señora, y a los ministros, que estaban en nuestro mismo nivel, y los descubrí a todos riendo a no más poder. Villegas se salió con la suya y no saludó a los gobernantes. Después le sobró calma para empatar la partida con su adversario telegráfico español. No recuerdo si no me incluyeron en el equipo porque todavía no había llegado mi mejor momento ya que, después de mi resultado en el Campeonato Argentino del 1946 me retiré del ambiente, desanimado por el retiro del apoyo de mi papá, quien había estado a mi lado en todos mis triunfos anteriores.

* Lo que dice Rebizzo respecto a mi lapicera, puede haberse producido cuando estaba tomando notas para la revista *Enroque!!*, de Necochea, dirigida por Oliva, un práctico del puerto. Fue mi primera incursión en el campo periodístico ajedrecístico.[301]

Las causas de la derrota argentina, según Francisco Benko en *Cabalgata*

Triunfo de España.
La Prensa, 13 de octubre de 1946

Repercusiones del *match* en ABC de España

Si la Interurbana no lo evita, dentro de unos días el *match* internacional radiotelefónico de ajedrez Argentina–España va a constituir el suceso más extraordinario del deporte de la inteligencia y de la parsimonia. A este respecto, sin embargo, un "experto" nos ha hecho hoy lar reflexiones siguientes, que queremos dejar impresas para que los organizadores mediten: ¿cómo se van a dar la mano los rivales telefónicos? ¿Dónde se van a interpretar los himnos, en Buenos Aires o en Madrid? Si hay banquete al final de la lucha, ¿quiénes, dónde y cuántos van a comer? Y, en fin, la duda más inquietante: cuando ante una jugada decisiva se interrumpa la comunicación y el que iba a hacer la

[301] Testimonio de Leonardo Lipiniks al autor, 4 de mayo de 2008.

jugada de jaque–mate llame airado, ¡central!, ¡central!, ¿es que va a oírse en el mundo entero toda la frase… deportiva y ajedrecística?[302]

Benko critica desde *Cabalgata*. LA GRIETA

Referente al *match* mismo y a su resultado lamentable para Argentina, permítasenos decir algunas palabras con la convicción de que una buena y desinteresada crítica ha de servir para evitar errores en el futuro, siempre y cuando haya buena voluntad para ello. Nosotros hemos bregado continuamente por la unión del ajedrez nacional, cosa que no fue posible concretar en los últimos años. Algunos estadistas practican todavía su famoso "divide et impera" para salir con lo suyo como terceros, pero cuando se produce la división, por dentro las cosas empeoran, porque no hay terceros culpables, aún cuando sí hay terceros que suelen salir beneficiados, como España en este caso. Por sus antecedentes, por sus intervenciones en pruebas por equipos donde siempre actuó mal, España está considerada como un país flojo en ajedrez. Y resulta que ahora le gana un *match* a la Argentina, que tiene ganado un merecido prestigio. (…)

¿Por qué? Porque las autoridades competentes no han creído necesario unir todas las fuerzas del ajedrez argentino, no sólo para ganar el *match*, sino para ganarlo de la manera más contundente. Quedaron fuera jugadores de tanto mérito como Isaías Pleci, Arón Schvartzman, Luis Piazzini, Alejandro Nogués Acuña, Luis Palau, Julio Lynch, etc., todos los cuales han dado ya pruebas de saber apreciar la responsabilidad de jugar en una representación nacional.

En cambio, en el *match* con España hemos presenciado el triste espectáculo de ver a uno de los jugadores designados por la FADA llegar al salón de juego con dos horas de retraso. Tal jugador fue reemplazado antojadizamente por otro, dejándose afuera sin ningún motivo a un tercero que había sido previamente invitado. Luego se refiere Benko a la situación de los ajedrecistas extranjeros que permanecen en la Argentina debido a las crueles consecuencias de la guerra, y posiciona claramente a favor de la Asociación Metropolitana, la entidad disidente de la FADA.

¿Cuántas oportunidades se dan a maestros como Miguel Najdorf, Gideon Ståhlberg, Paul Michel, Miguel Czerniak, Movsa Feigins, Marcos Luckis, Karel Skalicka y Jorge Pelikán? ¿No son suficientes siete años para considerarlos identificados con nuestro ajedrez? ¿Por qué no se los incluye en el ranking nacional con todos los derechos, con todos los honores y todos los deberes, así como están Herman Pilnik, Juan Iliesco y el que escribe estas líneas, que tampoco son argentinos? Con tal temperamento, ¿saldría ganando o perdiendo el país?

Hace poco la Asociación Metropolitana jugó un *match* radiotelegráfico con el Uruguay. Integraron el equipo Miguel Najdorf, Miguel Czerniak, Luis Piazzini, Alejandro Nogués Acuña, Francisco Benko y Luis Palau. Ganamos el *match* con holgura, y a nadie se le ocurrió hacer críticas ni dudar del resultado por el simple hecho de que algunos jugadores no habían nacido en el país. (…) Esperemos que las autoridades recapaciten y tomen las providencias necesarias para aprovechar a todos los valores que se encuentran actualmente entre nosotros.[303]

La revista del ACA y el *match*. ÉPICO

En el ACA se realizó el Torneo Radiofónico de Ajedrez entre los equipos de España y Argentina. Una concurrencia numerosa siguió con gran interés el desarrollo del *match* radiotelefónico de ajedrez entre los equipos representativos de la FADA y la Federación Española, realizado el 12 de

---

[302] *ABC*, viernes 27 de octubre de 1946, información deportiva.
[303] Francisco Benko, *Revista Cabalgata*.

octubre en el gran salón del primer piso del Automóvil Club Argentino. Al acto asistió el presidente de la República general Juan D. Perón, su esposa, señora Eva Duarte de Perón, el vice–presidente, doctor J. Hortensio Quijano y señora, el ministro de Justicia e Instrucción Pública, doctor B. A. Gache Pirán, el ministro de Hacienda, doctor Ramón Cereijo, el secretario de Industria y Comercio, señor Rolando Lagomarsino, el presidente de la Cámara de Diputados, doctor Ricardo Guardo, el presidente del Banco Central, señor Manuel Miranda, el jefe de la Casa Militar, teniente coronel Juan F. Castro, el director de Correos y Telecomunicaciones de España, señor Luis Rodríguez Miguel, el administrador general de Vialidad Nacional, coronel (R) Oscar Cazalas, el señor Carlos de Bruyn, de Radiar, y autoridades de la FADA.

En representación del ACA asistió el miembro de la CD de la institución, ingeniero Eduardo L. Edo. Inició el acto el presidente de la FADA, doctor Carlos A. Querencio, con un discurso que fue transmitido a España; seguidamente contestó desde Madrid el presidente de la FEDA, Marqués de Monte Corto. Posteriormente el doctor Querencio anunció, entre grandes aplausos, que el presidente de la Nación había prometido conceder un subsidio anual a la FADA. En el tablero del campeón argentino, Herman Pilnik, se inició la competencia con el primer movimiento de peón realizado por el general Perón. Finalizó en la madrugada con el triunfo del equipo español por 8 puntos contra 7.[304]

Portela, ecuánime

El triunfo hispano no admite retaceos, desde el punto de vista, digamos, deportivo. No es actitud elegante la de buscar peregrinas explicaciones a la derrota, máxime cuando el vencedor no tiene más culpa de ella que el haber cooperado con su excelente desempeño. Pero, los representantes locales actuaron con un concepto equivocado del valor de sus adversarios. La sesión del Automóvil Club de la que luego habría que lamentarse, más parecía una recepción de tipo social que una severa competición ajedrecística en la que cada cual debiera estar con la atención concentrada en su respectivo tablero. Es que se supuso que el triunfo sería fácil. Y se olvidaron las sabias advertencias refraneros respecto al enemigo nunca pequeño, a la venta de la piel del oso, y al canto prematuro de la victoria, aún hallándose en el estribo. Y por cierto que el estribo estuvo lejos todo el tiempo.[305]

Iliesco: 'Nuestro amigo el General Perón'. ÉPICO

En el mes de octubre de 1946, la FADA organizaba un *match radial* en Buenos Aires, con los ajedrecistas de la romántica España. Los enormes salones del Automóvil Club fueron habilitados para soportar la gran afluencia de aficionados y la comodidad necesaria de los jugadores. Una fiesta original de confraternidad, esgrima del nervio e intelecto, imprimida (Sic) y transportada en segundos por ondas eléctricas.

Pero un acontecimiento cordial de gran valor acompañaba el comienzo de la lucha del pensamiento a larga distancia. Nuestro presidente, el entonces coronel Perón, y la inolvidable Evita, prometían saludar las primeras estocadas del tablero. Por vez primera, los ajedrecistas tenían la oportunidad de conocer de cerca al dúo del sentimiento y energía patriótica. Uno por uno, los maestros se acercaron en ese emocionante momento, para ser recibidos con el más efusivo apretón de manos. Figuraba yo entre los defensores del ajedrez argentino, y cuando me llamaron corrí, para encontrar la mano firma y sincera.

---

[304] *Automovilismo, revista del Automóvil Club Argentino* 325 de setiembre de 1946.
[305] Carlos Portela, revista *Vea y Lea*, diciembre de 1949.

Recibí la sensación de que el ajedrez, tan huérfano, contaba de aquel instante, con amigos poderosos, y sentía una profunda satisfacción por el valor humano excepcional que apoyaba noblemente la verdad espiritual del ajedrez. Pasaron los años con muchas pruebas de cariño para los ajedrecistas y el ajedrez, y ahora, de nuevo en el encuentro con los maestros soviéticos, la voz del General Perón, nuestro gran amigo, se eleva con un cordial... presente, ¡y saluda a los ajedrecistas con el mismo apretón que aquel inolvidable apretón de 1946! Hoy, como ayer, el General Perón es el gran amigo de los ajedrecistas.[306]

Informe sobre el *match* Argentina vs España en la *revista del ACA*, noviembre de 1946. El vicepresidente H. Quijano, la señora Eva Duarte de Perón, el presidente Juan D. Perón, el jefe de la Casa Militar coronel Juan F. Castro, escuchan al presidente de la FADA, Carlos Querencio

El Pacto Perón – Franco: salvación española. ÉPICO

El 30 de octubre de 1946 España y Argentina ambos países firmaron el Convenio Comercial y de Pagos –Pacto Perón–Franco–, cuya meta era asegurar el abastecimiento de cereales a España. Argentina se comprometió a vender a los españoles un mínimo de 400.000 toneladas de trigo en 1947, y 300.000 en 1948, y asimismo cubrir con sus ventas el 90% de las necesidades que España no pudiera satisfacer con su propia producción entre los años 1949–1951. También se prometió la venta de cuantiosas cantidades de maíz, aceites comestibles y tortas oleaginosas.

Por su parte, España se comprometió a enviar a cambio palanquilla, chapa negra, plomo, corcho, etc., y asimismo saldar las deudas que se habían acumulado a lo largo de cuatro años como consecuencia de la concreción de acuerdos anteriores entre ambos países. En el marco del nuevo acuerdo, Argentina otorgó al régimen de Franco créditos en condiciones sumamente favorables, ya que España no podía recurrir a sus disminuidas reservas de divisas extranjeras para pagar por los cereales.[307]

---

[306] Juan Iliesco, *La Capital de Mar del Plata*, 6 de abril de 1954.
[307] El Pacto Perón-Franco: justificación ideológica y nacionalismo en Argentina, Raanan Rein, Universidad de Tel Aviv, EIAL *Estudios Interdisciplinarios de América Latina y el Caribe*, Año I nº 1, enero-junio de 1990.

Pilnik, Herman – Pomar Salamanca, Arturo [B19]
Argentina–España radio *match* (1.1), 12.10.1946 *[Juan S. Morgado]*

1.e4 c6 2.d4 d5 3.Cc3 dxe4 4.Cxe4 Af5 5.Cg3 Ag6 6.Cf3 Cd7 7.h4 h6 8.Ad3 Axd3 9.Dxd3 Dc7 10.Ad2 Cgf6 11.0–0–0 e6 12.The1 0–0–0 13.Ce4 Cxe4 14.Dxe4 Cf6 15.De2 Ad6 16.Rb1 Td7 17.Ce5 Axe5 [17...Te7 18.Cc4 Td8 19.Df3→, Roedl – Grob, Bad Nauheim 1935] 18.dxe5 Cd5 19.c4 Ce7 20.Ab4 Txd1+ 21.Txd1 c5 22.Ac3 Td8 23.h5 Cc6 24.Txd8+ Dxd8 25.Df3 Dd7 [25...Dh4!?] 26.a3 Cd4 27.De3 Da4 ½–½

Medina García, Antonio Ángel – Rossetto, Héctor Decio [C91]
Argentina–España radio *match* (1.2), 12.10.1946 *[Juan S. Morgado]*

1.e4 e5 2.Cf3 Cc6 3.Ab5 a6 4.Aa4 Cf6 5.0–0 d6 6.c3 Ae7 7.d4 0–0 8.Te1 b5 9.Ab3 Ca5 10.Ac2 Ag4 11.dxe5 Axf3 12.Dxf3 dxe5 13.Cd2 Dd7 14.h3 g6 15.Cf1 Ch5?! [15...Tfd8=] 16.Ah6... [16.a4→] 16...Cg7 17.Ce3 c6 18.a4 De6 19.axb5 axb5 20.Ted1 Cb3?? [20...Tfb8!?] 21.Txa8 Txa8 22.Cd5 cxd5 23.Axb3+− dxe4 24.Dxe4 Da6 25.Dd5 Ce6 26.Dxe5 Af8 27.Axe6... [27.Axf8 Cxf8 28.Td6±] 27...Dxe6 28.Dxe6 fxe6 29.Axf8 Rxf8 30.Td4 Re7 31.Rf1 Ta2 32.Tb4 Ta5 33.Re2 Rd6 34.Rd3 Rd5? [34...e5 35.f3±] 35.Txb5+ 1–0

Bolbochán, Jacobo – Albareda, Miguel Crues [C83]
Argentina–España radio *match* (1.3), 12.10.1946 *[Juan S. Morgado]*

1.e4 e5 2.Cf3 Cc6 3.Ab5 a6 4.Aa4 Cf6 5.0–0 Cxe4 6.d4 b5 7.Ab3 d5 8.dxe5 Ae6 9.c3 Ae7 10.Cbd2 0–0 11.Te1 Cc5 12.Cd4 Cxd4 13.cxd4 Cd3 14.Te3 Cf4 15.Cf1 Cg6 16.Te1 c5 17.Cg3 Dd7 18.Ae3 c4 19.Ac2 f5 20.f4 a5 21.Ce2 b4 22.Aa4 Db7 23.Tf1 Ad7 24.Tf3 Tfb8 25.Af2?!... [25.Ac2!?] 25...Cf8?! [25...Axa4 26.Dxa4 Cf8. →] 26.Cg3?!... [26.Ac2 g6 27.h3 Ce6∓] 26...g6→ [26...Axa4 27.Dxa4 g6→] 27.Cf1 Axa4 28.Dxa4 Db5 29.Dd1 a4 30.h3 Ce6 31.g4?... [31.Tb1 Dc6→] 31...Cg7?! [31...Tf8∓] 32.Ce3 Tf8 33.Df1 Dc6 34.Tc1 Rh8 35.Ag3 Ce6 36.Td1?... [36.Dd1 Db5∓] 36...a3–+ 37.b3 cxb3 38.axb3 a2 39.Tf2 Dc3 40.Cxd5 Dxg3+ 41.Tg2 Dxb3 42.Cxe7 Dxd1 0–1

Sanz Aguado, José – Bolbochán, Julio [E91]
Argentina–España radio *match* (1.4), 12.10.1946 *[Juan S. Morgado]*

1.c4 Cf6 2.Cf3 g6 3.Cc3 Ag7 4.e4 0–0 5.d4 d6 6.h3 Cbd7 7.Ae3 e5 8.Ae2 exd4 9.Cxd4 Cc5 10.Dc2 Te8 11.f3 Ch5 12.0–0–0 Cg3 13.The1 f5 14.Af2?!... [14.Ad3!?] 14...fxe4 15.f4??... [15.fxe4 Cgxe4 16.Cxe4 Cxe4∓] 15...Cxe2+ 16.Dxe2 Ad7 17.Rb1 Cd3–+ 18.Tg1 c5 19.Cdb5 Ac6 20.Ae3 a6 21.Ca3 b5 22.cxb5 axb5 23.Caxb5 Axb5 24.Cxb5 Da5 25.a4 Dxa4 0–1

Iliesco, Juan Traian – Pérez Pérez, Francisco José [A07]
Argentina–España radio *match* (1.5), 12.10.1946

1.Cf3 d5 2.g3 c6 3.Ag2 Cf6 4.0–0 Af5 5.Ch4 Ag6 6.Cxg6 hxg6 7.c4 e6 8.cxd5 cxd5 9.Cc3 Cc6 10.d4 Ae7 11.Ag5 0–0 12.Dd3 Tc8 13.Tfd1 Cd7 14.Axe7 Dxe7 15.a3 Cb6 16.e4 dxe4 17.Dxe4 Tfd8 18.d5 exd5 19.Cxd5 Cxd5 20.Txd5 Txd5 21.Dxd5 Td8 22.Db5 Td2 23.Axc6 Df6 24.Tf1 Txb2 25.Dc5 Dxc6 26.Dxa7 De4 27.Dc5 Tb1 28.Dc8+ ½–½

Mocete, Santiago Martínez – Corte, César Juan [E13]
Argentina–España radio *match* (1.6), 12.10.1946 *[Juan S. Morgado]*

1.d4 Cf6 2.c4 e6 3.Cf3 b6 4.Cc3 Ab7 5.Ag5 h6 6.Ah4 Ab4 7.e3 c5 8.Db3 Cc6 9.dxc5 Axc5 10.Ae2 0–0 11.0–0 g5 12.Ag3 Ch5 13.Ce4 Cxg3 14.Cxg3 f5 15.Tad1 Dc7 16.Dc3 Ab4 17.Dc2 Tf7 18.Cd4 Ce5 19.a3 Af8 20.Tc1 Tc8 21.Db1 Aa8?! [21...g4!? 22.Ch5 Dd8→] **22.f3 Db7 23.Rh1 a6 24.e4?...** [24.b4=] **24...f4∓ 25.Ch5 Ad6?!** [25...Rh7∓] **26.b4 Ab8 27.Rg1 Rh7 28.Cb3?...** [28.g3∓] **28...Tcf8** [28...Rg6∓] **29.Cd2?...** [29.g4 fxg3 30.hxg3 Dc7↑] **29...d6** [29...Rg6 30.g4 fxg3 31.Cxg3 Rh7∓] **30.Rh1 Rg6?** [30...b5∓] **31.g4= Tc7 32.Rg2 Aa7 33.h3 Tfc8?!** [33...Rh7=] **34.Db2±** [34.Tfd1±] **34...Dc6?? 35.Cb3±** [35.c5!+–] **35...Ab7?? 36.c5+– bxc5 37.bxc5 Dd7 38.cxd6 Dxd6?? 39.Tfd1 Db6 40.Dxe5 Df2+ 41.Rh1 Dxe2 42.Dxe6+ 1–0**

Luego de tener partida favorable, Corte quedó con pocos segundos para efectuar varias jugadas y perdió en forma ridícula.

Passero, Pedro – Bove, Alberto [A48]
Argentina–España radio *match* (1.7), 12.10.1946 *[Juan S. Morgado]*

1.d4 Cf6 2.Cf3 g6 3.e3 Ag7 4.Ad3 d6 5.Cbd2 Cbd7 6.e4 e5 7.c3 0–0 8.0–0 Te8 9.Db3 Cb6 10.Te1 Ch5 11.Cc4 Ae6 12.d5 Ag4 13.Cxb6 axb6 14.Dd1 h6 15.h3 Ad7 16.Ad2 Df6 17.Rh2 Cf4 18.Axf4 Dxf4+ 19.g3 Df6 20.De2 g5 21.Cd2 Dg6 22.Cc4 g4 23.h4 h5 24.Ce3 Af6?! [24...Df6!?] **25. Tf1→ Rg7 26.f3 Th8 27.f4 Rf8 28.Cg2 Dg7 29.Tf2 Re7 30.a3 exf4 31.Txf4 Ae5 32.Tf2 Ta5 33.Taf1 f6 34.Ce3 Taa8?** [34...Tc8 35.Dd2→] **35.Ab5± Dh7 36.Axd7 Rxd7 37.Cc4 Tae8 38.Tf5 Te7 39.a4 The8 40.Cd2 Dh6 41.T1f2 Rc8 42.Dd3 Th7 43.b4 Dg7 44.a5 bxa5 45.bxa5 Dd7 46.a6 Da4?** [46...b6 47.Cc4±] **47.axb7+ +– Rxb7 48.Cc4 Rc8 49.Tb2 Rd8 50.Tff2 Da8 51.Ta2 Dc8 52.Ta7 Re7 53.Tb2?!...** [53.Cxe5 fxe5 54.Dc4 Rd8 55.Tfa2+–] **53...Rf8 54.Tbb7 Dd8?** [54...Dd7 55.Cb6 De7 56.Ca8 f5 ∞] **55.Ce3...** [55.Ce3 f5 56.Cxf5 Rg8 57.De3 Rh8 58.Rg2+–] **1–0**

Vilardebó Picurena, José – Sanguinetti, Renato [D96]
Argentina–España radio *match* (1.8), 12.10.1946

1.d4 Cf6 2.c4 g6 3.Cf3 Ag7 4.Cc3 d5 5.Db3 dxc4 6.Dxc4 0–0 7.Db3 c5 8.d5 Da5 9.Ad2 Db4 10.e4 e6 11.Ac4 exd5 12.Cxd5 Dxb3 13.Axb3 Cc6 14.Cxf6+ Axf6 15.Ac3 Axc3+ 16.bxc3 Ag4 17.Ad5 Tae8 18.Tb1 Cd8 19.Cd2 b6 20.f3 Ae6 21.c4 f6 22.0–0 Cf7 23.Tbd1 Te7 24.Cb1 Ce5 25.Ca3 Rg7 ½–½

Maderna, Carlos Hugo – Llorens, Rafael [D13]
Argentina–España radio *match* (1.9), 12.10.1946

1.c4 Cf6 2.Cc3 c6 3.d4 d5 4.cxd5 cxd5 5.Cf3 Cc6 6.Af4 Db6 7.Ca4 Da5+ 8.Ad2 Dd8 9.Tc1 Ce4 10.e3 e6 11.Ab5 Ad7 12.0–0 Ad6 13.Cc5 Axc5 14.dxc5 0–0 15.Ac3 De7 16.Axc6 bxc6 17.Ce5 Tfb8 18.Ad4 f6 19.Cxd7 Dxd7 20.f3 Cg5 21.Ac3 De7 22.b4 e5 23.Te1 Dc7 24.a4 a6 25.De2 Ce6 26.Ted1 Df7 27.Dc2 Tb7 ½–½

Gamonal, Rafael – García Vera, Oscar [C13]
Argentina–España radio *match* (1.10), 12.10.1946 *[Juan S. Morgado]*

1.e4 e6 2.d4 d5 3.Cd2 dxe4 4.Cxe4 Cf6 5.Ag5 Ae7 6.Axf6 gxf6 7.Cf3 b6 8.Ab5+ c6 9.Ae2 Ab7 10.Dd3 Cd7 11.0-0-0 Dc7 12.The1 0-0-0 13.De3 c5 14.Af1 [14.Cc3 cxd4 15.Cxd4=] 14...Rb8 15.dxc5 Cxc5 16.Cc3 a6 17.g3... [17.Rb1!?] 17...f5 18.Ce5 Ce4 19.Cxe4 Dxe5 20.Cd2 Dxe3 21.Txe3 Ac5 22.Te2 Td7 23.f4 a5 24.Ag2?!... [24.Tde1 Rc7∓] 24...Aa6→ 25.Tee1 Af2 26.Te5 Thd8 27.Af3 Ad4 28.Tee1 Axb2+ 29.Rxb2 Txd2 30.Rc3 Txd1 31.Txd1 Txd1 32.Axd1 Rc7 33.Rd4 Rd6 34.c3 f6 35.Ac2 h6 36.a3 Af1 37.Ab3 Ag2 38.Ac4 e5+ 39.Re3 Ad5 40.Ad3 Ae6 41.Ae2 Rc5 42.Ad3 e4 43.Ae2 Ac4 44.Ad1 Ad3 45.Ab3 Ac4 46.Ad1 Aa2 47.Ae2 Ab1 48.Af1 Ad3 49.Axd3 exd3 50.Rxd3 Rb5 51.Rc2 Rc4 52.Rb2 Rd3 53.Rb3 h5 54.h3 b5 55.h4 Rd2 56.c4 a4+ 57.Rb4 bxc4 58.Rxc4 Re3 59.Rd5 Rf3 60.Re6 Rxg3 61.Rxf5 Rf3 62.Rg6 ½–½

Puiggrós, Guillermo – Fuentes, Juan Manuel [C50]
Argentina–España radio *match* (1.11), 12.10.1946

1.e4 e5 2.Cf3 Cc6 3.Ac4 Ac5 4.d3 d6 5.Cc3 Cd4 6.Cxd4 Axd4 7.Ce2 Ab6 8.c3 Dh4 9.Cg3 Cf6 10.h3 Ae6 11.Axe6 fxe6 12.De2 0-0 13.Ae3 Axe3 14.Dxe3 Df4 15.0-0 g5 16.Ce2 Dh4 17.Dg3 Dh5 18.f3 Dg6 19.h4 gxh4 20.Dxh4 Tf7 21.f4 Dg4 22.Dxg4+ Cxg4 23.fxe5 Cxe5 24.Cf4 Tf6 ½–½

Alonso Leira, José – García Vera, Romeo [D18]
Argentina–España radio *match* (1.12), 12.10.1946 *[Juan S. Morgado]*

1.d4 d5 2.c4 c6 3.Cf3 Cf6 4.Cc3 dxc4 5.a4 Af5 6.Ce5 e6 7.e3 Ab4 8.Axc4 0-0 9.0-0 c5 10.Ca2 Aa5 11.dxc5 Dxd1 12.Txd1 Ac2 13.Tf1 Axa4 14.b4 Ac7 15.Ab2 a6 16.Cc1 Ac6? [16...Ac2=] 17.Ccd3?!... [17.b5 Ad5 18.Axd5 Cxd5 19.Cb3 Tc8 20.Cd3 Ad8 21.Tfc1 h6 22.e4 Ce7 23.Ce5±] 17...Td8?! 18.Tfd1?!... [18.b5 Ad5 19.Tfd1 Rf8 20.Axd5 Txd5 21.f3 Cfd7 22.Cg4 h5 23.Cgf2±] 18...Ad5 [18...Ce8 19.Ac3→] 19.Axd5 Cxd5 20.b5± Axe5 21.Cxe5 Tc8? [21...f6 22.Cc4±] 22.e4 Cc7 23.c6 b6 24.Cc4 axb5 25.Cxb6 Txa1 26.Axa1 Te8 27.Ae5 Cxc6 28.Axc7 e5 29.Td6 Cd4 30.Td8 Txd8 31.Axd8 b4 32.Cc4 b3 33.Rf1 f6 34.Ab6 Cb5 35.Re2 Cd6 36.Cd2 b2 37.Rd3 g6 38.Ac5 1-0

Rebizzo, Cayetano – García Junco, Leonardo [C90]
Argentina–España radio *match* (1.13), 12.10.1946 *[Juan S. Morgado]*

1.e4 e5 2.Cf3 Cc6 3.Ab5 a6 4.Aa4 Cf6 5.0-0 b5 6.Ab3 Ae7 7.Te1 0-0 8.d3 d6 9.c3 Ca5 10.Ac2 c5 11.Cbd2 Dc7 12.Cf1 Cc6 13.Ce3 Ae6 14.Cg5 d5 15.exd5 Cxd5 16.Cxe6 fxe6 17.g3 Tad8 18.Dg4 Dd6 19.Dh3 Cf6 20.Ab3 Cd5 21.Ac2... [21.a4 Ag5 22.axb5 axb5 23.Ta6 Axe3 24.Axe3 Cc7 25.Tb6 Tb8 26.Txb8 Txb8 27.Ac2 g6 28.Ab3 Cd8 29.Dg4 Cd5 30.Ad2±] 21...Cf6 ½–½

Fue una pena que Rebizzo aceptara el empate en una posición tan ventajosa para él. Se notó la falta de un capitán de equipo con autoridad que decidiera en estos casos.

Rico González, Antonio – Villegas, Benito Higinio [C45]
Argentina–España radio *match* (1.14), 12.10.1946 *[Juan S. Morgado]*

1.e4 e5 2.Cf3 Cc6 3.d4 exd4 4.Cxd4 Cf6 5.Cxc6 bxc6 6.Ad3 d5 7.exd5 cxd5 8.0–0 Ae7 9.Af4 0–0 10.Cc3 c6 11.h3 Ad6 12.Dd2 Tb8 13.b3 Axf4 14.Dxf4 Ae6 15.Tad1 Da5 16.Ce2 Db4 17.Tfe1 Dxf4 18.Cxf4 Tfe8 19.Te3 Ad7 20.Tde1 Rf8 21.Rf1 g5 22.Txe8+ Txe8 23.Txe8+ Rxe8 24.Ce2 c5 25.Cc3 Re7 26.Re2 Ac6 27.f3 h5 28.a4?!... [28.Ab5→] 28...Re6 29.Ab5 Ab7 30.a5 a6 31.Ad3 h4 32.Ca4 Rd6 33.c3 Ch5 34.Re3 Cf4 35.Af1 Ce6 36.Cb6 Cd8 37.f4 f6 38.fxg5 fxg5 39.Ae2?... [39.b4 d4+ 40.cxd4 cxb4 oo] 39...Cc6–+ 40.Rf3 Cxa5 41.Rg4 Cxb3 42.Rxg5 Cc1 43.Af3 Ac6 44.Rxh4 a5 45.Ad1?... [45.g4 a4∓] 45...Ca2–+ 46.c4 d4 47.g4 Cc3 48.Ac2 a4 49.g5 a3 50.g6 Ae8 51.g7 Af7 52.Ab3 d3 53.Rg5 d2 54.Rf6 Ag8 55.Cc8+ Rd7 56.Ac2 Rxc8 57.Af5+ Rc7 58.Ae6 d1D 0–1

Montiel, Osvaldo – Pedrol, Esteban [A28]
Argentina–España radio *match* (1.15), 12.10.1946

1.c4 e5 2.Cc3 Cf6 3.Cf3 Cc6 4.a3 d5 5.d4 exd4 6.Cxd4 Cxd4 7.Dxd4 dxc4 8.Dxd8+ Rxd8 9.e4 Ae6 10.f4 g6 11.f5 gxf5 12.Ag5 Ae7 13.exf5 Axf5 14.Axc4 Ae6 15.0–0–0+ Cd7 16.Axe7+ Rxe7 17.Cd5+ Rf8 18.Cxc7 Axc4 19.Txd7 Tc8 20.Rd2 Rg7 21.Tc1 Thd8 22.Txd8 Txd8+ 23.Re3 Ab3 ½–½

Capítulo 16

EL CONGRESO DE LA NACIÓN OTORGA UN SUBSIDIO AL CLUB ARGENTINO
Apoyo de la bancada radical con Balbín y Frondizi
Zara y Cooke primeras figuras. ÉPICO

El 30 de octubre de 1946 ingresa por Mesa de Entradas a la Cámara de Diputados del Congreso de la Nación el Expediente número 1471, Caratulado "Leopoldo Zara y otros, solicitud de subsidio al Club Argentino de Ajedrez". Los fundamentos fueron redactados por el diputado Edmundo Leopoldo Zara.

Se concreta en un proyecto de ley de Diputados y Cámara de Senadores que dice en su principal resolución:

> Art. 1: Acuérdase al Club Argentino la suma de $ 350.000 por una sola vez para la adquisición de su edificio;
> Art. 2: Acuérdase a la misma institución un subsidio anual por $ 20.000.

Firman el dictamen los siguientes once diputados: Edmundo Leopoldo Zara (Mendoza), José María Villafañe (La Rioja), Silvano Santander (Entre Ríos), Julio J. Busaniche (Santa Fe), Ricardo Balbín (Buenos Aires), Arturo Frondizi (Capital) y Julio Vanasco (Corrientes) por la Unión Cívica Radical; John William Cooke (Capital) por la (UCRJR Peronista); Antonio Juan Benítez (Capital), Nerio Rodríguez (Tucumán) y Guillermo Klix López (Buenos Aires) por el Partido Laborista. Son siete por la UCR y cuatro por el peronismo (tres por el Partico Laborista y uno por los radicales disidentes).

Ricardo Balbín, Foto de tapa Mundo Argentino, 24 de octubre de 1956.

Arturo Frondizi, Diario La Capital, 21 de octubre de 2020.

El Club Argentino solicita un subsidio al Congreso el 30 de octubre de 1946
[Expediente 1471]

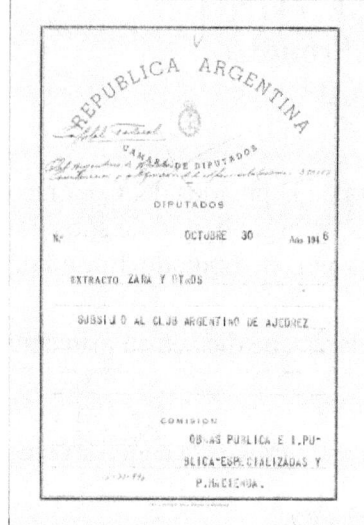

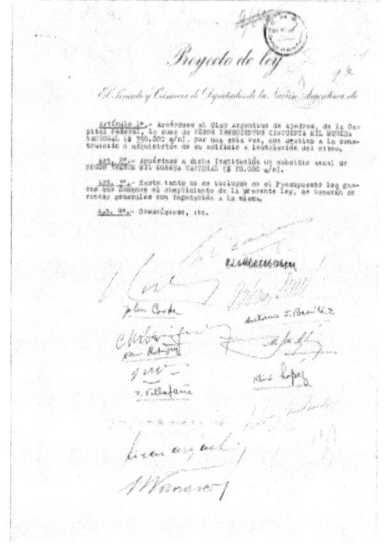

Capítulo 17

II TORNEO MAGISTRAL DEL CÍRCULO LA REGENCE

■ El doctor (Jacobo) Adolfo Seitz[308] primer periodista ajedrecístico del mundo (Sic) embolsa en un enorme zurrón, libros, revistas y su copiosa correspondencia aérea. Abogados, olvidados de los tribunales, discuten de variantes. El profesor Becker, tan serio, que es incapaz de afirmar nada sin verificarlo y ficharlo previamente, derrama su sabiduría a carcajadas. Feigins se hunde en un rincón para pasar inadvertido. Ellerman, argentino, el mejor problemista de ajedrez del mundo, azuza a Seitz. Obreros consultan la biblioteca, mientras Pepino y Villalonga se trenzan en su clásica partidita. Y, sobre todo, sastres, muchos sastres. ¿Qué tendrá que ver el ajedrez con la tijera?

En un rincón, el presidente del Club, funcionario de los Tribunales, Milcíades A. Lachaga, da vuelta a la manija del mimeógrafo. Esa es la editorial donde se ha impreso y encuadernado el libro del acontecimiento ajedrecístico más importante y cuajado de enseñanzas de los últimos tiempos. Y lo ha comentado el profesor Becker.[309]

■ A las conocidas figuras internacionales como René Letelier y el doctor Karel Skalicka, ganadores del certamen, de Movsa Feigins, Jiri Pelikán, Heinrich Reinhardt y Arnoldo Ellerman, se agregaron esta vez Oscar Garibaldi –vencedor del Torneo Selección de la FADA de 1945– y Antonio Garritani, nuestro campeón *amateur*.[310]

■ Hoy se iniciará un torneo en el que participan los conocidos maestros y destacados aficionados Carlos Skalicka, Jorge Pelikán, René Letelier, Movsa Feigins, Enrique Reinhardt, Arnoldo Ellerman, Antonio Garritani y Oscar Garibaldi. Las partidas se jugarán a razón de 40 jugadas en 2 horas, los lunes, miércoles y viernes.[311]

1ª ronda, 10 de julio

■ En el Círculo La Regence, Nazca 738, se jugó la primera rueda, que atrajo numeroso público. Los resultados fueron: Letelier 1:0 Garritani; Skalicka 1:0 Reinhardt; Garibaldi ½:½ Ellerman; Pelikán 0:1 Feigins. Fue una Apertura Bird muy complicada. Las blancas emplearon tiempo excesivamente, hasta que en la jugada 31ª perdieron una pieza a raíz de varias movidas precipitadas, y abandonaron.[312]

Garibaldi, Oscar – Ellerman, Arnoldo [D13]
Círculo La Regence Buenos Aires (1), 10.07.1946

1.Cf3 d5 2.d4 Cf6 3.c4 c6 4.cxd5 cxd5 5.Cc3 Cc6 6.e3 e6 7.Ad3 Ae7 8.0–0 0–0 9.Ad2 b6 10.Tc1 Cb4 11.Ae2 Ce4 12.a3 Cxd2 13.Dxd2 Cc6 14.b4 Ab7 15.Ad3 f5 16.Ab1 Rh8 17.Dd3 Af6 18.Ce2 De7 19.Cf4 g6 20.Db3 Tac8 21.Cd3 g5 22.Db2 Tc7 23.b5 Ca5 24.Txc7 Dxc7 25.Tc1 Cc4 26.Cfe5 Dd6

---
[308] El doctor Jacobo Adolfo Seitz está presentado solamente como "Adolfo Seitz". Esta circunstancia puede relacionarse con el episodio relatado por el profesor Zoilo R. Caputto en otra parte de esta obra. Otros testimonios, como el de Francisco Benko, señalan que al Círculo La Regence concurrirían los alemanes integrantes del equipo que ganó el Torneo de las Naciones en 1939 que estaban más cercanos al nazismo.
[309] *Qué sucedió en 7 días*, agosto 15, 1946, pág. 48.
[310] *Torneo Internacional del Círculo La Regence*, Milcíades Lachaga, Buenos Aires, 1946.
[311] *La Nación*, 10 de julio de 1946.
[312] *La Nación*, 12 de julio de 1946.

27.Cxc4 dxc4 28.Db4 Ae7 29.Dxd6 Axd6 30.Txc4 Tc8 31.Txc8+ Axc8 32.Cb4 Ad7 33.Ad3 Rg7 34.g3 Rf6 35.f4 gxf4 36.exf4 h6 37.Rf2 Ae8 38.Re3 Ad7 39.Rd2 Axb4+ 40.axb4 Re7 41.h3 h5 42.Ae2 Ae8 43.Rc3 Rd6 44.Rc4 Af7 45.Rc3 Ae8 46.Af3 Ag6 47.Ac6 Af7 48.Af3 Ae8 49.Rc4 Af7 50.d5 e5 51.fxe5+ Rxe5 52.Ag2 Ae8 53.Af1 Af7 ½–½

Letelier Martner, René – Garritani, Antonio [E69]
Círculo La Regence Buenos Aires (1), 10.07.1946

1.d4 Cf6 2.c4 g6 3.g3 Ag7 4.Ag2 0–0 5.Cc3 c6 6.e4 d6 7.Cf3 Cbd7 8.0–0 e5 9.h3 Dc7 10.Ae3 Te8 11.Dd2 exd4 12.Cxd4 Cc5 13.Dc2 Ad7 14.Tad1 Tad8 15.b4 Ce6 16.Cde2 b6 17.f4 Ac8 18.Dd2 Td7 19.g4 Ted8 20.f5 Cf8 21.g5 Ch5 22.f6 Ah8 23.b5 Ab7 24.bxc6 Axc6 25.Cd5 Axd5 26.cxd5 Db7 27.Cd4 Te8 28.Cc6 Cg3 29.Tf4 Da6 30.Rh2 Ch5 31.Tf2 h6 32.h4 hxg5 33.hxg5 Tc7 34.e5 dxe5 35.d6 Td7 36.Ce7+ Texe7 37.dxe7 Txd2 38.Tfxd2 1–0

Pelikán, Jorge – Feigins, Movsa [A02]
Círculo La Regence Buenos Aires (1), 10.07.1946 *[Juan S. Morgado]*

1.f4 Cf6 2.Cf3 d6 3.c4 c5 4.Cc3 g6 5.g3 Ag7 6.Ag2 0–0 7.e3 Cc6 8.0–0 Ca5 9.d3 Tb8 10.Tb1 a6 11.a3 Cc6 12.Ce1 Ad7 13.b4 Cg4 14.Dc2 cxb4 15.axb4 b5 16.c5 Tc8 17.Cd5 a5 18.bxa5 Cxa5 19.d4?!... [19.Ad2 Txc5 20.Da2 Cc6 21.h3 Cf6 22.d4 Txd5 23.Axd5 Cxd5 24.Dxd5 Ca5 25.Axa5 Dxa5 oo] 19...dxc5 20.dxc5 Af5?! [20...Ac6→] 21.Ae4? Axe4 22.Dxe4 e6∓ 23.Cb4 Txc5 24.Cbd3 Td5 25.Aa3 Te8 26.Ac5 Cc4 27.Txb5 Cd2 28.Da4 Cxf1 29.Ab6 Dd7 30.Cc5 Txc5 31.Axc5 0–1

Skalicka, Carlos – Reinhardt, Enrique [D04]
Círculo La Regence Buenos Aires (1), 10.07.1946

Fué iniciado un torneo de ajedrez para maestros en el Círculo La Régence

Feigins vence a Pelikán en la 1ª rueda. *La Nación*, 12 de julio de 1946

1.Cf3 d5 2.d4 Cf6 3.e3 c5 4.b3 Cc6 5.Ab2 e6 6.Cbd2 cxd4 7.exd4 Da5 8.a3 Ae7 9.Ad3 0–0 10.0–0 b5 11.De2 Tb8 12.b4 Db6 13.Cb3 Ce8?! [13...a6!?] 14.Ac1→ a6 15.Cc5 h6 16.c3 Ad6 17.Ad2 Ac7 18.Ce5 Cxe5 19.dxe5 f6 [19...f5 20.f4±] 20.f4 Dc6 [20...f5 21.Ae3±] 21.Dh5 f5 22.Ae3 Rh7 23.g4 g6 24.Dh3 Ab6 25.Ta2 Cg7 26.Tg2?... [26.Ad4 Ab7 27.Cb3 fxg4 28.Dxg4 Cf5 29.Tg2 Tg8 30.Rh1 Axd4 31.cxd4 Dc3 32.Cc5 Dxd4 33.Dd1 a5 34.Cxe6 Dc3 35.Cg5+ hxg5 36.Axf5 Rg7 37.Tf3+–] 26...Ab7 27.Ad4→ Tg8 28.Tg3 fxg4?? [28...Axc5 29.bxc5→] 29.Axg6+ Rxg6 30.Dxg4+ Rf7 31.Dg6+ Rf8 32.Df6+ Re8 33.Txg7 Txg7+ 34.Dxg7 1–0

2ª ronda, 12 de julio

En la 2ª ronda, Garritani fue vencido por Feigins, Gambito de Dama Rehusado, Defensa Lasker sin la intermedia P3TR. Las blancas quedaron en condiciones de inferioridad, ganando Feigins en la jugada 55ª. Reinhardt venció a Garibaldi, Defensa Siciliana, en que el primero dominó para imponerse bien en la jugada 38ª. Letelier empató con Skalicka. El maestro chileno obtuvo las mejores posibilidades, pero llegándose a un final de alfiles de color diferente, no bastó la ventaja material para decidir la partida, que se declaró tablas en la 56ª. Suspendieron Ellerman – Pelikán, en condiciones netamente favorables para éste.[313]

Ellerman, Arnoldo – Pelikán, Jorge [B08]
Círculo La Regence Buenos Aires (2), 12.07.1946

1.e4 d6 2.d4 Cf6 3.Cc3 g6 4.Ae2 Ag7 5.Cf3 0–0 6.h3 Cc6 7.Ae3 e5 8.d5 Ce7 9.g4 c6 10.Dd2 a6 11.Td1 cxd5 12.exd5 b5 13.a3 Ab7 14.Ag5 Tc8 15.Tg1 Db6 16.Ch4 Cexd5 17.Cxd5 Cxd5 18.Cg2 e4 19.Ce3 Cc3 20.Dxd6 Tc6 21.Db4 Cxd1 22.Axd1 a5 23.Db3 Dc5 24.h4 h6 25.Af4 Td8 26.Ae2 Tb6 27.h5 a4 28.Da2 g5 29.Ag3 Ac8 30.Rf1 Ae6 31.Db1 Ae5 32.c3 Axg3 33.Txg3 De5 34.Cc2 Td2 35.Cd4 Ac4 36.Re1 Txd4 37.cxd4 Dxd4 38.Te3 Te6 39.Dc2 Axe2 40.Rxe2 Dd5 41.Rf1 De5 42.Rg2 Df4 43.Dd1 Td6 44.De2 Td4 45.Rh3 b4 46.axb4 Txb4 47.Dc2 Df6 48.Tc3 Dd4 49.Rg2 e3 50.Txe3 Dxg4+ 51.Rf1 Dc4+ 52.Dxc4 Txc4 53.Te5 Tb4 54.Ta5 Rg7 55.Rg2 Th4 56.Ta6 f6 57.Ta7+ Rf8 58.Ta5 Re7 59.Ta6 Rf7 60.Ta8 Re6 61.Ta5 Rd6 62.f3 Rc6 63.Ta6+ Rb5 64.Txf6 Txh5 65.f4 gxf4 66.Txf4 Tc5 67.Rf1 Tc2 68.Re1 Txb2 69.Rd1 a3 70.Rc1 Tb4 71.Tf5+ Ra4 72.Tf2 h5 73.Te2 h4 0–1

Garritani, Antonio – Feigins, Movsa [D53]
Círculo La Regence Buenos Aires (2), 12.07.1946

1.d4 d5 2.Cf3 e6 3.c4 Cf6 4.Cc3 Ae7 5.Ag5 Ce4 6.Axe7 Dxe7 7.e3 0–0 8.Db3 c6 9.Ae2 b6 10.cxd5 cxd5 11.Tc1 Ab7 12.0–0 Cc6 13.Dc2 Tfc8 14.Db1 f5 15.Tfd1 a6 16.Ca4 Db4 17.Cc3 b5 18.h3 Dd6 19.a3 Tc7 20.b4 Cxc3 21.Txc3 Cxd4 22.Txc7 Cxe2+ 23.Rf1 Cg3+ 24.fxg3 Dxc7 25.Rf2 Tc8 26.Db2 Dc3 27.Td2 Dxb2 28.Txb2 Rf7 29.Ce5+ Re7 30.Cd3 Tc3 31.Cc5 Ac8 32.Cb3 e5 33.Re2 Ae6 34.Ca5 g5 35.Td2 Txa3 36.Tc2 f4 37.gxf4 gxf4 38.exf4 exf4 39.Tc7+ Rf6 40.Txh7 d4 41.Tc7 Ad5 42.Tc8 Axg2 43.Tf8+ Rg5 44.Tg8+ Rh6 45.h4 Ta2+ 46.Re1 d3 47.Cb3 Ad5 48.Td8 Axb3 49.Txd3 Ac4 50.Tf3 Te2+ 51.Rd1 Te4 52.Ta3 f3 53.Txa6+ Ae6 54.Rd2 f2 55.Ta1 Ac4 0–1

Letelier Martner, René – Skalicka, Carlos [D37]
Círculo La Regence Buenos Aires (2), 12.07.1946 *[Juan S. Morgado]*

1.d4 Cf6 2.c4 e6 3.Cf3 d5 4.Cc3 Ae7 5.Af4 0–0 6.e3 c5 7.dxc5 Axc5 8.Ae2 Cc6 9.0–0 a6 10.cxd5 Cxd5 11.Cxd5 exd5 12.Tc1 Ae7 13.Ce5 Db6?! [13...Cxe5 14.Axe5 Af6 *(14...Ae6 15.Dd4→)* 15.Ad4 Af5 16.Dd2⩱] **14.Dxd5 Ae6** [14...Dxb2 15.Cxc6 bxc6 16.Dxc6 Ae6 17.Ac4 Tac8 18.Dxa6 Ad5 19.Da4 Da3 20.Db5 Axc4 21.Txc4 Dxa2 22.Txc8 Txc8 23.h3→] **15.Cxc6→ bxc6 16.Txc6 Dxe3 17.Axe3 Axd5 18.Txa6 Txa6 19.Axa6 Axa2 20.Tc1→ 20...Ae6 21.Tc7 Ad6 22.Tc6 Ae7 23.Ac4 Td8 24.Rf1?!...** [24.g3→] **24...Td6= 25.Tc5 Td1+ 26.Re2 Axc5 27.Rxd1 Axe3 28.Axe6 Axf2 29.Ad5 Rf8 30.Rd2 Re7 31.Rd3 f6 32.Ag8 h6 33.Re4 g6 34.Rd5 Rd7 35.Ae6+ Rc7 36.Af7 g5 37.Re6 Ad4 38.b3 Ab2 39.Rf5 Rd6 40.Rg6 Re7 41.Ac4 Ae5 42.h3 Ac3 43.Rxh6 Rd6 44.Rh5 Ae1 45.Rg4 Re5 46.Ad3 Rd4 47.Af5 Re5 48.Ac8 Ab4 49.g3 Ae7 50.Af5 Ab4 51.h4 gxh4 52.gxh4 Ae1 53.Ac8 Rd6 54.h5 Re7 55.Rf5 Rf7 56.h6 Rg8 ½–½**

Reinhardt, Enrique – Garibaldi, Oscar [B55]
Círculo La Regence Buenos Aires (2), 12.07.1946

1.e4 c5 2.Cf3 d6 3.d4 cxd4 4.Cxd4 Cf6 5.f3 e5 6.Ab5+ Ad7 7.Axd7+ Dxd7 8.Cf5 d5 9.Ag5 dxe4 10.Axf6 Dxd1+ 11.Rxd1 gxf6 12.fxe4 Cc6 13.c3 Tg8 14.g3 0–0–0+ 15.Cd2 Ce7 16.Cxe7+ Axe7 17.Re2 h5 18.Taf1 h4 19.Tf3 hxg3 20.hxg3 Rd7 21.Cf1 Re6 22.Ce3 Th8 23.Th4 Tdg8 24.Cf5 Af8 25.Tf2 Txh4 26.gxh4 Th8 27.Th2 Ah6 28.Th3 a5 29.Td3 Af8 30.Td8 Tg8 31.Rf3 b6 32.h5 Th8 33.h6 Tg8 34.h7 Th8 35.a4 Txh7 36.Txf8 Th3+ 37.Rg4 Td3 38.Tb8 1–0

3ª ronda, 14 de julio

▩ Feigins y Skalicka se destacan en el Torneo del Club La Regence. Las tres rondas iniciales han destacado en el primer puesto al conocido maestro letón Movsa Feigins, integrante del equipo de su país que jugó el Torneo de las Naciones de 1939, y con iguales puntos el doctor Carlos Skalicka, que jugara en el equipo de Bohemia y Moravia, ambos con 2½/3. Las ruedas se juegan en Nazca 738, U. T. 67 3599.[314]

Feigins, Movsa – Ellerman, Arnoldo [A14]
Círculo La Regence Buenos Aires (3), 14.07.1946

1.Cf3 Cf6 2.c4 e6 3.b3 d5 4.Ab2 Ae7 5.g3 0–0 6.Ag2 c5 7.0–0 Cc6 8.cxd5 Cxd5 9.d4 cxd4 10.Cxd4 Cxd4 11.Axd4 Cb6 12.Cc3 Cd7 13.Dd2 Da5 14.Tfd1 Ag5 15.b4 Dd8 16.Db2 Af6 17.Tac1 De7 18.Cb5 Td8 19.Cd6 Tb8 20.e4 Ag5 21.f4 Dxd6 22.Axa7 Da6 23.Axb8 Ae7 24.Txc8 Txc8 25.Txd7 Db6+ 26.Df2 Tc1+ 27.Af1 Txf1+ 28.Rxf1 Db5+ 29.De2 Dxd7 30.a3 h6 31.Ae5 Dc6 32.Rf2 Dc1 33.Db2 Dh1 34.Axg7 Dxh2+ 35.Rf3 Dh1+ 36.Rf2 Dh2+ ½–½

Garibaldi, Oscar – Letelier Martner, René [D38]
Círculo La Regence Buenos Aires (3), 14.07.1946

1.Cf3 d5 2.d4 Cf6 3.c4 e6 4.Cc3 Ab4 5.Db3 c5 6.cxd5 exd5 7.Ag5 Cc6 8.e3 c4 9.Dc2 h6 10.Ah4 g5 11.Ag3 Ce4 12.Cd2 Af5 13.Cdxe4 Axe4 14.Dd2 b5 15.f3 Ag6 16.h4 0–0 17.hxg5 hxg5 18.Ae2 De7 19.Rf2 a6 20.Th3 Tae8 21.Tah1 Rg7 22.Ad1 f5 23.Ac2 De6 24.Th6 Tf7 25.f4 g4 26.T6h2 Aa5 27.a3 Ad8 28.Ah4 Axh4+ 29.Txh4 Tff8 30.Ce2 Th8 31.Cg3 Txh4 32.Txh4 Th8 33.Txh8 Rxh8 34.Dc1 Rg7 35.Dh1 Ce7 36.Dh4 Df6 37.Ch5+ Axh5 38.Dxh5 Dh6 39.De8 Rf6 40.Db8 Rf7 41.De5 Dh4+ 42.Re2 Df6 43.Dc7 Dg6 44.De5 Dh5 45.Rd2 a5 46.Dc7 b4 47.axb4 axb4 48.Aa4 Dh1 49.Db8 Dxg2+ 50.Re1 Dg3+ 51.Re2 Df3+ 52.Rd2 Df2+ 53.Rd1 Dxe3 54.Ae8+ Rg7 55.Dxb4 Dxd4+ 56.Re1 De3+ 57.Rd1 g3 58.De1 d4 59.Ah5 g2 0–1

Pelikán, Jorge – Reinhardt, Enrique [A08]
Círculo La Regence Buenos Aires (3), 14.07.1946

1.d3 d5 2.g3 c5 3.Ag2 Cc6 4.Cf3 Cf6 5.0–0 e5 6.Cc3 d4 7.Cb1 Ae7 8.Cbd2 Cd5 9.Cc4 f6 10.e4 dxe3 11.fxe3 Ag4 12.c3 Dd7 13.e4 Cc7 14.Ce3 Ae6 15.c4 Cd4 16.Cxd4 Dxd4 17.Rh1 0–0 18.Cf5 Axf5 19.exf5 Tab8 20.De2 Tfd8 21.Ae4 Dd7 22.Ae3 De8 23.g4 Ca6 24.Tf3 Cb4 25.Th3 h6 26.a3 Cc6 27.Dg2 Rf8 28.Ad5 Cd4 29.Txh6 1–0

---
[314] *El Mundo*, 16 de junio de 1946.

Skalicka, Carlos – Garritani, Antonio [A47]
Círculo La Regence Buenos Aires (3), 14.07.1946

1.Cf3 Cxg6 34.f5 Tf8 35.Dh7+ Rf7 36.fxg6+ Re8 37.Txf8+ Rxf8 38.Tf2+ Re7 39.Dxg7+ 1–0Cf6 2.d4 e6 3.e3 b6 4.Ad3 Ab7 5.0–0 Ae7 6.b3 0–0 7.Ab2 c5 8.Cbd2 Cc6 9.a3 d5 10.De2 Dc8 11.Ce5 cxd4 12.Cxc6 Dxc6 13.exd4 a6 14.Tae1 b5 15.g4 Tfe8 16.Df3 Dc7 17.Te2 Ad6 18.g5 Cd7 19.Dh3 Cf8 20.Cf3 Af4 21.Dg4 Cg6 22.h4 Ac8 23.Ce5 Axe5 24.dxe5 Ab7 25.Ad4 De7 26.f4 Dxa3 27.h5 Cf8 28.Axh7+ Rxh7 29.g6+ fxg6 30.hxg6+ Rg8 31.Th2 Db4 32.c3 Dxb3 33.Dh5 Cxg6 34.f5 Tf8 35.Dh7+ Rf7 36.fxg6+ Re8 37.Txf8+ Rxf8 38.Tf2+ Re7 39.Dxg7+ 1–0

4ª ronda, 17 de julio

Los resultados fueron: Garritani ½:½ Ellerman; Letelier ½:½ Pelikán; Reinhardt ½:½ Feigins; Skalicka 1:0 Garibaldi.

Feigins y Skalicka, primeros en La Regence.
El Mundo, 23 de junio de 1946

Garritani, Antonio – Ellerman, Arnoldo [E72]
Círculo La Regence Buenos Aires (4), 17.07.1946

1.d4 Cf6 2.c4 g6 3.g3 Ag7 4.Ag2 d6 5.Cc3 0–0 6.e4 Cbd7 7.Cge2 c5 8.h3 cxd4 9.Cxd4 Dc7 10.b3 a6 11.Ab2 Cc5 12.0–0 Dd8 13.De2 Tb8 14.Tad1 Ad7 15.Rh2 Ce6 16.Cd5 Ce8 17.f4 b5 18.f5 Cxd4 19.Axd4 Axd4 20.Txd4 bxc4 21.bxc4 e6 22.Ce3 De7 23.Dd2 Ac6 24.Cg4 exf5 25.exf5 Axg2 26.Rxg2 h5 27.Ce3 Cf6 28.Cd5 Cxd5 29.cxd5 Tbe8 30.Dh6 Df6 31.Tdf4 Te2+ 32.T1f2 Tfe8 33.fxg6 Txf2+ 34.Txf2 Dxg6 35.Dxg6+ fxg6 36.Tf6 Rg7 37.Txd6 Te2+ 38.Rf3 Txa2 39.h4 Ta4 ½–½

Letelier Martner, René – Pelikán, Jorge [A41]
Círculo La Regence Buenos Aires (4), 17.07.1946

1.d4 d6 2.c4 g6 3.g3 Ag7 4.Ag2 Cc6 5.Cf3 e5 6.dxe5 dxe5 7.Dxd8+ Cxd8 8.Cc3 Ce6 9.e4 Ce7 10.Ae3 0–0 11.Cd5 Te8 12.0–0–0 c6 13.Cxe7+ Txe7 14.Ah3 Cd4 15.Axc8 Txc8 16.Cxd4 exd4 17.Axd4 ½–½

Reinhardt, Enrique – Feigins, Movsa [D46]
Círculo La Regence Buenos Aires (4), 17.07.1946 *[Juan S. Morgado]*

1.d4 d5 2.c4 c6 3.Cf3 Cf6 4.e3 e6 5.Cc3 Cbd7 6.Ad3 Ae7 7.0–0 0–0 8.e4 dxe4 9.Cxe4 b6 10.De2 Ab7 11.Td1 Dc7 12.Ag5 Tad8 13.Cc3 Tfe8 14.Ce5 a6 15.Af4 c5 16.Ac2... [16.Cxf7 Dxf4 17.Dxe6 Af8 18.Ch6+ Rh8 19.Cf7+ Rg8=] **16...Ad6 17.Cxd7 Txd7 18.Axd6 Txd6 19.dxc5 Dxc5**

20.Txd6 Dxd6 21.Td1 Dc6 22.f3 Tc8 23.De3 h6 24.Dd4 Rf8 25.b3 Dc5 26.Dxc5+ bxc5 27.Rf2 Ac6 28.Re3 Re7 29.Ae4 Cxe4 30.fxe4 Tb8 31.g3 f6 ½–½

Skalicka, Carlos – Garibaldi, Oscar [A47]
Círculo La Regence Buenos Aires (4), 17.07.1946

1.Cf3 Cf6 2.d4 e6 3.e3 b6 4.Ad3 Ab7 5.Cbd2 d5 6.Ce5 Ce4 7.Df3 Cg5 8.Dg4 h5 9.Df4 Df6 10.h4 Ch7 11.Dg3 Ad6 12.e4 g6 13.exd5 exd5 14.f4 Ac8 15.Cdf3 0–0 16.Cg5 Af5 17.0–0 c5 18.Df3 Axd3 19.cxd3 Cxg5 20.Dxd5 Ca6 21.hxg5 De6 22.Dxe6 fxe6 23.Cxg6 Tf5 24.Ae3 Cb4 25.dxc5 bxc5 26.Ad2 Cxd3 27.b3 a5 28.g3 a4 29.Ac3 Td5 30.Tfd1 Rf7 31.Ch4 Ae7 32.Cf3 Tad8 33.Td2 axb3 34.axb3 Rg8 35.Th2 Cxf4 36.gxf4 Td3 37.Aa5 Ta8 38.Ce5 Txb3 39.Tha2 Tab8 40.Ac7 Tb1+ 41.Txb1 Txb1+ 42.Rg2 Tb7 43.Ta8+ Rg7 44.Aa5 Ad6 45.Ac3 Axe5 46.Axe5+ Rg6 47.Tf8 h4 48.Rh3 1–0

5ª ronda, 20 de julio

Al finalizar la ronda, encabeza el cuadro de posiciones el maestro checoslovaco Carlos Skalicka, que solamente ha empatado una partida contra el excampeón chileno, René Letelier, venciendo en las restantes, y colocándose en inmejorables condiciones para optar por el primer puesto. Por tal razón, la partida que sostendrán Feigins y Skalicka adquiere especial importancia.[315]

Garibaldi, Oscar – Garritani, Antonio [A99]
Círculo La Regence Buenos Aires (5), 20.07.1946

1.Cf3 f5 2.b3 e6 3.Ab2 Cf6 4.g3 Ae7 5.Ag2 0–0 6.0–0 d6 7.d4 De8 8.c4 Dh5 9.Cc3 Cc6 10.d5 exd5 11.Cxd5 Cxd5 12.cxd5 Cd8 13.e3 Af6 14.Cd4 Dxd1 15.Taxd1 Ad7 16.Aa3 Axd4 17.Txd4 Tc8 18.Tc1 b5 19.Td2 Tf7 20.Tdc2 Cb7 21.Txc7 Tb8 22.b4 g5 23.Ab2 a6 24.Ad4 Cd8 25.Af3 g4 26.Ae2 Rf8 27.h3 h5 28.hxg4 hxg4 29.Rg2 Th7 30.Ad3 Re8 31.e4 fxe4 32.Axe4 Th6 33.Ag7 Th3 34.Ag6+ Cf7 35.Axf7+ Rxf7 36.Txd7+ Rg6 37.Tcc7 Te8 38.Txd6+ Rf5 39.Tf7+ Re4 40.Te6+ 1–0

Pelikán, Jorge – Skalicka, Carlos [A00]
Círculo La Regence Buenos Aires (5), 20.07.1946

1.d3 d5 2.g3 e5 3.Cf3 Cc6 4.Ag2 Ag4 5.h3 Ae6 6.0–0 h6 7.Cc3 Cf6 8.e4 dxe4 9.Cxe4 Cxe4 10.dxe4 Dxd1 11.Txd1 Ac5 12.c3 a5 13.b3 0–0 14.Te1 Tfd8 15.Ae3 Aa3 16.Ac1 Af8 17.Af1 f6 18.Ae3 Td7 19.Ted1 Txd1 20.Txd1 a4 21.Cd2 axb3 22.axb3 b6 23.Ab5 Cd8 24.Rg2 c6 25.Ac4 b5 26.Ae2 Cb7 27.Ag4 Axg4 28.hxg4 c5 29.f4 Ta2 30.Tc1 Rf7 31.Rf3 Ad6 32.Re2 Ca5 33.Rd3 Cxb3 34.Tb1 c4+ 35.Cxc4 bxc4+ 36.Rxc4 Cd2+ 37.Axd2 Txd2 38.Tb7+ Ae7 39.f5 Tg2 40.Rd5 Txg3 41.c4 Txg4 42.c5 Tg1 43.c6 Tc1 0–1

Feigins, Movsa – Letelier Martner, René [D33]
Círculo La Regence Buenos Aires (5), 20.07.1946

1.d4 d5 2.c4 e6 3.Cf3 c5 4.cxd5 exd5 5.Cc3 Cc6 6.g3 c4 7.Ag2 Ab4 8.0–0 Cge7 9.e4 dxe4 10.Cxe4 0–0 11.a3 Aa5 12.Af4 Cd5 13.Ag5 f6 14.Ad2 Ag4 15.Axa5 Cxa5 16.h3 Ah5 17.Tc1 Tc8

---
[315] *La Prensa*, 22 de julio de 1946.

18.Cc5 Af7 19.Te1 Tc6 20.Da4 Dc7 21.Cd2 Td8 22.Af1 a6 23.Ag2 Ta8 24.Dc2 b6 25.Ca4 Td8 26.Cc3 Dd7 27.Dd1 b5 28.Dg4 f5 29.Dd1 Td6 30.Cf3 Cf6 31.Ce5 Dc7 32.Cxf7 Dxf7 33.d5 Cb3 34.Tc2 Cc5 35.Dd4 Cd3 36.Tee2 f4 37.g4 Cxg4 38.hxg4 f3 39.Te6 Dxe6 40.dxe6 Txd4 41.e7 Te8 42.Axf3 Ce1 43.Ac6 Txe7 44.Tc1 Cd3 45.Td1 Txg4+ 46.Rh2 Te5 0–1

Ellerman, Arnoldo – Reinhardt, Enrique [D75]
Círculo La Regence Buenos Aires (5), 20.07.1946

1.d4 Cf6 2.c4 g6 3.g3 Ag7 4.Ag2 d5 5.cxd5 Cxd5 6.Cf3 0–0 7.0–0 c5 8.Cc3 cxd4 9.Cxd4 Cxc3 10.bxc3 e5 11.Cb5 Db6 12.Cd6 Cc6 13.Ae3 Da6 14.Dd3 Dxd3 15.exd3 Td8 16.Ac5 Af8 17.Ce4 f5 18.Cf6+ Rf7 19.Axf8 Rxf6 20.Aa3 Txd3 21.Tfd1 Txd1+ 22.Txd1 Ae6 23.h4 Td8 24.Txd8 Cxd8 25.Ac1 Cf7 26.Axb7 Axa2 27.Aa6 Cd6 28.Ae3 Ac4 29.Axc4 Cxc4 30.Axa7 Cd2 31.Rg2 Re6 32.f3 Rd5 33.Rf2 Cb1 34.Re3 Cxc3 35.Ab6 Rc4 36.Aa7 Cd5+ 37.Rd2 Ce7 38.Ab6 Cc6 39.Re3 Rd5 40.Rd3 h5 41.Re3 Re6 42.Rd3 Cb4+ 43.Re2 Cd5 44.Aa5 f4 45.gxf4 Cxf4+ 46.Rf2 Rf5 47.Rg3 Ce6 48.Ad2 Cg7 49.Ah6 Ce8 50.Ag5 Re6 51.Rf2 Cd6 52.Ad8 Rd5 53.Aa5 Cf5 54.Ad8 Cd6 55.Aa5 Re6 56.Ad8 Rf5 57.Rg3 Cf7 58.Ab6 g5 59.hxg5 Cxg5 60.Ae3 Ce6 61.Ac1 Cd4 62.Ae3 Rg6 63.Af2 Cf5+ 64.Rh3 Rg5 65.Ag1 Rf6 66.Ab6 ½–½

6ª ronda, 22 de Julio

Garibaldi 0:1 Pelikán; Letelier ½:½ Ellerman; Garritani 0:1 Reinhardt; Skalicka 0:1 Feigins.

Garibaldi, Oscar – Pelikán, Jorge [A04]
Círculo La Regence Buenos Aires (6), 22.07.1946

1.Cf3 d6 2.g3 g6 3.Ag2 Ag7 4.d4 Cd7 5.e4 e5 6.c3 Cgf6 7.Cbd2 0–0 8.0–0 b6 9.Dc2 a5 10.b3 Ab7 11.Ab2 Te8 12.Tfe1 a4 13.Tad1 De7 14.d5 Tf8 15.b4 c6 16.dxc6 Axc6 17.c4 Ce8 18.Dd3 Tb8 19.Cb1 f5 20.Cfd2 Cdf6 21.Cc3 Ad7 22.b5 Cg4 23.Te2 Dg5 24.h3 Cgf6 25.Ac1 Dh5 26.h4 f4 27.Af3 Ag4 28.Rg2 Ah6 29.Axg4 Cxg4 30.Cf3 Tb7 31.Cd5 fxg3 32.Axh6 Dxh6 33.fxg3 Tbf7 34.Cg5 Tf2+ 35.Rg1 Dh5 36.Tdd2 Tf1+ 37.Rg2 h6 38.Ce7+ Rh8 39.Ch3 T1f3 40.Dxf3 Txf3 41.Rxf3 Ch2+ 42.Rg2 Cf3 43.Td3 Cxh4+ 44.Rf2 Cg2 45.Cg1 Cf4 46.gxf4 Dh4+ 47.Tg3 Dxe7 48.fxe5 dxe5 49.Cf3 Rg7 50.Cd2 Cf6 51.Re1 Ch5 52.Tg4 Da3 53.Cf1 Df3 54.Tg1 Cf4 55.Td2 Cd3+ 56.Txd3 Dxd3 0–1

Garritani, Antonio – Reinhardt, Enrique [A52]
Círculo La Regence Buenos Aires (6), 22.07.1946

1.d4 Cf6 2.c4 e5 3.dxe5 Cg4 4.Af4 Cc6 5.Cf3 Ab4+ 6.Cbd2 De7 7.e3 Cgxe5 8.Cxe5 Cxe5 9.Ae2 0–0 10.0–0 d6 11.a3 Axd2 12.Dxd2 Ae6 13.Tac1 Cg6 14.Ag3 f5 15.Af3 Tab8 16.Tfd1 Tf6 17.Ad5 b6 18.h3 Tbf8 19.Tc3 Rh8 20.b4 Df7 21.Te1 Ce7 22.Axe6 Dxe6 23.Ah4 Tg6 24.Axe7 Dxe7 25.Rh2 Te8 26.Td1 De4 27.f3 De5+ 28.f4 De4 29.Tf1 Th6 30.Tf3 c6 31.Dc2 De6 32.Dd2 Td8 33.Dc2 d5 34.cxd5 Txd5 35.Tg3 Tf6 36.Tf3 Dd7 37.Tf2 Tfd6 38.Dc1 Td1 39.Dc2 Te1 40.Te2 Tedl 41.Db3 h5 42.Tec2 Te1 43.Tc1 Te2 44.T3c2 Tdd2 45.Txd2 Dxd2 46.Tg1 Dxe3 47.Dxe3 Txe3 48.Tc1 Txa3 49.Txc6 Tb3 50.Tc4 h4 51.Rg1 Tb2 52.Td4 Rh7 53.Rf1 Rh6 54.Td6+ g6 55.Td4 b5 56.Rg1 Ta2 57.Td5 a6 58.Td3 Ta4 59.Tb3 g5 60.fxg5+ Rxg5 61.Rf2 Rf4 62.Tb2 Re4 63.g3 hxg3+ 64.Rxg3 Ta3+ 65.Rg2 f4 66.Te2+ Te3 67.Rf2 Rd3 68.Txe3+ fxe3+ 69.Re1 a5 0–1

Letelier Martner, René – Ellerman, Arnoldo [E68]
Círculo La Regence Buenos Aires (6), 22.07.1946

1.d4 Cf6 2.c4 d6 3.Cc3 e5 4.Cf3 Cbd7 5.g3 g6 6.Ag2 Ag7 7.0–0 0–0 8.e4 Te8 9.Te1 exd4 10.Cxd4 Ce5 11.b3 Ad7 12.h3 Dc8 13.Rh2 Cc6 14.Cde2 Cxe4 15.Axe4 Txe4 16.Cxe4 Axa1 17.Ah6 Ah8 18.Cf4 Af5 19.Cd5 Axe4 20.Txe4 Dd7 21.b4 f5 22.Te3 Te8 23.Txe8+ Dxe8 24.Cxc7 De4 25.Dxd6 De7 26.Dd5+ Df7 27.Ce6 Af6 28.Ad2 Cd4 29.Cxd4 Dxd5 30.cxd5 Axd4 31.Rg2 Rf7 32.Af4 Re7 33.Rf3 b5 34.Ae3 Ac3 35.Ac5+ Rf6 36.Re3 Re5 37.Rd3 Ae1 38.d6 Re6 39.a3 a5 40.bxa5 Axa5 41.g4 Ad8 42.gxf5+ gxf5 43.Rc3 Aa5+ 44.Rd4 Ad8 45.Re3 ½–½

Skalicka, Carlos – Feigins, Movsa [D04]
Círculo La Regence Buenos Aires (6), 22.07.1946

1.Cf3 d5 2.d4 Cf6 3.e3 g6 4.Ad3 Cbd7 5.Cbd2 Ag7 6.h3 c5 7.b3 cxd4 8.exd4 Ch5 9.Ab2 Cf4 10.0–0 0–0 11.Te1 f6 12.Af1 e5 13.g3 Ch5 14.c4 e4 15.Ch2 f5 16.cxd5 Cb6 17.d6 Dxd6 18.Cc4 Cxc4 19.bxc4 Ae6 20.Db3 Db6 21.Tad1 Af7 22.Td2 Da5 23.Ac3 Dc7 24.d5 Cxg3 25.d6 Db6 26.Dxb6 axb6 27.Axg7 Cxf1 28.Axf8 Cxd2 29.Ae7 Ae6 30.Td1 e3 31.fxe3 Txa2 32.Af6 Ad7 33.Ag5 Rf7 34.Ah4 Cxc4 35.Cf3 h6 36.Af2 b5 37.Cd4 Td2 38.Ta1 Cxd6 39.Ta7 g5 40.Cf3 Td1+ 41.Rh2 Ac6 42.Ce5+ Re6 43.Cxc6 bxc6 44.Ag3 b4 45.Ta6 Td2+ 46.Rg1 b3 0–1

7ª ronda, 25 de julio

El Torneo de Maestros acaba de finalizar con una división de honores en el primer puesto entre los maestros Carlos Skalicka, checoslovaco, y René Letelier, excampeón chileno, quienes totalizaron 5½ puntos cada uno. En tercer lugar, se clasificó Movsa Feigins y cuarto Jorge Pelikán. En general, se jugaron partidas interesantes, con planteos correctos. Se puede destacar en ese sentido el encuentro que mantuvieron Skalicka y Reinhardt (1ª ronda), que terminó con el triunfo del primero.[316]

Ellerman, Arnoldo – Skalicka, Carlos [E06]
Círculo La Regence Buenos Aires (7), 25.07.1946

1.Cf3 Cf6 2.g3 d5 3.Ag2 e6 4.0–0 Ae7 5.c4 0–0 6.d4 c6 7.Cc3 b6 8.Ce5 Cfd7 9.f4 Aa6 10.cxd5 Cxe5 11.dxe5 Ac5+ 12.Rh1 cxd5 13.a3 Cd7 14.b4 Ae7 15.Ae3 Tc8 16.Ad4 f5 17.Dd2 Ac4 18.Tfc1 a5 19.Db2 Tb8 20.e4 Cc5 21.bxc5 bxc5 22.Dd2 cxd4 23.Dxd4 fxe4 24.Cxe4 Db6 25.Dxb6 Txb6 26.Cd2 Aa6 27.Cf3 g6 28.Cd4 Tfb8 29.h4 Ac4 30.Rh2 Ac5 31.Cf3 Tb2 32.Rh3 T8b3 33.Cg5 Ae3 34.Tf1 Axf1 35.Txf1 Tf2 36.Cxe6 Txf1 37.Axf1 Txa3 38.Ag2 Td3 39.Cc7 Axf4 40.Axd5+ Rh8 0–1

Feigins, Movsa – Garibaldi, Oscar [A15]
Círculo La Regence Buenos Aires (7), 25.07.1946

1.Cf3 Cf6 2.c4 b6 3.g3 Ab7 4.Ag2 e6 5.0–0 Ae7 6.b3 d6 7.Cc3 Ce4 8.Cxe4 Axe4 9.d3 Af6 10.dxe4 Axa1 11.e5 Cd7 12.Ag5 f6 13.Dxa1 fxg5 14.Cd4 0–0 15.Axa8 Dxa8 16.Cxe6 Tf7 17.Cxc7

---

[316] La *Prensa*, 26 de julio de 1946.

Dc6 18.e6 Te7 19.Cb5 Ce5 20.Td1 Dc8 21.Txd6 Txe6 22.Cxa7 De8 23.Txe6 Dxe6 24.Dd4 Df6 25.Dd5+ Rf8 26.Cb5 Df5 27.Cd6 Df6 28.Ce4 De7 29.c5 1–0

Pelikán, Jorge – Garritani, Antonio [A00]
Círculo La Regence Buenos Aires (7), 25.07.1946

1.d3 d5 2.g3 g6 3.Ag2 Ag7 4.Cf3 c5 5.0–0 Cc6 6.Ca3 e5 7.c4 Cge7 8.Tb1 0–0 9.Ad2 h6 10.cxd5 Dxd5 11.Dc1 Dxa2 12.Dxc5 De6 13.b4 b6 14.Dc1 Cf5 15.Cb5 Tb8 16.e4 Cfd4 17.Cbxd4 Cxd4 18. Cxd4 exd4 19.Axh6 Aa6 20.Axg7 Rxg7 21.Da3 Ab5 22.Tbc1 a6 23.Db2 Dd7 24.h4 Tbd8 25.Dd2 Tc8 26.Rh2 Txc1 27.Txc1 Dd6 28.Ah3 Th8 29.Rg2 Te8 30.Ag4 Th8 31.f4 De7 32.f5 Ad7 33.f6+ Rxf6 34.Dg5+ 1–0

Reinhardt, Enrique – Letelier Martner, René [D52]
Círculo La Regence Buenos Aires (7), 25.07.1946

1.d4 d5 2.c4 e6 3.Cc3 Cf6 4.Ag5 c6 5.e3 Cbd7 6.Cf3 Da5 7.Dc2 Ce4 8.cxd5 exd5 9.Ad3 Cxg5 10.Cxg5 h6 11.Cf3 Ad6 12.0–0 Cf6 13.h3 Dc7 14.Tfc1 a6 15.Tab1 0–0 16.b4 De7 17.a3 Te8 18.Ca4 Ce4 19.Cb6 Tb8 20.Cxc8 Tbxc8 21.Axe4 dxe4 22.Cd2 Tcd8 23.Dd1 Rh7 24.Dg4 g6 25.Cc4 Ac7 26.g3 Td5 27.Rg2 f5 28.De2 g5 29.a4 Tf8 30.Cd2 f4 31.Dg4 Tdf5 32.Tc5 T5f6 33.exf4 gxf4 34.Te1 e3 35.fxe3 Tg6 36.Dh5 Txg3+ 37.Rh2 fxe3 38.Te5 Axe5 39.dxe5 exd2 0–1

Resumen

■ Del 10 al 24 de julio el Círculo La Regence realizó un reducido pero fuerte torneo de primera categoría, empatando el primer lugar Carlos Skalicka y René Letelier, con 5½/7. Antonio Garritani, campeón de La Regence, finalizó último. Fue director el presidente del Club, Milcíades Lachaga, quien acordó los honorarios con los participantes y la retribución para comentar las partidas. A estas actividades se une otro esfuerzo loable, que despierta un inusitado interés entre los ajedrecistas del orbe.

Skalicka y Letelier, primeros en La Regence.
La Prensa, 26 de julio de 1946

Esta labor consiste en la edición de libros sobre torneos nacionales y del exterior en idioma castellano. Ya hace tres años editó el torneo de Torneo Internacional de Mar del Plata 1943, luego el de Torneo Internacional de Mar del Plata 1944 y el voluminoso libro que reúne todas las partidas (1118) jugadas en ocasión del Torneo de las Naciones de Buenos Aires 1939. En el año 1946, y en rápida sucesión, vieron la luz otros seis libros de torneos: Ujpest 1934, Torneo Internacional de Mar del Plata 1942, Moscú 1944, la Regence 1946, Dresden 1936 y Helsinki 1946.[317]

---

[317] *Revista de la Asociación Metropolitana de Ajedrez* nº 17/18, julio-agosto, pág. 198. *Enroque!!* nº 52/3, pág. 237. *Caissa* nº 87, pág. 161/2. *El Ajedrez Argentino* 2ª época nº 1, pág. 7. *El Mundo*, 14 de julio de 1946.

Torneo del Círculo de La Regence 1946

	Participantes	1	2	3	4	5	6	7	8	Pts.	S.B.
1	Letelier Martner, René	*	½	1	½	1	½	1	1	5.5/7	16.25
2	Skalicka, Carlos	½	*	0	1	1	1	1	1	5.5/7	14.75
3	Feigins, Movsa	0	1	*	1	½	½	1	1	5.0/7	
4	Pelikán, Jorge	½	0	0	*	1	1	1	1	4.5/7	
5	Reinhardt, Enrique	0	0	½	0	*	½	1	1	3.0/7	
6	Ellerman, Arnoldo	½	0	½	0	½	*	½	½	2.5/7	
7	Garibaldi, Oscar	0	0	0	0	0	½	*	1	1.5/7	
8	Garritani, Antonio	0	0	0	0	0	½	0	*	0.5/7	

CAPÍTULO 18

CÉSAR CORTE GANA EN CÓRDOBA

En junio se realizó en la ciudad cordobesa de San Francisco un fuerte torneo de Primera Categoría, con 8 participantes. Ganó César Corte (Entre Ríos) con 6/7. Más atrás quedaron Pedro Passero (Santa Fe) 5½; Antonio Bahamonde (Santa Fe) y Carlos Maderna (La Plata) 4½; Juan Iliesco (Ciudad de Buenos Aires) 3½; Raúl Espinosa (Alta Gracia) 2; Jaime Menassé (San Francisco) 1½; J. Bacca (Rafaela) ½.[318]

En el Jockey Club de San Francisco se jugaron las partidas de la penúltima rueda. Sólo dos de ellas se definieron en la sesión de anoche, venciendo Corte a Bacca e Iliesco a Espinosa. Además, Passero 1:0 Menassé y Bahamonde ½:½ Maderna. En la rueda final jugarán Maderna – Bacca, Menassé – Corte, Espinosa – Passero y Bahamonde – Iliesco.[319]

Con el triunfo de César Juan Corte finalizó el torneo del Jockey Club. El vencedor, que sólo perdió una partida por excederse en el tiempo reglamentario con Passero en la 3ª rueda, batió anteanoche a Menassé, mientras Passero, que se hallaba con el mismo número de puntos, empató con el joven campeón de Alta Gracia, Espinosa. El resultado de este torneo habla bien del ajedrez del valor de los ajedrecistas del interior. En los otros resultados, Bahamonde le ganó a Iliesco, y Maderna a Bacca, ésta por ausencia.[320]

El torneo de ajedrez de San Francisco fué ganado por C. J. Corte

Corte, ganador en San Francisco, Córdoba. *La Nación*, 24 de junio de 1946

Torneo de San Francisco – Córdoba 1946

	Participantes	1	2	3	4	5	6	7	8	Pts.	S.B.
1	Corte, César	*	0	1	1	1	1	1	1	6.0/7	
2	Passero, Pedro	1	*	½	1	½	½	1	1	5.5/7	
3	Bahamonde, Carlos	0	½	*	½	½	1	1	1	4.5/7	10.75
4	Maderna, Carlos	0	0	½	*	1	1	1	1	4.5/7	9.75
5	Iliesco, Juan	0	½	½	0	*	1	½	1	3.5/7	
6	Espinosa, Raúl	0	½	0	0	0	*	½	1	2.0/7	
7	Menassé, Juan	0	0	0	0	½	½	*	½	1.5/7	
8	Bacca, J.	0	0	0	0	0	0	½	*	0.5/7	

[318] *Caissa* nº 87, pág. 187.
[319] *La Nación*, 22 de junio de 1946.
[320] *La Nación*, 24 de junio de 1946.

Capítulo 19

PEDRO MARTÍN GANA EL TORNEO SELECCIÓN

▪ Desde el 6 de julio hasta el 18 de agosto se jugó el XIX Torneo Selección, organizado por la FADA, con la participación de 14 jugadores.

1ª ronda, 6 de julio

▪ Inicióse en la sala de ajedrez del Ateneo de la Juventud, Riobamba 179, la disputa del Torneo Selección de 1ª Categoría, organizado por la FADA. Inauguró el acto el presidente de la FADA, doctor Carlos Querencio. Se resolvió reducir el ritmo de juego a 2 horas para cada 40 jugadas. En la reunión inicial impresionaron favorablemente las dos incógnitas del torneo. Nos referimos a Gerardo González, representante de la Federación Marplatense, y Pedro Martín, de la Federación Suburbana del Norte. Los días de juego son lunes, miércoles y viernes Los resultados fueron: Gorini 1:0 González; Ramírez ½:½ Wexler; Rodríguez ½:½ Castelli; Bartís 1:0 Estonllo y Simsilevich 0:1 Vermeulen. Suspendidas Brunstein – Martín y Pazos Gramajo – Rivarola. Libre: Barrera.[321]

5ª, 6ª y 7ª rondas

▪ Destacase Pedro Martín, representante de la Federación Suburbana del Norte, en el certamen Selección de 1ª Categoría. Interviene por primera vez en este certamen, así como Gustavo Bartís, Horacio Pazos Gramajo, y Emilio Rodríguez. Martín tiene 5/6 y una suspendida; Bartís 4½/5 y dos; Pazos Gramajo 4/6 y una.[322]

8ª ronda

▪ Con gran animación prosigue jugándose el Torneo de Selección. Después de jugada esta rueda encabeza la tabla de posiciones el aficionado Pedro Martín, con un total de 7/8. Siguen en condiciones de presentar lucha al puntero Gustavo Bartís, Fernando Ramírez y Bernardo Wexler.[323]

Pedro Martín, la estrella del Selección. *El Mundo*, 30 de julio de 1946

[321] *El Mundo*, 7 de julio de 1946.
[322] *El Mundo*, 30 de julio de 1946.
[323] *La Prensa*, 3 de agosto de 1946.

9ª ronda

▌Martín se mantiene primero. Diferentes alternativas han modificado el aspecto de la tabla de posiciones al computarse los resultados de las dos últimas rondas. Sin embargo, Pedro Martín ha mantenido su puesto de puntero, sin experimentar ningún revés. Gustavo Bartís perdió su condición de invicto, y Fernando Ramírez avanzó decidido hacia los puestos de vanguardia, siguiéndole en la arremetida su compañero del Círculo de Villa del Parque, Bernardo Wexler.[324]

12ª ronda

▌Sigue primero Martín. Luego de empatar con Vermeulen y vencer a Estonllo, pasó a tener 9½/11, superando a Horacio Pazos Gramajo, que tiene 7½ y una partida menos. Sigue Bernardo Wexler, con 7/10.[325]

Pedro Martín, imparable.
El Mundo, 3 de agosto de 1946

Pedro Martín, Pazos Gramajo y Wexler.
La Razón, 11 de agosto de 1946

13ª ronda, 18 de agosto

▌El representante de la Federación Suburbana del Norte, Pedro Martín, ha ganado por amplio margen de puntos sobre sus más calificados rivales, a quienes aún les falta disputar la última ronda. Martín finalizó su actuación con 11/13, invicto (+8 =6 –0).[326]

---

[324] *El Mundo*, 3 de agosto de 1946.
[325] *La Razón*, 11 de agosto de 1946.
[326] *El Mundo*, 20 de agosto de 1946.

Finalizó ayer el Torneo Selección de 1ª Categoría de la FADA

El certamen fue ganado por Pedro Martín, representante de la Federación Suburbana del Norte, y asociado del Club de Ajedrez de San Isidro, quien terminó sus compromisos antes que los demás competidores por hallarse libre en la última ronda. Faltaba dilucidar sobre el tablero el otro puesto que el reglamento ofrece a la promoción de este año, y al fin se hizo acreedor de esa promoción el conocido representante del Club Ríver Plate, Horacio Pazos Gramajo, no sin que tuviera en Gustavo Bartís, de la Asociación Nueva Argentina, un rival digno del premio que disputaban. Motivo de comentario entre los competidores ha sido el punto reglamentario que se refiere al número de jugadores que clasifican, estimando que la cifra de dos es no guarda proporción con la larga nómina que esta vez compitió en el certamen, valiendo la pena que se modificara, actualizándola. El certamen se desarrolló en la Fundación Ateneo de la Juventud, cuya ubicación central fue debidamente estimada por competidores y espectadores, que de esa manera vieron facilitado su acceso a un torneo que duró más de un mes, y donde participaron once entidades afiliadas a la FADA.[327]

Se impuso el representante de la Federación Suburbana del Norte, recientemente formada, Pedro Martín, con 11/13, invicto. Le siguieron Horacio Pazos Gramajo 10; Gustavo Bartís 8½; Carlos Gorini y Fernando Ramírez 8; Bernardo Wexler 7, Ricardo Rivarola y Emilio Rodríguez 6½; Nicolás Barrera 5½; Gregorio Brunstein 5; Maximino Estonllo y Gerardo M. González y Mario Vermeulen 4½; Oscar Castelli 1½. De acuerdo con la reglamentación respectiva, podrán jugar en forma condicional en el próximo Campeonato Argentino, Pedro Martín y Horacio Pazos Gramajo.[328]

Pedro Martín gana el Torneo Selección.
El Mundo, 26 de agosto de 1946

---

[327] *El Mundo*, 13 y 26 de agosto de 1946.
[328] *La Nación*, 24 de setiembre de 1946.

Ramírez, Fernando A. – Bartís, Gustavo [D61]
Torneo Selección Buenos Aires, 07.1946

1.d4 Cf6 2.c4 e6 3.Cc3 d5 4.Ag5 Cbd7 5.e3 c6 6.a3 Ae7 7.Dc2 h6 8.Ah4 a6 9.Cf3 0–0 10.Td1 dxc4 11.Axc4 b5 12.Aa2 Db6 13.0–0 Ab7 14.Ce5 Tfe8 15.Axf6 Cxf6 16.Ab1 c5 17.Cd7 Dc7 18.dxc5 g6 19.Cxf6+ Axf6 20.b4 De5 21.Ce4 Axe4 22.Dxe4 a5 23.Dxe5 Axe5 24.Ae4 Ta7 25.Ac6 Tc8 26.Td7 Txd7 27.Axd7 Tc7 28.Axb5 axb4 29.axb4 Tb7 30.Aa6 Txb4 31.c6 Tb8 32.Td1 Rf8 33.f4 Ac7 34.Td7 Tb1+ 35.Rf2 Tb2+ 36.Rf3 Tb6 37.Ab7 1–0

Gorini, Carlos A. – Ramírez, Fernando A. [D02]
Torneo Selección Buenos Aires, 07.1946 *[Juan S. Morgado]*

1.d4 Cf6 2.Cf3 b6 3.Af4 Ab7 4.Cbd2 e6 5.e3 d5 6.Ad3 Ae7 7.De2 0–0 8.Cg5 Cbd7 9.Ae5 c5 10.c3 a6 11.h4 Te8 12.Th3 Cf8 13.f4 b5? [13...Ce4 14.0–0–0 f6 15.Cdxe4 dxe4 16.Axe4 Axe4 17.Cxe4 fxe5 18.dxe5 Dc7 oo] **14.Axf6 Axf6 15.Axh7+ Cxh7 16.Dh5 Cf8 17.Dxf7+ Rh8 18.Dxb7 Te7 19.Cf7+ 1–0**

Gorini, Carlos A. – Castelli, Oscar [D05]
Torneo Selección Buenos Aires, 10.1946

1.d4 Cf6 2.Cf3 e6 3.e3 c5 4.Ad3 d5 5.c3 Cc6 6.Cbd2 Ad6 7.0–0 0–0 8.Te1 e5 9.e4 dxe4 10.Cxe4 Cxe4 11.Axe4 exd4 12.Cg5… [*12.cxd4 cxd4 13.Axc6… (13.Cxd4? Cxd4 14.Dxd4?? Axh2+ –+)* 13...bxc6 14.Cxd4 oo] **12…h6 13.Dh5 Dc7 14.Cxf7 Txf7 15.Dg6 Ce5** [15...Rf8 16.Dh7 Axh2+ 17.Rh1 Ae5–+] **16.Dh7+ Rf8 17.f4 Re7?** [17...dxc3 18.bxc3 c4 19.fxe5 Ac5+ 20.Rh1+–] **18.fxe5 Axe5 19.Ag6 Tf8?? 20.Dxg7+ 1–0**

Bartís, Gustavo – Gorini, Carlos A [C41]
Torneo Selección Buenos Aires, 10.1946

1.e4 e5 2.Cf3 d6 3.d4 Cf6 4.Cc3 Cbd7 5.Ae2 Ae7 6.0–0 0–0 7.b3 c6 8.Aa3 Te8 9.Dd2 Dc7 10.Tad1 Cf8 11.h3 Cg6 12.Tfe1 Td8 13.De3 h6 14.Af1 Ae6 15.Ab2 Te8 16.Ce2 Ch7 17.Cg3 f6 18.c4 Af7 19.Cf5 c5 20.d5 Af8 21.Ch2 Ce7 22.g4 g5 23.Cg3 a5 24.a3 b6 25.Dc3 Cg6 26.Ac1 Ag7 27.Cf3 Chf8 28.h4 Dd7 29.Cf5 Ce7 30.Ah3 Teb8 31.a4 Cfg6 32.hxg5 hxg5 33.Rg2 Cxf5 34.gxf5 Cf4+ 35.Axf4 gxf4 36.Ch4 Ah5 37.f3 Ah6 38.Rf2 Ag5 39.Tg1 Rf7 40.Cg6 Dc7 41.Txg5 fxg5 42.Cxe5+ dxe5 43.d6 Dd7 44.Dxe5 Te8 45.Dd5+ Rf6 46.e5+ Txe5 47.Dxa8 Te8 48.Dd5 Ag6 49.fxg6 Dxh3 50.Df7+ 1–0

Martín, Pedro – Wexler, Bernardo [A25]
Torneo Selección Buenos Aires, 10.1946

1.c4 e5 2.Cc3 Cc6 3.Cf3 f5 4.d3 Cf6 5.g3 Ab4 6.Ag2 Axc3+ 7.bxc3 0–0 8.0–0 d6 9.Tb1 Tb8 10.Cd2 De8 11.Aa3 Ad7 12.e4 f4 13.c5 De7 14.cxd6 cxd6 15.Cc4 Ce8 16.d4 b5 17.Cxe5… [17. Cxd6 b4 *(17...Cxd6 18.dxe5±)* 18.Cxe8 bxa3 19.Txb8 Cxb8 20.Cc7±] **17...Cxe5 18.dxe5 Dxe5 19.Te1 Ae6 20.Dd2 fxg3 21.hxg3 Tc8 22.Ab4 Tf6 23.f4 Dh5 24.Dd1 Ag4 25.Dd5+ Dxd5 26.exd5 Af5 27.Tbd1 Tg6 28.Te3 a6 29.Tde1 Rf8 30.Rf2 Tf6 31.Af3 Ad7 32.Te7 Tf7 33.T7e3 g6 34.T1e2 h5 35.Rg2 h4 36.gxh4 Txf4 37.Txe8+ Axe8 38.Axd6+ Rf7 39.Axf4 Txc3 40.d6 1–0**

Capítulo 20

EL CAMPEONATO INTERCLUBS METROPOLITANO (AMDA)

▆ Con la participación del Círculo de Ajedrez, el Club Jaque Mate y el Círculo de Vélez Sarsfield comenzó a jugarse el Campeonato Interclubs de la ciudad de Buenos Aires, reservado para equipos integrados por jugadores de primera fuerza. La competencia corresponde al programa anual de la Asociación Metropolitana. Equipos:

Círculo de Ajedrez: Alejandro Nogués Acuña, Miguel Czerniak, Paul Michel, Francisco Benko, Carlos Skalicka, Luis Palau, Vicente Vuskovic, Enrique Falcón, Mario Camponovo, Christian De Ronde, Marcial De Gregorio, Arístides Góliz, Joaquín Alonso Díaz, Hernán Manassevich, A. Merajver y Luis Vilardell.

Club Jaque Mate: Movsa Feigins, René Letelier, Fernando Casas, Alfonso Adámoli, Marcelino Moguilevsky, Manuel Melamedoff, Jorge Adámoli, Jesús Pérez, Jaime Berler, Eleodoro Signori, Abraham Simsilevich, Diego Bernal, Rodolfo Díaz, Roberto Fleixas, Jorge Huguet y Manuel Fernández.

Círculo de Vélez Sarsfield: Julio A. Lynch, Adolfo Becker, Enrique Reinhardt, Ángel Reolín, Carlos Incutto, José Cunioli, Eleuterio Grané, Eduardo Magee, Lorenzo Álvarez, Manuel Aguilera, Guillermo Hand, Manuel Labraña, J. Castillo, José Castellanos, José M. González Moleres y Carlos Kuperman.

En la rueda inicial, el Círculo se impuso al Jaque Mate por 7:3.

	Círculo de Ajedrez	**7:3**	**Club Jaque Mate**
1	(Ausente)	0:1	Movsa Feigins
2	Francisco Benko	0:1	Fernando Casas
3	Carlos Skalicka	1:0	Alfonso Adámoli
4	Luis Palau	1:0	Marcelino Moguilevsky
5	Voyin Vuskovic	1:0	Manuel Melamedoff
6	Enrique Falcón	1:0	Jorge Adámoli
7	Christian De Ronde	1:0	Jesús Pérez
8	Joaquín Alonso Díaz	1:0	Eleodoro Signori
9	Arístides Góliz	½:½	Jaime Berler
10	Hernán Manassevich	½:½	Diego Bernal

▆ La segunda rueda se jugará el sábado en el local del Círculo de Vélez Sarsfield, Rivadavia 6728, que jugará contra el Club Jaque Mate.[329] Jugaron en el primer tablero Lynch 0:1 Feigins.[330]

---

[329] *La Prensa*, 1º de agosto de 1946.
[330] *El Mundo*, 10 de setiembre de 1946.

Comenzó a Jugarse el Campeonato Interclubs De la As. de Ajedrez

Con la participación del Círculo de Ajedrez, el Club Jaque Mate y el Círculo de Ajedrez de Vélez Sársfield, comenzó a jugarse el campeonato interclubs de la ciudad de Buenos Aire, reservado para equipos integrados por jugadores de primera fuerza. La competencia corresponde al programa anual de la Asociación Metropolitana de Ajedrez y los conjuntos están formados de la siguiente manera:

Círculo de Ajedrez: Alejandro Nogués Acuña, Miguel Czerniak, Paúl Michel, Francisco Benko, Carlos Skalicka, Luis Palau, Vicente Vuskovic, Enrique Falcón, Mario Camponovo, Christiam De Ronde, Marcial De Gregorio, Arístides Góliz, Joaquín Alonso Díaz, Hernán Manassevich, A. Merajver y Luis Vilardell.

Club Jaque Mate: Movsa Feigins, René Letelier, Fernando Casas, Alfonso Adámoli, Marcelino Moguilevsky, Manuel Melamedoff, Jorge Adámoli, Jesús Pérez, Jaime Berler, Eleodoro Signori, Abrahán Sinsilevich, Diego M. Bernal, Rodolfo F. Díaz, Roberto Fleixas, Jorge Huguet y Manuel Fernández.

Círculo de Vélez Sársfield: Julio A. Lynch, Adolfo Becker, Enrique Reinhardt, A. Reolín, Carlos Incutto, José Cunioli, Eleuterio Grané, Eduardo Magee, Lorenzo Alvarez, Manuel Aguilera, Guillermo Hand, Manuel Labraña, J. Castillo, José J. Castellanos, José M. González Moleres y Carlos Kupperman.

En la rueda inicial del torneo se midieron entre sí los conjuntos del Círculo de Ajedrez y del Club Jaque Mate, imponiéndose la primera de esas instituciones por un total de 7 puntos contra 3. Los resultados parciales fueron así: Benko fué derrotado por el campeón del Jaque Mate, Fernando Casas; Skalicka le ganó a Adámoli, Palau venció a Moguilevsky, Vuskovik a Melamedoff, Falcón a Jorge Adámoli, De Ronde se impuso a Pérez y Alonso Díaz a Signori, terminando empatados los encuentros de Góliz contra Berler y Manassevich contra Bernal. El primer tablero fué adjudicado a Feigins, del Jaque Mate, por no presentarse el representante rival.

La segunda rueda del certamen se jugará el sábado en el local del Círculo de Vélez Sársfield, Rivadavia 6728, el que jugará con el Club Jaque Mate

El Círculo vence al Vélez en el Interclubs de la AMDA.
La Prensa, 1º de agosto de 1946

CAPÍTULO 21

CZERNIAK GANA EL II CAMPEONATO METROPOLITANO INDIVIDUAL (AMDA)

▪ Hoy 28 de setiembre se iniciará el II Torneo Campeonato de la Asociación Metropolitana, en los salones del Círculo de Ajedrez, Cerrito 1241. El torneo de este año tiene como atractivo especial la participación de varias figuras conocidas. Jugarán Miguel Czerniak, Movsa Feigins, Christian De Ronde, Francisco Benko –ganador del primer torneo, el año pasado–, Fernando Casas, Mario Camponovo, Eduardo Magee, Marcial de Gregorio, Arístides Góliz, Lorenzo Álvarez, Ángel M. Reolín, Marcelino Moguilevsky, Alfonso Adámoli, José Cunioli, Manuel Melamedoff, Carlos Incutto, y Abraham Simsilevich. Se iniciarán ruedas todos los miércoles y sábados, con el ritmo de 40 jugadas en 2½ horas. El ganador será declarado campeón metropolitano.[331]

▪ El principal torneo de la AMDA se jugó en noviembre. El destacado maestro Miguel Czerniak, al adjudicarse el torneo anual de la Asociación Metropolitana, obtuvo el título de campeón de Buenos Aires, que dicha entidad otorga al vencedor de esa competencia. Czerniak, que es uno de los mejores ajedrecistas actualmente radicados en nuestro país, jugó durante toda la prueba con seguridad, y demostró una vez más los grandes conocimientos que posee. Sólo perdió dos partidas, una de ellas frente al campeón del año anterior, Francisco Benko. Este maestro escoltó al ganador a un punto de diferencia. En tercer lugar, quedó clasificado el doctor Marcial Di Gregorio, y cuarto Arístides Góliz, todos pertenecientes al Círculo de Ajedrez de Buenos Aires. Las posiciones finales fueron: Miguel Czerniak 10/12 (+10 =0 –2); Francisco Benko 9 (+9 =0 –3); Marcial Di Gregorio 8½; Arístides Góliz 8; Ángel Reolín 7½; Alfonso Adámoli 6½; Mario Camponovo 6; Manuel Melamedoff 5½; Lorenzo Álvarez 5; Eduardo Magee 3½; Carlos Incutto y Abraham Simsilevich 3; Fernando Casas 2½.[332]

Comienza el Metropolitano de AMDA. *La Prensa*, 28 de setiembre de 1946

Góliz, Arístides – Benko, Francisco [C19]
Campeonato Ciudad de Buenos Aires – AMDA, 11.1946

1.e4 e6 2.d4 d5 3.Cc3 Ab4 4.e5 c5 5.a3 Axc3+ 6.bxc3 Dc7 7.Cf3 Ce7 8.Ad3 c4 9.Ae2 Da5 10.0-0 Ad7 11.a4 Axa4 12.Aa3 Db5 13.Dd2 h6 14.Ce1 Dd7 15.f4 b5 16.g4 Cbc6 17.f5 exf5 18.gxf5 Cxf5 19.Ag4 g6 20.Cg2 0-0-0 21.Ch4 Tdg8 22.Rh1 Cg3+ 23.hxg3 Dxg4 24.Txf7 Dxg3 25.Cg2 g5 26.Ad6 Cd8 27.Tc7+ Rb8 28.Txa4 Dh3+ 29.Rg1 bxa4 30.Dc1 Ra8 31.Db1 Tg6 32.Db5 Txd6 33.exd6 De6 34.Da6 1-0

---

[331] *La Prensa*, 28 de setiembre de 1946. No hubo informaciones posteriores sobre este torneo.
[332] *La Nación*, 27 de noviembre de 1946. *La Prensa*, 8 de diciembre y *El Mundo*, 20 de diciembre de 1946.

Capítulo 22

EL CUADRANGULAR 'PRIVADO' DE CASTELLS MÉNDEZ

HYBRIS

El doctor Rafael Castells Méndez, que se había iniciado en el ajedrez modestamente en La Plata y en el Círculo, se convirtió con el tiempo en un poderoso abogado, allegado a los políticos y deseoso de destacarse apelando a diversos métodos. Ingresado al Club Argentino no hacía mucho tiempo, se convirtió en un *factótum*, aportando generosamente mucho dinero.

Encontró que organizando este torneo su nombre aparecería frecuentemente en los diarios durante un período prolongado. Es así como ofreció a Piazzini, Luckis y Puiggrós buenos *cachets*, para que lo acompañaran en la disputa de un selecto cuadrangular. En tanto, Paulino Alles Monasterio sería el director, a la vez que remitiría a la prensa la información diaria. Existieron confusas notas informativas en varios diarios, donde se informaba que se trataba del "torneo oficial de primera categoría", pero este se jugó en abril y fue ganado por Lipiniks (Ver Cap. 8).[333]

Hoy a las 21 se iniciará en el nuevo local del Club Argentino, Arenales 1626, un torneo cuadrangular en el que intervendrán el excampeón argentino Luis Piazzini, el maestro lituano Marcos Luckis, y los ajedrecistas de la categoría superior Rafael Castells Méndez y Guillermo Puiggrós. Por la forma en que se desarrollará, constituirá una novedad en nuestro medio, ya que se ha concertado a cuatro turnos. En realidad, el sistema da por resultado otros tantos *matches* individuales, tal como se hizo en el Torneo de Nueva York 1927. Las partidas se efectuarán los miércoles y viernes, jugándose a razón de 40 movimientos en dos horas. Ha sido designado como director, Paulino Alles Monasterio.[334]

Un sorprendente cuadrangular en el Club Argentino. *La Nación*, 6 de julio de 1946

Por inconvenientes de último momento fue postergado el torneo cuadrangular a cuatro turnos. Oportunamente se dará a conocer la nueva fecha de comienzo.[335]

Se inició el 6 de agosto en el Club Argentino un cuadrangular a cuatro vueltas, en el que resulta vencedor Luis Piazzini con 8/12 (+5 =5 –1), seguido por Marcos Luckis 7½ (+4 = 7 –1); Rodolfo Puiggrós 5 (+3 =4 –5) y Rafael Castells Méndez 3½ (+3 =1 –8).[336]

---

[333] Nota del autor.
[334] *La Nación*, 10 de julio de 1946. Este certamen fue propuesto a su medida por Rafael Castells Méndez, quien aportó un fondo para premios.
[335] *La Nación*, 10 de julio de 1946.
[336] *Caissa* nº 89, pág. 252.

1ª ronda, 6 de agosto

Los resultados de la rueda inicial fueron: Puiggrós 0:1 Castells Méndez, Luckis ½:½ Piazzini.

2ª ronda, 8 de agosto

Piazzini, con negras, se impuso a Castells Méndez, PD, Gambito Aceptado en 3ª, transformándose luego en una especie de Variante Vienesa del PD no muy convincente. Las blancas se lanzaron en un ataque sobre el enroque, basándose en el sacrificio de un caballo. Detenida la agresión, quedaron en inferioridad, abandonando al efectuar la jugada 28ª. Puiggrós igualó con Luckis, Apertura Ruy López, Defensa Morphy. Las negras quedaron ligeramente mejor. Sin embargo, después de enredadas acciones en el sector de dama, no sacaron provecho, y el blanco retomó por un momento la iniciativa. Se declaró tablas de común acuerdo en la 36ª.[337]

3ª ronda, 10 de agosto

Piazzini empató con Puiggrós, Gambito Dama Rehusado, Defensa Ortodoxa. A pesar de que las blancas tenían más piezas en juego, no pudieron evitar que la defensa igualara la partida. Luckis derrotó a Castells Méndez, Ruy López, Defensa Cozio. Castells cometió un error grave en la jugada 24ª, que le costó la partida. Luego del primer turno, las posiciones son: Luckis y Piazzini 2 (invictos); Castells Méndez y Puiggrós 1.[338]

4ª ronda, 14 de agosto

Se confirmaron los resultados de la primera rueda. Castells Méndez derrotó a Puiggrós, Contragambito Benoni, defensa poco acreditada, que plantea problemas tácticos desde la primera jugada. Castells tuvo una actuación superior, acentuada después de algunas deficiencias de su adversario, que evidentemente no se hallaba en una buena noche. El juego se definió en sólo 13 jugadas. Piazzini – Luckis fue tablas, PD, Defensa India de Dama, en un planteo estilo Colle por las blancas. Éstas quedaron mejor, y debieron sacar partido de algunas oportunidades, pero producido el cambio de damas, el juego se equilibró. Al llegar a la jugada 22ª se declaró tablas de común acuerdo, aunque había quizás alguna tela para cortar. Luckis y Piazzini tienen 2½/4; Castells Méndez 2 y Puiggrós 1.[339]

5ª Ronda, 18 de agosto

El excampeón nacional Luis Piazzini encabeza la clasificación, tras vencer a Rafael Castells Méndez. Fue una Apertura PR, Defensa Francesa Variante Winawer. Aunque ligeramente favorable para las blancas en su iniciación, llegó a equilibrarse. Pero Castells no procedió en la parte final del medio juego con la precisión debida, y al perder su peón central quedó en inferioridad, que se acentuó al llegar a la jugada 26, en que las negras abandonaron. Luckis perdió con Puiggrós, Gambito Dama Rehusado, con defensa de tipo ortodoxo. El planteo dejó en mejores condiciones a Luckis, que pareció sacaría ventaja de las acciones emprendidas en el sector dama. Sin embargo, un acertado salto de caballo en la jugada 16ª de las negras, aligeró la presión. Luego, al omitir el maestro lituano una buena ubicación del caballo en 4D para efectuar una combinación que resultó

---

[337] *La Nación*, 10 de agosto de 1946.
[338] *La Nación*, 12 de agosto de 1946.
[339] *La Nación*, 16 de agosto de 1946.

fallida, las negras quedaron con una calidad de ventaja en la jugada 29ª. Las blancas abandonaron finalmente en la 42ª.[340]

▎En los nuevos salones del Club Argentino, Arenales 1626, continúa disputándose el Torneo Anual de 1ª Categoría, competencia que, si bien este año se desarrolla con cuatro participantes, tiene el atractivo especial de ver a dos valores de indiscutible calidad, como son el excampeón sudamericano, Luis Piazzini, y el maestro lituano Marcos Luckis. Completan la lista Rafael Castells Méndez y Guillermo Puiggrós. Después de jugadas las cinco primeras rondas, encabeza el cuadro de posiciones Piazzini, con un punto de ventaja sobre Luckis. Castells y Puiggrós están iguales con 2 puntos cada uno. En esta reunión Piazzini le ganó a Castells y Puiggrós a Luckis.[341]

6ª ronda, 20 de agosto

▎Se jugó la 6ª ronda, con la que finalizó el 2º turno de este interesante certamen. Puiggrós perdió con Piazzini, Apertura del Alfil Rey transformada en una variante de la Vienesa. Luckis derrotó a Castells Méndez.

7ª ronda, 24 de agosto

▎Piazzini encabeza el certamen. El excampeón nacional Luis Piazzini, que se mantiene invicto, encabeza la tabla de posiciones. En esta ronda empató con el lituano Marcos Luckis. Fue un Gambito Dama Rehusado, Defensa Eslava, con la Variante del Cambio y A4AR de las blancas. El desarrollo fue ligeramente favorable para la defensa, hasta llegarse a una liquidación de piezas mayores que dejó un final donde prevalecía, aunque fue declarado tablas en la jugada 28a. Esta solución estaba justificada. Puiggrós, con blancas, le ganó a Castells Méndez, quien lo había derrotado en las dos partidas anteriores. Se jugó una Defensa Francesa con 3.C2D. A pesar de haber quedado en un principio con el PD aislado, la posición del negro era preferible.

En la jugada 17a Castells eligió una movida de alfil en lugar de doblar sus torres en la columna del rey, o intentar A3D, lo que permitió acentuar la iniciativa de su adversario. Con todo, de haber jugado más adelante 24...D5R! y no el mal retroceso 24...D2D?, las negras habrían quedado mejor. Poco después Puiggrós aprovechó un final de torres fácilmente ganador para las blancas. Con estos resultados, Piazzini tiene 5/7 (+3 =4 –0), invicto; Luckis 4 (+2 =4 –1); Puiggrós 3 (+2 =2 –3) y Castells Méndez 2 (+2 =0 –5).[342]

8ª ronda, 31 de agosto

▎Luis Piazzini opuso a Castells Méndez una Defensa Eslava, que derivó en la Variante de Merano. Las probabilidades se mantuvieron indecisas, sobre todo al haber omitido las negras una réplica que les hubiera dado rápida ventaja en la jugada 18ª. Las

L. R. Piazzini encabeza el certamen de ajedrez en el Club Argentino

Piazzini encabeza el cuadrangular.
La Nación, 27 de agosto de 1946

---
[340] *La Nación*, 19 de agosto de 1946.
[341] *La Prensa*, 20 de agosto de 1946.
[342] *La Nación*, 27 de agosto de 1946.

blancas jugaron por el ataque, pero su adversario sacrificó oportunamente una calidad por un peón para cambiar los papeles y presionar en una posición sumamente compleja. La iniciativa dio a las negras otro peón, y el rey blanco debió salir hasta el medio del tablero. En esas condiciones se suspendió, pero Castells Méndez abandonó sin proseguir. Dos sesiones requirió la partida entre Luckis y Puiggrós, quien con las blancas planteó una Apertura Ruy López con 6.P3D. Fueron vivas y complejas las acciones, que parecieron favorecer al blanco, pero la defensa eludió dificultades, para quedar con un peón de ventaja al final de la primera sesión, al cumplirse 41 jugadas. Reanudado el encuentro, tras una serie de difíciles maniobras Luckis entregó un peón, consiguiendo una posición ganadora que el blanco abandonó en la jugada 55ª.[343]

9ª ronda, 3 de setiembre

Un nuevo triunfo logró Piazzini, al vencer a Puiggrós, Gambito Dama Rehusado, Defensa Ortodoxa con 7.D2A. Las blancas mantuvieron la iniciativa, y su tarea se facilitó al efectuar Puiggrós una maniobra errónea con su CR, que le ocasionó la pérdida de un peón central en la jugada 19ª. El juego se suspendió en la jugada 41ª, sin recursos defensivos para las negras. Luckis empató con Castells Méndez, PR, Defensa Francesa con 3.C2D. El cambio temprano de las damas en la jugada 8ª dio margen a un interesante juego de piezas, en que las negras neutralizaron activamente todas las tentativas de su adversario. El final de torres se declaró tablas en la jugada 57ª.[344]

Piazzini vence otra vez a Puiggrós.
La Nación, 4 de setiembre de 1946

Piazzini, primero e invicto; Luckis, cerca.
El Mundo, 9 de setiembre de 1946

[343] *La Nación*, 2 de setiembre de 1946.
[344] *La Nación*, 4 de setiembre de 1946.

■ Las seis (dos turnos) primeras rondas determinaron terminaron con Marcos Luckis y Luis Piazzini igualados en el primer puesto, con 4½/6, Castells Méndez 2 y Puiggrós 1. Luego del tercer turno, Piazzini pasó al frente de las posiciones, con 7 (+5 =4 –0), seguido por Luckis 6½ (+4 =5 –0), Castells Méndez 2½ (+2 =1 –6) y Puiggrós 1½ (+0 =3 –6).[345]

10ª ronda, 6 de setiembre

■ Los resultados fueron los siguientes: Castells Méndez ½:½ Puiggrós; Piazzini 0:1 Luckis.

11ª ronda, 9 de setiembre

■ Castells Méndez –negras– se impuso a Piazzini, por lo que el líder perdió su invicto. Fue un PD, Defensa India del Rey, Sistema Hanham tratado con 6.P3A por las blancas. El juego se mantuvo dentro de un relativo equilibrio, pero ya avanzado, el blanco no procedió con la prudencia requerida, permitiendo que su adversario emplazara un ataque directo sobre su enroque de dama. En apremio de tiempo, la tarea de Castells, que jugó muy bien, se facilitó con una calidad de ventaja. Piazzini abandonó en la 46a. Empataron Luckis – Puiggrós, PD Defensa Ortodoxa. Hubo acciones parejas de planteo y medio juego y planteo, para dejar a las blancas en superioridad al término de la sesión en la jugada 41a. En la complementaria, no lograron, sin embargo, inclinar el juego a su favor, declarándose tablas en la 70a.[346]

12ª ronda, 11 de setiembre

■ El excampeón sudamericano, Luis Piazzini, obtuvo el triunfo en el torneo interno del Club Argentino, competencia clásica que este año solamente contó con cuatro participantes. A pesar de ello, durante todo su desarrollo se mantuvo el interés de los aficionados por la reñida lucha que por el puesto de honor sostuvieron el ganador y el maestro lituano Marcos Luckis, quien en definitiva quedó a medio punto. Tercero se clasificó Guillermo Puiggrós, y en último término Rafael Castells Méndez.[347]

■ Con el triunfo de Luis Piazzini finalizó el torneo. En la última rueda, el vencedor hizo tablas con Puiggrós, PR Defensa Petroff. Dio margen a un juego complicado de piezas, que no estableció ventajas, para llegarse a un final parejo que las blancas intentaron forzar con el sacrificio de una calidad, sin resultado. Piazzini pudo, quizás más adelante, tener buenas probabilidades a su favor, pero la partida se declaró tablas de común acuerdo al llegar a la jugada 40ª, cuando Castells Méndez – Luckis ya estaba ganada por éste. En ésta se jugó una Apertura Inglesa. El planteo fue equilibrado, pero se inclinó hacia las negras después de acciones centrales y cambios de piezas. El lituano anunció mate en tres jugadas.[348]

Piazzini, Luis Roberto – Castells Méndez, Rafael [C09]
Club Argentino Cuadrangular Castells, 08.1946

1.e4 e6 2.d4 d5 3.Cd2 c5 4.exd5 exd5 5.Cgf3 Cc6 6.dxc5 Axc5 7.Cb3 Ab6 8.c3 Cge7 9.Ae2 0–0 10.0–0 Ag4 11.Cbd4 Dd7 12.Ae3 Tad8 13.Dd2 Cg6 14.Tfd1 Tfe8 15.Tac1 Cxd4 16.cxd4 Te7 17.Te1

---

[345] *El Mundo*, 9 de setiembre de 1946.
[346] *La Nación*, 11 de setiembre de 1946.
[347] *La Prensa*, 14 de setiembre de 1946.
[348] *La Nación*, 13 de setiembre de 1945.

Ac7 18.Db4 a6 19.g3 Ab8 20.Ch4 Cxh4 21.Axg4 Dxg4 22.Dxe7 Cf3+ 23.Rg2 Cxe1+ 24.Txe1 Dd7 25.Dxd7 Txd7 26.Af4 Td8 27.Axb8 Txb8 28.Te7 Rf8 29.Td7 Re8 30.Txd5 Re7 31.Rf3 f6 32.Th5 h6 33.Re4 Td8 34.Td5 Tc8 35.Tc5 Td8 36.Tc7+ 1–0

Puiggrós, Guillermo – Luckis, Marcos [C77]
Club Argentino Cuadrangular Castells Méndez, 08.1946

1.e4 e5 2.Cf3 Cc6 3.Ab5 a6 4.Aa4 Cf6 5.d3 b5 6.Ab3 Ae7 7.Ad5 Cxd5 8.exd5 Cb4 9.Cxe5 d6 10.Cc6 Cxc6 11.dxc6 0–0 12.0–0 Ae6 13.Df3 d5 14.Af4 Tc8 15.c4 Af6 16.Cd2 bxc4 17.dxc4 dxc4 18.Tad1 De7 19.Tfe1 Axb2 20.Cxc4 Af6 21.Ce5 Tfd8 22.Cd7 Ag5 23.Te5 Axf4 24.Dxf4 Da3 25.Dg5 Da4 26.Tde1 Axd7 27.cxd7 Dxd7 28.Te7 Te8 29.g3 Txe7 30.Txe7 Dd6 31.Txf7 Dd4 32.Df5 Da1+ 33.Rg2 Dxa2 34.Dxc8+ Rxf7 35.Dxc7+ Rf6 36.Df4+ ½–½

Castells Méndez, Rafael – Puiggrós, Guillermo [A44]
Club Argentino Cuadrangular Castells Méndez, 08.1946

1.d4 c5 2.d5 e5 3.e4 d6 4.Cc3 Ae7 5.f4 exf4 6.Axf4 Db6 7.Dd2 Af6 8.Cb5 Ae7 9.e5 a6 10.Cxd6+ Axd6 11.exd6 Dxb2 12.De3+ Rf8 13.d7 1–0

Culmina el cuadrangular. *La Nación*, 11 de setiembre de 1946

Cuadrangular "Castells Méndez" Club Argentino 1946

	Participantes	1	2	3	4	Pts.
1	Piazzini, Luis	****	½½½0	½11½	½111	8.0/12
2	Luckis, Marcos	½½½1	****	½00½	1111	7.5/12
3	Puiggrós, Guillermo	½00½	½11½	****	0001	5.0/12
4	Castells Méndez, Rafael	½000	0000	1110	****	3.5/12

CAPÍTULO 23

LYNCH – CASTELLS MÉNDEZ: UN *MATCH* 'A MEDIDA'. HÝBRIS

A continuación del cuadrangular, el doctor Rafael Castells Méndez organizó un *match* entre él y Julio Lynch, a 12 partidas. No había títulos en juego: Lynch cobró un *cachet* y su rival se dio por conforme con la publicidad del encuentro en los diarios.

1ª partida, 19 de setiembre

El 19 de setiembre se inició en el Club Argentino un encuentro entre Julio Lynch y Rafael Castells Méndez. Concertado a 12 partidas, llevóse a cabo la primera, que Lynch se adjudicó en la jugada 23ª. El juego se inició con una Apertura de Dama, oponiendo Lynch la Defensa Nimzoindia. El blanco adoptó la línea aconsejada por Saemisch 4.P3TD, en la que no prosiguió acertadamente, permitiendo el cambio de su importante alfil del rey, factor decisivo de ataque en esta variante. Tampoco Lynch, que había tomado la iniciativa, estuvo acertado en la continuación, y aunque su juego era preferible, la partida tomó un rumbo poco claro. Pero una falsa maniobra táctica de las blancas les ocasionó la pérdida de la calidad, quedando con un final sin recursos, que lógicamente abandonaron.[349]

Lynch vence a Castells Méndez en la 1ª. *La Nación*, 20 de setiembre de 1946

2ª partida, 21 de setiembre

Esta partida requirió dos sesiones, y fue ganada por Castells Méndez, que opuso a la Apertura de PR una Defensa Alekhine, cuyo planteo ofreció por ambas partes características poco de acuerdo con la teoría y las mejores formas de tratarla. Ya fuera de las líneas usuales, la partida fue desarrollándose y las blancas no maniobraron con sus peones centrales o del ala izquierda, sino con los del rey, abriendo peligrosamente su juego. Tras movimientos intrincados, la iniciativa pasó a Castells Méndez, suspendiéndose en la jugada 40ª en situación delicada para las blancas, que trataron ingeniosamente de sortear los peligros, llegando hasta al sacrificio de dama por torre y alfil, pero la entrada de las piezas negras y la falta de peones protectores permitieron a Castells Méndez colocar a su veterano rival ante el dilema de recibir mate o sufrir una nueva pérdida material. En consecuencia, Lynch abandonó en la 58ª.[350]

3ª partida, 24 de setiembre

La partida fue iniciada por Castells Méndez con el PD, siguió las líneas de la Defensa Ortodoxa, planteando las blancas en la 10ª jugada el Ataque Janowski, que el negro eludió. En el medio

---
[349] *La Nación*, 20 de setiembre de 1946.
[350] *La Nación*, 24 de setiembre de 1946.

juego la situación se presentó favorable para las negras, que acaso pudieron efectuar un sacrificio de calidad con buenas perspectivas. Pero Castells Méndez sorteó bien las dificultades, para quedar en el momento de finalizar la primera sesión en condiciones ventajosas. Sin embargo, el procedimiento no resultó fácil, y en apremio de tiempo el blanco cometió un serio error que se tradujo en la pérdida de una pieza. Las acciones se inclinaron así, inesperadamente, a favor de Lynch, en la jugada 67ª. El score es ahora para Lynch 2:1.[351]

4ª partida, 28 de setiembre; 5ª partida, 4 de octubre

Lynch va derrotando a Castells Méndez.
La Nación y La Razón, 6 de octubre de 1946

La 5ª partida fue iniciada por Castells Méndez con PD, adoptando Lynch la Defensa Nimzowitsch. Fue equilibrada hasta llegarse a la suspensión en la jugada 41ª, en un final de caballo, alfil y cuatro peones por bando, aparentemente favorable para las negras por disponer de rey más libre y activo. Sin embargo, en la práctica no se demostró así, y después de 85 jugadas fue declarada tablas, en una laboriosa sesión complementaria. El score establece un score favorable a Lynch de +2 =2 –1.[352]

6ª partida, 6 de octubre

Lynch vence a Castells Méndez 3½:2½. *La Nación*, 8 de octubre de 1946

La 6ª partida fue declarada tablas después de terminar la primera sesión. Iniciada por Lynch con el PD, se planteó una Defensa Ortodoxa, en que las blancas lograron posición muy superior. Sin embargo, Castells Méndez quedó con los dos alfiles y cinco peones, contra torre, alfil y tres peones, posición que aparentemente le adjudicaba mayores probabilidades. Con todo, ambos adversarios de común acuerdo acordaron dar tablas en la jugada 42ª. El score actual es, a favor de Lynch, +2 =3 –1.[353]

7ª partida, 10 de octubre

Luego de 7 partidas, el score está empatado en 3½: dos victorias para cada uno y 3 empates. Se juega al mejor de 12 partidas, o 4 ganadas.[354]

---

[351] *La Nación*, 28 de setiembre de 1946.
[352] *La Nación y La Razón*, 6 de octubre de 1946.
[353] *La Nación*, 8 de octubre de 1946.
[354] *La Nación*, 13 de octubre de 1946.

8ª partida, 13 de octubre

Esta partida volvió a colocar en ventaja al maestro Lynch, quien logró imponerse en una Apertura de Dama, contestada por Castells Méndez con la defensa india Sistema Grünfeld. Hacia la jugada 15ª quedaron las negras en posición precaria, y tuvo Lynch varios procedimientos para materializar la superioridad posicional alcanzada, que pasó por alto. Pero la presión central y en el sector de dama se tradujo a la jugada 22ª en ganancia de calidad, abandonando luego Castells Méndez. Ahora el score es Lynch 4½:3½.[355]

Lynch, Julio Alberto – Castells Méndez, Rafael [D93]
Match **Club Argentino Buenos Aires (8), 13.10.1946** *[Juan S. Morgado]*

1.d4 Cf6 2.c4 g6 3.Cc3 d5 4.Cf3 Ag7 5.Db3 c6 6.Af4 0–0 7.e3 Db6 8.cxd5 cxd5 9.Da3 Cc6 10.Cb5 Ce8 11.Ae2 Ad7 12.0–0 Tc8 13.Tac1 a6 14.Cc3 Cf6 15.Ce5⩲ 1–0 [resto desconocido]

9ª partida, 22 de octubre

Esta partida requirió, como otras, dos sesiones, sin que lograse definirse a favor de ninguno de ellos. Fue iniciada por Castells Méndez con la Apertura de Dama, oponiendo Lynch la Defensa India del Rey, un tanto al margen de lo más recomendado por la teoría. Sin embargo, las acciones se equilibraron, hasta que un cambio prematuro de alfiles y excelentes maniobras de las blancas, colocaron a éstas en situación francamente preferible, pareciendo que el juego se inclinaba en su favor. Pero en la jugada 40ª eligieron una continuación que, a pesar de su buena apariencia, dejó, al suspenderse la partida, la impresión de que sería difícil forzarla. Así ocurrió, y fue declarada tablas en la movida 50ª. Lynch continúa ganando por 5:4.[356]

10ª partida, 24 de octubre

Castells Méndez ganó la 10ª partida, y el score quedó empatado, con tres victorias para cada uno y cuatro empates. Iniciada por Lynch con el PR, Castells Méndez opuso la Defensa Francesa, siguiéndose una línea clásica, aunque poco agresiva por parte de las blancas. El medio juego dio superioridad posicional a las negras, que dominaron la columna AD, cerrando el centro para luego movilizar el sector del rey. Cuando terminó la primera sesión, la situación del blanco era crítica, debiendo prevenir graves amenazas en ambos flancos. La irrupción de las torres negras decidió definitivamente el juego. Se suspendió, pero Lynch abandonó sin continuar el juego. Faltan dos cotejos para terminar este reñido *match*.[357] El *match*, concertado inicialmente a 10 partidas, y que terminara igualado 5:5, se prolongó dos partidas más.[358]

11ª partida, 29 de octubre

A la Apertura de Dama planteada por Castells Méndez, opuso Lynch la Defensa Cambridge Springs, en una variante en la que el negro conserva la pareja de alfiles a cambio de dominio central y posibilidades de ataque en el sector del rey por parte de las blancas. Éstas obtuvieron, en efecto, una posición agresiva, que pareció habría de definir pronto la partida en su favor. Pero tras una

---

[355] *La Nación*, 15 de octubre de 1946.
[356] *La Nación*, 28 de octubre de 1946.
[357] *La Nación*, 26 de octubre de 1946.
[358] *El Mundo*, 3 de noviembre de 1946.

jugada de poca precisión, seguida por otra que fue su consecuencia psicológica, dieron oportunidad a las negras de reagrupar sus fuerzas para la defensa. Castells Méndez decayó visiblemente en su juego, y hacia el final, después de haberse cambiado la mayoría del material, permitió un jaque descubierto que le ocasionó la pérdida de una pieza y la partida, cuando se habían efectuado 29 jugadas. Antes de comenzar este encuentro se había convenido en hacerlo a 12 partidas, de manera que se definirá una vez realizada la próxima. Lynch gana 4:3 y 4 tablas.[359]

Lynch toma ventaja en la 11ª partida. La Nación, 31 de octubre de 1946

12ª partida, 31 de octubre

Con el triunfo del veterano maestro Julio Lynch finalizó su *match* con el doctor Rafael Castells Méndez. Inició el juego Lynch, planteándose por trasposición una Defensa Siciliana, en una línea que trae una posición delicada por colocarlas dentro de la línea del Ataque Maróczy, que dificulta mucho la defensa y el desarrollo. Las acciones, aunque ligeramente favorables para las blancas, fueron equilibrándose, para llegar a un final de torre y peones, donde Castells Méndez propuso tablas, solución que, aunque le significaba la pérdida del *match*, parecía adecuada. Lynch rehusó la propuesta, y dos jugadas después, creyendo ganar, en un final de reyes y peones aisló el PCD, lo que podía luego traducirse en desventaja. Sin embargo, las negras, en lugar de obtener las mejores probabilidades con una movida de su rey, efectuaron un nervioso avance de su PR, entregando prácticamente la partida, que, por lo menos, debió haber terminado en el empate antes ofrecido. Lynch penetró con su rey y ganó en la movida 32ª, adjudicándose el *match* por 5:3 y 4 tablas.[360]

Victoria final de Lynch sobre Castells Méndez. La Nación, 3 de noviembre de 1946

Match Amistoso – Club Argentino 1946

	Participantes	1	2	3	4	5	6	7	8	9	0	1	2	Pts.
1	Lynch, Julio Alberto	1	0	1	0	½	½	½	1	½	0	1	1	7.0/12
2	Castells Méndez, Rafael	0	1	0	1	½	½	½	0	½	1	0	0	5.0/12

---

[359] *La Nación*, 31 de octubre de 1946.
[360] *La Nación*, 3 de noviembre de 1946.

Capítulo 24

NAJDORF Y GUIMARD EN PRAGA

■ Comenzará hoy en Praga el torneo magistral. Tiene especial importancia por haberse resuelto en el último Congreso de la FIDE que el ganador será invitado a participar en el torneo de los 8 maestros que por el Campeonato del Mundo se efectuará en junio próximo en el balneario holandés de Zandvoort. Intervendrán en el certamen organizado por la Federación Checoslovaca los siguientes maestros: Miguel Najdorf, Carlos Guimard, Savielly Tartakower, Harry Golombek, Svetozar Gligoric, Petar Trifunovic, Gösta Stoltz, Cenek Kottnauer, Jan Foltys, Jaroslav Sajtar, Frantisek Zita, Miroslav Katetov y Ludek Pachman.[361]

Comienza el magistral de Praga con Najdorf y Guimard. *La Nación*, 3 de octubre de 1946

Invitación aceptada

■ Fue un gran placer cuando pude comunicar al doctor Querencio, el activo presidente de la FADA, que la de mi país ofrecía un lugar a Najdorf y Guimard para intervenir en tan importante prueba internacional. Los premios fueron 40.000 coronas checas al ganador, 30.000 al 2º, es decir, respectivamente $ 3.200 y $ 2.400 argentinos, más los correspondientes a los otros clasificados y los premios especiales.[362]

Praga brinda al mundo ajedrecista la revancha de Groninga

■ Najdorf y Guimard vuelven a jugar por la Argentina. La atención del mundo ajedrecístico se fijará de inmediato sobre esta ciudad, que será escenario del tercer gran torneo de posguerra, y además preparatorio del concurso de 1947 en que se disputará el cetro máximo: 18 jugadores de fama mundial competirán hasta el 26 de octubre, entre ellos los dos argentinos mencionados. Los premios serán de 40.000, 30.000, 22.000, 14.000, 10.000, 7.000, 5.000 y 4.000 coronas. Estará consagrado a la memoria de doctor Karel Treybal, ejecutado por los germanos, y de Vera Menchik, muerta en Londres por una bomba voladora.[363]

---

[361] Agencia AP, *La Nación*, 3 de octubre de 1946.
[362] *Mundo Argentino* nº 1877, 8 de enero de 1947.
[363] *La Razón*, 29 de setiembre de 1946. Especial, *Clarín*, 3 de octubre de 1946.

La revancha de Groninga en Praga. *Clarín*, 3 de octubre de 1946

1ª ronda, 2 de octubre

▊ Comenzó hoy el torneo, aunque en la rueda inicial no se notó la presencia del representante francés Savielly Tartakower, que aún no ha llegado a Praga. El *match* que mayor atención atrajo fue el del maestro Miguel Najdorf, que representa a la Argentina, y el checoslovaco Ludek Pachman. El maestro argentino luchó tenazmente, y al suspenderse la partida su posición era ligeramente superior. El otro maestro argentino, Carlos Guimard, jugó con Svetozar Gligoric, de Yugoslavia. Tampoco pudo definirse este juego, que se suspendió en posición equilibrada.[364]

▊ Najdorf venció a Pachman, y perdió Guimard. Esta mañana continuaron las partidas que habían quedado suspendidas ayer, y Guimard fue vencido por Gligoric en 60 jugadas. En tanto, Najdorf derrotó a Pachman en 47, y el británico Golombek fue batido por Foltys en 53. Tartakower culpa al gobierno checo y a la comisión del torneo por no haber podido todavía llegar a Praga. Ha tenido complicaciones en el Ministerio Checo de Relaciones Exteriores, y la comisión le entregó con mucho atraso los pasajes para el viaje aéreo. Para obtener el pasaporte checo se le dijo que necesitaba una orden especial de la cancillería. Tartakower está preocupado, porque declinó jugar en el Torneo Nacional de Francia en Burdeos, para intervenir en Praga.[365]

---

[364] Agencia AP, *La Nación*, 3 de octubre de 1946.
[365] *La Razón*, 4 de octubre de 1946.

Gligoric, Svetozar – Guimard, Carlos Enrique [C14]
Memorial Treybal Praga (1), 02.10.1946 *[Juan S. Morgado]*

1.e4 e6 2.d4 d5 3.Cc3 Cf6 4.Ag5 Ae7 5.e5 Cfd7 6.Axe7 Dxe7 7.Cb5 Cb6 8.c3 a6 9.Ca3 Ad7 10.f4 Ca4 11.Dd2 c5 12.Tb1 b5 13.Cc2 Cc6 14.b3 Cb6 15.Cf3 Tb8 [15...0–0!?] **16.Ae2––-** [16. dxc5 Dxc5 17.Cb4 Ta8 (17...Cxb4 18.cxb4 Dc7 19.Tc1 Da7 20.Ad3 0–0 21.0–0 Tfc8 *(21...Cc4+ 22.Df2 Ce3 23.Tfe1 d4 24.Axh7+ Rxh7 25.Dh4+ Rg8 26.Cg5 ±)* 22.Rh1 Txc1 23.Txc1 Cc8 24.g4 Ce7 25.Rg2→)* 18.Cd3 Da3 19.Dc1 Dxc1+ 20.Txc1 0–0 21.Cd4⩲] **16...c4 17.0–0 h5?!** [17...0–0 18.Ce3 Tfd8 19.bxc4 dxc4 20.Cg5 Cd5 21.Ah5 Ae8 22.Cxd5 Txd5 23.Af3 Tdd8 24.Ce4 ⩲] **18.Ce3→ Dd8 19.Ad1 Ce7 20.Ac2 Tc8 21.b4 Ta8 22.Cg5 Cf5 23.Tbe1 g6 24.Cxf5 gxf5 25.Tf3 a5 26.a3 axb4 27.cxb4?!...** [27.axb4 Ta2 28.Tb1 Da8 29.Tf2 Da3 30.De3 h4 31.De1 Ac6 32.h3 Re7 33.Cf3→] **27... Cc8 28.Th3?! Ce7 29.De2 Db6 30.Td1 h4 31.g4 Ta6 32.gxf5 exf5= 33.e6?...** [33.Df2=] **33... Axe6∓ 34.De5 Tg8 35.a4?...** [35.Rh1 Cg6∓] **35...bxa4–+ 36.Rh1 a3 37.b5 Ta8** [37...Dxb5–+] **38. Ch7 Cg6** [38...a2–+] **39.De1...**

39...Cxf4?? [39...Th8 ∓] **40.Cf6+ Rc7??** [40...Rd8=] **41.Cxg8+ +– Rf8** [41...Txg8 42.Dxh4 | Rd7 43.Dxf4+–] **42.Tf3+– Cg6 43.Ch6 a2 44.Axf5 Axf5 45.Cxf5 De6 46.Dxe6 fxe6 47.Ce3+ Re7 48.Ta1 Rd6 49.Cd1 Ce7 50.Cc3 Cf5 51.Txf5 exf5 52.Txa2 Te8 53.Ta6+ Rd7 54.Cxd5 Te1+ 55.Rg2 Tb1 56.Cb6+ Rc7 57.Cxc4 Txb5 58.Ta5 Tb4 59.Tc5+ Rd7 60.Rh3 1–0**

Fue una lástima que Guimard no ganara esta partida, ya que tenía posición completamente ganadora.

Najdorf, Miguel – Pachman, Ludek [E39]
Memorial Treybal Praga (1), 02.10.1946 *[Juan S. Morgado]*

1.d4 Cf6 2.c4 e6 3.Cc3 Ab4 4.Dc2 0–0 5.Cf3 c5 6.dxc5 Ca6 7.a3 Axc3+ 8.Dxc3 Cxc5 9.g3 b6 10.Ag2 Aa6 11.Cd2 Ab7 12.f3 d5 13.b4 Ccd7 14.cxd5 Tc8 15.Dd4 Cxd5 16.Ab2 Df6 17.f4 Tc2 18.Ce4 Dxd4 19.Axd4 Aa6 20.Af3 C7f6 21.Cxf6+ Cxf6 22.Rf2 Tfc8 23.Thd1 Cd5 24.Re1 Cc3 25.Td2 Txd2 26.Rxd2⩲ Cb5 27.Ag1...

27...f5?! [27...Cd6=] 28.a4→ Cd6 29.a5 bxa5 30.Axa7 Tc7 31.Ag1 Ce4+?! [31...h6 32. Rd1→] 32.Axe4 fxe4 33.Txa5± 33...Ab7 34.Ta7 Rf7 35.Ad4 g6 36.Re3 Td7 37.b5 Re7 38.h4 Ad5 39.Ta6 Tb7 40.b6 Td7 41.Ta1 Rd8 42.Tc1 Ab7 43.Af6+ Re8 44.Ae5 Rd8 45.g4 Td5? 46.Tc7+− Td7 47.Txb7 1–0

2ª ronda, 3 de octubre

▌Najdorf tuvo como adversario a su compañero de representación, Carlos Guimard, con quien jugó una partida bastante reñida. Pero que al finalizar la reunión quedó en situación favorable para Najdorf. Guimard se presentó a jugar esta partida con 25 minutos de retraso; además, perdió la partida pendiente con al maestro yugoslavo Gligoric. El encuentro había sido suspendido en posición perdedora para el argentino.[366]

▌El maestro Miguel Najdorf continúa desarrollando una excelente labor. Najdorf y Guimard jugaron anoche más de cinco horas sin poder llegar a una definición, aunque Guimard, apremiado por el tiempo se vio en posición ligeramente desfavorable al suspender el juego. Reanudado éste, Najdorf explotó brillantemente su leve superioridad, y conquistó la victoria en la jugada 40ª.[367]

Najdorf vence a Pachman en Praga.
La Razón, 4 de octubre de 1946

Guimard, Carlos Enrique – Najdorf, Miguel [D29]
Memorial Treybal Praga (2), 03.10.1946 *[Juan S. Morgado]*

1.d4 d5 2.c4 dxc4 3.Cf3 Cf6 4.e3 e6 5.Axc4 c5 6.0-0 a6 7.De2 b5 8.Ab3 Ab7 9.a4 Cbd7 10.e4 cxd4 11.Cxd4 Ac5 12.Td1 Db6 13.a5 Da7 14.Ae3 0–0 15.f3 Ce5 16.Cc2 Tfd8 17.Cc3 Cc6 18.Df2 Axe3 19.Dxe3 Dxe3+ 20.Cxe3 Txd1+ 21.Axd1... [21.Ccxd1 Td8 oo] 21...Td8 22.Rf1 Td2 23.Ac2 Cd7 24.Re1 Td4 25.Ce2 Td6 26.Cc1 Cc5 27.Ad1 g6 28.Tb1 Cb4 29.Cc2 Cbd3+ 30.Cxd3 Cxd3+ 31.Re2 f5 32.exf5 exf5 33.Ce1 Cb4 34.Ab3+ Rf8 35.Cc2 Cc6 36.Ta1 f4

[366] Agencia UP, *La Prensa*, 4 de octubre de 1946.
[367] Agencia AP, *La Nación*, 5 de octubre de 1946.

37.Ta3? [37.g3 Ce5∓] **37...Ac8 38.Aa2?...** [38.Ta1 Af5∓] **38...Af5–+ 39.Ce1 Cd4+ 40.Rf2 b4 41.Ta4 0–1**

3ª ronda, 4 de octubre

■ Fueron tres los ajedrecistas que lograron imponerse sobre sus respectivos adversarios, entre ellos Foltys, quien con ésta logra su tercera victoria consecutiva. Tres partidas fueron postergadas, entre ellas la de Najdorf con Opocensky, con ventaja para el primero, quien asegura que ganará en dos jugadas. Guimard y Sajtar también suspendieron, en igualdad de condiciones. Las autoridades del torneo recibieron una carta de Tartakower en la cual éste informa que no pudo conseguir la necesaria visa checoslovaca, y que no podrá llegar a esta ciudad. Opocensky lo reemplazará jugando contra Najdorf esta noche, y Tartakower se pondrá a la par con los demás participantes, jugando contra Kottnauer y Gligoric el lunes próximo (Sic).[368]

Najdorf, Miguel – Opocensky, Karel [E17]
Memorial Treybal Praga (3), 04.10.1946 *[Juan S. Morgado]*

1.d4 Cf6 2.Cf3 b6 3.g3 Ab7 4.c4 e6 5.Ag2 Ae7 6.0–0 0–0 7.Dc2 c5 8.dxc5 bxc5 9.Cc3 d5 10.Ag5 Cbd7 11.cxd5 Cxd5 12.Axe7 Dxe7 13.Tac1 Tab8 14.Tfd1 Tfc8 15.Dd2 C7f6 16.b3 c4 17.Cxd5 Axd5 18.bxc4 Txc4 19.Txc4 Axc4 20.Cd4 Da3 21.Cc6 Te8 22.Ce5 Dxa2 23.Dxa2 Axa2 24.Ta1 Ad5 25.Txa7 Axg2 26.Rxg2 Tf8 27.f3 h5 28.e4 g6 29.h4 Rg7 30.Rf2 Ch7 31.Rg2 g5 32.Rh3 Rg8 33.hxg5 Cxg5+ 34.Rh4...

34...Ch7??... [34...f6!=] **35.Rxh5 Rg7 36.g4 Cf6+ 37.Rh4 Rg8 38.g5 Ch7 39.Cg4 Rg7 40.Ce5 Rg8 41.Cg4 1–0**

Guimard llega tarde. *La Prensa*, 4 de octubre de 1946

---

[368] Agencia UP, *La Razón*, 5 de octubre de 1946.

Sajtar, Jaroslav – Guimard, Carlos Enrique [A95]
Memorial Treybal Praga (3), 04.10.1946 *[Juan S. Morgado]*

1.d4 e6 2.c4 f5 3.Cf3 Cf6 4.g3 Ae7 5.Ag2 0–0 6.0–0 d5 7.Cc3 c6 8.b3 De8 9.Ce5 Cbd7 10. e3 Cxe5 11.dxe5 Cd7 12.cxd5 exd5 13.Ab2 Cxe5?! [13...Ad8!?] 14.Cxd5→ Ad6 15.Cb6 axb6 16.Dxd6 Cd7 17.Tfd1 Cf6 18. Dc7 b5 19.a4 bxa4 20.Txa4 Txa4 21.bxa4 Df7 22.Dxf7+?!... [22. Db6→] 22...Rxf7 23.Ad4 Td8= 24.Tb1 Ce4 25.f3 Cg5 26.h4 Ce6 27.Ab6 Td2 28.Af1 g6 29.Tb4 c5 30.Tb1 Ad7?! [30...Ta2=] 31. Aa5 31...Ta2 32.Txb7 Re8 33. Ae1... [33.Ac3 Cd8 *(33...Txa4?? 34.Txd7 Rxd7 35.Ab5++–)* 34.Tb8 Re7 35.Ab5→] 33...Axa4?! [33... Cd8 34.Tc7 Ce6 35.Ta7 Ta3><] **34.Ac4 Ta1 35. Axe6?!...** [35.Rf2→] **35...Txe1+ 36.Rf2= Td1?!** [36...Tc1=] **37. Txh7→ Td2+ 38.Re1 Tg2 39. Ac4 Ac6 40.Ae2 c4? 41.Tc7 Ad5 42.Tc5 Af7 43.h5...** [43.Axc4 Txg3=] **43...gxh5 44.Txf5 Tg1+? [44...Re7=] 45.Af1± 45... Txg3 46.Rf2 h4 47.Tc5 Rd7 48.Axc4 Rd6 49.Tc8 Rd7 50.Th8 1–0**

M. NAJDORF DERROTÓ A C. GUIMARD EN EL TORNEO INTERNACIONAL DE PRAGA

PRAGA, 5 UP.—El maestro Miguel Najdorf, de la Argentina, continúa desarrollando una excelente labor en el torneo internacional de ajedrez que se efectúa en esta capital, ya que en las últimas dos ruedas conquistó un punto ante su compañero de representación, Carlos Guimard, y suspendió su partido con Karel Opocensky, de Checoslovaquia, en posición favorable.

Najdorf y Guimard jugaron anoche más de cinco horas, sin poder llegar a una definición, aunque Guimard, apremiado por el tiempo, se vió en posición ligeramente desfavorable al suspender el juego. Reanudado éste, Najdorf explotó brillantemente su leve superioridad y conquistó la victoria en la 40a. jugada. Además, Najdorf consiguió otro triunfo de significación al continuar su partida con el joven campeón checoslovaco Pachmann. Guimard no tuvo igual fortuna al reanudar su match con el campeón de Yugoslavia, Gligorovich, pues abandonó en una situación complicada. En las otras partidas suspendidas, el maestro checoslovaco Foltys derrotó al yugoeslavo Trifunovich, conquistando así su segunda victoria en el torneo: los maestros sueco Gosta Stoltz y checoslovaco Katetov y Golombek, de Gran Bretaña, interrumpió su juego con Zita, de Checoslovaquia, en posición favorable. Pachman, a su vez, derrotó a su compatriota Sajtar.

En la jornada de hoy, tanto Najdorf como Guimard no terminaron sus respectivos matches. El primero, como queda indicado, logró una posición superior ante Opocensky, que interviene en el torneo en reemplazo del Dr. Savielly Tartakower, cuya llegada a Praga se vió demorada. Najdorf optó por la defensa India de la Dama y el juego fué muy equilibrado hasta casi el término de la hora reglamentaria, momento en que el maestro checoslovaco, apremiado por el tiempo, cometió un error que le significó la pérdida de un peón.

Carlos E. Guimard jugó con Sajtar, de Checoslovaquia, y opuso una variante de la Defensa Holandesa. Su adversario penetró en la zona defensiva y conquistó un peón de ventaja, que al suspenderse la partida le reportaba una situación superior.

Poltys Ganó la 3a Partida

PRAGA (U. P.) — En la tercera vuelta del torneo internacional de ajedrez fueron tres los ajedrecistas que lograron imponerse sobre sus respectivos adversarios, entre ellos Foltys, quien con ésta logra su tercera victoria consecutiva. Tres partidas fueron postergadas, entre ellas la de Najdorf con Toposenky, con ventaja para el primero, quien asegura ganará en dos movidas. Guimard y Sajtar también suspendieron en igualdad de condiciones. Las autoridades del torneo recibieron una carta de Tartakower, en la cual éste informa que no pudo conseguir la necesaria visación checoslovaca y que no podrá llegar a esta ciudad.

Opocensky lo reemplazará jugando contra Najdorf esta noche y Tartakower se pondrá a la par con los demás participantes, jugando contra Kottnauer y Gligoric el lunes próximo. Foltys se adjudicó una victoria fácil sobre Katetov considerado un buen jugador. En los primeros momentos era el perdedor el que dominaba la situación, pero posteriormente Foltys le tomó dos peones y le obligó a un cambio de reina ante lo cual el jugador adversario optó por retirarse. El campeón yugoslavo Trifunovic obtuvo su primera victoria al vencer a Zitta en 39a. jugada; Pachmann hizo tablas con Golombeck. Gligoric se impuso a Köttnauer en 46 jugadas [...]

Najdorf derrota a Guimard.
La Nación, 5 de octubre de 1946

Tartakower, sin visa para ir a Praga. *La Razón*, 5 de octubre de 1946

4ª rueda, 6 de octubre

■ Svetozar Gligoric, maestro yugoslavo de 23 años, venció hoy al representante argentino Miguel Najdorf. La partida había sido suspendida, y esta mañana fue reanudada, cometiendo Najdorf una seria debilidad que lo dejó en inferioridad. A pesar de ello, la lucha se presentaba dificultosa, y pudo producirse un largo final, pero al cumplirse 51 jugadas, el argentino se excedió en el límite de tiempo y perdió el juego. Najdorf protestó ante la Comisión del Torneo alegando que el reloj funcionaba mal, pero su reclamación seguramente será rechazada. El otro representante argentino, Carlos Guimard, luego de dos sesiones de juego con el inglés Harry Golombek, suspendió nuevamente su partida. En otros tableros, Najdorf le ganó a Opocensky, el juego suspendido en la 3ª rueda.[369]

---

[369] Agencia UP, *La Prensa*, 9 de octubre de 1946.

Gligoric, Svetozar – Najdorf, Miguel [B85]
Memorial Treybal Praga (4), 06.10.1946 *[Juan S. Morgado]*

1.e4 c5 2.Cf3 d6 3.d4 cxd4 4.Cxd4 Cf6 5.Cc3 e6 6.Ae2 a6 7.0-0 Dc7 8.f4 Cc6 9.Ae3 Ae7 10.De1 0-0 11.Rh1 Rh8 12.Af3 Ad7 13.a4 Tac8 14.Td1 Cxd4 15.Axd4 e5 16.Ae3 b5 17.axb5 axb5 18.Td2 b4 19.Ce2 Ab5 20.Tg1 Tfe8 21.Cg3 Ac6 22.De2 Db7 23.fxe5 dxe5 24.Ag5 Ch5 25.Axe7 Cxg3+ 26.hxg3 Dxe7 27.Tgd1 Dg5 28.Ag4 Tc7 ∓ 29.Rh2 h5 30.Axh5 g6 31.Ag4 f5 32.exf5 gxf5 33.Ah3 Tg7 34.Df2 f4 35.gxf4 exf4 36.Td3... [36.Db6 Dg3+ 37.Rg1 Te1+ 38.Txe1 Dxe1+ 39.Rh2 Dxd2 40.Dxc6=] **36...f3** [36...Dh5 37.Rg1 Te2 38.Td8+ Rh7 39.Af5+ Dxf5 40.Dxe2 f3 41.De3 Txg2+ 42.Rf1 Dh3 43.Dd3+ Tg6+ 44.Rf2 Dh2+ 45.Re3 De5+ 46.Rf2=] **37.Txf3 Axf3 38.Dxf3 De5+ 39.Rh1 De2= 40.Dd5 Tf8 41.Dd6 De7 42.Dd4 Rg8 43.c4 bxc3 44.bxc3 Tg5?!** [44...Tf6=] **45.Dc4+↑ 45...Tf7 46.Ae6 Th5+ 47.Rg1 Rf8 48.Ta1 Th4 49.Dd5...**

49...Rg7?? [49...Df6 50.Ta8+ Rg7 51.Axf7 Th1+ 52.Rxh1 Dh4+ 53.Rg1=] **50.De5+??...** [50.g3! Df6 51.Axf7 Db6+ 52.Rf1 Th2 53.Dg5+ Rxf7 54.Df5+ Rg7 55.Ta5 Db7 56.Td5 Th1+ 57.Rg2 Th6 58.De5+ Rf7 59.c4+−] **50...Df6 51.Dg3+ Rh7= 1–0**

Parece increíble que aquí Najdorf haya perdido por tiempo, ya en el segundo control. Son muy curiosos los *blunders* finales. **1–0**

Guimard, Carlos Enrique – Golombek, Harry [E16]
Memorial Treybal Praga (4), 06.10.1946 *[Juan S. Morgado]*

1.d4 Cf6 2.c4 e6 3.Cf3 b6 4.g3 Ab7 5.Ag2 Ab4+ 6.Ad2 Axd2+ 7.Dxd2 0-0 8.0-0 d6 9.Cc3 Ce4 10.Cxe4 Axe4 11.Df4 Ab7 12.e4 Cd7 13.Tad1 De7 14.Tfe1 e5 15.Dc1 a5 16.Dc3 Tfe8 17.b3 g6 18.Dd2 Df6 19.Te3 Te7 20.d5 Dg7 21.Ch4 Dh6 22.a3 Tee8 23.Tc3 Dxd2 24.Txd2 Cc5 25.Td1 Ac8 26.b4 axb4 27.axb4 Cd7 28.f3 Cf6 29.c5?... [29.Af1 g5 30.Cg2 g4∓] **29...bxc5 30.bxc5 g5 31.Cf5 Axf5 32.exf5 Ta5∓ 33.Af1 dxc5?** [33...Rg7∓] **34.d6 cxd6 35.Txd6 Rg7∓ 36.Tc6 e4 37.fxe4 Cxe4 38.Te3?!...** [38.f6+ Cxf6 (38...Rh6 39.Te3 Ta1 40.Tc7 Cxf6 41.Txe8 Cxe8 42.Txf7... {42.Txc5 Cf6 ∓} 42...Rg6 ∓) 39.T3xc5 Txc5 40.Txc5 h6∓] **38...Cf6 39.Txe8 Cxe8 40.Ac4 Ta1+ 41.Rf2?...** [41.Rg2 Tc1 42.f6+ Cxf6 43.Txc5 h6 44.Tc8 Tc2+ 45.Rg1∓] **41...Tc1 42.Ae2...** [42.Txc5?? Cd6−+; 42.f6+ Cxf6 43.Txc5?? Ce4+ −+] **42...Cf6 43.g4 Tc3∓ 44.**

Najdorf Perdió Ayer Frente a Gligoric en El Torneo de Praga

Praga, octubre 9 (UP) — Svetozar Gligoric, maestro yugoslavo de 23 años de edad, venció hoy al representante argentino Miguel Najdorf en el torneo internacional de ajedrez que se realiza en esta capital. La partida era la correspondiente a la cuarta rueda, y esta mañana fué reanudada, cometiendo Najdorf una seria debilidad que lo dejó en inferioridad. A pesar de ello, la lucha se presentaba dificultosa y pudo producirse un largo final, pero al cumplirse las 51 jugadas el argentino se excedió en el límite de tiempo reglamentario y perdió el juego. Najdorf protestó ante la comisión del torneo, alegando que el reloj funcionaba mal, pero seguramente su reclamación será rechazada.

La victoria del joven yugoslavo es significativa, pues aun cuando sus compatriotas ya aseguraban que se trata de un maestro de gran porvenir, se esperaba verlo actuar para abrir juicio.

Con ese resultado, el checoslovaco Jan Foltys ha quedado solo encabezando el cuadro de posiciones, dado que hoy le ganó a su compatriota Rohacek. El otro representante argentino, Carlos Guimard, luego de dos sesiones de juego con el inglés Golombek, suspendió nuevamente su partida, quedando también suspendido el encuentro de Opocensky contra Sajtar.

En otros tableros, Sajtar le ganó a Guimard; Najdorf a Opocensky; Zita perdió frente a Ketetov; el campeón checoslovaco, Pasman, hizo tablas con Trifunovic, y Kottnauer le ganó a Stoltz.

Gligoric vence a Najdorf.
La Prensa, 11 de octubre de 1946

Rg2 c4? [44...Cd5∓] **45.h3 Cd5∓ 46.Rf2 Cf4 47.Axc4 Cxh3+ 48.Re1 Cg1 49.f6+?...** [49.Rf2 Cf3 50.Td6∓] **49...Rh6–+ 50.Rd2 Tg3 51.Re1 Txg4 52.Rf2 Ch3+ 53.Rf3 Tf4+ 54.Rg3 Cf2 55.Axf7 Ce4+ 56.Rg2 Txf6 57.Tc7 Tf2+ 58.Rh3 0–1**

Guimard exhibió un juego muy débil, y finalmente perdió un final que pudo hacer tablas con comodidad.

5ª rueda, 8 de octubre

Una buena victoria conquistó Najdorf en esta ronda. Tuvo como adversario al maestro checoslovaco Kottnauer, quien lo había vencido en Groninga. Esta vez el representante argentino se tomó buen desquite, venciendo a Kottnauer en una partida que duró 29 jugadas. Guimard perdió por 4ª vez, pues tuvo que abandonar su partida con Trifunovic. Tiene Guimard una partida suspendida, que posiblemente ganará, frente al inglés Golombek. Foltys y Gligoric tienen 4½/5, y sigue Najdorf con 4.[370]

Najdorf, Miguel – Kottnauer, Cenek [E17]
Memorial Treybal Praga (5), 08.10.1946 *[Juan S. Morgado]*

1.d4 Cf6 2.c4 e6 3.Cf3 b6 4.g3 Ab7 5.Ag2 Ae7 6.0–0 0–0 7.Dc2 c5 8.dxc5 bxc5 9.Cc3 Cc6 10.Td1 d6 11.b3 Tc8 12.Ab2 Tc7 13.Td2 Da8 14.Tad1 Td7 15.Ah3 Tfd8 16.Db1 h6 17.e4 Cb8 18.Te1 Ce8 19.Dd1 Af6 20.a3... [20.Ch4!?] **20...Cc6 21.Ca4...** [21.Ag2!?] **21...Cb8= 22.De2 Axb2 23.Txb2 Cf6 24.Cc3 Cc6 25.De3 Dc8 26.b4 cxb4 27.axb4 a5 28.b5 Ce5 29.Cxe5 dxe5 30.Af1 Td4 31.f3 Cd7 32.b6 Dc6?** [32...Cc5 33.Cb5 Cd3 34.Cxd4 Cxb2 35.Cb3 Cxc4 36.Axc4 Dxc4 37.Cxa5 Da2 38.Cxb7 Td2=] **33.Teb1?...** [33.Cb5 Dxb6 34.Df2 Ac6 35.Cxd4 Dxd4 36.Dxd4 exd4 37.c5±] **33...Cc5 34.Cb5= Ca4?** [34...Td3 35.Axd3 Txd3 36.De2 f5 oo] **35.Ta2 ± 35...Cxb6??** [35...Cc5 36.Cxd4 exd4 37.Df4±] **36.Cxd4+– exd4 37.Db3 Td6 38.Txa5 f6 39.c5 1–0**

Trifunovic, Petar – Guimard, Carlos Enrique [A46]
Memorial Treybal Praga (5), 08.10.1946 *[Juan S. Morgado]*

1.Cf3 Cf6 2.d4 e6 3.Ag5 c5 4.e3 Db6 5.Cc3 d5 6.Tb1 Cc6 7.dxc5 Axc5 8.Ad3 Ad7 9.0–0 Ae7 10.e4 dxe4 11.Cxe4 Cb4 12.Ce5 Ac6 13.Axf6 gxf6 14.Cxc6 Dxc6 15.Dh5 Cxd3 16.cxd3 h6 17.Tfe1 Tc8 18.d4 Td8 19.Tbd1 Td5?! [19...Dd5∓] **20.Df3...**

---

[370] Agencia UP, *La Prensa*, 11 de octubre de 1946.

20...Tg8? [20...0–0 21.Cxf6+ Axf6 22.Dxf6 Tg5 23.g3 Tg6 24.Df →] **21.Tc1+– Dd7 22.Cxf6+ Axf6 23.Dxf6 Tg6 24.Dh8+ Re7 25.Db8 Rf6 26.Tc7 Db5 27.Dh8+ Tg7 28.Dxh6+ Tg6 29.Dh8+ Tg7 30.Txe6+ Rxe6 31.Dxg7 Tf5 32.Dh6+ 1–0**

¡Desastre para Guimard, que permanece en el fondo de la tabla!

6ª rueda, 9 de octubre

■ Fue un día difícil para los argentinos. Con blancas, Guimard perdió con Flohr, PD Defensa Eslava. Luego de un medio juego parejo, cometió un grave error en la jugada 30ª, perdiendo un peón y la partida poco después. La sacó barata Najdorf, que quedó inferior en la apertura al no enrocar. Fue PD, Gambito Dama Aceptado, y Stoltz pudo obtener clara ventaja en la jugada 23ª. Hacia la jugada 30ª se cambiaron casi todas las piezas, quedando un final de alfiles de distinto color con un peón de ventaja y mejor estructura para el sueco. Aún quedando con dos peones menos, Najdorf pudo lograr las tablas. Botvínnik no pudo superar a Denker, y ganaron Boleslavsky, Euwe y Smyslov. Quedaron primeros Botvínnik y Euwe con 5½/6, con Denker, Smyslov y Stoltz a un punto. Najdorf va con 3½ y Guimard muy rezagado, con 1½.[371]

Continúa Jugándose en Praga el Certamen de Maestros de Ajedrez

Praga, octubre 10 (UP) — Una buena victoria conquistó Miguel Najdorf en el torneo internacional de ajedrez que se realiza en esta ciudad. Tuvo como adversario al maestro checoslovaco Kottnauer, quien en el reciente torneo de Groninga fué uno de los pocos que consiguieron vencer a Najdorf. Esta vez el representante argentino se tomó buen desquite, venciendo a Kottnauer en una partida que duró 39 jugadas; el jugador local Foltys, que había ganado las 4 partidas hasta ahora disputadas, no pudo vencer al maestro sueco Gosta Stoltz, con quien debió conformarse con un empate. En tal forma queda ahora Foltys compartiendo el primer puesto con el joven representante de Yugoslavia, Gligoric, el que al derrotar a Sajtar totalizó 4½ puntos. Tercero ha quedado Najdorf, con cuatro victorias y una derrota.

Guimard perdió por cuarta vez en el presente certamen, pues tuvo que abandonar su partida contra Trifunovic. Tiene Guimard una partida suspendida, que posiblemente ganará, frente al inglés Golombek. En otros tableros, Katetov hizo tablas con Pachman, quedando suspendidas las partidas de Opocensky contra Golombek y Rohacek contra Zita.

Najdorf vence a Kottnauer.
La Prensa, 11 de octubre de 1946

Guimard, Carlos Enrique – Katetov, Miroslav [D74]
Memorial Treybal Praga (6), 09.10.1946 *[Juan S. Morgado]*

1.d4 Cf6 2.c4 g6 3.g3 Ag7 4.Ag2 d5 5.cxd5 Cxd5 6.Cf3 0–0 7.0–0 Cc6 8.e4 Cb6 9.d5 Cb8 10.Cc3 c6 11.Ag5 h6 12.Ae3 e6 13.Dc1 Rh7 14.dxe6 Axe6 15.Td1 De7 16.Ad4 Ca6 17.Axg7 Rxg7 18.Cd4 Tad8 19.Df4 Df6 20.De3 Ag4 21.f3 Cc4 22.e5 De7 [22...Cxe3 23.exf6+ Rxf6 24.fxg4 Cxd1 25.Txd1 Tfe8=] **23.De2 Ae6 24.Cxe6+ Dxe6 25.f4 Cb6 26.Ce4 Dc4 27.Df2 Txd1+ 28.Txd1 Dxa2 29.f5 Da5??** [29...Db3=] **30.f6+??...** [30.e6 Dxf5 (30...fxe6 31.Dd4+ e5 32.f6+ Txf6 33.Dd8 Tf7 34.Cd6+–) 31.Dd4+ f6 32.e7 Te8 33.Cd6+–] **30...Rh7 oo 31.Df4 Cc5?** [31...Cd5=] **32.b4± 32...Da4 33.Cc3 Da3 34.bxc5 Dxc5+ 35.Dd4 Dxd4+ 36.Txd4 Te8 37.Te4 Cd7 38.Ah3 Cxe5 39.Rf1 b5 40.Ad7 Td8 41.Txe5 Txd7 42.Te7 Td6 43.Txf7+ Rg8 44.Txa7 Txf6+ 45.Re2 Tf5 46.Ce4 Tf7 47.Ta8+ Tf8 48.Ta6 Tc8 49.Ta7 Te8 50.Re3 Te6 51.h4 Rf8 52.Rd4 Te7 53.Ta6 Te6 54.Ta7 Te7 55.Ta6 Te6 56.g4 Re7 57.Ta7+ Rf8 58.Th7 1–0**

Najdorf, Miguel – Sajtar, Jaroslav [E69]
Memorial Treybal Praga (6), 09.10.1946 *[Juan S. Morgado]*

1.d4 Cf6 2.c4 g6 3.Cf3 Ag7 4.g3 0–0 5.Ag2 d6 6.Cc3 Cbd7 7.0–0 e5 8.h3 c6 9.e4 exd4 10.Cxd4 Cc5 11.Ae3 Te8 12.Dc2 a5 13.Tad1 De7 14.Tfe1 Cfd7 15.b3 Cf8 16.Dd2 Cfe6 17.Cde2 Af8 18.f4 Cg7 19.Cc1 Ae6 20.Ad4 f5 21.exf5 Cxf5 22.Af2 Tad8?! [22...h5 23.Rh2=] **23.a3?!...** [23.g4 Cg7 24.Cd3→] **23...Df7 24.g4 Cg7 25.b4 axb4 26.axb4 Cd7 27.Ce4 Cf6?** [27...Ae7 28.Cxd6 Axd6 29.Dxd6 Axc4 30.Txe8+ Cxe8 31.Dd4 Cef6 32.Da7 Cd5 33.Dxb7 Ce5 34.Dxf7+ Cxf7 35.Td4

---

[371] Notas del autor.

Cd6 36.Ag3 Ta8 37.f5 Ta1 38.Axd6 Txc1+ 39.Rh2 gxf5 40.gxf5 Rf7 41.Ae5≜] **28.Cg5± Dd7 29.Ad4 Cxg4 30.hxg4 Axg4 31.Txe8 Txe8 32.Te1 Ch5 33.Txe8 Dxe8 34.De3 Dxe3+ 35.Axe3 d5 36.c5 Ag7 37.Cf3 Rf7 38.Cd3 Re6 39.Rf2 Af6 40.Cg5+ Rf5 41.Cf3 h6 42.Cd4+?...** [42.b5 cxb5 43.Cfe5 Ah4+ 44.Rg1 Cf6 45.Cf7 h5 46.Cd6+ Re6 47.Cxb5 Ag3 48.Cb4 h4 49.Cd4+ Rf7 50.Cxd5+−] **42... Axd4 43.Axd4 Cxf4 ∞ 44.Cxf4 Rxf4 45.Ae3+ Re5 46.Axh6 Rd4 47.Ad2 Af5 48.Af3 Rc4 49.Re3 d4+ 50.Rf4 Rd3= 51.Ae1...**

51...Rc2??... [51...Ac8=] **52.b5 Rd3 53.bxc6 bxc6 54.Re5 Re3 55.Axc6 d3 56.Ae8 d2 57.Axd2+ 1−0**

Fue afortunada la victoria de Najdorf, en momentos en que su rival comete un *blunder* luego de ingeniosa defensa.

7ª rueda, 11 de octubre

▨ En las partidas comenzadas anoche, Sajtar atacó con tal energía a Kottnauer, que su contrincante se rindió en la 30ª jugada. Foltys, con una suspendida, y Gligoric, encabezan el torneo, resistiendo el ataque de Najdorf y Trifunovic. Las posiciones son: Foltys 5/6, Gligoric 5/7, Najdorf y Trifunovic 4.[372]

Rohacek, Ivan Vladimir − Guimard, Carlos Enrique [C14]
Memorial Treybal Praga (7), 11.10.1946

1.e4 e6 2.d4 d5 3.Cc3 Cf6 4.Ag5 Ae7 5.e5 Cfd7 6.h4 f6 7.Ad3 c5 8.exf6 Cxf6 9.dxc5 Cbd7 10.Ab5 0−0 11.Cf3 Cxc5 12.De2 a6 13.Ad3 Cxd3+ 14.Dxd3 b5 15.Axf6 gxf6 16.0−0−0 Tf7 17.Rb1 Ad7 18.g4 b4 19.Ce2 Dc7 20.g5 Tg7 21.Cfd4 a5 22.Cf5 Tc8 23.Cxg7 Rxg7 24.gxf6+ Axf6 25.Dg3+ Dxg3 26.fxg3 Rf7 27.g4 Tc7 28.g5 Ae5 29.Cc1 Rg6 30.Cd3 Ad6 31.Tdf1 Tc8 32.Tf6+ Rg7 33.Thf1 Ae8 34.Cf4 Axf4 35.T6xf4 Tb8 36.Rc1 e5 37.Tf6 Ah5 38.Ta6 e4 39.Txa5 e3 40.Txd5 Ag6 41.Td7+ Rg8 42.Tc7 1−0

Golombek, Harry − Najdorf, Miguel [E72]
Memorial Treybal Praga (7), 11.10.1946

1.c4 Cf6 2.Cc3 g6 3.g3 Ag7 4.Ag2 0−0 5.d4 d6 6.e4 e5 7.Cge2 Cc6 8.d5 Cb8 9.0−0 Cbd7 10.f3 h6 11.Ae3 Ce8 12.Dd2 Rh7 13.Tac1 f5 14.f4 exf4 15.Cxf4 Ce5 16.b3 De7 17.Tce1 Cf6 18.Ad4 Ad7 19.Rh1 Tae8 20.exf5 Axf5 21.c5 b6 22.c6 Dd8 23.h3 h5 24.Ae3 Dc8 25.Rh2 Tf7 26.Ce6 Axe6

---

[372] Agencia AP, *La Nación*, 13 de octubre de 1946.

27.dxe6 Dxe6 28.Af4 Tef8 29.Ce4 Cxe4 30.Axe4 Tf6 31.Rg2 Rh8 32.Ad5 De8 33.Dc2 h4 34.De4 Tf5 35.Axe5 Axe5 36.Txf5 Txf5 37.Dxh4+ Rg7 38.De4 Df8 39.De3 Df6 40.Ae4 Ad4 41.Dd3 Tf2+ 42.Rh1 Ac5 43.Tb1 Txa2 44.Af3 Dd4 45.Dxd4+ Axd4 46.Ad5 Td2 47.Ac4 Ae5 48.Te1 Axg3 49.Te7+ Rf6 50.Tf7+ Rg5 51.h4+ Rh6 52.Td7 d5 53.Axd5 Axh4 54.Ae4 Txd7 55.cxd7 c5 56.Rg2 Ad8 57.Rf3 Rg5 58.Re3 Rf6 59.Rd3 g5 60.Rc4 Re6 61.Rb5 Rxd7 62.Ra6 Rd6 63.Rxa7 Re5 64.Ac6 0–1

8ª rueda, 13 de octubre

■ El maestro yugoslavo Gligoric pasó a encabezar el cuadro de posiciones, juntamente con el checoslovaco Foltys, pero aquél se halla en mejor situación, pues tiene dos suspendidas que pueden significarle nuevas satisfacciones (Sic). El maestro Najdorf, de Argentina, aunque constantemente asediado de tiempo, logró resolver los problemas de su partida con Trifunovic, Gambito Dama, Defensa Eslava, y declararon tablas en 37. El maestro sueco Stoltz confundió al representante argentino Guimard con la Variante Tarrasch del Gambito de la Dama, y se impuso en la 36ª jugada. Gligoric tiene 5 y 2; Foltys 5 y 1; Najdorf 4½ y 1. Guimard marcha con sólo un punto.[373]

■ Los resultados generales de la sesión de hoy, que fue destinada a la prosecución de los juegos pendientes, fueron los siguientes: Golombek abandonó su partida frente a Najdorf, Gligoric empató con Katetov, Foltys perdió frente a Zita. Gligoric y Najdorf quedaron primeros con 6½/8. Pachman tiene 7½, y Guimard marcha último con 1 punto, luego de 1 victoria y 7 derrotas.[374]

Guimard, Carlos Enrique – Stoltz, Gösta [D32]
Memorial Treybal Praga (8), 13.10.1946 *[Juan S. Morgado]*

1.d4 d5 2.Cf3 c5 3.c4 e6 4.Cc3 cxd4 5.Cxd4 e5 6.Cf3 d4 7.Cd5 Cc6 8.e4 Cf6 9.Ag5 Ae7 10.Axf6 Axf6 11.Ad3 g6 12.0–0 Ag7 13.b4 0–0 14.Db3 Ae6 15.Tac1 Rh8 16.Tfe1 f5 17.b5 Ca5 18.Db4 b6 19.exf5 Axf5 20.Dd2 Dd6 21.Af1?... [21.Cg5=] 21...Cb7∓ 22.Dg5 Tae8 23.Dh4 Cc5 24.Tcd1 h6 25.Dg3 Te6 26.Ch4?... [26.Cd2 g5∓] 26...Ac2–+ 27.Tc1 Ce4 28.Dg4 Cxf2 29.Dxe6 Dxe6 30.Txc2 Dg4 31.g3 d3 32.Txf2 Txf2 33.Axd3 Dd4 34.Te3 Td2 35.Af1 Dc5 36.Cxg6+ Rh7 37.Rh1 Txd5 0–1

Najdorf, Miguel – Trifunovic, Petar [D19]
Memorial Treybal Praga (8), 13.10.1946 *[Juan S. Morgado]*

1.d4 d5 2.c4 c6 3.Cf3 Cf6 4.Cc3 dxc4 5.a4 Af5 6.e3 e6 7.Axc4 Ab4 8.0–0 0–0 9.De2 Ce4 10.Ad3 Axc3 11.bxc3 Cxc3 12.Dc2 Axd3 13.Dxd3 Cd5 14.Aa3 Te8 15.Tab1 b6 16.Ce5 Cf6 17.Dc3 Cfd7 18.Cc4 c5 19.Cd6 Tf8 20.Tfd1 Dh4?! [20...Dc7 21.dxc5 Cxc5 22.Axc5 Dxc5 23.Dxc5 bxc5 24.Cb7 Tc8 25.Cxc5 Cc6=] 21.a5→ Cf6 22.h3?!... [22.dxc5 bxc5 23.h3 Cbd7 24.Axc5 Cxc5 25.Dxc5→] 22...Cbd7 [22...

Gligoric, arriba en Praga.
La Nación, 14 de octubre de 1946

---
[373] Agencia AP, *La Nación*, 14 de octubre de 1946.
[374] Agencia UP, *La Prensa*, 16 de agosto de 1946.

Cd5 23.Dc1 Cd7 24.dxc5 bxc5 25.Axc5 Cxc5 26.Dxc5 ⩲] **23.dxc5 bxc5 24.Axc5 Cxc5 25.Dxc5 Ce4?** [25...Cd5 26.Tb7 a6 27.Txd5 exd5 28.Dxd5 Df6 29.Cxf7 Tae8 30.Cg5+ Rh8 31.f4 →] **26.Cxe4 Dxe4 27.Tb4** [27.a6 ±] **27...Dg6 28.Td7?!** [28.a6 ±] **28...a6 29.De5?!** [29.Ta7 →] **29...h5 30.Th4 Tad8= 31.Txd8 Txd8 32.Dxh5 Dxh5 33.Txh5 Td1+ 34.Rh2 f5 35.Th4 Ta1 36.Tb4 Rf7 37.g4 Txa5 38.Tb7+ ½–½**

9ª rueda, 14 de octubre

▌El representante argentino Miguel Najdorf pasó hoy a ocupar el primer puesto en la tabla de posiciones, luego de vencer en buena forma al maestro checoslovaco Katetov, y como consecuencia del empate que se produjo en la partida Gligoric – Rohacek. El otro ajedrecista de Argentina, Carlos Guimard, cuya actuación ha sido deficiente, tuvo hoy un buen comportamiento, pues empató con el fuerte maestro checoslovaco Foltys. El campeón local, Ludek Pachman, cayó vencido ante Zita, y Trifunovic derrotó a Sajtar. Najdorf tiene 7½/9, Gligoric 7, Foltys, Pachman y Trifunovic 5½. Guimard sigue último, con 1½.[375]

Katetov, Miroslav – Najdorf, Miguel [D23]
Memorial Treybal Praga (9), 14.10.1946 *[Juan S. Morgado]*

1.d4 d5 2.c4 dxc4 3.Cf3 Cf6 4.Da4+ Cbd7 5.Cc3 c6 6.Dxc4 Cb6 7.Dd3 Ae6 8.b3 Cbd5 9.Ad2 Ag4 10.Cxd5 Dxd5 11.Ce5 Ah5 12.e3 e6 13.f3 Cd7 14.Cc4 Cb6 15.a4 Td8 16.a5 Cc8?! [16...Cxc4 17.Dxc4 Ag6 18.a6 b6 19.h4⩲] **17.a6 b6 18.Dc3?!...** [18.e4 Dxd4 19.Dxd4 Txd4 20.Ce5 Ce7 21.Tc1 Td8 *(21...c5?? 22.Ab5++–)* 22.Ab4 f5 23.exf5 exf5 24.Ac4 b5 25.Ae6 Cd5 26.Axf8 Rxf8 27.Axd5 Txd5 28.Cxc6→] **18...f6 19.Ad3...** [19.Ca5 Axf3 20.gxf3 bxa5 21.Tc1 Ce7 22.Rf2→] **19...Ag6 20.Cb2?!...** [20.Ae2⩲] **20...Axd3 21.Dxd3 e5→ 22.Dc2...** [22.b4 Ae7→] **22...exd4 23.exd4 Rf7 24.Ac3 Cd6 25.0-0 Cf5 26.Tfe1...**

26...c5? [26...Cxd4∓] **27.Cd3...** [27.Te5 fxe5 28.Dxf5+ Rg8 29.dxe5 Df7 30.Dc2 Dg6 31.Df2 Ae7 32.f4 Df5 33.Te1 h5→] **27...cxd4∓ 28.Cf4?...** [28.Ad2 Ad6∓] **28...Dc5–+ 29.b4 d3+ 30.bxc5 dxc2 31.Ce6 Axc5+ 32.Cxc5 bxc5 33.Tec1 Ce3 34.Aa5 Td1+ 35.Rf2 Tb8 36.Rxe3 Tb1 37.Txc2 Txa1 38.Txc5 Rg6 39.h4 h6 40.h5+ Rh7 41.Ab4 0–1**

Foltys, Jan – Guimard, Carlos Enrique [A95]
Memorial Treybal Praga (9), 14.10.1946

1.c4 f5 2.Cc3 Cf6 3.g3 e6 4.Ag2 Ae7 5.d4 0–0 6.Cf3 d5 7.0–0 c6 8.b3 De8 9.Ce5 Cbd7 10.Cxd7 Axd7 11.Af4 Dh5 12.e3 g5 13.Dxh5 Cxh5 14.Ae5 Ae8 15.f4 h6 16.Tfc1 Cf6 17.Axf6 Axf6 18.c5 h5

---
[375] Agencia UP, *La Prensa*, 17 de octubre de 1946.

19.Rf2 Tf7 20.Af3 Th7 21.fxg5 Axg5 22.h4 Af6 23.Ce2 e5 24.dxe5 Axe5 25.Tab1 Td8 26.b4 Te7 27.Td1 a6 28.Cf4 Rh7 29.Td3 Rh6 30.Tbd1 Af7 31.Ag2 Tde8 32.T1d2 Tg8 33.Ah3 Ag6 34.Td1 Ah7 35.Tg1 Teg7 36.Tdd1 Te7 37.Td3 ½–½

10ª rueda, 15 de octubre

Al obtener dos victorias, el representante argentino Miguel Najdorf pasó al primer puesto con una ventaja de 1½ puntos sobre el yugoslavo Svetozar Gligoric. Éste perdió frente al sueco Gösta Stoltz en la jugada 30ª, y se retiró violentamente de su mesa, cuando ya nada podía hacer. Najdorf, favorito del torneo, venció esta noche a Rohacek, de Checoslovaquia, obligándolo a abandonar en la 29ª movida. El encuentro que tenía pendiente Najdorf con Katetov también se definió a favor de él. Carlos Guimard, al comenzar su *match* con Zita realizó algunos progresos, pero luego cometió errores y se vio obligado a aceptar tablas en la jugada 43ª. Najdorf tiene 8½/10, Gligoric 7, Pachman y Trifunovic 6. Guimard tiene 2.[376]

> **Guimard, Carlos Enrique – Zita, Frantisek [D46]**
> **Memorial Treybal Praga (10), 15.10.1946** *[Juan S. Morgado]*

1.d4 Cf6 2.c4 e6 3.Cf3 d5 4.Cc3 c6 5.e3 Cbd7 6.Ad3 a6 7.b3 Ab4 8.Dc2 Da5 9.Ad2 dxc4 10.bxc4 0–0 11.0–0 Dh5 12.Tab1 Ad6? [12...c5!?] **13.c5 Ac7 14.Ce2 Te8** [14...Ce8 15.e4 e5 16.Cg3 Dg6 17.Cf5 Rh8 18.Ae3 h6 19.h3 De6 20.Ac4 Dg6 21.Tfd1±] **15.e4 e5 16.Cg3 Dg4 17.h3 De6 18.Cg5 De7 19.Cf5 Dd8 20.Ac4 Tf8 21.f4…** [21.Axf7+ Txf7 22.Ce6 De8 23.Cxc7+–] **21...exd4 22.e5 d3 23.Axd3 Cxc5 24.Dxc5 Dxd3 25.Ce7+ Rh8 26.Cg6+ hxg6 27.Dxf8+ Cg8 28.Cxf7+ Rh7 29.Cg5+ Rh8 30.Ab4 Ab6+ 31.Rh2 Af2 32.Txf2 Dxb1 33.e6 Axe6 34.Dxa8 Dxb4 35.Cxe6+– De1**

36.De8??... Luego de una partida aplastante, Guimard comete este *blunder* y obtiene solamente tablas; 36.Dc8 Dxf2 37.Dxb7 mate en 7] **36...Dxf2 37.Dxg6 Db2 38.Cg5 Cf6 39.Ce6 Cg8 40.Cg5 Cf6 41.Cf7+ Rg8 42.Ch6+ Rh8 43.Cf5 Cd5** ½–½

> **Najdorf, Miguel – Rohacek, Ivan Vladimir [E26]**
> **Memorial Treybal Praga (10), 15.10.1946** *[Juan S. Morgado]*

1.d4 Cf6 2.c4 e6 3.Cc3 Ab4 4.e3 c5 5.a3 Axc3+ 6.bxc3 b6 7.Ad3 Cc6 8.Cf3 Aa6 9.e4 cxd4 10.cxd4 d5 11.Da4 Dc8?? [11...Ab7⩱] **12.exd5 exd5 13.Ce5 dxc4 14.Af5 Dxf5 15.Dxc6+ Re7 16.Dc7+ Cd7 17.Cc6+ Rf6 18.0–0 The8 19.Cb4 Ab5 20.Dd6+ 1–0**

---
[376] *La Nación*, 17 de octubre de 1946.

Najdorf, con un punto de ventaja sobre Gligoric. *La Nación*, 17 de octubre de 1946

11ª rueda, 16 de octubre

▌ El excampeón argentino, Carlos Guimard, tuvo un desempeño brillante al vencer en gran forma al campeón checoslovaco, Ludek Pachman. Najdorf empató con Stoltz, quedando suspendidas las partidas Foltys – Gligoric y Trifunovic – Kottnauer.[377]

Pachman, Ludek – Guimard, Carlos Enrique [C04]
Memorial Treybal Praga (11), 16.10.1946 *[Juan S. Morgado]*

1.e4 e6 2.d4 d5 3.Cd2 Cc6 4.Cgf3 Cf6 5.e5 Cd7 6.g3 Ae7 7.Ah3 h5 8.0–0?!...

[8.Cb3 Ccb8 9.c3 c5 10.Af1 Cc6 11.Cxc5 Axc5 12.dxc5 Cxc5 13.Ae3⩲] **8...g5→ g4?!** [9.Ag2 g4 10.Ce1 Cxd4 11.Cd3 b6→] **9...hxg4 10.Axg4 f5∓ 11.exf6 Cxf6 12.h3?...** [12.Ce5 Cxd4∓] **12... Cxg4–+ 13.hxg4 e5 14.Cxe5 Cxe5 15.dxe5 Ae6 16.Cb3 Dd7 17.f3 0–0–0 18.Rg2 d4 19.Ad2 Dd5 20.Ae1 Axg4 21.Ag3 Ah3+ 22.Rf2 Axf1 23.Dxf1 Tdf8 24.Cd2 g4 25.Dd3 Txf3+ 26.Cxf3 Tf8 27.Re2 Txf3 28.Dh7 Te3+ 29.Rf1 Txg3 0–1**

Pachman jugó la apertura como un aficionado, y Guimard lo castigó duramente.

---

[377] *La Nación*, 18 de octubre de 1946.

> **Stoltz, Gösta – Najdorf, Miguel [D56]**
> **Memorial Treybal Praga (11), 16.10.1946**

1.c4 Cf6 2.Cf3 e6 3.Cc3 d5 4.d4 Ae7 5.Ag5 0–0 6.e3 h6 7.Ah4 Ce4 8.Axe7 Dxe7 9.Dc2 Cf6 10.Ae2 Cbd7 11.0–0 dxc4 12.Axc4 c5 13.Tfd1 Cb6 14.Ae2 cxd4 15.Cxd4 Ad7 16.a4 Tac8 17.a5 Cbd5 18.Cxd5 Cxd5 19.Db3 Tc7 20.e4 Cf4 21.Af1 e5 22.Cb5 Axb5 23.Dxb5 a6 24.Db6 Ce6 25.Dd6 Dxd6 26.Txd6 Td8 27.Txd8+ Cxd8 28.b4 Ce6 29.Tb1 Cd4 30.f3 Tc2 31.b5 ½–½

12ª rueda, 17 de octubre

▊ Najdorf parece tener asegurado el triunfo, aun cuando en la rueda de hoy suspendió su partida con Foltys con la desventaja de un peón. Tiene todavía posibilidades de no perder este juego, pero, aunque sufriera un contraste, se considera que la partida final contra Zita, que va mal colocado en la tabla, habrá de ganarla, con lo cual no podría ser desalojado del puesto de honor. Kottnauer empató con Guimard, que ha experimentado una reacción en las últimas ruedas. Trifunovic derrotó a Katetov, y Gligoric suspendió con Zita. Najdorf tiene 8 (y 1), Gligoric, Stoltz y Trifunovic 7 (y 1). Guimard quedó con 3½.

▊ Con los resultados de las partidas suspendidas, el maestro miguel Najdorf se aseguró el primer puesto del certamen, colocación que sólo puede ser compartida por alguno de los participantes, en el caso de que dicho maestro pierda la partida que hoy suspendió nuevamente con Foltys, y el lunes sea derrotado por Zita. La partida frente a Foltys, que ayer había quedado suspendida en situación sumamente expuesta para Najdorf, prosiguió hoy, y luego de una penosa defensa, quedó nuevamente aplazada en una posición donde las posibilidades de empate son ahora mucho más reales que antes. Najdorf tiene 9 (y 1), Stoltz y Trifunovic 8, Gligoric 7½. Guimard comparte el último lugar con 3½.[378]

> **Najdorf, Miguel – Foltys, Jan [D45]**
> **Memorial Treybal Praga (12), 17.10.1946** *[Juan S. Morgado]*

1.d4 d5 2.c4 c6 3.Cf3 Cf6 4.e3 e6 5.Cc3 a6 6.Dc2 Cbd7 7.b3 Ad6 8.Ae2 0–0 9.0–0 De7 10.e4 Cxe4 11.Cxe4 dxe4 12.Dxe4 e5 13.c5?!... [a) 13.Ag5!? Cf6 14.Axf6 gxf6 15.Tad1 exd4 16.Dxe7 Axe7 17.Cxd4=; b) 13.dxe5 Cxe5 14.Ab2 Cxf3+ 15.Dxf3 Te8 16.Dc3 Ae5 17.Dxe5 Dxe5 18.Axe5 Txe5 19.Tae1=] **13...exd4 14.Dxd4?!...** [14.Cg5 Dxe4 15.Cxe4 Axc5 16.Cxc5 Cxc5→] **14...Axc5 15.Db2 Cb6?!** [15...Te8∓] **16.Ag5?...** [16.Dc2 h6∓] **16...f6∓** [16...Dd6 17.Ad2 Cd5 18.Ad3 Ag4 19.Cg5 Cf6∓] **17.Ah4 Af5** [17...Aa3∓] **18.a3 Tfe8** [18...a5 ∓] **19.Tfe1 Df7** [19...a5 ∓] **20.Ag3** [20.Af1 Txe1 21.Txe1 Te8→] **20...Cd5?!** [20...a5∓] **21.b4 Ab6→ 22.Cd4?!...** [22.Ac4 Rh8→] **22...Ag6→ 23.Ac4...** [23.Cb3 Te7 24.Ac4 Df8 25.Cc5 Af7∓] **23...Txe1+ 24.Txe1 Te8 25.Td1 De7 26.h3 Rh8∓ 27.b5?! axb5** [27...Dc5→] **28.Axd5 cxd5 29.Cxb5 Td8 30.Cc3 Ac5 31.Txd5 Txd5 32.Cxd5 Axa3 33.Db6 Dd7?!** [33...Ac5→] **34.Da5 Af8 35.Da8 Rg8 36.Cb6 Dc6 37.Dd8? De8** [37...Af5∓] **38.Dc7 Dc6∓ 39.Dd8 De8** [39...Af5∓] **40.Dd5+ Df7 41.Dd8 De7 42.Dc8 Ae8 43.Cc4 Ac6 44.Cd6 h5 45.h4 g6 46.Da8 Rh7∓**

47.Da2 Ah6 48.Dc4 f5? [48...Dd7∓] **49.Cf7 Ab5= 50.Dxb5 Dxf7 51.Ae5 De7 52.g3 Ag7 53.Axg7 Rxg7 54.Db2+ Rg8 55.Db6 Rf7 56.Db3+ Rf8 57.Db6 Rf7 58.Db3+ Rg7 59.Db2+ Rh7 60.Db6 Dd7 61.Rh2 Rg7 62.Db2+ Rf7 63.Db3+ Re7 64.Dg8 Dc6 65.Dg7+ Rd8 66.Df8+ Rc7 67.De7+ Rb6 68.Db4+ Ra6 69.Da3+ Rb5 70.Db3+ Rc5 71.Da3+ Rd4 72.De3+ Rd5 73.Db3+ Rd6**

---

[378] Agencia UP, *La Prensa*, 20 de octubre de 1946.

74.Db4+ Re6 75.Db3+ Re7 76.Db4+ Re8 77.Db3 b5 78.Dg8+ Rd7 79.Df7+ Rc8 80.Df8+? [80. De7=] **80...Rb7∓ 81.Dg7+ Rb6 82.Dd4+ Ra5 83.Da1+ Rb6 84.Dd4+ Dc5 85.Df6+ Ra5 86.Rg1?...** [86.Dd8+ Ra4∓] **86...b4 87.Dxg6 b3–+ 88.Df6 Rb4 89.Dh8 Rc4 90.Dxh5 b2 91.De2+ Rc3 92.De1+ Rb3 93.Dd1+ Ra2 94.De2 Ra1–+ 95.Da6+ Rb1 96.De6 Db5 97.Dc8 Dd3 98.Dc6 Ra2 99.Da4+ Rb1 100.Dc6 Dd4** [100...De4–+] **101.Dc7 Ra2 102.Da5+ Rb3**

103.Db5+ Rc3 104.Da5+ Rb3 105.Db5+ Rc3 106.Da5+ Rd3 [106...Db4–+ 107.De5+ Rd2 108. Dd5+ Rc1 109.Dc6+ Rb1 y mate en 21] **107.Dxf5+ De4 108.Db5+ Rc2 109.Dc5+ Rb3 110.Db5+ Rc3 111.Da5+ Db4** [111...Rc2 112.Dc5+ Rb3 113.Db5+ Ra3 114.Da5+ Da4 115.Dc5+ Ra2 116. Dd5+ Ra1 117.De5 Dc4 118.Da5+ Da2 119.Dc3 Db1+ 120.Rh2 De4 121.Rg1 Da4 122.Dg7... *(122. h5 Ra2–+)* 122...Ra2 123.Df7+ Rb1 124.Dg8 Ra1 125.Dg7 Dc6 126.De5... *(126.Dd4 Ra2 127.Da7+ Rb1 128.Df7 Dc1+ 129.Rg2 Dc5 130.De6 Db5 131.De4+ Ra2 132.Da8+ Rb3 133.De4 Da4 134.Df3+ Ra2 mate en 36)* 126...Dc4 127.Rg2 Rb1 mate en 40] **112.De5+ Rb3 113.Dd5+ Rc3** [113...Dc4 y mate en 38] **114.De5+ Rb3 115.Dd5+ Rc3 116.De5+ Dd4** [mate en 38] **117.Da5+ Rb3 118.Db5+ Rc2 119.Df5+ Rb3** [si 119...Rc3 mate en 39 comenzando con 120.Da5+] **120.Db5+ Rc2**

121.Df5+ ½–½

Y Foltys aceptó las tablas por cansancio, en momentos en que todavía disponía del mate antes citado. Claro que encontrar los jaques justos no era fácil frente al tablero...

Najdorf iguala con Foltys, y se asegura el primer lugar. La Prensa, 20 de octubre de 1946

Kottnauer, Cenek – Guimard, Carlos Enrique [A95]
Memorial Treybal Praga (12), 17.10.1946

1.c4 e6 2.g3 f5 3.Ag2 Cf6 4.Cc3 Ae7 5.d4 0–0 6.Cf3 d5 7.0–0 c6 8.b3 De8 9.Dc2 Dh5 10.Ce5 Cbd7 11.Cxd7 Axd7 12.f3 Tad8 13.Af4 Ae8 14.cxd5 Cxd5 15.Cxd5 exd5 16.Ae5 Ag5 17.f4 Ae7 18.b4 Df7 19.Tab1 a6 20.Tb3 Ta8 21.Tbb1 Td8 22.Tb3 Ta8 23.Tbb1 Td8 24.Tb3 Ta8 ½–½

13ª rueda, 20 de octubre

▌Con una concluyente victoria del representante argentino Miguel Najdorf finalizó hoy el torneo. Esta mañana fue declarada tablas la partida que Najdorf y Foltys suspendieron ayer, luego de realizar 121 jugadas. Con tal resultado, Najdorf se aseguró el primer puesto. A pesar de ello, en la partida que disputó por la tarde con el yugoslavo (Sic) Zita, el representante sudamericano condujo el juego con energía, en procura del triunfo, que conquistó merecidamente en la jugada 46ª. Con su excelente actuación, Najdorf confirma que no fue accidental su brillante comportamiento en el reciente Torneo de Groninga. Es opinión generalizada de que Najdorf deberá ser tenido indiscutiblemente presente en la formación del cuadro para el próximo torneo por el Campeonato Mundial, competencia que se realizará seguramente en el mes de enero de 1947.

En cuanto al otro representante argentino, Carlos Guimard, su actuación fue muy irregular. Luego de una serie de derrotas, jugó con extraordinaria energía las ruedas finales, pudiéndose citar el caso curioso de que en las últimas cuatro partidas hizo dos tablas y ganó las dos restantes, una de ellas en forma brillante frente al campeón checoslovaco, Ludek Pachman. En esta ronda Guimard derrotó a Opocensky. Los resultados finales de este certamen Memorial Karel Treybal, de Praga, fueron los siguientes: Najdorf jugó brillantemente, y ganó con 10½/13; siguieron Stoltz y Trifunovic 9; Foltys y Gligoric 8½; Golombek 6½; Pachman y Sajtar 6; Katetov y Kottnauer 5½; en tanto Guimard solamente obtuvo 4½ unidades, junto a Zita. Últimos quedaron Opocensky y Rohacek con 3½ unidades. Se espera que Najdorf sea elegido para jugar el próximo Campeonato Mundial, pero esa pretensión choca con la exigencia de Botvínnik de que sólo intervengan seis.[379]

Guimard, Carlos Enrique – Opocensky, Karel [E16]
Memorial Treybal Praga (13), 20.10.1946 *[Juan S. Morgado]*

1.d4 Cf6 2.Cf3 e6 3.c4 b6 4.g3 Ab7 5.Ag2 c5 6.d5 b5?! [6...exd5 7.Ch4⩲] **7.0–0 bxc4 8.e4 Cxe4??** [8...exd5 9.exd5 d6 10.De2+ De7 11.Dxc4 Axd5 12.Dd3 Ae4 13.Db3 Db7 14.Te1 Dxb3 15.axb3 Rd7 16.Cc3 Axf3 17.Axf3 Cc6 18.Ag5±] **9.dxe6+– fxe6 10.Cg5 d5 11.Cxe4...** [11.Cxe6+–] **11...dxe4 12.Dh5+ g6 13.De5 Dd4 14.Dxe6+ Ae7 15.Cc3 Dd7 16.Dxc4 Dd4 17.Db3 Db4 18.De6 Db6 19.De5 Tf8 20.Cd5 Dd6 21.Dxe4 1–0**

Zita, Frantisek – Najdorf, Miguel [D75]
Memorial Treybal Praga (13), 20.10.1946 *[Juan S. Morgado]*

1.c4 Cf6 2.Cc3 g6 3.g3 Ag7 4.Ag2 0–0 5.Cf3 d5 6.cxd5 Cxd5 7.0–0 c5 8.d4 Cc6 9.Cxd5 Dxd5 10.Ce5 Dxd4 11.Cxc6 bxc6 12.Ae3 Dxb2 13.Tb1 Dxa2 14.Axc6 Af5 15.Axa8 Dxb1 16.Dxb1 Axb1 17.Af3 Af5 18.Axc5 a5 19.Axe7 Tc8 ∓ 20.Td1 h5 21.Rg2 a4 22.Td5 Ae6 23.Ta5 Ab3 24.g4 Te8 25.Aa3 hxg4 26.Axg4 Te5 27.Ta6 Td5 28.f4 Td2 29.f5 Ad5+ 30.Rf2 Ad4+ 31.Rg3 gxf5 32.Af3 Ae5+ 33.Rf2 Axf3 34.Rxf3 Td4 35.h3?!... [35.Ac5 Tc4 36.Ad6 Tc3+ 37.e3 Axd6 38.Txd6 Tc4 39.Ta6 Rg7=] **35...Tf4+ 36.Rg2 Te4 37.Rf3 Rg7 38.Ac5 Tf4+ 39.Rg2 Tc4→ 40.Ae7 Ab2 41.Ad6?...** [41.Rf3 f6→] **41...Te4–+ 42.Ta5 Txe2+ 43.Rf3 Te4 44.Txf5 Te6 45.Af4 Ta6 46.Tg5+ Rf6 0–1**

Declaraciones de Najdorf luego del torneo: la venganza de Botvínnik (I)

▎El vencedor del torneo, Miguel Najdorf, se dio cuenta que la ausencia de los soviéticos equivalía a un boicot contra él. Declaró hoy:

> El torneo puede decirse que ha sido bueno y malo. Bueno, porque los checoslovacos se han mostrado muy hospitalarios, nos han tratado admirablemente, y el premio era atrayente. Malo, porque ha sido mal organizado, no por culpa de los checoslovacos, sino por culpa de los soviéticos y del

---

[379] *Caissa* nº 90, pág. 244. *El Ajedrez Argentino* nº 1, ene-1947 pág. 44. UP, *La Prensa*, 22 de octubre de 1946.

doctor Tartakower, que a última hora dejaron de asistir. Como consecuencia de ello, varios jugadores checoslovacos tuvieron que actuar como participantes y como organizadores. Aunque eran buenos jugadores, resultaba imposible atender a ambas cosas a un mismo tiempo. He jugado bien, pero no he quedado satisfecho, porque esperaba haber ganado a los rusos. Creo que los jugadores europeos tienen una apertura débil, y si yo dedicara tres meses a estudiar las aperturas creo que podría ganar el primer premio en el torneo más fuerte del mundo. Guimard jugó bastante mal en las primeras partidas, porque no estaba bien. El 25 de octubre iremos ambos a Ámsterdam, luego a Londres, y el 5 de noviembre a Barcelona.[380]

Un desnutrido que regresa rozagante

Cuando Carlos E. Guimard, excampeón argentino, apareció inesperadamente en los círculos ajedrecísticos de Buenos Aires, fue recibido con sorpresa. Sin que nadie lo supiera, un avión lo había dejado en el aeródromo de Morón. La sorpresa no se originó, sin embargo, en este medio de locomoción, pues el participante de los recientes torneos de Groninga (15º), Praga (12º) y Barcelona (3º) casi no ha empleado otro en estos últimos tiempos. Se originó en su espléndido estado físico. ¡Guimard venía más gordo que nunca!

¡Nostalgias alimenticias! Las declaraciones de Najdorf, su compañero de combate, transmitidas profusamente por cable, hacían prever otra cosa. Según el maestro polaco, que jugó y triunfó en Praga y Barcelona en representación de la Argentina, la actuación de Guimard no fue todo lo brillante que había derecho a esperar por las condiciones de alimentación que hoy imperan en Europa. Para un criollo de buen diente, sin ninguna práctica en el ayuno, el racionamiento europeo habría sido fatal. Si, por añadidura, tiene que jugar al ajedrez, su imaginación, en lugar de elaborar combinaciones espectaculares, se recrea en nostálgicas remembranzas de bifes humeantes, sabrosos y perfumados con apetitoso tufillo de asado.

¡Cuadrado y macizo! Pero, tal como ha regresado Guimard, no serviría en modo alguno para modelo de un cuadro sobre la inanición. Esa espalda grande, cuadrada y maciza no puede pertenecer, evidentemente, a ningún hambriento…

Interrogaron a Guimard:

Najdorf, sin embargo, dijo...

Guimard, hundidos sus socarrones ojitos santiagueños en un rostro lleno y rozagante, reía de buena gana.[381]

La nueva sensibilidad checoslovaca: hambre y solidaridad

Terminado el Torneo de Groninga, Guimard marcha a Checoslovaquia para intervenir en el Torneo de Praga, donde al argentino lo esperan sorpresas de bulto. En cuanto llega, descubre que la práctica del ajedrez se ha convertido en costumbre nacional, que es una especie de fenómeno neurótico, que actúa a modo de escape del espíritu checo. ¡Consecuencia de la dominación alemana! En lugar de concurrir a las Facultades, los estudiantes se resistían permaneciendo en sus casas u ocultos. Como no podían hacer otra cosa, se entretenían jugando al ajedrez. ¡Era una especie de resistencia pasiva! Una noche, al finalizar una partida, Guimard tiene un antojo. Le pregunta a un amigo checo:

---

[380] Agencia UP, *La Prensa*, 22 de octubre de 1946.
[381] Revista *Qué sucedió en 7 días*, 7 de enero de 1947.

¿Hay chocolate aquí?

Sí. En abundancia y riquísimo.

¿Dónde puedo conseguirlo? Me entraron deseos de tomar chocolate.

En cualquier parte... y en ningún lado. Depende. ¿Tiene tarjetas de racionamiento?

No. Pero tengo dinero.

Lo mismo que nada. Sin tarjeta de racionamiento no se consigue nada en Checoslovaquia. A menos que acepte usted uno de mis bonos.

Guimard se niega a aceptar el bono que le ofrece el amigo, y en cambio, pide que le lleve a un negocio donde venden chocolate. Está convencido de que su amigo exagera y que con dinero en mano puede adquirir lo que desea. Entran en una renombrada dulcería cuyo dueño resulta ser de la extrema izquierda. Pide cinco coronas de chocolate, le envuelven el trozo, pero al ver que entrega solamente dinero, le piden el bono de racionamiento. Guimard explica que no tiene, que es extranjero, y que está dispuesto a pagar 10, 20 o 50 coronas por el chocolate. Se excusa el vendedor:

Lo siento, pero no es cuestión de que me ofrezca más por lo que vale menos, sino que debo cumplir estrictamente con las disposiciones de las autoridades.

Guimard insiste y termina mandándose una buena parte de actor dramático. Le dice:

Tengo una necesidad fisiológica de comer chocolate.

En ese caso, tome usted.

Con toda cortesía, el dulcero entrega el trozo, a la vez que de su cartera saca un bono de racionamiento suyo. Guimard no está satisfecho con esta demostración de probidad comercial. La considera una mosca blanca. Le adelanta el amigo:

Esta noche conocerá a Jan Zotta, el más rabioso de los nacionalistas checos.

Después del teatro, cerca de la medianoche, Guimard y el amigo toman por una de las avenidas de Praga y se detienen frente a un pequeño mostrador que un vendedor ambulante de salchichas calientes ha instalado en la vereda. El checo saluda:

Buenas noches, Jan. Le presento a un amigo de la Argentina. Quiere probar sus salchichas, pero ocurre que no tenemos bonos.

Entonces no podré venderle. Otra vez será.

Y se repite, como calcada, la escena de la dulcería. Inútil. Jan Zotta se niega a vendérsela. Termina explicando el amigo checo:

Es que estamos muertos de hambre, y no sabemos dónde ir a comer sin bonos de racionamiento.

Si es así, la cosa cambia. Tomen ustedes.

Y el salchichero saca uno de sus propios bonos, diciendo:

Por un par de días no comeré salchichas.

Y Jan Zotta le entregó a cada uno un par de salchichas calientes. Es entonces cuando Guimard, a través de su amigo intérprete, le pregunta a Zotta:

> Siendo usted nacionalista checo, y, por lo tanto, enemigo del gobierno, ¿por qué cumple estrictamente sus disposiciones?

La respuesta es digna de ser publicada en letras de molde y en mayúsculas:

> No se trata de lo que yo piense políticamente, sino del deber ineludible que tenemos los checos: acatar al pie de la letra las disposiciones de las autoridades. Colaborar al máximo con el gobierno, representante de la mayoría, cuyas resoluciones son para bien del pueblo. Sin acatamiento ni colaboración no hay disciplina, y sin disciplina vamos al caos. Y los checos sabemos muy bien lo que es vivir en el caos.[382]

Los soviéticos boicotearon Praga

■ Verdadera decepción causó entre los aficionados la inesperada y sorpresiva noticia de que los jugadores rusos no intervendrían en la competencia, a pesar de haberse inscripto y asegurado su participación. Tal circunstancia resta innegable jerarquía al certamen, y como consecuencia de ello surge el representante argentino Miguel Najdorf como el más firme candidato para obtener el triunfo.[383]

■ He aquí la venganza de Botvínnik; o, quizás, *la primera parte* de su venganza. Muy influyente políticamente, Botvínnik solicitó en forma reservada que fueran retirados los jugadores soviéticos para restar importancia al certamen. Un boicot con todas las letras. ¿Por qué? Muy sencillo: éste debía ser uno de los torneos que sería tomado en cuenta para determinar los candidatos al título mundial. Y si no juegan los rusos, será muy fácil blandir el argumento de que no es un torneo que merezca ser incluido entre los "elegibles". Y, obviamente, el más –o seguramente el único– perjudicado sería Miguel Najdorf.

El holgado triunfo de Najdorf en Praga plantea un interrogante de sumo interés para el ajedrez argentino, al que en este momento representa el maestro polaco. ¿Se admitirá su participación en el gran certamen por el campeonato mundial que deberá realizarse el año próximo, no en Los Ángeles, como se dijo al principio, sino en una ciudad de Holanda, aún no determinada? Según las primeras noticias, parecería que no. La FIDE habría resuelto discernir el título, vacante por el fallecimiento de Alekhine, al triunfador de un magno torneo circunscripto a 6 únicos competidores: Botvínnik, Keres y Smyslov, soviéticos; Reshevsky y Fine, norteamericanos; Euwe, holandés. No quedaría sitio para Najdorf. ¿Por qué? El doctor Seitz, que tiene fama de ser, en el mundo, el primer periodista especializado en ajedrez se halla informado de que los rusos son irreductibles en el sentido de no ampliar el número de participantes: seis, y nada más que seis. En ese caso, ¿a quién desplazaría Najdorf? Por mucho que la FIDE examine las fallas de los seis candidatos escogidos, no las va a encontrar en número suficiente para excluir a ninguno…[384]

---

[382] Pedro Patti, *¡Aquí Está!*, 10 de enero de 1947.
[383] *La Prensa,* 23 de octubre de 1946.
[384] Revista *Qué sucedió en 7 días,* 31 de octubre de 1946.

Memorial Treybal – Praga 1946

		1	2	3	4	5	6	7	8	9	0	1	2	3	4	Pts.	S.B.
1	Najdorf, Miguel	*	½	½	0	½	1	1	1	1	1	1	1	1	1	10.5/13	
2	Stoltz, Gösta	½	*	1	1	½	1	0	1	½	0	1	1	1	½	9.0/13	56.50
3	Trifunovic, Petar	½	0	*	½	0	½	½	1	1	1	1	1	1	1	9.0/13	48.75
4	Gligoric, Svetozar	1	0	½	*	½	1	1	1	½	1	0	1	½	½	8.5/13	54.00
5	Foltys, Jan	½	½	1	½	*	1	0	1	1	½	0	½	1	1	8.5/13	53.00
6	Golombek, Harry	0	0	½	0	0	*	½	½	0	1	1	1	1	1	6.5/13	
7	Pachman, Ludek	0	1	½	0	1	½	*	1	½	½	0	0	0	1	6.0/13	40.25
8	Sajtar, Jaroslav	0	0	0	0	0	½	0	*	½	1	1	1	1	1	6.0/13	27.50
9	Katetov, Miroslav	0	½	0	½	0	1	½	½	*	½	1	0	0	1	5.5/13	32.00
10	Kottnauer, Cenek	0	1	0	0	½	0	½	0	½	*	1	½	½	1	5.5/13	31.00
11	Zita, Frantisek	0	0	0	1	1	0	1	0	0	0	*	½	1	0	4.5/13	28.75
12	Guimard, Carlos Enrique	0	0	0	0	½	0	1	0	1	½	½	*	1	0	4.5/13	24.25
13	Opocensky, Karel	0	0	0	½	0	0	1	0	1	½	0	0	*	½	3.5/13	20.25
14	Rohacek, Ivan Vladimir	0	½	0	½	0	0	0	0	0	0	1	1	½	*	3.5/13	19.50

Capítulo 25

CLUB ARGENTINO:
SCHVARTZMAN – LIPINIKS, POR EL TÍTULO

▞ Esta noche se iniciará en el Club Argentino el encuentro por el título de la entidad, entre el desafiante Leonardo Lipiniks, ganador del Torneo de 1ª Categoría, y el campeón Arón Schvartzman. De acuerdo con el reglamento del *match*, éste se efectuará a cuatro partidas ganadas o el mejor score en ocho, con un posible desempate de dos partidas más. En caso de empate, Schvartzman retendrá el título. Lipiniks es actualmente campeón de la Asociación Nueva Argentina.[385]

1ª partida, 23 de octubre

▞ El resultado del primer cotejo fue una demostración de los progresos que ha efectuado últimamente el joven Lipiniks, novel jugador de primera, y del entusiasmo que ha puesto en su preparación para ponerse a la altura de los antecedentes históricos de este título. El desarrollo del juego tuvo momentos muy interesantes, y fue seguido por numerosos aficionados, mientras los maestros Villegas, Luckis e Iliesco mostraban las variaciones que podía tener la partida, que finalmente se adjudicó Lipiniks, por la fuerza de la posición, y por estar al borde del tiempo reglamentario su contrario.[386]

▞ Comienzo sorprendente de un campeonato tradicional. Con la victoria inesperada de Leonardo Lipiniks, joven vecino de Villa Luro de 22 años, se ha iniciado el Campeonato del Club Argentino. Su adversario, el campeón, es un galeno en la plenitud de sus facultades, Arón Schvartzman, que bordea la cuarentena, edad que, según el gran teórico de Nürnberg, médico también, doctor Siegbert Tarrasch, es la ideal para la práctica del juego ciencia. El ajedrez se ha democratizado y se ha extendido. Ha abandonado los círculos cerrados en que antes se cultivaba, y ganó la calle, los cafés y clubs de fútbol. Guimard es Profesor de Boca Juniors, Marino de San Lorenzo de Almagro, Renato Sanguinetti de Ríver Plate, y así por el estilo. Hay más ajedrecistas en los clubs de fútbol que de ajedrez. Ha invadido el interior de la República, expidiéndose como una mancha de aceite. Es la semilla que plantó el Club Argentino hace 41 años.

Entre sus asociados, los más jóvenes, que no siempre son los de menos años, aceptan complacidos el fruto pujante y vigoroso, aunque un poco desordenado y estentóreo, de aquella semilla inicial: lo miran con cierta complacencia de padres satisfechos. Los más viejos, que no siempre son los de más edad, lo repudian. Lipiniks, del barrio de Liniers. Aunque desentone con su engolada tradición, es un triunfo para la obra desinteresada del Club Argentino que se haya iniciado el *match* en el que se disputa el título máximo de la institución, con la primera partida ganada por Leonardo Lipiniks, modesto empleado de 22 años, nacido en Letonia, y que aprendió el juego en una biblioteca cultural del Barrio de Liniers, Democracia y Progreso, y es un triunfo de igual valor que su adversario sea Arón Schvartzman, profesional estudioso, hijo de su propio esfuerzo y de su talento.[387]

---

[385] *La Nación*, 23 de octubre de 1946.
[386] *El Mundo*, 26 de octubre de 1946.
[387] Carlos Portela, *Qué sucedió en 7 días*, 7 de noviembre de 1946. Las fechas son aproximadas. Notas del autor.

Schvartzman, Aron – Lipiniks, Leonardo [D93]
Club Argentino *match* por el título (1), 23.10.1946 *[Juan S. Morgado]*

Comienzo sorprendente de Lipiniks. *Qué sucedió en 7 días*, 7 de noviembre de 1946

1.d4 Cf6 2.c4 g6 3.Cc3 d5 4.Af4 Ag7 5.Db3 c6 6.e3 0–0 7.Cf3 Da5 8.Ad3 dxc4 9.Axc4 b5 10.Ad3 Ae6 11.Dc2 Cd5 12.Ag5 c5 13.Dd2 cxd4 14.Cxd4 Cxc3 15.Ae4?... [15.bxc3 b4 16.Axe7 bxc3 17.Dc2 Axd4 18.Axf8 Cc6 19.Ae4... *(19.0–0 Txf8 20.exd4 Cxd4→)* 19...Tb8 20.0–0 Tb2 21.Dd1 Rxf8 22.exd4 Td2→] 15...Ca6 16.Axa8 Txa8 17.bxc3... [17.0–0 b4 18.Cxe6 fxe6 19.Axe7 Dd5→] 17...b4 18.Axe7 bxc3∓ 19.Dc1 Te8? [19...Axd4 20.exd4 Ac4–+] 20.Da3= Dxa3 21.Axa3 Axd4 22.exd4 Axa2+ 23.Rf1 Ac4+ 24.Rg1 Cc7 25.h3 Te2 26.Rh2 Txf2 27.Rg3 Td2 28.Thc1?... [28.Ac1 Td3+ ∓] 28...Cd5∓ 29.Ad6 a6 30.Tab1 Ab5 31.Tb3 f6 32.Tbxc3 Cxc3 33.Txc3 Txd4 34.Tc8+ Rf7 35.Af4 h5 36.Ae3 Td3 37.Rf2 h4 38.Ta8 Ta3 39.Ta7+ Re6 0–1 (Por tiempo)

2ª partida, 30 de octubre

La 2ª partida se postergó por pedido de Lipiniks, y se jugó el 30. Frente al PD, Schvartzman respondió con la Defensa Nimzoindia, planteando un gambito y complicando el juego ya desde la apertura. Calculó mal una secuencia el campeón, y Lipiniks sacó dos peones de ventaja, devolviendo uno para acomodar sus piezas. Así, quedó con dos poderosos alfiles, y protegió su rey enrocando a mano. En la jugada 34ª pudo obtener ventaja decisiva Lipiniks, pero permitió un respiro a Schvartzman. Finalmente, este cometió un grave error en la 40ª, y debió abandonar pocas jugadas después.[388]

---

[388] *La Nación*, 26 de octubre de 1946.

■ Hasta aquí el *match* estaba 2–0 para el desafiante. Comentó Lipiniks en *Nuestro Círculo*:

Me pareció hermoso que el Club Argentino de Ajedrez, que por primera vez había abierto sus puertas a un jugadorcito de Liniers, me invitara a jugar el Campeonato de 1ª Categoría, y quiso la mala suerte que lo ganara en una final de puro nervio que se definió en la última rueda. Quedé yo primero con 6½/10 (sólo un 65%) delante de figuras como Puiggrós, Piazzini, Reinhardt, Sanguinetti, Secchi y otros. Con una carga de ajedrez atroz encima no vacilé en desafiar al casi vitalicio campeón del club, el Dr. Aron Schvartzman, con quien iba empatado en tres puntos cuando pedí cambio de fechas para poder jugar el Campeonato Argentino de 1946.

El Dr. Schvartzman, un reputado clínico además de correcto jugador, se negó alegando que ya tenía arreglado su programa de trabajo para los días en los que estábamos jugando. Opté por jugar el Campeonato Argentino de 1946 y entre 21 participantes salí bien debajo de la mitad. Perdí partidas ganadas, no ví mates en dos, al extremo que el maestro Ståhlberg me llamó aparte y me dijo, no recuerdo en qué partida donde yo tenía ventaja:

Esta sí que no puede perderla.

¡Pero esa también la perdí! Hasta dejé de temer el apoyo de mi padre, quien había llegado a creer que ya había llegado la época en que yo podría poner huevos de oro.

> **Lipiniks, Leonardo – Schvartzman, Aron [E37]**
> **Club Argentino *match* por el título (2), 30.10.1946** *[J. S. Morgado/C. Drake]*

1.d4 Cf6 2.c4 e6 3.Cc3 Ab4 4.Dc2 d5 5.a3 Axc3+ 6.Dxc3 Ce4 7.Dc2 c5 8.dxc5 Cc6 9.cxd5 exd5 10.Cf3 Af5 11.b4 0–0 12.Ab2 Cg3? [12...a5 13.b5 Ce7 14.e3 Tc8 15.Dd1 Cxc5 16.Tc1±] **13.Dc3+– d4 14.Cxd4 Cxd4 15.fxg3 Cc2+ 16.Rf2 Dg5 17.Tc1 Dg6 18.e4 Axe4 19.Ae2 Tfe8 20.Thf1 Tad8 21.Rg1?!...** [21.Tfd1 Rf8 22.Td2 Df5+ 23.Rg1 Dg5 24.Tcxc2 Axc2 25.Txc2 Te3 26.De1+–] **21...Cd4 22.Ac4± Ce6 23.Tce1?!...** [23.Tcd1 Txd1 24.Txd1 a6 25.h3±] **23...Ad3 24.Tf3 Axc4 25.Dxc4 Cg5 26.Txe8+ Txe8 27.Tf1 h6 28.b5?!...** [28.Ac1→] **28...Ce4?** [28...De6 29.Dd4 f6 30.h4→] **29.Dd5± Tc8 30.Tc1 Dg4 31.c6 bxc6 32.bxc6 De2 33.Dd4 f6 34.Dc4+?!...** [34.h3→] **34...Dxc4 35.Txc4± Cd6 36.Tc2 Rf7 37.a4 Re6 38.Ad4 Rd5?!** [38...Tc7 39.Ae3±] **39.Axa7 Ta8 40.Ac5...**

40...Rxc6??... [40...Cc4 41.Ab4 Txa4 42.c7 Ta8 43.Te2 Ce5 44.Ta2 Tc8 45.Td2+ Rc6 46.Af8 g5 47.Tc2+ Rb7 48.Axh6 Txc7 49.Txc7+ Rxc7 50.Af8≡] **41.Ab4+ Rd7 42.Td2+– Ta6 43.Rf2 Rc7 44.Axd6+ Txd6 45.Txd6 Rxd6 46.Re3 Rc5 47.Re4 g6 48.a5 1–0**

3ª partida, 2 de noviembre

■ Con blancas, el campeón planteó PD y Lipiniks optó por la Defensa Morphy Abierta. Las blancas siempre mantuvieron una pequeña ventaja, pero luego de las simplificaciones se llegó a una posición equilibrada que se dio por tablas.[389]

Schvartzman, Aron – Lipiniks, Leonardo [C82]
Club Argentino *match* por el título (3), 02.11.1946 *[Juan S. Morgado]*

1.e4 e5 2.Cf3 Cc6 3.Ab5 a6 4.Aa4 Cf6 5.0–0 Cxe4 6.d4 b5 7.Ab3 d5 8.dxe5 Ae6 9.c3 Ac5 10.Cbd2 0–0 11.De2 Cxd2 12.Axd2 Ag4 13.Af4 Ce7 14.h3 Ah5 15.g4 Ag6 16.a4 c6 17.axb5 axb5 18.Txa8 Dxa8 19.Ae3 Da7 20.Cd4 b4 21.Ac2 bxc3 22.bxc3 Axd4 23.cxd4 f5 24.exf6… [24.f4!?] 24…Txf6 25.Ag5 Tf7 26.Te1 [26.Axg6 Cxg6 27.De8+ Tf8 28.Dxc6 Dxd4=] 26…Axc2 27.Dxc2 h6 28.Axe7… [28.Ah4!?] 28…Txe7 ½–½

4ª partida, 6 de noviembre

■ Como en el cotejo anterior en el que Lipiniks condujo blancas, Schvartzman insistió con la Defensa Nimzoindia. Fue tablas de común acuerdo en 21 jugadas. En el *score*, por lo tanto, Lipiniks mantiene la ventaja de dos puntos de 3:1 (+2 =2 –0).[390]

Lipiniks, Leonardo – Schvartzman, Aron [E37]
Club Argentino *match* por el título (4), 06.11.1946

Fué tablas la cuarta partida del match entre Schvartzman y Lipiniks

1.d4 Cf6 2.c4 e6 3.Cc3 Ab4 4.Dc2 d5 5.a3 Axc3+ 6.Dxc3 Ce4 7.Dc2 c5 8.dxc5 Cc6 9.cxd5 exd5 10.Cf3 Da5+ 11.Ad2 Dxc5 12.Dxc5 Cxc5 13.Ac3 0–0 14.Td1 Td8 15.Ad4 Cb3 16.e3 Af5 17.Ad3 Ccxd4 18.Cxd4 Cxd4 19.exd4 Axd3 20.Txd3 Tac8 21.Rd2 ½–½

5ª partida, 9 de noviembre

■ A la Apertura de Dama de Schvartzman, opuso el aspirante al título Lipiniks una Defensa India del Rey, Sistema Grünfeld, que coincidió con la partida Reshevsky – Flohr del torneo de AVRO 1938 hasta la 13ª jugada de las blancas. En la jugada 21 las negras ganaron un peón, pero se compensó por la agresiva posición que tuvieron las piezas blancas. En la jugada 30ª las blancas recuperaron el peón, y aunque parezcan dominar, no podrían evitar una liquidación inmediata que dejaría un final de peones claramente tablas. El *score* es de Lipiniks 3½:1½ Schvartzman.[391]

La 4ª partida, tablas cortas interesantes. *La Nación*, 9 de noviembre de 1946

---

[389] Notas del autor.
[390] *La Nación*, 9 de noviembre de 1946.
[391] *La Nación*, 11 de noviembre de 1946.

Schvartzman, Aron – Lipiniks, Leonardo [D95]
Club Argentino match por el título (5), 09.11.1946 [Juan S. Morgado]

1.d4 Cf6 2.Cf3 g6 3.c4 Ag7 4.Cc3 d5 5.Db3 c6 6.e3 0–0 7.Ad2 e6 8.Ad3 b6 9.0–0 Ab7 10.Tfd1 Cbd7 11.cxd5 exd5 12.e4 dxe4 13.Cxe4 c5 14.Ag5?!... [14.Cxf6+ Cxf6 15.dxc5 Axf3 16.gxf3 Cd7 17.cxb6 Cc5 18.Db5 Dxd3 19.Dxc5 Dxf3=] **14...cxd4 15.Cxd4?!**... [15.Cxf6+ Axf6 16.Axf6 Dxf6 17.Cxd4 Dxd4 18.Ab5 Dg4 19.f3 Axf3 20.Dxf3 Dxf3 21.gxf3 Cc5→] **15...Axe4∓ 16. Axe4 Cc5 17.Axf6 Dxf6 18.Df3 Tad8?** [18...Cxe4 19.Dxe4 Tfe8∓] **19.Cc6 Txd1+ 20.Txd1 Cxe4 21.Dxe4 Dxb2 22.a4 a6 23.g3 Dc3↔ 24.Td7 b5 25.axb5 axb5 26.Dd5 b4 27.Tb7 De1+ 28.Rg2 Ac3 29.Dc4 Da1 30.Cxb4 Da8 31.De4 ½–½**

Nuevamente empataron Schvartzman y Lipiniks en el match de ajedrez

Otro empate entre Schvartzman y Lipiniks. *La Nación*, 11 de noviembre de 1946

6ª partida, 13 de noviembre

▎Lipiniks inició el juego con una Apertura de PR, contestada por Schvartzman con la Defensa Siciliana. El planteo siguió antiguos modelos, aunque con ligeras transposiciones que tuvieron importancia para las acciones. La jugada 11.P4TD no armoniza con lo actuado por una y otra parte (Sic). La agresión injustificada 13.P4CR cuesta cara a las blancas, ya que las negras no han enrocado. Las negras ganaron en 26 jugadas. Ahora el score es Lipiniks 3½:2½ Schvartzman.[392]

Lipiniks, Leonardo – Schvartzman, Aron [B85]
Club Argentino match por el título (6), 13.11.1946
[Juan S. Morgado]

1.e4 c5 2.Cf3 Cc6 3.d4 cxd4 4.Cxd4 Cf6 5.Cc3 d6 6.Ae2 e6 7.0–0 Ae7 8.Ae3 a6 9.Rh1 Dc7 10.f4 Ad7 11.a4 Tc8 12.f5 Ce5 13.g4 h6 14.fxe6 fxe6

15.g5?... [15.a5 0–0∓] **15...hxg5 16.Axg5 d5** [16...Cf7∓] **17.exd5??**... [17.Tf2 dxe4→] **17...Ceg4–+ 18.Af4 e5 19.Axg4 Axg4 20.Dd3 exf4 21.Dg6+ Rf8 22.Ce4 Th6 23.Dg5 Th5** [23...f3–+] **24. Dxg4 Cxg4 25.Ce6+ Re8 26.Cxc7+ Txc7 27.Txf4 Cxh2 28.c4 g5 29.d6 gxf4 30.dxc7 Rd7 31.Rg2**

[392] *La Nación*, 15 de noviembre de 1946.

Cg4 32.Rf3 Cf6 33.Cxf6+ Axf6 34.Rxf4 Axb2 35.Tb1 Th2 36.Re4 Rxc7 37.Rd5 Td2+ 38.Re4 Rc6 39.Re3 Ac3 40.c5 Td4 41.Tb6+ Rc7 0–1

7ª partida, 16 de noviembre

▪ Dos sesiones, requirió esta partida. Se inició por Schvartzman con el PR, planteándose una Apertura Ruy López, en la que Lipiniks opuso la Variante Marshall en la Defensa Morphy, pero en la línea primitiva de la partida famosa del campeón norteamericano con Capablanca, 11...C3A, en lugar de 11...P3AD. El cotejo tuvo constante vivacidad, hasta que la situación de las blancas llegó a ser muy preferible, a pesar de que el procedimiento no era del todo claro. Suspendióse ya en situación crítica para las negras. El blanco dejó sellada 41.C5R!, probablemente la mejor. Las blancas ganaron en la jugada 46ª. Este resultado a igualado el score 3½:3½. La 8ª partida se jugará mañana a las 21.[393]

Schvartzman venció en la séptima partida de su match con Lipiniks

Schvartzman le empató el *match* a Lipiniks. *La Nación*, 19 de noviembre de 1946

Schvartzman, Aron – Lipiniks, Leonardo [C89]
Club Argentino match por el título (7), 16.11.1946
[Juan S. Morgado]

1.e4 e5 2.Cf3 Cc6 3.Ab5 a6 4.Aa4 Cf6 5.0–0 Ae7 6.Te1 b5 7.Ab3 0–0 8.c3 d5 9.exd5 Cxd5 10.Cxe5 Cxe5 11.Txe5 Cf6 12.h3 Ad6 13.Te3 Ab7 14.d4 Dd7 15.Cd2 c5 16.Cf3 Dc6 17.Df1 c4 18.Ac2 Tae8 19.Ce5 Dc7 20.Te2 Cd5 21.Cf3 Af4?! [21...Ac6=] **22. Axf4 Cxf4 23.Txe8 Txe8 24.Te1→ Tf8 25.Ae4 f5?!** [25...Axe4 26.Txe4±] **26.Axb7 Dxb7 27.Ce5 Tf6** [27...Cd5 28.De2±] **28.g3± Cd5 29.f4 h6 30.Df3 Rh7 31.h4 b4 32.g4 bxc3 33.bxc3 fxg4?** [33... Tb6><] **34.De4+ g6 35.h5+– g3 36.hxg6+ Rg7 37.Cg4...** [37. Tb1+–] **37...Txf4 38.De5+ Rxg6 39.Dd6+ Rg5 40.De6 Tf5 41.Ce5 Ce7 42.Cf7+ Rh5 43.Dxh6+ Rg4 44.Dg7+ Rf4 45.Cd6 1–0**

Lipiniks se retira, y Schvartzman retiene el título

▪ El *match* a 10 partidas entre Schvartzman y Lipiniks ha quedado interrumpido, y no se proseguirá por haber desistido en su empeño el desafiante. Justificó esta actitud el señor Lipiniks con el mayor interés que tiene en jugar el Campeonato Argentino, y la imposibilidad de intervenir simultáneamente en ambos compromisos. En consecuencia, el doctor Arón Schvartzman ha vuelto a quedar en posesión del título.[394]

Club Argentino *match* por el título 1946

	Participantes	1	2	3	4	5	6	7	Pts.	S.B.
1	Lipiniks, Leonardo	1	1	½	½	½	0	0	3.5/7	12.25
2	Schvartzman, Aron	0	0	½	½	½	1	1	3.5/7	12.25

---

[393] *La Nación*, 19 de noviembre de 1946.
[394] *El Mundo*, 24 de noviembre de 1946.

Capítulo 26

LA FIDE ANTE LA ELECCIÓN DEL NUEVO TITULAR

El campeonato mundial, con serias dificultades

Los proyectos de la FIDE originados en el Congreso de Winterthur referentes a la forma de adjudicarse el Campeonato Mundial parecen haber sufrido inconvenientes. Uno de los planes consistía en realizar un torneo reducido sobre la base de los sobrevivientes del gran Torneo de AVRO 1938, en el que intervinieron Capablanca, Alekhine, Botvínnik, Euwe, Fine, Reshevsky, Keres y Flohr, dejando las dos vacantes de Capablanca y Alekhine para ser llenadas con los respectivos vencedores de Groninga y Praga. Esto daría un sitio a Miguel Najdorf, y permitiría designar otro maestro, probablemente Smyslov, por cuanto Botvínnik tendría una repetición en su derecho como participante. También se consideró realizar el torneo con el plantel de Euwe, Botvínnik, Smyslov, Fine y Reshevsky, u otros dos soviéticos o norteamericanos designados por las directivas del ajedrez en sus respectivos países.

Recibimos ahora de la Oficina de Información Holandesa que los preparativos para realizar el año próximo el torneo por el Campeonato Mundial parece haber encontrado dificultades poco menos que insalvables, ante el anuncio de que la FIDE no asumiría responsabilidad alguna en su organización. Los inconvenientes se refieren a que no han sido satisfechos los deseos de la organización soviética ni los de la norteamericana. Como resultado, la Oficina Holandesa cree que cualquier competencia que se organice lo será por alguna otra organización o por los principales jugadores mundiales.[395]

La revista *Qué sucedió en 7 días* habla de Najdorf

El 14 de enero la revista *Qué sucedió en 7 días* publica una nota acerca de la situación del Campeonato Mundial que está organizando la FIDE, luego del vacío producido por las muertes de Capablanca y Alekhine. Analiza los méritos y posibilidades de Najdorf de ingresar al reducido grupo de aspirantes.

[395] *La Nación*, 30 de octubre de 1946.

COMENZO AL MORIR ALEKHINE...

El Campeonato Mundial: una Gresca, con Exclusiones

El 24 de marzo del año pasado, un trozo de la carne que en el almuerzo devoraba (*) Alejandro Alexandrowitsch Alekhine, genio del tablero, equivocó su rumbo: en lugar de tomar hacia el conducto digestivo, se fué hacia el respiratorio. En esa forma inusitada y trágica terminó sus días el ajedrecista maravilloso que, enfermo y decadente, vencido por el campeón portugués Lupi y por maestros españoles de segundo orden, se aferraba, vacilante, al cetro del tablero que se le escurriría de entre las manos en cuanto lo pusiese en juego. ¡Suprema injusticia de la que, piadosa, lo liberó la muerte!

Entre ocho, cinco rusos

Ese cetro, arrojado por Alekhine en su asfixia, está dando mucho que hacer. Discusiones, resquemores y palabras agrias. En ocasión del match desquite entre la Unión de Repúblicas Socialistas Soviéticas y los Estados Unidos de América (**), encuentro del que Max Euwe, ex poseedor del campeonato del mundo y actual aspirante al mismo, fué director y juez, empezó la gresca. Los grandes maestros no se pusieron de acuerdo.

Rusia ha propuesto últimamente, para discernir el título de campeón mundial, la realización de un torneo magno, que se disputaría íntegramente en Moscú, entre los siguientes competidores: Botwinnik, Boleslawsky, Keres, Smyslow y Flohr, soviéticos; Euwe, holandés, y Reshevsky y Fine, norteamericanos.

La Federación Holandesa no hizo objeción al elenco, pero sí al lugar. Propuso que ese torneo se jugase la mitad en Moscú y la otra mitad en Holanda.

Curiosa invitación

Los soviéticos, probablemente molestos por ese reparo holandés, invitaron entonces a participar en el campeonato del mundo... ¡a Nueva Zelandia! Excepto (y hasta cierto punto) Lajos Steiner, que es húngaro, no existe en Nueva Zelandia ajedrecista alguno de suficiente fuerza como para intervenir en un certamen de semejante magnitud.

Pero he aquí que a la curiosa invitación soviética siguió algo aun mucho más curioso: ¡El rechazo de Nueva Zelandia! Esta se declaró dispuesta a participar en el campeonato programado por la U. R. S. S., con una condición: que la mitad del torneo se realizase en Nueva Zelandia. Es decir, la misma pre-

(*) Según cables de Lisboa, Alekhine acostumbraba a comer en su habitación del hotel para darse el placer de la mesa sin la molestia de miradas extrañas.
(**) La U. R. S. S. ganó las dos veces.

SAMMY RESHEVSKY (*)
Es el candidato yanqui.

tensión holandesa, aunque, desde luego, bastante menos justificada, porque Nueva Zelandia no cuenta entre sus ajedrecistas a un ex campeón del mundo.

Fuego de la amistad

A todo esto, la Argentina parece haber quedado fuera de la conversación, circunstancia que ha provocado una reacción un tanto fuerte (para haber sido publicada en la sección ajedrez de "La Prensa") de Luis Palau. Campea este cronista por los fueros de Miguel Najdorf, quien, aunque polaco, representaría a la Argentina. ¿Por qué no substi-

BOTWINNIK　BOLESLAWSKY　SMYSLOW　FLOHR
Cuatro de los cinco soviéticos; no fué objetado el elenco, pero sí el lugar.

tuir con Najdorf a alguno de los ocho candidatos propuestos por Moscú? En su afán polémico, Palau utiliza argumentos que, planteados en el terreno internacional, podrían ser ineficaces por efectistas: pone en tela de juicio la superioridad del ajedrez soviético, basado en

(*) El ex niño prodigio aparece ya casi completamente calvo y con su esposa al lado.

el score del 70 % obtenido por Najdorf en Groninga contra los cinco participantes de esa nacionalidad, sin considerar poco ni mucho la actuación de Najdorf contra otros adversarios de ese mismo certamen, y trae a colación nada menos que 27 torneos internacionales ganados por Najdorf. ¿Computando qué pruebas habrá hecho Palau ese cálculo?

Demasiadas "tablas"

Pero se puede argumentar con calor y, a pesar de ello, tener razón. De los cinco maestros rusos propuestos, cuatro son difíciles de reemplazar: Miguel M. Botwinnik, a quien el crítico norteamericano Reinfeld llama en un reciente libro, con un poco de olvido de la realidad, invencible; Isaac Boleslawsky, triunfador del último campeonato soviético, disputado en Sverdlowsk; Paul Keres y Vassily Smyslow. Pero Salo Flohr, demasiado afecto a las posiciones tranquilas, que hace *tablas* y más *tablas* (¡en Groninga empató 14 de las 19 partidas que jugó!), ¿por qué no dejaría su lugar a Najdorf, quien además lo aventajó en Groninga por medio punto en la clasificación general?

El más aburrido

Entre los norteamericanos nadie discute los derechos que asisten a su campeón, el ex niño prodigio Sammy Reshevsky, para desesperar a sus adversarios con su estilo espantoso, el más aburrido de que se tenga memoria en los anales del ajedrez; pero Reuben Fine, que fué precedido por Denker en el último campeonato norteamericano en que tomó parte (1945); que cayó derrotado por Boleslawsky en el primer encuentro de Estados Unidos contra Rusia, y por Keres en el segundo encuentro, ¿no podría ceder su sitio a Najdorf, con ventaja, quizá, para la efectividad de los resultados?

Puesto que la Argentina ha reanudado sus relaciones diplomáticas con los Soviets, ni siquiera el factor político sería suficiente para explicar la exclusión de Najdorf.

La FIDE y el primer Campeonato Mundial post Alekhine, en la revista *Qué sucedió en 7 días*

CAPÍTULO 27

PILNIK VENCE A ROSSETTO Y ES CAMPEÓN ARGENTINO

El 26 de setiembre comenzó el *match* por el Campeonato Argentino entre Héctor Rossetto y Herman Pilnik, esta vez en el Círculo de Ajedrez de Bahía Blanca. El primero hizo uso del derecho de desafiar al último campeón, de acuerdo con la última reglamentación de la FADA. El encuentro fue seguido con mucho entusiasmo, teniendo en cuenta que Rossetto es natural de esa ciudad.[396]

1ª partida, 26 de setiembre, Círculo de Bahía Blanca

En el Salón Blanco del Palacio Municipal se inició esta noche el *match* por el Campeonato Argentino entre su actual titular, Herman Pilnik, y el del año anterior, Héctor Rossetto, quien, de acuerdo con el reglamento, tiene derecho a defender en *match* el título que poseía. El *match* ha despertado aquí verdadero interés, y será sin dudas seguido por todos los ajedrecistas del país y aún del extranjero, donde ambos gozan de merecido prestigio. Numeroso público se congregó para presenciar el primer encuentro, que se jugará a 8 partidas, a razón de 40 jugadas en 2½ horas. Tras un desarrollo equilibrado, se llegó a un final de dos alfiles y cuatro peones por bando, que se declaró tablas en la jugada 39ª.[397]

> **Rossetto, Héctor Decio – Pilnik, Herman [A46]**
> *Match* **Bahía Blanca (1), 26.09.1946** *[Juan S. Morgado]*

1.d4 Cf6 2.Cf3 e6 3.e3 c5 4.Cbd2 Cc6 5.Ad3 Dc7 6.c3 d5 7.0–0 Ad6 8.De2 0–0 9.dxc5 Axc5 10.e4 Ad6 11.Te1 dxe4 12.Cxe4 Cxe4 13.Dxe4 f5 14.Dc4 Ce5 [14...Rh8 15.Cg5 Axh2+ 16.Rh1 Ae5=, Kaschner – Engelhardt, Alemania 1995] **15.Cxe5 Axe5 16.Dxc7 Axc7 17.Ac4≟ Rf7 18.a4 Rf6 19.Ae3 g5 20.Tad1 b6 21.b4 f4 22.Ac1 Td8 23.Ad3 Ad7 24.Ac2…** [24.b5!?] **24...Ae8 25.c4 Ae5 26.Aa3 Ac3 27.Txd8 Txd8 28.Td1 Txd1+ 29.Axd1 e5 30.Ac2 h5 31.f3 Af7 32.Ad3 Ad4+** [32...e4 33.fxe4 Re5 34.c5 Rd4 35.Ab5 Rxe4 36.cxb6 Ad4+ 37.Rf1 Axb6=] **33.Rf1 e4 34.fxe4 Re5 35.c5 Ae8 36.cxb6 axb6 37.b5…** [37.a5!? g4 38.a6 b5 39.Ac1 h4=] **37...Ag6 38.Af8 Axe4 39.Ag7+ Rd5 ½–½**

Rossetto – Pilnik, tablas en la 1ª del *match*. *La Nación*, 29 de setiembre de 1946

---
[396] *Revista de la Asociación Metropolitana de Ajedrez* nº 19/20, setiembre-octubre, pág. 220. *Caissa* nº 89, pág. 250; nº 90, pág. 261.
[397] *La Nación*, 29 de setiembre de 1946.

2ª partida, 27 de setiembre, Círculo de Bahía Blanca

Iniciada la partida por Pilnik, se jugó una Apertura Ruy López con la Defensa Morphy. Venció Pilnik en 27 jugadas. La próxima partida se jugará el lunes próximo de 19 a 24 en el Club YPF.[398]

Pilnik, Herman – Rossetto, Héctor Decio [C73]
Match **Bahía Blanca (2), 27.09.1946** *[Juan S. Morgado]*

1.e4 e5 2.Cf3 Cc6 3.Ab5 a6 4.Aa4 Cf6 5.0–0 d6 6.Axc6+ bxc6 7.d4 Cxe4 8.Te1 f5 9.dxe5 d5 10.Cbd2 Ac5 11.Cxe4 fxe4 12.Ag5... [12.Cd4!?] **12...Dd7 13.Cd4 0–0 14.c3 De8 15.Ae3 Dg6** [15...Ab6!?] **16.f4?!...** [16.Dd2 Axd4 17.Axd4 Ah3 18.g3 Df5 19.Te3 Tf7 20.c4 Taf8↑] **16...exf3 17.Cxf3 Ae7 18.Cd4 c5∓ 19.Ce2 De4** [19...c6!?] **20.Cg3 Dg6 21.Dxd5+ Ae6 22. De4...** [22.Dc6→] **22...De8 23.Tf1 Txf1+ 24.Txf1...**

24...Axa2?? [24...Td8 25.c4→] **25.Cf5+– Td8 26.c4 Af6 27.Ch6+ Rh8 28.e6...** [28.Df4+–] **28...Tb8 29.Cf7+ Rg8 30.Txf6 Txb2 31.Cg5 Ab1 32.De5 gxf6 33.Dxb2 fxg5 34.Dxb1 Dxe6 35.Db8+ Rg7 36.Dxc7+ Rg6 37.Dxc5 1–0**

3ª partida, 29 de setiembre, Club YPF de Bahía Blanca

Después del empate producido en la partida inicial, donde ambos rivales se comportaron correctamente, produjo cierta decepción entre los aficionados las serias deficiencias observadas en la 2ª partida, que perdió Rossetto. A pesar de ello, se esperaba que la 3ª resultara lucida, y permitiera borrar aquella mala impresión. La sesión resultó, en efecto, favorable para Rossetto, quien jugó en buena forma y derrotó a su adversario en una Apertura de PD, con el sistema de cambio de peones centrales, abandonando Pilnik en la jugada 38ª. En esta forma, el *match* queda empatado en 1½ puntos.[399]

Pilnik ganó la 2ª partida. La Nación, 29 de setiembre de 1946

Rossetto, Héctor Decio – Pilnik, Herman [D36]
Match **Bahía Blanca (3), 29.09.1946** *[Juan S. Morgado]*

1.d4 Cf6 2.c4 e6 3.Cc3 d5 4.Ag5 Cbd7 5.cxd5 exd5 6.e3 c6 7.Ad3 Ae7 8.Dc2 Cf8 9.Cf3 Ce6 10.Ah4 g6 11.0–0 0–0 12.Tab1 Cg7 13.b4 a6 14.Tfc1 Af5 15.a4 Tc8 16.Ce5 Axd3 17.Cxd3

---

[398] *La Nación*, 29 de setiembre de 1946.
[399] *La Prensa*, 1º de octubre de 1946.

Cf5 [17...Ce6 18.Cc5 Tc7 19.Ce2 Ce8 20.Axe7 Dxe7 21.Cd3 Cd6 ½–½ Sapis – Dobosz, Lubniewice 1994] **18.Axf6 Axf6 19.b5 axb5 20.axb5 Ae7 21.bxc6 bxc6 22.Ca4 Aa3 23.Td1 Ad6 24.Tb6 Dh4 25.g3 Dg4 26.Tc1 Tce8?** [a] 26...Ce7 27.Cac5⩲; b) 26...h5 27.Cac5 Dg5 28.Cd7 h4 29.Cxf8 hxg3 30.hxg3... *(30.Cxg6 gxh2+ 31.Rh1 Dxg6 32.Ce5 Axe5 33.dxe5 Dg4 34.Dd1 De4+ 35.Rxh2 Dxe5+ 36.Rh1 De4⩲)* 30...Rxf8 31.Te1 Rg7 32.Ce5 Th8 33.Cxf7 Rxf7 34.Dxc6 Cxg3 35.Tb7+ Ae7 36.Txe7+ Rxe7 37.Dc7+ Re6 38.Dxg3 Dxg3+ 39.fxg3 Rf5=] **27.Txc6± Te6** [27...Cxe3? 28.fxe3 Axg3 29.hxg3 Dxg3+ 30.Dg2 Dxe3+ 31.Cf2+–] **28.Dd1 Dh3 29.Df3 Ch4?** [29...Ce7 30.T6c3±] **30.Dxd5+– Txe3 31.fxe3 Axg3 32.hxg3 Dxg3+ 33.Rf1 Dxe3 34.Cf2 Te8 35.T6c3 De2+ 36.Rg1 Te3 37.Dd8+ Rg7 38.Dxh4 1–0**

4ª partida, 1º de octubre, Club Argentino

▌ Realizadas tres partidas del extraordinario *match* por el Campeonato Argentino entre los maestros Herman Pilnik y Héctor Rossetto, y estando el *score* igualado en 1½ puntos, el interés despertado por el cotejo se ha multiplicado enormemente, siendo esperadas ansiosamente las próximas partidas. En la partida de hoy Pilnik llevará las blancas, y se jugará en los salones del Club Argentino, a las 19. Serán fiscales los miembros de la Federación del Sud, Antonio Arroyo y Luis Argañaraz. En el Círculo de Ajedrez será habilitado un tablero mural en el que se seguirán las alternativas de la partida, comentada por jugadores de primera categoría.

▌ No se definió la partida, quedando suspendida bajo sobre al cumplirse las cinco horas reglamentarias de juego, debiendo proseguirse hoy a las 19 en el mismo local del Club Argentino. Pilnik tiene dama, alfil y peón, contra dama y peón de Rossetto. A pesar de la ventaja señalada, no es fácil todavía para las blancas inclinar el triunfo a su favor, ya que, para poder tomar vía libre con su peón hacia la coronación, deben primero eliminar el peón de las negras que, ubicado en la columna continua, le cierra el paso. Inició Pilnik con la Apertura Ruy López, oponiendo Rossetto la Defensa Morphy. Tras acciones equilibradas, la partida se simplificó, quedando cada rival con dama, tres piezas menores y peones. Rossetto permitió que su adversario le debilitara la configuración de peones del enroque a cambio de quedar con la pareja de alfiles. Una mala maniobra de Rossetto con un alfil (28…A4A) permitió a Pilnik quedar con una pieza de más. Se suspendió en la 48ª.[400]

▌ Pilnik se impuso, abandonando Rossetto al comprobar la jugada secreta de las blancas, 49.D8A+, para continuar con 50.D5AR y 51.A5D. Optó caballerescamente por rendirse, ante la inutilidad de toda prosecución.[401]

Rossetto gana la 3ª partida e iguala el *match*. *La Prensa*, 1º de octubre de 1946

Pilnik, Herman – Rossetto, Héctor Decio [C77]
Match **Bahía Blanca (4), 01.10.1946** *[Juan S. Morgado]*

1.e4 e5 2.Cf3 Cc6 3.Ab5 a6 4.Aa4 Cf6 5.De2 Ae7 6.c3 b5 7.Ab3 d6 8.a4 Ab7 9.d3 0–0 10.0–0 Ca5 11.Ac2 c5 12.Cbd2 Dc7 13.Te1 Tfe8 14.Cf1 c4 [14...h6 15.Cg3 Af8 16.Cf5 d5 17.axb5 axb5=, Matanovic – Langeweg, Wijk aan Zee 1968] **15.d4 exd4 16.Cxd4 Cc6 17.Ae3 Cxd4 18.Axd4 d5?!** [18...Cd7!?] **19.axb5…** [19.e5 Af8 20.Ce3 Ce4 21.Cxd5 Axd5 22.Axe4 Dc6 23.Axd5 Dxd5

---

[400] *La Nueva Provincia*, 3 de octubre de 1946.
[401] *La Nueva Provincia*, 3 de octubre de 1946.

24.h3±] **19...axb5 20.Txa8 Axa8 21.exd5?...** [21.e5 Af8 22.Ce3 traspone a la anterior] **21...Af8= 22.Dd2 Txe1 23.Dxe1 Axd5 24.Ce3 Ab7?!** [24...Ae6 25.Axf6 gxf6 26.Db1 h5 27.Af5 De5=] **25. Axf6 gxf6 26.Dd1∓ 26...De5?** [26...Ac5 27.Dg4+ Rf8 28.Axh7→] **27.Dg4+ Dg5 28.Dd7 Ac5 29.h4 Dxh4 30.Dxb7+− Axe3 31.Dc8+ Rg7 32.fxe3 De1+ 33.Rh2 Dxe3 34.Dg4+ Rf8 35.Df5 Dh6+ 36.Rg3 Dc1 37.Ae4 Dxb2 38.Dxf6 Dd2 39.Axh7 b4 40.cxb4 Dxb4 41.Dd4 De1+ 42.Rh2 De6 43.Ae4 Dh6+ 44.Rg1 Dc1+ 45.Rf2 Df4+ 46.Re2 c3 47.Db4+ Rg7 48.Dxc3+ Rf8 49.Dc8+ 1–0**

Rossetto abandona la 4ª partida sin continuar.
La Nueva Provincia, 3 de octubre de 1946

Pilnik suspende con mucha ventaja.
La Nueva Provincia, 3 de octubre de 1946

5ª partida, 4 de octubre, Club Rosario Puerto Belgrano (Punta Alta)

▨ Hoy se juega la 5ª partida, en el horario de 19 a 24, en la sede social del Club Rosario Puerto Belgrano, Humberto 1° n° 345, Punta Alta. Corresponderán las blancas al joven desafiante bahiense, Rossetto. El presidente de la Federación del Sud, don Florencio Sacco, designó como fiscales a los señores Juan Camagnet y Juan Saavedra. En el Círculo de Bahía Blanca, Chiclana 37, estará habilitado un tablero mural, para que los aficionados que no puedan trasladarse a la vecina ciudad no por eso pierdan detalle de la importante competencia.[402]

▨ Pilnik ganó la 5ª partida, después de una Apertura Inglesa que Rossetto planteó con las blancas. La próxima partida se jugará el domingo.[403]

---

[402] *La Nueva Provincia*, 3 de octubre de 1946.
[403] *La Nación*, 5 de octubre de 1946.

Rossetto, Héctor Decio – Pilnik, Herman [A28]
Match Bahía Blanca (5), 04.10.1946 *[Juan S. Morgado]*

1.c4 e5 2.Cc3 Cc6 3.Cf3 Cf6 4.d4 e4 5.Cd2 Cxd4 6.Cdxe4 Ce6 7.g3 Cxe4 8.Cxe4 b6 [8...Ab4+ 9.Ad2 Axd2+ 10.Dxd2 0–0 11.Ag2 d6 12.0–0 Ad7 13.Cc3⩲, Botvinnik – Flohr, Leningrado 1933] **9.Ag2 Ab7 10.Cd6+ Axd6 11.Axb7 Ab4+ 12.Ad2 Axd2+ 13.Dxd2 Tb8 14.Ag2 a5= 15.Td1 De7 16.0–0 Cc5 17.e4 0–0 18.Tfe1 d6 19.f4 Tbe8 20.b3 Df6 21.Dc2 Ce6 22.Df2 Cc5 23.Te3 Te7 24.a3 Tfe8 25.Dc2 Dg6 26.b4 axb4 27.axb4 Cxe4 28.f5 Dxf5??** [28...Dg5 29.Tde1 d5 ∞] **29.Tde1??...** [29.Axe4 Dh3 30.Tde1±] **29...d5 30.cxd5 Cd6∓ 31.Dxf5 Cxf5 32.Txe7 Txe7 33.Txe7 Cxe7 34.Rf2 Cf5 35.Rf3 Rf8 36.Rf4 Cd6 37.h4 Re7 38.Re5 f5 39.Ah3 g6 40.g4 Cf7+ 41.Rf4 fxg4 42.Axg4 Rf6 43.Re4 Cd6+ 44.Rf4 h6 0–1**

6ª partida, 7 de octubre, Club YPF de Bahía Blanca

▌Leve ventaja posicional para Rossetto. Es muy difícil pronosticar el resultado. Se jugó en el local del Club YPF, contando, al contrario, lo ocurrido en la partida anterior jugada en Punta Alta, con un ambiente tranquilo, tan necesario para la práctica de este noble juego. A esta partida se le había asignado el carácter de decisiva, si Rossetto no se empleaba a fondo por producir una partida que lo rehabilitara de sus errores anteriores. La afición no se vio defraudada, pues influenciado tal vez por actuar en el mismo escenario donde ganó su única partida en este *match*, su desempeño se mantuvo de acuerdo con sus cualidades, y no obstante jugar con piezas negras, llevó la primacía durante el desarrollo de toda la partida.

Al suspenderse en la jugada 56ª hay completa paridad de fuerzas, con una posición levemente favorable a Rossetto. La sesión complementaria se llevará a cabo en esta misma sede, O'Higgins 74, a las 18 horas.[404]

▌La 6ª partida, suspendida ayer en la jugada 56ª, fue ganada por Rossetto en la 76ª. Pilnik la inició con el PR, oponiendo el ganador la Defensa Francesa. Mañana se jugará la 7ª, y el score es ahora de Pilnik 3½:2½ Rossetto.[405]

Pilnik ganó la 5ª partida.
La Nación, 5 de octubre de 1946

Pilnik, Herman – Rossetto, Héctor Decio [C04]
Match Bahía Blanca (6), 07.10.1946 *[Juan S. Morgado]*

1.e4 e6 2.d4 d5 3.Cd2 Cc6 4.Cgf3 Cf6 5.e5 Cd7 6.c3 f6 7.exf6 Dxf6 8.Ae2 Ad6 9.Cf1 0–0 10.Ag5 Df7 11.Ah4 e5 12.dxe5 Ccxe5 [12...Cdxe5 13.Ce3… (13.Cg5? Dg6 *{13...Df4 14.Dxd5+ Rh8 15.De4 Cg6 16.Dxf4 Cxf4 17.Ce3=*, Promyshlyansky – Shvets, Dnipropetrovsk 2001*}* 14.Dxd5+ Rh8∓) 13...Cg6 14.Ag3 Cf4=] **13.Ce3 c6 14.Cd4…** [14.Cxe5 Cxe5 15.0–0=] **14...Cg6 15.Ah5 Cf6 16.Axg6 Dxg6∓ 17.Ag3?!...** [17.0–0∓] **17...Cg4→ 18.Cxg4 Axg4 19.f3 Tae8+ 20.Rf2 Ac5 21.Te1**

---
[404] *El Atlántico*, 8 de octubre de 1946.
[405] *La Nación*, 9 de octubre de 1946.

Txe1 22.Dxe1 Dc2+ 23.De2 Dxe2+ 24.Rxe2 Te8+ 25.Rd2 Ad7 26.Te1 Txe1 27.Rxe1 Rf7 28.Ae5 Ab6∓ 29.Rd2 c5 30.Cb3 Aa4 31.Ad6 Axb3 32.axb3 Re6 33.Af8 g6 34.Rd3 a6 35.c4 Aa7 36.g4 b6 37.h3 Ab8 38.Ah6 Ae5 39.Ac1 Ad4 40.b4 dxc4+ 41.Rxc4 b5+ 42.Rd3 Rd5 43.bxc5 Axc5 44.Ad2 Ab6 45.b4 Ac7 46.Ac3 Ad6 47.Ae1 Af4 48.Af2 Ac7 49.Ae1 Ad8 50.Ac3 Ah4 51.Ad2 Re5 52.Rc3 Af2 53.Rd3 Ab6 54.Re2 Ad8 55.Rd3 Ah4 56.Rc3 Ae7 [suspendida] **57.Rd3...** [sellada] **57...Ad8 58.Ae1?...** [58.f4+ Rd5 59.Ac3 Ae7 60.Ae1 Af6 61.Ad2 Ag7=] **58...Rf4∓ 59.Re2 Ae7 60.Ad2+ Rg3 61.f4 Rxh3?** [61...Ad6 62.f5 gxf5 63.gxf5 Rxh3 64.Rf3 Rh4 65.f6... *(65.Ac3 Rg5−+)* 65...Af8∓] **62. Rf3= Af6** [62...Af8 63.Ae1 Ag7 64.f5=] **63.Ae1 Rh2 64.Ad2 Rg1 65.f5 gxf5 66.gxf5 h5 67.Ae3+ Rf1 68.Ad2 h4**

Rossetto Venció en la Sexta Partida de su Match Contra Pilnik

Bahía Blanca, octubre 7 — Prosigue disputándose en esta ciudad el "match" por el campeonato de ajedrez de la República entre el ex campeón Héctor Rossetto y el ganador del torneo mayor de la Federación Argentina de Ajedrez, correspondiente al año en curso.

La sexta partida del campeonato, después de dos largas sesiones de juego, terminó con el triunfo de Rossetto cuando se habían realizado setenta y siete movidas. En tal forma, la situación de ambos rivales es la siguiente:

Pilnik . . . . 3½ puntos
Rossetto . . . . . . 2½ "

Será declarado campeón el que obtenga mayor número de puntos en diez partidas.

"Leve ventaja" para Rossetto en la 6ª partida. *El Atlántico*, 8 de octubre de 1946

69.Af4??... [69.Ae3 Re1 70.Af2+ Rd1 71.Rg4=] **69...Re1?** [69... Ae7−+] **70.Ad6** [70.Ae3 Rd1 71.Af2 h3 72.Ac5 h2 73.Rg2 Re2 74.Ab6 Rd3 75.Rxh2 Re4 76.Rg3 Rxf5 77.Rf3 Ae7 78.Aa5 Re6 79.Re4 Rd7 80.Rd3 Ad6 81.Re4 Rc6 82.Rd4 Ac7 83.Axc7 Rxc7=] **70...Rd2 71.Re4??...** [71.Rg4=] **71...h3−+ 72.Rd5 Ae7 73.Ac7 Axb4 74.f6 Af8 75.f7 Re3 76.Ad6 Ah6 77.Re6 Re4 0–1**

Fueron notables los *blunders* de ambos rivales en el final.

7ª Partida, 8 de octubre, Club Dublín, Bahía Blanca

▪ La partida se realizará en el Club Dublín, Holdich y Bolivia, dando comienzo a las 19 horas, y siendo auspiciada por Molinos Río de la Plata.[406]

▪ Con una brillante partida de ataque que se caracterizó por el dominio absoluto de la columna del rey, el campeón argentino, Herman Pilnik, derrotó esta noche al desafiador Héctor Rossetto, lo que le significó la retención del título. Hasta esta madrugada no se había decidido si se jugaría la 8ª y última partida, puesto que Pilnik ha logrado un *score* a su favor de 4½:2½.[407]

▪ El brillante maestro Herman Pilnik venció a Rossetto y mantiene el título de campeón argentino, al ganar la 7ª partida de la serie de ocho al joven profesional local Héctor Rossetto. Aunque aún falta disputar una partida, el actual campeón tiene acumulada ya ventaja suficiente como para retener el título. Fue una Defensa Petroff, en que las negras establecieron dominio central, para quedar, después de una combinación que daba dos piezas por una torre, con un final bien concebido y practicado a su favor (Sic). La partida se definió en la movida 40ª, luego de un juego que fue favorable a Pilnik en todo su transcurso. Se considera que Pilnik, de común acuerdo, no jugará la

---

[406] *El Atlántico*, 7 de octubre de 1946.
[407] *La Nación*, 9 de octubre de 1946.

partida que falta, ya que aquél está designado para integrar el equipo argentino que sostendrá un encuentro radiotelefónico con otro español, el 12 del corriente.[408]

Pilnik retiene el título argentino ante Rossetto. *La Razón*, 9 de octubre de 1946

Rossetto, Héctor Decio – Pilnik, Herman [C42]
Match **Bahía Blanca (7), 08.10.1946** *[Juan S. Morgado]*

1.e4 e5 2.Cf3 Cf6 3.Cxe5 d6 4.Cf3 Cxe4 5.d4 d5 6.Cbd2 Ad6 7.Ad3 0–0 8.0–0 Af5 9.Te1 Te8 10.Cf1 Ag6 11.c3 Cd7 12.Cg3... [12.Ae3 c6 13.Tc1 Df6 14.Cg3 h5 oo, Neuman – Neme, Buenos Aires 1992] **12...c6 13.Dc2 Dc7 14.Ae3 Cdf6 15.Ch4 Cxg3 16.hxg3 Cg4 17.Axg6...** [17.Cxg6 Cxe3 18.Dd2 Cg4 19.Ch4=] **17...hxg6 18.Dd2 Te4**

19.Te2?... [19.Cf3 Tae8 20.Af4 Axf4 21.gxf4 f6∓] **19...Tae8∓ 20.Tae1 De7** [la amenaza Axg3 es imparable] **21.Cf3 Axg3∓ 22.Cg5?...** [22.fxg3 Cxe3∓] **22...Cxf2 23.Axf2 Txe2 24.Txe2 Dxe2 25.Dxe2 Txe2 26.Axg3 Txb2 27.a4 Ta2 28.Cf3 f6–+ 29.Rf1 Txa4 30.Re2 Ta2+ 31.Cd2 g5 32.Rd3 Rf7 33.Ab8 Re6 34.Cb3 b6 35.g3 Tb2 36.Cd2 a5 37.c4 a4 38.Rc3 a3 39.cxd5+ cxd5 40.Cb3 Tb1 0–1**

8ª partida, 9 de octubre

La partida nº 8 se jugó, pese a que luego de la nº 7 el *match* ya estaba decidido. El juego fue declarado tablas después de la 23ª jugada. El resultado final fue 5:3 a favor de Pilnik.[409]

Pilnik gana la 7ª partida y retiene su título de campeón. *La Nación*, 9 de octubre de 1946

---

[408] *La Razón*, 9 de octubre de 1946. *La Nación*, 10 de octubre de 1940.
[409] *La Nación*, 10 de octubre de 1946.

La partida final, que ya no tenía importancia en lo que al resultado se refiere, tuvo hoy un rápido fin, como consecuencia de una serie de cambios de piezas que igualaron rápidamente el juego, que se dio por tablas cuando había transcurrido la 22ª movida.[410]

Pilnik, Herman – Rossetto, Héctor Decio [C47]
Match **Bahía Blanca (8), 09.10.1946**

1.e4 e5 2.Cf3 Cc6 3.Cc3 Cf6 4.d4 exd4 5.Cxd4 Ab4 6.Cxc6 bxc6 7.Ad3 d5 8.exd5 cxd5 9.0–0 0–0 10.Ag5 c6 11.Df3 Axc3 12.bxc3 Dd6 13.Af4 De7 14.Tae1 Ae6 15.Ag5 h6 16.Axf6 Dxf6 17.Dxf6 gxf6 18.f4 f5 19.Tb1 Tab8 20.Rf2 Rg7 21.Tb3 Tb6 22.Tfb1 Tfb8 ½–½

Bahía Blanca *Match* Pilnik – Rossetto por el Campeonato Argentino 1946

	Participantes	1	2	3	4	5	6	7	8	Pts.
1	Pilnik, Herman	½	1	0	1	1	0	1	½	5.0/8
2	Rossetto, Héctor Decio	½	0	1	0	0	1	0	½	3.0/8

---

[410] *La Prensa*, 10 de octubre de 1946.

Capítulo 28

EL CAMPEONATO METROPOLITANO POR EQUIPOS (OFICIAL)

Seis equipos de 1ª categoría integrados por tres titulares han dado comienzo a la disputa del Campeonato Metropolitano por Equipos, organizado por la FADA. El certamen ha movilizado unos 24 jugadores de Categoría Superior y Selección, constituyéndose los equipos de la siguiente forma (se indica a los tres primeros como titulares, y el resto suplentes):

Club San Lorenzo: Luis Marini, Osvaldo Montiel, Roberto Raffo, Guillermo Hand.

Asociación Nueva Argentina: Leonardo Lipiniks, Gustavo Bartís, Benjamín Cruz, Nicolás Barrera.

Círculo de Villa del Parque: Oscar Arcamone, Oscar Garibaldi, Fernando Ramírez, Bernardo Wexler.

Círculo de Villa Crespo: Cayetano Rebizzo, José E. Martínez, Pablo Aguirre, Ricardo Rivarola y Mario Vermeulen.

Federación Suburbana del Sur: Emilio Rodríguez, Ramón Poch, Miguel Puigserver, Julián González Campos y M. S. Rodríguez.

Club Ríver Plate: Renato Sanguinetti, Héctor Beretta, Juan C. Barilari, Horacio Pazos Gramajo y Pedro Aguilar.

En la primera ronda se produjeron los siguientes resultados: Villa del Parque 3:0 Ríver Plate; Villa crespo 2:1 Suburbana del Sud y San Lorenzo 3:0 Nueva Argentina. Se juega los miércoles y sábado, y los clubes nombrados en primer término fueron locales.[411]

Lynch, Julio Alberto – Feigins, Movsa [A33]
Metropolitano por Equipos Buenos Aires, 10.1946

1.d4 Cf6 2.Cf3 e6 3.c4 c5 4.Cc3 cxd4 5.Cxd4 Cc6 6.Cdb5 d5 7.cxd5 Cxd5 8.Cxd5 exd5 9.e3 Af5 10.Ad3 Ab4+ 11.Re2 Axd3+ 12.Dxd3 0–0 13.Td1 Dh4 14.Cd4 Dxh2 15.Cf3 Dxg2 16.Tg1 Dxf3+ 17.Rxf3 Ce5+ 18.Re2 Cxd3 19.Rxd3 Tac8 20.a3 Ae7 21.Ad2 Af6 22.Ac3 Axc3 23.bxc3 f5 24.Tab1 b6 25.a4 Tc5 0–1

---

[411] *El Mundo*, 19 de octubre de 1946. No se publicó la información de las posteriores rondas.

Inician la Disputa del Campeonato de Equipos de Primera Categoría

Seis equipos de primera categoría integrados por tres titulares han dado comienzo a la disputa del Campeonato Metropolitano de primera por equipos, organizado por la Federación Argentina de Ajedrez.

Actuando como locales en los respectivos encuentros, los equipos se enfrentaron en la primera reunión disputada, registrándose los resultados que damos más abajo.

El certamen ha movilizado a unos veinticuatro jugadores de la categoría superior y selección, constituyéndose los equipos en la forma siguiente:

C. A. San Lorenzo: Luis Marini, Osvaldo Montiel, Roberto Raffo; suplente Guillermo Hand.

Asociación N. Argentina: Leonardo Lipiniks, Gustavo Bartis, Benjamín Cruz; suplente Nicolás Barreta.

Circ. Ajedrez Villa del Parque: Oscar Arcamone, Oscar Garibaldi, Fernando Ramírez; suplente Bernardo Wexler.

Circ. Ajedrez Villa Crespo: Cayetano Rebizzo, José E. Martínez, Pablo P. Aguirre; suplentes Ricardo Rivarola y Mario Vermeulen.

Federación Suburbana del Sur: Emilio R. Rodríguez, Ramón Poch, Miguel Puizserver; suplentes Julián González Campos y M. S. Rodríguez.

Club Atl. River Plate: Renato Sanguinetti, Héctor Beretta, Juan C. Barilari; suplentes Horacio Paros Gramajo y Pedro Aguilar.

PRIMERA RONDA

Villa del Parque 3 River Plate 0
Villa Crespo 2 Suburb. del Sur 1
San Lorenzo 3 N Argentina 0

Los nombrados en primer término jugaron como locales. Días de juego miércoles y sábado.

PARTIDA INSTRUCTIVA

Una partida instructiva donde el aficionado podrá ver la forma de explotar la presencia del rey adversario sobre la diagonal 1R-5TD. La forma como el campeón de Canadá expuso este tema estratégico es tan clara, que casi podríamos decir que no hay mejor comentario que la misma jugada. A partir de la quinta jugada de las negras, éstas buscan en za a su acción y en todas las oportunidades hallan el modo de hacerlo.

X TORNEO DE LAS NACIONES, 1939
VII Copa Hamilton Russell

BLANCAS — NEGRAS
Pablo Raender — Abel Yanofsky
(Bolivia) — (Canadá)

Apertura Inglesa

1. P4AD   P4R   9. PxP   DxP
2. CD3A   CR3A   10. DxD   PxD
3. C3A   C2A   11. A2D   CxA
4. P4D   PxP   12. RxC   P5C
5. CxP   A5C   13. A2C   TD1C
6. P3CR   C5R   14. TD1CD A4T!
7. D3D   P4D   15. P4CD TxP!
8. CRxC   PxC   16. R2A   T5A

Se rinden las blancas.

COTEJO LYNCH v. CASTELLS

Toca a su fin el match concertado entre los jugadores de primera categoría del Club Argentino de Ajedrez, Julio A. Lynch y el doctor Rafael Castells Mendes.

Al cumplirse la octava partida el puntero era el siguiente:

PUNTEO

Partidas: 1ª 2ª 3ª 4ª 5ª 6ª 7ª 8ª

Lynch   1 0 1 ½ ½ ½ 0 1 = 4½
Castells 0 1 0 ½ ½ ½ 1 0 = 3½

EL EQUIPO VINUESA GANO EL TORNEO DEL JOCKEY CLUB DE LA PLATA

En el Jockey Club de la Provincia, La Plata, dió término un torneo interno por equipos que entre titulares y suplentes movilizó a más de treinta aficionados, resultando muy animado en todas sus etapas. El equipo ganador llevaba el nombre de Vinuesa y estaba integrado por los siguientes jugadores: doctor Italo Daneri, Víctor M. Pont, José Delgado Moy y Juvenal H. Carbonell.

TABLA FINAL

	J.	G.	T.	P.	Pts.
Vinuesa	48	27	4	17	29
Illia	48	22	12	14	28
Molina	48	22	7	19	25½
Casas	48	20	10	18	25
Guerra Boneo	48	17	6	25	20
Grau	48	14	10	24	19

Seis equipos en el Metropolitano de la FADA.
El Mundo, 19 de octubre de 1946

CAPÍTULO 29

NAJDORF Y GUIMARD EN BARCELONA

▦ Entre el 9 y el 22 de noviembre, luego del Torneo de Praga, Najdorf y Guimard viajaron a Barcelona, donde jugaron el Torneo XXV Aniversario del Club de Ajedrez de esa ciudad. Antes de comenzar el certamen, Najdorf declaró:

> En materia ajedrecística, el primer país es Rusia, quizá por su clima, y después Argentina, en cuya capital hay más de 60 clubes, Holanda y España. Pomar es un más que probable candidato al campeonato mundial. En este torneo vamos a jugar, a divertirnos. Me encanta la posibilidad de conocer España y de vivir en ella unas semanas.[412]

▦ Mañana comenzará el Torneo Internacional, con la participación de 14 figuras mundiales, entre las que se encuentran Arturito Pomar, Miguel Najdorf y Carlos Guimard. En una partida de adiestramiento de cinco minutos, Pomar venció a Najdorf.[413]

Pomar le gana un ping–pong de 5 minutos a Najdorf. *Noticias Gráficas*, 8 de noviembre de 1946

▦ Poco después del certamen, el 11 de diciembre de 1946, Francisco Franco, vestido de uniforme militar, recibe en El Pardo a Arturito Pomar, de 15 años, el campeón de España más joven de la historia y estrella emergente internacional al que muchos ven como futuro campeón del mundo. Conversan media hora sobre ajedrez, aunque poco se sabe de este encuentro.

Francisco Franco y Arturo Pomar (EFE, 1946)

---

[412] *El Ajedrez Español* nº 60, pág. 388.
[413] *La Nación*, 9 de noviembre de 1946. *Noticias Gráficas*, 8 de noviembre de 1946.

Queda la fotografía, la única, transmitida por la Agencia EFE. Franco, que mira a cámara, ríe a boca abierta, cosa extraña en él, y pasa su mano izquierda por la nuca del muchacho... algo más que un gesto paternal. Arturito, cuya mirada fuera de campo tal vez se refugie en la de su padre, sonríe en idéntica proporción: brazos cruzados por detrás de la espalda, pelo esculpido... con raya a la izquierda, dos botones de la chaqueta desabrochados, pantalones bombacho, cara bonachona, un prodigio de inocencia... El chico sonríe... Es el niño mallorquín de familia humilde que conquista el ajedrez mundial desde una España mísera de solemnidad. El general sonríe. Sabe bien que, a pesar de la teoría, ningún peón se transforma jamás en dama. Que su destino no es otro que servir al bando. Que peones y reyes son como los alfiles de distinto color: sus caminos —siempre blancos, siempre negros— nunca se cruzan pese a compartir tablero o bando.[414]

▌Fue un certamen de nivel muy inferior a Groninga y a Praga. A poco de terminar la Segunda Guerra Mundial, España estaba en ese momento segregada de la comunidad internacional por haber apoyado al derrotado Eje. Por ese motivo no concurrieron los principales ajedrecistas de la época, salvo Miguel Najdorf y en menor medida Yanofsky y Guimard.[415]

1ª ronda, 9 de noviembre

▌Hoy comenzó el torneo, con los siguientes resultados: Guimard 1:0 Wade, Najdorf 1:0 Wood, Golmayo ½:½ Cherta, Albareda ½:½ Pérez, Llorens 1:0 Vilardebó. Pomar – Medina suspendieron con leve ventaja para Pomar. O'Kelly y Yanofsky no comparecieron, y si mañana por lo tarde no lo hacen, serán separados del torneo.[416]

Guimard, Carlos Enrique – Wade, Robert Graham [D04]
Torneo Internacional de Barcelona (1), 09.11.1946 *Juan S. Morgado]*

1.d4 Cf6 2.Cf3 d5 3.e3 c5 4.dxc5 Da5+ 5.Cbd2 Cc6 6.a3 Ag4 7.Ae2 Dxc5 8.b4 Db6?! [8... Dd6!?] **9.0–0?!...** [9.Ab2 e6 10.c4→] **9...Td8?!** [9...e6=] **10.Ab2 e6 11.Cd4 Axe2 12.Dxe2 Ad6 13.c4 Ce5?** [13...Cxd4 14.Axd4 Da6 15.b5→] **14.cxd5 Cxd5 15.f4+− Cg6 16.Cc4 Da6 17.f5 Ce5 18.b5 Da4 19.Cxd6+ Txd6 20.Cxe6 Cc4 21.Cxg7+ Rd7 22.Ad4 Tg8 23.f6 Ccxe3 24.Axe3 De4 25.Tae1 Cxf6 26.Ac5 Txg7 27.Axd6 1–0**

Ganan Najdorf y Guimard en el comienzo de Barcelona. *La Nación,* 10 de noviembre de 1946

Wood, Gabriel – Najdorf, Miguel [D45]
Torneo Internacional de Barcelona (1), 09.11.1946
[Juan S. Morgado]

1.d4 d5 2.c4 c6 3.Cf3 Cf6 4.Cc3 e6 5.e3 a6 6.c5 b6 7.cxb6 Cbd7 8.Ca4 Cxb6 9.Ad2 Cbd7 10.Tc1 Ab7 11.Ad3 Ad6 12.0–0 De7 13.Dc2 0–0 14.Ac3 a5 15.Ce5 h6 16.f4 c5 17.De2 c4 18.Ab1 Ab4 19.Ae1 Axe1 20.Tcxe1 Tab8 21.Dc2 Ce4 22.Cc3 Cxe5 23.fxe5 f5 24.exf6 Cxf6 25.Dg6 Ac6 26.Te2 e5 27.dxe5 Dxe5 28.Tf5 De7 29.e4?... [29.Cxd5 Axd5 30.Txd5 Cxd5 31.Dh7+ Rf7 32.Dg6+ Rg8=] **29...dxe4 30.h3 Dd6 31.Txa5 Ad7 32.Rh1?...** [32. Cd5 Ae8∓] **32...Cg4 0–1**

---

[414] Paco Cerdà, *El peón,* editorial Pepitas de Calabaza. Reproducido en *El Confidencial Deportes,*
[415] Nota del autor.
[416] *La Nación,* 10 de noviembre de 1946.

2ª ronda, 10 de noviembre

▎Pomar fue vencido por Medina en la suspendida de anoche. Hoy Najdorf triunfó sobre Albareda, y Guimard derrotó a Cherta. Se anuncia que esta noche llegará el belga Alberic O'Kelly, quien inmediatamente iniciará el juego de una de las partidas pendientes. Najdorf confía en ganar junto a Guimard. En declaraciones hechas a *Associated Press*, dijo:

> Creemos que los argentinos ganaremos los dos primeros puestos de este torneo. Estoy seguro de rehabilitar el buen nombre del ajedrez argentino, pues ha sufrido algún quebranto después del *match* radiotelefónico celebrado últimamente, con el triunfo de España. En cuanto a Guimard, las partidas jugadas por él en lo que va del torneo han sido francamente magistrales. Guimard juega mejor en los países latinos. Puede que esto obedezca a que aquí en Barcelona nos tratan muy bien. En Praga sentimos la falta de alimentos, lo que resultó muy sensible para Guimard. En cuanto a Pomar, opino que llegará a campeón del mundo. Su juego tiene las mismas características que el de Capablanca, sobre todo en la técnica de las aperturas.

Finalmente, Najdorf envió un saludo para Argentina a través de Associated Press.[417]

Cherta Clos, Pedro – Guimard, Carlos Enrique [A95]
Torneo Internacional de Barcelona (2), 10.11.1946 *[Juan S. Morgado]*

1.d4 e6 2.c4 f5 3.g3 Cf6 4.Ag2 Ae7 5.Cc3 d5 6.Cf3 c6 7.0–0 0–0 8.b3 De8 9.Dc2 Dh5 10.Af4 Cbd7 11.Tad1 h6 12.Dc1 Ce4 13.Ce5 Cxe5 14.Axe5 Cg5 15.h4 Ce4 [15...Ch7!?] 16.f3?!... [16.Cxe4 fxe4 17.f3 exf3 18.Axf3 De8 19.e4→] 16...Cxc3 17.Dxc3 f4 18.e3 fxg3 19.Axg3 Axh4 20.Axh4 Dxh4 21.f4 Ad7 22.Td2 De7 23.Tdf2 Tf6 24.e4?... [24.Af3=] 24...dxe4∓ 25.Axe4 Taf8 26.De3 Rh8?! [26...Ae8∓] 27.Ad3?!... [27.Ab1 Ae8∓] 27...Ae8∓ 28.f5 Af7 29.d5 cxd5 30.cxd5 e5 31.Ae4 b6?! [31...Td8∓] 32.Tc1 Td8 33.Td2 Tfd6 34.Df3?... [34.Tc6 Dh4∓] 34...Dg5+ 35.Dg2 De3+–+ 36.Rh2 Df4+ 37.Rh3 Txd5? [37...g5–+] 38.Txd5?... [38.Axd5 Axd5 39.Txd5 Dxf5+ 40.Rh2 Df4+ 41.Rh3 De3+ 42.Rh2 Txd5 43.Dxd5 Dxc1 44.Da8+ Rh7 45.De4+ g6 46.Db7+ Rg8 47.Da8+ Rg7 48. Dxa7+ Rf6 49.Dxb6+ Rf5∓] 38...Axd5 39.Tg1 De3+ 40.Rh2 Df4+ 41.Rh3 g5 0–1

Najdorf, Miguel – Albareda Crues, Miguel [D45]
Torneo Internacional de Barcelona (2), 10.11.1946 *[Juan S. Morgado]*

1.d4 e6 2.c4 Cf6 3.Cc3 d5 4.Cf3 c6 5.e3 Cbd7 6.Dc2 Ad6 7.b3 De7 8.Ae2 0–0 9.0–0 dxc4 10.bxc4 e5 11.Ab2 Te8 12.Tfe1 e4 13.Cd2 Cf8 14.f4 exf3 15.Axf3 Cg4 16.Cf1 Cg6 17.e4 Dg5 18.e5 Ab4? [18...Af5=] 19. Ce4+– Dd8 20.Ac3... [20.Ted1±] 20... Af8∓ 21.Cd6 Axd6 22.exd6 Cf6 23.Txe8+ Dxe8 24.Te1 Dd8 25.c5 Ae6 26.Db2 Dd7 27.d5 Axd5 28.Axf6 gxf6 29.Dxf6 Axf3 30.gxf3?... [30.Dxf3±] 30...Dd8??... [30...Te8 31.Td1→] 31.Df5+– Dh4 32.Te4 Dh6 33.d7 Df8 34.Cg3 b6 35.Ch5 bxc5 36.Df6 1–0

Pomar Fué Vencido por Medina en el Torneo de Barcelona

Najdorf: "en Praga sentimos la falta de alimentos". *El Mundo*, 11 noviembre 1946

---

[417] Agencia AP, *El Mundo*, 11 de noviembre de 1946.

3ª ronda, 11 de noviembre

♟ Najdorf y Guimard encabezan el torneo, luego de ganar sus partidas de esta ronda. Guimard venció al belga O'Kelly en la 46ª jugada, estimándose que fue una de las partidas más interesantes del torneo. Najdorf se impuso al español Pérez en 41. Guimard y Najdorf tienen 3/3, y siguen Medina, Yanofsky y Llorens con 2½.[418]

Guimard, Carlos Enrique – O'Kelly de Galway, Alberic [E19]
Torneo Internacional de Barcelona (3), 11.11.1946 *[Juan S. Morgado]*

1.Cf3 Cf6 2.c4 b6 3.d4 e6 4.g3 Ab7 5.Ag2 Ae7 6.0–0 0–0 7.Cc3 Ce4 8.Dc2 Cxc3 9.bxc3 Cc6 10.Ce5 Ca5 11.Axb7 Cxb7 12.e4 d6 13.Cc6 Dd7 14.d5 Cd8 15.Cd4 Af6 16.Ae3 Axd4 17.cxd4 f6 18.a4...

18...e5?! [18...f5!?; 18...exd5!?; 18...Cb7?! 19.Tfe1 e5 20.c5→] **19.c5→** exd4 20.c6 De7? [20...d3 21.Dxd3 Dh3 22.f4 Cf7 23.a5→] **21.Axd4±** a5 22.Tfe1 Cf7 23.f4 Tae8 24.Te2 Dd8 25.Tae1 Te7 26.Dd3 Tfe8 27.Rg2 Dc8 28.h3 h5? [28...Tf8 29.Te3±] **29.Te3+–** Dd8 30.De2 f5 31.Dxh5 fxe4 32.Dg6 Ch8 33.Dg4 Dc8 34.f5 Tf7 35.Txe4 Txe4 36.Txe4 Dxf5 37.Te8+ Rh7 38.Dh4+ Rg6 39.Te6+ Tf6 40.Txf6+ gxf6 41.Dg4+ Dxg4 42.hxg4 Rf7 43.Axb6 Cg6 44.Axc7 Ce7 45.Axd6 Cxd5 46.c7 1–0

Pérez Pérez, Francisco José – Najdorf, Miguel [E69]
Torneo Internacional de Barcelona (3), 11.11.1946 *[Juan S. Morgado]*

1.Cf3 Cf6 2.c4 g6 3.g3 Ag7 4.Ag2 0–0 5.0–0 d6 6.d4 Cbd7 7.Cc3 e5 8.e4 exd4 9.Cxd4 Te8 10.h3 Cc5 11.Te1 c6 12.Af4 Ce6 13.Ae3 Ad7 14.Dd2 Dc7 15.Tad1 Tad8 16.Cc2 Ac8 17.Ah6 Ah8?! [17...Axh6 18.Dxh6 a6 19.Rh2→] **18.f4?!...** [18.b4→] **18...Db6+ 19.Ce3 Cc5 20.Ag5 h6 21.Axf6 Axf6**

---

[418] Agencia UP, *La Nación*, 12 de noviembre de 1946.

22.Ced5??... [22.Ccd5! Cxe4 23.Cxb6 Cxd2 24.Cxc8 Txe3 25.Txe3 Ad4 26.Ce7+ Rf8 27.Rf2 Axe3+ 28.Rxe3 Cxc4+ 29.Rd4 d5 30.Cxd5=] **22...Axc3 23.Cxc3 Cxe4+–+ 24.De3 Cxg3 25.Dxb6 Txe1+ 26.Txe1 axb6 27.Ca4 Ae6 28.Cxb6 Ch5 29.Te4 Rf8 30.a4 Af5 31.Td4 c5 32.Td2 Cxf4 33.a5 Cxg2 34.Rxg2 Ae4+ 35.Rg3 f5 36.h4 Rf7 37.b4 cxb4 38.Tb2 Ac6 39.Txb4 Te8 40.c5 dxc5 41.Tc4 Te5 0–1**

4ª ronda, 12 de noviembre

Con negras, Najdorf logro una victoria importante frente a Yanofsky, que jugó la apertura un tanto pasivamente. Najdorf fue imponiendo la pequeña ventaja de la pareja de alfiles, hasta que en la 24ª movida el canadiense equivocó el rumbo y quedó perdido. No obstante, recién abandonó en la 40ª. Guimard – Golmayo empataron en 24 jugadas, luego de una Apertura Doble *Fianchetto* muy equilibrada y sin matices. Najdorf ganó todas las partidas: 4/4; sigue Guimard a medio punto.[419]

Golmayo de la Torriente, Manuel – Guimard, Carlos Enrique [E18]
Torneo Internacional de Barcelona (4), 12.11.1946

1.Cf3 Cf6 2.d4 b6 3.c4 e6 4.g3 Ab7 5.Ag2 Ae7 6.Cc3 d5 7.b3 0–0 8.0–0 c6 9.Ab2 Aa6 10.Ce5 Cfd7 11.Cxd7 Cxd7 12.cxd5 cxd5 13.Dd2 Tc8 14.Tfd1 Cf6 15.Tac1 Dd7 16.e3 Ab4 17.f3 Tc7 18.a3 Ae7 19.Ca2 Tfc8 20.Txc7 Txc7 21.Tc1 Ce8 22.Cb4 Txc1+ 23.Axc1 Axb4 24.Dxb4 ½–½

Yanofsky, Daniel Abraham – Najdorf, Miguel [B84]
Torneo Internacional de Barcelona (4), 12.11.1946 *[Juan S. Morgado]*

1.e4 c5 2.Cf3 Cc6 3.d4 cxd4 4.Cxd4 Cf6 5.Cc3 d6 6.Ae2 e6 7.0–0 a6 8.Rh1 Dc7 9.f4 Ad7 10.Af3 Ae7 11.Cce2 Tc8 12.c3 0–0 13.g4 Rh8 14.De1 d5 15.e5 Ce4 16.Cxc6 bxc6 17.Axe4 dxe4 18.Ae3 c5 19.c4 f6 20.Dh4?!... [20.exf6 Axf6 21.Td1 Axb2 22.Dd2 Ad4=] **20...Ae8 21.Dg3 Db7** [21...fxe5∓] **22.b3 fxe5 23.Rg1 Td8**

24.fxe5? [24.Tae1∓] **24...Tf3∓ 25.Txf3 exf3 26.Cf4 De4 27.Af2 Ac6 28.Te1 Dc2 29.Cxe6?...** [29.h4 Td2∓] **29...Td1 30.g5 Txe1+ 31.Axe1 Df5 32.Cf4 Axg5 33.Ad2 h6 34.h4 Axf4 35.Axf4 Db1+ 36.Rf2 Dxa2+ 37.Rg1 Dxb3 38.Ad2 Dxc4 39.Ae3 De4 40.Af2 c4 0–1**

---

[419] Notas del autor.

5ª ronda, 13 de noviembre

Con blancas, Najdorf superó a Medina en un PD Defensa Ortodoxa Desclavada de Lasker. El medio juego fue equilibrado, pero errores de Medina en las jugadas 31ª y 35ª permitieron a Najdorf definir el juego fácilmente. Las negras abandonaron en la movida 41ª. En tanto, Guimard derrotó a Yanofsky, quien frente al PD eligió la Defensa India de Dama. La posición se fue cerrando progresivamente, sin cambiarse peones. Guimard quedó con peones móviles en el flanco rey, y atacó avanzándolos y apoyándolos con sus torres. La asfixia de las negras fue quebrada mediante bonitos sacrificios.[420]

Guimard, Carlos Enrique – Yanofsky, Daniel Abraham [E17]
Torneo Internacional de Barcelona (5), 13.11.1946 *[Juan S. Morgado]*

1.d4 Cf6 2.Cf3 e6 3.c4 b6 4.g3 Ab7 5.Ag2 Ae7 6.0–0 0–0 7.Dc2 Ae4 8.Da4 Ab7 9.Td1 d6 10.Cc3 Ce4 11.Cxe4 Axe4 12.Ce1 Axg2 13.Cxg2 De8 14.Dc2 c5 15.d5 e5 16.e4 Dc8 17.a4 a5 18.Ta3 Ca6? [18...Cd7!?] **19.f4 Af6 20.f5 Dd8 21.De2± Ag5 22.Axg5 Dxg5 23.g4 De7 24.h4 Cb8 25.Tg3 Cd7 26.g5 f6 27.Ce3 Rh8??** [27...Ta7 28.Rh2±] **28.Rg2+– Tg8 29.Th1 Tae8 30.Th2 Tb8 31.Rh1 Tbe8 32.b3 Tc8** [32...Df8 33.Dh5 Te7 34.Dxh7+ Rxh7 35.g6+ Rh6 *(35...Rh8 36.Tg5!+–)* 36.h5 Th8 37.Rg2 y mate en 5 jugadas] **33.Thg2 Df8 34.Dh5...** [34.g6 h6 35.Cg4+–] **34...Te8 35.Th3 Te7 36.De2 Dd8 37.Rh2 Df8 38.Df3 Dd8 39.Dd1 Df8 40.Rh1 Dd8 41.De2 Df8 42.g6 h6 43.Dd2 Dc8 44.Cg4 Df8 45.Rg1 Cb8 46.Ch2 Dc8** [46...Tc7 47.Cf3 De7 48.Cg5 De8 49.De2 Tf8 50.Cf7+±] **47.Tg5! Cd7 48.Th5 Cf8 49.Tg3 Dd8 50.Cg4 Tc7 51.Cxh6 1–0**

Najdorf, Miguel – Medina García, Antonio Ángel [D56]
Torneo Internacional de Barcelona (5), 13.11.1946 *[Juan S. Morgado]*

1.d4 d5 2.Cf3 Cf6 3.c4 e6 4.Cc3 Ae7 5.Ag5 0–0 6.e3 h6 7.Ah4 Ce4 8.Axe7 Dxe7 9.Tc1 c6 10.Ad3 Cxc3 11.Txc3 dxc4 12.Axc4 Cd7 13.0–0 e5 14.Db1 exd4 15.exd4 Cb6 16.Ab3 Dd6 17.De4 Ad7 18.Ac2 f5 19.Ab3+ Rh7 20.Dh4 Df6 21.Dxf6 Txf6 22.Te1 Td8 23.Tce3 f4 24.Te7 Cc8 25.Ac2+ Rg8 26.Txd7 Txd7 27.Te8+ Tf8 28.Ab3+ Td5 [28...Tdf7=] **29.Axd5+ cxd5 30.Te5 Cb6 31.h4...**

31...g6? [31...Rf7=] **32.Te6± Rf7 33.Td6 Rg7 34.Ce5 Tf6 35.Td8 Te6?!** [35...Cc4 36.Td7+ Rf8 37.Txb7 Cxe5 38.dxe5 Tf7 39.Tb5±] **36.b3+– g5 37.a4 a5 38.Rh2 gxh4 39.Rh3 Rf6 40.Rg4 h3 41.gxh3 1–0**

---

[420] *La Nación*, 17 de noviembre de 1946.

6ª ronda, 14 de noviembre

▮ Najdorf obtuvo bastante ventaja frente al campeón catalán, Llorens, con quien hizo tablas después de la 40ª jugada. La partida fue muy interesante y reñida hasta último momento. En un principio Najdorf consiguió bastante ventaja, pero Llorens la neutralizó. En las partidas pendientes, Golmayo derrotó a Pomar en 64, Albareda le ganó a O'Kelly. Guimard – Vilardebó fue otra vez suspendida, luego de 94 movidas.[421]

Guimard, Carlos Enrique – Vilardebó Picurena, José [D02]
Torneo Internacional de Barcelona (6), 14.11.1946 *[Juan S. Morgado]*

1.d4 d5 2.Cf3 e6 3.e3 c5 4.Ad3 Cc6 5.0–0 c4 6.Ae2 Ad6 7.b3 cxb3 8.axb3 f5 9.Ab2 Df6 10.c4 Cge7 11.Aa3 Axa3 12.Cxa3 0–0 13.Cc2 g5 14.b4 dxc4 15.b5 Cd8 16.Ce5 Cf7 17.Cxf7 Txf7 18.Axc4 Cd5 19.Ce1 Cb6 20.Ae2 Ad7 21.Cf3 Ae8 22.Ce5 Tc7 23.Db3 h5 24.Tfc1 Txc1+ 25.Txc1 Tc8 26.Txc8 Cxc8 27.Ac4 Af7 28.h4 g4 29.Cxf7 Rxf7 30.d5 exd5 31.Axd5+ Rg7 32.Axb7 Da1+ 33.Rh2 De5+ 34.g3 Cd6 35.Ac6 Ce4 36.Rg2 Df6 37.Da3 Df7 38.Da1+ Rg6 39.De5 Cf6 40.Rg1 Da2 41.Rg2 Dc4 42.Dd6 Rg7 43.De7+ Df7 44.Dc5 Rg6 45.Dd6 Rg7 46.Db8 De7 47.Rf1 Dc5 48.Dc7+ Rf8 49.Rg2 Rg8 50.Db7 Rf8 51.Rh2 Rg8 52.Rh1 Rf8 53.Rg1 Rg8 54.Rf1 Rf8 55.Db8+ Rg7 56.Rg2 De7 57.Df4 De6 58.Da4 De7 59.Da6 Rg6 60.Ab7 De5 61.Rg1 Db2 62.Ac6 Dc1+ 63.Rg2 Dc5 64.e4 fxe4 65.Axe4+ Rg7 66.Db7+ Rh6 67.Ac6 Rg6 68.Dc7 Da3 69.De5 Df8 70.Dg5+ Rh7 71.Df5+ Rg7 72.Df4 De7 73.Df5 Dd6 74.Dc8 De7 75.Rf1 1–0

Guimard ha deambulado por el tablero durante unas 30 jugadas con un peón de ventaja, pero sin poder romper la ciudadela negra. ¿Por qué abandonó Vilardebó en esta posición?

Llorens, Rafael – Najdorf, Miguel [D74]
Torneo Internacional de Barcelona (6), 14.11.1946 *[Juan S. Morgado]*

1.d4 Cf6 2.c4 g6 3.g3 Ag7 4.Ag2 d5 5.cxd5 Cxd5 6.Cf3 0–0 7.0–0 Cc6 8.b3 Ag4 9.Ab2 Cb6 10.Dd2 Axf3 11.Axf3 Cxd4 12.Axb7 Tb8 13.e3? Cxb3? [13...c5 14.exd4 Txb7 15.Ca3 cxd4∓] 14.axb3= Txb7 15.Axg7 Dxd2 16.Cxd2 Rxg7 17.Ce4 [17.Ta5 Cd7 18.Tfa1 Ta8 19.Rg2 h6 20.Rf3 Cf6 21.T1a3 e6 22.h3 Rf8 23.e4 Cd7 24.Re3 Re7 25.f4 f6 26.Rf2 h5 27.g4 e5 28.gxh5 gxh5 29.fxe5 Cxe5 30.Cc4 Cxc4 31.bxc4><] 17...Cc8 18.Tfc1 Td8 19.Tc6 Txb3 20.Txc7 Tb4 21.Cg5 Tb6>< 22.Cf3 Te8 23.Tac1 Tb8 24.Ta1 Ta8 25.Ta6 Tb8 26.Tac6 Rf8 27.Ce5 Rg7 28.Cf3 h6 29.h4 h5 30.Rg2 Td8 31.Cd4 Ta8 32.Ta6 Td6 33.Ta5 a6 34.Cc6 Te6 35.Tc5 Cd6 36.Cd4 Te4 37.Rf3 f5 38.Cc6 Rf6 39.Cd4 a5 40.Re2... [40.Td5 a4 41.Tcc5 Tb8 42.Ta5 Tb6 43.Txa4?? *(43.Ta8 e5 44.Cc2 Tc4 45.Ca3 Tcb4 46.Rg2 Ce →)* 43...e5–+] 40...a4∓ ½–½

¿Por qué Najdorf aceptó el empate en una posición tan favorable?

7ª ronda, 15 de noviembre

▮ Najdorf ha ganado las 7 partidas disputadas, mientras que Guimard, después de un solo empate, Guimard batió a Pomar en 46 jugadas, y Najdorf a Wade en 34. Yanofsky venció a Vilardebó,

---
[421] *La Nación*, 17 de noviembre de 1946.

y Medina Llorens. Najdorf y Guimard siguen primeros, con 6½/7, y llevan amplia ventaja a quien sigue, Albareda, 5. Luego van Medina y Yanofsky 4½.[422]

Najdorf, Miguel – Wade, Robert Graham [D49]
Torneo Internacional de Barcelona (7), 15.11.1946 *[Juan S. Morgado]*

1.d4 Cf6 2.c4 e6 3.Cc3 d5 4.Cf3 c6 5.e3 Cbd7 6.Ad3 dxc4 7.Axc4 b5 8.Ad3 a6 9.e4 c5 10.e5 cxd4 11.Cxb5 axb5 12.exf6 Db6 13.0–0 Aa6 14.fxg7 Axg7 15.b4 Cf8?? [15...Ab7 16.Te1 0–0 17.Af4 Ad5=] **16.h4?...** [16.Cg5! Ta7 17.a4 h6 18.Ce4 Cd7 19.axb5 Ab7 20.Cd6+ Dxd6 21.Txa7+–] **16...Dd6** [16...Cd7 17.Af4 0–0 18.Te1 Ab7 19.Tc1 Ad5 20.Tc7 Cf6 21.Ae5±] **17.De2?...** [17.Cg5! Cg6 *(17...Ab7 18.Axb5+ Re7 19.Dh5 Cg6 20.Ad3 Dd5 21.Ae4 Dd7 22.a4+–)* 18.h5 Ab7 19.Te1... *(19.hxg6 hxg6 20.f4 Ad5 21.a4+–)* 19...Ad5 20.a4 bxa4 21.Txa4 0–0 22.hxg6 hxg6 23.Txa8 Txa8 24.Ad2+–] **17...Tb8** [17...Cd7 18.De4 Td8 19.Ag5 Tc8 20.Tfc1 f5 21.Df4 Dxf4 22.Axf4 0–0 23.Te1 Tfe8 24.a4±] **18.h5?...** [18.Cg5 Ab7 19.Te1 h6 20.Ce4 Axe4 21.Dxe4 Td8 22.a4+–] **18...Af6?** [18...Ab7 19.Cg5... *(19.Axb5+ Cd7 oo)* 19...Tg8 20.a4±] **19.Cd2+– Dxb4?** [19...Ab7 20.Ce4 Axe4 21.Dxe4±] **20.Ce4+– Ae7 21.Af4 Td8 22.a4 Db3 23.Cd2 Dd5 24.Ae4 d3 25.Df3 Dc5 26.Tfc1 Db4 27.axb5 Axb5 28.Tab1 Da3 29.Ac7 Td7 30.Ae5 Tg8 31.Tc8+ Td8 32.Ac6+ Axc6 33.Dxc6+ Cd7 34.Tb7 1–0**

Fue una muy floja partida de Najdorf ante un adversario sumamente débil.

Pomar Salamanca, Arturo – Guimard, Carlos Enrique [C14]
Torneo Internacional de Barcelona (7), 15.11.1946

1.e4 e6 2.d4 d5 3.Cc3 Cf6 4.Ag5 Ae7 5.e5 Cfd7 6.Axe7 Dxe7 7.f4 a6 8.Cf3 c5 9.dxc5 Cc6 10.Ce2 Dxc5 11.Dd2 b5 12.Ced4 Cxd4 13.Cxd4 Cb6 14.Cb3 Dc7 15.Dd4 0–0 16.Ad3 Cc4 17.0–0 Da7 18.Axc4 dxc4 19.Cc5 Ab7 20.Tfd1 Ad5 21.b4 De7 22.c3 a5 23.a3 Tfd8 24.Df2 f5 25.Dg3 Ta7 26.De3 Tda8 27.Tab1 axb4 28.axb4 Ta2 29.Td2 Txd2 30.Dxd2 Ta3 31.h3 Da7 32.h4 De7 33.Db2 Da7 34.Dd2 h6 35.Tb2 Ta1+ 36.Rh2 Tf1 37.Ta2 De7 38.Rg3 Th1 39.Rf2 Dxh4+ 40.Re2 Tg1 41.Re3 Dg3+ 42.Rd4 Txg2 0–1

8ª ronda, 16 de noviembre

▌ Los resultados de la rueda confirman al representante argentino Miguel Najdorf en la vanguardia de los competidores, aunque sólo con medio punto de ventaja sobre su compañero y excampeón argentino, Carlos Guimard, quien hizo tablas en su partida de hoy, después de haberse impuesto a Vilardebó en la partida que tenía suspendida.[423] Se definió en la jugada 96ª después de 10 horas de juego. Najdorf venció a Cherta en 29 jugadas, y Guimard entabló con Wood en 36. Najdorf tiene 7½/8, Guimard 7; Albareda y Yanofsky 5½.[424]

Cherta Clos, Pedro – Najdorf, Miguel [B84]
Torneo Internacional de Barcelona (8), 16.11.1946

1.e4 c5 2.Cf3 d6 3.d4 cxd4 4.Cxd4 Cf6 5.Cc3 e6 6.Ae2 a6 7.a4 Cc6 8.0–0 Ae7 9.Ae3 Dc7 10.Rh1 0–0 11.f4 Ad7 12.Af3 Ca5 13.Cce2 e5 14.Cb3 Cc4 15.Ac1 Tac8 16.f5 d5 17.Cg3 d4 18.Ae2 b5

---

[422] *La Nación*, 17 de noviembre de 1946.
[423] En las bases de datos actuales, esta partida figura 1:0 en 75 jugadas.
[424] Agencia AP, *La Nación*, 17 de noviembre de 1946.

19.a5 Rh8 20.Ad3 Tg8 21.De2 Dd8 22.Tg1 g6 23.Cd2 Dc7 24.Cf3 gxf5 25.Cxf5 Axf5 26.exf5 Ce3 27.Axe3 dxe3 28.h3 e4 0–1

Guimard, Carlos Enrique – Wood, Gabriel [D39]
Torneo Internacional de Barcelona (8), 16.11.1946

1.d4 Cf6 2.c4 e6 3.Cf3 d5 4.Ag5 Ab4+ 5.Cc3 dxc4 6.Da4+ Cc6 7.e4 h6 8.Axf6 Dxf6 9.Axc4 0–0 10.0–0 Axc3 11.bxc3 e5 12.Tab1 Ag4 13.Cxe5 Cxe5 14.dxe5 Dxe5 15.Txb7 Dg5 16.Db5 Dg6 17.f3 Ah3 18.Db2 c6 19.Td1 Dg5 20.f4 Dc5+ 21.Td4 Ac8 22.Tc7 Ae6 23.Db4 Dxb4 24.cxb4 Axc4 25.Txc4 Tfd8 26.a4 a5 27.bxa5 Txa5 28.T7xc6 Td2 29.T6c5 Txc5 30.Txc5 Td4 31.a5 Txe4 32.a6 Ta4 33.Tc6 Rh7 34.f5 Ta2 35.g4 f6 36.h3 h5 ½–½

9ª ronda, 17 de noviembre

El maestro argentino Carlos Guimard fue derrotado por Albareda en la 28ª jugada. Por su parte, Najdorf suspendió con O'Kelly de Galway. Los otros resultados fueron: Yanofsky venció a Pomar en la 42ª, Golmayo a Pérez en la 35ª, Medina a Cherta en la 38ª y Llorens a Wade en la 26ª. El cotejo entre Wood y Vilardebó fue también suspendido para mañana. Asimismo, Medina superó a Wade en una partida de ruedas anteriores.[425]

Najdorf, medio punto arriba de Guimard. *La Nación*, 17 de noviembre de 1946

Albareda Crues, Miguel – Guimard, Carlos Enrique [A95]
Torneo Internacional de Barcelona (9), 17.11.1946 *[Juan S. Morgado]*

1.d4 e6 2.c4 f5 3.g3 Cf6 4.Ag2 Ae7 5.Cc3 d5 6.Cf3 c6 7.0–0 0–0 8.b3 De8 9.Dc2 Dh5 10.Ce5 Cbd7 11.Cxd7 Axd7 12.f3 Tad8 13.e3 g5 14.Ab2 Tf7 15.Tae1 Tdf8 16.De2 f4 17.g4 Dg6 18.e4 dxe4 19.Cxe4 Cxe4 20.Dxe4 Dxe4 21.Txe4 Td8 22.Td1 Af6 23.Af1 b6 24.d5 exd5 [24...Axb2 25.dxe6 Te7 26.exd7 Tdxd7 27.Txd7 Txd7 28.h4=] **25.Axf6 Txf6 26.cxd5...**

26...Ae6?? [Un *blunder* insólito de Guimard en una posición pareja] **27.dxe6 1–0**

---

[425] Agencia AP, *La Nación*, 18 de noviembre de 1946.

Najdorf, Miguel – O'Kelly de Galway, Alberic [D19]
Torneo Internacional de Barcelona (9), 17.11.1946

1.d4 d5 2.c4 c6 3.Cf3 Cf6 4.Cc3 dxc4 5.a4 Af5 6.e3 e6 7.Axc4 Ab4 8.0–0 0–0 9.De2 Ag4 10.h3 Ah5 11.Td1 De7 12.e4 Cbd7 13.e5 Cd5 14.Ce4 h6 15.Cg3 Ag6 16.Ch2 f6 17.exf6 C7xf6 18.Cf3 Cd7 19.Ad2 Tae8 20.Ad3 Axd3 21.Dxd3 e5 22.Db3 a5 23.Axb4 Dxb4 24.Dxb4 axb4 25.Ce4 exd4 26.Txd4 C7f6 27.Cfd2 Cxe4 28.Cxe4 Te6 29.f3 Tg6 30.Rh2 Cf4 31.Td2 Tf5 32.Tad1 b6 33.Td8+ Tf8 34.g3 Cd5 35.Txf8+ Rxf8 36.Rg1 Te6 37.Rf2 Re7 38.Td4 g5 39.Cd2 Rd6 40.h4 c5 41.Te4 Txe4 42.Cxe4+ Re5 43.hxg5 hxg5 44.Cxg5 c4 45.Re2 b3 46.Rd2 c3+ 47.bxc3 b2 48.Rc2 Cxc3 49.Rxb2 Cxa4+ 50.Rb3 b5 51.Rb4 Cb2 52.Rxb5 Cd3 53.Rc4 Ce1 54.f4+ Rf5 55.Rd4 Cg2 56.Ch3 Rg4 57.Re4 Rxg3 58.f5 Rxh3 59.f6 Ch4 60.f7 Cg6 ½–½

10ª rueda, 18 de noviembre

■ El representante argentino Miguel Najdorf se impuso al excampeón español, Manuel Golmayo en la 41ª jugada. Por su parte, Carlos Guimard no logró más que tablas frente a Francisco Pérez, después de dos horas de juego. Pérez intervino en el *match* radiotelefónico con Argentina, empatando en esa ocasión con Iliesco. O'Kelly derrotó a Medina, Albareda a Vilardebó y Wade fue superado por Yanofsky, mientras Wood – Pomar suspendieron. En las partidas suspendidas de ayer, Najdorf hizo tablas con O'Kelly, mientras Wood batió a Vilardebó. Najdorf ha afianzado así su condición de líder, con 9/10. Le siguen Albareda, Guimard y Yanofsky con 7½; Medina 6½ y Golmayo 5.[426]

ALBAREDA DERROTÓ A CARLOS GUIMARD EN EL TORNEO DE BARCELONA

BARCELONA, 17 (D.) — El maestro argentino Carlos Guimard fué derrotado por Albareda en 28 jugadas, en la novena rueda del torneo internacional de ajedrez. Por su parte, Najdorf suspendió su partida con el belga O'Kelly de Galway. Los otros resultados fueron estos: Yanofsky venció a Pomar en 42 movidas, Golmayo a Pérez en 35, Medina a Cherta en 38 y Llorens a Wade en 25. El cotejo entre Wood y Viladerbó fué también suspendido para mañana. La partida suspendida ayer entre Wade y Medina se definió a favor de este último.
La clasificación actual es la siguiente: Najdorf, 7 1/2 (una suspendida); Guimard, 7; Albareda, Yanofsky y Medina, 6 1/2; Golmayo, 5; O'Kelly de Galway 4 1/2 (una suspendida) Llorens, 4; Pérez, 3 1/2; Cherta, 3; Wood, 2 1/2 (una suspendido); Pomar, 2 1/2; Viladerbó, 1/2 (una suspendida), y Wade, 1/2.

Pierde Guimard y queda más alejado. La Nación, 18 de noviembre de 1946

Golmayo de la Torriente, Manuel – Najdorf, Miguel [E90]
Torneo Internacional de Barcelona (10), 18.11.1946 *[Juan S. Morgado]*

1.Cf3 Cf6 2.d4 g6 3.c4 Ag7 4.Cc3 0–0 5.e4 d6 6.h3 Cbd7 7.Ae3 e5 8.dxe5 dxe5 9.Dc2 c6 10.Ae2 De7 11.Td1 Cc5 12.0–0 Ch5 13.b4 Ce6 14.c5 Chf4 15.Ac4 a5 16.a3 axb4 17.axb4 Df6 18.Ae2 Te8 19.Rh2 h5

---
[426] Agencia AP, *La Nación*, 19 de noviembre de 1946.

20.Cg1?... [20.g3 Cxe2 21.Dxe2 Cd4 22.Cxd4 exd4 23.Axd4 De6 24.Axg7 Dxh3+ 25.Rg1 Rxg7=] **20...Cd4∓ 21.Db2 Ae6 22.Tfe1?...** [22.Dc1 g5∓] **22...g5 23.g3 Cfxe2 24.Ccxe2 Ta2–+ 25.Dc3 Tc2 26.Da3 Td8 27.Rg2 Ac4 28.Da5 Td7 29.Da8+ Rh7 30.Dc8 Ae6 31.Axd4 Txd4 32.Dxb7 Txe4 33.f3 Te3 34.Rf2 Txf3+ 35.Cxf3 e4 36.Td3 Ad5 37.Te3 exf3 38.De7 Df5 39.g4 Df4 40.Dd6 Ad4 0–1**

Guimard, Carlos Enrique – Pérez Pérez, Francisco José [E65]
Torneo Internacional de Barcelona (10), 18.11.1946

1.d4 Cf6 2.Cf3 g6 3.c4 Ag7 4.g3 0–0 5.Ag2 c5 6.d5 d6 7.Cc3 Cbd7 8.0–0 Cb6 9.Dd3 Ag4 10.h3 Axf3 11.exf3 Cfd7 12.f4 Tb8 13.Ae3 Ca8 14.f5 Cab6 15.fxg6 hxg6 16.De4 Ce5 17.b3 Cexc4 18.bxc4 Axc3 19.Tac1 Ag7 20.f4 Cd7 21.f5 Ce5 22.Af4 De8 23.Axe5 Axe5 24.fxg6 fxg6 25.Txf8+ Rxf8 26.Dg4 Rg7 27.Ae4 Df7 28.Tf1 Af6 29.h4 b5 30.h5 g5 31.Ag6 Df8 32.cxb5 Txb5 33.Ad3 Tb4 34.h6+ Rh8 35.Dxg5 Dg8 36.Dxg8+ Rxg8 37.h7+ Rg7 38.Tb1 a5 39.Rg2 a4 40.Rf3 Txb1 41.Axb1 a3 42.g4 ½–½

11ª rueda, 19 de noviembre

▌Los representantes argentinos Miguel Najdorf y Carlos Guimard hicieron tablas en 28 jugadas, después de un cotejo que pareció favorecería al primero. Igual resultado dio el encuentro del joven campeón español, Arturo Pomar, quien también tenía una posición superior frente a su compatriota Miguel Albareda. El encuentro duró 25 jugadas. En consecuencia, Albareda y Guimard continúan empatados en la 2ª colocación, precedidos por Najdorf, quien les lleva 1½ puntos de ventaja. Medina venció a Golmayo y Llorens a O'Kelly. Najdorf lleva 9/11, Guimard y Albareda 9.[427]

Najdorf vence a Golmayo y saca más ventaja. *La Nación*, 19 de noviembre de 1946

Najdorf, Miguel – Guimard, Carlos Enrique [A91]
Torneo Internacional de Barcelona (11), 19.11.1946

1.d4 e6 2.c4 f5 3.g3 Cf6 4.Ag2 Ae7 5.Cc3 d5 6.Ch3 c6 7.Dd3 Ce4 8.f3 Cxc3 9.bxc3 Cd7 10.cxd5 cxd5 11.Cf2 0–0 12.e4 Cb6 13.0–0 Ad7 14.Te1 Tc8 15.Ch3 Te8 16.Af4 Ca4 17.Ad2 Cb2 18.Dc2 Cc4 19.Cf2 Cxd2 20.Dxd2 Da5 21.exf5 exf5 22.f4 Ad6 23.Cd3 Txe1+ 24.Txe1 Dxc3 25.Axd5+ Rf8 26.Ce5 Axe5 27.Dxc3 Txc3 28.fxe5 Td3 ½–½

Pérez Pérez, Francisco José – Vilardebó Picurena, José [D52]
Torneo Internacional de Barcelona (11), 19.11.1946

1.d4 d5 2.c4 c6 3.Cf3 Cf6 4.Cc3 e6 5.Ag5 Cbd7 6.e3 Ad6 7.Ad3 h6 8.Ah4 a6 9.0–0 0–0 10.Ag3 Dc7 11.cxd5 exd5 12.Tc1 Te8 13.Db3 Axg3 14.hxg3 Dd6 15.Ca4 Ce4 16.Tc2 f5 17.Tfc1 Tb8 18.Cb6

---

[427] Agencia AP, *La Nación*, 20 de noviembre de 1946.

Cdf6 19.Ce5 Ae6 20.Ca4 Cg4 21.Cxg4 fxg4 22.Cc5 Cxc5 23.Txc5 Te7 24.Dc2 Tf8 25.b4 Tef7 26.a4 Ad7 27.b5 axb5 28.axb5 g5 29.bxc6 bxc6 30.Db2 Rg7 31.Ab1 Df6 32.Tf1 De7 33.Dc2 Af5 34.Db2 Axb1 35.Dxb1 Tf6 36.Dc2 Dd7 37.Tc1 Tc8 38.e4 dxe4 39.d5 Tcf8 40.dxc6 Dd3 41.Db2 e3 42.fxe3 Dxe3+ 43.Rh2 De8 44.c7 1–0

12ª rueda, 20 de noviembre

▨ Con negras, Najdorf venció a Vilardebó, PD Defensa India de Rey con centro abierto. A partir de un error de apertura en la jugada 13ª, Najdorf tomó la iniciativa y pronto ganó un peón. A eso agregó la posesión de la pareja de alfiles, definiéndose en la movida 45ª. Guimard – Medina llegaron, por trasposición, a una Apertura PD con estructuras de peones simétricas. El medio juego fue complejo, y las negras pudieron conjurar el ataque blanco hasta incluso quedar algo mejor. Fue tablas en la 40ª jugada.[428]

Guimard, Carlos Enrique – Medina García, Antonio Ángel [D04]
Torneo Internacional de Barcelona (12), 20.11.1946

1.d4 d5 2.Cf3 Cf6 3.e3 Cbd7 4.Ad3 c5 5.0–0 Dc7 6.Cbd2 g6 7.b3 Ag7 8.Ab2 0–0 9.c4 b6 10.Tc1 Aa6 11.De2 e6 12.Ce5 Cxe5 13.dxe5 Cd7 14.f4⩲ Tad8 15.Cf3 Ab7 16.Cg5 Tfe8 17.Tcd1 Cf8 18.Td2 Td7 19.Tfd1 Ted8 20.h4 h6 21.Cf3 Ac6 22.cxd5 Axd5 23.h5 Ac6 24.Ac3 a5 25.e4 Db7 26.De3 Dc7 27.hxg6 Cxg6 28.Te1 b5 29.Ac2 a4 30.Txd7 Txd7 31.f5 Cxe5 32.Axe5 Axe5 33.Dxh6 Ag7 34.Dh4 Dd8 35.Cg5 exf5 36.Dh7+ Rf8 37.Dxf5 De7 38.e5 Td2 39.Ae4 Axe4 40.Txe4 Td1+ 41.Rh2 Td5 42.Dc8+ Td8 43.Df5 Td5 44.Dc8+ Td8 ½–½

Vilardebó Picurena, José – Najdorf, Miguel [E68]
Torneo Internacional de Barcelona (12), 20.11.1946 *[Juan S. Morgado]*

1.d4 Cf6 2.c4 g6 3.Cc3 Ag7 4.e4 d6 5.g3 0–0 6.Ag2 Cbd7 7.Cge2 e5 8.b3 exd4 9.Cxd4 Te8 10.0–0 c6 11.Tb1 Cc5 12.Te1 Cg4 13.h3?!... [13.Tf1 f5 14.exf5 Df6 15.Dxg4 Dxd4 16.Dxd4 Axd4 17.b4 Axc3 18.bxc5 dxc5 19.fxg6 hxg6 20.Ae3⩲] **13…Df6?!** [13…Cxf2 14.Rxf2 Df6+ 15.Cf3 Dxc3→] **14.hxg4 Dxd4 15.Dxd4 Axd4 16.Ce2 Cd3 17.Tf1 Ac5 18.Af3?!...** [18.g5!?] **18…Ce5→ 19.Rg2 Cxg4 20.b4 Ab6 21.Af4 Ce5 22.Tfd1 Cxc4 23.Axd6 Cxd6 24.Txd6 Ae6 25.a3?...** [25.a4 Tad8→] **25…Tad8∓ 26.Txd8 Txd8 27.Cf4?...** [27.a4 g5∓] **27…Td2–+ 28.Ae2 Ac8 29.Rf1 Ta2 30.Tb3 g5 31.Ch5 Rf8 32.Cf6 Ae6 33.Tb1 h6 34.f4 gxf4 35.gxf4 Ah3+ 36.Re1 Txa3 37.f5 Ad4 38.Cd7+ Re7 39.Cc5 Ag2 40.Af1 Af3 41.Rd2 b6 42.Cb3 Ae5 43.Re3 Ad1 44.Txd1 Txb3+ 45.Ad3 Txb4 0–1**

13ª rueda, 22 de noviembre

▨ ¡Un final de Najdorf a toda orquesta! Najdorf tuvo una notable actuación, venciendo con 11½/13, seguido por Yanofsky 9½.

---

[428] Notas del autor.

Llorens, Rafael – Guimard, Carlos Enrique [A90]
Torneo Internacional de Barcelona (13), 22.11.1946 *[Juan S. Morgado]*

1.d4 e6 2.c4 f5 3.g3 Cf6 4.Ag2 Ab4+ 5.Ad2 Ae7 6.Cc3 d5 7.Cf3 c6 8.b3 0–0 9.0–0 Ce4 10.Dc2 Cxd2 11.Dxd2 Cd7 12.Tad1 Af6 13.Dc2 De8 14.e3 Rh8 15.Ce2 dxc4 16.bxc4 e5 17.Cd2 exd4 18.Cxd4 f4 19.Cf5 [19.Ce4 fxe3 20.f4 Cb6 21.Tfe1 Df7=] **19…fxg3 20.hxg3 Ce5 21.Cd6 Dh5 22.De4?…** [22.Cxc8 Taxc8 23.Tfe1 Ae7 24.f4 Cg4 25.Cf1 Ac5 oo] **22…Ae7 23.f4 Axd6 24.fxe5 Af5∓ 25.Dd4 Ac7 26.Ce4 Axe4 27.Axe4 Dg5 28.Ag2 Axe5 29.Txf8+ Txf8 30.Dc5?…** [30.Dh4 Dxe3+ 31.Rh2 Rg8∓] **30…Rg8 31.Td5 Te8–+ 32.Td2 b6 33.Dxc6 Dxe3+ 34.Tf2 Ad4??** [34… Axg3–+] **35.Rh1 h6** [35…Rh8→] **36.Tf3??…** [36.Tf1 De7??] **36…De7?? 37.Dd5+ Rh8 38.Dxd4+– Td8 39.Dg1 Db4 40.Tf4 Db2 41.Tf2 Dc3 42.Ad5 De5 43.Tf4 b5**

44.Df1 bxc4 45.Tf8+ Txf8 46.Dxf8+ Rh7 47.Ag8+?… [47.Df3 h5 48.Axc4 h4 49.gxh4 De1+ 50.Rg2 Dxh4 51.Ad3+ +–] **47…Rg6 48.Af7+?…** [48.Df1 c3 49.Dd3+ Rf6 50.Rg2±] **48…Rg5= 49.Dd8+ Rg4 50.Dh4+ Rf3 51.Ah5+ Re3 52.Rh2 c3?** [52…De4=] **53.Dg4± De4 54.Dxg7…** [54. De2+ Rd4 55.Da6 Dc2+ 56.Rh3 Df5+ 57.Ag4 Dc5 oo] **54…Dc2+ 55.Rh3 Df5+ 56.Ag4 Df1+ 57.Rh4 Dh1+ 58.Ah3 De4+ 59.Ag4 Dh1+ 60.Ah3 De4+ 61.Rh5 Dd5+ 62.Rxh6 Dd6+ 63.Rh5 Dd5+ 64.Rh4 Dd8+ 65.Rh5 Dd5+ 66.Rh6 Dd6+ 67.Rh5 Dd5+ ½–½**

Fue esta una partida llena de errores, que no supo ganar Guimard cuando tenía posición aplastante.

Najdorf, Miguel – Pomar Salamanca, Arturo [E14]
Torneo Internacional de Barcelona (13), 22.11.1946 *[Juan S. Morgado]*

1.Cf3 Cf6 2.b3 b6 3.Ab2 Ab7 4.e3 e6 5.d4 d5 6.Ad3 Ad6 7.0–0 0–0 8.Ce5 Cbd7 9.c4 c5 10.Cd2 Ce4 11.Cxd7 Dxd7 12.cxd5 exd5 13.dxc5 Axc5 14.Dh5 Dc6 15.Cf3 Dg6 16.Dh4 Ad6 17.Cd4 f5 18.f3 Cc5 19.Ac2 Aa6 20.Tfd1 Tae8 21.b4 Cd7 22.g4…

22…Df6? [22…Ce5 23.Rh1⩱] **23.Dxf6 Cxf6 24.Cxf5 Axb4 25.g5 Ch5 26.Txd5± Ac5 27.Td7 Axe3+ 28.Rh1?!…** [28.Cxe3 Txe3 29.Ab3+ Rh8 30.Tad1 Texf3 31.Af7+–] **28…Txf5 29.Axf5 Ac8 30.g6 hxg6 31.Axg6 Axd7 32.Axe8 Axe8 33.Te1 Af7 34.Txe3 Axa2 35.Ta3 Ad5 36.Txa7 Axf3+ 37.Rg1± b5 38.Rf2 Ad5 39.Td7 Ac4 40.Rf3 Rh7 41.Tc7 Rg6 42.Tc6+ Cf6 43.Rf4 Ad3 44.Axf6 gxf6 45.Tc3 Ac4 46.Tg3+ Rh7?** [46…Rf7 47.h4±] **47.Rf5 b4 48.Rxf6 b3 49.Tg7+ Rh8 50.Tb7+– Rg8 51.h4 Ad5 52.Tb5 Ac4 53.Tb4 Ad5 54.Td4 Ac6 55.Td3 Aa4 56.Td8+ Rh7 57.Tb8 Ac6 58.Txb3 Rh6 59.Tb8 Rh7 60.Rg5 Ad5 61.Tc8 Aa2 62.Tc7+ Rh8 63.Rh6 Ad5 64.Th7+ Rg8 65.Td7 Ae4 66.Td8+ Rf7 67.Td4 Ab1 68.Tg4 Ac2 69.Tg7+ Rf8 70.Tg2 Ad3 71.Tg7 Ab1 72.Tg5 Rf7 73.Rh5 Ac2 74.Rg4 Ab1 75.h5 Ac2 76.h6 Ag6 77.Rf4 Ac2 78.Tg7+ Rf8 79.Rg5 Ab3 80.Rf6 Ag8 81.Tb7 Af7 82.h7 1–0**

Miguel Najdorf Ganó El Torneo de Ajedrez Jugado en Barcelona

Barcelona, noviembre 22 (UP)—Con un holgado triunfo del representante de la Argentina, Miguel Najdorf, finalizó hoy el torneo internacional de ajedrez que se realizó en esta ciudad, con la participación de varios maestros extranjeros y locales de conocida actuación. Aun cuando antes de comenzar la competencia se estimaba que el fuerte ajedrecista Najdorf resultaría vencedor, se presumía que sería para él tarea difícil la obtención del puesto de honor. Sin embargo, a medida que avanzó el desarrollo del certamen, se puso de manifiesto la extraordinaria seguridad y el brillante juego que caracteriza al representante sudamericano, quien, en definitiva, conquistó una meritoria y amplia victoria, sin haber sido derrotado en ninguna de las trece partidas disputadas.

El segundo puesto correspondió al joven campeón del Canadá, Abe Yanofsky, quien escoltó al ganador con dos puntos menos. En el tercer puesto empataron el ex campeón argentino Carlos Guimard, cuyo excelente desempeño suscitó elogiosos comentarios de parte de la prensa local, y el ex campeón español Antonio Medina, jugador considerado aquí como uno de los mejores ajedrecistas de la península. En cambio, causó decepción la actuación del campeón de España, Arturo Pomar, considerándose que su mala colocación no está de acuerdo con sus merecimientos, y que ello se debió al desaliento causado por las primeras derrotas.

En la rueda final, jugada esta tarde, los resultados fueron los siguientes: Najdor venció a Pomar, pese a la denodada resistencia opuesta por el joven ajedrecista español; Medina le ganó a Vilardebó y terminaron empatadas las partidas de O'Kelly contra Cherta, Albareda contra Yanofsky, Pérez contra Wood, Guimard contra el campeón catalán, Llorens, y Wade contra Golmayo.

La clasificación final de los participantes fué así:

Najdorf vence en Barcelona.
La Prensa, 23 de noviembre de 1946

Torneo Internacional de Barcelona 1946

	Partcipantes	1	2	3	4	5	6	7	8	9	0	1	2	3	4	Pts.	S.B.
1	Najdorf, Miguel	*	1	½	1	1	½	½	1	1	1	1	1	1	1	11.5/13	
2	Yanofsky, Daniel Abraham	0	*	0	1	½	1	1	1	½	1	½	1	1	1	9.5/13	
3	Guimard, Carlos Enrique	½	1	*	½	0	1	½	½	½	½	1	1	1	1	9.0/13	50.75
4	Medina García, Antonio Á.	0	0	½	*	½	0	1	1	1	1	1	1	1	1	9.0/13	45.75
5	Albareda Crues, Miguel	0	½	1	½	*	1	1	½	½	0	1	1	½	1	8.5/13	
6	O'Kelly de Galway, Alberic	½	0	0	1	0	*	0	½	1	1	½	0	1	1	6.5/13	36.75
7	Llorens, Rafael	½	0	½	0	0	1	*	0	½	1	½	1	½	1	6.5/13	34.00
8	Pérez Pérez, Francisco José	0	0	½	0	½	½	1	*	0	½	1	½	1	1	6.5/13	32.00
9	Golmayo de la Torriente, M.	0	½	½	0	½	0	½	1	*	½	½	½	1	½	6.0/13	33.75
10	Wood, Gabriel	0	0	½	0	1	0	0	½	½	*	½	1	1	1	6.0/13	29.00
11	Cherta Clos, Pedro	0	½	0	0	0	½	½	0	½	½	*	0	1	1	4.5/13	
12	Wade, Robert Graham	0	0	0	0	0	1	0	½	½	0	1	*	0	0	3.0/13	17.25
13	Pomar Salamanca, Arturo	0	0	0	0	½	0	½	0	0	0	0	1	*	1	3.0/13	12.00
14	Vilardebó Picurena, José	0	0	0	0	0	0	0	0	½	0	0	1	0	*	1.5/13	

Capítulo 30

NAJDORF QUIERE BATIR SU RÉCORD DE ROSARIO

▪ El ajedrecista Miguel Najdorf declaró a *The Associated Press* que rechazó la oferta del periódico católico de La Haya, *Binnenhof,* para jugar 43 simultáneas a ciegas, ofreciéndole 2.000 dólares con los gastos pagados. Najdorf mostró al corresponsal un telegrama con la oferta, y dijo que prefería batir su propio récord de 40 tableros en Rosario, en España. Sin embargo, tal propósito no es seguro que se realice, porque Najdorf solicitó 1.000 dólares y existen dificultades por la escasez de divisas.[429]

Declaraciones de Najdorf a *Ajedrez Español*

▪ Antes de volver a Buenos Aires, Najdorf escribió en *Ajedrez Español* un artículo donde expresa sus ambiciones:

> He hecho especialmente este viaje a Europa para saber a qué atenerme respecto a mi propia fuerza como jugador de ajedrez. Quería saber si mis victorias obtenidas en Argentina –quince torneos ganados de diecisiete en que he participado– reflejaban con fidelidad mi buena formación ajedrecística, o bien si lo que ocurre es que los americanos no tienen en realidad talla de verdaderos maestros de ajedrez.
>
> Participé en este continente en tres torneos: Groninga, Praga y Barcelona. Al meditar sobre las experiencias de estas luchas, estoy convencido –principalmente por Groninga– que no existe hoy ningún jugador manifiestamente superior sobre los demás maestros, a quien pueda considerarse como seguro ganador en el próximo Campeonato del Mundo. Hablando de mí mismo –perdónese esta debilidad– admito que no estoy debidamente documentado en aperturas, que todos los grandes maestros poseen un mayor bagaje teórico que yo. Siempre he terminado con ellos mis aperturas en posición inferior, pero he tenido la fortuna de igualar la lucha en el medio juego para alcanzar después un final ventajoso.
>
> Mi profesión particular no me permite practicar el ajedrez y dedicarle toda la atención que merece y necesita. Pero si tuviera el placer de ser invitado para participar en el Campeonato del Mundo, dedicaré tres meses para informarme de las cosas teóricas, absteniéndome de tomar parte en exhibiciones o partidas de diversión; de esta forma espero llenar el vacío de mis conocimientos sobre aperturas. Tengo 36 años y creo estar en la plenitud de mis facultades y de mis posibilidades. En mis primeros pasos de ajedrez fui lo que se llama un 'jugador brillante', amaba el sacrificio. Poco a poco, sin embargo, me he ido formando en la idea de que no es posible a un gran maestro de ajedrez expresar sus preferencias por un sistema determinado. Para ser un gran maestro es necesario ser un 'jugador completo'. Creo haber conseguido esta máxima aspiración, y por ello me encuentro con fuerzas para optar por el título máximo del mundo.
>
> He aplicado mi principal esfuerzo a saber ganar las 'partidas ganadas', impidiendo que en una posición inferior escapara nunca mi enemigo. En este hecho reside quizá el secreto del éxito, y he podido observar en casi todos los grandes maestros numerosas fallas en este aspecto de la lucha. Creo que no soy inferior a ninguno de los jugadores que participarán en el próximo campeonato del mundo: Botvínnik, Fine, Reshevsky, Keres, Euwe… Ninguno de ellos tiene mejor score particular conmigo. Es cierto que he jugado muy poco con ellos, pero por lo poco que he jugado puedo estar satisfecho.

---

[429] Agencia AP, *La Nación*, 22 de noviembre de 1946.

Volviendo a la partida de ajedrez, me satisface declarar que rara vez me decido por realizar una jugada distinta de aquella que el primer golpe de vista me aconsejó. Es decir, que aún empleando el reloj, que es prudente usar en toda partida de torneo, mi decisión invariablemente recaía en aquel movimiento que hubiera realizado en una partida de exhibición. Esto me llena de confianza, pues me hace la idea de que mis cálculos y mis estudios sobre el tablero acreditan la bondad de aquella jugada que mi 'golpe de vista' me indicó. Creo, en fin, que soy el ajedrecista más 'analfabeto' de todos los grandes maestros; todos me superan en teoría. Pero como han dicho Kmoch y Tartakower –mi maestro–, sólo en el medio juego y en el final se acreditan en definitiva los buenos ajedrecistas.[430]

---

[430] *El Ajedrez Español* nº 61, pág. 2/3.

Capítulo 31

CAPITAL FEDERAL GANÓ EL IX CAMPEONATO ARGENTINO POR EQUIPOS EN SANTA FE

▬ Una de las actividades más interesantes en el programa anual de la FADA es el Campeonato Argentino Interprovincial por Equipos. Este año, en su 9ª edición, se realizó en la ciudad de Santa Fe en el marco de los festejos por aniversario de su fundación, auspiciado por la federación local. Se jugó en los salones del Círculo Italiano, y no se permitió en esta oportunidad la participación de jugadores extranjeros. La justa contó con las inscripciones de La Plata, Bahía Blanca, Paraná, Rafaela, Santa Fe, Rosario y Capital Federal, Nueve de Julio, Córdoba, Mendoza y Catamarca, si bien los cuatro últimos no han ratificado su concurrencia. Los equipos se conformarán con cuatro titulares y un suplente. El equipo de la Capital estará formado por Herman Pilnik, Julio Bolbochán, Renato Sanguinetti y Héctor Beretta.[431]

▬ Los juegos se realizarán todos los días en el Club Italiano de Santa Fe. Hoy se iniciaron a las 21, pero en adelante se efectuarán desde las 18. Los equipos quedaron así conformados:

Capital Federal: Herman Pilnik, Julio Bolbochán, Renato Sanguinetti y Héctor Beretta.

Bahía Blanca: Alfonso Padrón, Antonio Cuadrado, Voyin Lalich, Emilio Ramírez y Miguel Galfón.

Santa Fe: Pedro Passero, Antonio Bahamonde, Jacobo Patt Rubinstein, Luis Chemes y Rodolfo Porral.

Paraná: César Corte, Eduardo Barbagelata, Oscar Bertolotti, Miguel A. Rivas y José M. Gangli.[432]

La Plata: Carlos Maderna, Juan Iliesco, Alberto Vilches, Gregorio Yánover e Ítalo Daneri.

Rafaela: Antonio Maine, Telmo Tessio, Gualdino Ramonda, Manuel Ortego y Ernesto Bruera.

De acuerdo con el sorteo, hoy se enfrentarán Santa Fe – Capital Federal, Entre Ríos – Rafaela y Bahía Blanca – La Plata.[433]

1ª Ronda, 10 de noviembre

▬ El presidente de la Federación Santafesina, Juan Manuel Rivarola, declaró inaugurado el torneo, y luego habló el presidente de la FADA, señor Ríos (Sic), para destacar el entusiasmo que siempre ha existido por este campeonato. Finalmente hizo uso de la palabra el presidente del Círculo Italiano, doctor Antonio Celeri, quien saludó a las delegaciones en nombre de la entidad. Inmediatamente se procedió al sorteo, iniciándose los *matches* de la siguiente forma:

Un Campeonato Argentino por Equipos reducido. *La Prensa*, 11 de noviembre de 1946

---
[431] *El Mundo*, 6 de noviembre de 1946.
[432] La revista *Caissa* indicó que los integrantes fueron Corte, Rivas, Bertellotti y Laurencena.
[433] *La Prensa*, 11 de noviembre de 1946. Se conocen solamente dos partidas de este certamen.

Capital Federal – Santa Fe; Bahía Blanca – La Plata; Paraná – Rafaela.[434] La Federación Santafesina designó árbitro y fiscal general al señor Ríos, representante de la FADA.

Capital Federal y La Plata, candidatas. *La Nación*, 11 de noviembre de 1946

1ª rueda

▎**Paraná 3:1 Rafaela:** Corte 1:0 Maine; Rivas 1:0 Tessio; Bertolotti – Ramonda; Laurencena – Ortego.

Capital Federal 3:1 Santa Fe: Pilnik 1:0 Passero; Bolbochán 1:0 Bahamonde; Sanguinetti 1:0 Chemesi; Porral 1:0 Beretta.

Bahía Blanca 1:3 La Plata: Padrós ½:½ Maderna; Lalich 0:1 Iliesco; Vilches ½:½ Cuadrado; E. Ramírez 0:1 Yánover.

2ª rueda

▎**Santa Fe 2:2 Paraná**: Passero 0:1 Corte; Bahamonde 0:1 Rivas; Patt Rubinstein 1:0 Bertellotti; Laurencena 0:1 Chemes.

Rafaela 2:2 Bahía Blanca: Maino ½:½ Padrón; Tessio ½:½ Lalich; Ramonda ½:½ Cuadrado; Bruera ½:½ E. Ramírez.

Capital Federal 2½:1½ La Plata: Pilnik ½:½ Maderna; Iliesco 0:1 Bolbochán; Vilches 1:0 Sanguinetti; Yánover 0:1 Beretta.[435]

3ª rueda

▎**La Plata 3:1 Rafaela**: Maderna 1:0 Maine; Iliesco 0:1 Tessio; Vilches 1:0 Ortego; Yánover 1:0 Ramonda.

Santa Fe 4:0 Bahía Blanca: Passero 1:0 Padrón; Bahamonde 1:0 Lalich; Patt Rubinstein 1:0 Cuadrado; Chemes 1:0 E. Ramírez.

Capital Federal 2½:1½ Paraná: Pilnik ½:½ Corte; Bolbochán 1:0 Rivas; Sanguinetti 0:1 Bertellotti; Beretta 1:0 Gangli.

▎Las posiciones luego de terminadas todas las partidas de las tres primeras

Muchas suspendidas en Santa Fe. *La Prensa*, 13 de noviembre de 1946

---

[434] *La Nación*, 11 de noviembre de 1946.
[435] *La Nación*, 12 y 14 de noviembre de 1946.

rondas son: Capital Federal 8/12; La Plata 7½; Santa Fe 7; Paraná 6½; Bahía Blanca y Rafaela 3½. Esta noche se efectuó un banquete, ofrecido por la federación local en honor de las delegaciones. Habló el presidente de la Federación Santafesina, Juan Manuel Rivarola, y agradeció el delegado de la FADA, don Ángel Ríos. Mañana continuará el certamen.[436]

4ª rueda

■ **Capital Federal 4:0 Rafaela**: Pilnik 1:0 Maine; Bolbochán 1:0 Tessio; Sanguinetti 1:0 Ortego; Beretta 1:0 Ramonda.

Santa Fe 1½:2½ La Plata: Passero ½:½ Maderna; Bahamonde 0:1 Iliesco; Patt Rubinstein 1:0 Vilches; Porral 0:1 Yánover.

Paraná 3:1 Bahía Blanca: Corte 1:0 Padrón; Rivas 1:0 Lalich; Bertolotti 1:0 Ramírez; Gangli 0:1 Galfón.[437]

5ª rueda

■ **Capital Federal 4:0 Bahía Blanca**: Pilnik 1:0 Padrón; Bolbochán 1:0 Lalich; Sanguinetti 1:0 Cuadrado; Beretta 1:0 Galfón.

Santa Fe 2½:1½ Rafaela: Passero ½:½ Maine; Bahamonde ½:½ Tessio; Patt Rubinstein 1:0 Ortego; Chemes ½:½ Ramonda.

Paraná 1½:2½ La Plata: Corte 0:1 Maderna; Rivas ½:½ Iliesco; Bertellotti 0:1 Yánover; Gangli 1:0 Romero.

Por amplio margen de puntos venció el conjunto representativo de la Capital Federal en el Campeonato Argentino por Equipos, que se disputó en Santa Fe. Al vencer hoy a Bahía Blanca por 4:0, totalizó 16/20 (+15 =2 −3), seguido por La Plata 12½ (+10 =5 −5); Paraná y Santa Fe (ambos +9 =4 −7) 11; Rafaela 5 (+1 =8 −11) y Bahía Blanca 4½ (+1 =7 −12).[438]

■ El equipo ganador jugó sin suplentes. Beretta fue el jugador más positivo, pues ganó todas sus partidas. En la reunión de delegados, se resolvió aceptar el pedido de Bahía Blanca para que el X Campeonato se juegue en esa ciudad. Terminada la jornada, el presidente de la

Amplia victoria de Capital Federal.
El Mundo, 17 de noviembre de 1944

---

[436] *La Prensa*, 13 de noviembre de 1946. *La Nación*, 14 de noviembre de 1946.
[437] *La Prensa*, 15 de noviembre de 1946.
[438] *Caissa* nº 91, pág. 316; nº 89, pág. 251. *La Nación*, 16-17 noviembre 1946. *La Prensa*, 13-16 noviembre 1946.

Federación Santafesina, Juan Manuel Rivarola, proclamó al equipo ganador. Fue un acto ajedrecístico de especial resonancia en todo el país, que ha satisfecho ampliamente a sus organizadores.[439]

Cuadrado, Antonio – Patt Rubinstein, Jacobo [A84]
VI Campeonato Argentino por Equipos, Santa Fe, 10.1946

1.d4 e6 2.Cf3 f5 3.g3 Cf6 4.c4 Ab4+ 5.Ad2 Axd2+ 6.Cbxd2 b6 7.Ag2 Ab7 8.0–0 0–0 9.Ce5 Axg2 10.Rxg2 d6 11.Cd3 Cc6 12.e3 De7 13.Df3 De8 14.Tac1 g5 15.Th1 Ce7 16.Db7 Dd7 17.f4 g4 18.Rf2 Cg6 19.Dg2 e5 20.d5 Tae8 21.The1 Dg7 22.Rg1 h5 23.b3 h4 24.Cb4 Ch5 25.Cc6 Df6 26.Df2 Tf7 27.a4 a5 28.Te2 Th7 29.Cf1 e4 30.Cd4 Cg7 31.Cd2 Rf7 32.Cf1 Teh8 33.De1 hxg3 34.Cxg3 Cxf4 35.exf4 Dxd4+ 36.Df2 Df6 37.Td1 Ch5 38.Dd4 Cxg3 39.hxg3 e3 40.Txe3 Th1+ 0–1

Padrón, Alfonso – Maderna, Carlos Hugo [A47]
VI Campeonato Argentino por Equipos, Santa Fe, 10.1946

1.d4 Cf6 2.Cf3 e6 3.e3 c5 4.Ad3 b6 5.Cbd2 Cc6 6.c3 Dc7 7.0–0 Ae7 8.e4 cxd4 9.cxd4 Cb4 10.De2 Cxd3 11.Dxd3 Ab7 12.Te1 Tc8 13.Cf1 Dc2 14.Dxc2 Txc2 15.Ce3 Tc7 16.e5 Cd5 17.Cxd5 Axd5 18.Ad2 0–0 19.a3 b5 20.Tec1 Tfc8 21.Txc7 Txc7 22.Tc1 Txc1+ 23.Axc1 Ad8 24.Ce1 Ab6 25.Ae3 Ae4 26.f3 Ag6 27.Rf2 f6 28.f4 Rf7 29.g4 Ae4 30.Cf3 Re7 31.Cd2 Ad5 32.Cb1 d6 33.Cc3 Ac6 34.h4 d5 35.Ca2 h5 36.Cb4 Ae8 37.g5 Rf7 38.Cd3 Rg6 39.b4 Rf7 40.Cc5 ½–½

	Federación	1	2	3	4	5	6	Pts.
1	Capital Federal	X	2½	2½	3	4	4	16
2	La Plata	1½	X	2½	2½	3	3	12½
3	Paraná	1½	1½	X	2	3	3	11
4	Santa Fe	1	1½	2	X	2½	4	11
5	Rafaela	0	1	1	1½	X	2	5½
6	Bahía Blanca	0	1	1	0	2	X	4

---

[439] *La Nación*, 17 de noviembre de 1944. *El Mundo*, 17 de noviembre de 1944.

Capítulo 32

JULIO BOLBOCHÁN, CAMPEÓN ARGENTINO

Un comienzo con mucha expectativa. El 22 de noviembre a las 20 se iniciará el campeonato por el título nacional. Su actual poseedor, Herman Pilnik, tendrá derecho a defenderlo en *match* con el vencedor del certamen, que este año será particularmente numeroso, llegando fácilmente a 20 competidores. El torneo se llevará a cabo en la Sociedad Hebraica Argentina, jugándose cuatro ruedas por semana, con dos días para las suspendidas. Su ganador obtendrá directamente el título de campeón nacional, aunque posteriormente deberá aceptar el desafío del campeón anterior.

Ha suscitado expectativa, por el hecho de intervenir en el mismo, además del actual poseedor del título máximo, Herman Pilnik, varios excampeones nacionales. Son ellos Luis Piazzini, Héctor Rossetto, Carlos Maderna, Juan Iliesco y Jacobo Bolbochán, a los que se suman valores de calidad como Cayetano Rebizzo, Julio Bolbochán, César Corte, Héctor Beretta, Enrique Falcón, Osvaldo Montiel, Antonio Bahamonde, Luis Marini, Renato Sanguinetti, Antonio Piro, y los condicionales Oscar Garibaldi, Horacio Pazos Gramajo, Pedro Martín, Leonardo Lipiniks y José E. Martínez. De acuerdo con el nuevo reglamento de la prueba, las partidas se juegan a razón de cuarenta jugadas en dos horas y cuarto, los lunes, miércoles, viernes y sábados, de 20 a 24.15. Las suspendidas se jugarán los martes y jueves. Organizado por la FADA, será dirigido por Arnoldo Ellerman e Isaac Ringel.[440]

1ª ronda, 23 de noviembre

Aspiran 21 participantes al Campeonato Argentino, que comenzó anoche en la Sociedad Hebraica Argentina. Cuenta el certamen con un alto número de inscripciones, que dice a las claras el entusiasmo con que ha sido aguardada su realización, y el éxito logrado por la FADA. No existiendo la perspectiva de una representación inmediata en el extranjero, debe atribuirse la presencia de los 21 inscriptos no sólo al entusiasmo circunstancial de los competidores, sino a los incentivos reunidos para hacer una gran prueba. En la sesión se finalizaron cinco partidas: Rossetto 1:0 Beretta; Pazos Gramajo 1:0 Corte; Lipiniks 0:1 Rebizzo; Sanguinetti 1:0 Piazzini; Martín ½:½ Montiel. Las restantes fueron suspendidas.[441]

TRAPALANDA. Jornada inicial con una noticia bomba: Botvínnik jugará en la Argentina. Creían los aficionados al ajedrez que en nutrido número concurrieron al salón de actos de la Sociedad Hebraica Argentina, donde el viernes se inició el Campeonato Nacional de 1946, que sólo presenciarían eso: diez partidas entre otras tantas parejas de los más prestigiosos jugadores del país. ¡La bomba atómica! Pero presenciaron eso y oyeron, en el discurso de iniciación del presidente de la FADA, Carlos Querencio, algo más interesante aún: que en el próximo Torneo de Torneo Internacional de Mar del Plata a realizarse a fines de marzo (de 1947), jugaría un equipo soviético integrado por Botvínnik –virtual campeón mundial–. Keres, Smyslov y Flohr, quienes son casi tan fuertes como aquel; y participarían también el campeón holandés Euwe, maestros norteamericanos de primera fila y los campeones de los países limítrofes de América. ¡Verdadera bomba atómica la que lanzó Querencio!

---

[440] *La Prensa*, 20 y 23 de noviembre de 1946. *La Nación*, 24 de noviembre de 1946.
[441] *El Mundo*, 24 de noviembre de 1946.

¿Y cómo hará la FADA, cuya franciscana pobreza es proverbial, para financiar un certamen de semejante magnitud, además de lo que ya le cuesta este campeonato, con *pajueranos* y todo, y de lo que le insumen sus actividades normales en el país entero, que se realizan regularmente? Querencio recordó una promesa de ayuda oficial, formulada públicamente por el presidente de la República. Aún dentro del ajedrez, la FADA tiene sus adversarios –¡eterna división de tantos deportes argentinos!–. Querencio no los mencionó; ni siquiera aludió a ellos. No miró para atrás. Se limitó a decir que la consigna de la institución era: ¡Adelante![442]

■ ¿Dónde queda Paraná? El campeonato nacional se inició como tantos otros de años anteriores; el pibe Corte –César Corte, campeón de Paraná, era un pibe hace dieciséis años, y lo seguirá siendo eternamente– perdió *por tiempo*. Obligado reglamentariamente a efectuar la 40ª jugada en dos horas y cuarto, hizo algunas más de la 30ª. Su adversario, Horacio Pazos Gramajo, encantado por tal obsequio. Los espectadores meneaban la cabeza y comentaban:

¡Es inevitable!

Asevera la voz popular que los provincianos meditativos y *cachacientos* son los del interior, no los del litoral. Sin embargo, Paraná, de la cual es campeón *el pibe* Corte, está en los mapas más dignos de crédito en la provincia de Entre Ríos, frente a la ciudad de Santa Fe. ¡Litoral puro![443]

■ Se advirtió que el campeón titular, Herman Pilnik, hallaba en el veterano Enrique Falcón, que reaparecía en esta clase de pruebas, un adversario que no le permitió obtener ventajas en las líneas de un Ruy López, defendido con la variante abierta del sistema Morphy. Julio Bolbochán se veía en serias dificultades ante Luis Marini, quien sacó ventaja posicional evidente al refutar un plan erróneo de su adversario. Piazzini, adoptando contra Sanguinetti una Defensa India del Rey, muy poco practicada por él, tenía posición netamente inferior. Rebizzo oponía con éxito una Defensa de tipo Filidor a la Hanman, al PR inicial de Lipiniks (Sic).[444]

Bahamonde, Antonio – Garibaldi, Oscar [E19]
Campeonato Argentino / Torneo Mayor (1), 1946

1.c4 Cf6 2.Cf3 b6 3.g3 Ab7 4.d4 e6 5.Ag2 Ae7 6.0–0 0–0 7.Cc3 Ce4 8.Dc2 Cxc3 9.Dxc3 d6 10.Dc2 f5 11.d5 e5 12.e4 g6 13.exf5 gxf5 14.Cxe5 dxe5 15.d6 Axg2 16.dxe7 Dxe7 17.Rxg2 c5 18.Dd3 De6 19.Ah6 Te8 20.Tad1 Cc6 21.Dd7 Te7 22.Dd2 Rf7 23.Ag5 Td8 24.De2 Txd1 25.Txd1 Td7 26.Dh5+ Rg8 27.Txd7 Dxd7 28.Af6 e4 29.Dg5+ Rf7 30.g4 Cd4 31.Dg7+ Re6 32.Axd4 Dxd4 33.gxf5+ Rxf5 34.Dxh7+ Rf4 35.Df7+ Rg5 36.Dd5+ Rf4 37.h4 Df6 38.Dd2+ Rg4 39.Dd7+ Rxh4 40.Dh7+ Rg5 41.Dxe4 Dxb2

42.De7+ Rf4 43.Dxa7 Df6 44.Dh7 De6 45.Dh4+ Re5 46.Rf3 Dc6+ 47.Re3 Da4 48.f4+ Re6 49.Dg4+ Rf7 50.De2 Rf6 51.Db2+ Rf7 52.Dxb6 Dd1 53.Dc7+ Rg6 54.Dc6+ Rg7 55.Dg2+ Rf8 56.Da8+ Rg7 57.Db7+ Rf6 58.Db2+ Rf7 59.Rf2 Dh1 60.Rg3 De1+ 61.Df2 Dc3+ 62.Df3 Dg7+ 63.Rf2 Db2+ 64.De2 Dh8 65.Rg2 Da8+ 66.Rg3 Da3+ 67.Rg4 Dc3 68.f5 Dd4+ 69.Rf3 Rf8 70.De6 Dd1+ 71.Rf4 Dd2+ 72.De3 Dh2+ 73.Re4 Dd6 74.f6 Rf7 0–1

---

[442] El cronista alude a la división que provocó el cisma del ajedrez argentino en 1943, cuando tres de los principales clubes se desafiliaron de la FADA, liderados por Grau y Palau: el Club Jaque Mate, el Círculo de Ajedrez y el Círculo de Vélez Sarsfield. *Qué sucedió en 7 días*, noviembre 28, 1946.
[443] *Qué sucedió en 7 días*, noviembre 28, 1946.
[444] *La Nación*, 24 de noviembre de 1946.

Lipiniks, Leonardo – Rebizzo, Cayetano [A53]
Campeonato Argentino / Torneo Mayor (1), 1946 *[Juan S. Morgado]*

1.d4 Cf6 2.c4 d6 3.Cf3 Cbd7 4.g3 e5 5.Ag2 c6 6.dxe5 dxe5 7.0–0 Dc7 [7...Ac5 8.Cc3 0–0 9.Dc2 De7 10.Ch4 Te8 11.Ca4=, L. Szabó – D. Bronstein, Zürich 1953] **8.b3 Ac5 9.Ab2 0–0 10.e3 Te8 11.Cc3 a5 12.Dc2 Tb8 13.Tac1 Af8 14.Ce4 Cxe4 15.Dxe4 f6 16.c5 Rh8?!** [16...Axc5 17.Tfd1... *(17. Dc4+ Rh8 18.Df7 Te7 19.Dh5 Ab4=)* 17...Ae7=] **17.Aa3 Ae7 18.Cd2 Cf8 19.Cc4 Ae6 20.Cd6 Axd6 21.cxd6 Df7 22.Tc5 Ta8 23.Da4 Ad7** [23...b5=] **24.Tcc1 f5 25.Ab2 b5 26.Dh4± Tac8 27.Af3?!...** [27. f4 e4 28.g4±] **27...Te6 28.Tfd1≐ Rg8?!** [28...Cg6!?] **29.Tc5?!...** [29.a4 e4 30.Ah5 Cg6 31.Axg6 hxg6 32.axb5 cxb5 33.Tc7→] **29...e4?** [29...Cg6!?] **30.Ah5 g6?** [30...Cg6 31.Dh3 Tee8 32.Df1±] **31. Dg5??...** [31.g4! fxg4 *(31...gxh5? 32.gxf5+–)* 32.Axg4±] **31...Tee8∓ 32.Te5 Txe5 33.Axe5 Ce6 0–1**

Maderna, Carlos Hugo – Bolbochán, Jacobo [E47]
Campeonato Argentino / Torneo Mayor (1), 1946

1.d4 Cf6 2.c4 e6 3.Cc3 Ab4 4.e3 0–0 5.Ad3 Cc6 6.Cge2 e5 7.d5 Ce7 8.0–0 d6 9.a3 Axc3 10.Cxc3 Cg6 11.e4 a5 12.Tb1 Cd7 13.b4 Cf4 14.Ce2 Cxd3 15.Dxd3 axb4 16.axb4 f5 17.exf5 Cb6 18.Cg3 Df6 19.c5 Ca4 20.Ae3 Axf5 21.Cxf5 Dxf5 22.Dxf5 Txf5 23.g4 Tff8 24.Tfc1 Tfc8 25.Tc2 b6 26.cxd6 cxd6 27.Tbc1 Txc2 28.Txc2 b5 29.Tc6 Td8 30.Ab6 Td7 31.Ac7 Cb2 32.Axd6 Cc4 33.Tc8+ Rf7 34.Tc7 Re8 35.Txd7 Rxd7 36.Ac5 Cd2 37.Rg2 Ce4 38.Rf3 Cc3 39.d6 Re6 40.g5 g6 41.Re3 Cd1+ 42.Rd3 Cb2+ 43.Re4 Ca4

44.h3 Cc3+ 45.Rd3 Ca4 46.Rc2 Rd7 47.h4 Re6 48.Rd3 Rd7 49.Re4 Re6 50.d7 Cxc5+ 51.bxc5 Rxd7 52.Rxe5 Rc6 53.Rd4 b4 54.Rc4 b3 55.Rxb3 Rxc5 56.Rc3 Rd5 57.Rd3 Re5 58.Re3 Rf5 59.f3 Re5 60.f4+ Rf5 61.Rf3 Re6 62.Re4 Rd6 63.Rd4 Re6 64.Rc3 Rf5 65.Rf3 Re6 66.Rg4 Rf7 67.h5 Re6 68.hxg6 hxg6 69.Rg3 Re7 70.Rf2 Rf8 71.Re2 Re8 72.Rd3 Rd7 73.Re3 Re7 ½–½

Marini, Luis – Bolbochán, Julio [E68]
Campeonato Argentino / Torneo Mayor (1), 1946 *[Juan S. Morgado]*

1.c4 Cf6 2.Cc3 g6 3.e4 d6 4.g3 Ag7 5.Ag2 0–0 6.d4 e5 7.Cge2 Cbd7 8.0–0 Te8 9.h3 exd4 10.Cxd4 Cc5 11.Te1 a5 12.b3 Cfd7 13.Ae3 Ce5 14.De2 Ad7?! [14...a4=] **15.Tad1→ Dc8 16.Rh2 Cc6? 17.Dc2?!...** [17.Cdb5 Cd8 18.Cd5 Axb5 19.cxb5 Cde6 20.f4 Cd7 21.f5±] **17...Ce6?** [17...Cxd4 18.Axd4 Axd4 19.Txd4 Ac6 20.Te2 Dd7 21.Tdd2 f5 22.exf5 Dxf5 23.Dxf5 gxf5 24.Cb5 Axb5 25.cxb5 Txe2 26.Txe2 Rf7 27.g4 Rf6 28.f4 h6 29.Rg3≐] **18.Cxc6?!...** [18.Cdb5 Cb4 19.Dd2 Ac6 20.f4 Dd8 21.a3 Ca6 22.Dc2±] **18...Axc6 19.Cd5 Cc5 20.f4 b6 21.e5?!...** [21.Ad4 Axd4 22.Txd4 Axd5 23.cxd5 f6 24.Tdd1 Dd8 25.a3→] **21...Axd5 22.cxd5= Dd7?** [22...dxe5 23.d6 cxd6 24.Axa8 Dxa8 25.Txd6 exf4 26.gxf4 Db8 ∞] **23.e6± De7 24.g4 Df6 25.f5 Dc3 26.Df2 Ae5+ 27.Rh1 Cd3??**

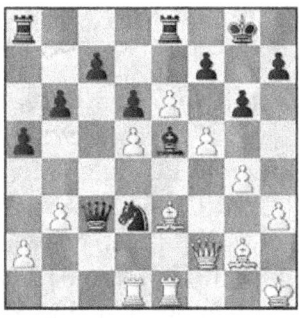

[27...Tf8 28.Dh4±] **28.Txd3?...** [28.exf7+ Rxf7 29.fxg6+ +−] **28...Dxd3 29.f6 a4** [29...Tf8 30.g5±] **30.g5?!...** [30.Dh4 g5 31.Axg5 Ag3 32.Dh5 Dg6 33.Dxg6+ hxg6 34.Tf1 axb3 35.axb3 Ae5 36.Ae4+−] **30...axb3 31.axb3 Ta1 32.Txa1 Axa1 33.e7?...** [33.Dh4 Dxe3 34.exf7+ Rh8 35.fxe8D+ Dxe8=] **33...Ae5** [33...Dxb3 34.Af1 h6 35.h4 Dxd5+ 36.Ag2 Dd1+ 37.Df1 Da4 38.Df4 Dd7 39.Df3 hxg5 40.hxg5 Txe7 41.fxe7 Dxe7=] **34.Af1± De4+ 35.Ag2 Db1+ 36.Df1...** [36.Af1 Dxb3 37.De2 Dxd5+ 38.Ag2 De6 39.Ac6 Dxh3+ 40.Rg1=] **36...Dxb3 37.De2?...** [37.Af4 Ad4 38.Dc1 h6 39.h4 Ac3 40.Rh2 b5 41.Ah3 Dc4 42.Ad7 De2+ 43.Rh3 hxg5 44.hxg5 Df3+ 45.Rh2 Ta8 46.e8D+ Txe8 47.Axe8 De2±] **37...h6∓ 38.h4?...** [38.Af1 Dxd5+ 39.Ag2 De6 40.Ac6 Dxh3+ 41.Rg1 Tb8 42.Df3 Dxf3 43.Axf3 b5 44.Aa7 Tc8 45.Ab7 Te8 46.Ac6 hxg5 47.Axe8 Axf6 48.Ab8 Axe7 49.Axc7 b4 50.Aa4 f5 51.Ab3+ Rg7 52.Aa5 d5 53.Axd5 Rf6 54.Ac7=] **38...Rh7?** [38...Db4 39.Df2 Dg4 40.Rg1 b5 41.Df3 Dxh4 42.Dh3 De1+ 43.Af1 Ta8 44.Af2 Dd2 45.De3 Dd1 46.Da7 Dg4+ 47.Ag2 Tc8 48.Db7 Rh7 49.Dc6 Dd1+ 50.Af1 Dh5 51.Ag2 Ah2+ 52.Rh1 Ag3+ 53.Rg1 Dh2+ 54.Rf1 Axf2 55.Rxf2 Df4+ 56.Af3 Dd4+ 57.Rg2 Dd2+ 58.Rg3 Dxg5+ −+]

39.Rg1?... [39.h5=; 39.Ae4=] **39...Ta8?** [39...Db4 40.Df3 Dxh4 41.Dh3 De1+ 42.Af1 h5 43.Rg2 Ad4 44.Ad3... *(44.Axd4 Dd2+ 45.Rf3 Dxd4 46.Dd7 Dxd5+ 47.Rf2 Dc5+ 48.Rf3 Dd5+ 49.Rf2 Dd4+ 50.Rf3 Ta8 51.e8D Dg4+ 52.Rf2 Df4+ 53.Rg2 Dxg5+ 54.Rh2 Dh4+ 55.Rg2 Txe8 56.Dxf7+ Rh6 57.Dxe8 Dg5+ 58.Rh3 Dxf6∓)* 44...Axe3 45.Dxh5+ Rg8 46.Dh6 Dg1+ 47.Rh3 Dh1+ 48.Rg3 Dxh6 49.gxh6 Axh6−+] **40.Af1...** [40.Ae4 Da4 41.Df3 Da1+ 42.Rg2 hxg5 43.hxg5 Da2+ 44.Df2 Dc4 45.Rf3=] **40...b5 41.Dd3??...** [41.Df3 Ad4 42.Rf2 Db4 43.h5 Axe3+ 44.Dxe3 Dh4+ 45.Rg2 Dxh5 46.Ae2 Dh4 47.Axb5 Dg4+ 48.Rf2 Df5+ 49.Rg3 hxg5 50.Ac6 Tb8 51.e8D Txe8 52.Dxe8 Df4+ 53.Rg2 Dxf6=] **41...Db4 42.Af2 Dg4+ 43.Rh1 Df4?** [43...b4 44.Ae2 Ta1+ 45.Af1 Dd7 46.Rg1 b3−+] **44.Ag1 Dxh4+** [44...b4−+] **45.Dh3 Dxh3+?!** [45...Dxg5 46.Axb5 c6 47.dxc6 Axf6−+] **46.Axh3 b4?!** [46...hxg5 47.Ad7 b4 48.e8D Txe8 49.Axe8 b3 50.Aa4 b2 51.Ac2 Axf6 52.Ae3 Rh6 53.Ad2 Ae5 54.Aa5 g4 55.Rg2 f5 56.Axc7 Rh5 57.Aa5 f4−+] **47.Ae3 b3 48.Af1 Ag3 49.Rg2 Ah4** [49...b2 50.Ad3 Ae5 51.Ad2 Ad4 52.Rg3 hxg5 53.Axg5 Rg8=] **50.Rh3= Axg5 51.Axg5 hxg5 52.Ad3 Rh6 53.Rg4 b2 54.Ae4 Tb8 55.Ad3 Tc8 56.Ae4 Ta8 57.Ad3 Rh7 58.Rxg5 Tb8 ½−½**

Fue esta una partida insólita, muy difícil de jugar frente al tablero. Primero tuvo posición ganadora Marini y luego Julio Bolbochán, habiendo cometido ambos varios *blunders*.

Martín, Pedro − Montiel, Osvaldo [E19]
Campeonato Argentino / Torneo Mayor (1), 1946

1.d4 Cf6 2.Cf3 e6 3.c4 b6 4.g3 Ab7 5.Ag2 Ae7 6.Cc3 Ce4 7.Dc2 Cxc3 8.Dxc3 Ae4 9.0−0 0−0 10.Ce1 Axg2 11.Rxg2 d6 12.b3 c5 13.Ab2 Dc7 14.Cf3 Af6 15.Dc2 e5 16.dxe5 dxe5 17.De4 Cc6 18.Tfd1 Cd4 19.Ce1 Tad8 20.e3 Cc6 21.Cf3 Tfe8 22.Cg1 Ae7 23.Ce2 Af8 24.Cc3 Dc8 25.Txd8 Txd8 26.Td1 Txd1 27.Cxd1 Dd7 ½−½

Pazos Gramajo, Horacio − Corte, César Juan [B85]
Campeonato Argentino / Torneo Mayor (1), 1946 *[Juan S. Morgado]*

1.e4 c5 2.Cf3 Cc6 3.d4 cxd4 4.Cxd4 Cf6 5.Cc3 d6 6.Ae2 e6 7.0−0 Ae7 8.Ae3 a6 9.f4 Dc7 10.Af3 Ad7 11.Dd2 Ca5 12.Df2... [12.b3!?] **12...Cc4 13.Ac1 e5 14.Cde2 d5 15.fxe5...** [15.Rh1?] **15...Ac5 16.Cd4?...** [16.exf6 Axf2+ 17.Txf2 g5 18.Cxd5 De5 19.Tb1 Ac6=] **16...Dxe5∓ 17.Td1 dxe4?** [17...0−0 18.exd5 Tfe8∓] **18.Cxe4 Cxe4= 19.Axe4 0−0 20.Af3 Tad8 21.c3 Cd6= 22.De3 Dxe3+ 23.Axe3 Cc4 24.Ag5 Tde8** [24...Cxb2!?=] **25.b4 Aa7 26.Axb7 a5 27.a3 Ce3** [27...Cd6!?] **28. Td2= Cf5 29.Rf2?!...** [29.Af4→] **29...h6= 30.Af4 Te6 31.Te1 Cxd4 32.cxd4 axb4 33.Txe6...** [33. axb4 Tf6=] **33...fxe6 34.Rg3?...** [34.Re3=] **34...bxa3∓ 35.d5 Ac5 1−0** (Por tiempo)

Pilnik, Herman – Falcón, Enrique [C83]
Campeonato Argentino / Torneo Mayor (1), 1946

1.e4 e5 2.Cf3 Cc6 3.Ab5 a6 4.Aa4 Cf6 5.0–0 Cxe4 6.d4 b5 7.Ab3 d5 8.dxe5 Ae6 9.c3 Ae7 10.Cbd2 0–0 11.De2 Cc5 12.Cd4 Cxb3 13.C2xb3 Dd7 14.Cxc6 Dxc6 15.Ae3 Dd7 16.Tfe1 a5 17.Ac5 b4 18.De3 a4 19.Axe7 Dxe7 20.Cd4 Ad7 21.e6 fxe6 22.cxb4 Dxb4 23.Cxe6 Tae8 24.Dc5 Dxc5 25.Cxc5 Txe1+ 26.Txe1 Te8 27.Txe8+ Axe8 28.f3 Rf7 29.Rf2 d4 30.Re2 Ab5+ 31.Rd2 Re7 32.b4 axb3 33.Cxb3 Ac4 34.Cxd4 Axa2 35.Rc3 c5 36.Cc2 Rd6 37.Ce3 Re5 38.Rd3 h5 39.g3 g5 40.Cd1 Af7 41.Ce3 Ae6 ½–½

Piro, Antonio – Martínez, José E. [A17]
Campeonato Argentino / Torneo Mayor (1), 1946

1.c4 Cf6 2.Cc3 e6 3.g3 d5 4.cxd5 exd5 5.d4 Ad6 6.Ag2 c6 7.e3 Af5 8.Cf3 Cbd7 9.Ch4 Ag6 10.0–0 0–0 11.Cxg6 hxg6 12.Ad2 Te8 13.Db3 Tb8 14.a4 Cf8 15.a5 a6 16.Ca4 Ce6 17.Dc2 Cg5 18.f3 Ce6 19.b4 Cc7 20.Cc5 Cb5 21.Dd3 Af8 22.Tad1 Axc5 23.bxc5 Dd7 24.Ac1 Tbd8 25.Ab2 Dc7 26.Dd2 Te7 27.Tfe1 Dc8 28.Dc2 Dc7 29.Ac3 Tde8 30.Dd2 Dc8 31.Dd3 Dc7 32.Ad2 Td8 33.Ab4 Dd7 34.Dd2 Tde8 35.Df2 Dc8 36.h4 Dc7 37.g4 Dd7 38.g5 Ch5 39.e4 Cf4 40.e5 Ch3+ 41.Axh3 Dxh3 42.Td3 f6 43.gxf6 gxf6 44.exf6 Txe1+ 45.Axe1 Te6 46.Df1 Df5 47.Ag3 Dxf6 48.Df2 Df5 49.Df1 g5 50.hxg5 Dxg5 51.Rg2 Cc7 52.Rf2 Ce8 53.Ae5 Dh4+ 54.Ag3 Dh5 55.Ae5 Cf6 56.Dg2+ Rf7 57.Td1 Cc4+ 58.Re1 Tg6 59.Df1 Dh4+ 60.Re2 Cc3+ 61.Rd3 Cxd1 62.Dxd1 Tg2 63.Db3 Dh7+ 64.Re3 Re6 65.Dd1 Dh4 66.Df1 Ta2 67.Dg1 Dh6+ 68.Af4 Ta3+ 69.Rf2 Dxf4 70.Dg8+ Rd7 71.Dh7+ Rc8 72.Dh8+ Rc7 73.Dg7+ Rb8 74.De5+ Dxe5 75.dxe5 Rc8 76.Rg3 Rd7 77.Rg4 Re6 78.f4 Txa5 79.Rg5 Ta1 0–1

Rossetto, Héctor D. – Beretta, H. [D70]
• Campeonato Argentino / Torneo Mayor (1), 1946

1.d4 Cf6 2.Cf3 d5 3.c4 g6 4.cxd5 Cxd5 5.e4 Cf6 6.Cc3 Ag7 7.Db3 0–0 8.Ae2 c6 9.0–0 b5 10.a4 Da5 11.Ad2 b4 12.Ca2 Cxe4 13.Axb4 Dc7 14.De3 Cd6 15.Tac1 a5 16.Aa3 Ae6 17.Cc3 Cf5 18.De4 Cd7 19.Cb5 Db7 20.Dxc6 Dxc6 21.Txc6 Ad5 22.Tc7 Cb6 23.g4 Ch6 24.Cc3 Tfc8 25.Txc8+ Txc8 26.Ac5 Axf3 27.Axf3 Cd7 28.Cd5 Rh8 29.Cxe7 Tb8 30.Aa3 Axd4 31.Cc6 1–0

ASPIRAN VEINTIUN PARTICIPANTES AL TITULO DE CAMPEON ARGENTINO

Comienza un Campeonato Argentino multitudinario.
El Mundo, 24 de noviembre de 1946

"LA HORMIGUITA" DURO 17 JUGADAS

Curiosidad Profana por las Partidas Cortas: Un Caso

¿Cuántas jugadas, o sea, cuántos movimientos de las piezas (o trebejos, como se denominan en buen español) dura una partida de ajedrez? Este es un problema fundamental para los profanos, aunque harto menos importante para los conocedores. Es frecuente que aquéllos pregunten: "¿En cuántas jugadas le hubiera ganado a usted Capablanca?"

Habría que contestar: "Depende". Depende de la naturaleza del combate. Si la partida hubiese sido azarosa y violenta, en pocas jugadas; si hubiese sido sutil y científica, en muchas. Lo único inconcebible es que Capablanca, que tenía tan buen criterio, no hubiese maniobrado de acuerdo a la alineación estratégica de los dos ejércitos de madera; que, por ejemplo, hubiese pretendido tomar una fortaleza blindada con un ataque a la bayoneta para decidir la lucha *en pocas jugadas*. Ese no es el problema. El problema del ajedrecista es ganar, ganar inexorablemente. El número de las jugadas no cuenta.

Dos antiguos rivales

Aunque no tengan un significado técnico especial, la verdad es que las partidas cortas llaman la atención. Por eso ha dado lugar a abundantes comentarios la más breve del campeonato argentino de ajedrez, que actualmente se está disputando en la Sociedad Hebraica. Se la ganó Luis R. Piazzini a Jacobo Bolbochán en 17 jugadas.

Trátase de dos antiguos rivales. Jacobo Bolbochán era indiscutiblemente, hace una docena de años, el mejor ajedrecista del país. Contra su paciente estilo de *hormiguita*, que poquito a poco va acarreando ventajas para su granero, se había estrellado en los matches el brillante y arrollador Isaías Pleci. Y, sin embargo, hace una docena de años la *hormiguita* fué despojada del cetro del tablero en la Argentina por Piazzini, quien pasó a ocupar, con este triunfo sensacional, el número uno.

Al cabo de los años, después de haber surgido tantos valores nuevos en la escena del tablero nacional, volvieron a sentarse frente a frente los dos rivales, en el marco acogedor de la Sociedad Hebraica.

Inquisitorial remembranza

Jacobo Bolbochán, a quien le correspondieron las piezas blancas y, por consiguiente, la iniciativa, abrió la lucha con la apertura Ruy López, original del obispo español Ruy López de Sigura (*Libro de la invención liberal y arte del juego del Axedrez*, editado en Alcalá de Henares en 1561), profesor de ajedrez del muy católico monarca Felipe II, quien expulsó de España a los heterodoxos. Hace algún tiempo que Jacobo Bolbochán viene adoptando esta apertura, la que quizá no sea la más apropiada para su estilo de *hormiguita*.

Piazzini respondió con la provocativa *defensa* del genio norteamericano (de origen español) Pablo Morphy, en la más abierta y complicada de sus *variantes*. Conociendo por experiencia el elevado rendimiento de la *hormiguita* en las posiciones tranquilas, Piazzini quiso hacer vibrar todo el tablero.

Al llegar a la jugada séptima se redobló la audacia del conductor de las piezas negras. Hizo, de intento, una jugada inferior, seguramente, Jacobo Bolbochán no conocería la partida entre Lasker y Walbrodt del torneo de Nuremberg (1896), que la inspiró.

Y así aconteció, en efecto. Jacobo Bolbochán, un poco por temperamento, un poco por tener la desagradable sensación de haber sido *pescado* en una *variante* para él desconocida, empezó a replegarse. Trocó su poderoso alfil *español*, honra y prez de la apertura Ruy López, por un negro caballo enemigo, mucho menos potente. Olvidó su flanco de la dama y, a las ingeniosas e intencionadas maniobras de Piazzini, movía las piezas del flanco del rey. Mientras Piazzini había movilizado armónicamente ambos costados del tablero, una hemiplejía paralizó todo el costado de la dama de Jacobo Bolbochán.

Al llegar a la fatídica jugada 17ª, apuntado desde lejos por los dos alfiles enemigos, el rey blanco se había guarecido en un rincón. La dama negra, en un amplio vuelo, se cernió sobre la ciudadela bombardeada, para colaborar con sus dos alfiles. Amenazaba, por lo pronto, capturar la torre blanca.

La *hormiguita* se removía, confusa, con su carga afanosa, de un lado para otro. Y tuvo entonces la malhadada idea —¡siempre prudente!— de adoptar una medida de precaución: avanzó cautelosamente un peón. ¡Nunca lo hubiera hecho! Piazzini se tomó tranquilamente ese peón, sacrificando para ello uno de sus dos amenazantes alfiles.

Rápida rendición

Jacobo Bolbochán, impávido, sin que se le moviera un músculo de la cara, meditó algunos minutos. Como era evidente que, de aceptar el emponzoñado sacrificio de Piazzini, hubiera recibido mate en una sola jugada más, se rindió.

JACOBO BOLBOCHÁN
Olvidó su flanco de dama.

LUIS PIAZZINI
Una jugada inferior, de intento.

Así finalizó la más corta de las partidas del campeonato argentino de ajedrez del año 1946.

La más corta del campeonato
RUY LOPEZ
Defensa Morphy abierta

BLANCAS Jacobo Bolbochán	NEGRAS Piazzini
1. P4R	P4R
2. C3AR	C3AD
3. A5C	P3TD
4. A4T	C3A
5. O-O	CxP
6. P4D	A2R
7. PxP?	A2CD
8. D3R	C4A
9. AxC	PCxA
10. C4D	T1R
11. T1D	A3D
12. P4AR	A3CR
13. C5A	AAA },
14. R1T	P4D
15. D3A	D2T
16. C3C	D5T
17. P3TR??	AxP†

Las blancas abandonan.

Diciembre 19, 1946

Comenzó el torneo por el título nacional de ajedrez del año actual

Ante una concurrencia extraordinaria, en la que se notaba la presencia de conocidos maestros nacionales y extranjeros, comenzó en la Sociedad Hebraica Argentina el torneo de la Federación Argentina de Ajedrez para establecer el campeón de 1946. De las diez partidas que se realizaron, sólo cinco se definieron en la sesión, quedando las otras para terminarse en la especial del martes, destinada a los juegos suspendidos. Se advirtió que el campeón titular, Hermán Pilnik, hallaba en el veterano Enrique Falcón, que reaparecía en esta clase de pruebas, un adversario que no le permitió obtener ventajas en las líneas de un Ruy López, defendido con la variante abierta del sistema Morphy; que Julio Bolbochán, se veía en serias dificultades frente a Luis Marini, quien sacó ventaja posicional evidente al refutar un plan erróneo de su adversario; que Piazzini, adoptando contra Sanguinetti una defensa india del rey, muy poco practicada por él, tenía posición netamente inferior; que Corté había superado a Pazos Gramajo, aunque con la amenaza de su tradicional enemigo, el reloj; que Maderna y Jacobo Bolbochán ofrecían una lucha pareja y difícil, con mejores perspectivas para el platense; que Rebizzo oponía con éxito una defensa tipo Filidor, a la Hannam, al peón dama inicial de Lipiniks, y que Rossetto no tenía superioridad frente a Beretta, y que Bahamonde la conseguía frente a Garibaldi. Además, podían considerarse equilibradas las partidas Martín-Montiel y Piro-Martínez, aunque en esta última las negras tuvieran algunas perspectivas favorables. Sobre la hora de clausurar la sesión se produjeron los desenlaces de la mitad de los matches, cuyo detalle general fué como sigue:

Se inicia el Campeonato Argentino de 1946. *La Prensa*, 24 de noviembre de 1946

El Campeonato Argentino en la revista *Qué sucedió en 7 días*, 18 de diciembre de 1946

2ª ronda, 24 de noviembre

La rueda ofreció dos tipos de partidas diferentes. En algunos tableros se demostró una tendencia a simplificar para llegar a rápidas soluciones de empate, mientras que en otras la lucha se hizo intensa y laboriosa, prolongándose hasta el término de la sesión sin que se definieran todos los cotejos. Asimismo, pudo observarse que varios jugadores se hallaron apremiados por el reloj, en especial, Piazzini, Jacobo Bolbochán y Corte. El primero de ellos se impuso a Piro, quien, a último momento, y también corto de tiempo, facilitó la tarea con un grueso error que le costó una torre. Corte se excedió nuevamente, aunque ya en posición de mate frente a Martín, ganador del reciente Torneo Selección. Y Bolbochán cumplió el límite, para quedar en situación favorable frente a Marini. Otros resultados fueron: Beretta ½:½ Maderna; Martínez ½:½ Lipiniks; Montiel ½:½ Bahamonde; Garibaldi 0:1 Rossetto. Las restantes fueron suspendidas.[445]

---

[445] *La Nación*, 25 de noviembre de 1946.

TERCERIA EN UNA CLASICA DISPUTA

■ *La Apertura "Taimada" en el Campeonato Argentino*

Las 27 primeras partidas que se definieron en el campeonato argentino de ajedrez (que se está jugando en los salones de la Sociedad Hebraica) comenzaron de la siguiente manera: 13 avanzando dos pasos el peón que se halla, en la posición inicial, en la casilla delante de la dama (1.P4D); 7 avanzando dos pasos el peón que se encuentra frente al alfil de la dama (1.P4AD o Apertura Inglesa); 6 avanzando dos pasos el peón que está delante del rey (1.P4R), y 1 no moviendo peón alguno, sino saltando directamente con uno de los caballos sobre los peones (1.C3AR).

En todo tiempo la mayor parte de los ajedrecistas ha asignado una importancia capital a la manera de iniciar una partida, es decir, a la *apertura*. Ya en 1750, en su libro editado en la ciudad de Módena, decía Ercole del Río: *Il cominciare un guioco senza la buon' apertura è un edificare senza il fundamento, dove l'opera non riesce fabrica, ma rovina*. (Empezar una partida sin buena apertura es como edificar sin cimientos, lo que hace que la obra termine por ser no una construcción, sino una ruina.)

¿Es justificado este criterio? Tuvo, por lo pronto, un formidable contradictor: Capablanca. El cubano se reía de los que estudian aperturas y a los llamaba *mahaderos* (*majaderos*, con h aspirada). Como alguien le hiciese notar que Alekhine las estudiaba mucho, Capablanca respondió: "A pesar de ello juega bien, porque tiene talento".

El polo opuesto de Capablanca lo constituyen los maestros soviéticos. Alekhine ha dicho de ellos que estudian las aperturas de una manera *fanática*.

¿Es más fuerte la de la dama?

Surge de las cifras expuestas al comienzo que el campeonato argentino de ajedrez ha reflejado, como la mayoría de los grandes certámenes contemporáneos, la preeminencia de la apertura del peón de la dama sobre el peón del rey. ¿Será más fuerte? Parecería surgir este concepto de la respuesta que dió Ernesto Grünfeld, el gran teórico vienés, cuando se le preguntó por qué no abría nunca la lucha con el peón del rey: "Porque yo no cometo jamás error en la apertura". Sin embargo, Morphy (1837-1884), norteamericano de origen español, generalmente considerado el más grande ajedrecista de todos los tiempos, inició sus partidas, invariablemente, con el peón del rey.

Otros dan una explicación histórica a este desplazamiento que se ha operado de las aperturas de rey hacia las aperturas de dama. Las primeras serían *antiguas*; las segundas, *modernas*. Pero la explicación es falsa. El más viejo de los tratados de ajedrez, el manuscrito de la Universidad de Gotinga (*), escrito alrededor de 1490, analiza igualmente una y otra aperturas.

CESAR J. CORTE
Siempre la misma apertura.

"Anterior a Linneo"

Otra explicación: la apertura del peón del rey es táctica, suele triunfar en ella el ajedrecista que posee una más dilatada visualización concreta de las piezas y el tablero, el que *ve más jugadas*. La apertura de la dama es estratégica, los planes que en ella se elaboran son más abstractos y a más largo plazo; no importa tanto ver *muchas* jugadas como verlas *con buen criterio*.

Esta podría ser una explicación bastante ajustada a la verdad, aunque parta de la clasificación actual de las aperturas, la cual, como decía Réti, "es anterior a Linneo". Este célebre botánico sueco clasificó las plantas por sus afinidades íntimas y no por sus caracteres exteriores. En el ajedrez, las primeras jugadas de una apertura apenas si constituyen su carácter externo. ¡Cuántas veces una partida iniciada con el peón de la dama es ágil y desenvuelta, y otra comenzada con el peón del rey es pesada y soporífera.

Dos eras del pensamiento humano

La última explicación expuesta se vincula con esta otra: la apertura del peón del rey es romántica; en ella el ejército blanco sacrifica generoso sus piezas de madera para asaltar a pecho descubierto la ciudadela del rey negro y rendirla; corresponde a una era del pensamiento humano. La apertura del peón de la dama es cautelosa y cientificista; pertenece a otra era. El retorno sistemático de tres de los ajedrecistas que participan en el campeonato argentino: César J. Corte, Cayetano Reburzo y Héctor Beretta, a la apertura del peón del rey, perfumada de tradición, sería la reacción anticientificista del neorromanticismo.

El elevado porcentaje de la apertura inglesa (*ultramoderna*, según los tratados, pero que ya está analizada en el manuscrito de 1490) se debe a que dos de los participantes del campeonato, Luis M. Marini y su discípulo Osvaldo Montiel no juegan otra cosa. Marini la ha caracterizado muy bien: "Definirla es una tarea difícil. Yo la calificaría, y creo que con justicia, como una apertura *taimada*, ya que por distintos caminos se consigue llevar a las negras a variantes inferiores de otras aperturas" (*).

El control del centro

Cuando una apertura de ajedrez tiende al dominio del centro del tablero, es buena; cuando no encierra esa finalidad, es mala. Lo que pasa es que los maestros, al decir de Capablanca en la *Revista del Club Argentino de Ajedrez*, son como los carneros; siguen a la *mahada* (con h aspirada en idioma cubano). Por eso suelen decidirse por la apertura que está de moda.

El control del centro del tablero significa, en términos militares, ser dueños de las comunicaciones y transportes, porque merced a ese control se pueden trasladar rápidamente los ejércitos de madera al sector en que hagan falta. Y esto, seguramente, debe ser una ventaja en los campos de batalla y en los *campos* cuadriculados, mitad blancos y mitad negros, de los tableros de ajedrez.

(*) *Estudio razonado de las aperturas*, pág. 9.

LUIS M. MARINI
La llama "taimada" ... y la juega.

(*) Ciudad de Hanóver, Alemania, célebre por su universidad y su biblioteca.

El Campeonato Argentino en la revista *Qué sucedió en 7 días*, 5 de diciembre de 1946

Beretta, Héctor – Maderna, Carlos Hugo [C54]
Campeonato Argentino / Torneo Mayor (2), 1946

1.e4 e5 2.Cf3 Cc6 3.Ac4 Ac5 4.c3 Cf6 5.d4 exd4 6.cxd4 Ab4+ 7.Ad2 Axd2+ 8.Cbxd2 d5 9.exd5 Cxd5 10.0–0 0–0 11.Tc1 Cb6 12.Ab3 Ag4 13.h3 Ah5 14.Tc5 Ag6 15.Cc4 Cxc4 16.Txc4 Dd6 17.d5 Ca5 18.Td4 Cxb3 19.Dxb3 Tab8 20.Dc3 Tfe8 ½–½

Bolbochán, Jacobo – Marini, Luis [B83]
Campeonato Argentino / Torneo Mayor (2), 1946

1.e4 c5 2.Cf3 e6 3.Cc3 Cc6 4.d4 cxd4 5.Cxd4 d6 6.Ae2 Cf6 7.0–0 Ae7 8.Cb3 a6 9.f4 Dc7 10.Af3 Ad7 11.De2 Tc8 12.Ae3 b5 13.Df2 0–0 14.Tad1 Tb8 15.g4 Rh8 16.g5 Cg8 17.Dg2 b4 18.Ce2 Tfd8 19.Cg3 a5 20.Rh1 a4 21.Cc1 Ca5 22.b3 Ab5 23.Tf2 Af8 24.h4 Ac6 25.f5 Db7 26.Ad4 e5 27.Ae3

Ae8 28.f6 g6 29.h5 Tbc8 30.Cd3 axb3 31.axb3 Tc3 32.Dh3 Cc6 33.Th2 Cd4 34.Axd4 exd4 35.Tdd2 Ta8 36.Ce2 Ta1+ 37.Rg2 Ta5 38.Dg3 Tc8 39.hxg6 fxg6 40.Cxd4 h6 41.e5 Db6 42.Dg4 dxe5 43.Dxc8 Dxd4 44.Dxe8 e4 45.Txh6+ Axh6 46.f7 Txg5+ 47.Rh3 Dg7 48.Tg2 exd3 49.Txg5 Axg5 50.Ad5 1–0

Bolbochán, Julio – Sanguinetti, Renato [C84]
Campeonato Argentino / Torneo Mayor (2), 1946 *[Juan S. Morgado]*

1.e4 e5 2.Cf3 Cc6 3.Ab5 a6 4.Aa4 Cf6 5.0–0 Ae7 6.d3 b5 7.Ab3 d6 8.c3 0–0 9.Cbd2 d5 10.De2 dxe4 11.dxe4 Ad6 12.Td1 Ca5 13.Ac2 Ae6 14.h3 De7 15.Cg5 Cb7 16.a4 c6 17.Cxe6 Dxe6 18.b4 Tfd8 19.Ab3 De8 [19...De7!?] 20.Cf3… [20.g4!?] 20...h6 21.Ch4 Af8 22.Txd8 Txd8 23.axb5 axb5 24.Cf5… [24.Cg6 c5 25.Cxf8 c4 26.Ac2 Rxf8 27.f4⩲] 24...Cd6?!... [24...c5=] 25.Cg3… [25. Cxd6 Txd6 26.Dc2⩲] 25...Ta8 26.Tb1 Cb7 27.Df3 Cd7 28.Ae3 Cd6 29.Ch5 Cc4? [29...Ta3=] 30. Axc4 bxc4 31.Td1± De6 32.Axh6 Dxh6 33.Txd7 De6 34.Td1?!... [34.Dg3±] 34…Ae7 35.Cg3→ g6 36.De3 Ta3 37.Dd2 Dc8? [37…c5 38.b5 Tb3 39.Cf1 Txb5 40.Ce3 Ag5 41.De2 Axe3 42.Dxe3→] 38. Cf1 Db7 39.Ce3 Ag5 40.h4± Af4? [40…Axe3 41.Dxe3 De7±] 41.Dd8+ +– Rh7 42.Td7 Da8 43.Txf7+ Rh6 44.Cg4+ Rh5 45.Th7+ 1–0

Corte, César Juan – Martín, Pedro [C15]
Campeonato Argentino / Torneo Mayor (2), 1946

1.e4 e6 2.d4 d5 3.Cc3 Ab4 4.a3 Axc3+ 5.bxc3 dxe4 6.Dg4 Cf6 7.Dxg7 Tg8 8.Dh6 Tg6 9.Dd2 b6 10.Ab2 Ab7 11.0–0–0 Cbd7 12.Ch3 De7 13.Cf4 Tg8 14.Tg1 0–0–0 15.g3 Ce5 16.De2 Cf3 17.Th1 e5 18.Cg2 c5 19.Ce1 Cxe1 20.Ah3+ Rb8 21.Thxe1 cxd4 22.cxd4 exd4 23.Txd4 Txd4 24.Axd4 Dxa3+ 25.Ab2 De7 26.Db5 Cd5 27.f4 f6 28.Dd7 Dc5 29.Df7 Tf8 30.Dg7 Cb4 31.Te2 Dg1+ 32.Rd2 Td8+ 33.Rc3 Dc5+ 34.Rb3 Ad5+ 0–1

Garibaldi, Oscar – Rossetto, Héctor Decio [D36]
Campeonato Argentino / Torneo Mayor (2), 1946

1.Cf3 d5 2.d4 Cf6 3.c4 e6 4.Cc3 c6 5.Ag5 Cbd7 6.cxd5 exd5 7.e3 Ae7 8.Ad3 Cf8 9.Dc2 Ce6 10.Ah4 g6 11.0–0 0–0 12.Tfd1 Cg7 13.Ce5 Af5 14.f3 Axd3 15.Dxd3 Cf5 16.Af2 Te8 17.e4 Cd6 18.Te1 Da5 19.Tac1 Tad8 20.Cxc6 bxc6 21.e5 Cf5 22.exf6 Axf6 23.b3 Txe1+ 24.Txe1 c5 25.Tc1 Axd4 26.Axd4 Cxd4 27.Ca4 Te8 28.Rf1 Ce2 29.Td1 Cf4 30.Dd2 Db5+ 31.Rg1 Ce2+ 32.Rf2 Cd4 33.Dd3 Te2+ 34.Rf1 Db8 35.Cc3 Te6 36.Rg1 De5 37.Rf2 Dxh2 38.Td2 Dh4+ 0–1

Iliesco, Juan Traian – Pilnik, Herman [A28]
Campeonato Argentino / Torneo Mayor (2), 1946

1.c4 e5 2.Cc3 Cc6 3.Cf3 Cf6 4.d4 e4 5.Cd2 Cxd4 6.Cdxe4 Ce6 7.g3 Cxe4 8.Cxe4 Ab4+ 9.Ad2 Axd2+ 10.Dxd2 d6 11.Ag2 Ad7 12.Cc3 Ac6 13.Cd5 a5 14.0–0 0–0 15.b3 Cc5 16.Tab1 Te8 17.a3 Axd5 18.Axd5 Df6 19.Dc2 c6 20.Ag2 Te7 21.Tbd1 Tae8 22.e3 Ce4 23.Td4 Dg6 24.Tfd1 Cc5 25.Dxg6 hxg6 26.b4 axb4 27.axb4 Ce4 28.Ta1 f5 29.b5 Tc8 30.Ta7 cxb5 31.Axe4 fxe4 32.cxb5 Tc1+ 33.Rg2 Tb1 34.Txd6 Txb5 35.Txg6 Tb2 36.Tg4 Tf7 37.Tf4 Txf4 38.gxf4 Tb5 39.f3 Tb2+ 40.Rg3 exf3 41.Rxf3 b5 42.h4 Th2 43.Tb7 Th3+ 44.Re4 Txh4 45.Txb5 Rf7 46.Tb7+ Rf6 47.Tb6+ Rf7 48.Rf5 Th5+ 49.Rg4 g6 50.Tb7+ Re6 51.Tb6+ Rf7 52.Tb7+ Re6 53.Tg7 Rf6 54.Tc7 Th1 55.Rf3 Ta1 56.Tc6+ Rf7 57.Re4 Ta5 58.Rd4 g5 59.Tc7+ Re6 60.fxg5 Txg5 ½–½

Martínez, José E. – Lipiniks, Leonardo [D93]
Campeonato Argentino / Torneo Mayor (2), 1946

1.d4 Cf6 2.c4 g6 3.Cc3 d5 4.Af4 Ag7 5.e3 0–0 6.Cf3 c5 7.dxc5 Da5 8.Tc1 Td8 9.Db3 Dxc5 10.cxd5 Cxd5 11.Td1 Da5 12.Ae5 Axe5 13.Cxe5 Ae6 14.Ac4 Cc6 15.Axd5 Axd5 16.Txd5 Txd5 17.Dxd5 Dxd5 18.Cxd5 Cxe5 19.Re2 ½–½

Montiel, Osvaldo – Bahamonde, Antonio [A13]
Campeonato Argentino / Torneo Mayor (2), 1946

1.c4 e6 2.e4 d5 3.exd5 exd5 4.cxd5 Cf6 5.d4 Cxd5 6.Cf3 Ab4+ 7.Ad2 Axd2+ 8.Dxd2 0–0 9.Ae2 Te8 10.0–0 Cd7 11.Cc3 C7f6 12.Tfe1 Ag4 13.Ce5 Axe2 14.Txe2 c6 15.Tae1 Dd6 16.g3 Tad8 17.Cf3 Dd7 18.Rg2 h6 19.Txe8+ Txe8 20.Txe8+ Dxe8 21.Cxd5 ½–½

Pazos Gramajo, Horacio – Falcón, Enrique [A97]
Campeonato Argentino / Torneo Mayor (2), 1946

1.d4 e6 2.Cf3 f5 3.g3 Cf6 4.Ag2 Ae7 5.0–0 0–0 6.c4 d6 7.Cc3 De8 8.Db3 Ad8 9.Ad2 Rh8 10.Tae1 Cbd7 11.e4 Cxe4 12.Cxe4 fxe4 13.Txe4 Cf6 14.Te2 Dh5 15.Tfe1 Tb8 16.h3 h6 17.g4 Dg6 18.Ch4 Df7 19.Dg3 g5 20.Cf3 Cg8 21.h4 gxh4 22.Cxh4 Df6 23.Cf3 Dg6 24.Ch2 Cf6 25.f4 Tg8 26.Af3 e5 27.fxe5 Cxg4 28.Cxg4 Axg4 29.Tg2 h5 30.Ae4 Dg7 31.Ac3 Ae7 32.Tf1 Tbf8 33.Txf8 Txf8 34.e6 Af6 35.d5 Axc3 36.Dxc3 Dxc3 37.bxc3 Rg7 38.Tf2 Txf2 39.Rxf2 Rf6 40.Af3 Af5 41.Axh5 Ab1 ½–½

Piazzini, Luis Rubén – Piro, Antonio [D61]
Campeonato Argentino / Torneo Mayor (2), 1946 *[Juan S. Morgado]*

1.d4 Cf6 2.Cf3 e6 3.c4 d5 4.Ag5 Cbd7 5.e3 Ae7 6.Cc3 0–0 7.Dc2 b6 8.cxd5 exd5 9.Ad3 Ab7 10.0–0 c5 11.Tfd1 Ce4 12.Cxe4 dxe4 13.Axe4 Axe4 14.Dxe4 Axg5 15.dxc5...

15...Af6?! [15...Cxc5 16.Df5 Df6 17.Dxg5 Dxb2=] **16.Df5→ bxc5 17.Txd7 Da5 18.Cg5 Axg5 19.Dxg5 h6 20.De5 Tac8 21.g3 Tfd8 22.Tb7 Tc6?** [22...Da6 23.De7 Dg6 24.Txa7±] **23.De7 Tf6 24.Tc7 Dd2 25.Tf1 Tb8 26.Txc5 Dxb2 27.Dxa7+– Te8 28.Tc7 De2 29.a4 Df3 30.Te7 Tc8 31.Db7 Tfc6 32.a5 Df6 33.a6 Tc1 34.a7 Da1 35.Dxc8+ Txc8 36.Txa1 1–0**

3ª ronda, 25 de noviembre

Rossetto obtuvo su tercera victoria. Los *matches* dieron oportunidad a la concurrencia que asistió a presenciarlos en la Sociedad Hebraica Argentina para seguir cotejos sumamente interesantes, algunos de ellos de verdadera calidad, como los de Piro – Julio Bolbochán, Rossetto – Montiel y Maderna – Garibaldi, rematados en excelente estilo. También Corte, de nuevo a punto de perder por tiempo, se adjudicó en gran forma su partida, después de haber sacrificado un caballo para lograr un ataque directo sobre el enroque. Piazzini se excedió en el límite de tiempo justamente al efectuar su jugada 40ª, en una posición de clara igualdad. Iliesco consiguió un fuerte centro de peones y conservó los dos alfiles, suspendiendo en situación ventajosa.

Falcón, poco antes de terminar la sesión, liquidó la torre y caballo existentes para quedarse con un final netamente ganador de peones, con uno de ventaja, pero eligió otra continuación, que acaso no baste ahora para decidir la partida, que ha quedado suspendida con grandes perspectivas de tablas. Sin gran pena, Rebizzo y Martínez declararon tablas una posición que no daba para más, después de una veintena de correctas jugadas. También quedó para terminar en la sesión complementaria Sanguinetti – Jacobo Bolbochán, que tras un juego complejo llegó a un final de torres y peones con todos los visos de nulidad. Los resultados fueron: Lipiniks 1:0 Piazzini; Rossetto 1:0 Montiel; Marini 1:0 Beretta; Piro 0:1 Julio Bolbochán; Maderna 1:0 Garibaldi.[446]

Estilos diferentes en el comienzo del torneo. *La Nación*, 25 de noviembre de 1946

Bahamonde, Antonio – Corte, César Juan [E44]
Campeonato Argentino / Torneo Mayor (3), 1946

1.d4 Cf6 2.c4 e6 3.Cc3 Ab4 4.e3 b6 5.Cge2 Ab7 6.a3 Ae7 7.Cg3 d5 8.cxd5 exd5 9.Ad3 0–0 10.0–0 Te8 11.b4 c5 12.bxc5 bxc5 13.dxc5 Axc5 14.Cce2 Cbd7 15.Ab2 Ce4 16.Cxe4 dxe4 17.Ab5 Te7 18.Cg3 Ce5 19.Cf5 Te6 20.Tc1 Db6 21.Ad4 Axd4 22.Cxd4 Th6 23.Ae2 Df6 24.Db3 Dh4 25.h3 Tb6 26.Dc2 h6 27.Tb1 Cf3+ 28.Axf3 exf3 29.Cf5 Dg5 30.g4 Tc8 31.Dd3 h5 32.Txb6 axb6 33.Dd6 Te8 34.Dg3 hxg4 35.hxg4 Te4 36.Db8+ Rh7 37.Dxb7 Txg4+ 38.Cg3 Txg3+ 39.fxg3 Dxg3+ 0–1

Lipiniks, Leonardo – Piazzini, Luis Rubén [D46]
Campeonato Argentino / Torneo Mayor (3), 1946 *[Juan S. Morgado]*

1.d4 d5 2.c4 c6 3.e3 Cf6 4.Cf3 e6 5.Cc3 Cbd7 6.Ad3 Ae7 7.0–0 0–0 8.e4 dxe4 9.Cxe4 b6 10.b3 Ab7 11.Ab2 c5 12.De2 cxd4 13.Cxd4 Dc7 14.Cf3 Cxe4 15.Axe4 Axe4 16.Dxe4 Af6 17.Axf6 Cxf6 18.De5 Dxe5 19.Cxe5 Tfd8 20.Tfd1 Rf8 21.f3 Re8 22.b4 Cd7 23.Cc6 Tdc8 24.Td6 Cb8 25.Ce5 Re7 26.Tad1 f6 27.Cd7 Td8 28.Cxb6 Cc6 29.Cxa8...[29.Td7+ Re8 30.b5 Cb4 31.Txd8+ Txd8 32.Txd8+ Rxd8 33.Ca4 Cxa2 34.Rf2⩲] 29...Txd6 30.Txd6 Rxd6 31.c5+ Rd7 32.b5 Cd4 33.b6... [33. a4 e5 34.Rf2 Rc8 35.c6 Rb8? 36.c7+ Rc8 37.Re3 Ce6 38.a5 Cd4 39.b6 axb6 40.a6 Cb5 41.Re4 Cxc7

---

[446] *La Nación*, 27 de noviembre de 1946.

42.Cxb6+ Rb8 43.Cd7+ Ra7 44.Cf8 h6 45.Rf5 Rxa6 46.Rg6 Rb5 47.Rxg7 f5 48.Rxh6 e4 49.fxe4 fxe4 50.Cg6 e3 51.Cf4 Rc4 52.h4 Ce6 53.Ce2 Rd3=] **33...axb6 34.cxb6 Rc6 35.Cc7**

35...g6?? [35...e5 36.Ce8 Ce6 37.h4 Rxb6 38.h5 h6 39.Cd6 Rc5 40.Ce4+ Rb4 41.Rf2 Ra3 42.Re3 Cf4 43.g4 Cg2+ 44.Rf2 Cf4 45.Cd6 Rxa2 46.Re3 Rb3 47.Ce8 Ce6 48.Re4 Rc3 49.Rf5 Cd4+ 50.Rg6 Cxf3 51.Cxg7 e4 52.Cf5 Cg5 53.Rxh6 Rd3 54.Rg7 e3 55.Cxe3 Rxe3 56.h6 Rf4 57.Rxf6 Rxg4=] **36. Ce8+– f5 37.Cf6 h5 38.Rf2 Rxb6 39.Re3 Cc6 40.Cd7+ 1–0**

Maderna, Carlos Hugo – Garibaldi, Oscar [E46]
Campeonato Argentino / Torneo Mayor (3), 1946

1.d4 Cf6 2.c4 e6 3.Cc3 Ab4 4.e3 0–0 5.Cge2 d6 6.Cg3 e5 7.Ae2 Cbd7 8.0–0 Axc3 9.bxc3 Te8 10.Db3 Cf8 11.Aa3 C6d7 12.Dc2 Ce6 13.Ad3 g6 14.f4 exf4 15.exf4 f5 16.Tae1 Dh4 17.c5 d5 18.c4 Cf6 19.cxd5 Cxd5 20.Ac4 Td8 21.c6 Df6 22.Te5 bxc6 23.Tfe1 Tb8 24.Da4 Ad7 25.Da5 Cdxf4 26.Dxc7 h5 27.Dd6 Rf7 28.Ta5 Cd5 29.Te5 f4 30.Txa7 Tb1+ 31.Cf1 Re8 32.Txd7 Txf1+ 33.Axf1 Txd7 34.Txe6+ Rf7 35.Dxd7+ 1–0

Marini, Luis – Beretta, Héctor [D87]
Campeonato Argentino / Torneo Mayor (3), 1946

1.c4 Cf6 2.Cc3 d5 3.cxd5 Cxd5 4.e4 Cxc3 5.bxc3 g6 6.Ac4 Ag7 7.Ce2 c5 8.0–0 0–0 9.d4 Cc6 10.Ae3 cxd4 11.cxd4 Ad7 12.Tb1 Ca5 13.Ad3 Tc8 14.Dd2 b6 15.Tfc1 Txc1+ 16.Txc1 Db8 17.d5 Tc8 18.Cd4 Db7 19.f3 Txc1+ 20.Dxc1 Rf8 21.Cb5 Axb5 22.Axb5 Db8 23.Aa6 Cb7 24.Af4 Cd6 25.e5 Ce8 26.Ab5 Dc7 27.Ac6 Db8 28.De3 b5 29.d6 exd6 30.exd6 Af6 31.d7 Cc7 32.Ah6+ Ag7 33.De8+ Dxe8 34.Axg7+ Rxg7 35.dxe8D Cxe8 36.Axe8 b4 37.Rf2 Rf6 38.Re3 Re7 39.Aa4 Rd6 40.Rd4 f5 41.f4 1–0

Martín, Pedro – Falcón, Enrique [E16]
Campeonato Argentino / Torneo Mayor (3), 1946

1.d4 Cf6 2.c4 e6 3.Cf3 b6 4.g3 Ab7 5.Ag2 Ab4+ 6.Cbd2 Ce4 7.0–0 Cxd2 8.Axd2 Axd2 9.Dxd2 Ae4 10.Ce1 Axg2 11.Cxg2 f5 12.Tfe1 0–0 13.e4 Df6 14.exf5 Cc6 15.Tad1 Dxf5 16.f4 Tae8 17.Ch4 Dh5 18.Dg2 g5 19.fxg5 Dxg5 20.De4 Te7 21.Tf1 Tef7 22.Txf7 Txf7 23.Cf3 Df5 24.Dxf5 Txf5 25.Rg2 Rf7 26.g4 Ta5 27.a3 Ta4 28.Tc1 Ca5 29.b4 Cb3 30.Tf1 Txa3 31.h4 Rg8 32.h5 Ta2+ 33.Rh3 Te2 34.h6 Cd2 35.Cxd2 Txd2 36.Ta1 Txd4 37.Txa7 Txc4 38.Rh4 Rf7 39.Rh5 Td4 40.Ta8 Td5+ 41.g5 ½–½

Pazos Gramajo, Horacio – Iliesco, Juan Traian [B73]
Campeonato Argentino / Torneo Mayor (3), 1946

1.e4 c5 2.Cf3 d6 3.d4 cxd4 4.Cxd4 Cf6 5.Cc3 g6 6.Ae2 Ag7 7.0–0 Cc6 8.Ae3 0–0 9.Rh1 d5 10.Cxc6 bxc6 11.exd5 cxd5 12.Dd2 e5 13.Tad1 d4 14.Ag5 Ab7 15.Axf6 Axf6 16.Cb1 Tc8 17.f3 Ad5 18.Ad3 Ag7 19.b3 Dd6 20.Tde1 Tfe8 21.De2 Te7 22.a4 f5 23.Cd2 Tce8 24.Ab5 Tc8 25.Ac4 Axc4 26.Cxc4 Dd5 27.Dd2 Tce8 28.Te2 e4 29.Tfe1 Te6 30.fxe4 fxe4 31.Tf1 Dh5 32.De1 Dg5 33.Cd2 Dd5 34.Cc4 d3 35.cxd3 Dxd3 36.Te3 Dd5 37.Da5 Db7 38.De1 Ad4 39.Tg3 e3 40.Tgf3 Dxb3 41.De2 Tc6 42.Ca5 Dc2 43.Db5 Tce6 44.Dd7 De4 0–1

Piro, Antonio – Bolbochán, Julio [D33]
Campeonato Argentino / Torneo Mayor (3), 1946 *[Juan S. Morgado]*

1.c4 e6 2.Cc3 d5 3.d4 c5 4.cxd5 exd5 5.Cf3 Cc6 6.g3 c4 7.Ag2 Ab4 8.0–0 Cge7 9.e4 dxe4 10.Cxe4 0–0 11.Ae3 Ag4 12.Dc2 b5 13.a4 a6 14.axb5 axb5 15.Txa8 Dxa8 16.Ce5 Ac8 [16... Af5 17.g4 Ag6 18.Cxg6 hxg6 19.Cc3 Da6=] **17.De2...** [17.b3∓] **17...Da6 18.Cxc6 Dxc6 19.Dh5 Af5 20.Cc3 Dd7 21.h3 Ad6 22.g4 Ad3 23.Tc1?...** [23.Dxb5 Dxb5 24.Cxb5 Axf1 25.Axf1 Ab4 26.Axc4><] **23...b4∓ 24.Ce4 c3 25.bxc3 b3 26.Cd2 b2 27.Te1 Tb8 28.Cb1?...** [28.Da5 Cg6∓] **28... Da4–+ 29.Af1 Axb1 30.Txb1 Dc2 31.Txb2 Dxb2 32.c4 Da1 33.g5 Tb1 34.De2 Cg6 35.c5 Txf1+ 36.Dxf1 Ah2+ 37.Rg2 Ch4+ 0–1**

Rebizzo, Cayetano – Martínez, José E. [C10]
Campeonato Argentino / Torneo Mayor (3), 1946

1.e4 e6 2.d4 d5 3.Cc3 dxe4 4.Cxe4 Cd7 5.Cf3 Cgf6 6.Cxf6+ Cxf6 7.Ad3 b6 8.De2 Ab7 9.c3 Ae7 10.0–0 0–0 11.Td1 Dc8 12.Ag5 Te8 13.Ce5 c5 14.dxc5 Dxc5 15.Ab5 Ted8 16.Axf6 Axf6 17.Cd7 Dg5 18.Cxf6+ Dxf6 19.Txd8+ Txd8 20.Td1 Dg5 21.Txd8+ Dxd8 22.Dd3 Dg5 23.Dg3 Dd8 24.Dd3 Dg5 25.Dg3 Dd8 ½–½

Rossetto, Héctor Decio – Montiel, Osvaldo [A46]
Campeonato Argentino / Torneo Mayor (3), 1946

1.d4 Cf6 2.Cf3 e6 3.e3 Ae7 4.Ad3 0–0 5.0–0 d6 6.b3 Cbd7 7.Ab2 Te8 8.De2 Af8 9.Td1 De7 10.c4 c6 11.Cbd2 e5 12.dxe5 dxe5 13.Ac2 h6 14.Cf1 De6 15.Cg3 g6 16.a3 c5 17.Ce4 Cxe4 18.Axe4 Cf6 19.Ad5 Cxd5 20.cxd5 Dd6 21.e4 Ag4 22.h3 Axf3 23.Dxf3 Tac8 24.Tac1 b5 25.Dd3 a6 26.Tc2 Te7 27.Tdc1 Tec7 28.a4 Tb7 29.axb5 axb5 30.f4 c4 31.bxc4 bxc4 32.Dc3 f6 33.Dg3 exf4 34.Dxg6+ Ag7 35.Txc4 Txc4 36.Txc4 Tf7 37.e5 Dxd5 38.Tc8+ Tf8 39.exf6 Dg5 40.f7+ 1–0

Sanguinetti, Renato – Bolbochán, Jacobo [D68]
Campeonato Argentino / Torneo Mayor (3), 1946

1.d4 Cf6 2.c4 e6 3.Cc3 d5 4.Ag5 Ae7 5.Cf3 Cbd7 6.e3 0–0 7.Tc1 c6 8.Ad3 dxc4 9.Axc4 Cd5 10. Axe7 Dxe7 11.0–0 Cxc3 12.Txc3 e5 13.Db1 e4 14.Cd2 Cf6 15.Tfc1 Rh8 16.b4 a6 17.a4 Ad7 18.b5 axb5 19.axb5 Cd5 20.Axd5 cxd5 21.Tc5 Dd6 22.Db3 Ae6 23.Cb1 f5 24.Cc3 f4 25.exf4 Dxf4 26.Cd1 Ag4 27.De3 Axd1 28.Dxf4 Txf4 29.Txd1 Taf8 30.Txd5 Txf2 31.Te5 Rg8 32.Txe4 Tb2 33.Tf1 Txb5 34.Txf8+ Rxf8 35.Rf2 Tb2+ 36.Rf3 b5 37.Tg4 b4 38.Re4 b3 39.Tg5 Tf2 40.g3 Te2+ 41.Rf3 Txh2 42.Tb5 b2

43.Tb7 Re8 44.d5 Rd8 45.d6 Rc8 46.Tb6 Rd7 47.Rf4 Re6 48.Rg4 h6 49.Rf3 g6 50.Rf4 Tc2 51.Rg4 Tf2 52.Rh3 Te2 53.Rg4 Td2 54.Rf3 g5 55.g4 Re5 56.Re3 Txd6 57.Tb5+ Td5 58.Txb2 Ta5 59.Tb3 Tc5 ½–½

Ronda 4, 27 de noviembre

▪ Hubo buenas partidas en la cuarta rueda. Las dos primeras partidas resueltas, ambas por un rápido empate, fueron las de Garibaldi con Marini y Beretta con Sanguinetti. En casi todos los demás tableros la lucha fue reñida y difícil. Julio Bolbochán logró una amplia victoria sobre Lipiniks. El campeón titular, Pilnik, con ventaja posicional, fue acentuándola en su cotejo con Pazos Gramajo, hasta imponerse con una maniobra exacta y elegante. Mientras, Rossetto resolvía por mate su partida con Corte, en la que éste tenía calidad de ventaja, a cambio de una posición que iba poco a poco haciéndose insostenible, circunstancia a la que se unía el consabido apremio de tiempo. Quedó para la sesión complementaria Piazzini – Rebizzo, con ventaja posicional de las blancas que permite suponer que se impondrá.[447]

▪ Han quedado completadas las partidas de las primeras cuatro rondas, con dos excepciones. Los resultados de la sesión destinada a finalizar los encuentros pendientes depararon algunas sorpresas. Piazzini, que tenía un juego claramente superior y debía ganar frente a Rebizzo, insumió demasiado tiempo en la consideración de algunas jugadas, y aunque había quedado con una pieza de ventaja, cometió, con el apremio del reloj, un grueso error que le costó la partida. Bahamonde salvó de ingeniosa manera su situación comprometida con Falcón. Maderna superó las dificultades que tenía con Montiel, ante quien había quedado con un peón menos. Sanguinetti – Jacobo Bolbochán fue nuevamente suspendida. Otros resultados de la 4a: Corte 0:1 Rossetto, Iliesco ½:½ Martín. Las posiciones son: Rossetto 4/4; Julio Bolbochán 3½; Maderna y Martín 2½: Piro, que ha jugado tres partidas y tiene una pendiente con Jacobo Bolbochán, aún no ha abierto el score.[448]

Rossetto gana también la tercera partida.
La Nación, 27 de noviembre de 1946

Beretta, Héctor – Sanguinetti, Renato [C71]
Campeonato Argentino / Torneo Mayor (4), 1946

1.e4 e5 2.Cf3 Cc6 3.Ab5 a6 4.Aa4 d6 5.c4 Ad7 6.Cc3 g6 7.d4 exd4 8.Cxd4 Ag7 9.Ae3 Cge7 10.0–0 0–0 11.h3 Cxd4 12.Axd7 Ce2+ 13.Cxe2 Dxd7 14.Ad4 Axd4 15.Cxd4 Cc6 16.Cxc6 Dxc6 17.Dd5 Dxd5 18.exd5 Tfe8 19.Tfe1 Rf8 20.Rf1 Txe1+ 21.Txe1 Te8 22.Te2 Te7 23.Txe7 Rxe7 24.Re2 h5 25.Rd3 ½–½

---

[447] *La Nación*, 29 de noviembre de 1946.
[448] *La Nación*, 30 de noviembre de 1946.

Bolbochán, Jacobo – Piro, Antonio [B10]
Campeonato Argentino / Torneo Mayor (4), 1946

1.e4 c6 2.Cc3 d5 3.Cf3 dxe4 4.Cxe4 Af5 5.Cg3 Ag6 6.h4 h6 7.Ce5 Ah7 8.Dh5 g6 9.Ac4 e6 10.De2 De7 11.d4 Cf6 12.Ad2 Cbd7 13.0–0–0 Cb6 14.Ab3 Cbd5 15.c4 Cc7 16.f4 0–0–0 17.Ac3 Tg8 18.Ac2 De8 19.Df3 Ae7 20.Aa5 Tg7 21.Aa4 Td6 22.The1 g5 23.hxg5 hxg5 24.f5 g4 25.Df2 Cd7 26.Ce4 Axf5 27.Cxd6+ Axd6 28.Axc7 Rxc7 29.Cxc6 Dh8 30.Ce5 Dh6+ 31.Dd2 Dxd2+ 32.Txd2 Cxe5 33.dxe5 Ab4 34.Td7+ Rb6 35.Te3 Th7 36.a3 Ac5 37.Tb3+ Ra6 38.Ab5+ Ra5 39.Tc3 Th1+ 40.Td1 Txd1+ 41.Rxd1 Ad4 42.Tb3 Rb6 43.Ae8+ Rc7 44.Axf7 Axe5 45.Tb5 Ad4 ½–½

Bolbochán, Julio – Lipiniks, Leonardo [D90]
Campeonato Argentino / Torneo Mayor (4), 1946

1.d4 Cf6 2.c4 g6 3.Cc3 d5 4.Cf3 Ag7 5.Da4+ c6 6.cxd5 Cxd5 7.e4 Cxc3 8.bxc3 0–0 9.Aa3 b6 10.Td1 Dc7 11.Ae2 c5 12.0–0 Cd7 13.Db3 Ab7 14.d5 Df4 15.Tfe1 Ce5 16.Cd2 Ac8 17.Ac1 Df6 18.Cf1 Ad7 19.f4 Cg4 20.e5 Dh4 21.g3 Dh3 22.Af3 Tad8 23.Ag2 Dh5 24.h3 Ch6 25.g4 Dh4 26.Ae3 e6 27.g5 Cf5 28.Af2 Dxf4 29.h4 Da4 30.c4 Dxb3 31.axb3 Ce7 32.Ch2 h5 33.d6 Cc6 34.Cf3 Ca5 35.Te3 Ac6 36.Ta1 Td7 37.Ae1 Tb8 38.Axa5 bxa5 39.Txa5 Tdb7 40.Txc5 Axf3 41.Axf3 Td7 42.Tc6 f5 43.exf6 Af8 44.Txe6 Txb3 45.Ad5 Td3 46.Te7+ Txd5 47.cxd5 Axe7 48.dxe7 1–0

Corte, César Juan – Rossetto, Héctor Decio [C18]
Campeonato Argentino / Torneo Mayor (4), 1946

1.e4 e6 2.d4 d5 3.Cc3 Ab4 4.e5 Ce7 5.a3 Axc3+ 6.bxc3 c5 7.Dg4 cxd4 8.Dxg7 Tg8 9.Dxh7 Dc7 10.Ce2 dxc3 11.f4 b6 12.Cd4 Aa6 13.Ab5+ Axb5 14.Cxb5 Dc5 15.Cd6+ Rd7 16.Dh3 Cbc6 17.Ae3 d4 18.Ce4 Dc4 19.Cf6+ Rc7 20.Cxg8 Txg8 21.Af2 Cd5 22.Df3 Ce3 23.Axe3 dxe3 24.Dxe3 Txg2 25.0–0–0 Cb4 26.Td4 Txc2+ 27.Rd1 Db3 28.Txb4 Td2+ 29.Re1 Dd1# 0–1

Falcón, Enrique – Bahamonde, Antonio [D02]
Campeonato Argentino / Torneo Mayor (4), 1946

1.d4 Cf6 2.Cf3 d5 3.Af4 c5 4.e3 cxd4 5.exd4 e6 6.Ad3 Db6 7.Dc1 Cc6 8.c3 Ae7 9.Cbd2 0–0 10.h3 Ad7 11.0–0 Tac8 12.Db1 Ca5 13.Ce5 Ab5 14.Te1 Axd3 15.Cxd3 Cc4 16.Cxc4 dxc4 17.Ce5 Tfe8 18.Ag5 Cd5 19.Axe7 Txe7 20.Dc1 h6 21.Dd2 Dc7 22.g3 b5 23.a4 Db7 24.axb5 Dxb5 25.Ta2 Tb7 26.Tea1 Tcc7 27.Dc2 Db3 28.Dc1 Db5 29.Cf3 Dd7 30.Ta4 Dc8 31.Cd2 Cb6 32.Ta5 Db8 33.Ce4 Cd5 34.T1a2 Tb5 35.T5a4 Cb6 36.Ta6 Cc8 37.Cc5 e5 38.T6a4 Te7 39.Txc4 exd4 40.Ca6 Db7 41.cxd4 Cd6 42.Tc5 Tb3 43.Te5 Txe5 44.dxe5 Cf5 45.Cc5 Cxg3 46.Cxb7 ½–½

Garibaldi, Oscar – Marini, Luis [A05]
Campeonato Argentino / Torneo Mayor (4), 1946

1.Cf3 Cf6 2.b3 g6 3.Ab2 Ag7 4.g3 d5 5.Ag2 c5 6.0–0 0–0 7.d3 Cc6 8.Cbd2 Dc7 9.e4 e5 10.Te1 dxe4 11.Cxe4 Cxe4 12.dxe4 Ag4 13.c3 Tad8 14.De2 h6 15.h3 Ae6 16.Dc2 Td7 17.Tad1 Tfd8 18.Ac1 Td6 19.Ae3 b6 20.Rh2 Dd7 21.Txd6 Dxd6 22.Af1 Dc7 23.Td1 Rh7 24.Txd8 Dxd8 25.Dd2 ½–½

Iliesco, Juan Traian – Martín, Pedro [A14]
Campeonato Argentino / Torneo Mayor (4), 1946

1.Cf3 d5 2.g3 Cf6 3.Ag2 e6 4.0–0 Ae7 5.b3 0–0 6.Ab2 b6 7.c4 Ab7 8.Ce5 Cbd7 9.d4 Tc8 10.Cc3 c6 11.Cd3 Dc7 12.Tc1 Db8 13.e4 dxe4 14.Cxe4 c5 15.De2 Cxe4 16.Axe4 cxd4 17.Axd4 Af6 18.Axf6 Cxf6 19.Af3 Tfd8 20.Tcd1 Da8 21.Ce5 Axf3 22.Dxf3 Dxf3 23.Cxf3 Rf8 24.Tfe1 Cg8 25.Cd4 Ce7 26.f4 a6 27.Rf2 Td6 28.Cf3 Tcd8 29.Txd6 Txd6 30.Tc1 Cc6 31.c5 bxc5 32.Txc5 Re7 33.Tc4 f6 34.Re3 Rd7 35.Cd4 Ce7 36.Re4 Tb6 37.Tc5 Rd6 38.Tc4 Rd7 39.b4 Cc8 40.Rd3 Cd6 41.Tc2 ½–½

Montiel, Osvaldo – Maderna, Carlos Hugo [A10]
Campeonato Argentino / Torneo Mayor (4), 1946

1.c4 f5 2.Cf3 Cf6 3.g3 e6 4.Ag2 c5 5.0–0 Cc6 6.d4 cxd4 7.Cxd4 Ac5 8.Cb3 Ae7 9.Cc3 0–0 10.e4 fxe4 11.Cxe4 d6 12.Ae3 Ce5 13.Tc1 Cf7 14.Cc3 Dc7 15.Cb5 Db8 16.De2 Ad7 17.Cc3 Ac6 18.Ah3 e5 19.Tfd1 De8 20.Ae6 Rh8 21.Cd5 Ad8 22.Ah3 Ce4 23.Ag2 Ceg5 24.Cd2 Dd7 25.h4 Ce6 26.Ce4 b6 27.Cb4 Ab7 28.Dg4 Dc8 29.De2 Db8 30.Cd5 Ac6 31.Cec3 Db7 32.Dg4 Dd7 33.b4 Cd4 34.Dxd7 Axd7 35.Axd4 exd4 36.Txd4 Tc8 37.Ce4 Te8 38.Ce3 Ae7 39.Tcd1 Ae6 40.f4 g6 41.Cg5 Cxg5 42.hxg5 Af8 43.Rf2 Ag7 44.Txd6 Af8 45.Txe6 Txe6 46.Ah3 Txe3 47.Axc8 Te8 48.Ab7 Axb4 49.Rf3 Rg7 50.g4 Te7 51.Ad5 Te1 52.Txe1 Axe1 53.Ab7 a5 54.a4 Ad2 55.Ac8 Ac1 56.Re4 Ad2 57.Ae6 Ac1 58.Ad5 Ad2 ½–½

Piazzini, Luis Rubén – Rebizzo, Cayetano [A54]
Campeonato Argentino / Torneo Mayor (4), 1946

1.d4 Cf6 2.Cf3 d6 3.c4 Cbd7 4.Cc3 e5 5.g3 c6 6.Ag2 Ae7 7.0–0 0–0 8.b3 Te8 9.Ab2 e4 10.Ce1 d5 11.Cc2 Cb6 12.c5 Cbd7 13.b4 Cf8 14.a4 Ae6 15.b5 a5 16.b6 Dd7 17.Ac1 Ah3 18.f3 Axg2 19.Rxg2 De6 20.Ae3 h6 21.Cb1 Rh7 22.Cd2 g5 23.Cb3 Cg6 24.De1 Tg8 25.Cxa5 Cf4+ 26.Rh1 Dh3 27.Tg1 Cxe2 28.Dxe2 Txa5 29.Ad2 Taa8 30.a5 Df5 31.Ce3 Dxf3+ 32.Dg2 Tgf8 33.Tgf1 Dxg2+ 34.Rxg2 Cd7 35.g4 Rg6 36.Ta2 h5 37.Cf5 Af6 38.h3 Th8 39.Ae3 hxg4 40.hxg4 Ta6 41.Th1 Txh1 42.Rxh1 Ta8 43.Cd6 Cxc5 44.dxc5 d4 45.Ag1 e3 46.Cxb7 Ae5 47.Rg2 Th8 48.Te2 Af4 49.Cd6 Th4 50.Rf3 d3 51.Txe3 d2 52.Td3 Th3+ 53.Re2 Txd3 54.Rd1 Ta3 55.Ad4 Th3 0–1

Pilnik, Herman – Pazos Gramajo, Horacio [C18]
Campeonato Argentino / Torneo Mayor (4), 1946 *[Juan S. Morgado]*

1.e4 e6 2.d4 d5 3.Cc3 Ab4 4.e5 c5 5.a3 Axc3+ 6.bxc3 Ce7 7.Dg4 cxd4 8.cxd4 Dc7 9.Ad2... [9. Rd1 h5 10.Dxg7 Tg8 11.Dh7 Dc3 12.Tb1 Dxd4+ 13.Ad3 Dxe5 14.Ab2 Dc7 15.Cf3 Cbc6 16.Dxh5 Ad7=] **9...Dxc2 10.Ce2 Cbc6** [a) 10...Dg6 11.Df4... *(11.Dh3 Cbc6 12.Dc3 f6=)* 11...Cbc6∓, Zimmermann – Ananiev, Oberhof 1998; b) 10...0–0 11.Tc1 Db2=] **11.Dxg7 Tg8 12.Dh6 Ad7** [12...Cxd4 13.Cxd4 Db2 14.Tc1 Dxd4 15.De3 Dxe3+ 16.Axe3 Ad7∓] **13.Tc1 Dg6** [13...Da4 14.Dxh7 Cxd4=] **14. Dxg6...** [14.Df4±] **14...hxg6 15.g4± Tc8 16.h4 Th8 17.Th3 Rf8? **[17...b5 18.Ag5→] **18.Ag5± Cg8 19.Thc3 Rg7 20.f3 Te8?** [20...f6 21.exf6+ Cxf6 22.Rf2±] **21.Tb1+– Ac8 22.Rf2 f6 23.exf6+ Cxf6 24.Cf4 Thf8 25.Ab5 Ch7 26.Axc6 bxc6 27.Cd3 Cxg5 28.hxg5 Aa6 29.Ce5 Ab5 30.a4 Axa4 31.Tb7+ Rg8 32.Ta3 Ab5 33.Taxa7 1–0**

5 ronda, 29 de noviembre

Rossetto logró la quinta victoria consecutiva, esta vez contra el veterano Falcón, quien sufre así su primer contraste. Maderna y Corte jugaron una partida con *relentisseur*, y ambos se hallaron en el límite de tiempo faltando más de 20 jugadas. En posición pareja, de torre y peones, con un alfil, declararon tablas. Igual resultado tuvo Martínez con Piazzini; éste sacrificó dos piezas por un ataque terminado en jaque perpetuo. Pero la partida que mayor interés despertó fue la de Rebizzo – Julio Bolbochán, que ha quedado suspendida en condiciones netamente favorables para Rebizzo. Éste estuvo algo inferior en el planteo, pero aprovechó bien algunas imprecisiones de su adversario, para quedar con un peón de ventaja y mejor posición. En cierto momento, obsesionado con llegar a una simplificación, no advirtió que podía ganar la dama por una torre, pero ello, no obstante, el resultado debe ser el mismo.[449]

Rossetto, 4 en 4. *La Nación*, 30 de noviembre de 1946

Bahamonde, Antonio – Iliesco, Juan Traian [E16]
Campeonato Argentino / Torneo Mayor (5), 1946

1.d4 Cf6 2.Cf3 b6 3.g3 Ab7 4.c4 e6 5.Ag2 Ab4+ 6.Ad2 De7 7.Cc3 0–0 8.Dc2 d5 9.cxd5 exd5 10.0–0 Cbd7 11.Tfe1 Axc3 12.Dxc3 c6 13.h3 Ce4 14.Dc2 Tfe8 15.Tad1 f6 16.Ch4 g6 17.Ac1 Cf8 18.Td3 Ce6 19.Axe4 dxe4 20.Tdd1 Cc7 21.Dd2 Cd5 22.Dh6 Dg7 23.Dxg7+ Rxg7 24.Cg2 Rf7 25.a3 Tad8 26.Ce3 Cc7 27.b4 Ac8 28.Rh2 Ab7 29.Ab2 Ce6 30.Cg4 Td5 31.Ce3 Td7 32.d5 cxd5 33.Cc2 Aa6 34.Cd4 Cc7 35.e3 Ac4

36.Tc1 Tc8 37.Ted1 Ce8 38.Tc3 Cd6 39.Tdc1 Ta8 40.T3c2 a5 41.Ac3 Ad3 42.Ta2 Tc7 43.Taa1 Tac8 44.Ad2 Cc4 45.Cb5 Td7 46.bxa5 bxa5 47.Cd4 a4 48.Ab4 Tb7 49.g4 Th8 50.Tg1 Tc8 51.Tac1 Tb6 52.Rg3 Tcb8 53.Tge1 Txb4 54.axb4 Txb4 55.h4 a3 56.Ce2 Tb2 57.Cc3 Re6 58.Ta1 Re5 59.Ted1 f5 60.gxf5 gxf5 61.Cb1 Axb1 62.Tdxb1 Cd2 63.Th1 a2 64.Rg2 Cb3 65.Tad1 Cd2 66.Ta1 h5 67.Rg3 f4+ 68.exf4+ Rf5 69.Rg2 d4 70.Rg3 d3 71.Thd1 Cb3 72.f3 Cxa1 73.fxe4+ Re6 74.f5+ Re5 0–1

Lipiniks, Leonardo – Bolbochán, Jacobo [E37]
Campeonato Argentino / Torneo Mayor (5), 1946

1.d4 Cf6 2.c4 e6 3.Cc3 Ab4 4.Dc2 d5 5.a3 Axc3+ 6.Dxc3 Ce4 7.Dc2 c5 8.cxd5 Cc6 9.dxc5 exd5 10.Cf3 Da5+ 11.Ad2 Dxc5 12.Dxc5 Cxc5 13.Td1 Ae6 14.Ac3 0–0 15.Ad4 Cb3 16.e3 Af5 17.Ad3 Ccxd4 18.Cxd4 Cxd4 19.exd4 Axd3 20.Txd3 Tac8 21.Rd2 Tc4 22.Te1 Tfc8 23.Te5 Td8 24.Te1 Tdc8 25.Te5 Td8 ½–½

---

[449] *La Nación*, 1º de diciembre de 1946.

Maderna, Carlos Hugo – Corte, César Juan [E37]
Campeonato Argentino / Torneo Mayor (5), 1946

1.d4 Cf6 2.c4 e6 3.Cc3 Ab4 4.Dc2 Cc6 5.Cf3 d5 6.a3 Axc3+ 7.Dxc3 Ce4 8.Dc2 e5 9.dxe5 Af5 10.Db3 Ca5 11.Da4+ c6 12.Cd4 Ag6 13.cxd5 Dxd5 14.Db4 0–0–0 15.e3 Cc5 16.Ad2 Ccb3 17.Td1 c5 18.Dc3 Rb8 19.Cxb3 Cxb3 20.Dc4 Cxd2 21.Dxd5 Txd5 22.Txd2 Txe5 23.Ac4 Rc7 24.Re2 Td8 25.Txd8 Rxd8 ½–½

Marini, Luis – Montiel, Osvaldo [C17]
Campeonato Argentino / Torneo Mayor (5), 1946

1.e4 e6 2.d4 d5 3.Cc3 Ab4 4.e5 c5 5.Ad2 Ce7 6.Cb5 Axd2+ 7.Dxd2 0–0 8.c3 Cbc6 9.f4 cxd4 10.cxd4 Ad7 11.Cf3 a6 12.Cd6 Db6 13.Ad3 g6 14.Ab1 Cc8 15.Cxc8 Taxc8 16.0–0 Db4 17.Td1 Tc7 18.a3 Dxd2 19.Txd2 Ca5 20.Aa2 Tfc8 21.Ce1 Tc1 22.Td1 Txd1 23.Txd1 Aa4 24.Tb1 Ab3 25.Axb3 Cxb3 26.Td1 Tc1 27.Txc1 Cxc1 28.Rf2 Rf8 29.g4 Re7 30.Re3 Rd7 ½–½

Martín, Pedro – Pilnik, Herman [E19]
Campeonato Argentino / Torneo Mayor (5), 1946

1.d4 Cf6 2.Cf3 e6 3.c4 b6 4.g3 Ab7 5.Ag2 Ae7 6.Cc3 Ce4 7.Dc2 Cxc3 8.Dxc3 0–0 9.0–0 Ae4 10.Ce1 Axg2 11.Cxg2 c6 12.b3 d5 13.Ab2 Cd7 14.cxd5 cxd5 15.Tac1 Af6 16.Dd2 Ag5 17.e3 Ae7 18.Tc2 Cf6 19.Tfc1 Ad6 20.f3 Dd7 21.Ce1 Tac8 22.Dd3 Db7 23.Txc8 Txc8 24.Txc8+ Dxc8 25.Dc2 Da6 26.a4 h6 27.Rf2 Db7 28.Cd3 Cd7 29.Rg2 Cb8 30.Rf2 Cc6 31.Ac1 b5 32.axb5 Dxb5 33.Ad2 Da6 34.Ae1 Ce7 35.Ad2 Da1 36.Dc1 Da6 37.Dc2 f6 38.Ae1 h5 39.Ad2 h4 40.Ae1 hxg3+ 41.hxg3 e5 42.dxe5 fxe5 43.Rg2 ½–½

Martínez, José E. – Piazzini, Luis Rubén [D05]
Campeonato Argentino / Torneo Mayor (5), 1946

1.d4 d5 2.Cf3 Cf6 3.Cbd2 e6 4.e3 c5 5.c3 Cc6 6.Ad3 Ad6 7.0–0 Dc7 8.De2 0–0 9.dxc5 Axc5 10.e4 Cg4 11.h3 Cge5 12.Cxe5 Cxe5 13.Ab1 Ad7 14.Cb3 Ab5 15.Dxb5 Cf3+ 16.gxf3 Dg3+ 17.Rh1 Dxh3+ 18.Rg1 Dg3+ 19.Rh1 Dxf3+ 20.Rg1 Dg3+ 21.Rh1 Dh3+ 22.Rg1 Dg3+ 23.Rh1 Df3+ 24.Rg1 ½–½

Piro, Antonio – Beretta, Héctor [A16]
Campeonato Argentino / Torneo Mayor (5), 1946

1.c4 Cf6 2.Cc3 d5 3.cxd5 Cxd5 4.g3 g6 5.Ag2 Cb6 6.b3 Ag7 7.Ab2 0–0 8.Cf3 Cc6 9.0–0 h6 10.d3 f5 11.Dd2 e5 12.Tfd1 a6 13.Tac1 Cd4 14.e3 Cxf3+ 15.Axf3 c6 16.Ag2 f4 17.De2 fxg3 18.hxg3 Ae6 19.Ce4 Cd7 20.Aa3 Da5 21.Axf8 Txf8 22.Dd2 Da3 23.Tc2 De7 24.Da5 Ag4 25.Tdc1 De6 26.Db4 Df5 27.Dxb7 Dh5 28.Dxc6 Cf6 29.Cxf6+ Txf6 30.Db7 1–0

Rebizzo, Cayetano – Bolbochán, Julio [A45]
Campeonato Argentino / Torneo Mayor (5), 1946 *[Juan S. Morgado]*

1.d4 Cf6 2.Cd2 d5 3.e3 g6 4.Ad3 c5 5.c3 Dc7 6.De2 Ag7 7.Cgf3 Cc6 [7...Cbd7 8.0–0 0–0 9.b3 e5 10.Cxe5 Cxe5 11.dxe5 Dxe5 12.Ab2 Te8=, Michna – M. Kopylov, Bargteheide 2011] **8.dxc5 0–0 9.e4 Ch5 10.Cb3 dxe4 11.Axe4 a5 12.a4 e5 13.Ae3 Ae6 14.Cbd2 Tae8** [14...h6 15.Cc4⩱] **15.Cg5 Cf4** [15...Ad7 16.Cxh7 Cf4 17.Axf4 exf4 18.Cxf8 Rxf8 19.0–0 f5 20.Df3 fxe4 21.Cxe4⩱] **16.Axf4 exf4 17.Cxe6 Txe6 18.0–0–0 De7 19.Dc4 Ce5 20.Db5 Cg4**

21.Ad5 Te5? [21...Cxf2 22.Axe6 Cxh1 23.Axf7+ Txf7 24.Txh1 Dg5 25.De2 Dxc5⩲⩱] **22.Cf3± Te2??** [22...Cxf2 23.Cxe5 Axe5 24.The1 Cxd1 25.Txd1 Tc8 26.Dxa5 Txc5 27.Da8+ Rg7 28.Dxb7±] **23.The1+– Txe1 24.Txe1 Dc7 25.Db6 Dd7 26.Dxb7 Dxa4? 27.Dc6??...** [27.Ab3+–] **27...Dxc6 28.Axc6 Cxf2 29.Rc2 Tc8 30.Te8+ Txe8 31.Axe8 Rf8 32.Ac6± Cg4 33.b4 axb4 34.cxb4 Re7 35.Rb3 Rd8 36.b5 Ce3 37.Rb4 Af8** [37...Cxg2 38.b6 Ce3 39.Cg5 Cc2+ 40.Rc4 Cd4 41.Ab7+–] **38.b6 Cc2+ 39.Rc4 Ca3+ 40.Rd5 Cc2 41.Ab5 Cb4+ 42.Rc4 Cc2 43.Aa4 Ce3+ 44.Rb5 Cf5 45.Ac2 Ce3 46.Ae4 f5 47.Ab7 Cc2 48.Cg5 f3 49.gxf3 Ca3+ 50.Rc6 Re7 51.Aa6 Ag7 52.f4 1–0**

Rossetto, Héctor Decio – Falcón, Enrique [C77]
Campeonato Argentino / Torneo Mayor (5), 1946

1.e4 e5 2.Cf3 Cc6 3.Ab5 a6 4.Aa4 Cf6 5.De2 b5 6.Ab3 Ac5 7.c3 d6 8.0–0 Ag4 9.h3 Ah5 10.d3 h6 11.Cbd2 g5 12.Ad5 Dd7 13.a4 Tb8 14.axb5 axb5 15.Cb3 Ce7 16.Cxc5 dxc5 17.Te1 Cg6 18.Ta6 Axf3 19.Dxf3 Cxd5 20.exd5 0–0 21.Dh5 Rg7 22.h4 f6 23.hxg5 hxg5 24.Axg5 Cf4 25.Dh6+ Rg8 26.Axf6 Dg4 27.Dh8+ Rf7 28.Dh7+ 1–0

Sanguinetti, Renato – Garibaldi, Oscar [E32]
Campeonato Argentino / Torneo Mayor (5), 1946

1.d4 Cf6 2.c4 e6 3.Cc3 Ab4 4.Dc2 d6 5.Cf3 0–0 6.Ad2 c5 7.dxc5 dxc5 8.e3 Ad7 9.a3 Aa5 10.Ce5 Ac6 11.Cxc6 Cxc6 12.0–0–0 De7 13.Ae2 Tfd8 14.g4 a6 15.f4 Cd7 16.g5 f5 17.gxf6 gxf6 18.Ce4 Ac7 19.Ac3 e5 20.Ag4 Cf8 21.Af5 Txd1+ 22.Dxd1 Td8 23.Tg1+ Rh8 24.Dg4 Df7 25.Cxf6 Ce7 26.fxe5 h5 27.Cxh5 Td4 28.e6 1–0

6ª ronda, 30 de noviembre

▌Después de jugadas seis ruedas, el ex poseedor del título Héctor Rossetto ocupa el primer puesto, con apreciable ventaja sobre los demás competidores, y a pesar de que luego de haber ganado las cinco primeras partidas, cayó vencido en ésta por Iliesco. El actual campeón, Pilnik, hizo tablas con Bahamonde, Beretta derrotó a Lipiniks, Montiel empató con Sanguinetti y Jacobo Bolbochán le ganó a Rebizzo.[450]

Beretta, Héctor – Lipiniks, Leonardo [D90]
Campeonato Argentino / Torneo Mayor (6), 1946

1.d4 Cf6 2.Cf3 g6 3.c4 Ag7 4.Cc3 d5 5.Da4+ c6 6.cxd5 Cxd5 7.e4 Cxc3 8.bxc3 0–0 9.Af4 Cd7 10.Td1 c5 11.Ae2 cxd4 12.cxd4 Cb6 13.Da5 Ag4 14.0–0 De8 15.Ab5 Dc8 16.Tc1 De6 17.Ce5 a6 18.Ac6 Axe5 19.Axe5 Cc4 20.Txc4 Dxc4 21.Ad5 Db5 22.Dd2 e6 23.Af6 1–0

Bolbochán, Jacobo – Rebizzo, Cayetano [C84]
Campeonato Argentino / Torneo Mayor (6), 1946

1.e4 e5 2.Cf3 Cc6 3.Ab5 a6 4.Aa4 Cf6 5.0–0 Ae7 6.Cc3 b5 7.Ab3 d6 8.Cd5 0–0 9.Cxe7+ Dxe7 10.c3 Ca5 11.Ac2 Ag4 12.h3 Ah5 13.d3 Cd7 14.b4 Cb7 15.Ab3 Rh8 16.g4 Ag6 17.Ad5 Tab8 18.Ae3 Cd8 19.Dd2 c6 20.Ab3 Ce6 21.a4 Ta8 22.Rg2 Cc7 23.Rg3 d5 24.Ch4 d4 25.cxd4 exd4 26.Af4 Ce6 27.Axe6 fxe6 28.Rg2 Af7 29.Ag3 e5 30.Cf5 De6 31.f4 g6 32.fxe5 gxf5 33.gxf5 De7 34.e6 Axe6 35.fxe6 Dxe6 36.Db2 Tg8 37.Dxd4+ Tg7 38.Rh2 h6 39.axb5 cxb5 40.Dd5 Dxd5 41.exd5 1–0

Bolbochán, Julio – Martínez, José E. [C10]
Campeonato Argentino / Torneo Mayor (6), 1946 *[Juan S. Morgado]*

1.e4 e6 2.d4 d5 3.Cc3 dxe4 4.Cxe4 Cd7 5.Cf3 Cgf6 6.Cxf6+ Cxf6 7.Ag5 b6 8.Ab5+ Ad7 9.Ad3 Ac6 10.De2 Ae7 11.0–0 Axf3 12.Dxf3 Dd5 13.Ab5+ Rf8 14.Ac6 Dxf3 15.Axf3 Td8 16.Tfd1 Cd5 17.Ad2 Af6 18.Ae1 g6 19.a4 a5 20.c3 Rg7 21.g3 The8 22.Ae2 h5 23.h4 Ce7 24.Ad2 e5 25.dxe5 Axe5 26.Ab5 Tf8 27.Rg2 Cf5 28.Rf3 Cd6 29.Af1 Tfe8 30.Ae3 Cb7 31.Ab5 Tf8 32.Ag5 f6 33.Ae3 Txd1 34.Txd1 Td8? [34...Cd6 35.Ac6⩲] **35.Txd8 Cxd8 36.Re4± Rf7 37.Rd5 Re7 38.Ad3 Rf7 39.Rc4 f5 40.Rd5 Af6 41.Ab5 Ce6?** [41...Re7 42.Ad2 Ce6 43.b4±] **42.Ae8+ Rxe8 43.Rxe6+– Ae7 44.c4 1–0**

Corte, César Juan – Marini, Luis [C18]
Campeonato Argentino / Torneo Mayor (6), 1946

1.e4 e6 2.d4 d5 3.Cc3 Ab4 4.e5 c5 5.a3 Axc3+ 6.bxc3 Da5 7.Ad2 Da4 8.Ad3 Cc6 9.Cf3 b6 10.0–0 Aa6 11.dxc5 bxc5 12.Ae3 Axd3 13.Dxd3 Da5 14.c4 d4 15.Af4 Cge7 16.Cg5 Cg6 17.Ag3 Cce7 18.Tab1 0–0 19.Tb5 Da4 20.Ce4 Da6 21.Cxc5 Dc6 22.Ce4 Cf5 23.Tfb1 h5 24.Df3 Tfc8 25.Cd6 Dxf3 26.gxf3 Tc7 27.h3 Cfh4 28.f4 Cf3+ 29.Rg2 Cd2 30.Tb8+ Txb8 31.Txb8+ Rh7 32.Tb4 h4 33.Ah2 Ce7 34.f3 Cg6 35.Rf2 a5 36.Ta4 Tc5 37.Re2 Cb1 38.Ce4 Cc3+ 39.Cxc3 dxc3 40.Rd3 Ce7 41.Ag1 Tc7 42.c5 Cc6 43.Af2 Tb7 44.Axh4 Tb1 45.Rxc3 Rg6 46.Te4 Rf5 47.Ae1 Ce7 48.Rc4 Cc6 49.h4 g6 50.Rd3 Tb5 51.Tc4 Tb1 52.Re2 Tb5 53.Af2 Tb1 54.Ae3 Tb5 55.Tc3 Tb2 56.Rd2 Tb8 57.Td3 Tc8 58.Td7 f6 59.Tf7 Cxe5 60.fxe5 Rxe5 61.Rd3 Td8+ 62.Rc4 1–0

---

[450] *La Prensa*, 3 de diciembre de 1946.

Falcón, Enrique – Maderna, Carlos Hugo [D04]
Campeonato Argentino / Torneo Mayor (6), 1946

1.d4 Cf6 2.Cf3 d5 3.e3 Cbd7 4.Ad3 c5 5.c3 Dc7 6.Cbd2 e5 7.dxe5 Cxe5 8.Cxe5 Dxe5 9.Cf3 Dc7 10.b3 Ad6 11.Ab2 0–0 12.c4 dxc4 13.bxc4 Ag4 14.Axf6 gxf6 15.Dc2 Tad8 16.Axh7+ Rg7 17.Ae4 b5 18.h3 Ae6 19.Ad5 Ae5 20.Td1 bxc4 21.Axe6 Txd1+ 22.Rxd1 Dd6+ 23.Re2 Tb8 24.Cxe5 Dxe5 25.Dxc4 Tb2+ 26.Rf3 fxe6 27.Td1 Dh5+ 28.Dg4+ Dxg4+ 29.hxg4 Txa2 30.Td7+ Rg6 31.Tc7 Tc2 32.Txa7 c4 33.Tc7 c3 34.Rg3 Tc1 35.f4 c2 36.e4 Te1 37.Txc2 Te3+ 38.Rf2 Txe4 39.Rf3 Ta4 40.Tc6 Ta3+ 41.Rf2 Ta2+ 42.Rg3 Ta3+ 43.Rh4 Ta4 44.g3 Ta7 45.Rh3 Rf7 46.Tc5 Ta6 47.Rh4 Rg6 48.f5+ Rh6 49.Rh3 exf5 50.Txf5 Rg6 ½–½

Garibaldi, Oscar – Piro, Antonio [A47]
Campeonato Argentino / Torneo Mayor (6), 1946

1.Cf3 Cf6 2.d4 c5 3.e3 b6 4.Ad3 Ab7 5.Cbd2 g6 6.c3 Ag7 7.0–0 0–0 8.e4 d6 9.De2 Ch5 10.Cb3 a5 11.a4 e5 12.dxe5 dxe5 13.Ab5 Dc7 14.g3 Cc6 15.Cbd2 Cf6 16.Ch4 Tae8 17.f3 Te7 18.Cb1 Td8 19.Ca3 Ce8 20.Ac4 Rh8 21.Cb5 Dd7 22.Ae3 Dh3 23.Tad1 Ted7 24.Cg2 h5 25.Ad5 Cf6 26.Ag5 Te8 27.Ac4 Ted8 28.Ce3 Cb8 29.Cc7 Txd1 30.Txd1 Td7 31.Ccd5 Ch7 32.Cxb6 Cxg5 33.Cxd7 Cxd7 34.Df2 Cf6 35.Af1 De6 36.Dg2 Db3 37.Ab5 Rh7 38.h4 Ce6 39.Td6 Ah6 40.De2 Axe3+ 41.Dxe3 Dxb2 42.Txe6 Db1+ 43.Af1 fxe6 44.Dxc5 Rg8 45.De7 Db6+ 46.Rg2 Cxe4 47.De8+ Rg7 48.De7+ ½–½

Iliesco, Juan Traian – Rossetto, Héctor Decio [A13]
Campeonato Argentino / Torneo Mayor (6), 1946 *[Juan S. Morgado]*

1.Cf3 Cf6 2.c4 e6 3.g3 b6 4.Ag2 Ab7 5.0–0 Ae7 6.Cc3 0–0 7.Dc2 c5 8.d4 cxd4 9.Cxd4 Axg2 10.Rxg2 Dc8 11.b3 Cc6 12.Td1 d5 13.cxd5 Cxd4 14.Txd4 Cxd5 15.Tc4 Db7 16.Cxd5 Dxd5+ 17.e4 Dh5 18.Ae3 Tfd8 19.Tc1 h6 20.Tc7 Aa3 21.Tb1 Ad6 22.Tc6 Ab4 23.Tc4 Ae7 24.b4 Ag5 25.Te1 Axe3 26.Txe3 Dd1 27.Dxd1 Txd1 28.Tc7 Td4 29.a3 a5 [29...a6 30.h4 g5 31.Rh3 a5 32.hxg5 axb4 33.axb4 hxg5 34.Rg4 Txb4 35.Rxg5 Rg7=] **30.b5 Tad8 31.Tb7 Td3 32.Rf3≜...**

32...Txe3+?? [32...a4 33.Txb6 Tb3 34.Ta6 Txb5 35.Txa4 Tb2 36.Rg2=] **33.Rxe3 Td6 34.e5 Td1 35.Txb6 Ta1 36.Td6 a4 37.b6 Txa3+ 38.Td3 1–0**

Montiel, Osvaldo – Sanguinetti, Renato [A16]
Campeonato Argentino / Torneo Mayor (6), 1946

1.c4 Cf6 2.Cc3 c6 3.e4 d5 4.cxd5 cxd5 5.e5 d4 6.exf6 dxc3 7.bxc3 gxf6 8.d4 Dc7 9.Ab5+ Ad7 10.Axd7+ Cxd7 11.Df3 Tc8 12.Ce2 Cb6 13.0–0 Dc6 14.Dg3 e6 15.Te1 Ad6 16.Af4 Axf4 17.Cxf4 Cd5 18.Dg7 Tf8 19.Cxd5 Dxd5 20.Dxf6 Txc3 21.Tac1 Tg8 22.g3 Txc1 23.Txc1 Dg5 24.Tc8+ Rd7 25.Td8+ Rc6 26.Dxg5 Txg5 27.Tf8 Tf5 28.f4 b5 29.Rf2 b4 30.Re3 h5 31.h3 Rd7 32.Tb8 Ta5 33.Txb4 Ta3+ 34.Tb3 Txa2 35.g4 hxg4 36.hxg4 a5 37.Tb7+ Re8 38.Re4 Te2+ 39.Rf3 Te1 40.Ta7 Ta1 41.f5 ½–½

Pazos Gramajo, Horacio – Martín, Pedro [C18]
Campeonato Argentino / Torneo Mayor (6), 1946

1.e4 e6 2.d4 d5 3.Cc3 Ab4 4.e5 c5 5.a3 Axc3+ 6.bxc3 Ce7 7.Dg4 cxd4 8.Dxg7 Tg8 9.Dxh7 Dc7 10.Ce2 dxc3 11.f4 b6 12.Dd3 Aa6 13.Dxc3 Dxc3+ 14.Cxc3 Axf1 15.Rxf1 Cf5 16.a4 a6 17.Ce2 Cd7 18.Tb1 Tc8 19.c3 a5 20.h3 Cg3+ 21.Cxg3 Txg3 22.Ad2 Tc4 23.Rf2 Tg8 24.g4 Txa4 25.Ae3 Tc4 26.Ad4 Rf8 27.Rf3 Rg7 28.f5 Tb8 29.Tb5 Cc5 30.Thb1 Ca4 31.T1b3 Tbc8 32.Axb6 Txc3+ 33.Txc3 Txc3+ 34.Rg2 Cxb6 35.Txb6 Te3 36.fxe6 Txe5 37.exf7 a4 38.Ta6 Rxf7 39.Txa4 Rg6 40.Rf3 Te8 41.Td4 Td8 42.h4 Rf6 43.Rf4 Rg6 44.Re5 Th8 45.g5 Te8+ 46.Rxd5 Rh5 47.Rc6 Te1 48.Rd5 Te8 49.Te4 Td8+ 50.Rc5 Td1 51.Td4 Te1 52.Rd6 Te8 53.Rd7 Te1 54.Tf4 Td1+ 55.Re8 Te1+ 56.Rf8 Ta1 57.Rg7 Ta7+ 58.Rf8 Ta8+ 59.Rg7 Ta5 60.Tf6 Rxh4 61.g6 Rg5 62.Tb6 Ta7+ 63.Rh8 Ta8+ 64.Rh7 Ta7+ 65.g7 Tc7 66.Rh8 ½–½

Pilnik, Herman – Bahamonde, Antonio [B70]
Campeonato Argentino / Torneo Mayor (6), 1946

1.e4 c5 2.Cf3 d6 3.d4 Cf6 4.Cc3 cxd4 5.Cxd4 g6 6.Ag5 Ag7 7.Ae2 Cc6 8.Dd2 0–0 9.Cb3 a5 10.a4 Ae6 11.0–0 Cb4 12.Cd4 Ad7 13.Ah6 Te8 14.Axg7 Rxg7 15.Tad1 Ac6 16.e5 Cg8 17.Df4 d5 18.Ccb5 Tf8 19.c3 Ca6 20.c4 e6 21.Cd6 De7 22.cxd5 Axd5 23.Axa6 Txa6 24.Dg3 Rh8 25.Tc1 f6 26.f4 fxe5 27.fxe5 Taa8 28.h4 Ch6 29.Tf4 Txf4 30.Dxf4 Cf5 31.C4xf5 gxf5 32.Tc3 Tg8 33.Tg3 Tg7 34.Tg5 Txg5 35.hxg5 Dc7 36.g6 Dg7 37.Cf7+ Rg8 38.Ch6+ Rh8 39.Cf7+ Rg8 40.Ch6+ Rh8 ½–½

7ª ronda, 3 de diciembre

■ La rueda reunió a una crecida cantidad de público en la Sociedad Hebraica Argentina, donde se desarrolla el certamen. Sin duda influyó en esa atracción el cotejo entre el campeón actual Herman Pilnik y el precedente Héctor Rossetto, aunque fue suspendida al terminar la sesión. Rossetto tiene un peón de ventaja, pero compensado por uno libre de Pilnik. La rueda complementaria dirá si pueden superarse las tablas. También fue seguido con interés el encuentro de Piazzini, excampeón nacional, y Julio Bolbochán, cuya actuación se espera será sobresaliente. La definición por empate fue consecuencia de un juego correcto y equilibrado. Esta partida y las de Lipiniks con Garibaldi y Maderna con Iliesco, fueron las únicas que se terminaron, ganando Garibaldi –después de hallarse en algunas dificultades, y con calidad menos– y Maderna, como consecuencia de una mejor posición de planteo, que derivó en un ataque directo.

Rossetto – Pilnik fue Peón Dama, Defensa Eslava, luego Gambito Aceptado. Pilnik entregó dos peones por la iniciativa en el sector de la dama, recuperando luego uno. Ha quedado con cuatro contra cinco en un final de torre y alfiles de diagonal diferente, pero libre y peligroso su PTD. Da la impresión de que se resolverá en tablas. Además, Pilnik y Martín igualaron, en la partida pendiente de la 5ª rueda.[451]

▪ Jacobo Bolbochán le ganó a Martínez, Pilnik a Rossetto, Maderna a Iliesco, Piazzini hizo tablas con Julio Bolbochán, y el mismo resultado tuvo la partida de Marini – Falcón.[452]

▪ La sesión complementaria determinó un empate de tres competidores en el primer puesto. Rossetto sufrió su segunda derrota, esta vez ante Pilnik, mientras que Julio Bolbochán perdió con Rebizzo, pero se impuso a Martínez, y su hermano Jacobo, después de empatar con Piro, se adjudicó frente a Martínez su final de dos torres con tres peones, contra dama y dos. Los tres tienen, así, 5/7, pudiendo ser alcanzados por Pilnik y Rebizzo, que tienen 4/6, e Iliesco, 3/5. Maderna sigue invicto, con 4½/7.[453]

▪ Con la prosecución de las partidas de las ruedas 5ª, 6ª y 7ª continuó anoche disputándose el torneo, en el que se ha entablado una lucida lucha por los puestos de honor. Los resultados generales completados (Sic) fueron los siguientes: Jacobo Bolbochán empató con Piro; Martín hizo tablas con Pilnik, y Rebizzo le ganó a Julio Bolbochán. Por la 6ª rueda Garibaldi empató con Piro, Corte derrotó a Marini, y Falcón hizo tablas con Maderna. Por la 7ª, Jacobo Bolbochán 1:0 Martínez y Pilnik 1:0 Rossetto, Maderna a Iliesco. Igualaron Piazzini – Julio Bolbochán y Marini – Falcón. Encabezan las posiciones los hermanos Bolbochán y Rossetto con 5/7; sigue Maderna 4½; Pilnik 4; Rebizzo y Sanguinetti 3½.[454]

Bahamonde, Antonio – Pazos Gramajo, Horacio [A91]
Campeonato Argentino / Torneo Mayor (7), 1946

1.d4 e6 2.g3 f5 3.Ag2 Cf6 4.c4 Ae7 5.Cc3 0–0 6.Ch3 d6 7.Cf4 De8 8.0–0 Ad8 9.e4 e5 10.dxe5 dxe5 11.Cfd5 c6 12.Cxf6+ Axf6 13.exf5 Axf5 14.Ce4 Axe4 15.Axe4 Cd7 16.Dd3 g6 17.Ae3 Ag7 18.Db3 Cf6 19.Ag2 Tf7 20.Ah3 Rh8 21.Tad1 a6 22.Tfe1 Df8 23.Dc2 Te8 24.b3 Ch5 25.Te2 Af6 26.Ag4 Cg7 27.Ted2 Ce6 28.Axe6 Txe6 29.De4 Te8 30.Td7 Dg7 31.Ah6 Dg8 32.h4 Txd7 33.Txd7 Td8 34.Ag5 Df8 35.Txd8 Dxd8 36.Ah6 Dd4 37.Df3 Ag7 38.Ae3 Dd7 39.Ac5 Df5 40.Dd1 h6 41.Ae3 Rh7 42.Rh2 h5 43.Dd8 Df7

44.Dc8 Af8 45.Db8 Ag7 46.Rg1 Dd7 47.Rg2 De7 48.Dc8 Af6 49.Rf1 e4 50.Af4 Ad4 51.Re2 Rg7 52.Db8 Rf7 53.Ag5 Dd7 54.Df4+ Rg7 55.Dxe4 Af6 56.Ae3 Rf7 57.Ac5 Dc7 58.Dd3 De5+ 59.Ae3 De6 60.Rf1 Dh3+ 61.Rg1 De6 62.Rh2 De7 63.Dd1 De6 64.Df3 Rg7 65.Df4 Dd7 66.Dh6+ Rf7 67.Dh7+ Ag7 68.Ah6 Dd4 69.Dxg7+ Dxg7 70.Axg7 Rxg7 71.f3 c5 72.g4 Rf6 73.Rg3 Re5 74.f4+ Re4 75.f5 gxf5 76.gxh5 Re3 77.h6 f4+ 78.Rg4 f3 79.h7 f2 80.h8D f1D 81.De5+ Rd3 82.Df5+ Dxf5+ 83.Rxf5 b5 84.h5 bxc4 85.bxc4 Rxc4 86.h6 Rd3 87.h7 c4 88.h8D c3 89.Dd8+ Rc2 90.Re4 1–0

Lipiniks, Leonardo – Garibaldi, Oscar [E68]
Campeonato Argentino / Torneo Mayor (7), 1946

1.d4 Cf6 2.c4 g6 3.Cc3 Ag7 4.e4 d6 5.Cf3 Cbd7 6.g3 e5 7.Ag2 0–0 8.0–0 Te8 9.Ae3 exd4 10.Cxd4 Cc5 11.Dc2 Cg4 12.b4 Cxe3 13.fxe3 Cd7 14.Tad1 Ce5 15.c5 dxc5 16.Ce6 De7 17.Cxg7 Rxg7 18.Cd5 Dg5 19.Cxc7 Ae6 20.Cxe8+ Txe8 21.Dxc5 b6 22.Dc2 Tg8 23.Tfe1 Cg4 24.Tc1 Td8 25.De2 Ce5 26.Ted1 Txd1+ 27.Dxd1 Dxe3+ 28.Rh1 Cd3 29.Tc2 Cf2+ 30.Txf2 Dxf2 31.a4 Ab3 32.Dd8+ Rg7 33.h4 Axa4 34.Rh2 h5 35.e5 Ab3 36.b5 Ac4 37.De7 Axb5 38.g4 hxg4 39.h5 Df4+ 40.Rg1 g3 0–1

---

[451] *La Nación*, 4 de diciembre de 1946.
[452] *La Prensa*, 4 de diciembre de 1946.
[453] *La Nación*, 5 de diciembre de 1946.
[454] *La Prensa*, 4 de diciembre de 1946.

Maderna, Carlos Hugo – Iliesco, Juan Traian [E67]
Campeonato Argentino / Torneo Mayor (7), 1946

1.d4 Cf6 2.c4 d6 3.Cc3 g6 4.g3 Ag7 5.Ag2 0–0 6.Cf3 Cbd7 7.0–0 e5 8.b3 Te8 9.Dc2 Ch5 10.Ag5 f6 11.Ae3 f5 12.Ag5 Af6 13.Axf6 Chxf6 14.dxe5 dxe5 15.Tad1 c6 16.e4 f4 17.gxf4 exf4 18.e5 Ch5 19.Ce4 De7 20.Cd6 Td8 21.c5 Cf8 22.Cxc8 Taxc8 23.Ah3 Txd1 24.Txd1 Te8 25.Td6 Cg7 26.Dc4+ Df7 27.Da4 a6 28.Cg5 1–0

Marini, Luis – Falcón, Enrique [A28]
Campeonato Argentino / Torneo Mayor (7), 1946

1.c4 Cf6 2.Cc3 e5 3.Cf3 Cc6 4.a3 Ae7 5.d4 exd4 6.Cxd4 Cxd4 7.Dxd4 0–0 8.g3 d6 9.Ag2 c6 10.0–0 Ae6 11.Af4 Da5 12.h3 Tfd8 13.b4 Dh5 14.h4 d5 15.c5 Cg4 16.Dd2 h6 17.f3 Cf6 18.Tac1 Dg6 19.g4 h5 20.g5 Ce8 21.Dc2 Dxc2 22.Txc2 f6 23.Td2 fxg5 24.hxg5 g6 25.Tfd1 Af5 26.e4 dxe4 27.Cxe4 Txd2 28.Txd2 Cg7 29.Ae3 Td8 30.Txd8+ Axd8 31.Cd6 b6 32.f4 Ad7 33.Ae4 Cf5 34.Cxf5 gxf5 35.Af3 Ae8 36.Rf2 bxc5 37.Axc5 a5 38.Rg2 axb4 39.axb4 Ac7 40.Ae3 Ad6 41.Ad2 ½–½

Martínez, José E. – Bolbochán, Jacobo [D52]
Campeonato Argentino / Torneo Mayor (7), 1946 *[Juan S. Morgado]*

1.d4 Cf6 2.c4 e6 3.Cc3 d5 4.Cf3 Cbd7 5.Ag5 c6 6.e3 Da5 7.Axf6 Cxf6 8.Cd2 Ab4 9.Dc2 0–0 10.Ae2 Te8 11.0–0 e5 12.cxd5 Axc3 13.Cc4 Dxd5 14.bxc3 exd4 15.cxd4 Ae6 16.Ce5 Tad8 17.Ac4 Dd6 18.Axe6 Txe6 19.Tab1 Te7 20.a4 Cd5 21.a5 c5 22.Cc4 Dc7 23.dxc5 Dxc5 24.Tfc1 Tc7 25.Db2 Tdc8 26.h3 b5 27.axb6 Cxb6 28.Ce5 Dxc1+ 29.Txc1 Txc1+ 30.Rh2 T1c2 31.Db3... [31.Da3 T8c7 32.Dd3 Tc8 33.e4 T2c7 34.f4 a5 35.Db3 Cc4=] **31...Txf2 32.**

Dd3?... [32.Da3 Tf5 33.De7 Tf8 34.e4 Tf6 35.Dxa7 Cc8 36.Da5 Te6 37.Cd7 Tfe8 38.Cc5 Te5 39.Dc7 T5e7 40.Dc6=] **32...Tfc2∓ 33.Df5 T2c7 34.h4 Te8 35.Cg4 Tce7 36.Dg5 Te6 37.h5 h6 38.Da5 T8e7 39.Rg1 Cc4 40.Dd8+ Te8 41.Dd4 Cxe3 42.Cxe3 Txe3 43.Dxa7 T3e5 44.Dd7 Tf8 45.Dd1 Tg5 46.Rh2 f5 47.Dd5+ Rh7 48.Df3 f4 49.Rg1 Tff5 50.Rf1 Txh5 51.De4 Thg5 52.Rf2 Rg8 53.De6+ Tf7 54.De8+ Tf8 55.De6+ Rh8 56.Dd6 Tf6 57.Dd8+ Rh7 58.Dd3+ Tfg6 0–1**

Piazzini, Luis Rubén – Bolbochán, Julio [C17]
Campeonato Argentino / Torneo Mayor (7), 1946

1.e4 e6 2.d4 d5 3.Cc3 Ab4 4.e5 c5 5.Ad2 Cc6 6.Cb5 Axd2+ 7.Dxd2 Cxd4 8.Cxd4 cxd4 9.Cf3 Ce7 10.Dxd4 Db6 11.Dxb6 axb6 12.Ad3 Cc6 13.0–0 Ad7 14.a3 Re7 15.Tfe1 Ta4 16.c3 Tc8 17.Tad1 h6 18.Ac2 Ta6 19.Ad3 Ta4 20.Ac2 Ta6 21.Ad3 Ta4 22.Ac2 Ta6 ½–½

Piro, Antonio – Montiel, Osvaldo [E61]
Campeonato Argentino / Torneo Mayor (7), 1946

1.c4 Cf6 2.Cc3 g6 3.g3 Ag7 4.Ag2 0–0 5.d4 d6 6.e3 Cbd7 7.Cge2 e5 8.0–0 c6 9.b3 Te8 10.Ab2 Cf8 11.d5 c5 12.e4 Ad7 13.Ac1 Dc8 14.Ag5 h6 15.Ad2 Ah3 16.Dc1 Rh7 17.Dc2 Axg2 18.Rxg2 a6 19.a4 Rh8 20.a5 Cg8 21.f4 exf4 22.Axf4 Dd7 23.Tae1 Te7 24.Tb1 Tae8 25.b4 g5 26.Ae3 cxb4 27.Txb4 Cg6 28.Cd4 Rh7 29.Cf5 Cf6 30.Ad4 Cg4 31.Ag1 Axc3 32.Dxc3 Te5 33.Db2 Tb8 34.h3 Cf6 35.Aa7

Tc8 36.Txb7 Tc7 37.Txc7 Dxc7 38.Ad4 Cxe4 39.Axe5 Cxe5 40.Db3 Dxa5 41.Dc2 Dd2+ 42.Dxd2 Cxd2 43.Cxd6 0–1

Rebizzo, Cayetano – Beretta, Héctor [C75]
Campeonato Argentino / Torneo Mayor (7), 1946

1.e4 e5 2.Cf3 Cc6 3.Ab5 a6 4.Aa4 d6 5.c3 Ad7 6.0–0 g6 7.d3 Ag7 8.Ag5 f6 9.Ae3 Ch6 10.Ab3 De7 11.Dc1 Cf7 12.Te1 0–0 13.Cbd2 Rh8 14.d4 Ccd8 15.Cc4 Ce6 16.Ad2 Tae8 17.Ce3 Dd8 18.Cd5 f5 19.dxe5 dxe5 20.Ac2 f4 21.Td1 g5 22.c4 g4 23.Ce1 Cd4 24.Ad3 f3 25.Ae3 fxg2 26.Cxg2 Cf3+ 27.Rh1 Te6 28.Ae2 Cd6 29.Cc3 Tg6 30.c5 Cf7 31.Td3 C7g5 32.Axg5 Cxg5 33.Axg4 Ce6 34.Axe6 Txe6 35.Dd2 Ah6 36.f4 Te7 37.Td1 exf4 38.Txd7 Txd7 39.Dxd7 Dxd7 40.Txd7 f3 41.Td1 fxg2+ 42.Rxg2 Ae3 43.b4 Tf2+ 44.Rg3 Td2 45.a4 c6 46.Txd2 Axd2 47.Ca2 a5 48.bxa5 Axa5 49.Cc1 Ac7+ 50.Rg4 Rg7 51.Rf5 Axh2 52.Re6 h5 53.Rd7 h4 54.Cd3 Ag3 55.e5 h3 56.e6 h2 57.e7 h1D 58.e8D Dd5+ 59.Rc8 Dxd3 ½–½

Rossetto, Héctor Decio – Pilnik, Herman [D15]
Campeonato Argentino / Torneo Mayor (7), 1946 *[Juan S. Morgado]*

1.d4 d5 2.c4 c6 3.Cf3 Cf6 4.Cc3 dxc4 5.e3 e6 6.Axc4 Ae7 7.0–0 0–0 8.De2 b5 9.Ad3 b4 10.Ca4 Da5 11.b3 Cbd7 12.Ab2 Ab7 13.Tac1... [13.Tfc1 Tfc8 14.Tc2 c5 15.Tac1 cxd4 16.Txc8+ Txc8 17.Txc8+ Axc8 18.Cxd4=, Mazalon – Smalara, Gdansk 2008] **13...Tac8 14.Ce5 Cxe5 15.dxe5 Cd7 16.Axh7+ Rxh7 17.Dd3+ Rg8 18.Dxd7 Tc7 19.Dd2 c5 20.a3 Td8 21.Dc2 c4 22.axb4 Axb4 23.bxc4 Aa6 24.Tfd1 Tdc8?!** [24...Txc4!?] **25.c5 Axc5 26.Cxc5 Txc5 27.Db1 Tb8 28.Txc5 Dxc5 29.Dc1...** [29.Da1 Dc2 30.Ad4 Ad3 31.Tc1 Dd2 32.Ac3 Dxc1+ 33.Dxc1 Tb1⩲] **29...Dxc1 30.Axc1 Tb1 31.f4 Ab7 32.Rf2 Ad5 33.g3 a5 34.e4...** [34.Re1 a4 35.Ad2 Tb2 36.Ta1 Aa2 37.h4 Rh7 38.g4 Rg6 39.e4 Tb1+ 40.Txb1 Axb1 41.Ac1 Axe4=] **34...Axe4 35.Td8+ Rh7 36.Tc8 a4 37.Tc3 Ad5 38.Aa3 Ta1 39.Re3 Ta2 40.h4 Tg2 41.Rd4 Rg6 42.Rc5 Rf5 43.Rd6 Re4 44.Ac5 Tb2 45.Te3+ Rf5 46.Re7 Tb3 47.Rxf7...** [47.Txb3 axb3 48.Aa3 Rg4 49.Rxf7 Rxg3 50.Rxg7 Rxh4 51.Rf6 Rg4 52.Ac1=] **47...Tb7+ 48.Re8 g6 49.Rd8 Rg4 50.Aa3...** [50.Td3 Tb3=] **50...Tb3 51.Txb3 axb3 52.Re7 Rxg3**

53.Rf6??... [53.Ac1 Rxh4 54.Rd6 Rg4 55.Rc5 b2 56.Axb2 Rxf4 57.Rd4 g5 58.Ac1+ Rf5 59.Re3 Rxe5 y se llegaría a una posición de tablas, según las tablebases. Pero ¿quién podría saber ese dato en aquel momento, y jugando con poco tiempo en su reloj?] **53...Rxh4** [Ahora las negras ganan] **54. Ac1 Rg4 55.Rxg6 Ae4+ 56.Rf6 Af5 57.Re7 Rf3 58.Rd6 Re2 0–1**

Sanguinetti, Renato – Corte, César Juan [E43]
Campeonato Argentino / Torneo Mayor (7), 1946

1.d4 Cf6 2.c4 e6 3.Cc3 Ab4 4.e3 b6 5.Ad3 Ab7 6.f3 c5 7.a3 cxd4 8.axb4 dxc3 9.Ce2 0–0 10.0–0 d5 11.bxc3 dxc4 12.Axc4 Dc8 13.Ad3 Cbd7 14.e4 Ce5 15.Af4 Cxd3 16.Dxd3 Td8 17.Db5 Ac6 18.Dc4 Ae8 19.Dxc8 Tdxc8 20.Tfc1 Ab5 21.Cd4 Ac4 22.Cc2 a5 23.bxa5 bxa5 24.Ta3 Ce8 25.Tca1 f6 26.Ad2 a4 27.Cd4 e5 28.Cf5 Td8 29.Txa4 Txa4 30.Txa4 Ab3 31.Tb4 Ae6 32.Ae1 Axf5 33.exf5 Cd6 34.g4 Rf7 35.Rf1 Tc8 36.Re2 Re7 37.Rd3 Tc7 38.Af2 Rd7 39.c4 Tb7 40.Rc3 Txb4 41.Rxb4 e4 42.fxe4 Cxe4 43.Ae3 h5

44.h3 hxg4 45.hxg4 Rd6 46.Ad4 Rc6 47.Ae3 Cd6 48.Rc3 Cf7 49.Af4 Rc5 50.Rd3 Cd8 51.Ae3+ Rc6 52.Rd4 Cf7 53.Af4 Cd8 54.g5 fxg5 55.Axg5 Cf7 56.Af4 Rd7 57.Rd5 Re7 58.c5 Rf6 59.c6 Re7 60.Ad2 Re8 61.Ac3 Ch6 62.Re6 Rd8 63.Ae5 Cg4 64.Af4 Rc8 65.Rf7 Cf6 66.Ae5 Cg4 67.Af4 Cf6 68.Rg6 Cd5 69.Ad6 Ce3 70.Ae5 Rd8 71.Rg5 Re7 72.Ad4 Cxf5 73.Ac5+ Rd8 74.Ab6+ 1–0

8ª ronda, 5 de diciembre

Al iniciarse la 8ª rueda había tres jugadores invictos: Pilnik, Jacobo Bolbochán y Maderna. Efectuados los cotejos, sólo quedó en tal condición Pilnik, que tuvo como adversario precisamente a Maderna, a quien venció en una excelente partida. Por su parte, Jacobo Bolbochán jugó con poco acierto con otro excampeón nacional, justamente el que le quitara el título, Luis Piazzini, y éste se adjudicó la partida más corta del torneo, ya que requirió sólo 17 jugadas para su abandono. Pazos Gramajo ofreció lucha pareja a Rossetto, pero al final de la sesión entró en una combinación que, si le hizo ganar transitoriamente la calidad, deja el juego en situación sumamente comprometida.

Ésta y la partida Corte – Piro fueron las dos únicas que no terminaron en la rueda. Martín contra Bahamonde y Sanguinetti contra Falcón lograron, asimismo, sendos triunfos en dos breves partidas, mientras Rebizzo se imponía a Garibaldi por ataque, llegando también a los 5 puntos. Marini aceptaba tablas frente a Iliesco,

Pilnik – Rossetto, suspendida.
La Nación, 4 de diciembre de 1946

en un final difícil y laborioso, por haber damas, pero que podía considerarse favorable por tener un peón de ventaja. Beretta y Martínez también resolvieron su juego con un empate, y Lipiniks ganó a Montiel una partida que parecía, por lo menos, tablas.[455]

---

[455] *La Nación*, 6 de diciembre de 1946.

▌Rebizzo tiene afición por las líneas arcaicas. Un tiempo jugó la Escocesa. Ahora nos muestra cómo se juega el Stonewall o Muro de Piedras. El ensayo resultó interesante, y aprovechó la indecisión de Garibaldi, que seguramente estaba improvisando. El centro rígido del planteo trajo como consecuencia el movimiento en ambas alas, donde las negras demostraron su mayor poder maniobrero.[456]

▌Empatan en el primer puesto cinco competidores: Jacobo y Julio Bolbochán, Cayetano Rebizzo, Héctor Rossetto y Herman Pilnik. Sin embargo, la igualdad es sólo aparente, pues contando por puntos perdidos están en mejor situación Julio Bolbochán y Rebizzo, y como Rossetto tiene un final pendiente, cuyo resultado debe serle favorable, puede superar el punteo (Sic) de sus rivales. Las notas más salientes de esta reunión fueron las partidas miniaturas que se produjeron con decisión unilateral: la caída de los invictos Jacobo Bolbochán y Maderna, y la entrada en carrera del actual campeón argentino Herman Pilnik, único invicto restante.[457]

Beretta, Héctor – Martínez, José E. [D05]
Campeonato Argentino / Torneo Mayor (8), 1946

1.d4 Cf6 2.Cf3 e6 3.e3 d5 4.Ad3 c5 5.b3 cxd4 6.exd4 Cc6 7.0–0 Dc7 8.a3 Ad6 9.De2 Ce7 10.Ce5 Axe5 11.dxe5 Cd7 12.Ab2 Cc5 13.Cc3 a6 14.Tac1 Ad7 15.b4 Cxd3 16.cxd3 Db6 17.Dg4 Cf5 18.Ce2 Dd8 19.Cd4 0–0 20.Cxf5 exf5 21.Dg3 Ae6 22.Ad4 Tc8 23.Txc8 Dxc8 24.Ae3 Rh8 25.Tc1 Dd7 26.Ab6 Tc8 27.Dg5 h6 28.Txc8+ Dxc8 29.Dd8+ Dxd8 30.Axd8 Ad7 ½–½

Bolbochán, Jacobo – Piazzini, Luis Rubén [C84]
Campeonato Argentino / Torneo Mayor (8), 1946 *[Juan S. Morgado]*

1.e4 e5 2.Cf3 Cc6 3.Ab5 a6 4.Aa4 Cf6 5.0–0 Cxe4 6.d4 Ae7 7.dxe5 0–0 8.De2 Cc5 9.Axc6 bxc6 [9...dxc6 10.Ae3 Ag4 11.Cc3 Dc8 12.h3 Ah5 13.Dc4 b5 14.Df4 Ag6⩲, Konstantinov – Levenfish, Gorky 1950] **10.Cd4 Te8 11.Td1 Ad6 12.f4 Ce6 13.Cf5 Ac5+ 14.Rh1 d5 15.Df3...** [15.c4 Cxf4 16.Ch6+ gxh6 17.Axf4 Af5=] **15...Cf8 16.Cg3 Dh4**

17.h3??... [17.Tf1 a5∓] **17...Axh3 0–1**

Corte, César Juan – Piro, Antonio [C10]
Campeonato Argentino / Torneo Mayor (8), 1946

1.e4 e6 2.d4 d5 3.Cc3 dxe4 4.Cxe4 Cd7 5.Cf3 Cgf6 6.Cxf6+ gxf6 7.Af4 Cb6 8.a3 Cd5 9.Ad2 Ad7 10.c4 Ce7 11.Ac3 Ag7 12.d5 Cg6 13.dxe6 Axe6 14.Da4+ Ad7 15.Db4 b6 16.0–0–0 c5 17.Db3

---

[456] *El Mundo*, 9 de diciembre de 1946.
[457] *El Mundo*, 6 de diciembre de 1946.

Dc7 18.Te1+ Ae6 19.Da4+ Dd7 20.Dxd7+ Rxd7 21.g3 Tad8 22.Cd2 Af5 23.f4 The8 24.Ag2 Te7 25.Txe7+ Rxe7 26.Te1+ Rf8 27.Ce4 Te8 28.Cd6 Txe1+ 29.Axe1 Ad7 30.Ad5 Ch8 31.b4 f5 32.bxc5 bxc5 33.Af2 Ad4 34.Axd4 cxd4 35.Rd2 Re7 36.Cb7 Ae6 37.Rd3 Cg6 38.Rxd4 Rd7 39.Cc5+ Rd6 40.Cb7+ Rc7 41.Cc5 Axd5 42.cxd5 Rd6 43.Cb7+ Rd7 44.Ca5 Ce7 45.Rc5 Cc8 46.Cc4 f6 47.d6 h6 48.a4 h5 49.a5 Re6 50.a6 1–0

Falcón, Enrique – Sanguinetti, Renato [D82]
Campeonato Argentino / Torneo Mayor (8), 1946

1.d4 Cf6 2.c4 g6 3.Cc3 d5 4.Af4 Ag7 5.h3 0–0 6.e3 c5 7.Cf3 Cc6 8.dxc5 Da5 9.Db3 Ce4 10.Tc1 e5 11.cxd5 exf4 12.dxc6 bxc6 13.Dc4 Cxc3 14.bxc3 fxe3 15.a4 Tb8 16.fxe3 Ae6 17.Da6 Dxc5 18.Rf2 Tb2+ 19.Rg3 Dxe3 0–1

Garibaldi, Oscar – Rebizzo, Cayetano [D02]
Campeonato Argentino / Torneo Mayor (8), 1946

1.Cf3 d5 2.d4 e6 3.e3 Cd7 4.Ad3 f5 5.c4 Df6 6.Cc3 c6 7.Dc2 Ch6 8.b3 Ad6 9.Ab2 b6 10.Ce2 Ab7 11.a3 0–0 12.b4 Cf7 13.h4 a5 14.Db3 Tfb8 15.Tc1 axb4 16.axb4 De7 17.Ac3 Cf6 18.0–0 Ce4 19.c5 Ac7 20.Ta1 g5 21.cxb6 Axb6 22.Axe4 fxe4 23.Cxg5 Cxg5 24.hxg5 Aa6 25.Db2 Dxg5 26.Tfc1 Ac7 27.g3 h5 28.Cf4 Axf4 29.exf4 Dg4 30.Dd2 h4 31.De3 Rf7 32.Ta2 Tg8 33.Ae1 Dh3 34.f3 Df1+ 35.Rh2 hxg3+ 36.Axg3 Th8+ 37.Ah4 Txh4+ 38.Rg3 Th3+ 0–1

Iliesco, Juan Traian – Marini, Luis [A05]
Campeonato Argentino / Torneo Mayor (8), 1946

1.Cf3 Cf6 2.g3 b6 3.Ag2 Ab7 4.0–0 e6 5.c4 Ae7 6.Cc3 0–0 7.Dc2 c5 8.e4 Cc6 9.e5 Ce8 10.d4 cxd4 11.Cb5 d6 12.exd6 Cxd6 13.Cbxd4 Cxd4 14.Cxd4 Axg2 15.Rxg2 Tc8 16.Td1 Txc4 17.De2 Dc8 18.b3 Txd4 19.Txd4 Af6 20.Txd6 Axa1 21.Ag5 h6 22.Ae3 Td8 23.Dd1 Af6 24.h4 Ae7 25.Txd8+ Dxd8 26.Dg4 Dd5+ 27.Rh2 Rh7 28.Da4 Db7 29.Db5 Df3 30.Dd7 Ac5 31.Axc5 bxc5 32.Rg1 ½–½

Martín, Pedro – Bahamonde, Antonio [B71]
Campeonato Argentino / Torneo Mayor (8), 1946 *[Juan S. Morgado]*

1.e4 c5 2.Cf3 d6 3.d4 cxd4 4.Cxd4 Cf6 5.Cc3 g6 6.f4 Ag7 7.e5 dxe5 8.fxe5 Cg4? [8…Cfd7 9.e6 Ce5 10.exf7+ Rxf7 11.Ae2 Tf8=] **9.Ab5+ Cc6 10.Cxc6 Dxd1+** [10…bxc6 11.Axc6+ Ad7 12.Axa8 Dxa8 13.0–0 Cxe5 14.Cd5±] **11.Cxd1 a6 12.Aa4 Ad7 13.h3 Ch6 14.e6?...** [14.Cxe7! Axa4 15.Cd5±] **14…fxe6 15.Cd4 Axd4??** [15…Axa4 16.Cxe6 Cf5 17.Cc7+ Rd7 18.Cxa8 Txa8 19.0–0 Ad4+ 20.Rh2 Axc2 21.Te1⩲] **16.Axd7+ Rxd7 17.Axh6+– g5 18.Axg5 Thg8 19.Ae3 1–0**

Montiel, Osvaldo – Lipiniks, Leonardo [D87]
Campeonato Argentino / Torneo Mayor (8), 1946

1.c4 Cf6 2.Cc3 d5 3.cxd5 Cxd5 4.e4 Cxc3 5.bxc3 g6 6.Ac4 Ag7 7.Ce2 0–0 8.0–0 c5 9.d4 cxd4 10.cxd4 Cc6 11.Ae3 e6 12.Dd2 a6 13.Tac1 Ad7 14.d5 exd5 15.Axd5 Da5 16.Cc3 Tac8 17.Ah6 Axh6 18.Dxh6 Ce5 19.De3 b5 20.Ab3 Ac6 21.f4 Cg4 22.De2 Ab7 23.Df3 b4 24.Dxg4 Txc3 25.Txc3 bxc3

26.f5 Db6+ 27.Tf2 Df6 28.e5 Dxe5 29.fxg6 hxg6 30.Dxg6+ Dg7 31.Db6 Ae4 32.Dxa6 Dd4 33.De2 Ag6 34.Df3 c2 35.Dc6 Ad3 36.Axf7+ Rg7 37.g3 Da1+ 38.Rg2 c1D 39.Df3 Dh1+ 0–1

Pazos Gramajo, Horacio – Rossetto, Héctor Decio [C47]
Campeonato Argentino / Torneo Mayor (8), 1946

1.e4 e5 2.Cf3 Cc6 3.Cc3 Cf6 4.d4 exd4 5.Cxd4 Ab4 6.Cxc6 bxc6 7.Ad3 d5 8.exd5 cxd5 9.0–0 0–0 10.Ag5 Ae7 11.Axf6 Axf6 12.Dh5 g6 13.Dxd5 Ae6 14.Da5 Tb8 15.Tad1 c6 16.Dc5 Txb2 17.Ce4 Ae7 18.Dxc6 Da5 19.Dc3 Dxc3 20.Cxc3 Tc8 21.Ce4 Txa2 22.Ta1 f5 23.Txa2 Axa2 24.Cd2 Af6 25.Cb3 Ac3 26.Aa6 Tc6 27.Ab5 Tc7 28.Ad3 Rg7 29.g3 Rf6 30.h4 Re5 31.Td1 f4 32.Cc1 Ae6 33.Ce2 fxg3 34.fxg3 Ab2 35.Cf4 Aa2 36.Te1+ Rd6 37.Te4 Af7 38.Ta4 Rc5 39.Ta5+ Rd4 40.Rf2 Rc3 41.Re1 Ac4 42.Ta4 Axd3 43.Cd5+ Rxc2 44.Cxc7 Ae5 45.Rf2 0–1

Pilnik, Herman – Maderna, Carlos Hugo [C76]
Campeonato Argentino / Torneo Mayor (8), 1946 *[Juan S. Morgado]*

1.e4 e5 2.Cf3 Cc6 3.Ab5 a6 4.Aa4 d6 5.c3 Ad7 6.0–0 g6 7.d4 Ag7 8.Ag5 f6 9.Ae3 Ch6 10.dxe5 Cxe5 11.Cxe5 fxe5 12.Axd7+ Dxd7 13.Db3… [13.f3 Cf7 14.c4 0–0 15.Cc3 De6 16.Db3≠, Mainka – Göhring, Alemania 1986] **13…0–0–0 14.c4 Cg4 15.Ad2 Ah6 16.Axh6 Cxh6 17.Cc3 Cf7 18.Tfd1 De6 19.Cd5 Rb8 20.De3 Dg4?** [20…c6 21.Cb6 Dg4 22.b4 Df4 23.Da3→] **21.b4…** [21.f3 Dg5 22.Df2 Tc8 23.b4+–] **21…Cg5??** [21…c6 22.Cc3 Cg5 23.b5±] **22.b5…** [22.f3 Dh5 23.b5+–] **22…axb5 23.f3 Dh5** [23…Cxf3+ 24.Dxf3 Dxf3 25.gxf3 bxc4 26.Ce3±] **24.cxb5 Thf8 25.b6 cxb6 26.Td3 Tc8**

27.Cxb6??… [27.Dxb6+–] **27…Tc7??** [27…Cxf3+!! 28.gxf3 Tc2 29.Td2…** *(29.Cd7+ Rc7 30.Db6+ Rc8 31.Tc3+ Txc3 32.Dxd6 Dg5+ 33.Rh1=)* **29…Txf3 30.Cd7+ Ra8 31.Cb6+ Rb8 32.Cd7≠] 28.Ta3 Cxf3+ 29.Dxf3 1–0**

9ª ronda, 6 de diciembre

■ Los resultados de la 9ª rueda del Torneo Campeonato Argentino han hecho encabezar la tabla de posiciones al representante del Círculo de Villa Crespo, Cayetano Rebizzo, que ha venido realizando

Caen los invictos Jacobo Bolbochán y Maderna.
El Mundo, 6 de diciembre de 1946

una silenciosa y meritoria labor, no por eso menos efectiva, pero que, en cierta forma, ha sorprendido a la afición, habituada a nombrar a quienes hacen frecuente actividad en el tablero. Héctor Rossetto y Renato Sanguinetti, que acaba de dar un buen salto en alto, lo igualan en puntos, pero tienen jugada una partida más. La reunión dio lugar a varias partidas de especial emoción, como las de Rossetto – Martín, y Marini – Pilnik, en las que los más renombrados pasaron por momentos peligrosos y de evidente inferioridad posicional. Corte dejó admirados a los espectadores con la relativa holgura de tiempo en que se adjudicara su partida con Lipiniks, alejándose de la mesa defraudados los ansiosos de emociones fuertes. Una defensa pasiva permitió a Rebizzo avanzar con la infantería para abrir brechas en la posición de Montiel con las jugadas 11ª, 13ª, 16ª y 17ª, con miras a un ataque directo sobre el rey contrario, que cayó en la remanga (Sic) fatal. Las posiciones son: Rebizzo 6/8; Rossetto 6/8 (+1); Sanguinetti 6/9.[458]

▌ Hubo excelentes triunfos de Corte y Rebizzo. De juego particularmente vivo resultaron en su mayoría las partidas de la rueda. Marini puso en aprietos a Pilnik y se esperó su victoria, pero algunas imprecisiones dieron pie al campeón titular a rehacerse, y el cotejo se prolongó hasta la terminación de la sesión, suspendiéndose en condiciones que, aun cuando favorables para las blancas, ofrece no pocas perspectivas de nulidad. Tampoco Rossetto terminó su encuentro con Martín, a quien sacrificó una calidad por un peón, para quedar en situación muy poco clara para él. Maderna, en cambio, suspendió en condiciones muy favorables, a pesar de tener un peón menos, contra Pazos Gramajo. Los hermanos Bolbochán, entre sí, y Piazzini con Beretta, finalizaron en sendos empates, así como Sanguinetti con Iliesco. Pero Rebizzo y Corte se impusieron en dos bonitas partidas, el primero con mate contra Montiel, y el segundo después de una de las más encarnizadas del torneo, con Lipiniks. Rebizzo – Montiel fue una Defensa Siciliana con 2.C2R, jugada con la que simpatiza Tartakower.

Las blancas obtuvieron una fuerte posición de ataque, que terminaron elegantemente, después de colocar a su adversario en posición de mate en la jugada 34ª. Rebizzo mantiene así su excelente actuación en el torneo, con 6/8. Lipiniks – Corte fue PD, Defensa Nimzoindia. Juego violento de ataque y contragolpe, que atrajo numerosos espectadores. Fue una magnífica victoria, pero también una honrosa derrota. Se definió en la 28ª.[459]

Bolbochán, Julio – Bolbochán, Jacobo [A47]
Campeonato Argentino / Torneo Mayor (9), 1946

1.d4 Cf6 2.Cf3 b6 3.g3 Ab7 4.Ag2 c5 5.0–0 cxd4 6.Cxd4 Axg2 7.Rxg2 e6 8.Dd3 Ae7 9.Td1 Dc8 10.c4 Cc6 11.Cxc6 Dxc6+ 12.Df3 Tc8 13.b3 Dxf3+ 14.Rxf3 d5 15.Cd2 0–0 16.Ab2 Tfd8 17.cxd5 Txd5 18.Cc4 Tcd8 19.Ce3 Txd1 20.Txd1 Txd1 21.Cxd1 Rf8 22.h3 Cd5 23.Ce3 Cxe3 24.Rxe3 Ac5+ 25.Ad4 Axd4+ ½–½

Lipiniks, Leonardo – Corte, César Juan [E33]
Campeonato Argentino / Torneo Mayor (9), 1946 *[C. Portela / J. S. Morgado]*

1.d4 Cf6 2.c4 e6 3.Cc3 Ab4 4.Dc2 Cc6 5.Cf3 d5 6.e3 0–0 7.Ad3 Te8 8.Ad2 Ad6 9.a3 dxc4 10.Axc4 e5 [10...a6 11.h3 b5 12.Ad3 e5 13.Ce4 Ab7=, Mamedyarov (2764) – Gasanov, (2481) chess.com 2020] **11.0–0–0 Ag4 12.Ce2 Dc8** [12...exd4 13.Cexd4 Cxd4 14.exd4 Ce4 ∞] **13.Ac3 a5 14.Cg5...** [14.dxe5 Cxe5 15.Cxe5 Axe5 16.f3 Ad7=] **14...Ah5 15.g4?** [15.h4 Ag6=] **15...Dxg4** [15...

---

[458] *El Mundo*, 8 de diciembre de 1946.
[459] *La Nación*, 8 de diciembre de 1946.

Ag6 16.Axf7+ Axf7 17.Cxf7 Rxf7 18.dxe5 Axe5 19.g5 Cg8 20.Dxh7 Axc3 21.Cxc3 Cge7∓] **16.Thg1 Dd7 17.dxe5 Cxe5 18.f4 Ag6**

19.Cxf7??… [*"el plan requiere golpes heroicos; detenerse en el camino emprendido sería desastroso; las negras contestan con los más sencillo, pero no paran ahí las cosas"*, fue el comentario de Carlos Portela, *La Nación*, 15 de diciembre de 1946, que coloca a esta jugada el signo '!?'. Como se ve, Portela no se destaca analizando posiciones… Era única 19.fxe5! Axc2 20.exf6… *(20. Cxf7 Dxf7 21.Axf7+ Rxf7 22.exf6 Ag6 23.fxg7 traspone)* 20…Ag6 *(20…Axd1 21.Axf7+ Dxf7 22.Cxf7 Rxf7 23.Txg7+ Re6 24.Rxd1 Ae5 25.Axe5 Rxe5 26.Cf4 Rxf6 27.Txc7 b5→)* 21.Cxf7 Dxf7 22.Axf7+ Rxf7 23.fxg7 Txe3><] **19…Cxc4 20.Ch6+ Rf8 21.Txg6 Cxe3** [21…hxg6 22.Axf6 De6–+] **22.Db3…** [22.Txf6+ gxf6 23.Db3 Dg7–+] **22…De6** [22…hxg6–+] **23.Dxe6?…** [23.Txf6+ gxf6 24.Dxe6 Txe6 25.Tg1 f5 26.Tg8+ Re7 27.Txa8 Txh6∓] **23…Txe6–+ 24.Txf6+ Txf6 25.Tg1 Tg6 26.Ad2 Te8 27.Txg6 hxg6 28.Axe3 Txe3 29.Rd2 Txe2+ 0–1**

Maderna, Carlos Hugo – Pazos Gramajo, Horacio [A95]
Campeonato Argentino / Torneo Mayor (9), 1946

1.d4 e6 2.c4 f5 3.g3 Cf6 4.Ag2 Ae7 5.Cf3 0–0 6.0–0 d5 7.Cc3 c6 8.Dc2 De8 9.cxd5 exd5 10.Ag5 Ad6 11.e3 Ce4 12.Af4 Ae7 13.Axb8 Txb8 14.Ca4 Dh5 15.Cc5 g5 16.Cd3 Tf6 17.Cfe5 Ae6 18.Dd1 Dh6 19.f3 Cd6 20.f4 g4 21.Cc5 Td8 22.Da4 a6 23.Da5 Te8 24.Dc7 Ac8 25.Da5 Dh5 26.Tf2 Th6 27.Af1 Ad8 28.Db4 a5 29.Db3 b6 30.Ca4 Ce4 31.Tg2 b5 32.Cc3 a4 33.Dc2 Ab7 34.b3 a3 35.Cxe4 dxe4 36.Tc1 Tee6 37.b4 Af6 38.Db3 Axe5 39.dxe5 Rg7 40.Td1 De8 41.Tgd2 Te7 42.Dxa3 Df7 43.Dc3 Ac8 44.Axb5 Ae6 45.Axc6 Ta7 46.a4 De7 47.Td6 Tg6 48.Dc5 Rh6 49.Ad7 1–0

Marini, Luis – Pilnik, Herman [A28]
Campeonato Argentino / Torneo Mayor (9), 1946

1.c4 e5 2.Cc3 Cf6 3.Cf3 Cc6 4.a3 e4 5.Cg5 De7 6.f3 exf3 7.Cxf3 g6 8.d3 h6 9.e4 Ag7 10.Ae2 0–0 11.0–0 d6 12.Rh1 Ag4 13.Ae3 Axf3 14.gxf3 Rh7 15.d4 Tae8 16.Dd2 Dd7 17.Tg1 Ce7 18.Tg2 c6 19.d5 c5 20.Tag1 Tg8 21.Ad3 Ch5 22.f4 f5 23.Ae2 fxe4 24.Axh5 gxh5 25.Cxe4 Ah8 26.Dc2 Df5 27.Cxd6 Dxc2 28.Txc2 Cxd5 29.Txg8 Rxg8 30.Cxe8 Cxe3 31.Te2 Cxc4 32.b3 Cxa3 33.Cd6 b5 34.Te8+ Rh7 35.Te7+ Rg6 36.Txa7 b4 37.Tc7 Ad4 38.Ce4 c4 39.bxc4 b3 40.Tb7 b2 41.Cd2 Ac3 42.c5 Axd2 43.Txb2 Axf4

44.Tb3 Cc2 45.c6 Cd4 46.Tb4 Cxc6 47.Txf4 Rg5 48.Ta4 Ce7 49.Rg2 Cf5 50.Ta5 Rg4 51.h3+ Rf4 52.Rf2 Re4 53.Ta4+ Re5 54.Tc4 Cd6 55.Tb4 Cf5 56.Ta4 Cd4 57.Re3 Cf5+ 58.Rd3 Cd6 59.Tb4 Cf5 60.Te4+ Rf6 61.Te1 Rg5 62.Re4 Cg3+ 63.Rf3 Rh4 64.Rg2 Cf5 65.Te5 Rg5 66.Rf3 Rf6 67.Rf4 Cg7 68.h4 Ce6+ 69.Re4 Cg7 70.Ta5 Rf7 71.Re5 Ce8 72.Ta6 Rg7 73.Rf5 Rh7 74.Ta7+ Rg8 75.Rg6 Rf8 76.Rxh5 Cf6+ 77.Rxh6 Cg4+ 78.Rg5 Ce5 79.h5 Rg8 80.h6 Cf7+ 81.Rf6 1–0

Martínez, José E. – Garibaldi, Oscar [A49]
Campeonato Argentino / Torneo Mayor (9), 1946

1.d4 Cf6 2.Cf3 b6 3.g3 Ab7 4.Ag2 c5 5.0–0 g6 6.c4 cxd4 7.Dxd4 Cc6 8.Dd1 Ag7 9.Dc2 0–0 10.Ad2 Tc8 11.Ac3 Tc7 12.Cbd2 d5 13.cxd5 Cb4 14.Da4 Cbxd5 15.Ae5 Td7 16.e4 Cc7 17.Dxa7 Ce6 18.Cc4 Ad5 19.Da6 Cc5 20.Db5 Cfxe4 21.Axg7 Rxg7 22.Cfe5 Axc4 23.Cxc4 Td4 24.b3 Cd2 25.Cxd2 Txd2 26.b4 Ce6 27.a4 Dd4 28.Tab1 Tc8 29.a5 bxa5 30.bxa5 Tcc2 31.Db6 Cc5 32.Db4 De3 33.Df4 Dxf4 34.gxf4 Ta2 35.Ta1 Txf2 36.Ad5 Txf1+ 37.Txf1 Txa5 38.f5 gxf5 0–1

Piazzini, Luis Rubén – Beretta, Héctor [C48]
Campeonato Argentino / Torneo Mayor (9), 1946

1.e4 e5 2.Cf3 Cc6 3.Cc3 Cf6 4.Ab5 Cd4 5.Cxe5 De7 6.f4 Cxb5 7.Cxb5 d6 8.Cf3 Dxe4+ 9.Rf2 Cg4+ 10.Rg1 Dc4 11.a4 a6 12.d3 Dc5+ 13.d4 Db6 14.Cc3 Af5 15.h3 Cf6 16.Rh2 0–0–0 17.a5 Da7 18.d5 h5 19.Dd4 Dxd4 20.Cxd4 g6 21.Te1 Ag7 22.Cxf5 gxf5 23.Ad2 The8 24.Txe8 Txe8 25.Te1 Txe1 26.Axe1 ½–½

Piro, Antonio – Falcón, Enrique [A28]
Campeonato Argentino / Torneo Mayor (9), 1946

1.c4 Cf6 2.Cc3 e5 3.Cf3 Cc6 4.d4 exd4 5.Cxd4 Ab4 6.Cxc6 bxc6 7.Dc2 0–0 8.Ag5 h6 9.Ah4 De7 10.a3 De4 11.Dxe4 Axc3+ 12.bxc3 Cxe4 13.Tc1 d6 14.f3 Cc5 15.Af2 Ca4 16.e4 c5 17.Rd2 Ae6 18.Ad3 Tab8 19.Tb1 Cb6 20.e5 Cxc4+ 21.Axc4 Axc4 22.Rc2 Ae6 23.g4 Ad5 24.exd6 cxd6 25.Txb8 Txb8 26.Tb1 Txb1 27.Rxb1 Axf3 28.Ag3 d5 29.Af2 Axg4 30.Axc5 a6 31.Rc2 f5 32.Rd3 g5 33.Rd4 Af3 34.Re5 Rf7 35.Rxf5 Ae4+ 36.Re5 Ag2 37.Rf5 Af3 38.Ae3 Ae2 39.h4 gxh4 40.Axh6 Re8 41.Re5 h3 42.Af4 Ac4 43.Rf5 Rd7 44.Rg4 Af1 45.Rg3 Rc6 46.Rf2 Ag2 47.Rg3 Rc5 48.Ac7 Rc6 49.Ad8 Rb5 50.Ae7 Ra4 51.Ad6 a5 52.Ac7 ½–½

Rebizzo, Cayetano – Montiel, Osvaldo [B24]
Campeonato Argentino / Torneo Mayor (9), 1946 *[Juan S. Morgado]*

1.e4 c5 2.Ce2 Cc6 3.Cbc3 g6 4.g3 Ag7 5.Ag2 d6 6.0–0 Ad7 7.h3 Cf6 8.d3 0–0 9.Ae3 h6 10.Dd2 Rh7 11.f4 e6 12.Tf2... [12.g4 De7 13.Cg3 Cg8 14.Tae1 Ad4 15.Cd1⩲, Wade – Cherta Clos, Barcelona 1946] **12...Cg8 13.e5 dxe5 14.Axc5 Cge7 15.fxe5 Axe5?** [15...Cxe5 16.Axb7 Tb8 17.Ag2 Txb2 18.d4⩱] **16.d4 Ag7 17.d5?...** [17.Ce4→; 17.Te1→] **17...exd5 18.Cxd5 Ae6 19.Cef4⩲ Te8?** [19...Cxd5 20.Axd5 Axd5 21.Cxd5 Ad4 22.Axd4 Dxd5 23.Af6↔] **20.Cxe6± fxe6 21.Cxe7 Cxe7 22.Axb7 Dc7 23.Axe7?!...** [23.Axa8 Dxc5 24.Ae4 Axb2 25.Td1±] **23...Dxb7 24.Af6 Af8?** [24...Axf6 25.Txf6 Db6+ 26.Rh1→] **25.Td1+− De4 26.Tf4 Ac5+ 27.Rh2 Dd5 28.Dxd5 exd5 29.Txd5 Te2+ 30.Rh1 g5 31.Td7+ Rg6 32.Tg7+ Rh5 33.Th4+ 1–0**

Rossetto, Héctor Decio – Martín, Pedro [C00]
Campeonato Argentino / Torneo Mayor (9), 1946

1.e4 e6 2.b3 d5 3.Ab2 Cf6 4.e5 Cfd7 5.d4 c5 6.dxc5 Cc6 7.Cf3 Cxc5 8.Ae2 Ae7 9.0–0 0–0 10.Cbd2 b6 11.Tc1 Ab7 12.Ab5 a6 13.Axc6 Axc6 14.Cd4 Ab7 15.Dg4 Ce4 16.Cxe4 dxe4 17.c4 Ac5 18.Tfd1 De7 19.Ce2 Tfd8 20.Td6 Axd6 21.exd6 Df8 22.Td1 f6 23.Dxe6+ Df7 24.Dh3 Dd7 25.Dg3

De6 26.h3 Td7 27.Cf4 Df5 28.De3 Tad8 29.Aa3 De5 30.Dd2 Te8 31.De3 Ted8 32.Dd2 Te8 33.Ab2 e3 34.fxe3 Dxe3+ 35.Dxe3 Txe3 36.Rf2 Te4 37.Ac1 Rf7 38.Ae3 g5 39.Ch5 Te6 40.c5 bxc5 41.Axc5 Te5 42.Tc1 Tf5+ 43.Rg1 Td5 44.Tc2 f5 45.Cg3 f4 46.Ce2 Td1+ 47.Rf2 Ae4 48.Tb2 Ad3 49.h4 h6 50.hxg5 hxg5 51.g3 fxg3+ 52.Rxg3 Ae4 53.Rf2 Td3 54.Cd4 g4 55.Te2 g3+ 56.Re1 g2 57.Rf2 Td1 58.Cf3 Axf3 59.Rxf3 g1D 0–1

Sanguinetti, Renato – Iliesco, Juan Traian [E62]
Campeonato Argentino / Torneo Mayor (9), 1946

1.d4 Cf6 2.c4 g6 3.Cc3 d6 4.Cf3 Ag7 5.g3 0–0 6.Ag2 Ag4 7.h3 Axf3 8.exf3 Ca6 9.0–0 c5 10.dxc5 Cxc5 11.Ae3 Tb8 12.Dd2 b6 13.Tad1 Dc8 14.Ah6 a6 15.Axg7 Rxg7 16.Tfe1 Te8 17.Cd5 Cxd5 18.cxd5 a5 19.Dd4+ Rg8 20.h4 Df5 21.Te3 Df6 22.Af1 Dxd4 23.Txd4 Rf8 24.Ab5 Ted8 25.a3 e5 26.Tc4 a4 27.Tb4 Ta8 28.Tc3 Ta5 29.Rf1 f5 30.Re2 Re7 31.Ac6 Tb8 32.Ab5 Rf6 ½–½

La infantería de Rebizzo, arrasadora. *El Mundo*, 8 de diciembre de 1946

10 ronda, 8 de diciembre

El cierre de la ronda trajo cinco resultados y escasas modificaciones en la escala de puntos, puesto que con excepción de Iliesco y Julio Bolbochán, los demás punteros suspendieron sus partidas al finalizar la sesión. Fue en la segunda mitad de la tabla donde se notaron avances de Piro y Falcón, que al fin halló cómo entrar en la lista de ganadores después de algunas tentativas malogradas. Beretta volvió a jugar otra vez *la antigua vaca lechera de los torneos,* como se llamó antaño a la línea que empleara, demostrando conocimientos sobre las últimas novedades, a pesar de que dicen que no estudia; Iliesco se sacrificó por el amigo, y Montiel y Bahamonde siguen en actitud benigna, sin hacer daño a nadie. Quedan en total once partidas pendientes de resolución.

La tabla de posiciones muestra cuatro jugadores con 6 puntos: Rebizzo, Julio Bolbochán, Rossetto y Sanguinetti. Rebizzo tiene una partida menos y una suspendida. Bolbochán también jugó 9, y los dos restantes 10 juegos. Jacobo Bolbochán sigue con 5½/9.[460]

Bahamonde, Antonio – Rossetto, Héctor Decio [D07]
Campeonato Argentino / Torneo Mayor (10), 1946

1.d4 d5 2.c4 Cc6 3.Af4 dxc4 4.Cf3 Cf6 5.e3 Cd5 6.Ag3 Cb6 7.Cbd2 Af5 8.Axc4 Cxc4 9.Cxc4 e6 10.0–0 Ae7 11.a3 Ag4 12.Tc1 0–0 13.h3 Ah5 14.Ccd2 Ad6 15.Ce4 Ce7 16.Axd6 cxd6 17.Cg3 Axf3 18.Dxf3 Db6 19.De2 Tac8 20.Dd2 d5 21.Ce2 Cf5 22.Txc8 Txc8 23.Tc1 Txc1+ 24.Dxc1 Cd6 25.Dc3 Rf8 26.Cc1 Re7 27.Cd3 Cc4 28.Rf1 h5 29.Re2 f6 30.Rd1 Rd6 31.Rc2 g5 32.Db4+ Dxb4 33.Cxb4 e5 34.Rc3 e4 35.Cc2 f5 36.b3 Cb6 37.Cb4 f4 38.Rd2 a5 39.Cc2 a4 40.bxa4 Cxa4 41.Cb4 Cb2 42.Re2 Cc4 43.Cc2 b5 44.exf4 gxf4 45.g3 f3+ 46.Re1 Re6 47.Rf1 Rf5 48.Ce3+ Re6 49.Cc2 Rf6 50.Re1 Rg5 51.Ce3 Cxa3 52.Cxd5 Rf5 53.Ce3+ Re6 54.g4 hxg4 55.hxg4 Cc4 56.Cc2 Rf6 57.d5 Re5 58.g5 Cb6 59.Cd4 0–1

Beretta, Héctor – Bolbochán, Julio [C48]
Campeonato Argentino / Torneo Mayor (10), 1946

1.e4 e5 2.Cf3 Cc6 3.Cc3 Cf6 4.Ab5 Cd4 5.Cxd4 exd4 6.e5 dxc3 7.exf6 Dxf6 8.dxc3 De5+ 9.De2 Dxe2+ 10.Rxe2 c6 11.Ad3 d5 12.Ae3 Ae6 13.The1 Ad6 14.f4 0–0 15.Rf3 Tfe8 16.g4 f6 17.Tad1 Te7 18.h3 Tae8 19.Af2 b6 20.Af1 Rf8 21.f5 Ac8 22.Txe7 Txe7 23.c4 Ae5 24.c3 dxc4 25.Axc4 Td7 ½–½

Corte, César Juan – Rebizzo, Cayetano [B06]
Campeonato Argentino / Torneo Mayor (10), 1946

1.e4 d6 2.d4 g6 3.Ae3 Ag7 4.Dd2 c5 5.c4 Db6 6.Cf3 Cc6 7.e5 Ag4 8.dxc5 dxc5 9.Cc3 Axf3 10.gxf3 Cxe5 11.Ae2 Cf6 12.0–0 0–0 13.b4 Tfd8 14.Cd5 Cxd5 15.cxd5 Dd6 16.bxc5 Dxd5 17.Dxd5 Txd5 18.Tab1 Td7 19.Tfd1 Tc7 20.Td5 e6 21.Td6 Af8 22.f4 Cd7 23.Tbd1 Cxc5 24.Td8 Tcc8 25.T8d2 Tc7 26.Af3 Tac8 27.Td8 Txd8 28.Txd8 Rg7 29.Ad4+ f6 30.Axc5 Axc5 31.Tb8 b6 32.Tb7 Txb7 33.Axb7 Ad6 34.f5 gxf5 35.h3 e5 36.Ac6 Rg6 37.Rg2 Rg5 38.Rf3 e4+ 39.Rg2 Rf4 40.Ad7 Ac5 41.Ac6 Re5 42.Rf1 f4 43.f3 e3 44.Re2 Rd4 45.a4 h6 46.Ab5 Rc3 47.Rd1 Rb4 48.Rc2 a6 49.Axa6 Rxa4 50.Ac4 b5 51.Ae6 Ra3 52.h4 Ab4 53.Rd3 Aa5 54.h5 b4 55.Af5 b3 0–1

Falcón, Enrique – Lipiniks, Leonardo [D97]
Campeonato Argentino / Torneo Mayor (10), 1946

1.d4 Cf6 2.c4 g6 3.Cc3 d5 4.Af4 Ag7 5.Cf3 0–0 6.Db3 dxc4 7.Dxc4 c6 8.e4 Ae6 9.Dd3 Db6 10.Ae2 Td8 11.0–0 Ag4 12.Ae3 Cbd7 13.Dc4 Axf3 14.Axf3 Tac8 15.e5 Cd5 16.Cxd5 cxd5 17.Dxd5 Tb8 18.Tab1 e6 19.Dc4 Tbc8 20.Da4 a6 21.Tfc1 Txc1+ 22.Axc1 Db5 23.Dxb5 axb5 24.Ae3 f6 25.exf6 Axf6 26.Axb7 Cb6 27.Td1 Cc4 28.b3 Cd6 29.Ac6 b4 30.g4 Rf7 31.d5 Ac3 32.Ab6 Th8 33.Td3 e5 34.a4 e4 35.Td1 Rf6 36.Ae3 h5 37.h3 hxg4 38.hxg4 Cf7 39.d6 Ce5 40.Axe4 Cxg4 41.d7 1–0

---

[460] *El Mundo*, 9 de diciembre de 1946.

Garibaldi, Oscar – Piazzini, Luis Rubén [A07]
Campeonato Argentino / Torneo Mayor (10), 1946

1.Cf3 d5 2.g3 Cf6 3.Ag2 e6 4.d3 Cc6 5.Cbd2 Ac5 6.Cb3 Ab6 7.0–0 Ca5 8.Cxa5 Axa5 9.d4 0–0 10.Ce5 Cd7 11.Cd3 Ab6 12.c3 c5 13.dxc5 Cxc5 14.Cxc5 Axc5 15.Dd3 Ad7 16.Ae3 Axe3 17.Dxe3 Ab5 18.Tfd1 Da5 19.Td4 Tac8 20.Tg4 g6 21.Dh6 Dc7 22.e4 dxe4 23.Txe4 Tfd8 24.Tae1 Td6 25.h4 Ac6 ½–½

Iliesco, Juan Traian – Piro, Antonio [D63]
Campeonato Argentino / Torneo Mayor (10), 1946

1.d4 Cf6 2.c4 e6 3.Cc3 d5 4.Ag5 Ae7 5.e3 Cbd7 6.Cf3 0–0 7.Tc1 b6 8.cxd5 exd5 9.Ab5 Ab7 10.Da4 a6 11.Ad3 c5 12.Dd1 Ce4 13.Axe7 Dxe7 14.0–0 Cxc3 15.bxc3 c4 16.Ac2 b5 17.Tb1 Ac6 18.Te1 f5 19.Dc1 a5 20.a3 g6 21.Db2 Tfb8 22.Cd2 Tb7 23.f3 Te8 24.e4 Dg5 25.Dc1 fxe4 26.fxe4 dxe4 27.Axe4 Axe4 28.Cxe4 Dxc1 29.Tbxc1 Tb6 30.Cg5 Txe1+ 31.Txe1 Cf6 32.Te5 h6 33.Cf3 Rf7 34.Cd2 Cd7 35.Td5 Re6 36.Txd7 Rxd7 37.Ce4 b4 38.cxb4 axb4 39.axb4 Txb4 40.Rf2 Tb2+ 0–1

Martín, Pedro – Maderna, Carlos Hugo [C82]
Campeonato Argentino / Torneo Mayor (10), 1946 *[Juan S. Morgado]*

1.e4 e5 2.Cf3 Cc6 3.Ab5 a6 4.Aa4 Cf6 5.0–0 Cxe4 6.d4 b5 7.Ab3 d5 8.dxe5 Ae6 9.c3 Ac5 10.Cbd2 0–0 11.Ac2 Af5 12.Cb3 Ab6 13.Cfd4 Cxd4 14.cxd4 Ag6 15.Ae3 f5 16.Dc1 h6 [16...Tc8 17.f4 a5 18.De1 Ta8 19.Cc1 Tc8 20.h3 c5=] **17.Ad3 Ae8 18.f3 Cg5 19.Dc2...** [a) 19.Axg5 hxg5 20.f4 De7 21.Tf2 gxf4 22.Dxf4∓; b) 19.Rh1 a5 20.Axg5 hxg5 21.f4 g4 22.Dc2∓] **19...f4 20.Af2 Ah5 21.De2...** [21.Tfe1 De8 22.e6 Tf6 23.e7 Ag6 24.Axg6 Txg6 25.Rf1∓] **21...De7 22.Tac1...** [22.Ac2 Ae8 23.Dd3 b4 24.Tfe1 Ab5 25.Dd2∓] **22...Ce6 23.Ab1 g5 24.Rh1 Dg7 25.Dd3 Ae8 26.Ae1 a5 27.Af2 Rh8 28.Cc5 Axc5 29.dxc5 c6 30.Tfe1?!...** [30.g4 h5 31.Tg1 hxg4 32.fxg4 Dh6 33.h4 Rg7 34.Df3 Ag6→] **30...Ta7 31.Dd2?!...** [31.Ted1 h5→] **31...Ag6∓ 32.Ad3 Axd3 33.Dxd3 Dh7 34.Dd2 Df5 35.b3 Tg8 36.Te2 h5 37.a3 a4 38.b4 Td7 39.Tce1 Tdg7 40.Dc3 Th7 41.Td2 Th6**

42.Tde2?... [42.Td3 Thg6∓] **42...Thg6** [42...g4–+] **43.Td2 Rh7 44.Tde2?!...** [44.Tf1 Cf8 45.Te1 Te6∓] **44...Rg7∓ 45.Tf1 Rf7 46.Dd2 Re8 47.Dc3 g4 48.Ah4? Rd7?!** [48...gxf3 49.Txf3 Tg4–+] **49. Dd2 gxf3 50.Txf3 Dg4 0–1**

Montiel, Osvaldo – Martínez, José E. [C10]
Campeonato Argentino / Torneo Mayor (10), 1946

1.e4 e6 2.d4 d5 3.Cd2 dxe4 4.Cxe4 Cd7 5.Cf3 Cgf6 6.Cxf6+ Cxf6 7.Ce5 Dd5 8.Ae3 Ad6 9.Cc4 Ae7 10.Dd3 Cg4 11.h3 Cxe3 12.Cxe3 Da5+ 13.c3 c5 14.Db5+ Dxb5 15.Axb5+ Ad7 16.Axd7+ Rxd7 17.dxc5 Axc5 18.Td1+ Rc7 19.Re2 Tad8 20.Txd8 Txd8 21.Td1 Txd1 22.Cxd1 Ae7 23.Ce3 e5 24.Cd5+ Rd6 25.Cxe7 Rxe7 ½–½

Pazos Gramajo, Horacio – Marini, Luis [B73]
Campeonato Argentino / Torneo Mayor (10), 1946

1.e4 c5 2.Cf3 d6 3.d4 cxd4 4.Cxd4 Cf6 5.Cc3 g6 6.Ae2 Ag7 7.Ae3 Cc6 8.Dd2 0–0 9.0–0 Cg4 10.Axg4 Axg4 11.f4 Ae6 12.f5 Ac4 13.Tf2 Ce5 14.h3 d5 15.b3 dxe4 16.Td1 Aa6 17.Ah6 Cd3 18. Axg7 Rxg7 19.cxd3 Dxd4 20.dxe4 De5 21.Dd4 Dxd4 22.Txd4 Tad8 23.Tdd2 Ad3 24.Tf3 Aa6 25. Tff2 Txd2 26.Txd2 Tc8 27.Ce2 Axe2 28.Txe2 Rf6 29.g4 Re5 30.Rf2 Tc3 31.Rg2 Rf4 32.fxg6 fxg6 33.Tf2+ Re5 34.Tf7 Re6 35.Tf3 Tc2+ 36.Tf2 Txf2+ 37.Rxf2 Re5 38.Re3 g5 39.a3 a5 40.a4 h6 41.Rd3 Rf4 0–1

Pilnik, Herman – Sanguinetti, Renato [B19]
Campeonato Argentino / Torneo Mayor (10), 1946 *[Juan S. Morgado]*

1.e4 c6 2.d4 d5 3.Cc3 dxe4 4.Cxe4 Af5 5.Cg3 Ag6 6.Cf3 Cd7 7.h4 h6 8.h5 Ah7 9.Ad3 Axd3 10.Dxd3 Dc7 11.Ad2 Cgf6 12.0-0-0 e6 13.c4 0-0-0 14.Ac3 Ad6 15.Ce4 Cxe4 16.Dxe4 Cf6 17.Dc2 c5 18.d5 The8 19.Rb1 Rb8 20.Axf6 gxf6 21.The1 Af8 22.Te2 Td6 23.Tde1 Dd7 24.Dc3 Td8 25.Dxf6 exd5 26.Df4 dxc4 27.Td1... [27.Tc2=] 27...Rc8 28.Txd6 Dxd6 29.Df5+ Dd7 [29...Rc7 30.Td2 De6 31.Dxe6 fxe6=] 30.Dxd7+ Txd7 31.g4 Ag7 32.Rc2 Af6 33.Cd2 b5 34.Ce4 Ad4 35.Cg3 Af6 36.f4>< Td4?! [36... Td3=] 37.g5 hxg5 38.Ce4 Ah8 [38...gxf4?? 39.Cxf6 f3 40.Te5+–] 39.fxg5 Td5? [39... Rc7 40.Cxc5 Tg4 41.Ce4 Rc6=] 40.Tf2 Te5?? [40...Td4 41.Txf7±] 41.Cd6+ Rd7 1–0

11ª ronda, 9 de diciembre

▌Rebizzo se afirmó en la punta luego de derrotar con rapidez a Falcón, que intentó un muro de piedra original. Permitió al representante de Villa Crespo un ataque

Beretta y la antigua vaca lechera. *El Mundo*, 9 de diciembre 1946

decisivo en el flanco rey, sucumbiendo en la jugada 25ª. Maderna lanzó un furioso ataque sobre el flanco rey, que Bahamonde fue frenando como pudo. En el prefinal se hicieron notar las debilidades de su rey, y Maderna obligó al abandono en la jugada 58ª. Julio Bolbochán inició con el PD, y Garibaldi respondió con la Nimzoindia. Mantuvo siempre cierta iniciativa, que consolidó mediante el avance de sus peones centrales.

Las negras distrajeron sus caballos en el flanco dama, y Julio aprovechó principalmente un error en la jugada 21ª, para definir luego la partida en la 31ª. Jacobo Bolbochán igualó frente a Beretta, PD Grünfeld. Las blancas tuvieron clara ventaja en el medio juego, logrando colocar un Cc6 indesalojable, que desde allí entorpeció la coordinación de las piezas negras. En la 37ª Bolbochán propuso el cambio de damas en lugar de atacar en el flanco de rey, y su ventaja disminuyó hasta el punto de tener que aceptar el empate en la 45ª. Quedó en la punta Rebizzo, con 8, y por detrás Maderna 7½; Julio Bolbochán, Sanguinetti y Rossetto 7.[461]

Bolbochán, Jacobo – Beretta, Héctor [D95]
Campeonato Argentino / Torneo Mayor (11), 1946

1.d4 Cf6 2.c4 g6 3.Cc3 d5 4.Cf3 Ag7 5.e3 0–0 6.Db3 c6 7.Ad2 dxc4 8.Axc4 Ce8 9.0–0 Cd6 10.Ae2 Ae6 11.Dd1 Ac4 12.Tc1 Axe2 13.Dxe2 Cd7 14.e4 e5 15.d5 c5 16.Cb5 Ce8 17.a4 a6 18.Ca3 Cd6 19.Cc4 Cf6 20.Cxd6 Dxd6 21.Ag5 Tab8 22.Dc2 Cd7 23.Cd2 b5 24.axb5 axb5 25.Cb3 Tfc8 26.Ca5 f6 27.Ae3 Af8 28.Cc6 Ta8 29.Db3 b4 30.g3 Rg7 31.f4 Dc7 32.f5 g5 33.Rg2 Ad6 34.Tf2 Db6 35.Td2 Db5 36.Dd1 Cb6 37.De2 Dxe2+ 38.Txe2 Cd7 39.Rf3 h5 40.h3 Rf7 41.Tec2 Ta4 42.Af2 Tca8 43.Re3 Ta2 44.Rd3 Re8 45.b3 T2a3 ½–½

Bolbochán, Julio – Garibaldi, Oscar [E49]
Campeonato Argentino / Torneo Mayor (11), 1946 *[Juan S. Morgado]*

1.d4 Cf6 2.c4 e6 3.Cc3 Ab4 4.e3 0–0 5.Ad3 d5 6.a3 Axc3+ 7.bxc3 dxc4 8.Axc4 c5 9.Ce2 Dc7 10.Ad3 e5 11.0–0 Td8 12.Dc2 c4 13.Af5 Cc6 14.Tb1 a6 15.Axc8 Taxc8 16.a4 Ca5 17.e4 Te8 18.d5 Cb3 19.Cg3 g6 20.Ah6 Cd7 21.De2 Cb6? [21…Tb8 22.Dg4 Cbc5 23.f4 exf4 24.Axf4 Ce5 25.Dh4⩲] **22.Dg4± Dd7?** [22…Cd7 23.Cf5±] **23.Dh4+– Dd6 24.f4 Cd7 25.f5 f6 26.fxg6 hxg6 27.Cf5 Dc5+ 28.Ae3 Df8 29.Dg4 Cbc5 30.Dxg6+ Rh8 31.Tf3 1–0**

Lipiniks, Leonardo – Iliesco, Juan Traian [E67]
Campeonato Argentino / Torneo Mayor (11), 1946

1.d4 Cf6 2.c4 g6 3.Cc3 d6 4.g3 Ag7 5.Ag2 0–0 6.Cf3 Cbd7 7.0–0 e5 8.b3 Te8 9.Ab2 Ch5 10.e4 c6 11.Dd2 Dc7 12.Tad1 exd4 13.Cxd4 Cc5 14.b4 Ce6 15.Cde2 Af8 16.h3 Chg7 17.Rh2 a5 18.b5 Cc5 19.Cd4 Cge6 20.f4 Ag7 21.Cde2 Af8 22.f5 Cg7 23.Cd4 Cd7 24.fxg6 hxg6 25.bxc6 bxc6 26.e5 Cxe5 27.Axc6 Cxc4 28.Cd5 Cxd2 29.Cxc7 Cxf1+ 30.Txf1 Tb8 31.Cxe8 Txb2+ 32.Rg1 Cxe8 33.Axe8 Axh3 34.Axf7+ Rg7 35.Ce6+ Rh6 36.Tf2 Tb1+ 37.Rh2 Axe6 38.Axe6 Ag7 39.Td2 Ae5 40.Td5 Te1 41.Txa5 Te2+ 42.Rh3 Te3 43.Rg2 Txg3+ 44.Rf2 Tc3 45.Tb5 Rg5 46.Ab3 Rf6 47.a4 Tc1 48.Td5 g5 49.Ad1 Rf5 50.a5 Ta1 51.Ae2 g4 52.a6 Re4 53.Td2 g3+ 54.Rg2 Re3 55.Tc2 d5 56.Af3 d4 57.Te2+ Rf4 58.Ab7 d3 59.Te4+ Rf5 60.Te3 d2 61.Tf3+ Af4 62.Td3 Ae3 63.Af3 Rf4 64.a7 Axa7 0–1

Maderna, Carlos Hugo – Bahamonde, Antonio [E60]
Campeonato Argentino / Torneo Mayor (11), 1946 *[Juan S. Morgado]*

1.d4 Cf6 2.c4 g6 3.f3 c5 4.d5 d6 5.e4 Ag7 6.Ae3 Db6 7.Ac1 0–0 8.Ce2 Cbd7 9.Cbc3 Ch5?! [9...e6!?] **10.g4 Chf6** [10...Ce5 11.gxh5 Cxf3+ 12.Rf2 Ag4 13.Cf4 Ad4+ 14.Rg3±] **11.Cg3 Ce5 12.Ae2 e6??** [12...Ad7 13.g5±] **13.g5 Ce8 14.f4+– Cd7 15.h4 Dd8 16.h5 exd5 17.Cxd5 Cb6 18.hxg6 hxg6 19.Ad3 Cc7 20.f5 Ccxd5 21.cxd5 c4 22.f6?...** [22.Dg4+–] **22...cxd3 23.fxg7?...** [23.Dd2 Axf6 24.Dh2 Te8 25.Dh7+ Rf8 26.gxf6 Dxf6 27.Dh6+ Rg8 28.Ag5 Dg7 29.Dh4 Cxd5 30.0–0–0 f6 31.Ad2 Cb6 32.Ac3 Rf7 33.Txd3 Ad7 34.Txd6 Te6 35.Tdd1 Tc8 36.Rb1 Txc3 37.bxc3 Ac6 38.Thg1±] **23...Rxg7 24.Dxd3→ Cd7 25.Af4 Ce5 26.Dd4 f6 27.0–0–0 Ag4 28.Tdf1 De7?** [28...Af3 29.Thg1→] **29.gxf6+ Txf6 30.Rb1+– b6? 31.Ah6+??...** [31.Tf2 Cf3 32.De3+–] **31...Rg8 32.Dd2= Cf7?** [32...Cf3=] **33.Ae3?...** [33.Af4 g5 34.Ae3 Txf1+ 35.Txf1 Tf8 36.Tg1±] **33...Txf1+ 34.Txf1 Dh4?** [34...Tf8 35.Dh2±] **35.Df2± Ce5 36.Th1 De7 37.Dh2 Dg7 38.Ah6?...** [38.Ad4±] **38...Dh7 39.Dh4 Ad7?** [39...Af3=] **40.Df6± Cg4 41.Df4?!...** [41.Dxd6±] **41...De7?** [41...Cxh6 42.Txh6 Dg7 43.Dg5 Ae8 44.Th1→] **42.Tf1+– Ce5 43.Ag5 Df7 44.Af6 Tf8 45.Axe5 dxe5 46.Dxe5 De8 47.Dxe8 Txe8 48.Rc2 Tc8+ 49.Rd2 Rg7 50.Re3 Tc2 51.Tf2 Txf2 52.Rxf2 Rf6 53.Re3 Re5 54.Cf1 b5 55.Cd2 Ag4 56.Cf3+ Rd6 57.Ch4 g5 58.Cf3 1–0**

Puede verse el flojo nivel de los ajedrecistas argentinos aún en esta categoría superior.

Marini, Luis – Martín, Pedro [A19]
Campeonato Argentino / Torneo Mayor (11), 1946 *[Juan S. Morgado]*

1.c4 Cf6 2.Cc3 e6 3.e4 c5 4.g3 Cc6 5.Ag2 d6 6.Cge2 a6 7.d4 cxd4 8.Cxd4 Dc7 9.Cde2 Ac7 10.h3 0–0 11.0–0 Tb8 12.a4 Ad7 13.b3 Ca5 14.Ad2 b6 15.Tc1 Tbd8 16.Ae3...

16...Ac6?? [16...Ac8 17.Cd4⩲] **17.Cd5 Axd5** [17...exd5 18.cxd5+–] **18.cxd5+– Da7 19.b4 Cb7 20.Cd4 Td7 21.dxe6 fxe6 22.Cxe6 Tb8 1–0**

Martínez, José E. – Corte, César Juan [A45]
Campeonato Argentino / Torneo Mayor (11), 1946

1.d4 Cf6 2.Cd2 c5 3.e3 g6 4.Ad3 Ag7 5.c3 0–0 6.f4 d6 7.Cgf3 Cc6 8.0–0 e5 9.Ab5 cxd4 10.cxd4 Cg4 11.Cb3 e4 12.Cg5 Cf6 13.Dc2 De8 14.Ad2 Af5 15.Dd1 a6 16.Ae2 Dc8 17.Tc1 h6 18.Ch3 Axh3 19.gxh3 Dxh3 20.Tf2 Tac8 21.Tg2 Ce7 22.Tg3 Txc1 23.Axc1 Dd7 24.Ca5 Tc8 25.Ad2 Dc7 26.Cc4 b5 27.Ca3 Cf5 28.Tg2 Dc6 29.Db3 Dd5 30.Db4 Dxa2 31.Ac3 Cd5 32.Da5 Cxc3 33.bxc3 Da1+ 34.Rf2 Dxc3 0–1

Piazzini, Luis Rubén – Montiel, Osvaldo [C17]
Campeonato Argentino / Torneo Mayor (11), 1946

1.e4 e6 2.d4 d5 3.Cc3 Ab4 4.e5 c5 5.Ad2 Ce7 6.Cb5 Axd2+ 7.Dxd2 0–0 8.c3 Cbc6 9.Cf3 a6 10.Ca3 cxd4 11.cxd4 Db6 12.Ad3 g6 13.Cc2 Rg7 14.h4 h5 15.0–0 Cf5 16.Tfe1 Ch6 17.Cg5 Ad7 18.Df4 Dd8 19.Dg3 De7 20.b4 Cf5 21.Axf5 exf5 22.a3 Ae6 23.f4 Tfc8 24.Dd3 Tc7 25.Ce3 Tac8 26.Tec1 Ca7 27.Dd2 Dd7 28.Txc7 Dxc7 29.Ta2 Dc3 30.Dxc3 Txc3 31.Cc2 Ad7 32.Cf3 Aa4 33.Cfe1 Cb5 34.Rf2 Ab3 35.Tb2 Axc2 36.Cxc2 Cxa3 37.Cxa3 Txa3 38.b5 a5 39.Tc2 Tb3 40.Tc7 Txb5 41.e6 Rf8 42.Txf7+ Re8 43.g4 hxg4 44.h5 gxh5 45.Txf5 a4 46.Txh5 a3 47.f5 Tb6 ½–½

Piro, Antonio – Pilnik, Herman [A22]
Campeonato Argentino / Torneo Mayor (11), 1946

1.c4 e5 2.Cc3 Cf6 3.g3 Ac5 4.Ag2 0–0 5.e3 Cc6 6.Cge2 d6 7.d4 exd4 8.exd4 Ab6 9.0–0 Te8 10.h3 Af5 11.Ae3 Ag6 12.a3 a5 13.d5 Ce5 14.Axb6 cxb6 15.Dd4 Ad3 16.f4 Axe2 17.Cxe2 Ced7 18.Tae1 a4 19.g4 Cc5 20.Cg3 Cb3 21.Dc3 g6 22.g5 Txe1 23.Txe1 Cd7 24.Ce4 Dc7 25.Af3 Te8 26.Rg2 Te7 27.Ag4 Cbc5 28.Cf6+ Cxf6 29.gxf6 Txe1 30.Dxe1 Rf8 31.Dh4 h5 32.Af3 Cd7 33.Ag4 Cxf6 34.Dxf6 hxg4 35.hxg4 Rg8 36.Dd4 De7 37.Dxb6 De2+ 38.Rg3 Dd3+ 39.Rh4 g5+ 40.Rxg5 Dg6+ 41.Rh4 ½–½

Rebizzo, Cayetano – Falcón, Enrique [A00]
Campeonato Argentino / Torneo Mayor (11), 1946

1.d3 d5 2.g3 f5 3.Ag2 Cf6 4.Cf3 e6 5.0–0 Ad6 6.Cc3 Cc6 7.e4 d4 8.Ce2 0–0 9.Ce1 e5 10.f4 fxe4 11.dxe4 Ag4 12.h3 Axe2 13.Dxe2 De8 14.f5 Rh8 15.g4 Cg8 16.g5 Ae7 17.Dg4 Td8 18.Cf3 Td6 19.Ad2 Ad8 20.Tf2 h6 21.Ch4 h5 22.Dd1 a5 23.Cg6+ Txg6 24.fxg6 Txf2 25.Dxh5+ Ch6 26.Rxf2 1–0

Sanguinetti, Renato – Pazos Gramajo, Horacio [D54]
Campeonato Argentino / Torneo Mayor (11), 1946

1.d4 Cf6 2.c4 e6 3.Cc3 d5 4.Ag5 Ae7 5.e3 0–0 6.Tc1 h6 7.Ah4 Ce4 8.Axe7 Dxe7 9.cxd5 Cxc3 10.Txc3 exd5 11.Dc2 c6 12.Ad3 Cd7 13.Cf3 Cf6 14.0–0 Ce4 15.Axe4 dxe4 16.Ce5 Af5 17.f4 f6 18.Cc4 Tac8 19.Cd2 Tfd8 20.Tc1 Td5 21.a3 Rh8 22.h3 Dd7 23.Tc5 g5 24.fxg5 Txc5 25.Dxc5 b6 26.Dc2 hxg5 27.b4 Rg7 28.Cf1 Ag6 29.Df2 f5 30.h4 gxh4 31.Dxh4 Dd6 32.Dh2 Dd5 33.Dh4 Dd6 34.Dg3 De7 35.Df4 De6 36.Cg3 Dd5 37.Dg5 De6 38.Ch5+ Rf7 39.Tf1 De7 40.Txf5+ Axf5 41.Dxf5+ 1–0

12ª ronda, 11 de diciembre

▌De los jugadores que se hallan mejor colocados hasta ahora, sólo Rebizzo, Julio Bolbochán y Sanguinetti definieron sus partidas, ganándolas, contra Falcón, Garibaldi y Pazos Gramajo. Pilnik suspendió la suya con la perspectiva de un jaque continuo que le evite perder contra Piro, lo mismo que Jacobo Bolbochán e Iliesco en sus partidas con Beretta y Lipiniks, respectivamente. Maderna suspendió en la jugada 41ª con Bahamonde, PD, India del Rey. Fue una partida viva y muy complicada, quizás algo mejor Maderna, pero con igualdad de material.[462]

---

[462] *La Nación*, 11 de diciembre de 1946.

■ Rebizzo va primero. La sesión complementaria ha dejado sólo una partida pendiente, entre Rossetto y Maderna, que se halla virtualmente decidida a favor del maestro platense. De tal manera, ha quedado regularizada la situación de los competidores, y Cayetano Rebizzo encabeza la tabla con medio punto de ventaja sobre Julio Bolbochán y Renato Sanguinetti. Sigue luego a medio punto Maderna, quien de ganar su partida pendiente con Rossetto obtendría el mismo puntaje que Rebizzo. Los resultados fueron: Martín 0:1 Maderna y Bahamonde 0:1 Rossetto (10ª rueda); Maderna 1:0 Bahamonde y Piro ½:½ Pilnik (11ª); Pazos Gramajo 0:1 Piro, Bahamonde 0:1 Marini y Montiel 0:1 Julio Bolbochán (12ª).[463]

Bahamonde, Antonio – Marini, Luis [E40]
Campeonato Argentino / Torneo Mayor (12), 1946

1.d4 Cf6 2.c4 e6 3.Cc3 Ab4 4.e3 Cc6 5.Ad3 d5 6.Cge2 0–0 7.0–0 dxc4 8.Axc4 e5 9.a3 Ad6 10.Cb5 Ae7 11.Dc2 a6 12.dxe5 Cxe5 13.Td1 Ad7 14.Cbd4 Dc8 15.Cg3 Cxc4 16.Dxc4 c5 17.Cde2 Td8 18.Ad2 Ab5 19.Dc2 Ad3 20.Dc1 h5 21.Aa5 Td7 22.Cf4 c4 23.Ac3 h4 24.Cxd3 hxg3 25.Cf4 gxf2+ 26.Rh1 Ce4 27.Txd7 Dxd7 28.Ad4 b5 29.Dc2 Df5 30.De2 Ad6 31.Ch3 Te8 32.Tf1 Dh7 33.Df3 f5 34.g4 Tf8 35.gxf5 Dxf5 36.Dxf5 Txf5 37.Rg2 Rf7 38.Cf4 Axf4 39.exf4 Txf4 40.Ae3 Tf6 41.Ad4 0–1

Corte, César Juan – Piazzini, Luis Rubén [C42]
Campeonato Argentino / Torneo Mayor (12), 1946

1.e4 e5 2.Cf3 Cf6 3.Cxe5 d6 4.Cf3 Cxe4 5.De2 De7 6.d3 Cf6 7.Ag5 Ae6 8.Cc3 c6 9.d4 Ca6 10.d5 Axd5 11.Dxe7+ Axe7 12.Axf6 Axf6 13.Cxd5 cxd5 14.Ab5+ Rf8 15.Axa6 Axb2 16.Tb1 Ac3+ 17.Re2 bxa6 18.Tb7 Af6 19.Thb1 g6 20.Td7 Rg7 21.Tbb7 Thf8 22.Rd2 Tab8 23.Txb8 Txb8 24.Txd6 Tb1 25.Txd5 Tf1 26.c4 Txf2+ 27.Rd3 Txa2 28.c5 Ta3+ 29.Rc4 Tc3+ 30.Rb4 Tc2 31.Cd4 Txg2 32.c6 Axd4 33.Txd4 Tb2+ 34.Rc5 Tb8 35.c7 Tc8 36.Rc6 g5 37.Rb7 Txc7+ 38.Rxc7 1–0

Falcón, Enrique – Martínez, José E. [C64]
Campeonato Argentino / Torneo Mayor (12), 1946

1.e4 e5 2.Cf3 Cc6 3.Ab5 Ac5 4.c3 Df6 5.d3 h6 6.Ae3 Ab6 7.Cbd2 Cge7 8.Cc4 d6 9.d4 0–0 10.Cxb6 axb6 11.d5 Cb8 12.Cd2 Cg6 13.Df3 Dxf3 14.Cxf3 f5 15.Ad3 fxe4 16.Axe4 Cf4 17.Ch4 Cd7 18.Cg6 Cxg6 19.Axg6 Cf6 20.c4 Cg4 21.Re2 Af5 22.Axf5 Txf5 23.f3 Cxe3 24.Rxe3 Tf4 25.Thc1 g5 26.b3 e4 27.fxe4 Te8 28.Rd3 Tfxe4 29.Rc3 Te2 30.Tg1 Tf2 31.Rb4 Tee2 32.a4 Txg2 33.h3 Txg1 34.Txg1 Rg7 35.h4 Rg6 36.hxg5 hxg5 37.a5 bxa5+ 38.Rxa5 Te3 39.b4 Rf5 40.Tf1+ Rg6 41.Tf8 Te7 42.Rb5 g4 43.c5 Tg7 44.cxd6 cxd6 45.Td8 g3 46.Txd6+ Rf5 47.Te6 g2 48.Te1 g1D 49.Txg1 Txg1 50.Rc5 Re5 51.b5 Tg6 0–1

Garibaldi, Oscar – Bolbochán, Jacobo [D00]
Campeonato Argentino / Torneo Mayor (12), 1946

1.d4 d5 2.g3 c6 3.Ag2 Af5 4.Cd2 Cf6 5.c3 e6 6.e3 Ae7 7.Ce2 Cbd7 8.0–0 0–0 9.f3 Ad3 10.e4 e5 11.exd5 Cxd5 12.Cb3 Ac4 13.Rh1 Af6 14.Tf2 Db6 15.f4 exd4 16.Cbxd4 Tfe8 17.Tf3 Cc5 18.h3 Tad8 19.Af1 Ce4 20.Dc2 Da6 21.Rg2 Cc5 22.Ad2 Ad3 23.Txd3 Dxd3 24.Dxd3 Cxd3 25.Cg1 Cc5

---

[463] *La Nación*, 14 de setiembre de 1946.

26.Cgf3 Ce4 27.Ac1 g6 28.Ad3 c5 29.Cb3 Cdxc3 30.Ac2 Cd5 31.Ca5 Cd6 32.Rf2 Cb4 33.Ab1 b6 34.Cb3 Cc4 35.a3 Cd3+ 0–1

Iliesco, Juan Traian – Rebizzo, Cayetano [A84]
Campeonato Argentino / Torneo Mayor (12), 1946

1.d4 d5 2.c4 e6 3.Cc3 f5 4.Cf3 c6 5.g3 Cd7 6.Ag2 Ad6 7.0–0 Df6 8.Af4 Ab8 9.Dd2 Ce7 10.Axb8 Txb8 11.Df4 0–0 12.Ce5 g5 13.De3 f4 14.Cxd7 Axd7 15.Dd3 Ae8 16.b3 Ag6 17.Dd2 Tf7 18.Af3 Cf5 19.Tad1 Cd6 20.Ca4 Ae4 21.c5 Cf5 22.Cc3 Axf3 23.exf3 Dh6 24.Rg2 Tf6 25.h3 Tbf8 26.Ce2 fxg3 27.fxg3 Dh5 28.Cg1 Dg6 29.Tfe1 h5 30.Te5 Rh7 31.Tde1 Tg8 32.Rh2 Df7 33.Tf1 g4 34.fxg4 hxg4 35.h4 Tf8 36.Ce2 Cxh4 37.Txf6 Dxf6 38.Th5+ Rg7 39.Txh4 Df2+ 40.Rh1 Df3+ 41.Rh2 ½–½

Martín, Pedro – Sanguinetti, Renato [D79]
Campeonato Argentino / Torneo Mayor (12), 1946

1.d4 Cf6 2.Cf3 g6 3.c4 Ag7 4.Cc3 d5 5.g3 0–0 6.Ag2 c6 7.cxd5 cxd5 8.0–0 h6 9.Ce5 Cc6 10.Cxc6 bxc6 11.Ca4 Af5 12.b3 Te8 13.Ab2 Cd7 14.Tc1 Tc8 15.Rh1 e5 16.dxe5 Axe5 17.Axe5 Txe5 18.Dd2 h5 19.h3 De7 20.e3 c5 21.Da5 c4 22.Dxa7 Da3 23.Dd4 Dxa2 24.Cb6 Tce8 25.Cxd7 Axd7 26.bxc4 Da4 27.Tcd1 Ac8 28.cxd5 Dd7 29.Tc1 Ab7 30.Tc5 Rh7 31.Tfc1 Df5 32.Rg1 Aa8 33.Te1 Df6 34.e4 g5 35.Tb5 g4 0–1

Montiel, Osvaldo – Bolbochán, Julio [A13]
Campeonato Argentino / Torneo Mayor (12), 1946 *[Juan S. Morgado]*

1.c4 e6 2.Cc3 d5 3.e3 Cf6 4.Cf3 Ae7 5.Ae2 0–0 6.0–0 c5 7.cxd5 Cxd5 8.Cxd5 Dxd5 9.d4 Cc6 10.dxc5 Dxc5 11.Ad2 Af6 12.Db3 e5 13.Tac1 De7 14.e4 Td8 15.Tfd1 Ag4 16.Ae3 Axf3 17.Axf3 Cd4 18.Axd4 exd4 19.g3 Tac8 20.Dd3 Db4 21.Txc8 Txc8 22.De2 g6 23.Ag4 Te8 24.Td3 h5 25.Af3 Dc4 26.b3 Dc1+ 27.Td1 Dc5 28.h4 b5 29.Dd3 Tc8 30.Ae2 a6 31.Dd2 Db6 32.Tc1 Tc3 33.Ad3 De6 34.Rg2 Dc6 35.Te1 Ae7 36.De2 Aa3 37.Rh2 Ab4 38.Td1 Aa3 39.f4 Ac1 40.e5 Ae3 41.Dg2 Dc8

42.Df3??... [42.De2=; 42.f5!?] **42...Txd3 0–1**

Pazos Gramajo, Horacio – Piro, Antonio [C18]
Campeonato Argentino / Torneo Mayor (12), 1946

1.e4 e6 2.d4 d5 3.Cc3 Ab4 4.e5 c5 5.a3 Axc3+ 6.bxc3 Cc6 7.Dg4 Cge7 8.Cf3 Db6 9.Ad3 c4 10.Ae2 Cf5 11.0–0 Ad7 12.a4 0–0–0 13.a5 Cxa5 14.Aa3 Dc7 15.Ad6 Db6 16.Tfb1 Da6 17.Ab4 b6

18.Df4 Ae8 19.Cd2 Td7 20.Cb3 Tb7 21.g4 Ch4 22.Dg5 cxb3 23.Axa6 Cf3+ 24.Rg2 Cxg5 25.Axa5 bxc2 26.Tb2 Rc7 27.Ab4 Aa4 28.Aa3 Tbb8 29.Ad6+ Rc6 30.Axb8 Txb8 31.Ad3 a5 32.Axc2 Ab5 33.f3 f6 34.h4 Cf7 35.exf6 gxf6 36.Axh7 Cd6 37.h5 a4 38.Tb4 Ta8 39.Ac2 a3 40.h6 Cc4 41.Rf2 Th8 42.h7 f5 43.gxf5 Txh7 44.f6 Tf7 45.Ag6 Tf8 46.f7 e5 47.Txc4+ Axc4 48.dxe5 a2 49.f4 Rd7 50.Re3 Re7 51.f5 Th8 52.f6+ Re6 53.Rf4 b5 54.Te1 d4 55.cxd4 b4 56.Rg5 b3 57.Th1 Tf8 58.Rh6 Txf7 59.Axf7+ Rxf7 60.Tc1 Ae6 61.Tc7+ Rf8 62.Ta7 b2 63.Ta8+ Rf7 64.Ta7+ Re8 65.Te7+ Rf8 66.Txe6 a1D 67.Td6 b1D 68.e6 Dh1+ 69.Rg5 Dag1+ 70.Rf5 Df3+ 0–1

Pilnik, Herman – Lipiniks, Leonardo [C11]
Campeonato Argentino / Torneo Mayor (12), 1946

1.e4 e6 2.d4 d5 3.Cc3 Cf6 4.Ag5 dxe4 5.Cxe4 Ae7 6.Axf6 Axf6 7.Cf3 Cd7 8.c3 0–0 9.Ad3 b6 10.De2 Ab7 11.0–0–0 De7 12.g4 g6 13.g5 Ag7 14.h4 e5 15.Ced2 Tfe8 16.The1 Df8 17.dxe5 Cxe5 18.Cxe5 Txe5 19.Dg4 Txe1 20.Txe1 Te8 21.Txe8 Dxe8 22.f4 c5 23.h5 b5 24.hxg6 hxg6 25.f5 De1+ 26.Rc2 c4 27.Ae4 Axe4+ 28.Cxe4 Df1 29.fxg6 Dd3+ 30.Rc1 Df1+ ½–½

Rossetto, Héctor Decio – Maderna, Carlos Hugo [C76]
Campeonato Argentino / Torneo Mayor (12), 1946 *[Juan S. Morgado]*

1.e4 e5 2.Cf3 Cc6 3.Ab5 a6 4.Aa4 d6 5.c3 Ad7 6.0–0 g6 7.d4 Ag7 8.dxe5 dxe5 9.De2 b5 10.Ab3 Ca5?! 11.Td1?!... [11.Ac2→] **11…Cxb3 12.axb3 Ce7?**

[12...Dc8 13.b4⩱] **13.Ah6! Af6?** [13...Axh6 14.Cxe5 Cc6 15.Txd7 Dc8 16.Td5±] **14.b4?!...** [14.c4 Cg8 15.Ae3 b4 16.Ta5+−] **14...Dc8 15.Cbd2± Ae6 16.De3 Cg8 17.Ag5...** [a) 17.h3 Db7 18.Tdc1 Cxh6 19.Dxh6 0–0–0 oo; b) 17.Tac1 Db7 oo] **17...Ag7 18.Dc5 f6 19.Cf1 Ce7** [19...fxg5 20.Dc6+ Rf8 21.Cxg5 Ag4 22.f3 Ce7 23.Dc5 h6 24.Ce3><] **20.Ah4 g5?!** [20...Db7=] **21.Cxg5 fxg5 22.Axg5>< Af8 23.Dxe5 Cg6 24.Dg3?!...** [24.Dd4!?><] **24...Ad6= 25.f4 Ab3?** [25...Tf8><] **26.Td2± Tg8?** [26...Tf8 27.e5±] **27.e5+− Ae7 28.Ce3 Cxe5??** [28...Cxf4 29.h4 Axg5 30.hxg5 Dd7 31.Df2...** *(31.Txd7 Ce2+⩱)* **31...Ch3+ 32.gxh3 Dxh3 33.Df4 oo] 29.Te1+− h6 30.Cf5??...** [30.Cd5 hxg5 31.Cxe7+−] **30...Dxf5= 31.Txe5 Dxe5 32.fxe5 Txg5 33.Df3 Td8 34.Dc6+ Rf7 35.Df3+ Rg7 36.Td4 Tf8 37.De3?...** [37.De4 Ae6 38.h4 Tg6 39.h5 Tg5 40.Dc6 Ah3 41.Rh2 Af5 *(41...Axg2 42.Dxc7=)* 42.e6 Txh5+ 43.Rg1 Rf6 44.Dxc7 oo] **37...Ae6∓ 38.h4 Tg6 39.Rh2 Tf5 40.g4 Tf1 41.De2 0–1**

Si bien la partida fue de difícil manejo, observando la gran cantidad de *blunders* se advierten las dificultades de ambos jugadores con la táctica.

13ª ronda, 13 de diciembre

Se llevó a cabo la 13ª rueda del torneo, que despertó interés particular, por cuanto podían aclararse en ella situaciones de varios competidores colocados en los puestos de preferencia, que debían jugar entre sí. Y así, aun cuando las dos partidas quedaron sin terminar, no es aventurado pronóstico el de sus resultados. Rebizzo ha suspendido con dos peones de ventaja su cotejo con Pilnik, y Marini ha colocado a Rossetto en una situación sumamente crítica después de haber conducido el juego con elegancia y energía. De tener estas partidas un resultado lógico, Rebizzo mantendría su condición de líder con 9½ puntos, bien que seguido a mínima diferenciador Julio Bolbochán, ante quien Corte se excedió en el tiempo una vez más. Sanguinetti, que venció a Maderna, tiene también 9.

Maderna llegaría a 8½ después de ganar el encuentro pendiente de la rueda anterior, suspendido en inmejorables condiciones para él contra Rossetto. Verdad es que faltan todavía 8 ruedas, pero ésta ha desplazado, peligrosamente para ellos, a algunos de los competidores favoritos, y destaca, en cambio, a otros que están desempeñándose con eficacia y regularidad muy encomiables.[464]

En el torneo nacional de ajedrez va primero el maestro C. Rebizzo

Rebizzo, primero. *La Nación*, 14 de setiembre de 1946

Beretta, Héctor – Garibaldi, Oscar [B95]
Campeonato Argentino / Torneo Mayor (13), 1946

1.e4 c5 2.Cf3 e6 3.d4 cxd4 4.Cxd4 Cf6 5.Cc3 d6 6.Ag5 a6 7.Dd2 Cbd7 8.Td1 Dc7 9.g3 b5 10.a3 Ab7 11.Ag2 Tc8 12.0–0 Ae7 13.Tfe1 0–0 14.Dc1 Ce5 15.h3 Cc4 16.Cde2 Tfd8 17.b3 Cb6 18.Af4 Ce8 19.Td3 Cd7 20.g4 Af6 21.g5 Ae5 22.Ad2 g6 23.f4 Ag7 24.h4 Cc5 25.Th3 d5 26.exd5 exd5 27.h5 d4 28.Cd1 d3 29.Cec3 Ad4+ 30.Rh1 Cd6 31.Cd5 Axd5 32.Axd5 Dd7 33.Ag2 Cxb3 34.cxb3 Txc1 35.Axc1 Df5 36.hxg6 hxg6 37.Ce3 Axe3 38.Texe3 Ce8 39.Ad2 Cg7 40.Ae4 Dg4 41.Tef3 De6 42.Axd3 Dxb3

43.Aa5 Tc8 44.Af1 Dd1 45.Rg1 Dd4+ 46.Rh1 Tc1 47.Ac3 Dd5 48.Rg1 Dc5+ 49.Rh2 Dxa3 50.Td3 Df8 51.Th6 Txc3 52.Txc3 Ch5 53.Rh1 Cxf4 54.Ah3 Da8+ 55.Rh2 Dd5 56.Tc8+ Rg7 57.Thh8 Dxg5 58.Thg8+ Rf6 59.Tc6+ Re7 60.Tc7+ Rd6 61.Tgc8 f5 62.Tc5 Ce6 63.Tc3 Df4+ 64.Rh1 a5 65.Ag2 a4 66.Td3+ Re7 67.Td5 b4 68.Ta5 b3 69.Ta7+ Rf6 70.Tb7 Dh4+ 71.Rg1 Dd4+ 72.Rh2 b2 0–1

Bolbochán, Jacobo – Montiel, Osvaldo [E32]
Campeonato Argentino / Torneo Mayor (13), 1946

1.d4 Cf6 2.c4 e6 3.Cc3 Ab4 4.Dc2 d6 5.Cf3 Cbd7 6.e3 0–0 7.Ad2 b6 8.Ad3 Ab7 9.0–0 e5 10.Cg5 h6 11.Cge4 Cxe4 12.Axe4 Axe4 13.Dxe4 Axc3 14.Axc3 Te8 15.Tad1 exd4 16.Dxd4 f6 17.b3 De7 18.Tfe1 Df7 19.Dd5 a5 20.e4 Cc5 21.f3 Dxd5 22.cxd5 Rf7 23.Rf2 Tac8 24.Te2 c6 25.Ab2 Cb7 26.dxc6 Txc6 27.Td5 Tc5 28.Ted2 Tec8 29.Re3 Re6 30.Ad4 T5c6 31.h4 Cc5 32.g4 g5 33.hxg5 hxg5 34.Th2 Cd7 35.Th6 Ce5 36.Axe5 dxe5 37.Th7 Tc2 38.Td2 T8c3+ 39.Td3 Txd3+ 40.Rxd3 Txa2 41.Tb7 Tf2 42.Txb6+ Rd7 43.Re3 Tb2 44.Tb5 ½–½

---

[464] *La Nación*, 15 de diciembre de 1946.

Bolbochán, Julio – Corte, César Juan [E20]
Campeonato Argentino / Torneo Mayor (13), 1946 *[Juan S. Morgado]*

1.d4 Cf6 2.c4 e6 3.g3 Ab4+ 4.Cc3 0–0 5.Ag2 d5 6.Cf3 c5 7.cxd5 Ce4?! [7...cxd4 8.Cxd4 Cxd5 9.Db3⩲] **8.0–0→ Cxc3 9.bxc3 Axc3 10.Tb1 exd5 11.dxc5 Cc6 12.Dc2 Af6 13.Td1 Te8 14.Cg5 Axg5 15.Txd5 De7 16.Axg5 Dxe2 17.Dxe2 Txe2 18.Td2 Txd2 19.Axd2 Rf8 20.Ac3 f6 21.f4 Re8 22.g4...**

22...Rd8? [22...Cd8 23.f5 Ad7 24.Axb7 Cxb7 25.Txb7 Tc8 26.Ad4 Rd8 27.Txa7 Tc7 28.Ta8+ Tc8 29.Ta6 Tc6 30.Ta3→] **23.f5± Rc7 24.Ae1 Ad7 25.Ag3+ Rc8 26.Ad5 a5 27.a3 Cd8?** [27...a4 28.Rf2±] **28.Te1 Cc6 29.Axc6 bxc6 30.Te7 g6 31.g5 1–0**

Lipiniks, Leonardo – Pazos Gramajo, Horacio [C15]
Campeonato Argentino / Torneo Mayor (13), 1946

1.c4 c6 2.d4 d5 3.Cc3 Ab4 4.Ad3 dxe4 5.Axe4 Cf6 6.Af3 0–0 7.Cge2 c5 8.Ae3 De7 9.0–0 Td8 10.Ag5 Cc6 11.Ce4 Cxd4 12.Cxd4 cxd4 13.Dc1 e5 14.Axf6 gxf6 15.Dh6 Af5 16.Cxf6+ Rh8 17.Ch5 Tg8 18.Df6+ Dxf6 19.Cxf6 Tg6 20.Ce4 Tc8 21.a3 Ae7 22.c3 Ag4 23.Axg4 Txg4 24.f3 Tg6 25.cxd4 exd4 26.Tad1 Tc2 27.Tf2 Tgc6 28.g4 Ad8 29.Txc2 Txc2 30.Td2 d3 31.b4 Txd2 32.Cxd2 Ag5 33.Ce4 b5 34.Rf1 Ac1 35.Cf2 d2 36.Re2 Axa3 37.Cd3 Ac1 38.Rd1 Rg7 39.Cxc1 dxc1D+ 40.Rxc1 Rf6 41.f4 Re6 42.Rc2 Rd6 43.Rd3 Re7 44.Rd4 h6 45.h4 Rd6 46.h5 f6 47.g5 Re6 48.gxh6 Rf7 49.Rc5 1–0

Marini, Luis – Rossetto, Héctor Decio [A18]
Campeonato Argentino / Torneo Mayor (13), 1946

1.c4 Cf6 2.Cc3 e6 3.e4 d5 4.e5 d4 5.exf6 dxc3 6.bxc3 Dxf6 7.d4 c5 8.Cf3 h6 9.Ae2 cxd4 10.cxd4 Ab4+ 11.Ad2 Axd2+ 12.Dxd2 0–0 13.0–0 Cd7 14.De3 b6 15.Ce5 Cxe5 16.dxe5 De7 17.Tfd1 Aa6 18.Td6 Tac8 19.Tc1 Tc5 20.f4 Tfc8 21.Dd4 Ab5 22.Ad3 g6 23.a4 Axa4 24.Tf1 Ac6 25.g3 Ta5 26.h4 h5 27.f5 exf5 28.Axf5 Ta2 29.Ah3 Te2 30.Txf7 Dxf7 31.Tf6 De8 32.Ae6+ Rh7 33.Tf7+ Rh8 34.Df4 Dxf7 35.Axf7 Tg2+ 36.Rf1 Rh7 37.Dg5 Ae4 38.Axg6+ Axg6 39.Rxg2 Tf8 40.e6 Te8 41.De5 a5 42.Dc7+ Rg8 43.Dxb6 a4 44.Da5 Txe6 45.Dxa4 Af5 46.Rf3 Ag4+ 47.Rf4 Rf8 48.c5 Re7 49.Da7+ Rf6 50.Da8 Rf7 51.c6 Te8 52.Db7+ Rg6 53.c7 Rf6 54.Dc6+ Rf7 55.Dd6 Tf8 56.Dd8 Rg7+ 57.Re5 Th8 58.Df6+ 1–0

Martínez, José E. – Iliesco, Juan Traian [D93]
Campeonato Argentino / Torneo Mayor (13), 1946

1.d4 Cf6 2.c4 g6 3.Cc3 d5 4.Cf3 Ag7 5.Af4 0–0 6.e3 c5 7.dxc5 Da5 8.Da4 Dxc5 9.Db5 Dxb5 10.Cxb5 Ca6 11.Ae5 Ad7 12.cxd5 Cb4 13.Cbd4 Cbxd5 14.Ab5 Tfc8 15.0–0 Tc5 16.Axd7 Cxd7

17.Axg7 Rxg7 18.Tac1 Tac8 19.Cb3 Tc4 20.Txc4 Txc4 21.Tc1 Txc1+ 22.Cxc1 e5 23.Rf1 f5 24.Re2 Rf6 25.Ce1 Cc5 26.Ced3 Ce6 27.Cb3 b6 28.f3 g5 29.Cd2 Ce7 30.Cc4 Cc6 ½–½

Piazzini, Luis Rubén – Falcón, Enrique [B50]
Campeonato Argentino / Torneo Mayor (13), 1946

1.e4 c5 2.Cf3 d6 3.c3 Cc6 4.d4 e6 5.d5 Cb8 6.Ab5+ Ad7 7.dxe6 fxe6 8.a4 Axb5 9.axb5 Ae7 10.0–0 Cd7 11.Db3 Rf7 12.Td1 Cb6 13.Ce5+ dxe5 14.Txd8 Axd8 15.Cd2 Ce7 16.Cf3 Cg6 17.c4 Ae7 18.Ae3 Thd8 19.h4 Cd7 20.g3 h6 21.h5 Cgf8 22.Td1 b6 23.Rg2 Rg8 24.Dc2 Ch7 25.g4 Af6 26.Da4 Cdf8 27.Txd8 Txd8 28.Dxa7 Cd7 29.Dc7 Chf8 30.g5 hxg5 31.Axg5 Ta8 32.h6 Ta4 33.hxg7 Axg7 34.b3 Ta3 35.Ae7 Txb3 36.Axf8 Cxf8 37.Dxb6 Rf7 38.Dc7+ Rg8 39.b6 Cg6 40.b7 Cf4+ 41.Rg3 1–0

Piro, Antonio – Martín, Pedro [A14]
Campeonato Argentino / Torneo Mayor (13), 1946

1.c4 Cf6 2.Cf3 e6 3.b3 d5 4.Ab2 Ae7 5.g3 0–0 6.Ag2 b6 7.0–0 Ab7 8.d3 Cbd7 9.Cbd2 c5 10.cxd5 Axd5 11.Dc2 Tc8 12.Tac1 Dc7 13.Db1 Db8 14.e4 Ab7 15.Cc4 Tfd8 16.Tcd1 b5 17.Ce3 a6 18.Da1 Ce8 19.Ce5 Cxe5 20.Axe5 Da7 21.Ab2 Da8 22.h4 Td7 23.Db1 Tcd8 24.Dc2 Da7 25.De2 Af6 26.e5 Ae7 27.Rh2 Cc7 28.f4 Cd5 29.f5 Cxe3 30.Dxe3 Axg2 31.Rxg2 Db7+ 32.Rh2 exf5 33.e6 Td5 34.exf7+ Rxf7 35.Tf2 Dd7 36.Te2 Te8 37.Df3 Rg8 38.Te3 Tf8 39.De2 Tf7 40.Te1 Rf8 41.d4 cxd4 42.Txe7 Txe7 43.Aa3 Td6 44.Dd2 Txe1 45.Dxe1 Rf7 46.Axd6 Dxd6 47.Df2 De5 48.Dc2 h6 49.h5 De4 50.Dc7+ Rg8 51.Dc8+ Rh7 52.Dd7 d3 53.a4 bxa4 54.bxa4 De2+ 55.Rg1 Df3 56.Dd6 De3+ 57.Rg2 De2+ 58.Rh3 Dxh5+ 59.Rg2 De2+ 0–1

Rebizzo, Cayetano – Pilnik, Herman [A28]
Campeonato Argentino / Torneo Mayor (13), 1946 *[Juan S. Morgado]*

1.c4 Cf6 2.Cc3 e5 3.Cf3 Cc6 4.a3 d5 5.d4 exd4 6.Cxd4 Cxd4 7.Dxd4 Ae6 8.cxd5 Cxd5 9.e4 Cxc3 10.Dxc3 c6 11.Ae3 Dh4? 12.0–0–0... [12.Aa6 De7 13.Ae2 Td8 (13...f6 14.0–0 Df7 15.f4 Ae7 16.f5 Ab3 17.Tac1 Ad6 18.Af4 Axf4 19.Txf4 0–0–0 {*a) 19...0–0 20.Tf3!+–; b) 19...Dc7 20.e5 Af7 21.Te4±}* 20. Tf3!+–) 14.Axa7 Dg5 15.g3 Ae7 16.f4 Df6 17.a4±] **12...Ae7 13.Dxg7 Af6 14.Dh6 Dxh6 15.Axh6 Tg8 16.Ae3± b6 17.f4 Td8 18.Txd8+ Rxd8 19.Tg1 Rc7 20.Rc2 Td8 21.g4 Ad4 22.Axd4 Txd4 23.Ad3 c5 24.Rc3 a5 25.h4?...** [25.f5 Ad7 26.e5+–] **25...Ad7** [25...b5=] **26.Tg3...** [26.b3 b5 27.Tg3 b4+ 28.axb4 axb4+ 29.Rc2±] **26...b5 27.b3 h6 28.h5 f6 29.g5 b4+ 30.axb4 axb4+ 31.Rc2 fxg5 32.fxg5 c4?** [32... hxg5 33.Txg5±] **33.Axc4 hxg5 34.Ad5+– Af5 35.exf5 Txd5 36.Txg5 Tc5+ 37.Rb2 Te5 38.h6 Te2+ 39.Rc1 Th2 40.Tg6 Rd7 41.Tb6 Rc7 42.Txb4 Txh6 43.Tf4 Tf6 44.Rc2 Rd6 45.Rd3 Re5 46.Tf1 Tb6 47.Rc4 Rf6 48.b4 Tb8 49.b5 Tc8+ 50.Rb4 Tb8 51.Rc5 Re7 52.Rc6 1–0**

Sanguinetti, Renato – Bahamonde, Antonio [D80]
Campeonato Argentino / Torneo Mayor (13), 1946

1.d4 Cf6 2.c4 g6 3.Cc3 d5 4.Da4+ c6 5.cxd5 Cxd5 6.e4 Cb6 7.Dd1 Ag7 8.Ae3 0–0 9.Tc1 Ae6 10.b3 f5 11.exf5 Axf5 12.Cf3 C8d7 13.Ae2 Cf6 14.Dd2 Cg4 15.Af4 De8 16.h3 Cf6 17.0–0 Ce4 18.Cxe4 Axe4 19.Ah6 Cd5 20.Axg7 Rxg7 21.Cg5 Af5 22.Ac4 h6 23.Axd5 cxd5 24.Cf3 Axh3 25.De3 Af5 26.Tc7 Ae4 27.Ce5 g5 28.Txb7 a5 29.Tc1 Tc8 30.f3 Txc1+ 31.Dxc1 Af5 32.Dc5 Rg8 33.Txe7 Dc8 34.Dxd5+ Rh8 35.Cg6+ 1–0

14ª ronda, 14 de diciembre

▌ En Pazos Gramajo – Rebizzo las blancas plantearon un PD Cuatro Caballos, sin enrocar. Ya en la jugada 15ª las blancas se equivocan seriamente, pero Rebizzo omitió un remate sencillo, permitiendo el resurgimiento de su rival. El juego se definió debido a un grave error de las blancas en la movida 29ª, en momentos en que sólo tenían una leve inferioridad. Julio Bolbochán venció a Iliesco luego de una larga lucha. Las negras intentaron una India de Rey con los dos *fianchettos*, y luego de varias simplificaciones las negras quedaron bastante firmes con un fuerte caballo en c5.

Sin embargo, Iliesco se equivocó posicionalmente en la movida 27ª, y quedó un prefinal con las cuatro torres en el tablero, alfil para las blancas y caballo para las negras. Con paciencia de orfebre, Bolbochán incrementó de a poco su ventaja, y aunque omitió un remate rápido en la jugada 68ª, definió en la 89ª. Renato Sanguinetti empató con Maderna luego de una lucha pareja, derivada de una Defensa Ortodoxa. Rebizzo seguía en punta con 11½/14; luego Julio Bolbochán 11, Maderna 10, Jacobo Bolbochán y Sanguinetti 9½.[465]

Rebizzo suspende con ventaja ante Pilnik.
La Nación, 15 de diciembre de 1946

Bahamonde, Antonio – Piro, Antonio [D51]
Campeonato Argentino / Torneo Mayor (14), 1946

1.d4 Cf6 2.c4 e6 3.Cc3 d5 4.Cf3 Cbd7 5.Ag5 Ae7 6.e3 dxc4 7.Axc4 a6 8.a4 b6 9.De2 Ab7 10.0–0 Cd5 11.Axe7 Dxe7 12.Cxd5 exd5 13.Ad3 0–0 14.Tfc1 c5 15.Dc2 g6 16.dxc5 bxc5 17.Te1 Tac8 18.a5 c4 19.Ae2 Cc5 20.Cd4 Ce4 21.Af3 Cc5 22.Ted1 Tfd8 23.Dc3 Tb8 24.b3 Ce4 25.Axe4 Dxe4 26.Tab1 Aa8 27.b4 Te8 28.Tb2 Tec8 29.f3 De8 30.Tdb1 Ac6 31.Te1 Tb7 32.e4 Te7 33.Tbe2 dxe4 34.Cxc6 Dxc6 35.Txe4 Txe4 36.Txe4 Dc7 37.h3 h5 38.Rh1 Td8 39.f4 Tc8 40.Rh2 Dc6 41.Te5 Dd6 42.Te4 Dc7 43.Rh1 Dc6 44.Te5 Dd6 45.Te4 Dd1+ 46.Rh2 Df1 47.Td4 De2 48.Rg1 De6 49.Rh2 Rh7 50.Td1 Df5 51.g3 h4 52.Tc1 hxg3+ 53.Dxg3 Te8 54.Df3 Td8 55.Te1 Td2+ 56.Rg3 Dc2 57.f5 Td3 58.fxg6+ Rxg6 59.Te3 Txe3 60.Dxe3 Db3 61.Rf4 Dxb4 62.Db6+ Dxb6 63.axb6 c3 64.Re3 Rg5 65.b7 c2 66.Rd2 0–1

Corte, César Juan – Bolbochán, Jacobo [B74]
Campeonato Argentino / Torneo Mayor (14), 1946

1.e4 c5 2.Cf3 d6 3.d4 cxd4 4.Cxd4 Cf6 5.Cc3 g6 6.Ae2 Ag7 7.Ae3 Cc6 8.0–0 0–0 9.Cb3 Ae6 10.f4 Ca5 11.Cd4 Ac4 12.Ad3 Tc8 13.Df3 Cd7 14.De2 a6 15.Df2 Axd3 16.cxd3 Cc6 17.Cf3 Cf6

---

[465] Notas del autor.

18.h3 d5 19.Ab6 Dd7 20.e5 Ce8 21.Tae1 Cc7 22.g4 f6 23.Dg3 fxe5 24.fxe5 Ce6 25.Af2 Tf7 26.d4 Ah6 27.g5 Ag7 28.Ae3 Tcf8 29.Dg4 Cb4 30.Td1 Cc2 31.Af2 Txf3 32.a3 T8f5 33.h4 Txf2 34.Txf2 Ce3 35.De2 Cxd1 36.Cxd1 0–1

Falcón, Enrique – Bolbochán, Julio [D97]
Campeonato Argentino / Torneo Mayor (14), 1946

1.d4 Cf6 2.c4 g6 3.Cc3 d5 4.Cf3 Ag7 5.Af4 0–0 6.Db3 dxc4 7.Dxc4 c6 8.e4 b5 9.Dd3 Da5 10.Cd2 Ae6 11.Ae2 b4 12.Cd1 Td8 13.0–0 Ch5 14.Ae3 Axd4 15.Cb3 Axb3 16.Dxb3 Axe3 17.Cxe3 Cf6 18.Af3 Cbd7 19.Cc4 Db5 20.Tfd1 Cc5 21.Dc2 Ce6 22.b3 Cd4 23.Dd3 Cxf3+ 24.Dxf3 Cd7 25.Dg3 Tac8 26.h4 Dh5 27.f3 Dc5+ 28.Rh2 Cf8 29.f4 Dh5 30.Tf1 Td4 31.Tae1 Cd7 32.Df2 c5 33.Tg1 Cf6 34.Rh3 Dg4+ 35.Rh2 Cxe4 36.Df3 Dxh4+ 37.Dh3 Dxf4+ 38.g3 Df5 39.Dxf5 gxf5 40.g4 f4 41.Ce5 Cg5 42.Tef1 f6 43.Cc4 Rf7 44.Tg2 Th8 45.Rg1 h5 46.Th2 h4 47.Tc2 h3 48.Rh2 Th4 0–1

Iliesco, Juan Traian – Piazzini, Luis Rubén [A28]
Campeonato Argentino / Torneo Mayor (14), 1946

1.Cf3 Cc6 2.c4 e5 3.Cc3 Cf6 4.d4 exd4 5.Cxd4 Ab4 6.e3 Ce4 7.Dc2 De7 8.Cdb5 Axc3+ 9.Cxc3 Cxc3 10.Dxc3 0–0 11.Ae2 d6 12.0–0 Ce5 13.b3 f6 14.Ab2 Ad7 15.Tae1 Ac6 16.f4 Cg6 17.Af3 Ae4 18.Td1 Tfe8 19.Td4 Axf3 20.Txf3 Ch4 21.Th3 Cf5 22.Td3 Df7 23.Td1 Te4 24.Rh1 Tae8 25.Ac1 De6 26.Td3 h5 27.Rg1 h4 28.Tf3 b6 29.Rf2 a5 30.g4 hxg3+ 31.hxg3 Ch6 32.Rg2 Dg4 33.Td1 Cf5 34.Th1 Rf7 35.Dd3 c6 36.a3 T4e6 37.b4 Dg6 38.Rf2 axb4 39.axb4 Ta8 40.e4 Ta2+ 41.Ad2 Txe4 42.Dxe4 Txd2+ 43.Re1 Td4 44.Dc2 Dg4 45.Ta3 Cxg3 46.Tg1 De6+ 47.Rf2 Td2+ 48.Dxd2 Ce4+ 49.Re2 Cxd2+ 50.Rxd2 Dxc4 51.Ta7+ Re6 0–1

Maderna, Carlos Hugo – Marini, Luis [E40]
Campeonato Argentino / Torneo Mayor (14), 1946 *[Juan S. Morgado]*

1.d4 Cf6 2.c4 e6 3.Cc3 Ab4 4.e3 d6 5.Ad3 Axc3+ 6.bxc3 e5 7.e4 De7 8.f3 Cbd7 9.Ce2 c5 10.0–0 0–0 11.Ag5 h6 12.Ae3 Te8 13.Dd2 Cf8 14.Tae1 Cg6 15.Rh1 Ad7 16.g4 exd4 [16…Ch7 17.Cg3 Df6=] **17.cxd4 d5?**

[17…Tac8!?] **18.cxd5 Cxd5 19.dxc5?...** [19.Axh6 gxh6 20.exd5 Dg5 21.Dxg5 hxg5 22.dxc5±] **19…Cxe3 20.Dxe3 Ce5= 21.Cf4 Tac8↔ 22.Tc1 Dg5 23.Ae2 Ac6 24.Cd5 Dg6** [24…Cxg4 25.Dxg5 hxg5 26.fxg4 Axd5 27.exd5 Txe2=] **25.Tfd1…** [25.Tcd1⩲] **25…Cxg4 26.fxg4??...** [a]

26.Dd4 Axd5 27.exd5 Txe2 28.Dxg4 Dxg4 29.fxg4 Txa2 30.c6=; **b)** 26.Dg1 Ce5 27.Td4 Dxg1+ 28.Rxg1 Ab5 29.Rf2 Axe2 30.Rxe2 Cc6 31.Td2=] **26…Txe4–+ 27.Df2 Txe2??** [27…De6–+] **28. Dxe2= Td8 29.Rg1 Txd5 30.Txd5 Axd5 31.Td1 Ae6 32.Td8+ Rh7 33.Dd3 f5 34.h3 fxg4??** [34… Df6 35.Td6 De5 36.Rf1 Df4+ 37.Rg2→] **35.Th8+ 1–0**

Ambos adversarios estuvieron muy nerviosos y jugaron una partida llena de *blunders*.

Martín, Pedro – Lipiniks, Leonardo [D69]
Campeonato Argentino / Torneo Mayor (14), 1946

1.d4 Cf6 2.c4 e6 3.Cf3 d5 4.Cc3 Cbd7 5.Ag5 Ae7 6.e3 0–0 7.Tc1 c6 8.Ad3 dxc4 9.Axc4 Cd5 10.Axe7 Dxe7 11.0–0 Cxc3 12.Txc3 e5 13.dxe5 Cxe5 14.Cxe5 Dxe5 15.a3 Af5 16.Db3 b5 17.Ad3 Axd3 18.Txd3 Tad8 19.Tfd1 Df6 20.h3 Txd3 21.Txd3 Td8 22.Dd1 Txd3 23.Dxd3 g6 24.Dd2 Rg7 25.f4 ½–½

Montiel, Osvaldo – Beretta, Héctor [D88]
Campeonato Argentino / Torneo Mayor (14), 1946

1.c4 Cf6 2.Cc3 d5 3.cxd5 Cxd5 4.e4 Cxc3 5.bxc3 g6 6.Ac4 Ag7 7.Ce2 0–0 8.0–0 c5 9.d4 Cc6 10.Ae3 cxd4 11.cxd4 Ag4 12.f3 Ca5 13.Axf7+ Txf7 14.fxg4 Txf1+ 15.Rxf1 Dd7 16.h3 Cc4 17.Dd3 Tc8 18.Rg1 Da4 19.e5 Cxe3 20.Dxe3 Tc2 21.Cc1 e6 22.Cb3 Txa2 23.Tf1 Dc6 24.Tf3 Dc2 25.Tf2 Ah6 26.Df3 Dxf2+ 27.Dxf2 Txf2 28.Rxf2 b6 29.Re2 a5 30.Rd3 a4 31.Ca1 b5 32.Cc2 Af8 33.Rc3 Rf7 34.Ce1 Re8 35.Cd3 Rd7 36.g5 Ae7 37.h4 Rc6 38.Cf4 b4+ 39.Rc4 b3 40.Cd3 Aa3 41.Rc3 0–1

Pazos Gramajo, Horacio – Rebizzo, Cayetano [C47]
Campeonato Argentino / Torneo Mayor (14), 1946 *[Juan S. Morgado]*

1.e4 e5 2.Cf3 Cc6 3.Cc3 Cf6 4.d4 Ab4 5.Ag5 h6 6.Axf6 Dxf6 7.d5 Ce7 8.Ae2 Cg6 9.g3 d6 10.Dd3 a6 11.a3 Ac5 12.Cd1 0–0 13.h4 Dd8 14.Ce3 Ce7 15.Cf5??... [15.Cd2 f5⩱] **15…Cxf5 16.exf5 Df6?!** [16…e4 17.Dxe4 Te8 18.Dd3 Df6–+] **17.g4 g6** [17…e4 18.Dxe4 Ad7 19.0–0–0 Tfe8 20.Dd3 h5 21.g5 Dxf5 22.Cd2 Dxd3 23.Axd3 Axf2∓] **18.0–0–0 gxf5 19.g5 De7 20.gxh6 Df6 21.Dd2 e4?!** [21…Axf2∓] **22.Tdg1+?!...** [22.Cg5 Ad7 *(22…Axf2? 23.Df4 Ad4 24.Txd4 Dxd4 25.Ah5 Ad7 26.Cxf7+–)* 23.Thg1 Rh8 24.Ah5 Tae8=] **22…Rh8 23.Cg5 Ad7 24.Ah5 Ae8** [24…Tae8→] **25.h7 Dd4 26.Dxd4+ Axd4 27.Tg2 f6 28.Ce6 Axh5 29.Cxf8??...** [29.Cxd4 Ag4∓] **29…Txf8–+ 30.Thg1 Af7 31.c4 Rxh7 32.b4 f4 33.Td1 f3 34.Tg4 f5 35.Tg5 Af6 36.Txf5 Ag6 37.Txf6 Txf6 38.c5 e3 0–1**

Pilnik, Herman – Martínez, José E. [D52]
Campeonato Argentino / Torneo Mayor (14), 1946

1.d4 Cf6 2.c4 e6 3.Cc3 d5 4.Cf3 Cbd7 5.Ag5 c6 6.e3 Da5 7.cxd5 Cxd5 8.Dd2 Ab4 9.Tc1 Cxc3 10.bxc3 Aa3 11.Tb1 0–0 12.Ad3 e5 13.0–0 Te8 14.Dc2 h6 15.Ah4 Ad6 16.Cd2 Ab8 17.Cc4 Dc7 18.Ag3 Dd8 19.f4 exd4 20.exd4 Cb6 21.Ce5 Cd5 22.Ah7+ Rf8 23.Tbe1 Cf6 24.Ah4 Dd5 25.Axf6 gxf6 26.Cg6+ fxg6 27.Dxg6 Te6 28.Dg8+ Re7 29.Dxc8 1–0

Rossetto, Héctor Decio – Sanguinetti, Renato [D36]
Campeonato Argentino / Torneo Mayor (14), 1946

1.d4 Cf6 2.c4 e6 3.Cc3 d5 4.Ag5 Cbd7 5.cxd5 exd5 6.e3 Ae7 7.Ad3 c6 8.Dc2 0–0 9.Cf3 Te8 10.0–0 Cf8 11.Tab1 h6 12.Ah4 Ce4 13.Axe7 Dxe7 14.b4 Af5 15.Tfc1 Cxc3 16.Dxc3 Axd3 17.Dxd3 Tac8 18.h3 Cd7 19.b5 c5 20.Da3 c4 21.Dxa7 Cf6 22.Db6 Ta8 23.Tc2 Tec8 24.Ce5 Ta3 25.Te1 Ce4 26.f3 Cd6 27.e4 Tc7 28.exd5 Cc8 29.d6 Dxd6 30.Dxd6 Cxd6 31.b6 Tc8 32.Rf2 f6 33.Cg6 Tca8 34.Tee2 T8a6 35.Ce7+ Rf7 36.Cd5 Cf5 37.Txc4 Txa2 38.Tc7+ Rf8 39.Txb7 Cxd4 40.Txa2 Txa2+ 41.Re3 Ce6 1–0

15ª ronda, 15 de diciembre

La lucha por los puestos de honor se mantiene muy reñida, aun cuando el veterano ajedrecista local, Cayetano Rebizzo, sigue ocupando el primer puesto en la tabla de posiciones, y cuenta con las mejores posibilidades de clasificarse campeón. Su más cercano competidor, Julio Bolbochán, tiene aún compromisos difíciles. Maderna, Jacobo Bolbochán y Sanguinetti alternan también en la lucha por los primeros puestos. En la sesión de anoche, de las diez partidas del programa sólo dos habían finalizado al cerrar esta edición. Fueron Martín – Martínez y Jacobo Bolbochán – Iliesco, que resultaron empatadas. Resultados de lãs suspendidas: Bahamonde 1:0 Corte; Beretta 1:0 Montiel; Rossetto 1:0 Sanguinetti; Maderna 1:0 Marini, Rebizzo 1:0 Pilnik; Garibaldi 1:0 Beretta; Marini 1:0 Rossetto; Maderna 1:0 Rossetto: Martín 1:0 Piro. Posiciones: Rebizzo 11½/14; Julio Bolbochán 10/13; Maderna 10/14; Jacobo Bolbochán 10/15; Sanguinetti 9½/15; Pilnik 9/14.[466]

Beretta, Héctor – Corte, César Juan [B45]
Campeonato Argentino / Torneo Mayor (15), 1946

1.e4 c5 2.Cf3 Cc6 3.d4 cxd4 4.Cxd4 Cf6 5.Cc3 e6 6.Ae2 Ab4 7.Cxc6 bxc6 8.Ad3 d5 9.e5 Cd7 10.Dg4 Da5 11.Ad2 Cxe5 12.Dxg7 Cxd3+ 13.cxd3 Tf8 14.0–0 Aa6 15.a3 Ae7 16.b4 Dc7 17.b5 cxb5 18.Tfc1 Dd8 19.Dxh7 Af6 20.Dh3 Ae5 21.Df3 Df6 22.De2 Rd7 23.g3 Tac8 24.De1 Th8 25.Tab1 Th3 26.Cxb5 Tch8 27.De3 d4 28.De4 1–0

Bolbochán, Jacobo – Falcón, Enrique [D66]
Campeonato Argentino / Torneo Mayor (15), 1946

1.d4 Cf6 2.Cf3 d5 3.c4 e6 4.Cc3 Cbd7 5.Ag5 h6 6.Ah4 Ae7 7.e3 0–0 8.Tc1 c6 9.Ad3 dxc4 10.Axc4 Cd5 11.Ag3 Cxc3 12.bxc3 b5 13.Ad3 Da5 14.Db3 Da3 15.Dc2 Ab7 16.0–0 Ad6 17.Cd2 Axg3 18.hxg3 e5 19.Af5 Tad8 20.Ce4 De7 21.Axd7 Txd7 22.Cc5 Tc7 23.De4 Ac8 24.Tfd1 Te8 25.Td2 f5 26.Db1 e4 27.c4 a6 28.a4 bxa4 29.Ta2 h5 30.Db6 Tf8 31.Txa4 Tf6 32.Ta5 Th6 33.Db8 Rh7 34.Cxa6 Axa6 35.Txa6 h4 36.Ta8 hxg3 37.fxg3 Tb7 38.Dg8+ Rg6 39.Te8 Df7 40.Te6+ Rh5 41.Txh6+ gxh6 42.Dxf7+ Txf7 43.Ta1 Tb7 44.c5 Tb3 45.Te1 Rg4 46.Rf2 h5 47.Te2 Tb1 48.Ta2 Tb3 49.Ta8 Rg5 50.Tg8+ Rf6 51.Tc8 Tb2+ 52.Rg1 Te2 53.Txc6+ Rf7 54.Th6 Txe3 55.c6 h4 56.c7 hxg3 57.Rf1 Tc3 58.Th8 Tc1+ 59.Re2 f4 1–0

---

[466] *La Prensa*, 17 de diciembre de 1946.

Bolbochán, Julio – Iliesco, Juan Traian [E68]
Campeonato Argentino / Torneo Mayor (15), 1946 *[Juan S. Morgado]*

1.d4 Cf6 2.c4 g6 3.g3 Ag7 4.Ag2 0–0 5.Cc3 d6 6.Cf3 Cbd7 7.0–0 e5 8.e4 Te8 9.Te1 b6 10.b3 Ab7 11.Tb1 exd4 12.Cxd4 Cc5 13.f3 a5 14.Ae3 Cfd7 15.Cd5 Ce6 16.Dd2 Cdc5 17.Tbd1 Axd5 18.cxd5 Cxd4 19.Axd4 Axd4+ 20.Dxd4 Te7 21.h4 Df8 22.Af1 Dg7 23.Dxg7+ Rxg7 24.Ab5 Tf8 25.g4 h6 26.Rf2 f6 27.Te3 g5?! [27...f5=] 28.h5± Cd7 29.Tc1 Ce5 30.Tec3 Tff7 31.Aa6 Rf8 32.Ab5 Rg8 33.a3 Rf8 34.b4 axb4 35.axb4 Rg7 36.Ta1 Tf8 37.Ta7 Tff7 38.Ta2 Tf8 39.Tac2 Tff7?

[39...Ta8 40.Txc7 Txc7 41.Txc7+ Rf8 42.Tb7 Ta2+ 43.Ae2 Cc4 44.Tc7→] **40.Aa6± Rf8 41.Ac8 Tg7 42.Af5 Tgf7 43.Re2 Tg7 44.Ta3 Te8 45.Ta6 Tf7 46.Tca2 Tb8 47.Ta8?!**... [Era contundente 47.b5 Te7 48.Ta7 Tbe8 49.Tb7 Tg7 50.Taa7 Tee7 51.Tb8+ +–] **47...Txa8 48.Txa8+ Rg7 49.Tc8 Te7 50.Ae6 Rh7 51.Ta8 Rg7 52.Af5 Cf7 53.Ta3 Ce5 54.Tc3 Rf7 55.Re3 Rg7 56.f4 gxf4+ 57.Rxf4 Cf7 58.Ta3 Cg5**

59.Ta8 Ch3+ 60.Re3 Cg5 61.Rd3 Rf7 62.Rc4 Cxe4 [62...Rg7 63.Rd4 Rf7 64.b5 Cf3+ 65.Re3 Cg5 66.Th8 Rg7 67.Tb8 Tf7 68.Tc8 Te7 69.Ae6 Cxe6 70.dxe6 Txe6 71.Txc7+ Rf8 72.Tc6+–] **63. Ae6+...** [ahora las blancas impondrán sus mejores piezas sin apuro] **63...Rg7 64.Tg8+ Rh7 65.Tg6 Cd2+ 66.Rb5 Cf3 67.Txf6 Ce5 68.Tf8...** [68.Af5+ Rg7 69.g5 hxg5 70.Te6 Txe6 71.dxe6+–] **68... Rg7 69.Tg8+ Rh7 70.Tc8 Rg7 71.Af5 Cf3 72.Ra6 Ce5 73.b5 Cc4 74.Ae6 Rh7 75.Rb7 c5+ 76.Rc6 Ta7 77.Af5+ Rg7 78.Ad3 Ce5+ 79.Rxb6 Ta4 80.Af5 Tb4 81.Tc6 Rf7 82.Txd6 c4 83.Txh6 c3 84.Th7+ Rf6 85.Tc7 Cc4+ 86.Rc5 Ta4 87.Ac2 Ta2 88.Rxc4 Txc2 89.h6 1–0**

Garibaldi, Oscar – Montiel, Osvaldo [A15]
Campeonato Argentino / Torneo Mayor (15), 1946

1.Cf3 Cf6 2.b3 g6 3.Ab2 Ag7 4.c4 0–0 5.g3 d6 6.Ag2 Cbd7 7.0–0 e5 8.Dc2 Ch5 9.d4 Te8 10.e4 De7 11.Te1 Cf8 12.dxe5 dxe5 13.Aa3 Df6 14.Cc3 c6 15.Tad1 Ag4 16.Td3 Tad8 17.h3 Ac8 18.Ted1 Ce6 19.Ce2 c5 20.Ac1 De7 21.Cc3 Txd3 22.Txd3 f5 23.Cd5 Df7 24.Cg5 Cxg5 25.Axg5 h6 26.Ac1 Rh7 27.Rh2 Cf6 28.Cxf6+ Dxf6 29.Dd2 Af8 30.Ab2 f4 31.gxf4 Dxf4+ 32.Dxf4 exf4 ½–½

Lipiniks, Leonardo – Bahamonde, Antonio [D90]
Campeonato Argentino / Torneo Mayor (15), 1946

1.d4 Cf6 2.c4 g6 3.Cf3 Ag7 4.Cc3 d5 5.cxd5 Cxd5 6.Ad2 0–0 7.Tc1 Cc6 8.e4 Cxc3 9.Axc3 Ag4 10.d5 Ce5 11.Ae2 Axf3 12.gxf3 f6 13.f4 Cf7 14.Tc2 Cd6 15.Ad3 Dd7 16.h4 e6 17.h5 exd5

18.exd5 Tae8+ 19.Rf1 f5 20.hxg6 hxg6 21.f3 Axc3 22.bxc3 Dg7 23.c4 b6 24.Tch2 Te3 25.Th8+ Dxh8 26.Txh8+ Rxh8 27.Rf2 Te7 28.Da4 a5 29.c5 bxc5 30.Dxa5 c4 31.Axc4 Cxc4 32.Dc3+ Rh7 33.Dxc4 Td8 34.a4 Ted7 35.a5 Txd5 36.a6 c5 37.Rg3 T5d7 38.Rh4 Ta7 39.Dxc5 Tda8 40.Rg5 Txa6 41.De7+ Rg8 ½–½

Martínez, José E. – Pazos Gramajo, Horacio [C01]
Campeonato Argentino / Torneo Mayor (15), 1946

1.e4 e6 2.d4 d5 3.exd5 exd5 4.Ad3 Ad6 5.Ce2 Ce7 6.Cbc3 c6 7.Af4 Axf4 8.Cxf4 Db6 9.Dd2 Dxd4 10.0-0-0 Dc5 11.Tde1 0-0 12.g4 Cg6 13.h4 Cxf4 14.Dxf4 Ca6 15.h5 Db4 16.De5 f6 17.Dh2 Cc5 18.h6 Cxd3+ 19.cxd3 g5 20.Dc7 Df4+ 21.Dxf4 gxf4 22.Te7 Tf7 23.The1 Axg4 24.Te8+ Txe8 25.Txe8+ Tf8 26.Te7 Tf7 27.Te8+ ½–½

Piazzini, Luis Rubén – Pilnik, Herman [C77]
Campeonato Argentino / Torneo Mayor (15), 1946 *[Juan S. Morgado]*

1.e4 e5 2.Cf3 Cc6 3.Ab5 a6 4.Aa4 Cf6 5.Cc3 Ac5 6.Cxe5 0–0 [6...Cxe5 7.d4 Ad6 8.dxe5 Axe5=] **7.0–0 Te8? 8.Cd3?...** [8.Cxc6 dxc6 9.d3→] **8...Aa7 9.e5...** [9.Axc6 dxc6 10.Df3 b5=] **9...Cxe5 10.Cxe5 Txe5= 11.d4 Te8 12.Ag5 c6 13.d5?!...** [13.Dd2=] **13...h6 14.Axf6 Dxf6→ 15.d6?...** [15.Ab3 b5 16.dxc6 dxc6 17.Df3 Dxf3 18.gxf3 Ad4→] **15...Ac5** [15...b5 16.Ab3 a5∓] **16.Dd3 Dxd6 17.Tae1 Te6 18.Df3 De7∓ 19.Txe6 dxe6 20.Ce4 Ad7 21.Td1 Ae8 22.c3 Ab6 23.Cd6 Td8 24.Cxe8 Dxe8 25.Txd8 Dxd8 26.Dd1 Df6 27.Dd2 g6 28.Ac2 Rg7 29.g3 h5 30.h4 De5 31.Rg2 a5 32.Dd3 De1 33.Df3 Dd2 34.Ae4 Dxb2 35.a4 f5 36.Ad3 Dxc3 37.De2 e5 38.Ac4 e4 39.Aa2 Ad4 40.Rh3 Dc1 41.Rg2 0–1**

Piro, Antonio – Rossetto, Héctor Decio [B44]
Campeonato Argentino / Torneo Mayor (15), 1946

1.c4 e6 2.e4 c5 3.Cc3 Cc6 4.Cge2 Cf6 5.d4 cxd4 6.Cxd4 Ab4 7.Cxc6 bxc6 8.Ad3 Da5 9.Ad2 De5 10.0–0 h5 11.a3 Aa5 12.g3 Cg4 13.b4 Ad8 14.Ae2 Dd4 15.Tc1 Af6 16.Af4 e5 17.Dxd4 exd4 18.Ca4 Ce5 19.Tfd1 d6 20.Rg2 Ag4 21.f3 d3 22.Axe5 dxe2 23.Te1 dxe5 24.fxg4 hxg4 25.Txe2 0–0–0 26.b5 Ae7 27.bxc6 Rc7 28.Cc3 Rxc6 29.a4 Td3 30.Cd5 Ac5 31.Tb1 Ta3 32.Cb4+ Rd6 33.Td2+ Ad4 34.Cc2 Ta2 35.Tbd1 Rc5 36.Rh1 Tb8 37.Cxd4 Txd2 38.Cb3+ Txb3 39.Txd2 Rxc4 40.Td5 Tb1+ 41.Rg2 Tb2+ 42.Rg1 f6 43.Td7 g6 44.Txa7 Rd4 45.Ta6 f5 46.exf5 gxf5 47.a5 Ta2 48.Td6+ Re4 49.a6 f4 50.gxf4 exf4 51.Tb6 Re3 52.Tb3+ Re2 53.Tb6 Ta3 54.Tb2+ Rf3 55.Tf2+ Re3 56.Rg2 Txa6 57.Tb2 Td6 58.Tb3+ Td3 59.Tb7 Td2+ 60.Rg1 Td1+ 61.Rg2 f3+ 62.Rg3 Tg1+ 0–1

Rebizzo, Cayetano – Martín, Pedro [A45]
Campeonato Argentino / Torneo Mayor (15), 1946

1.d4 Cf6 2.Cd2 d5 3.e3 e6 4.Ad3 c5 5.c3 Cc6 6.f4 Ad6 7.Ch3 De7 8.0–0 Ad7 9.Df3 g6 10.Cf2 cxd4 11.exd4 Cg8 12.Cb3 f5 13.Cd1 Cf6 14.Ce3 Df7 15.Ad2 0–0 16.Ae1 Ce4 17.Ah4 a5 18.a4 Ae7 19.Dh3 Af6 20.Axe4 dxe4 21.Cc4 Axh4 22.Dxh4 Ac8 23.Tfd1 Dc7 24.Ce5 b6 25.Dg5 Ab7 26.h4 Cxe5 27.dxe5 Ad5 28.Cd4 Tac8 29.Tac1 Df7 30.b3 Rh8 31.c4 Aa8 32.Cb5 Tc5 33.Td6 e3 34.Td3 Rg7 35.Cd6 Dc7 36.h5 Rh8 37.hxg6 1–0

> **Sanguinetti, Renato – Maderna, Carlos Hugo [D66]**
> **Campeonato Argentino / Torneo Mayor (15), 1946**

1.d4 d5 2.c4 e6 3.Cc3 Cf6 4.Ag5 Cbd7 5.Cf3 Ae7 6.e3 0–0 7.Tc1 c6 8.Ad3 h6 9.Ah4 dxc4 10.Axc4 b5 11.Ad3 a6 12.0–0 c5 13.a4 b4 14.Ce4 cxd4 15.Cxd4 Ab7 16.Cxf6+ Axf6 17.Axf6 Cxf6 18.Cc6 Dd7 19.Cxb4 a5 20.Cc2 Dxa4 21.Cd4 Dd7 22.Ab5 Dd5 23.Ac6 Axc6 24.Cxc6 Db5 25.Dd4 a4 26.Tc4 Tfe8 27.Tfc1 a3 28.bxa3 Txa3 29.Tb4 De2 30.Tb2 Da6 ½–½

16ª ronda, 17 de diciembre

▮ Las partidas de esta ronda señalaron novedades de importancia. El excampeón nacional Héctor Rossetto, que ocupó en toda la parte inicial el primer puesto, ganó contra Cayetano Rebizzo, quien, a su vez, se había mantenido en la primera colocación, para verse ahora desalojado de ella por Julio Bolbochán, como consecuencia de esa derrota y de haber este último vencido a Pazos Gramajo. Carlos Maderna llega también al score de Rebizzo, a un punto de Bolbochán, por su empate con Lipiniks (Sic), y Rossetto queda a sólo medio punto de ellos. Pilnik suspendió con Jacobo Bolbochán una partida en la que no quiso tablas por repetición de jugadas, entregando un peón para abrir la columna de dama para sus torres. Iliesco ganó una bonita Defensa Ortodoxa a Beretta. Piazzini declaró tablas con Martín, quien sólo deberá lograr medio punto para quedar firme en la categoría.[467]

▮ Se jugaron en la sesión complementaria varias partidas de importancia, cuyos resultados, al sumarse a los de la 16ª rueda, determinaron un empate en el primer puesto entre Cayetano Rebizzo y Julio Bolbochán, por haber perdido, como se sabe, con Bahamonde, el maestro de Villa Crespo, y logrado, en cambio, Bolbochán 1½ puntos al vencer a Iliesco y hacer tablas con Pilnik los finales pendientes. Pero también Maderna, que ganó en la rueda de ayer, se halla ahora en excelentes condiciones, ya que sólo lo separa medio punto de los maestros citados.

Siguen al excampeón nacional, a un punto, tres jugadores con un mismo *score*: Rossetto, Jacobo Bolbochán y Sanguinetti, y con medio punto menos Pilnik, cuyo programa en las ruedas finales parece menos duro que el de aquéllos. Además, Julio Bolbochán debe enfrentarse con Maderna en la última rueda. De tal manera, y con el cuadro de posiciones a la vista, pueden hacerse no pocas conjeturas y cálculos de probabilidades. En la sesión de esta noche, el platense tendrá por adversario a Rebizzo, y será la partida que despierte mayor interés. De ella puede depender la preferente clasificación de dichos maestros. Otros resultados de la 16ª rueda fueron: Pazos Gramajo 0:1 Piazzini; Corte 1:0 Garibaldi; Pilnik ½:½ Jacobo Bolbochán, ya que las tentativas para forzar la posición

Cayetano Rebizzo se Mantiene Primero en El Torneo de Ajedrez

El torneo de la Federación Argentina de Ajedrez, en el que se disputa el título de campeón de la República, ha entrado ya en su faz final, pues sólo faltan cinco ruedas para su terminación. A pesar de ello, la lucha por los puestos de honor se mantiene muy reñida, aún cuando el veterano ajedrecista local, Cayetano Rebizzo, sigue ocupando el primer puesto en la tabla de posiciones y cuenta con las mejores posibilidades para clasificarse campeón. Su más cercano competidor, Julio Bolbochán, tiene aún compromisos difíciles. Maderna, Jacobo Bolbochán y Sanguinetti alternan también en la lucha por los primeros puestos.

En la sesión de anoche, de las diez partidas del programa, solamente dos habían finalizado al cerrar esta edición. Fueron las de Martín contra Martínez y Jacobo Bolbochán contra Iliesco, que resultaron empatadas.

En cuanto a los juegos pendientes de ruedas anteriores, los resultados fueron los siguientes: Lipiniks hizo tablas con Bahamonde; Jacobo Bolbochán venció a Corte, Beretta a Montiel, Julio Bolbochán a Falcón, Piazzini a Iliesco, Pilnik a Martínez, Rebizzo a Pazos, Bahamonde a Piro, Rossetto a Sanguinetti y Maderna a Marini, empatando Martín contra Lipiniks. Rebizzo derrotó a Pilnik, Garibaldi a Beretta y Marini a Rossetto. Lipiniks venció a Pazos, Maderna a Rossetto y Martín a Piro.

En tal forma, la situación de los participantes es la siguiente:

	J.	G.	T.	P.	Pts.
Rebizzo	14	10	3	1	11½
Bolbochán Julio	13	8	4	1	10
Maderna	14	7	6	1	10
Bolbochán Jacobo	15	6	8	1	10
Sanguinetti	15	7	5	3	9½
Pilnik	14	6	6	2	9
Marini	14	6	5	3	8½
Rossetto	13	8	.	5	8
Iliesco	14	4	7	3	7½
Martín	15	4	6	5	7
Beretta	14	3	7	4	6½
Piazzini	14	4	5	5	6½
Corte	15	6	1	8	6½
Garibaldi	14	4	4	6	6
Piro	14	4	4	6	6
Martínez	15	2	8	5	6
Lipiniks	15	2	7	6	5½
Falcón	15	1	7	7	4½
Montiel	.	.	9	6	4½
Bahamonde	14	2	4	8	4
Pazos Gramajo	14	2	3	9	3½

En la sesión de esta noche se proseguirán las partidas suspendidas.

Rebizzo, primero la ronda 14ª del Campeonato Argentino. *La Prensa*, 17 de diciembre de 1946

---

[467] *La Nación*, 18 de diciembre de 1946.

resultaron estériles, declarándose tablas en la jugada 57ª. Posiciones: Julio Bolbochán y Rebizzo 11½/15; Maderna 11/15; Jacobo Bolbochán y Rossetto 10/15; Sanguinetti 10/16; Pilnik 9½/15.[468]

Bahamonde, Antonio – Rebizzo, Cayetano [A41]
Campeonato Argentino / Torneo Mayor (16), 1946

1.d4 d6 2.g3 g6 3.Ag2 Ag7 4.c4 Cc6 5.Cf3 e5 6.dxe5 Cxe5 7.0–0 Ce7 8.Cc3 0–0 9.Cxe5 Axe5 10.Ah6 Te8 11.Ag5 f6 12.Ad2 c6 13.e3 f5 14.Dc2 Ae6 15.b3 Dc7 16.Tad1 Tad8 17.Ce2 Td7 18.Cf4 Af7 19.Cd3 Cc8 20.Cxe5 dxe5 21.Aa5 b6 22.Txd7 Dxd7 23.Td1 De6 24.Ac3 Te7 25.Td8+ Ae8 26.Dd3 Rf7 27.h4 Td7 28.Txd7+ Axd7 29.Axe5 Dxe5 30.Dxd7+ Ce7 31.Axc6 Rf6 32.Aa4 a5 33.Dd4 Dxd4 34.exd4 f4 35.Ad7 1–0

Corte, César Juan – Garibaldi, Oscar [B55]
Campeonato Argentino / Torneo Mayor (16), 1946

1.e4 c5 2.Cf3 d6 3.d4 cxd4 4.Cxd4 Cf6 5.f3 e5 6.Ab5+ Ad7 7.Axd7+ Cbxd7 8.Cf5 d5 9.exd5 Cb6 10.c4 Cxc4 11.Cc3 Dd7 12.Dd3 Cd6 13.Cxd6+ Axd6 14.Ag5 Ae7 15.0–0 0–0 16.Tfe1 Tfe8 17.Rh1 Cg4 18.fxg4 Axg5 19.Te4 Ad8 20.Tae1 Ac7 21.Db5 Dd6 22.Dxb7 Tab8 23.Dxa7 Txb2 24.a4 Ab8 25.De3 f6 26.Dd3 Dc5 27.Dc4 Df2 28.T4e2 Txe2 29.Dxe2 Dd4 30.Db5 Tf8 31.Ce4 Td8 32.a5 Dxd5 33.Dxd5+ Txd5 34.Ta1 Td4 35.Cg3 Rf8 36.h3 Td7 37.a6 Re7 38.Tb1 Aa7 39.h4 Rd8 40.Ce4 h6 41.h5 Rc8 42.Rh2 Td4 43.Cg3 Txg4 44.Cf5 Af2 45.Tb2 Tf4 46.g4 Ad4 47.Cxd4 Txd4 48.a7 Ta4 49.Tb8+ Rd7 50.a8D Txa8 51.Txa8 Re6 52.Rg3 1–0

Falcón, Enrique – Beretta, Héctor [D05]
Campeonato Argentino / Torneo Mayor (16), 1946

1.d4 Cf6 2.Cf3 d5 3.e3 e6 4.Cbd2 c5 5.c3 Cc6 6.Ad3 cxd4 7.exd4 Ad6 8.De2 Dc7 9.0–0 Ce7 10.Ce5 Axe5 11.dxe5 Cd7 12.f4 b6 13.Cf3 Cc5 14.Ab5+ Rf8 15.De1 h5 16.Ae3 Cf5 17.Cd4 g6 18.Af2 a6 19.Ae2 Ce4 20.Tc1 Cxf2 21.Dxf2 b5 22.Tfd1 Ad7 23.b3 Cxd4 24.cxd4 Da5 25.Af1 Rg7 26.Tc5 Thc8 27.Tdc1 Dd8 28.T1c3 Rf8 29.b4 Re8 30.g3 Txc5 31.Txc5 Tc8 32.Dc2 Txc5 33.Dxc5 Dc8 34.Rf2 Dc6 35.h3 Dc8 36.g4 hxg4 37.hxg4 Dd8 38.Rg3 g5 39.f5 exf5 40.Dxd5 f4+ 41.Rf2 ½–½

Iliesco, Juan Traian – Bolbochán, Jacobo [E17]
Campeonato Argentino / Torneo Mayor (16), 1946

1.Cf3 Cf6 2.g3 b6 3.Ag2 Ab7 4.d4 e6 5.0–0 Ae7 6.c4 0–0 7.Dc2 Ae4 8.Db3 Cc6 9.Cbd2 d5 10.Da4 De8 11.b3 a6 12.Ab2 b5 13.cxb5 axb5 14.Dxb5 Ta5 15.Db7 Ta7 16.Db5 Ta5 17.Db7 Ta7 18.Db5 Ta5 ½–½

Maderna, Carlos Hugo – Piro, Antonio [E62]
Campeonato Argentino / Torneo Mayor (16), 1946

1.d4 Cf6 2.c4 g6 3.g3 Ag7 4.Ag2 d6 5.Cc3 Cc6 6.Cf3 0–0 7.h3 Cd7 8.0–0 e5 9.Ag5 f6 10.Ae3 h6 11.dxe5 dxe5 12.Dc2 Rh7 13.Tad1 f5 14.h4 e4 15.Cd4 De8 16.Cdb5 Ae5 17.Cd5 Df7 18.Cbxc7

---

[468] *La Nación*, 19 de diciembre de 1946.

Tb8 19.Dc1 Ag7 20.Cb5 Cde5 21.Cxa7 Ae6 22.Cb5 Cxc4 23.Dxc4 Ce7 24.Cbc7 Tbc8 25.Db5 Cxd5 26.Cxe6 Dxe6 27.Dxd5 Da6 28.Db3 Dxe2 29.Td7 Tcd8 30.Tfd1 Txd7 31.Txd7 Rh8 32.Txg7 Rxg7 33.Ad4+ Tf6 34.Dxb7+ Rf8 35.Axf6 Dd1+ 36.Af1 Dd6 37.Dg7+ 1–0

Marini, Luis – Sanguinetti, Renato [D89]
Campeonato Argentino / Torneo Mayor (16), 1946

1.c4 Cf6 2.Cc3 d5 3.cxd5 Cxd5 4.e4 Cxc3 5.bxc3 g6 6.d4 Ag7 7.Ac4 0–0 8.Ce2 c5 9.0–0 Cc6 10.Ae3 cxd4 11.cxd4 Ag4 12.f3 Ca5 13.Ad3 Ae6 14.Da4 a6 15.Tad1 b5 16.Da3 Cc4 17.Axc4 Axc4 18.Tf2 a5 19.Db2 Dd7 20.Dd2 Tfb8 21.d5 Axe2 22.Txe2 b4 23.Ad4 Axd4+ 24.Dxd4 Da7 25.Dxa7 Txa7 26.e5 a4 27.d6 Td7 28.Te4 exd6 29.exd6 Tb6 30.Ted4 f5 31.Rf1 Rf7 32.Tb1 Tdxd6 33.Txd6 Txd6 34.Txb4 ½–½

Martín, Pedro – Martínez, José E. [D53]
Campeonato Argentino / Torneo Mayor (16), 1946

1.d4 d5 2.c4 e6 3.Cc3 Cf6 4.Ag5 Cbd7 5.e3 Ae7 6.Ad3 dxc4 7.Axc4 c5 8.Cf3 0–0 9.0–0 a6 10.De2 b5 11.Ab3 cxd4 12.Cxd4 Ab7 13.Tfe1 Db6 14.Tac1 Cc5 15.Ac2 b4 16.Cb1 Cce4 17.Ah4 Tac8 18.Cd2 Cxd2 19.Dxd2 Tcd8 20.De2 Tc8 21.Dd2 Tcd8 22.De2 Tc8 23.Dd2 Tcd8 24.De2 Tc8 25.Dd2 Tcd8 ½–½

Pazos Gramajo, Horacio – Piazzini, Luis Rubén [C47]
Campeonato Argentino / Torneo Mayor (16), 1946

1.e4 e5 2.Cf3 Cf6 3.Cc3 Cc6 4.d4 exd4 5.Cxd4 Ae7 6.Ae3 0–0 7.Ae2 d5 8.exd5 Cb4 9.d6 Axd6 10.Af3 c6 11.a3 Cbd5 12.Cxd5 Cxd5 13.Axd5 Da5+ 14.c3 Dxd5 15.0–0 Td8 16.De2 De5 17.f4 De4 18.Tae1 Te8 19.Df2 Ad7 20.Df3 c5 21.Dxe4 Txe4 22.Cb3 Tae8 23.Ad2 Txe1 24.Txe1 Txe1+ 25.Axe1 Aa4 26.Ca5 b6 27.Cc4 Axf4 28.Af2 Ab3 29.Ce3 f6 30.g3 Ae5 31.Rf1 Rf7 32.Re2 Re6 33.Rd3 g6 34.Cg2 Rd6 35.Ae3 g5 36.Ce1 Rd5 37.Ad2 Ad1 38.Ac1 c4+ 39.Re3 h6 40.Rd2 Ah5 41.Re3 f5 42.Cg2 Ad6 43.Rf2 Re4 44.Ae3 Ae5 45.Ac1 f4 46.Ce1 Ad1 47.Cg2 Ad6 48.gxf4 gxf4 49.Re1 Af3 50.Ch4 Ah5 51.Cg2 f3 52.Ce3 Af4 53.Rf2 Rd3 54.h3 b5 55.h4 a6 56.a4 bxa4 57.Cxc4 Axc1 58.Cb6 Axb2 59.Cxa4 Aa3 0–1

Pilnik, Herman – Bolbochán, Julio [B45]
Campeonato Argentino / Torneo Mayor (16), 1946 *[Juan S. Morgado]*

1.e4 c5 2.Cf3 Cc6 3.d4 cxd4 4.Cxd4 Cf6 5.Cc3 e6 6.Ae2 Ab4 7.0–0 0–0 8.Af3 Ce5 9.Ag5 Da5 [9...h6 10.Af4 Cxf3+ 11.Dxf3 Axc3 12.bxc3 d5 13.e5 Ce4 ∞, Bartich – Em. Lasker, Alemania 1925] **10.Axf6 gxf6 11.Cb3 Db6 12.Ae2 Cg6 13.Ad3 Td8 14.Df3 Ae7 15.Tad1 Dc7 16.Ce2 b6 17.Dh3 Ab7 18.f4 d5 19.e5...**

19...f5?! [19...fxe5 20.fxe5 Dxe5 *(20...Tf8 21.Tde1 Dxe5 22.Cf4 Dxb2 23.Axg6 hxg6 24.Cxg6 fxg6 25.Dxe6+ ±)* 21.Txf7 Rxf7 22.Dxh7+ Dg7 23.Axg6+ Rf8 24.Dh5 Af6 25.Ced4 Ac8 26.Tf1 Re7 27.Cc6+ Rd7 28.Cxd8 Rxd8 29.c3⩲] **20.Cbd4 Rh8 21.Rh1 Tg8 22.Tg1 Ac5 23.Tdf1?!...** [23.c3→] **23...De7 24.g3?!...** [24.c3⩲] **24...f6?!** [24...Axd4! 25.Cxd4 Db4 26.c3 Dxb2→] **25.exf6 Dxf6 26.c3⩲ Taf8 27.Tg2 Tf7 28.Dh5 Tfg7 29.b4 Ad6 30.a3 a6 31.Tff2 Tc7 32.g4 Dh4** [32...Txc3 33.Cxc3 Dxd4 34.gxf5 exf5 35.Axf5 Dxc3 36.Txg6 Txg6 37.Axg6=] **33.Tg3 Dxh5 34.gxh5 Cf8 35.Tfg2 Tcg7 36.Rg1 Ac8 37.Cc6...** [37.Rf2=] **37...Txg3** [37...Cd7 38.Txg7 Txg7 39.h6 Tg8 40.Tg3 Cf6∓] **38.Txg3 Txg3+ 39.hxg3 Rg7 40.Ced4 Rf6 41.a4 h6 42.Rf2 Ab7 43.Re3 Ac7 44.c4 dxc4 45.Axc4 a5 46.b5 Ac8 47.Ab3 Ad7 48.Ad1 Ae8 49.g4 fxg4 50.Axg4 Af7 51.Cf3 Cd7 52.Cd2 Cc5 53.Ad1 ½–½**

Rossetto, Héctor Decio – Lipiniks, Leonardo [A48]
Campeonato Argentino / Torneo Mayor (16), 1946

1.d4 Cf6 2.Cf3 g6 3.e3 Ag7 4.Ad3 0–0 5.0–0 d6 6.c4 Cbd7 7.Cc3 e5 8.d5 Cc5 9.Ac2 a5 10.e4 h6 11.Ae3 b6 12.a3 Ch5 13.b4 axb4 14.axb4 Txa1 15.Dxa1 Ca6 16.Da3 Cf4 17.Aa4 Ag4 18.Ad1 Cb8 19.c5 Cd7 20.cxd6 cxd6 21.h3 Cxh3+ 22.gxh3 Axh3 23.Te1 f5 24.Dc1 f4 25.Ad2 g5 26.Cb5 g4 27.Dc7 De8 28.Cxd6 Dh5 29.Ch2 f3 30.Cf5 Txf5 31.exf5 Af1 32.Te4 Cf6 33.Dxe5 Dh3 34.Txg4 Cxg4 35.De8+ 1–0

Rossetto le gana a Rebizzo y lo tumba. *La Nación*, 18 de diciembre de 1946

17ª ronda, 19 de diciembre

▍Las partidas correspondientes a esta rueda señalaron novedades importantes. El excampeón nacional Héctor Rossetto, que ocupó en toda la parte inicial del torneo el primer puesto, ganó contra Cayetano Rebizzo, quien, a su vez, se había mantenido durante varias ruedas en la primera colocación, para verse ahora desalojado de ella por Julio Bolbochán, luego de haber vencido éste a Pazos Gramajo. Carlos Maderna llega también al score de Rebizzo, a un punto de Julio Bolbochán, por su empate con Lipiniks, y Rossetto queda a sólo medio punto de ellos. Pilnik suspendió con Jacobo Bolbochán una partida en la que no quiso tablas por repetición de jugadas, entregando un peón para abrir la columna de dama para sus torres. Esta partida se terminará mañana en sesión especial. Rebizzo – Rossetto fue una Apertura Inglesa, Defensa India del Rey. Rebizzo tuvo buen planteo y medio juego, pero en una posición en que se hallaban todas las piezas y siete peones en el tablero, en la jugada 24ª, en lugar de haber efectuado un cambio de caballos, hizo una movida de alfil que permitió un hábil contra juego de su adversario.

No deseando quedar con un peón menos, el blanco siguió luego una peligrosa variante que expuso su rey a terrible ataque, y determinó un lucido triunfo de Rossetto en la jugada 33ª. Julio Bolbochán le ganó a Horacio Pazos Gramajo, Defensa Francesa Variante Winawer. Las blancas obtuvieron posición superior, y a pesar de la liquidación de piezas que siguió pronto, quedaron con dos peones de ventaja, para imponerse en la jugada 30ª. Julio Bolbochán, con esta victoria logra encabezar la tabla de posiciones con 12½. Maderna y Rebizzo tienen 11½, Rossetto 11.[469]

Beretta, Héctor – Iliesco, Juan Traian [D37]
Campeonato Argentino / Torneo Mayor (17), 1946

1.d4 Cf6 2.Cf3 e6 3.c4 d5 4.Cc3 Ae7 5.Af4 0–0 6.e3 c5 7.Ae2 cxd4 8.exd4 Cc6 9.0–0 dxc4 10.Axc4 Cb4 11.h3 b6 12.Te1 Ab7 13.Tc1 Tc8 14.Ce5 Cbd5 15.Cxd5 Cxd5 16.Ad2 Ag5 17.Cf3 Axd2 18.Dxd2 Df6 19.Dg5 Cf4 20.Dxf6 gxf6 21.Tc3 Tfd8 22.Ae2 Txc3 23.bxc3 Tc8 24.c4 Cxe2+ 0–1

Bolbochán, Jacobo – Pilnik, Herman [D67]
Campeonato Argentino / Torneo Mayor (17), 1946

1.d4 d5 2.c4 e6 3.Cc3 Cf6 4.Ag5 Ae7 5.e3 0–0 6.Cf3 Cbd7 7.Tc1 c6 8.Ad3 dxc4 9.Axc4 Cd5 10.Axe7 Dxe7 11.Ce4 C5f6 12.Cg3 Db4+ 13.Dd2 Dxd2+ 14.Rxd2 Td8 15.Thd1 Rf8 16.e4 b6 17.e5 Ce8 18.Re3 Ab7 19.Cg5 h6 20.C5e4 Re7 21.f4 g6 22.Td2 Tac8 23.Ab3 Cb8 24.h4 h5 25.Tdc2 Ca6 26.a3 Cac7 27.Ce2 Td7 28.g3 Cg7 29.Cd6 Cf5+ 30.Cxf5+ gxf5 31.Aa4 b5 32.Ab3 a5 33.Rf2 a4 34.Aa2 Tcd8 35.Tc3 Ca6 36.Ab1 c5 37.dxc5 Ac6 38.Re3 Cc7 39.Td3 Txd3+ 40.Axd3 Cd5+ 41.Rf2 Cb4 42.Ab1 Cd3+ 43.Axd3 Txd3 44.Re1 Td5 45.Tc3 Td8 46.Cc1 b4 47.axb4 Td4 48.Cd3 Ab5 49.Rd2 Rd7 50.c6+ Rc7 51.Re3 Te4+ 52.Rd2 Td4 53.Re3 Te4+ 54.Rd2 Td4 55.Rc3 ½ ½

Bolbochán, Julio – Pazos Gramajo, Horacio [C15]
Campeonato Argentino / Torneo Mayor (17), 1946

1.e4 e6 2.d4 d5 3.Cc3 Ab4 4.Ad3 dxe4 5.Axe4 c5 6.a3 Axc3+ 7.bxc3 Dh4 8.Df3 Cf6 9.Axb7 Axb7 10.Dxb7 De4+ 11.Dxe4 Cxe4 12.Ce2 Cd7 13.Af4 Tc8 14.f3 Cef6 15.Rd2 0–0 16.Ad6 Tfd8 17.Ae7 Te8 18.Axf6 gxf6 19.Thb1 Ted8 20.Tb7 e5 21.Txa7 cxd4 22.cxd4 exd4 23.Cxd4 Cc5 24.Re3 Td5 25.Td1 Ce6 26.Ta4 Tc3+ 27.Td3 Te5+ 28.Rd2 Tc7 29.Cxe6 fxe6 30.Tad4 1–0

Garibaldi, Oscar – Falcón, Enrique [D04]
Campeonato Argentino / Torneo Mayor (17), 1946

1.Cf3 Cf6 2.d4 d5 3.e3 g6 4.Ad3 c5 5.c3 Cbd7 6.Cbd2 Dc7 7.De2 Ag7 8.0–0 0–0 9.b3 e5 10.dxe5 Cxe5 11.Cxe5 Dxe5 12.Ab2 Te8 13.Tfe1 Ag4 14.f3 Ad7 15.Df2 Dc7 16.a4 Tad8 17.Ta2 Te7 18.e4 Tde8 19.Taa1 dxe4 20.Cxe4 Cxe4 21.Txe4 Ac6 22.Txe7 Dxe7 23.Rf1 Dd6 24.Ac4 b6 25.g3 h5 26.Te1 Txe1+ 27.Rxe1 h4 28.f4 hxg3 29.hxg3 Ad5 30.De2 Axc4 31.Dxc4 Dc6 32.Rf2 Dh1 33.De2 a5 34.Re3 Dd5 35.Dc2 c4 36.bxc4 Dxc4 37.Rf3 Df1+ 38.Re3 Af8 39.De2 Dg1+ 40.Rf3 Dh1+ 41.Re3 Dc6

42.Rd2 Dxa4 43.c4 Dd7+ 44.Rc1 De6 45.Dxe6 fxe6 46.Ad4 Ac5 47.Axc5 bxc5 48.Rb2 Rf7 49.Ra3 Rf6 50.Ra4 Rf5 51.Rxa5 Rg4 52.Rb5 Rxg3 53.Rxc5 Rxf4 54.Rd6 e5 55.c5 e4 56.c6 e3 57.c7 e2 58.c8D e1D 59.Df8+ Rg3 60.Dg8 Db4+ 61.Re5 Df4+ 62.Rd5 g5 63.Dg6 g4 64.Dc2 Df2

---

[469] *La Nación*, 22 de diciembre de 1946.

65.Dg6 Df3+ 66.Rd4 Rg2 67.Dg5 g3 68.Dc1 Df6+ 69.Rd5 Rh2 70.Dc7 Df5+ 71.Rd4 Rh3 72.Dc6 g2 73.Dh6+ Rg3 74.Dc1 Df4+ 0–1

Lipiniks, Leonardo – Maderna, Carlos Hugo [C50]
Campeonato Argentino / Torneo Mayor (17), 1946

1.e4 e5 2.Cf3 Cc6 3.Ac4 Ac5 4.Cc3 d6 5.d3 Ae6 6.Ab3 Cf6 7.Ae3 Axe3 8.fxe3 Axb3 9.axb3 d5 10.exd5 Cxd5 11.Dd2 0–0 12.0–0 a6 13.Ce4 De7 14.Cg3 f5 15.e4 fxe4 16.Cxe4 Cd4 17.Cxd4 exd4 18.Dg5 Dxg5 19.Txf8+ Txf8 20.Cxg5 Ce3 21.Tc1 Tf6 22.Cf3 c5 23.c3 Tg6 24.g3 Tf6 25.Cd2 dxc3 26.Ce4 Tf5 27.bxc3 Td5 28.c4 Te5 29.Ta1 Cc2 30.Ta5 Cb4 31.Txc5 Cxd3 32.Txe5 Cxe5 33.Cc5 b5 34.Cxa6 bxc4 ½–½

Martínez, José E. – Bahamonde, Antonio [E33]
Campeonato Argentino / Torneo Mayor (17), 1946

1.d4 Cf6 2.c4 e6 3.Cc3 Ab4 4.Dc2 Cc6 5.Cf3 d6 6.a3 Axc3+ 7.Dxc3 De7 8.Af4 a5 9.e3 a4 10.Ad3 0–0 11.e4 Cxd4 12.Dxd4 e5 13.Cxe5 Ch5 14.Ae3 dxe5 15.Dc3 Td8 16.0–0–0 Cf4 17.Axf4 exf4 18.Ac2 Ad7 19.Td2 Ac6 20.Thd1 h6 21.Db4 Dxb4 22.axb4 Txd2 23.Txd2 b5 24.c5 Rf8 25.f3 Re7 26.Td3 Re6 27.Rd2 Re5 28.Re2 g5 29.Ab1 g4 30.Aa2 gxf3+ 31.gxf3 f5 32.exf5 Rxf5 33.Ad5 Te8+ 34.Rf2 Te3 35.Axc6 1–0

Montiel, Osvaldo – Corte, César Juan [A28]
Campeonato Argentino / Torneo Mayor (17), 1946

1.c4 e5 2.Cc3 Cf6 3.Cf3 Cc6 4.a3 Ae7 5.d4 exd4 6.Cxd4 0–0 7.Cxc6 bxc6 8.g3 d5 9.Ag2 d4 10.Ce4 Cxe4 11.Axe4 Ah3 12.Dd3 Dd7 13.Axh7+ Rh8 14.Ae4 Tab8 15.Tg1 c5 16.g4 Axg4 17.h3 Ah5 18.Dg3 Af6 19.Dd3 Tb6 20.Ag5 De7 21.Axf6 Dxf6 22.0–0–0 Tfb8 23.Td2 Dxf2 24.Dg3 Dxg3 25.Txg3 Te6 26.Tg5 g6 27.Af5 Tf6 28.Ae4 Te8 29.Ad3 Tc6 30.b4 cxb4 31.axb4 Tb6 32.Tb2 Teb8 33.b5 a6 34.c5 T6b7 35.Tb4 axb5 36.Txd4 b4 37.Th4 b3 38.Rb2 1–0

Piazzini, Luis Rubén – Martín, Pedro [E23]
Campeonato Argentino / Torneo Mayor (17), 1946

1.d4 Cf6 2.c4 e6 3.Cc3 Ab4 4.Db3 c5 5.dxc5 Cc6 6.Ag5 h6 7.Axf6 Dxf6 8.Cf3 Axc5 9.e3 0–0 10.Ae2 b6 11.0–0 Ab7 12.Tfd1 Tad8 13.Td2 Ce5 14.Cxe5 Dxe5 15.Tad1 Ac6 16.Af3 Axf3 17.gxf3 Dh5 18.Txd7 Txd7 19.Txd7 Dxf3 20.Dd1 Dxd1+ 21.Txd1 Tc8 22.b3 Ab4 23.Ce2 Tc7 24.Td8+ Rh7 25.Cd4 Ae7 26.Ta8 a5 27.Tb8 Ac5 28.Td8 Ae7 29.Tb8 Ac5 30.Td8 Ae7 ½–½

Piro, Antonio – Marini, Luis [A14]
Campeonato Argentino / Torneo Mayor (17), 1946

1.Cf3 Cf6 2.c4 b6 3.g3 Ab7 4.Ag2 e6 5.b3 Ae7 6.Ab2 0–0 7.0–0 c5 8.Cc3 d5 9.cxd5 Cxd5 10.d4 Cd7 11.Tc1 Tc8 12.Dd2 c4 13.bxc4 Txc4 14.Tfe1 Cxc3 15.Axc3 Dc7 16.Db2 Tc8 17.Ad2 Tc2 18.Txc2 Dxc2 19.Db5 Td8 20.Db3 Dxb3 21.axb3 a5 22.Cg5 Axg2 23.Rxg2 Tc8 24.Tc1 Txc1 25.Axc1 h6 26.Ce4 Rf8 27.Rf3 Ab4 28.Re3 Re7 29.Rd3 b5 30.Ab2 f5 31.Cc3 Axc3 32.Axc3 b4 33.Ad2 Rd6 34.f3 Rc6 35.e4 fxe4+ 36.fxe4 Rb5 37.Af4 h5 38.h3 Rc6 39.Ag5 Rb5 40.Ae3 Rc6 41.Ac1 ½–½

Rebizzo, Cayetano – Rossetto, Héctor Decio [E72]
Campeonato Argentino / Torneo Mayor (17), 1946 *[Juan S. Morgado]*

1.c4 Cf6 2.Cc3 g6 3.e4 d6 4.d4 Ag7 5.g3 0–0 6.Ag2 Cbd7 7.Cge2 e5 8.0–0 h6 9.h3 Te8 10.Ae3 exd4 11.Cxd4 Ce5 [11...a6!?] **12.b3 Ad7?!** [12...c6; 12...a6] **13.Dd2 Rh7?!** [13...Axh3 14.Axh3 c5 15.f3 cxd4 16.Axd4∓, comparar con **] **14.Tad1± De7** [14...Axh3 15.Axh3 c5 16.f3 cxd4 17.Axd4 **] **15.f4 Cc6 16.Cc2?...** [a) 16.Cdb5 Dd8 17.Cxc7 Dxc7 18.Cb5 Db8 19.Cxd6→; b) 16.Cdb5 Ae6 *(16...Dd8 17.Cxc7 Dxc7 18.Cb5 Db8 19.Cxd6→)* 17.Cd5 Axd5 18.cxd5 Cb8 19.Tfe1 a6 20.Ca3 Cbd7 21.Af2→] **16...Tad8?!** [16...Cxe4 17.Cxe4 Af5 18.Cc3 Axc3 19.Dxc3 Axc2 20.Tde1 Ae4 21.Ac1 f5 22.Axe4 fxe4 23.Ab2→] **17.Tfe1?!...** [17.g4 Ac8 18.Af2→] **17...Df8 18.Af2 Dh8 19.Cb5 Tc8 20.Te2...** [a) 20.Cxa7 Cxa7 21.Axa7 Ta8 *(21...b6 22.e5±)* 22.Af2 Txa2 23.e5 Ch5 oo; b) 20.c5 a6 21.Cba3 Ae6 22.cxd6 cxd6 23.Cc4 Axc4 24.bxc4 Ted8 25.Ce3→] **20...a6 21.Cbd4...** [21.Cc3!?] **21...Tcd8 22.De1 Ch5 23.Rh2 g5** [23...b6 oo] **24.Af3 gxf4 25.Axh5 fxg3+**

26.Rxg3??... [¡Un terrible *blunder*!; las blancas quedaban con iniciativa luego de la sencilla 26.Axg3 Cxd4 27.Cxd4 Axd4 28.Axf7→] **26...Axd4 27.Ag4 Ae5+ 28.Rf3 Df6+ 29.Re3 Axg4 30.hxg4 Af4+ 31.Rd3 Ce5+ 32.Rc3 Cf3+ 33.Ad4 Cxd4 0–1**

18ª ronda, 22 de diciembre

▌Quedaron sin definirse importantes partidas. La rueda contribuyó a complicar más el pronóstico sobre los resultados de este reñido certamen, que a aclarar la situación de los jugadores con aspiraciones al primer puesto. Durante toda la sesión, el público realmente extraordinario congregado en la Sociedad Hebraica Argentina no pudo ocultar la ansiedad con que seguía las partidas, particularmente las de Maderna – Rebizzo, Martín – Julio Bolbochán y Pilnik – Beretta. Esta última se decidió en el momento de la suspensión con el

Rossetto se impuso a Rebizzo en el torneo nacional de ajedrez

Julio Bolbochán Ganó l Certamen por el ampeonato de Ajedrez

Julio Bolbochán, a punto de dar el zarpazo.
La Nación, 22 de diciembre de 1946

abandono de Beretta, después de una lucha interesante, aunque ya en manifiestas condiciones de inferioridad material y posicional. Pero los otros dos juegos han quedado sin resolverse. Maderna se vio en serias dificultades, que no han terminado para él, pues el final a que se ha llegado señala una pieza de ventaja por un peón, a favor de Rebizzo.

En cuanto a Julio Bolbochán, no sacó ventaja frente a Martín, y creemos que éste dejó pasar en la culminación del medio juego una oportunidad de ganar calidad con una maniobra de caballo (C2D) en lugar de 33.T1D.[470] En la jugada 36ª los adversarios se hallaron muy apremiados por el reloj, especialmente Martín, siendo la posición sumamente delicada. Se sucedieron varias movidas rápidas. El blanco tomó valientemente un peón, y Bolbochán ofreció una torre, con vistas a un mate inevitable, pero la respuesta fue exacta y trajo el cambio de las damas. De inmediato las negras recuperaron el peón, y quedó entonces un final igualado en fuerzas, con ligera ventaja posicional para Bolbochán. La partida Rossetto – Martínez también atrajo la atención, por la situación del primero en la tabla de posiciones, donde aparece de nuevo como un muy peligroso rival.

Se suspendió con ventaja suficiente como para que pueda descontarse el punto de Rossetto. Por su parte, Sanguinetti ha mantenido su buena posición al derrotar a Piro, y en el mismo caso se halla Jacobo Bolbochán, que venció a Pazos Gramajo. Otros resultados fueron: Bahamonde 1:0 Piazzini; Falcón 1:0 Montiel. Suspendidas: Marini – Lipiniks e Iliesco – Garibaldi. Contrariamente a lo que se había anunciado, esta noche se efectuará la 19ª rueda, destinándose la sesión de mañana para las suspendidas, pero desde las 19.[471]

■ Con extraordinario entusiasmo prosigue disputándose el torneo. Los resultados de las últimas reuniones han acentuado la expectativa, por la circunstancia de que, a pesar de que el jugador porteño Julio Bolbochán se mantiene con las mejores perspectivas para adjudicarse el triunfo final, son varios los participantes que están en condiciones de aventajarlo al menor tropiezo. Por otra parte, la partida del puntero con Martín, correspondiente a la 18ª rueda, ha quedado en situación difícil, y no sería improbable que terminara empatada, lo que haría aumentar las posibilidades de los que siguen a Julio Bolbochán.[472]

Bahamonde, Antonio – Piazzini, Luis Rubén [D00]
Campeonato Argentino / Torneo Mayor (18), 1946

1.d4 d5 2.g3 Af5 3.Ag2 c6 4.c4 e6 5.Cc3 Cf6 6.Cf3 h6 7.0–0 Ah7 8.Cd2 Ae7 9.e4 0–0 10.Te1 Ca6 11.cxd5 cxd5 12.exd5 exd5 13.a3 Cc7 14.Cf1 Dd7 15.Db3 Tfd8 16.Ce3 Ae4 17.f3 Ah7 18.Ad2 Ce6 19.Ce2 Tac8 20.Ah3 Tc6 21.Dd1 Dc7 22.Ac3 Cg5 23.Ag2 Ad6 24.h4 Ce6 25.f4 Ae7 26.f5 Cf8 27.Cf4 Ce4 28.Cexd5 Txd5 29.Cxd5 Cxc3 30.bxc3 1–0

Falcón, Enrique – Montiel, Osvaldo [C15]
Campeonato Argentino / Torneo Mayor (18), 1946

1.d4 e6 2.e4 d5 3.Cc3 Ab4 4.Cge2 dxe4 5.a3 Ae7 6.Cxe4 Cc6 7.g3 e5 8.d5 Cd4 9.Cxd4 Dxd5 10.Ag2 Dxd4 11.De2 Cf6 12.0–0 Cxe4 13.Axe4 0–0 14.Td1 Db6 15.c4 c6 16.b4 Dc7 17.Ab2 Af6 18.c5 Te8 19.Td6 De7 20.b5 cxb5 21.Dxb5 Tb8 22.Tad1 Ag4 23.f3 Ah3 24.a4 Ag5 25.Dd3 h5 26.Aa3 Dc7 27.Af5 Axf5 28.Dxf5 Ae3+ 29.Rg2 f6 30.Td7 Dc6 31.T1d6 Dxa4 32.c6 Dxa3 33.c7 Tbc8 34.Txg7+ Rxg7 35.Dxf6+ Rg8 36.Dg6+ Rh8 37.Dxh5+ Rg7 38.Tg6+ Rf8 39.Dh8+ 1–0

---

[470] Esta afirmación es correcta.
[471] *La Nación*, 23 de diciembre de 1946.
[472] *La Prensa*, 24 de diciembre de 1946.

Iliesco, Juan Traian – Garibaldi, Oscar [E65]
Campeonato Argentino / Torneo Mayor (18), 1946

1.c4 Cf6 2.Cc3 g6 3.g3 Ag7 4.Ag2 0–0 5.d4 d6 6.Cf3 Ca6 7.0–0 c5 8.e4 Ad7 9.e5 Ce8 10.Af4 cxd4 11.Dxd4 Cb4 12.Dd2 Ae6 13.De2 Dc8 14.b3 Cc6 15.Tac1 dxe5 16.Cxe5 Cxe5 17.Axe5 Axe5 18.Dxe5 Cd6 19.Tfe1 Te8 20.c5 Cf5 21.Cb5 Td8 22.c6 bxc6 23.Txc6 Dd7 24.Txe6 fxe6 25.Axa8 Txa8 26.Dxe6+ Dxe6 27.Txe6 a5 28.g4 Ch6 29.Txe7 Cxg4 30.h3 Cf6 31.a4 Td8 32.Rf1 Td3 33.Te3 Td2 34.Re1 Tb2 35.Cd4 Cd5 36.Te5 Cf4 37.Txa5 Cd3+ 38.Rf1 Cxf2 39.h4 Ce4 40.Tb5 Td2 41.Ce6 Cg3+ 42.Rg1 h6 43.a5 Rf7 44.Cf4 Cf5 45.Cg2 Cd4 46.Tb7+ Re6 47.Rh2 Ta2 48.b4 Rf5 49.Tf7+ Re4 50.Te7+ Rf3 51.Te3+ Rf2 52.Td3 Cf3+ 53.Rh3 h5 54.Tb3 Cg1+ 55.Rh2 Cf3+ 56.Rh3 ½–½

Maderna, Carlos Hugo – Rebizzo, Cayetano [C77]
Campeonato Argentino / Torneo Mayor (18), 1946

1.e4 e5 2.Cf3 Cc6 3.Ab5 a6 4.Aa4 Cf6 5.Cc3 d6 6.Axc6+ bxc6 7.d4 exd4 8.Cxd4 Ad7 9.Df3 Ae7 10.e5 Cd5 11.Cxd5 cxd5 12.Dxd5 0–0 13.e6 fxe6 14.Cxe6 c6 15.Cxd8+ cxd5 16.Cb7 a5 17.Ad2 Tfb8 18.Cxa5 Txb2 19.0–0 Txc2 20.Ab4 Af6 21.Tad1 d4 22.Td2 d3 23.Tfd1 Ab5 24.g3 Ad4 25.Cb3 Ab6 26.Cc1 Te8 27.Txc2 dxc2 28.Txd6 Ac5 29.Axc5 Te1+ 30.Rg2 Txc1 31.Ae3 Td1 32.Tb6 Af1+ 33.Rf3 c1D 34.Axc1 Txc1 35.a4 Tc3+ 36.Rf4 Tc4+ 37.Re5 Txa4 38.Tb8+ Rf7 39.Tb7+ Rg6 40.Tb6+ Rh5 41.f3 Ta6 42.Tb7 Rh6 43.Tb3 Tf6 44.Tc3 Ag2 45.f4 Ah3 46.Re4 Ag4 47.h4 Te6+ 48.Rd4 g6 49.Ta3 Rh5 50.Ta7 h6 51.Ta3 Af5 52.Tc3 Rg4 53.Ta3 h5 54.Tc3 Te1 0–1

Marini, Luis – Lipiniks, Leonardo [A28]
Campeonato Argentino / Torneo Mayor (18), 1946

1.c4 Cf6 2.Cc3 e5 3.Cf3 Cc6 4.a3 d5 5.d4 exd4 6.Cxd4 dxc4 7.Cxc6 Dxd1+ 8.Cxd1 bxc6 9.f3 Ae6 10.e4 Cd7 11.Ae3 Cb6 12.Tc1 Ad6 13.Ae2 0–0 14.g4 Tfd8 15.f4 f6 16.h4 h6 17.Rf2 Af7 18.Th3 Tab8 19.g5 hxg5 20.hxg5 Ca4 21.gxf6 gxf6 22.Cc3 Cxc3 23.bxc3 c5 24.Tg1+ Rf8 25.e5 fxe5 26.fxe5 Axe5 27.Ah6+ Re7 28.Ag5+ Rd7 29.Axd8 Txd8 30.Th7 Tf8 31.Axc4 Re8 32.Txf7 Txf7+ 33.Axf7+ Rxf7 34.Tc1 Re6 35.Re3 Rd5 36.c4+ Rc6 37.Tb1 Ac3 38.Rd3 Aa5 39.Th1 Rb7 40.Re4 Ra6 41.Tb1 1–0

Martín, Pedro – Bolbochán, Julio [E35]
Campeonato Argentino / Torneo Mayor (18), 1946 *[Juan S. Morgado]*

1.d4 Cf6 2.c4 e6 3.Cc3 Ab4 4.Dc2 d5 5.cxd5 exd5 6.Ag5 h6 7.Axf6 Dxf6 8.a3 Aa5 9.b4 Ab6 10.e3 Ae6 11.Cf3 0–0 12.Ad3 Cd7 13.0–0 c6 14.Tfc1 Tac8 15.Ca4 Ag4 16.Cd2 Ac7 17.Cc5 Cxc5 18.bxc5 Tce8 19.Tab1 Ac8 20.Da4 a6 21.Dc2 h5 22.Cb3 g6 23.Te1 Rg7 24.e4 dxe4 25.Axe4 Te7 [25…h4⩲] 26.Ad3 Tfe8 27.Txe7 Txe7 28.Dc3 h4 29.Ac4 h3 30.g3 b5 31.cxb6 Axb6 32.Af1…

32...Te4?? [32...Tb7 33.Te1 a5 34.Te5 Ag4 35.Cxa5 Td7∓] **33.Td1??...** [33.Cd2!+−, ataque a dos piezas] **33...Ae6= 34.Cc5...** [34.Dxc6 Axb3 35.Dxf6+ Rxf6 36.Tb1 Axd4 37.Txb3=] **34...Axc5 35.Dxc5 Ad5** [35...Ab3∓] **36.Dc3 Df5 37.Axa6 Tf4 38.De3 Tf3 39.De5+ Dxe5 40.dxe5 Txa3 41.Af1 Ae6 42.Tc1 Ad7 43.Td1 Ag4 44.Tc1 g5 45.f4 gxf4 46.gxf4 ½–½**

Pazos Gramajo, Horacio – Bolbochán, Jacobo [B45]
Campeonato Argentino / Torneo Mayor (18), 1946

1.e4 c5 2.Cf3 Cc6 3.d4 cxd4 4.Cxd4 Cf6 5.Cc3 e6 6.Cdb5 Ab4 7.Cd6+ Re7 8.Af4 e5 9.Cxc8+ Txc8 10.Ag5 h6 11.Axf6+ gxf6 12.Ad3 Cd4 13.0–0 Axc3 14.bxc3 Txc3 15.f4 d6 16.Tf2 Tg8 17.Dd2 Da5 18.Taf1 Tg6 19.Rh1 Ta3 20.De3 Txa2 21.h4 Ta1 22.h5 Txf1+ 23.Txf1 Tg4 24.Dh3 Txf4 25.Txf4 exf4 26.Dc8 De1+ 27.Rh2 Dg3+ 28.Rh1 f3 29.Dxb7+ Rf8 0–1

Pilnik, Herman – Beretta, Héctor [B40]
Campeonato Argentino / Torneo Mayor (18), 1946 *[Juan S. Morgado]*

1.e4 c5 2.Cf3 e6 3.d4 cxd4 4.Cxd4 Cf6 5.Cc3 Ab4 6.Ad2 Db6 7.Cb3 Cc6 8.Ad3 a6 9.0–0 Ce5 10.Ca4 Dd6 11.Af4 Dc7? [11...b5 12.Cb6 Dxb6 13.Axe5±] **12.c4± b5?** [12...Ae7 13.c5±] **13.cxb5+− axb5 14.Tc1 Da7 15.Axb5 Db7 16.De2 Cg6 17.Ae3 Cxe4 18.Cb6 0–0 19.Cxa8 Dxa8 20.a3 Ae7 21.Ad3 f5 22.Axe4 Dxe4 23.f3 De5 24.f4 Db8 25.Ca5 Ad6 26.Dd2 Ac7 27.b4 Ce7 28.Ac5 d6 29.Ad4 Aa6 30.Tfe1 Ac8 31.b5 Cd5 32.a4 Da8 33.Cc6 Dxa4 34.Ce7+ Cxe7 35.Txc7 Te8 36.b6 Da8 37.Dc3 e5 38.fxe5 Cd5 39.Db3 Ae6 40.b7 Db8 41.exd6 1–0**

Rossetto, Héctor Decio – Martínez, José E. [D35]
Campeonato Argentino / Torneo Mayor (18), 1946

1.d4 Cf6 2.c4 e6 3.Cc3 d5 4.Ag5 Cbd7 5.cxd5 exd5 6.e3 c6 7.Ad3 Ad6 8.Dc2 Cf8 9.Cf3 Ce6 10.Ah4 g6 11.Ce5 Cg7 12.f4 Ae7 13.0–0–0 Af5 14.Rb1 Axd3 15.Dxd3 Cd7 16.Af2 f6 17.Cf3 Cb6 18.The1 Dd7 19.e4 dxe4 20.Dxe4 Df5 21.Dxf5 Cxf5 22.g4 Cd6 23.d5 Td8 24.dxc6 bxc6 25.Cd4 Tc8 26.Cb3 Rf7 27.Ac5 Thd8 28.a4 Tc7 29.a5 Cbc8 30.a6 Cb6 31.Ca5 Tdd7 32.Txe7+ Rxe7 33.Ce4 Cd5 34.Cb7 Txb7 35.axb7 Txb7 36.Cxd6 Tb3 37.Rc2 Tf3 38.f5 Rd7 39.fxg6 hxg6 40.Cc4 Tf4 41.Ce3 Rc7 1–0

Sanguinetti, Renato – Piro, Antonio [D63]
Campeonato Argentino / Torneo Mayor (18), 1946

1.d4 Cf6 2.c4 e6 3.Cc3 d5 4.Ag5 Ae7 5.e3 Cbd7 6.Cf3 0–0 7.Tc1 dxc4 8.Axc4 a6 9.0–0 b5 10.Ad3 Ab7 11.De2 c5 12.Tfd1 c4 13.Ab1 b4 14.Axf6 Cxf6 15.Ca4 Da5 16.Cc5 Axc5 17.dxc5 c3 18.bxc3 bxc3 19.Dc4 Tad8 20.Cd4 e5 21.Cb3 Db5 22.Dxc3 De2 23.Td2 Dg4 24.c6 Ac8 25.Dxe5 Txd2 26.Cxd2 De2 27.Dd4 Cg4 28.Tf1 Db5 29.Dc4 Db6 30.Cf3 Td8 31.h3 Ae6 32.Dc3 Cf6 33.Cd4 Ad5 34.Tc1 Ce4 35.Axe4 Axe4 36.f3 Ad5 37.Cf5 1–0

19ª ronda, 23 de diciembre

■ La rueda registró algunas novedades, que a dos ruedas de terminarse la prueba favorecen señaladamente a Julio Bolbochán, quien encabeza ahora la tabla de posiciones con medio punto de ventaja, y tiene además dos partidas suspendidas, que bien puede ganar, o por lo menos no ofrecen el peligro lógico de un desenlace adverso. En una de estas partidas pareció hallarse en inferioridad, pero Bahamonde, que era su adversario, no consiguió mantener la presión y las acciones se equilibraron, para quedar un final quizá con algunas perspectivas para Bolbochán. En la otra, pendiente de la rueda anterior con Martín, logró una ligera ventaja posicional, aunque lo más probable es que se llegue a un empate. Rebizzo suspendió en muy precarias condiciones con Marini, quien pudo establecer un fuerte ataque, intensificado con el sacrificio de una pieza. Luego Marini no estuvo muy exacto en el plan y la situación mejoró sensiblemente para su rival, pero un inesperado error le hizo perder a éste la dama por dos piezas menores.

Martín pierde la oportunidad de vencer a Julio Bolbochán. *La Nación*, 23 de diciembre de 1946

Pilnik ganó bien a Garibaldi, y Rossetto fue superado espectacularmente por Piazzini, quien produjo una de las buenas partidas del torneo. Otro de los bien clasificados que ganó fue Sanguinetti, en una casi miniatura frente a Lipiniks, refutando un ataque poco justificado del jugador condicional. Pedro Martín ofreció lucha pareja a Jacobo Bolbochán, declarándose tablas, con lo que obtuvo el medio punto que necesitaba para completar el 40% reglamentario exigido para mantener la categoría. Corte no jugó por haberse visto forzado a abandonar el torneo por razones particulares.[473] Julio Bolbochán tiene 12½ (y dos suspendidas), Sanguinetti 12; Maderna y Rebizzo 11½ (y dos suspendidas cada uno); Jacobo Bolbochán y Pilnik 11.[474]

■ Con los resultados de la rueda Julio Bolbochán se aseguró el puesto de honor, al lograr 14½ puntos. Sus más cercanos perseguidores, Renato Sanguinetti, Jacobo Bolbochán y Herman Pilnik sólo pueden llegar a tener 14 puntos. Vale decir que, aún en el caso de que el puntero pierda esta noche su última partida, ya no puede ser igualado en la clasificación final. El triunfo de Julio Bolbochán ha sido merecido desde todo punto de vista. Se trata de un ajedrecista de juego serio, que domina las aperturas, y que posee un claro concepto del juego posicional. Con su victoria, confirma Bolbochán todas las previsiones, y demuestra que el ajedrez nacional posee un elemento joven de gran porvenir, que está ya en el primer plano entre los maestros de Sudamérica.

Las autoridades de la Sociedad Hebraica ofrecieron anoche una cena en honor de los maestros participantes, miembros de la FADA y periodistas. La colocación de los jugadores quedó así: Julio Bolbochán 14½/19; Pilnik 14/20; Jacobo Bolbochán y Sanguinetti 13/19; Rebizzo y Rossetto 12½/19; Maderna 12/18 y Marini 12/19.[475]

---

[473] El fallecimiento de su padre.
[474] *La Nación*, 25 de diciembre de 1946.
[475] *La Prensa*, 27 de diciembre de 1946.

Beretta, Héctor – Pazos Gramajo, Horacio [C11]
Campeonato Argentino / Torneo Mayor (19), 1946

1.e4 e6 2.d4 d5 3.Cc3 Cf6 4.Ad3 c5 5.exd5 exd5 6.De2+ Ae7 7.dxc5 0–0 8.Ag5 Te8 9.0–0–0 Ag4 10.f3 Ae6 11.Ch3 Cc6 12.Df2 Ce5 13.Ab5 Tf8 14.The1 a6 15.Aa4 Cg6 16.Ab3 Dc7 17.Cxd5 Cxd5 18.Axd5 Axg5+ 19.Cxg5 Df4+ 20.De3 Axd5 21.Dxf4 Cxf4 22.g3 Axf3 23.Cxf3 Ce6 24.b4 a5 25.a3 axb4 26.axb4 Ta4 27.c3 Tfa8 28.Rb2 Ta2+ 29.Rb3 g6 30.Td7 T2a3+ 31.Rc2 Ta2+ 32.Rd3 Tb8 33.Cd4 Cg5 34.h4 Ch3 35.Tee7 Cf2+ 36.Rc4 Cg4 37.Txb7 Td8 38.c6 Tc8 39.Rc5 Ta3 40.Cb5 Taa8 1–0

Bolbochán, Jacobo – Martín, Pedro [E48]
Campeonato Argentino / Torneo Mayor (19), 1946

1.d4 e6 2.c4 Cf6 3.Cc3 Ab4 4.e3 0–0 5.Ad3 d5 6.Cge2 c5 7.a3 dxc4 8.Axc4 cxd4 9.exd4 Ae7 10.0–0 Cbd7 11.Af4 Cb6 12.Ab3 Cbd5 13.Ae5 b6 14.Dd3 Ab7 15.Dh3 Tc8 16.Tfe1 a6 17.Tad1 Cxc3 18.Cxc3 Cd5 19.Td3 Cxc3 20.bxc3 Af6 21.Tde3 Ta8 22.Td3 Tc8 23.Tde3 Ta8 24.Td3 Tc8 ½–½

Bolbochán, Julio – Bahamonde, Antonio [E43]
Campeonato Argentino / Torneo Mayor (19), 1946 *[Juan S. Morgado]*

1.d4 Cf6 2.c4 e6 3.Cc3 Ab4 4.e3 b6 5.Cf3 Ab7 6.Db3 c5 7.Ae2 0–0 8.0–0 cxd4 9.exd4 Axc3 10.Dxc3 Dc7 11.b3 d5 12.Aa3 Tc8 13.Tac1 Cbd7 14.h3 dxc4 15.bxc4 Cd5 16.Dd2 Cf4 17.Ad1 Cg6 18.Te1 Df4 19.g3 Df5 20.g4 Df4 21.De3 Cf6 22.Ce5 Dxe3 23.Txe3 Cxe5 24.Txe5 Td8 25.Ab2 Cd7 26.Te3 Tdc8 27.f4 Aa6?! [27…Cf6 28.d5 exd5 29.Te7 Tab8 30.Af3 Ce4 31.cxd5 Txc1+ 32.Axc1 Cf6 33.Rf2 Axd5 34.g5 Axf3 35.Rxf3 Ch5 36.Txa7⩲] **28.Ab3→ Cf6 29.f5…** [29.g5 Ce8 *(29…Cd7 30.f5 exf5 31.Te7 Cf8 32.c5 Ce6 33.Axe6 fxe6 34.d5+–)* 30.c5→] **29…exf5 30.gxf5 Te8** [30…Tab8 31.d5 Te8 32.Tce1 Txe3 33.Txe3 Te8 34.Rf2 Txe3 35.Rxe3 Rf8 36.Ae5 Cd7 37.Ad6+ Re8 38.Rd4→] **31. Tce1…** [31.Txe8+ Txe8 32.c5→] **31…Txe3 32.Txe3 Te8 33.Rf2 Ac8 34.Ac2 Aa6 35.Txe8+ Cxe8 36.c5 bxc5 37.dxc5→ Ab5 38.Ae4 Rf8**

39.Ae5… [39.f6 Ad7 40.fxg7+ Cxg7 41.h4 Cf5 42.c6 Ae6 43.Af6 h6 44.a4 Ce7 45.c7 Ac8 46.Re3±] **39…Re7 40.Re3 Rd7 41.f6 gxf6 42.Ab8 a5 43.Axh7 Re6 44.Ac2 a4 45.a3 f5 46.Ab1 Rd5 47.h4 Rxc5 48.Rf4 Cg7 49.Ae5 f6 50.Axf6 Ch5+ 51.Rxf5 Cxf6?** [51…Rd6 52.Ae5+ +–] **52. Rxf6 Ae2 53.Ac2 Rd4 54.Axa4 Re4 55.Ae8 Rd4 56.h5 Ac4 57.h6 1–0**

Corte, César Juan – Falcón, Enrique [A00]
Campeonato Argentino / Torneo Mayor (19), 1946

0–1 (Por ausencia)

Garibaldi, Oscar – Pilnik, Herman [D68]
Campeonato Argentino / Torneo Mayor (19), 1946

1.c4 e6 2.Cc3 d5 3.d4 Cf6 4.Ag5 Ae7 5.e3 0–0 6.Cf3 Cbd7 7.Tc1 c6 8.Ad3 dxc4 9.Axc4 Cd5 10.Axe7 Dxe7 11.0–0 Cxc3 12.Txc3 e5 13.Db1 e4 14.Cd2 Cf6 15.b4 Ae6 16.Tfc1 Cd5 17.Axd5 Axd5 18.a4 f5 19.b5 f4 20.bxc6 bxc6 21.Cc4 Tab8 22.Dc2 f3 23.g3 De6 24.Dd1 Tfc8 25.Df1 Tb4 26.a5 Ta4 27.Ce5 Txa5 28.Ta1 Txa1 29.Dxa1 Dh3 30.Df1 Dxf1+ 31.Rxf1 Tb8 32.Tc1 Tb2 33.Re1 a5 34.Ta1 h5 35.Cg6 Te2+ 36.Rf1 Tc2 37.Cf4 Ab3 38.Cxh5 a4 39.Re1 Te2+ 40.Rf1 Ac4 41.Rg1 a3 0–1

Lipiniks, Leonardo – Sanguinetti, Renato [D90]
Campeonato Argentino / Torneo Mayor (19), 1946 *[Juan S. Morgado]*

1.d4 Cf6 2.c4 g6 3.Cc3 d5 4.Cf3 Ag7 5.cxd5 Cxd5 6.Ad2 0–0 7.Tc1 c5 8.dxc5 Ca6 9.e4 Cdb4 10.Ae3 Da5 11.a3?... [11.Ac4 Cxa2 12.Axa2 Axc3+ 13.Txc3 Dxa2 14.Ah6 Te8 15.0–0⩲] **11... Ca2∓ 12.b4?? C6xb4–+ 13.Ad2...** [13.Cxa2 Cxa2+ 14.Ad2 Dxa3–+] **13...Dxa3–+ 14.Cb5 Cd3+ 15.Axd3 Dxd3 16.Cc7 Cxc1 17.Dxc1 Ad7 18.Cxa8 Ab5 19.Dd1 Dxe4+ 20.Ae3 Ac3+ 21.Cd2 Dxg2 0–1**

Martínez, José E. – Maderna, Carlos Hugo [D04]
Campeonato Argentino / Torneo Mayor (19), 1946

1.d4 d5 2.Cf3 Cf6 3.e3 Cbd7 4.Ad3 c5 5.c3 Dc7 6.Cbd2 e5 7.dxe5 Cxe5 8.Cxe5 Dxe5 9.Ab5+ Ad7 10.Cf3 Dc7 11.Da4 Ad6 12.c4 dxc4 13.Ad2 0–0 14.Axd7 Cxd7 15.Dxc4 Ce5 16.Cxe5 Axe5 17.Ac3 Tfd8 18.Axe5 Dxe5 19.Dc2 Td5 20.0–0 Tad8 21.Tad1 h6 22.Txd5 Txd5 23.g3 b6 24.Da4 Td2 25.b3 De7 26.a3 Db7 27.Dc4 Dd5 28.Tc1 Df3 29.Tf1 Df5 30.Db5 De6 31.Tb1 Txf2 32.Rxf2 Df5+ 33.Rg2 Dc2+ 34.Rh3 Df5+ 35.Rg2 Dxb1 36.De8+ Rh7 37.Dxf7 Dd3 38.Rf2 a6 39.g4 Dc2+ 40.Rg3 b5 41.De6 c4 42.bxc4 bxc4

43.e4 Dd3+ 44.Rf2 Dd2+ 45.Rf3 c3 46.Df5+ Rg8 47.Dc8+ Rf7 48.Dc4+ Re7 49.Dc7+ Re6 50.Dc8+ Rd6 51.Dd8+ Rc5 52.Dxd2 cxd2 53.Re2 Rd4 54.Rxd2 Rxe4 55.Rc3 Rf4 56.Rb4 Rxg4 57.Ra5 Rh3 58.Rxa6 g5 59.Rb5 Rxh2 60.a4 g4 61.a5 g3 62.a6 g2 63.a7 g1D 64.a8D Db1+ 65.Rc4 h5 66.De8 Dc2+ 67.Rb5 Df5+ 68.Ra6 Df1+ 69.Ra5 h4 70.De5+ Rh3 71.De6+ Rg3 72.Dg6+ Rh2 73.Dd6+ Rh1 74.Dd5+ ½–½

Montiel, Osvaldo – Iliesco, Juan Traian [E72]
Campeonato Argentino / Torneo Mayor (19), 1946

1.c4 Cf6 2.Cc3 g6 3.e4 d6 4.d4 Ag7 5.g3 0–0 6.Ag2 e5 7.Cge2 Cbd7 8.0–0 Te8 9.d5 a5 10.h3 Cc5 11.Ae3 b6 12.a3 Ca6 13.b4 Ad7 14.Db3 Ch5 15.Cc1 De7 16.Cd3 f5 17.Tae1 f4 18.gxf4 Dh4 19.fxe5 Axh3 20.f4 Axg2 21.Rxg2 Dg3+ 22.Rh1 dxe5 23.f5 Cf4 24.Dc2 axb4 25.axb4 Tf8 26.b5 Cxd3 27.Dxd3 Cc5 28.De2 Ta3 29.Axc5 bxc5 30.Tf3 Dh4+ 31.Rg2 gxf5 32.Th1 Dg4+ 33.Tg3 Dxe2+

34.Cxe2 Ta2 35.Tg1 f4 36.Txg7+ Rxg7 37.Rf3+ Rf7 38.Tg5 Tfa8 39.Tg2 T8a3+ 40.Rg4 Te3 41.Cxf4 Txg2+ 42.Cxg2 Txe4+ 43.Rf5 Te2 0–1

Piazzini, Luis Rubén – Rossetto, Héctor Decio [C11]
Campeonato Argentino / Torneo Mayor (19), 1946 *[Juan S. Morgado]*

1.e4 e6 2.d4 d5 3.Cc3 Cf6 4.e5 Cfd7 5.Cf3 c5 6.dxc5 Cc6 7.Af4 Axc5 8.Ad3 h6 9.h4 Ab4 10.Rf1 Axc3 11.bxc3 Da5 12.Tb1 a6 13.Th3 Dxc3 14.h5 Dc5? [14...Cc5∓] **15.Tg3± Rf8 16.De2...** [16.Rg1±] **16...De7 17.Tg4?...** [17.c3 Cc5 18.Ac2 Dc7 19.Ac1 Ad7 20.De3±] **17...b5 18.Ch4= Ab7 19.De3 Re8??** [19...Cc5=] **20.Dg3+– Tc8 21.Txg7 Cdxe5 22.Cg6 Cxg6 23.hxg6 Cd8 24.gxf7+ Cxf7 25.Ag6 Tf8 26.Ad6 Tc3 27.Axe7 Txg3 28.Axf8 Txg6 29.Txg6 Rxf8 30.Txe6 1–0**

Rebizzo, Cayetano – Marini, Luis [A17]
Campeonato Argentino / Torneo Mayor (19), 1946

Julio Bolbochan ocupa el primer puesto en el campeonato de ajedrez

Julio Bolbochán trepa a la cima.
La Nación, 25 de diciembre de 1946

1.c4 Cf6 2.Cc3 e6 3.g3 d5 4.Ag2 d4 5.Cb1 c5 6.d3 Cc6 7.Cf3 Ae7 8.0–0 0–0 9.Ca3 e5 10.Cc2 Ce8 11.Ad2 f5 12.a3 a5 13.b4 Af6 14.Tb1 Cc7 15.e3 e4 16.Cfe1 Ae6 17.b5 Ce5 18.b6 Ce8 19.exd4 cxd4 20.f4 Cxc4 21.dxc4 Axc4 22.Tf2 Cd6 23.Ac1 Cb5 24.Ab2 a4 25.Td2 d3 26.Cb4 Axb2 27.Tbxb2 Dxb6+ 28.Rh1 Df6 29.Cbxd3 exd3 30.Tb4 Cc3 31.Dc1 Ad5 32.Txd3 Tac8 33.Txd5 Cxd5 34.Axd5+ Rh8 35.Db2 Tfe8 36.Cf3 Dd6 37.Td4 Da6 38.Rg2 Te2+ 39.Dxe2 Dxe2+ 40.Rh3 Df1+ 41.Rh4 Da6 42.Rh3 Dh6+ 43.Ch4 b5 44.Ab7 Db6 45.Td7 Td8 46.Te7 g6 47.Cf3 Dd6 48.Te5 Tb8 49.Ad5 Dxa3 50.Cg5 h6 51.Cf3 Dd6 52.g4 fxg4+ 53.Rxg4 b4 54.Ac4 b3 55.Te6 Dxe6+ 0–1

20ª ronda, 26 de diciembre

Llega a su término el torneo. Habrá, sin embargo, que esperar los resultados de dos partidas suspendidas de la 20ª rueda, y la última, para establecer exactamente la clasificación final. Las mejores posibilidades de triunfo son de Julio Bolbochán, a quien le bastará para obtenerlo sólo medio punto, a lograr entre la partida que le ha quedado sin terminar frente a Rossetto, y la última en que tendrá por adversario a Maderna. Pilnik tiene también ahora 14 puntos, pero ya ha hecho frente a todos sus compromisos. De los demás, sólo Jacobo Bolbochán, Rossetto y Sanguinetti pueden llegar a 14 puntos. En cuanto a Rebizzo, que perdió con Sanguinetti, no podría lograr más que 13½ puntos ganando su última partida con

Jacobo Bolbochán. Los resultados fueron: Pilnik 1:0 Montiel; Bahamonde 0:1 Jacobo Bolbochán; Sanguinetti 1:0 Rebizzo; Martín ½:½ Beretta; Piro 1:0 Lipiniks; Marini ½:½ Martínez; Corte 0:1 Iliesco –por haber abandonado Corte el torneo–; Pazos Gramajo 0:1 Garibaldi. Suspendidas: Rossetto – Julio Bolbochán (ligeramente favorable a Rossetto) y Maderna – Piazzini. El final pendiente de la rueda anterior entre Rebizzo y Marini fue ganado por éste en la jugada 56ª.[476]

▪ El resultado de la partida pendiente con Héctor Rossetto, que fue declarada tablas, consagró vencedor a Julio Bolbochán, cuyo score no podrá ser igualado por ninguno de los competidores en los cotejos de la rueda final, que continuaban realizándose esta madrugada, puesto que estos juegos reglamentariamente deben proseguir sin interrupción hasta terminarse. La proclamación oficial de los resultados se efectuará mañana, con la distribución de premios, en la Sociedad Hebraica Argentina. A continuación, se efectuará un torneo relámpago, reservado exclusivamente para maestros y jugadores de la categoría superior y primera categoría.[477]

▪ Cuando aparezca esta nota, estará ya despejada la incógnita. Sabremos finalmente a quién corresponderá el título de campeón nacional, pues habrá terminado la víspera –es decir, ayer, Día de Inocentes, ¡cuidado!– el clásico torneo de la FADA. ¿Habremos tenido que esperar hasta la última rueda para saber quién será el vencedor? ¿Se repetirá así el caso del certamen de Groninga? Nada tendría de imposible, a juzgar por la forma en que desde el principio se ha desarrollado la prueba.[478]

▪ Julio Bolbochán ya ganó el torneo, pues no puede ser alcanzado. Tiene 14½/19, en tanto siguen con 13 Pilnik, Jacobo Bolbochán, Maderna y Sanguinetti.[479]

Bahamonde, Antonio – Bolbochán, Jacobo [A47]
Campeonato Argentino / Torneo Mayor (20), 1946

1.d4 Cf6 2.Cf3 b6 3.Ag5 c6 4.c3 Ab7 5.Cbd2 Ae7 6.Ad3 c5 7.c3 Cc6 8.Dc2 h6 9.Ah4 Dc7 10.0–0 0–0 11.Ag3 d6 12.h3 Tad8 13.dxc5 bxc5 14.Ce4 Cxe4 15.Axe4 Td7 16.Tfd1 Dd8 17.Ac2 f5 18.Ab3 Tf6 19.Td2 Rh8 20.Tad1 Df8 21.Ce5 Cxe5 22.Axe5 Tg6 23.f3 Da8 24.Rh2 Td8 25.Ag3 e5 26.Ad5 Axd5 27.Txd5 Tf8 28.Dd3 Dc8 29.e4 De6 30.Td2 h5 31.b4 cxb4 32.cxb4 fxe4 33.Dxe4 h4 34.Ae1 Tf4 35.Db1 Df6 36.Axh4 Txh4 37.g3 Th5 38.f4 De6 39.Df1 Tgh6 40.h4 Axh4 41.Txd6 Dg4 42.Txh6+ Txh6 43.Tg2 Axg3+ 0–1

Iliesco, Juan Traian – Corte, César Juan [A04]
Campeonato Argentino / Torneo Mayor (20), 1946

1.Cf3 1–0 (Por ausencia)

Maderna, Carlos Hugo – Piazzini, Luis Rubén [A26]
Campeonato Argentino / Torneo Mayor (20), 1946

1.c4 e5 2.Cc3 Cc6 3.g3 g6 4.Ag2 Ag7 5.d3 Cge7 6.Ad2 d6 7.Dc1 Cd4 8.Cf3 Cxf3+ 9.Axf3 h5 10.h4 Cf5 11.Ag5 f6 12.Ad2 Cd4 13.Ae4 f5 14.Ag5 Dd7 15.Ag2 c6 16.Tb1 Df7 17.b4 Ad7 18.a4 0–0 19.b5 Tab8 20.f4 e4 21.0–0 Cxe2+ 22.Cxe2 exd3 23.Cc3 Dxc4 24.Cd1 Dxa4 25.Rh2 Tfe8 26.Cf2 Dd4 27.Tb3 d2 28.Dd1 Dc5 29.Td3 Dxb5 30.Txd6 Ae6 31.Dxd2 Af8 32.Te1 Axd6 33.Dxd6 Dc4 34.Cd3

---

[476] *La Nación*, 28 de diciembre de 1946.
[477] *La Nación*, 29 de diciembre de 1946.
[478] Frente al Tablero, Carlos Portela, *La Nación*, 29 de diciembre de 1946.
[479] Notas del autor.

Af7 35.Ce5 De6 36.Dc7 Tec8 37.Da5 Da2 38.Dxa2 Axa2 39.Cd7 Te8 40.Cf6+ Rf7 41.Cxe8 Txe8 42.Td1 Ae6 43.Ad8 Ac8 44.Af3 Te3 45.Rg2 Tc3 46.Ta1 a6 47.Ab6 Tc2+ 48.Rf1 Ae6 49.Ad4 Ac4+ 50.Re1 Re6 51.Tb1 Ad5 52.Ad1 Tc4 53.Ae5 Te4+ 54.Rd2 c5 55.Tb6+ Ac6 56.Ab3+ Re7 57.Ac3 c4 58.Ac2 Te6 59.Ad4 Rd6 60.Rc3 Rc7 61.Aa4 Td6 62.Axc6 Txc6 63.Txc6+ Rxc6 64.Rxc4 b5+ 65.Rd3 Rd5 66.Af6 b4 67.Ae7 a5 68.Af8 b3 69.Ae7 Re6 70.Af8 Rd5 71.Aa3 a4 72.Ae7 Re6 73.Af8 Rd5 74.Aa3 1–0

Marini, Luis – Martínez, José E. [D88]
Campeonato Argentino / Torneo Mayor (20), 1946

1.c4 Cf6 2.Cc3 d5 3.cxd5 Cxd5 4.e4 Cxc3 5.bxc3 g6 6.d4 Ag7 7.Ac4 0–0 8.Ce2 c5 9.0–0 Cc6 10.Ae3 cxd4 11.cxd4 Ag4 12.f3 Ca5 13.Tc1 Cxc4 14.Txc4 Ad7 15.Db3 Tc8 16.Txc8 Axc8 17.Da3 a6 18.Tc1 e6 19.Dc5 Te8 20.Dc7 Af8 21.e5 Dxc7 22.Txc7 Ab4 23.Cg3 Aa5 24.Tc1 Ad7 25.Ce4 Rg7 26.Rf2 Ac6 27.Ag5 Ab4 28.Re3 h6 29.Af6+ Rf8 30.g4 Tc8 31.f4 Ad7 ½–½

Martín, Pedro – Beretta, Héctor [D75]
Campeonato Argentino / Torneo Mayor (20), 1946

1.d4 Cf6 2.c4 g6 3.Cc3 d5 4.Cf3 Ag7 5.g3 0–0 6.cxd5 Cxd5 7.Ag2 c5 8.0–0 cxd4 9.Cxd4 Cxc3 10.bxc3 Cd7 11.Db3 Cc5 12.Da3 e5 13.Cc6 bxc6 14.Dxc5 Aa6 15.Te1 Db6 16.Dxb6 axb6 17.Axc6 Tac8 18.Ae4 Txc3 19.Ae3 b5 20.a4 bxa4 21.Txa4 Tc4 22.Txa6 Txe4 23.Tea1 Tc4 24.Ta8 Tcc8 25.Txc8 Txc8 26.Tc1 Txc1+ 27.Axc1 ½–½

Pazos Gramajo, Horacio – Garibaldi, Oscar [A00]
Campeonato Argentino / Torneo Mayor (20), 1946

0–1 (Por ausencia)

Pilnik, Herman – Montiel, Osvaldo [E18]
Campeonato Argentino / Torneo Mayor (20), 1946 *[Juan S. Morgado]*

1.d4 Cf6 2.c4 e6 3.Cf3 b6 4.g3 Ab7 5.Ag2 Ae7 6.0–0 0–0 7.Cc3 Ce4 8.Ad2 d6 9.Dc2 Cxc3 10.Axc3 d5 11.Tad1 Cd7 12.Ce5 Cf6 13.b4 c5? [13...Ce4 14.c5$\pm$] **14.dxc5 bxc5 15.cxd5 exd5 16.bxc5 Axc5 17.Cd3→ Ab6 18.Cf4 Tc8 19.Db2 Te8 20.e3 Aa6??** [20...d4 21.Axd4 Axg2 22.Rxg2 Axd4 23.Txd4$\pm$] **21.Cxd5+– Txc3 22.Cxc3 De7 23.Cb5 Ce4 24.Axe4 Dxe4 25.Cd6 De5 26.Dxe5 Txe5 27.Tc1 g5 28.Tfd1 Ae2 29.Te1 Af3 30.Cc4 Te6 31.Cxb6 Txb6 32.Tc5 1–0**

Piro, Antonio – Lipiniks, Leonardo [A29]
Campeonato Argentino / Torneo Mayor (20), 1946

1.c4 e5 2.Cc3 Cf6 3.g3 d5 4.cxd5 Cxd5 5.Ag2 Cb6 6.Cf3 Cc6 7.0–0 Ae7 8.d3 0–0 9.a4 a5 10.Ae3 Ae6 11.Ce4 Cd5 12.Ac5 h6 13.Tc1 Ad6 14.Cfd2 f5 15.Cxd6 cxd6 16.Aa3 Cde7 17.Cc4 Cc8 18.e3 Tf7 19.d4 exd4 20.exd4 d5 21.Ce5 Cxe5 22.dxe5 f4 23.Dd3 fxg3 24.hxg3 Cb6 25.b3 Cd7 26.Ad6 Ta6 27.Ac7 Dg5 28.f4 Dg4 29.Rf2 Tc6 30.Txc6 bxc6 31.Af3 Df5 32.Dxf5 Axf5 33.Tc1 Cf8 34.Txc6 Ce6 35.Axd5 1–0

| Rossetto, Héctor Decio – Bolbochán, Julio [C77] |
| Campeonato Argentino / Torneo Mayor (20), 1946 *[Juan S. Morgado]* |

1.e4 e5 2.Cf3 Cc6 3.Ab5 a6 4.Aa4 Cf6 5.De2 Ae7 6.c3 b5 7.Ac2 0–0 8.0–0 d6 9.d3 Ae6 10.Te1 Te8 11.Cbd2 Af8 12.a4 d5 13.Cg5 Ag4 14.Df1 h6 15.exd5 Cxd5 16.axb5 axb5 17.Txa8 Dxa8 18.Cge4 Cf4 19.h3 Ae6 20.Cf3 Da2 21.Ced2 Af5 22.g4 Ah7 23.Ab3 Da8 24.Ce4 Ca5 25.Ac2…

25...Ad6? [25...b4 26.Cxe5 Cxh3+ 27.Dxh3 Txe5 28.f4 Te8 29.f5 bxc3 30.bxc3 Cb7 31.Axh6 Txe4 32.dxe4 gxh6 33.e5 Dd8 34.Df3 Cc5 35.Rg2 Dh4 oo] **26.Axf4± exf4 27.Cxd6?...** [27.Ta1±] **27...cxd6= 28.Txe8+ Dxe8 29.De1 Dxe1+ 30.Cxe1 Cc6 31.d4 Axc2 32.Cxc2 d5 33.Rf1 g5 34.Re2 Rf8 35.Rd3 Re7 36.b3 Rd6 37.Ca3 Ca7 38.c4 b4 39.Cb1 Cc6 40.Cd2 Ca5 41.Rc2 Re6 ½–½**

| Sanguinetti, Renato – Rebizzo, Cayetano [D90] |
| Campeonato Argentino / Torneo Mayor (20), 1946 |

1.d4 Cf6 2.c4 g6 3.Cc3 d5 4.Cf3 Ag7 5.Da4+ Cc6 6.Af4 0–0 7.e3 e6 8.h3 Ce8 9.Ae2 Ad7 10.Da3 dxc4 11.Axc4 Af6 12.b3 a6 13.Ae2 Ae7 14.Db2 Cd6 15.0–0 Af6 16.Tac1 Ag7 17.Tfd1 De7 18.Db1 Tfc8 19.e4 Cd8 20.e5 Cb5 21.Ce4 Ac6 22.a4 Ca7 23.Ag5 Axe4 24.Dxe4 Db4 25.Dh4 Cdc6 26.Af6 Af8 27.Tc4 Dxb3 28.d5 1–0

21ª ronda, 28 de diciembre

▌Desde la iniciación del torneo se hizo evidente que iba a ser una de las más reñidas entre pruebas similares organizadas por la FADA hasta la fecha. Varios fueron los competidores que ocuparon transitoriamente la vanguardia, y se mantuvieron constantemente en los puestos de vanguardia con aspiraciones y probabilidades de alcanzar la primera colocación.

Suspenso en el final. *La Nación*, 28 de diciembre de 1946

Pero sólo después de la sesión complementaria de la penúltima rueda, pudo develarse el ganador.

Julio Bolbochán es una fundada esperanza del ajedrez nacional. Actuó con seguridad y eficacia, tanto en el juego posicional como en el ataque. Demostró poseer variado repertorio de aperturas, un sólido bagaje teórico, y cabal conocimiento de los finales.

Sus 26 años, que lo toman en pleno ascenso, permiten esperar que tengamos en él, bien pronto, un verdadero gran maestro. El campeón del período anterior, Herman Pilnik, jugó muy bien, con el aplomo y la seguridad de maestro que se le reconocen con justicia, y aprobado abundantemente (Sic). El *match* que disputará con Julio Bolbochán por la posesión del título nos deparará uno de los encuentros más interesantes en el historial de nuestro ajedrez.[480]

▉ Gana Julio Bolbochán el título de campeón argentino 1946. Tiene el ganador actualmente 26 años, y demostró su afición al adjudicarse en 1932, contando con 12 años, el Torneo de las Plazas Municipales de Ejercicios Físicos, que organizó el extinto maestro Roberto Grau. Intervino después en torneos intercolegiales, en el Aniversario –representando a la Facultad de Ciencias Económicas–, en Interprovinciales en representación de la Capital, y ganó su primer premio en el Campeonato del Club Jaque Mate en 1938, adjudicándose el mismo año –junto a Fenoglio y Guimard– el Torneo Internacional de Río de Janeiro. Aparece por primera vez en el Torneo Mayor de la FADA en 1939, pero no tuvo la suerte de continuarlo, enfermándose después de perder una partida con Piazzini. Figuró, no obstante, entre los elegidos para integrar el equipo de suplentes del Torneo de las Naciones, mientras su hermano mayor jugaba como titular.

Los resultados de la última ronda fueron: Rebizzo 0:1 Piro; Martínez ½:½ Sanguinetti; Piazzini ½:½ Marini; Julio Bolbochán ½:½ Maderna; Jacobo Bolbochán ½:½ Rossetto; Beretta 0:1 Bahamonde; Garibaldi ½:½ Martín; Montiel ½:½ Pazos Gramajo; Falcón 0:1 Iliesco y Corte 0a:1ª Pilnik. Libre: Lipiniks.[481]

Beretta, Héctor – Bahamonde, Antonio [B40]
Campeonato Argentino / Torneo Mayor (21), 1946

1.e4 c5 2.Cf3 e6 3.d4 cxd4 4.Cxd4 Cf6 5.Cc3 Ab4 6.e5 Cd5 7.Ad2 Cxc3 8.bxc3 Ae7 9.Dg4 Rf8 10.h4 Cc6 11.Dh5 Dc7 12.Cxc6 Dxc6 13.Ad3 f5 14.Re2 d6 15.exd6 Axd6 16.g4 Ae5 17.Th3 g6 18.Dg5 Rf7 19.Tb1 a6 20.De3 Dc7 21.Df3 Tb8 22.h5 Ad7 23.hxg6+ hxg6 24.Txh8 Axh8 25.gxf5 exf5 26.Af4 Te8+ 27.Rf1 Dc6 28.Dxc6 Axc6 29.Ac4+ Rg7 30.Ae2 Rh7 31.Ad2 Af6 32.Ad3 Rg7 33.Tb4 Th8 34.Re2 Th4 35.Txh4 Axh4 36.f4 Af6 0–1

Bolbochán, Jacobo – Rossetto, Héctor Decio [C82]
Campeonato Argentino / Torneo Mayor (21), 1946 *[Juan S. Morgado]*

1.e4 e5 2.Cf3 Cc6 3.Ab5 a6 4.Aa4 Cf6 5.0–0 Cxe4 6.d4 b5 7.Ab3 d5 8.dxe5 Ae6 9.c3 Ac5 10.De2 0–0 11.Ae3 Axe3 12.Dxe3 f5 13.exf6 Dxf6 14.Cbd2 Tae8 15.Tae1 Af7 16.Cxe4 Txe4 17.Dc5 Ce5 18.Cxe5 Dxe5?! [18…Txe5 19.Dxc7 Txe1 20.Txe1 d4 21.Dxf7+ Dxf7 22.Axf7+ Rxf7 23.cxd4 Tc8><] **19.Txe4 Dxe4 20.Dxc7 h5 21.Dc5 h4 22.Td1…** [22.h3→] **22…h3 23.Axd5…** [23.gxh3 Dg6+ 24.Rf1 Dh5 25.Td3→] **23…Td8**

---

[480] *La Nación,* 30 de diciembre de 1946.
[481] *El Mundo,* 30 de diciembre de 1946.

24.f3?!... [24.Dc8 Dxg2+ 25.Axg2 Txc8 26.Ad5 Axd5 27.Txd5→] **24...De2= 25.Axf7+ Rxf7 26.Df5+ Re7 27.Dg5+ Rf7 28.Df4+ Re7 29.Dg5+ Rf7 30.Tf1 Td1 31.Df5+ Rg8 32.Dc8+ Rf7 33.Df5+ Rg8 34.Dc8+ Rf7 35.Df5+ Rg8** ½–½

Bolbochán, Julio – Maderna, Carlos Hugo [D18]
Campeonato Argentino / Torneo Mayor (21), 1946

1.d4 d5 2.c4 c6 3.Cf3 Cf6 4.Cc3 dxc4 5.a4 Af5 6.e3 Ca6 7.Axc4 Cb4 8.0–0 e6 9.De2 Ae7 10.Ce5 0–0 11.e4 Ag6 12.Cxg6 hxg6 13.Td1 Da5 14.Ae3 Tad8 15.h3 a6 16.Ab3 c5 17.d5 exd5 18.Cxd5 Cfxd5 19.Axd5 Cxd5 20.exd5 D247 b4 21.Dd2 Dc4 22.Dd3 Db4 23.Dd2 Dc4 24.Dd3 Db4 25.Dd2 Dc4 ½–½

Corte, César Juan – Pilnik, Herman [A00]
Campeonato Argentino / Torneo Mayor (21), 1946

0–1 (Por ausencia)

Falcón, Enrique – Iliesco, Juan Traian [B45]
Campeonato Argentino / Torneo Mayor (21), 1946

1.e4 c5 2.Cf3 Cc6 3.d4 cxd4 4.Cxd4 Cf6 5.Cc3 e6 6.Ae2 Ab4 7.Af3 0–0 8.0–0 Ce5 9.Ag5 Axc3 10.bxc3 Da5 11.Axf6 gxf6 12.Ae2 d6 13.f4 Cg6 14.Tf3 e5 15.f5 Cf4 16.Ac4 Dc5 17.Tg3+ Rh8 18.Dg4 Cg6 19.Dh5 Tg8 20.Axf7 Tg7 21.fxg6 exd4 22.Ad5 dxc3+ 23.Rh1 Ad7 24.Tf1 Dd4 25.Dh4 f5 26.gxh7 Tf8 27.Txg7 Dxg7 28.exf5 Axf5 29.Df4 Tf6 30.h3 b5 31.Rh2 Rxh7 32.g4 Ad3 33.Ae4+ Axe4 34.Dxf6 Dxf6 35.Txf6 Axc2 36.Txd6 Ab1 37.Tc6 b4 38.Ta6 Axa2 39.Txa7+ Rg8 40.Txa2 b3 41.Ta3 c2 42.Txb3 c1D 43.Tf3 Rg7 44.Tf5 Rg6 45.Rg2 Dd2+ 46.Rg3 De2 47.Th5 Df1 48.Rh2 Df2+ 49.Rh1 Dg3 0–1

Garibaldi, Oscar – Martín, Pedro [E17]
Campeonato Argentino / Torneo Mayor (21), 1946

1.c4 Cf6 2.Cc3 e6 3.g3 d5 4.d4 Ae7 5.Ag2 0–0 6.Cf3 Cbd7 7.b3 b6 8.0–0 Ab7 9.Dc2 dxc4 10.bxc4 c5 11.Td1 cxd4 12.Txd4 Dc8 13.Af4 Axf3 14.Axf3 e5 15.Txd7 Cxd7 16.Axa8 Dxa8 17.Cd5 Ad6 18.Ag5 f6 19.Ad2 Tc8 20.Df5 Cf8 21.Tc1 Dc6 22.Dg4 Rh8 23.e4 Dd7 24.De2 Ce6 25.Ae3 Ac5 26.h4 Axe3 27.Dxe3 Cd4 28.Rg2 ½–½

Martínez, José E. – Sanguinetti, Renato [D83]
Campeonato Argentino / Torneo Mayor (21), 1946

1.d4 Cf6 2.c4 g6 3.Cc3 d5 4.Af4 Ag7 5.e3 0–0 6.Tc1 c5 7.dxc5 Ae6 8.Db3 Ca6 9.Dxb7 Cxc5 10.Dc7 Tc8 11.Dxd8 Tfxd8 12.Ae5 dxc4 13.Cf3 Cd3+ 14.Axd3 cxd3 15.Td1 Ac4 16.Cd2 Aa6 17.f3 Cd5 18.Axg7 Rxg7 19.Cxd5 Txd5 20.Cb3 e5 21.e4 Td6 22.Td2 f5 23.Rf2 Tc4 24.Tc1 Txc1 25.Cxc1 f4 26.Ce2 Rf7 27.Cc3 Re6 28.Cd5 Ac4 29.Cc3 a5 30.Re1 Td4 31.b3 Aa6 32.Td1 g5 33.Rd2 h5 34.Ca4 Rd6 35.Tc1 Ab5 36.Cb2 a4 37.Tc3 axb3 38.Txb3 Ad7 39.Cxd3 Rc7 40.Tb4 Txb4 41.Cxb4 Ab5 42.Cd5+ Rd6 43.g3 fxg3 44.hxg3 h4 45.gxh4 gxh4 46.Cf6 Ad7 47.Re3 Ae6 48.a4 h3 49.Rf2 h2 50.Rg2 Ab3 51.Rxh2 Axa4 52.Rg3 Re6 53.Cd5 ½–½

Montiel, Osvaldo – Pazos Gramajo, Horacio [C01]
Campeonato Argentino / Torneo Mayor (21), 1946

1.e4 e6 2.d4 d5 3.Cc3 Cf6 4.exd5 exd5 5.Ad3 Ad6 6.Cge2 Cc6 7.0–0 0–0 8.Af4 Ce7 9.Dd2 Af5 10.Axd6 Dxd6 11.Tae1 Tfe8 12.Cg3 Axd3 13.Dxd3 Cg6 14.a3 c6 15.f3 Dd7 16.Rf2 Txe1 17.Txe1 Te8 18.Txe8+ Dxe8 19.Cce2 De6 20.Df5 Rf8 21.c3 Dxf5 22.Cxf5 Ce7 23.Ceg3 Cxf5 24.Cxf5 Ce8 25.Re2 f6 26.Rd3 Rf7 27.g4 Re6 28.Re3 Cd6 29.Cxd6 Rxd6 ½–½

Piazzini, Luis Rubén – Marini, Luis [B50]
Campeonato Argentino / Torneo Mayor (21), 1946

1.e4 c5 2.Cf3 d6 3.b4 cxb4 4.d4 d5 5.e5 Af5 6.Ch4 Ag6 7.Cxg6 hxg6 8.a3 e6 9.axb4 Axb4+ 10.c3 Ae7 11.Db3 Dc7 12.Ca3 Ch6 13.Cb5 Dd7 14.Txa7 Txa7 15.Cxa7 0–0 16.Axh6 gxh6 17.Ad3 Cc6 18.Cxc6 bxc6 19.0–0 c5 20.Db2 Rg7 21.dxc5 Axc5 22.h4 h5 23.Dd2 Ta8 24.Df4 Ae7 25.g3 Ta4 26.Dd2 Dc7 27.De3 Ta3 28.Tc1 Txc3 29.Txc3 Dxc3 30.Rg2 Ac5 31.De2 Ad4 32.f4 Dc1 33.Df1 De3 34.Ab5 Dc3 35.Ad3 Ae3 36.De2 d4 37.Df1 Rf8 38.De2 Re7 39.Dc2 Da5 40.Rf3 Rf8 41.Dd1 Da8+ 42.Ae4 Da2 43.Dc2 Da1 44.Db1 Dc3 45.Ad3 Ac1 46.Dc2 De1 47.De2 Dg1 48.Df2 Dh1+ 49.Dg2 De1 50.De2 Ad2 51.Dxe1 Axe1 52.Ab5 Re7 53.Ad3 Rd7 54.Ab5+ Rd8 55.Ad3 Rc7 56.Ab5 Rb6 57.Ae8 d3 58.Axf7 d2 59.Re2 Axg3 60.Axg6 ½–½

Rebizzo, Cayetano – Piro, Antonio [B70]
Campeonato Argentino / Torneo Mayor (21), 1946

1.e4 c5 2.Cf3 Cc6 3.d4 cxd4 4.Cxd4 Cf6 5.Cc3 d6 6.Ae2 g6 7.Cb3 Ag7 8.0–0 a6 9.f4 b5 10.Af3 Db6+ 11.Rh1 Ab7 12.De2 0–0 13.Ae3 Dc7 14.Df2 Tac8 15.Tad1 Cb4 16.a3 Cc6 17.Cd5 Cxd5 18.exd5 Cb8 19.c3 Cd7 20.Td2 Cf6 21.Ab6 Dd7 22.Ca5 Aa8 23.Tfd1 Df5 24.De3 Tfe8 25.Cb3 Ah6 26.g3 Dd7 27.Df2 Tc4 28.Dg2 Tcc8 29.Ad4 Ag7 30.Af2 Dc7 31.h4 Cd7 32.Te1 Cb6 33.Tde2 Cc4 34.Cd4 Ca5 35.g4 Rf8 36.h5 Dc4 37.g5 Cb3 38.Cc2 Dxf4 39.Te4 Df5 40.Ce3 Dd7 41.hxg6 hxg6 42.Th4 Cd2 43.Ag4 e6 44.Ag3 Cc4 45.Cxc4 Txc4 46.Rh2 Dd8 47.Af3 Txh4+ 48.Axh4 exd5 49.Axd5 Txe1 50.Axe1 Ae5+ 0–1

Julio Bolbochán obtiene su primer lauro. *El Mundo*, 30 de diciembre

Las autoridades de la Sociedad Hebraica obsequiaron con una comida a los dirigentes de la FADA, jugadores, fiscales y periodistas, dando margen a una simpática fiesta de confraternidad ajedrecística. Asistió Carlos Guimard, recientemente arribado de Barcelona, siendo su presencia aplaudida vivamente por la concurrencia. A los postres hablaron el señor Bernardo Sheffick, por la Sociedad Hebraica, el presidente de la FADA, Carlos Querencio, –quien se refirió al incremento alcanzado por el ajedrez en nuestro país, y el esfuerzo que proyecta realizar la FADA con motivo del próximo Torneo de Mar del Plata–, y los señores Carlos Portela por los cronistas, Francisco Blumetti del Consejo Directivo de la FADA, Antonio Bahamonde, por los jugadores, y Carlos Guimard. Luego se entregaron los premios, y se jugó un Torneo Rápido, que fue ganado por Julio Bolbochán, seguido de Piro.[482]

Julio Bolbochán, campeón argentino. *La Nación*, 29 de diciembre de 1946

Julio Bolbochán, más fuerte que Jacobo

Hasta aquí, Julio Bolbochán había eludido cuidadosamente su participación en las competencias nacionales. Había ganado en Río de Janeiro, participado en varios certámenes marplatenses, del Club Argentino y otros, pero no en el Campeonato Argentino. Julio Bolbochán tiene su capacidad

---

[482] *Revista de la Asociación Metropolitana de Ajedrez* nº 19/20, setiembre-octubre, pág. 214/5. *Caissa* nº 92, pág. 12/5. *El Ajedrez Argentino* 2ª época nº 1, pág. 13/7. *La Nación*, 29 de diciembre de 1946.

magistral de ajedrez metida en la sangre. Es hermano de Jacobo Bolbochán, varias veces campeón argentino, quien en la presente justa ha sido uno de sus adversarios más peligrosos. Además, es discípulo de su hermano. Julito aprendió a jugar al ajedrez admirando la gloria familiar de Jacobo. Seguía las actuaciones de éste como si fueran suyas propias. En su concepto, aún hoy, después de haber ganado el campeonato nacional, no hay mejor ajedrecista en el país que su hermano.

Esta convicción, ¿no habrá influido para que Julito se abstuviese de competir con él en los torneos anteriores? Es opinión unánime entre los participantes, que el triunfo ha sido, esta vez, justo, porque ha sonreído al ajedrecista que ha jugado mejor. Terminantemente nos lo dijeron anoche, entre otros, Iliesco, Piro y Falcón. La impresión general es que Julio Bolbochán es un ajedrecista más fuerte que su hermano, aunque él no lo crea y lo discuta. Agrega, a la capacidad científica de aquél, a su lógica y solidez, a su perfecto conocimiento de los finales, una imaginación más generosa y una capacidad combinativa más brillante. Es un Jacobo Bolbochán con todas las facultades de aquél y sin ninguno de sus puntos débiles.[483]

Julio, más fuerte que Jacobo. *Noticias Gráficas*, 28 de diciembre de 1946

El año ajedrecístico que acaba de finalizar ha superado las previsiones de los más optimistas, tanto en el orden mundial como en nuestro país, donde lo hemos despedido con el magnífico torneo de la FADA. Este 1946 ha sido un año de *nueva puesta en marcha* del ajedrez universal. Todo hace

---

[483] Amílcar Celaya, *Noticias Gráficas*, 28 de setiembre de 1946.

prever que el nuevo período 1947/8, de acuerdo con lo proyectado aquí y en el exterior, habrá de ser finalmente extraordinario por el ritmo y la categoría de las pruebas. El torneo máximo de la FADA ha señalado un éxito halagüeño para nuestro ajedrez, acorde con el principio de renovación, que es en todo índice y condición indispensable de vida. Señalemos dos hechos de clara significación: el advenimiento de Julio Bolbochán y la incorporación de tres nuevos elementos a la categoría superior. Julio Bolbochán no ha sido en ningún momento una sorpresa, especialmente para nosotros, que lo hemos seguido y visto formarse desde sus primeras escaramuzas, siendo un niño de 12 años.

Cuenta ahora con 26. Su actuación fue mejorando rápidamente a medida que iba completando su personalidad ajedrecística, para evidenciarse inequívocamente cuando en 1938 compartió con Guimard y Fenoglio el primer puesto en Río de Janeiro. Creemos que deparará grandes satisfacciones al ajedrez argentino, y precisamente en el próximo Torneo de Torneo Internacional de Mar del Plata probará lo fundado de este aserto, ajeno a simpatías personales –muy merecidas, por cierto– y a *chauvinismos* que deforman la visión. El maestro Herman Pilnik se dispone a defender la tenencia del título que lograra el año anterior, en el *match* reglamentario a que tiene derecho. Este cotejo, que se realizaría poco después del certamen marplatense, nos ofrecerá uno de los más interesantes encuentros individuales concertados entre nosotros. Pedro Martín apenas cuenta con 20 años, y ha hecho entrada a la Categoría Superior *por la calle ancha.*[484]

Torneo Mayor – Campeonato Argentino 1946

	Participantes	**1**	**2**	**3**	**4**	**5**	**6**	**7**	**8**	**9**	**0**	**1**	**2**	**3**	**4**	**5**	**6**	**7**	**8**	**9**	**0**	**1**	**Pts.**	**S.B.**
1	Bolbochán, Julio	*	½	½	½	1	½	½	0	1	½	½	1	1	½	1	1	1	1	1	1	1	15.0/20	
2	Pilnik, Herman	½	*	½	1	1	1	0	0	½	½	1	1	½	1	½	1	1	1	½	½	1	14.0/20	
3	Bolbochán, Jacobo	½	½	*	½	½	½	1	1	½	½	0	1	½	½	1	1	1	½	½	1	1	13.5/20	126.50
4	Maderna, Carlos Hugo	½	0	½	*	½	1	1	0	1	1	1	½	1	½	½	1	½	½	½	1	1	13.5/20	126.25
5	Sanguinetti, Renato	0	0	½	½	*	0	½	1	½	1	1	½	1	½	1	1	1	½	1	1	1	13.5/20	116.75
6	Rossetto, Héctor Decio	½	0	½	0	1	*	0	1	0	0	0	1	1	1	1	1	1	1	1	1	1	13.0/20	
7	Marini, Luis	½	1	0	0	½	1	*	1	½	1	½	½	½	1	½	½	0	½	1	1	1	12.5/20	118.00
8	Rebizzo, Cayetano	1	1	0	1	0	0	0	*	½	1	1	½	0	½	1	1	1	1	1	0	1	12.5/20	116.00
9	Iliesco, Juan Traian	0	½	½	0	½	1	½	½	*	½	0	½	0	1	1	½	1	1	1	1	1	12.0/20	
10	Martín, Pedro	½	½	½	0	0	1	0	0	½	*	½	½	1	½	½	½	1	½	½	1	½	10.0/20	
11	Piazzini, Luis Rubén	½	0	1	0	0	1	½	0	1	½	*	½	1	½	1	½	0	½	0	0	1	9.5/20	
12	Martínez, José E.	0	0	0	½	½	0	½	½	½	½	½	*	1	½	1	0	0	½	½	1	½	8.5/20	76.50
13	Piro, Antonio	0	½	½	0	0	0	½	1	1	0	0	0	*	1	½	½	0	0	1	1	1	8.5/20	76.00
14	Beretta, Héctor	½	0	½	½	½	0	0	½	0	½	½	½	0	*	½	0	1	1	1	0	1	8.5/20	75.50
15	Falcón, Enrique	0	½	0	½	0	0	½	0	0	½	0	0	½	½	*	1	1	1	1	½	½	8.0/20	66.50
16	Garibaldi, Oscar	0	0	0	0	0	0	½	0	½	½	½	1	½	1	0	*	0	½	1	1	1	8.0/20	61.75
17	Corte, César Juan	0	0	0	½	0	0	1	0	0	0	1	1	1	0	0	1	*	0	1	1	0	7.5/20	
18	Montiel, Osvaldo	0	0	½	½	½	0	½	0	0	½	½	½	1	0	0	½	1	*	0	½	½	7.0/20	
19	Lipiniks, Leonardo	0	½	½	½	0	0	0	0	0	½	1	½	0	0	0	0	0	1	*	½	1	6.0/20	52.25
20	Bahamonde, Antonio	0	½	0	0	0	0	0	1	0	0	1	0	0	1	½	0	0	½	½	*	1	6.0/20	51.00
21	Pazos Gramajo,Horacio	0	0	0	0	0	0	0	0	0	½	0	½	0	0	½	0	1	½	0	0	*	3.0/20	

[484] Carlos Portela, Frente al Tablero, *La Nación*, 5 de enero de 1947.

Julio Bolbochán, rápido

Julio Bolbochán ganó también el Campeonato Argentino Relámpago, prueba anual de la FADA, en un conjunto de 17 competidores. Aunque jugaron varios de los maestros que intervinieron en el torneo nacional, pudo advertirse y lamentarse la ausencia de buena parte de ellos. Bolbochán se impuso invicto, con 15 victorias y dos tablas. Siguieron el veterano Antonio Piro, con 14, y su hermano Jacobo, con 13½. El 4º puesto correspondió a un jugador de 1a categoría que aún no ha logrado el derecho de intervenir en el torneo Mayor, pero tiene muy buenas condiciones: Bernardo Wexler, con 13. Luego siguieron Héctor Rossetto 11½; Juan Iliesco 11; Alfredo Espósito 10½; Enrique Falcón 10; Pedro Martín 8½; Antonio Bahamonde 7; José E. Martínez 6½; Leonardo Lipiniks 6; Cruz Rey y Gregorio Brunstein 5½; Juan C. Barilari 3½; Nicolás Barrera y Oscar Garibaldi 3.[485]

---

[485] Carlos Portela, Frente al tablero, *La Nación*, 26 de enero de 1947.

APÉNDICE 1

HISTORIA FAMILIAR Y PERONISMO[486]

En *Meditaciones del Quijote* dijo José Ortega y Gasset su frase inmortal "Yo soy yo y mi circunstancia y si no la salvo a ella no me salvo yo". Creo que en mi caso –y quizás en el de muchos otros mortales– sería al revés: "Yo soy mi circunstancia y (luego) soy yo". Los humanos tenemos la dificultad de encontrarnos con una *pared temporal* a partir de nuestro nacimiento. Todo lo que sucedió antes, es desconocido, parece infranqueable y perteneciente al reino del vacío. Intentar atravesar ese muro fue una tarea que me fue atrapando progresivamente, y todavía sigo hoy día obteniendo nuevos datos de esas *circunstancias*...

Por aquellos tiempos era bastante común dentro de las familias el ocultamiento de hechos que consideraban vergonzosos. Fue el caso que me tocó vivir. Retro investigando, comprobé que mi padre era militante comunista, estudiante de Ciencias Económicas.[487]

El 2 de octubre de 1945 las universidades estaban ocupadas por estudiantes y profesores, y por orden de Farrell/Perón, fueron tomadas por la policía mediante una fuerte represión. Pude reconstruir que mi padre Antonio fue detenido y muy probablemente torturado en la famosa Sección Especial. Un hermano de mi abuelo que era policía robó el expediente, y lo ayudó a salir en libertad. Ese mismo año mis padres Antonio y Mafalda habían conocido al Swami Vijoyananda, que daba conferencias sobre el hinduismo vedanta en el Club Sirio Libanés. Ante el drama familiar, no le resultó difícil convencer a mis padres (por aquel entonces novios) que se conviertan a esa religión. Mi padre quema los libros comunistas, y divide su vida en dos: el pasado quedará oculto, y en el futuro sólo habrá cultura hindú.

1945/6: La represión estudiantil (Fragmentos)
¿Quién fue el doctor José Arce, protector de Julio Argentino Roca?

Apología de José Arce (1)

En esta breve biografía te presentamos al médico, diputado, diplomático, historiador y creador del Museo Roca: el doctor José Arce. Conocé cómo fue su carrera universitaria y sus proezas médicas en el Congreso. José Arce nació el 15 de octubre de 1881, en el seno de una familia acomodada[488] de la provincia de Buenos Aires. Tuvo una carrera prolífica y polifacética, aunque en este artículo nos enfocaremos en su accionar como médico y profesional de la Salud Pública. Entre 1897 y 1902 cursó Medicina. En el quinto año de la carrera, en mérito de sus calificaciones, fue designado practicante menor interno del Hospital de Clínicas. Terminó sus estudios con medalla de oro y diploma de honor por haber tenido durante toda su carrera el promedio más alto (9.25) a los 22 años. El 6 de julio de 1903 recibió su diploma de doctor en medicina y cirugía y comenzó a ejercer como cirujano junto a Juan B. Justo en el Hospital San Roque (el actual Ramos Mejía).

Como diputado presentó un proyecto de ley para crear una Escuela de Parteras en la Provincia de Buenos Aires, promulgada en 1910. Asimismo presentó otros para la creación de un hospital mixto en La Plata y para la fundación de un policlínico. También fue Presidente de la Sociedad Médica Argentina.

En 1925, gracias a las gestiones de Arce y el auspicio de la Facultad de Medicina de la UBA, el profesor Salvador Mazza, Jefe del Laboratorio del Instituto de Cirugía, junto con el francés Charles Nicolle (Director

---

[486] Continuación de *Ajedrez y peronismo 1944/1945*, Amazon, pág. 523.
[487] *Sociología del Ajedrez Postal*, Juan S. Morgado, Amazon, pág. 17.
[488] Un eufemismo: Arce era supermillonario.

del Instituto Pasteur de Túnez), viajaron al norte del país para conocer las enfermedades endémicas de la zona. Este accionar develó la conciencia sanitaria del Dr. Arce y su gran sensibilidad por las políticas respecto de la Salud Pública. El 16 de abril de 1926 se creó la Misión de Estudios de Patología Regional Argentina (MEPRA), también conocida como Misión Mazza. Esto supuso un gran impulso en la investigación y descubrimiento de enfermedades en el norte argentino, entre ellas el Mal de Chagas.

En la década de 1930, el Dr. Arce construyó su vivienda particular, proyecto que estuvo a cargo del arquitecto e historiador Francisco Squirru.[489] En adelante, Arce se dedicó tanto a la medicina como también a la escritura, la diplomacia y al ejercicio de la política. El 16 de junio de 1961, el Poder Ejecutivo aceptó la donación de la residencia para la creación del Museo Roca – Instituto de Investigaciones Históricas. (…)

Asistimos al testimonio de Rosendo Fraga (hijo), cuyo padre fue, junto a José Arce, uno de los fundadores del Museo Roca. El historiador y periodista da cuenta de la vida política del Dr. Arce que, de acuerdo con sus palabras, alcanza su plenitud durante el primer peronismo, cuando se desempeñó primero como embajador en China y luego como representante argentino ante la ONU.[490]

Puede observarse cómo este informe evita cuidadosamente cualquier referencia al nazifascismo y franquismo de Arce, evidenciándose como una obra maestra de la cirugía histórica.

Apología de José Arce (2)

La vida del doctor José Arce (1881-1969) fue casi novelesca. Nació en Lobería, provincia de Buenos Aires, donde su padre poseía un importante establecimiento agropecuario. Se graduó de médico con Medalla de Oro el 6 de junio de 1903. Al preguntársele por sus profesores más admirados respondía sin vacilación alguna:

Juan José Naón, el gran maestro de Anatomía, y Alejandro Posadas, el cirujano que murió tan joven.

Respecto a este último, Arce tenía en su despacho del Instituto de Cirugía del Hospital de Clínicas un magnífico retrato de Alejandro Posadas. Donó su casa a la Universidad de Buenos Aires, destinada al Museo Julio Argentino Roca.

En 1921, 1924, 1932 y 1933 viajó a Europa y visitó las principales clínicas de la época. En 1922 visitó Estados Unidos, y también viajó varias veces a Brasil, Chile, Cuba y Uruguay. A la edad de 25 años ya era profesor de Anatomía Descriptiva, dictando clases en reemplazo de su respetado profesor Juan José Naón. La carrera académica de Arce no se detuvo hasta ocupar el rectorado de la Universidad de Buenos Aires, desde 1922 hasta 1926. Antes había sido profesor de Anatomía y de Cirugía, Consejero de la Facultad de Medicina en tres oportunidades y Decano interino en 1918.

En el Instituto de Cirugía del hospital de Clínicas ocupaba la Jefatura de Clínica del doctor Oscar Ivanissevich. Arce era partidario de la anestesia raquídea, en tanto Ivanissevich, prefería la anestesia local. Hombre polifacético y perseverante, su vocación política lo condujo al ejercicio de numerosos cargos, destacándose su paso por la Cámara de Diputados, de la cual fue presidente. Entonces retomó un viejo proyecto –luego Ley N° 6.026– para la construcción de un Policlínico donde impartir la enseñanza de la Medicina, actual Hospital de Clínicas.

En 1945 el ministro de Relaciones Exteriores le ofreció la Embajada Argentina en China. El doctor Arce aceptó, y tras una travesía que duró cuatro meses y medio –y que relatara en el libro *De Buenos Aires a Shanghai*–, se instaló en su destino diplomático. Al año siguiente lo nombraron representante ante las Naciones Unidas, y así desplegó una destacable carrera diplomática, que en 1949 fue interrumpida por discrepancias con el gobierno. Entonces Arce decidió instalarse en Madrid.

Tuvo una vida larga, interesante y rica en experiencias. Falleció en 1969, y hoy es recordado no sólo en su país sino también en el extranjero. Una calle de Madrid y otra de Palma de Mallorca llevan el nombre de José Arce, el médico argentino a quien sus amigos llamaban, familiarmente, Pepe.[491]

---

[489] Otro eufemismo: fue un palacio de súper lujo.
[490] Web Museo Roca – Instituto de Investigaciones Históricas.
[491] *Fuente: ROEMMERS. 90 años junto a la medicina argentina. TOER EDICIONES. Semiología Médica Web, 2007.*

Como puede verse, en este informe son mencionadas las relaciones entre José Arce y Oscar Ivanissevich, pero solamente como colegas. También se refiere al año 1945, pero sin dar precisiones sobre lo que allí sucedió.

El doctor Arce destruye los documentos de Julio Argentino Roca

Son conocidas varias biografías de Julio Argentino Roca que coinciden en los ideologemas ÉPICOs básicos de la historia oficial: conquistador del desierto, estadista, artífice de la argentina moderna, consolidador del estado nacional, y tantas otras. Se trata, en general, de apologías, panegíricos, exaltaciones de una personalidad supuestamente avasallante y heroica.

Hay también unas cuantas obras muy críticas, como por ejemplo las de Osvaldo Bayer, Marcelo Valko y otras personalidades allegadas, que hacen hincapié en las masacres de la Patagonia y en oscuros manejos políticos; han lanzado una campaña de "desmonumentación". Su sugerencia es original: proponen que 36 estatuas de Roca distribuidas por todo el país, sean trasladadas a la estancia *La Larga* y que descansen allí.

Son ampliamente conocidos los enormes y meritorios trabajos realizados por Félix Luna en las investigaciones históricas, en la música y en la política radical. El colofón de su vasta obra ha sido su libro *Soy Roca*,[492] en el que el autor se introduce en la personalidad del militar aristócrata y relata en primera persona su vida. El texto se basa en una amplia bibliografía y epistolario, y parecería una completa apología al haber adoptado el ideologema "conquista del desierto", adhiriendo así a la historia oficial lisa y llana. Sin embargo, sorprendentemente, la mayor descalificación sobre este personaje proviene de allí. Cuando ya hemos llegado a la última página y estamos por guardar el libro en un estante, advertimos este párrafo final en la página 491:

> La sección Roca del Archivo General de la Nación contiene unos 40.000 documentos, donados por las hijas y nueras de Roca. Lamentablemente, en sesiones diarias mantenidas durante casi dos años bajo la dirección del doctor José Arce, las donantes destruyeron todos los documentos que, a su juicio, podían desmerecer la imagen histórica de Roca.

Esta circunstancia ha pasado desapercibida para la mayoría de los analistas, o bien la han advertido pero no le otorgan la debida importancia, como el propio Luna. Este hecho invalida por sí mismo los argumentos que esgrime la historia oficial: si no puedo consultar todos los documentos porque miles de ellos han sido filtrados y destruidos por personas allegadas a Roca, tengo derecho a desconfiar de todos relatos adoctrinantes que nos han estado enseñando a través del tiempo y que continúan hoy mismo. ¿Por qué lo hicieron, si no fuera para encubrir situaciones comprometidas o para ocultar hechos vergonzosos o indecentes?[493]

Adolfo Alsina (1829-1877) fue gobernador de la provincia de Buenos Aires entre 1866 y 1868, vicepresidente de la República durante la presidencia de Domingo Faustino Sarmiento, miembro fundador del Partido Autonomista Nacional en 1874 y titular del Ministerio de Guerra y Marina durante el período de Nicolás Avellaneda, desde ese año y hasta su fallecimiento. Dijo Roca sobre la situación en 1876:

> Habiéndome hecho cargo de la Comandancia, resolví difundir mi posición. Aunque en los círculos dirigentes se conocía muy bien mi disidencia con Alsina, había que hacer públicas mis razones. (…) El mejor sistema de concluir con los indios es el de la guerra ofensiva, que es el mismo que utilizó Rosas.

Y remataba con una afirmación que a muchos les sonó una fanfarronada:

> Yo me comprometería, señor ministro, ante el gobierno y el país, a dejar realizado esto que dejo expuesto, en dos años: uno para prepararme y otro para efectuarlo. En cambio, tanto ellos como los cristianos estaban en actitud defensiva: el único que no lo advertía era Alsina: ¡qué curiosa la pusilanimidad de este hombre!

---

[492] *Soy Roca*, op. cit., pág. 491. En 1964 el doctor José Arce (1881-1968), médico, diplomático e historiador, donó su residencia estilo Art Decó para que funcione el Museo Roca. Fue cirujano y Decano de la Facultad de Medicina, fue diputado nacional por el Partido Conservador en los períodos 1916 a 1920, 1924 a 1928 y 1934 a 1938. Su proyecto más importante estuvo centrado en la creación de la Facultad de Ciencias Económicas de la UBA en 1913. En 1949 fue presidente de la Asamblea General de las Naciones Unidas. Fue uno de los más grandes biógrafos de Julio Argentino Roca, continuador de la "generación del ochenta".

[493] *Martínez Estrada, Borges y el Viejo Vizcacha*, Capítulo 24, pág. 269. Adaptación.

Roca denigra a Alsina como parte del camino preparatorio a su ascenso. Parece extraño, que un subordinado insulte a un superior impunemente. Luego describe el contexto en el que fallece:

> En ese tiempo, tres enfermedades súbitas, dos de ellas terminadas mortalmente, conmovieron al público en menos de un año, y por su significación política, **dieron pábulo a antojadizas versiones que parecían sacadas de los folletines de *La Tribuna*.** (…) No había podido agregar nuevos títulos a mis posibles aspiraciones, y la figura de Adolfo Alsina llenaba el futuro. El telegrama que me llegó a San Juan el anteúltimo día de 1877 cambió todo. **Se trataba de la segunda de las enfermedades misteriosas.** Alsina había recorrido la campaña bonaerense desde octubre. En algunos puntos de su itinerario se sintió mal, con grandes dolores de cabeza, insomnio y malestares generales. Al regresar a Buenos Aires en los primeros días de diciembre su estado mejoró y se lo dio por curado.
>
> Yo leí en los diarios algunas referencias a su salud, pero puedo asegurarles que en ningún momento jugué con la idea de su eventual desaparición: en política, especular con la vida de alguien es, además de inmoral, tonto… Por otra parte, Alsina tenía 48 años, era un nombre macizo y lleno de vitalidad. Nadie podía suponer que su dolencia fuera mortal. Falleció el 29 de diciembre. Una semana después me designaron ministro de Guerra.[494]

Puede advertirse en el discurso de Roca su monumental **HYBRIS**: se proyecta hacia los cielos desde las Galias de Julio César hasta la Patagonia, pero Alsina se interponía a sus deseos. Fue este uno de los momentos cruciales de la historia argentina: cuando se está implementando la famosa zanja y decidiendo acerca de un posible futuro acordado con tribus indígenas, Alsina muere a los 48 años "de una afección al riñón", de acuerdo con la historia oficial basada en el testimonio que brindaron sus médicos, Mauricio González Catán[495] y Manuel Aráuz.[496]

Aparece entonces el camino libre para Roca con su "conquista del desierto", a la que describió como "un paseo casi sin enfrentamientos". Todas las referencias que encontramos sobre el fallecimiento de Alsina pertenecen a autores *ochentistas*, por lo cual ninguno nos resulta confiable. Sugiero a observadores independientes que aborden este tema: es muy llamativo que la muerte de Alsina haya sido tan extraordinariamente funcional a Roca. Hoy existen medios técnicos para investigar, pese al tiempo transcurrido. También pueden ahondar en las personalidades de los médicos mencionados, y en las notas de *La Tribuna* y otras publicaciones que él mismo menciona.[497]

Del nazifascismo de José Arce (Isay Klasse) a Perón

Ese año 1945 fue de grandes luchas y enfrentamientos. En diciembre la Policía irrumpió una noche en una reunión de la Junta Representativa que se desarrollaba –en la sede del Centro de Farmacia y Bioquímica. Detuvo ese día a todos los integrantes, que éramos unos 18 delegados de los centros entre los cuales estábamos Jorge Roulet, yo y todos los que formaban la numerosa barra que siempre asistía a estas sesiones públicas. ¡Oh viejos procedimientos democráticos!: teníamos y usábamos el derecho a voz.

Entre los nombres que puedo mencionar estaban Gregorio Selser, Héctor J. Barcia, Mario Trumper, Jesús Felipe Lunardello y yo. Éramos en total unos 50 estudiantes. Nos llevaron primero a la Comisaría 17ª en la Av. Las Heras y luego a la 8ª en la calle General Urquiza, donde funcionaba la Sección Especial de Represión del Comunismo que dirigían los tristemente célebres torturadores Cipriano Lombilla y José

---

[494] *Soy Roca,* op. cit., pág. 126/7, 451.
[495] Mauricio Eustaquio Mateo González Catán (1823-1895) fue cirujano del Ejército de Justo José de Urquiza y docente en la Facultad de Medicina. Típico representante del poder ultraconservador ocupó importantes cargos en la Municipalidad y en Consejos Escolares de la Capital. Obtuvo una banca como legislador provincial en 1869 llegando a ser presidente del cuerpo. Fue convencional de 1870 a 1872, senador y delegado del Consejo Universitario en 1877, diputado nacional en 1888, decano de la Facultad de Medicina en 1889 y miembro de numerosas sociedades científicas y de beneficencia. En 1869 Mauricio Eustaquio Mateo González Catán adquirió 4502 varas de tierra a un vecino. [Web La Matanza Empresas, 2014]
[496] Manuel Aráuz (1831-1893) se recibió de médico en 1857. Fue diputado en 1867/80. Entre 1875 y 1895 fue docente de la cátedra de Patología Interna en la Facultad de Medicina de Buenos Aires.
[497] *Martínez Estrada, Borges y el Viejo Vizcacha*, Capítulo 24, pág. 269/70. Adaptación.

Faustino Amoresano. Nos tuvieron allí varios días y –para amedrentarnos– nos mostraron gozosamente los instrumentos de tortura que, por fortuna, no usaron en esa oportunidad.

Tuvimos más suerte que algunos de nuestros compañeros de esos años, como Félix Luna y Emilio A. Gibaja que sí fueron torturados. Mientras estuvimos en la Sección Especial estos personajes también nos hicieron ver cómo quemaban libros que decían haber secuestrado en casas de *"comunistas como Ustedes."* De alguna manera logró llegar hasta allí uno de nuestros defensores, el Dr. Alfredo Palacios, que los increpó duramente pero no consiguió que nos dejaran en libertad. ¡Se declaraban fieles luchadores anticomunistas!

Por fin, después de la Sección Especial, nos llevaron a la cárcel de Villa Devoto pero en ningún momento se nos informó de qué nos acusaban. Los centros de estudiantes declararon entonces una huelga general reclamando nuestra libertad y lograron un alto apoyo. Mientras tanto los defensores, Alfredo L. Palacios y Arturo Frondizi, presentaron activamente sus recursos legales. De alguna manera, el gobierno comprendió entonces que nada ganaba reteniéndonos y fuimos puestos en libertad.

Uno de los problemas más serios que tuvimos que enfrentar en esa época fue el de la representación de los estudiantes de medicina en FUBA. Una pandilla declaradamente fascista se había apoderado del viejo Centro de Estudiantes de Medicina (CEM), que había tenido una gloriosa trayectoria desde 1918. (…)

El jefe del grupo faccioso era José Arce, quien era un conocido militante nazi-fascista que comandaba en Buenos Aires un grupo de fieles partidarios del franquismo durante la Guerra Civil Española y que colaboraba asiduamente en todas las publicaciones de esa tendencia como *El Pampero* y tantas otras. Arce logró que el CEM fuera intervenido y mediante un escandaloso fraude sus secuaces se quedaron con él.

El gobierno peronista, que había declarado la guerra a Alemania apenas unos 40 días antes de su rendición incondicional, lo había designado en las Naciones Unidas: a duras penas y con muchas abstenciones y votos en contra, fue aceptado por Asamblea General del organismo como el primer representante argentino, y desempeñó ese cargo varios años. ¡Qué vergüenza para nuestro país!

Pero aún en el fragor de estas intensas luchas políticas contra el fascismo gobernante y en pro de la Reforma Universitaria, entidades como el Centro de Estudiantes de Ingeniería (CEI) tuvieron siempre tiempo y voluntad de hacer otras cosas importantes: en 1925 había invitado a Albert Einstein a visitar Buenos Aires. Pagó su pasaje desde Berlín y todos los gastos de su estadía, que Einstein retribuyó con una serie de cinco conferencias que dictó en la vieja y querida Aula Magna de la Facultad, Perú 222.[498]

¡De Roca a Perón, un solo corazón! es la expresión humorística que suelo utilizar para vincular a estos dos personajes. Las concepciones militares de Roca se continuaron con el Barón Colmar von der Goltz, maestro de Perón, en 1911. Con Roca fallecido en 1913, el roquismo se prolonga con La Liga Patriótica que organiza el golpe de José Félix "von Pepe" Uriburu en 1930, ya con Perón en las segundas líneas. Y en 1945 aparece el doctor José Arce como uno de los protagonistas del ataque a los estudiantes ordenado por Perón.[499]

Las elecciones de 1946: un proceso irregular

Siempre me ha parecido que han existido en el devenir argentino momentos bisagra, núcleos duros que las generaciones siguientes debaten febrilmente sin encontrar las verdaderas razones que los producen. Es una característica frecuente que posteriormente esas circunstancias condujeran a posteriores desarrollos –positivos o negativos pero nunca neutros– de muy largo alcance. La teoría (o filosofía) de los invariantes de Martínez Estrada ayudó mucho para determinar la envergadura y las consecuencias que tuvieron. Si tomamos los invariantes principales (**DESPRECIO A LA LEY**, feroz lucha contra la Norma Básica, **VIVEZA**

---

[498] Isay Klasse militó en el Partido Socialista desde 1945, en el grupo Héctor Raurich y en la Revista Índice para defender la democracia y combatir el nazismo y el comunismo. Fue secretario de FUBA y estuvo preso en la cárcel de Las Heras en 1951 y 1953. Editor y representante en Congresos de Editores en Londres, México y Nueva Delhi. Tuvo una larga trayectoria en la industria del libro. Presidió la Comisión de Profesionales y la Educación de la Feria del Libro durante 20 años. Expresidente y miembro de Democracia Global y el Parlamento Mundial. Fundador del Grupo Interamericano de Editores y exvicepresidente de la Unión Internacional de Editores de Ginebra. *(Con-texto, espacio pluriversal* de Néstor Grancelli Cha y Ernestina Gamas, 1º de setiembre de 2015

[499] Texto del autor.

CRIOLLA, TRAPALANDA, MILITARISMO, HÝBRIS, grieta), en la llamada Revolución de 1943 se estaban produciendo todos ellos simultáneamente.

Luego del cuartelazo militar del 4 de setiembre se produjo en el país un vacío institucional ostensible, que causó serios daños a la sociedad. Como causas del golpe podemos mencionar: la llamada "década infame" –comenzada en 1930– que lo precedió, las consecuencias derivadas de la Segunda Guerra Mundial, la situación económica y social, la migración interna, golpes palaciegos militares internos, la muerte del general Agustín P. Justo –que dejó un gran vacío de liderazgo en las Fuerzas Armadas– y el surgimiento de agrupaciones sociales y políticas nuevas.

Las consecuencias fueron la limitación de las libertades sociales individuales, una severa represión que produjo la detención de militantes políticos, estudiantiles y gremiales, la clausura de la sede de la Federación Obrera de la Industria de la Carne. Entre otros, fue detenido y enviado al Sur el gremialista comunista José Peter, que estuvo preso sin proceso un año y cuatro meses. Se disolvió el Congreso Nacional y se intervinieron las universidades nacionales, que estaban ocupadas por estudiantes y profesores desde fines de setiembre de 1945, y el 2 de octubre la policía ingresó por la fuerza deteniendo a unas 3000 personas, profesores y estudiantes, 2700 hombres y 300 mujeres.

Esta revolución condujo en 1946 a un evento electoral muy controvertido. Se formaron dos coaliciones: una oficialista (Partido Laborista, Junta Renovadora Radical y sector del Partido Conservador), y la otra opositora (nucleó a los cuatro partidos oficialmente constituidos: radicales, comunistas, socialistas y demócrata-progresistas, bajo la sigla UD).

Durante toda la campaña electoral rigió el Estado de Sitio, pese a que la UD había pedido el traspaso del poder a la Corte Suprema a efectos de que fuera ella quien organizara los comicios desde una perspectiva neutral. Esto fue denegado 'de facto' por el gobierno, que redactó el marco legal.

El Estado de Sitio sólo se levantó el día de las elecciones, y luego volvió a instalarse. Los comicios fueron el 24 de febrero de 1946, y sobrevino una demora inusual del escrutinio, que demoró 45 días.

La explicación del Dr. Samuel Amaral es la siguiente:

> La duración del escrutinio se debió a que, a diferencia de las elecciones de 1938, en 1946 las juntas electorales nacionales de cada distrito también escrutaron los votos de las elecciones provinciales. Por esos motivos, cada junta debió escrutar entre tres y cinco elecciones diferentes, según el distrito. En Buenos Aires y Tucumán se debió a la suspensión hasta la realización de las elecciones en unas pocas mesas complementarias, a pesar de que la ley 8.871 decía que no debía suspenderse.

Aun dando por aprobada esta explicación, quedan incógnitas que requieren un análisis sociológico y político. El primer interrogante es si la oposición pudo controlar el estado de las urnas durante tan largo lapso: verificación de los depósitos donde estuvieron, lacrado de las cajas, acceso de los fiscales.

La respuesta estaría en las fuertes restricciones a los derechos básicos sustentada en el Estado de Sitio: todavía estaba muy fresca en la memoria popular la represión durante la toma de las universidades, que había ocurrido apenas tres meses atrás. Cuando Perón fue recluido en la isla Martín García, los estudiantes comenzaron a salir, pero al volver Perón al poder pocos días después, nuevamente fueron perseguidos.

La Prensa habló concretamente de fraude preelectoral, aunque aceptó finalmente el resultado presentado luego de los 45 días. Entonces, bien puede considerarse que también existió un fraude poselectoral, ya que todo el escrutinio se realizó bajo el Estado de Sitio.

La garantía de las Fuerzas Armadas significaba, en la práctica, que las mesas receptoras de votos no estarían custodiadas por la policía local a las órdenes de las autoridades de las mesas, como disponía la Ley 8871, sino por integrantes de las Fuerzas Armadas y de los comandantes electorales; que el transporte de las urnas desde la mesa receptora de los votos hasta el lugar del escrutinio no estaría a cargo exclusivamente de la Dirección General de Correos y Telecomunicaciones y de sus empleados sino bajo custodia militar, y que la custodia de las urnas no estaría sólo a cargo de las Juntas Escrutadoras Nacionales creadas por la antedicha ley sino bajo custodia militar hasta la finalización del escrutinio, lapso que duró , según el distrito, entre 3 y 43 días en Buenos Aires. Si los dirigentes de los partidos políticos opuestos a la dictadura se preguntaran entonces ¿quién custodia a los custodios? No parece que lo hayan hecho en voz alta, quizás por un exceso de confianza, quizás por el temor de invocar al diablo a que apareciera.

La publicidad oficial aludía indirectamente al fraude que habían hecho los partidos políticos anteriormente y descartaba la posibilidad de que las Fuerzas Armadas lo hicieran. En ese sentido, un digesto del Ministerio del Interior del 21 de febrero enumeraba 'las maniobras más comunes del fraude electoral', pero nada decía respecto al fraude consistente en la manipulación del ordenamiento jurídico de las elecciones, en los intentos de interferencia en la vida interna de los partidos políticos o en la regulación de las actividades públicas de los partidos mediante el Estado de Sitio, que eran todas medidas implementadas por la dictadura. Tampoco consideraba fraude el hostigamiento de las reuniones públicas de los partidos de la oposición por grupos de choque, como efectivamente había sucedido durante la campaña. (…) Los dirigentes de la oposición denunciaron, sin resultado alguno, que Perón en sus discursos atizaba la violencia, pero nada pudieron hacer contra sus incitaciones ni contra la violencia misma. En ese clima se llevaron a cabo las elecciones del 24 de febrero de 1946.[500]

Doctor Augusto J. Durelli:[501] Crónica de la resistencia universitaria de 1945

Quizás nunca en toda su historia las universidades argentinas se han presentado ante el país con mayor unidad de pensamiento y acción. Desapareció toda división entre los estudiantes. Desaparecieron las divisiones entre profesores y estudiantes. Ante la tiranía los problemas específicamente universitarios pasan a segundo plano, y la unión se hizo estrecha e íntima entre profesores, autoridades y estudiantes de la Universidad.

Quinientos estudiantes en la azotea de la Facultad, mientras el pueblo contempla, sorprendido y satisfecho, la 'lucha contra la tiranía'.

Fig. 1. — Los carteles en la ochava de Alsina y Perú, tal como estaban antes del asalto.

---

[500] *Perón Presidente, las elecciones del 24 de febrero de 1946*, Samuel Amaral, EDUNTREF, 2019, pág, 74/5. El Dr. Samuel Amaral es Académico de número de la Academia Nacional de la Historia sitial 22. Profesor en Historia, Universidad Nacional de La Plata, 1970. Doctor en Historia, Universidad Nacional de La Plata, 1977. Publicaciones: autor de The Rise of Capitalism on the Pampas. The Estancias of Buenos Aires, 1785-1870, Cambridge University Press, 1998. Compilador de Juan D. Perón, Cartas del exilio, con William Ratliff; Buenos Aires, Legasa, 1991); Perón: del exilio al poder, con Mariano Plotkin; Buenos Aires, Cántaro, 1993, 2ª ed. Buenos Aires, Eduntref, 2004; La independencia de América Latina: consecuencias económicas, con Leandro Prados de la Escosura; Madrid, Alianza, 1993); Argentina: el país nuevo, con Marta Valencia; La Plata, Editorial de la Universidad Nacional de La Plata, 1999.

Es autor de numerosos artículos sobre la historia económica de Buenos Aires en la primera mitad del siglo XIX publicados en revistas académicas de la Argentina, Alemania, España, Gran Bretaña, México y Estados Unidos. Investigador del Consejo Nacional de Investigaciones Científicas y Técnicas. Investigador visitante en las universidades de Londres, Stanford y Chicago. Profesor titular de Historia Económica y Social General, Facultad de Ciencias Económicas, Universidad Nacional de La Plata; profesor titular del Seminario de Historia Social y Política, Universidad Nacional de Tres de Febrero. Profesor visitante de Stanford University, Universidad de San Andrés y University of Chicago. Profesor en la Maestría en Ciencias del Estado, Universidad del CEMA. Director de la Maestría en Historia, Universidad Nacional de Tres de Febrero.

[501] *Forma y sentido de la resistencia universitaria de octubre 1945*, Augusto J. Durelli, Buenos Aires, 1945.

Cuando la policía entró por la fuerza en la Facultad de Ciencias Exactas, Físicas y Naturales había en su interior el decano, profesores, egresados y estudiantes. Las seis universidades del país vibraron al unísono. La unidad se ha logrado en un punto fundamental: la autonomía. Y también en otros puntos: la libertad ciudadana, la dignidad humana. Se defendió la autonomía universitaria porque, a pesar de ser una universidad de estado no podría funcionar dignamente sometida al arbitrio del Poder Ejecutivo, sobre todo si este es de facto, usurpador del poder. Su misión es educar hombres, pero sin libertad no hay educación. Cuando las fuerzas demoníacas del **MILITARISMO** y el nacionalismo aplastan lo que hay de más humano en el hombre, la Universidad tiene el derecho a hacer política porque han desaparecido las condiciones necesarias para su existencia.

Durante la resistencia los estudiantes dieron uno de los ejemplos más extraordinarios de disciplina: tres días y tres noches 540 estudiantes –incluidas 60 mujeres– sitiados en un edificio organizaron su vida hasta en los menores detalles: la limpieza, la defensa y la comida, que fue escasa. Al principio no había alimentos, pero el segundo día el apoyo popular fue tan grande que por los balcones el pueblo los hizo llegar en grandes cantidades. Para la policía bárbara a las órdenes de un coronel de la Nación, la casa es un edificio más a tomar por asalto, que los uniformados podían destrozar y saquear a gusto, como lo hicieron en Filosofía y Letras y en la Universidad de La Plata.

FIG. 5. — Los estudiantes explican al pueblo...

Los viejos clisés de estudiantes revoltosos que no quieren estudiar, que rompen vidrios y son irrespetuosos, quedaron destruidos por la elocuencia de la realidad. En la Facultad de Ciencias Exactas, Físicas y Naturales estaban el decano, tres profesores y varios egresados. La consideración debida a las autoridades de la casa fue tan grande que el decano Ing. Pedro Mendiondo[502] declaró:

> En la Facultad todo fue tranquilidad y orden. Los alumnos dieron muestra de probada valentía por hallarse frente a la Secretaría de Trabajo y Previsión y ser objeto, desde la calle, de una agresión a balazos que hirió a un estudiante. Los estudiantes respetaron siempre al decano, pero no hicieron lo propio las personas que trataron de llevarlo detenido el 5 de octubre en un camión policial.

Por su parte, el decano Oría, de Filosofía y Letras,[503] dijo:

---

[502] Pedro Mendiondo (1895-1961) fue ingeniero civil en la UBA y profesor universitario en Buenos Aires y el Litoral. Se graduó en 1920 con diploma de honor. Fue decano de la Facultad de Ciencias Exactas, Físicas y Naturales, quedando cesante tras la intervención de 1946. En 1952 fue designado presidente del Centro Argentino de Ingenieros y vicepresidente de la Sociedad Científica Argentina. Se desempeñó como ministro de Obras Públicas entre 1955 y 1958.

[503] José Oría fue delegado interventor de la Facultad de Filosofía y Letras en 1944.

Los estudiantes actuaron correctamente y en los lamentables sucesos ocurridos en la Facultad nada tienen que ver los alumnos. En cambio, quedó probado que la policía había realizado un verdadero saqueo en la Universidad.

Ese no fue, sin embargo, el peor comportamiento de la policía, que obedecía órdenes de oficiales superiores del ejército. Los estudiantes fueron llevados en camiones al Departamento de Policía. Al descender, oficiales y agentes que habían cubierto los números de sus chapas de identificación los golpearon brutalmente con los puños, con los pies y con palos. Los peores insultos fueron dirigidos a estudiantes y profesores, y especialmente a las mujeres. Estas fueron blanco de cuanta inmundicia puede salir del alma corrompida de degenerados a sueldo. En un patio estaban alineados frente a frente los que usan la cabeza para pensar y los que la usan para torturar. En medio de la ignominia había algo grandioso: ni uno solo de los 500 perdió la serenidad. Algunos, con la cabeza toda ensangrentada, miraban sin pestañear a los representantes del orden fascista. En La Plata el comportamiento de la policía no fue mejor:

FORMA Y SENTIDO DE LA
RESISTENCIA UNIVERSITARIA
DE OCTUBRE 1945

Publicación del doctor Augusto J. Durelli, octubre de 1945

Ahogados en un ambiente de gases, la policía no se dio tregua. Obligó a los atacados a salir, e invariablemente, a medida que asomaba alguna cabeza, venía el golpe de sable: varios agentes y bomberos distribuían furiosos golpes con las culatas de sus armas. Uno de los primeros fue aplicado al profesor doctor Manuel M. del Carril. Fue tan brutal, que permaneció semi inconsciente por largo tiempo. Al compañero Julio Binda se le aplicó un sablazo en la cabeza que obligó a su hospitalización. Y la señorita Jacinta Sagastume recibió una herida de 10 cm en el occipital.

Algunos compañeros cayeron al suelo por la violencia de los golpes, y allí eran terriblemente castigados. La compañera Zoraida Maristany recibió un culatazo que le provocó la fractura de tres vertebras. La compañera Ana Schiller de Goldberg avisó que estaba embarazada, pero fue igualmente agredida de forma miserable. Al asomar por la puerta, el decano de la Facultad de Humanidades, profesor Ernesto L. Figueroa, también recibió un golpe en la cabeza; más tarde también tuvo que ser hospitalizado.[504]

Los profesores y autoridades que han estado detenidos han podido dar también testimonio. El decano Mendiondo dijo:

No he de repetir las vejaciones sufridas por los alumnos de esta Facultad luego de su detención y antes de su traslado a Villa Devoto y al Asilo San Miguel.

---

[504] Profesor de Historia de la filosofía, autor de *La evolución de los problemas filosóficos*, UNLP 1933

El vicepresidente de la Universidad de La Plata, Ing. Aquiles Martínez Crivelli, dijo, dirigiéndose al presidente:

> En los 40 años de vida que acaba de cumplir esta Universidad no hay memoria de días como estos. Convertimos nuestra isla en un bastión y velamos en él por la República, hasta que nos aplastó la mazorca. Éramos 230. Nuestras armas: un disco del Himno Nacional, un micrófono y algunos parlantes; 200 quedamos heridos o contusos. Había 14 alumnas con nosotros. Todos fuimos insultados por un chacal. Todos estamos orgullosos.
>
> El presidente dejó la casa en orden y el honor en alto. Le entregamos ruinas, pero el pendón más alto todavía. Debería leer ahora la página negra en que se describiera la orgía de la soldadesca. Me niego a hacerlo.

Cuando salimos de la cárcel, con heridas materiales y morales aún frescas, tuvimos oportunidad de leer la relación que hiciera de los hechos el Centro Argentino de Ingenieros. El lector dirá si un ciudadano argentino puede creer en la palabra de honor de sus actuales gobernantes.

El Dr. Benítez[505] se mostró hoy muy molesto y disgustado por la situación y se refirió a la conducta de los estudiantes de Ciencias Exactas, de los que dijo que fueron los peores y los que habían cometido mayor desacato.

El Sr. Ministro (Sic) expresó que por su parte podía asegurar bajo palabra de honor que el procedimiento de detener a los estudiantes se realizaría con personal uniformado y con absoluta corrección y moderación, sin que ninguno de los ocupantes fuera molestado ni sometido a la menor violencia física. Es de justicia hacer notar que el tratamiento recibido en la cárcel de Villa Devoto, donde la mayoría de los estudiantes, profesores y egresados pasaron cinco días y algunos hasta siete, fue muy distinto al anterior. El hacinamiento era tan grande que resultaba imposible que todos estuviéramos acostados en el piso al mismo tiempo. Como lógica consecuencia, las condiciones higiénicas eran muy malas. Pero el tratamiento era humano. Y era evidente que las autoridades de la cárcel hicieron lo posible por mejorar las extraordinariamente malas condiciones de vida.[506]

Creo que la experiencia que han vivido los estudiantes en octubre de 1945 es más importante para su vida de hombres que muchos exámenes y años de estudio. No hay educación sin Libertad y sin responsabilidad.

La resistencia de 1945 exigió el estudio de varios problemas, la discusión de diferentes soluciones y la organización de la realización de una de ellas. Libremente, en asambleas a las que concurrieron unos 2000 estudiantes, resolvieron defender la autonomía universitaria y exigir las libertades ciudadanas, aún a costa

---

[505] El abogado rosarino Antonio Juan Benítez (1903-1992), fue un multifuncionario peronista, que se desempeñó como diputado nacional (1946-1955), convencional constituyente (1949) y titular del Ministerio de Justicia e Instrucción Pública (1944-1945), de Justicia (1973-1975) y del Interior (1975).

[506] Boletín informativo del Centro Argentino de Ingenieros, años XII n° 435, 9 de noviembre de 1945. Persona, Cultura Universidad, Centro de Estudiantes de Ingeniería

de la pérdida de un año de estudios. Cuando el P. E. amenazó con clausurar la Universidad los estudiantes resolvieron tomar posesión del edificio para que fuera bien visible la violencia del gobierno de facto. Nombraron una comisión organizadora para dirigir y coordinar la resistencia.

Para muchos profesores las quejas estudiantiles y de ciudadanos en general sobre torturas y persecuciones eran sólo producto de las mentes exaltadas de jóvenes ansiosos de notoriedad. La policía defiende el buen orden social, la propiedad y la vida de los pacíficos ciudadanos: ¿cómo es posible que se ensañe con estudiantes indefensos? ¡Exageraciones de los muchachos! Pero cuando cadáveres de estudiantes desfilaron por las calles de Buenos Aires, cuando un médico fue asesinado mientras cumplía su deber, y cuando un presidente de Universidad, perdida ya toda calma, no pudo menos que calificar de chacal al policía que lo golpeó, entonces ya las más arraigadas burguesas convicciones de los más conservadores profesores comenzaron a debilitarse. El pacífico mundo de orden en que vivían comenzó a resquebrajarse. Y muchos comenzaron a comprender que el orden del fraude, el orden de la demagogia, el orden de la fuerza uniformada armada era pura y simplemente un desorden. Sin embargo, muchos de ellos no han llegado aún al punto de hacer pasar a actos las convicciones que en ellos van penetrando.

Todo nacionalismo estrecho fue superado. La resistencia universitaria debía tener resonancias que llegaran hasta los confines del mundo, puesto que el mundo entero contempla extrañado y asustado la tragedia que vive el pueblo argentino.

Los estudiantes que quedaron afuera de la casa se encargaron de transmitir al exterior con notable eficiencia hasta el último detalle del movimiento de la resistencia. Con apenas dos horas de intervalo las radioemisoras extranjeras irradiaban por todo el mundo los últimos acontecimientos. Uno de los más importantes diarios del mundo, *New York Herald Tribune*, publicó el siguiente editorial el 18 de octubre de 1945:

Si se rompe la espalda del gobierno autoritario a la enseñanza superior en la Argentina, a profesores y estudiantes les corresponderá una gran parte de la gloria. Fueron los grupos universitarios los que, por su coraje y determinación, desafiaron hasta en su último reducto la dictadura de Perón.

El sentido de la victoria de las universidades argentinas es un ejemplo de cómo la democracia y la libertad pueden ser alimentadas por las escuelas; cómo pueden estas constituir una ciudadela de la libertad mientras otras instituciones de gobiernos libres, por su timidez o su cinismo, abandonaron la causa de la libertad. La enseñanza superior y la voluntad de luchar por la libertad no son necesariamente sinónimas.

Basta recordar la trágica entrega de las universidades alemanas al nazismo para comprender que un sistema de educación muy evolucionado no es, por sí mismo, una garantía de coraje intelectual ni de integridad ni siquiera cuando posee grandes tradiciones. El espíritu de las universidades argentinas probó ser superior a las extravagancias políticas del gobierno de ese país y resistió contra la tiranía armada.

Esta evolución en la conciencia del sentido profundo del movimiento se observó en los carteles que se colocaron en las paredes del edificio y en el texto de los discursos transmitidos por Radio Ingeniería. Al principio se acentuó el tema de la autonomía universitaria, pero luego se habló más de las balas disparadas por los sicarios de la dictadura y de la necesidad de la desobediencia civil. En los muros exteriores se marcaron con carbonilla los impactos de bala.

A mi entender la deficiencia más lamentable fue no presentar la resistencia como parte del movimiento ciudadano en el que los obreros fueran tenidos muy especialmente en cuenta. Es bien sabido que el apoyo popular a la dictadura militarista se logró por la demagogia y por la mentira, presentando a los estudiantes como enemigos de los obreros. Era importante, pues, destruir esa mentira llamando a los obreros a colaborar con los estudiantes. No se pensó en ello, quizás porque en verdad la Universidad de los últimos diez años no sólo vivió alejada de los obreros sino del país mismo. Es ya en sí una gran consolación y esperanza que la generación de 1945 se sienta hermana de la de 1930 y abandone el egoísmo y la inercia que caracterizaron a muchos estudiantes de los años intermedios.

Hemos oído decir muchas veces que la mentira es un arma predilecta del nacionalismo, indispensable para la obtención de sus fines. En *Mein Kampf,* Hitler desarrolló la doctrina y explicó la técnica de la mentira socialmente eficaz. Dijo:

La mentira debe ser muy grande y repetirse intensamente.

En *El Nacionalismo frente al Cristianismo*[507] me tomé el trabajo poco agradable de documentar y clasificar las mentiras del nacionalismo europeo contemporáneo. En los últimos años, en Argentina ya hemos perdido la cuenta de los militares que juraron por su honor respeto a la Constitución Nacional y lealtad a sus compañeros. En estos mismos días, *La Época*, atacando a la Corte Suprema, sostiene que Roosevelt duplicó la cantidad de jueces de ese tribunal y jubiló de oficio a algunos de sus miembros. ¡Como puede comprobar el lector medio, todo eso es mentira! Mentid, mentid, que siempre quedará algo.

[507] *El nacionalismo frente al cristianismo*, Augusto J. Durelli, Buenos Aires, Losada, 1939.

El Dr. Benítez publicó una estadística para probar que el porcentaje de estudiantes sitiados era pequeño. Para mejor impresionar a los incautos incluyó en la lista de los inscriptos a varios millares de estudiantes secundarios, aún los de primer año. La ocupación de las casas de estudios, aún con las grandes privaciones que hubo que soportar y con las balas de los sicarios del dictador, no es un picnic al que se cita por los diarios. Por una efímera cartera de ministro, el Dr. Benítez ofreció sus servicios a la dictadura. Era conveniente engañar y para ello había que utilizar el *comunicado oficial* publicado en millones de ejemplares. Los estudiantes de Ciencias Exactas que ocuparon sus casas de estudio eran apenas el 20% de los inscriptos. No convenía que más de 540 estudiantes quedaran sitiados durante varios días. Con mucha sabiduría, la comisión coordinadora dejó deliberadamente varios centenares fuera: son los que inundaron con volantes las calles de Buenos Aires explicando al pueblo lo que sucedía. Pero para el gobierno era conveniente engañar y para ello había que utilizar el *comunicado oficial* publicado en millones de ejemplares.

La peor de todas las mentiras fue, sin embargo, de carácter moral. La policía hizo correr las más repugnantes versiones acerca del comportamiento de los estudiantes durante los sitios de las casas. En una Facultad arrojaron elementos de uso sexual para pretender comprometer a los estudiantes, con la misma ingenuidad policial con que se le pone un revolver en el bolsillo a aquel a quien se quiere detener por portación de armas. Mentid, mentid, mentid. Siempre quedará algo.

Había entre los estudiantes una media docena que ostentaban la insignia de la Acción Católica en el ojal. Han hecho, quizás sin darse cuenta, más bien a la religión católica que muchos discursos y pastorales. Ya es bien sabido que esta institución, pupila de los ojos del Papa, fue convertida en Argentina en una escuela de nacionalismo: la confusión entre la religión del judío crucificado y la causa del nacionalismo militarista y tiránico. El capellán de la cárcel de Devoto fue a visitarnos. Con bonhomía y amabilidad nos prometió una inmediata Libertad, que evidentemente no estaba en sus manos. Muchos esperaban una misa para el día siguiente. El capellán pidió nuestra contribución de $ 0,50 por mes para una asociación, y no tuvimos misa.

Esta orfandad espiritual no extraña ya a los argentinos. Hemos visto que las más horribles e injustas agresiones no merecieron una palabra de condenación de nuestras autoridades espirituales. Los horrores de Belsen y Buchenwald no los inmutaron. La Argentina declaró la guerra y ni una palabra vino para aconsejar a los católicos de este país. Cuando terminó, se rezó *por la paz*: había vergüenza de hacerlo *por la victoria*.

El estudiante Aaron Salmún Feijóo, asesinado en Perú y Avenida de Mayo

El nacionalismo se ha caracterizado en todas partes por un odio sustancial a la inteligencia. Goebbels decía:

Cuando oigo hablar de cultura, pongo los revólveres sobre la mesa.

Y con los libros se hicieron fogatas, y los más grandes sabios y escritores fueron al campo de concentración o se exiliaron de Alemania. Con pocas variantes, la Italia fascista y la España falangista siguieron el ejemplo. El 17 y 18 de octubre de 1945 el malón que invadió la ciudad tenía un grito de guerra:

Zapatillas sí, libros no.

Y un lema:

Haga patria, mate un estudiante.

Vivimos una revolución cuyo profundo sentido parece ser la subversión de los valores humanos. Los pies valen más que la cabeza. Y los que llevan zapatillas, en vez de cultivarse para elevar su nivel de vida, queman los libros que podrían humanizarlos.

Documentos de la toma de las universidades

Declaración setiembre 28 de 1945

Ante la transcendental resolución del Consejo Superior del día de hoy clausurando universidades y colegios dependientes de la UBA, el Comité de Coordinación declara:

Que apoya decididamente la enérgica actitud tomada por las autoridades universitarias, sin precedentes en la historia argentina;

Que esta resolución corrobora la decisión adoptada anoche por este Comité;

Que dadas las restricciones a la Libertad de prensa se exhorta a cada uno de los estudiantes a que dé la mayor difusión posible a estos volantes

Al pueblo de la Nación octubre 11 de 1945

El retiro del coronel Perón de todas sus funciones es una burda maniobra de la cúpula militar para asegurarse el continuismo y la impunidad para los atropellos y desmanes cometidos;

Ante la presión de la agitación popular y estudiantil ha debido eliminar la cabeza visible pero queda en pie toda la máquina montada para desgobernar el país, y según sus propias manifestaciones, seguirá haciéndolo por lo menos por un año sin ningún control popular;

Los estudiantes proseguiremos la lucha sin tregua hasta que el gobierno sea entregado a la Corte Suprema. A la democracia por la desobediencia civil.

Octubre de 1945. Al Pueblo

Perón ha lanzado una mentira más: calificar al estudiante como enemigo del obrero. La historia de todo el movimiento estudiantil demuestra lo contrario: ha luchado, siempre por abrir la Universidad a todas las clases de la Sociedad, ha acompañado a todos los grandes movimientos de progreso y mejoramiento social.

¿Qué persigue el coronel Perón con esta política? Levantar falsos odios a fin de distraer la atención popular de la lucha contra la dictadura. Hoy los estudiantes, en defensa de los intereses del pueblo, luchan contra la demagogia peronista, que mucho promete y nada útil da. Analicemos la verdad de los hechos:

1) El peronismo sirve a intereses extraños a las necesidades nacionales, que perjudican a todo el pueblo: aumento de tarifas ferroviarias, eléctricas y del gas; decreto sobre comercialización que arruina al chacarero, aumento de los precios máximos de los artículos de primera necesidad.

2) Otorga pequeños aumentos de salarios, insignificantes ante el encarecimiento de la vida y las enormes ganancias del capital, a cambio de la entrega incondicional de los sindicatos obreros a la STP.

3) La demagogia social peroniana es copia fiel de la fascista; perseguir y destruir a los verdaderos sindicatos obreros para sustituirlos por otros controlados y dirigidos por el Estado. Por los medios expresados, lograr el apoyo popular. Controlado el movimiento obrero y eliminadas las libertades civiles, no queda al pueblo ningún medio para impedir que le sean arrebatadas sus conquistas al primer síntoma de crisis económicas. Sólo un movimiento libre puede obtener y defender legítimas conquistas. Es indispensable para ello gozar de todas las garantías constitucionales.

TRABAJADOR ARGENTINO: no se deje engañar por la demagogia peronista. Comprenda que se busca su apoyo para encadenar a toda la Nación. Sepa también que los estudiantes, al luchar contra la dictadura bregan por la libertad y el mejoramiento de la clase obrera.

Nota del CEI pidiendo el envío de una intervención a la Policía; 23 diciembre 1945

Al señor ministro del interior, general D. Felipe Urdapilleta

Casa de Gobierno

El CEI se dirige al ministro y le manifiesta que el 5 de octubre un elevado número de socios y alumnos de esta Universidad fueron vejados y golpeados en el Departamento de Policía por personal uniformado, agentes y oficiales luego de haber sido detenidos en el edificio de sus respectivas Facultades a raíz de los hechos que son de dominio público y de conocimiento del Señor Ministro (Sic).

Este centro ha aguardado durante seis semanas la consiguiente investigación en la creencia de que el ministerio a su cargo no esperaría, como es debido, la intervención judicial para deslindar responsabilidades y aplicar los condignos castigos; y se apresuraría a ordenar el respectivo sumario administrativo que dejaría aclarada la irregularidad de dicha actitud policial.

Ante tales hechos, el CEI exterioriza su repudio y alarma y considera que la anomalía implica la subversión completa de las funciones de la policía, sin garantías para la seguridad e integridad de la ciudadanía Argentina expresamente establecida en las leyes supremas de la Nación, y que el Señor Ministro (Sic) ha jurado respetar y defender.

Roberto Minervini – Secretaría General

Héctor Rodríguez – Presidente[508]

Los detenidos bajo Poder Ejecutivo Nacional

Con respecto a detenciones bajo Poder Ejecutivo Nacional, en el período 1946-1947 se realizaron 26 detenciones, de las cuales 23 correspondían a nazis. En el período 1948-1951 encontramos el registro de sólo 3 hombres en relación con el levantamiento de Benjamín Menéndez en septiembre de 1951. En el período 1952-1955 se realizaron 551 detenciones: 41 personas por sublevación, 3 por tráfico de armas, 79 por pertenecer a partidos opositores al gobierno o realizar comentarios desfavorables, 43 por su participación en huelgas estudiantiles y 383 por su participación perturbadora y confusionista en el movimiento obrero. De las detenciones ocurridas entre 1952 y 1955, en cuanto a trabajadores que son detenidos por su accionar perturbador o disociante en el movimiento obrero, en el año 1952 se detienen 13 anarquistas, en 1954 2 anarco comunistas, y entre 1951 y 1955 a 368 comunistas.

De los 13 anarquistas detenidos en 1952, dos lo fueron por estar repartiendo folletos de la Federación Obrera Regional Argentina (FORA) sin autorización previa, a partir de las cuales se realizaron el resto de las detenciones allanando domicilios donde se encontraron libros y publicaciones de esa tendencia, además de documentos de archivo y dinero. Los dos anarcocomunistas detenidos en 1954, ambos obreros panaderos, fueron detenidos porque uno de ellos se desempeñaba como Secretario del Comité Pro-Presos y deportados de la disuelta FORA y el otro era su colaborador. La mayoría de los 368 detenidos entre 1951-1955, lo son debido al conflicto metalúrgico de 1954. En las fundamentaciones que la Policía realiza para solicitar la

---

[508] Augusto J. Durelli, op. cit., 1945.

detención a disposición del Poder Ejecutivo, aunque mantienen una línea común, se pueden encontrar argumentaciones específicas sobre los hechos, hasta que se establece una especie de fórmula que luego se repite:

> De acuerdo con directivas impartidas oportunamente (...) Persona que ha sido detenida en virtud de las vinculaciones con elementos de índole comunista, en su acción perturbadora y disolvente, habiéndosele secuestrado material de propaganda comunista. Por lo expuesto, y con el fin de evitar la continuidad de tales actividades, solicito a Ud. se dicte el correspondiente decreto.[509]

Represión política: testimonio de Luis Víctor Sommi

El gobierno militar clausuró *Editorial Problemas*, de Carlos Dujovne, que difundía libros marxistas, y quemó sus existencias. El propietario, junto a enorme cantidad de otros militantes comunistas, fue detenido sin proceso a disposición del Poder Ejecutivo hasta 1945 en la durísima cárcel de Neuquén. Allí estuvieron también los gremialistas Pedro Chiarante y José Peter, entre otros.

> La mayoría de los presos éramos obreros. En esta etapa de la *revolución*, los mandones se habían especializado en la caza de los militantes obreros que no se dejaban domesticar...También había estudiantes, abogados, médicos y profesores que pagaban con la prisión su digna y valiente resistencia a la dictadura. (...) La comida era insoportable. Estábamos aislados y sin diarios. El régimen carcelario era bestial y ha dejado hondas huellas en la salud de todos... En el invierno de 1944 apareció el tifus, y no había medicamentos. (...) Hubo días de 13 y 14 grados bajo cero, no había calefacción y teníamos que soportar el frío solamente con el humillante uniforme del penal. (...) Amigos y familiares nos enviaron abrigos, pero el director los mandó al depósito.[510]

Centralización autoritaria

El conjunto de mediaciones institucionales entre Estado y sociedad durante el trienio 1943–1946 estuvo marcado por un proceso dual de concentración funcional de la autoridad: en el PEN, en detrimento de los gobernadores, y en el Poder Ejecutivo provincial, en desmedro de la autonomía municipal. Se puso de manifiesto, asimismo, que la represión, lejos de ser una variable más, formó parte central del entramado genético del peronismo y que abarcó los más diversos ámbitos de la sociedad y la cultura. Ella implicó un elevado grado de centralización en el Ministerio del Interior, y la Gendarmería (ya embarcada en la lucha contra un enemigo interno), organismos provinciales como la policía (División de Investigaciones de la Sección de Orden Social y Político) o la Oficina de Informaciones (Sección de Espectáculos Públicos), fueron sus herramientas cotidianas. De este modo, los nuevos derechos sociales eran paridos —en contraste con la experiencia de la socialdemocracia europea— al amparo de una matriz reacia al pluralismo político.[511]

Estado de sitio, desacato y provocación de MIEDO social

La restricción de libertades públicas, uno de los elementos más cuestionados del gobierno de Perón, se erigió sobre la base de seis medidas contundentes:

a) expropiación y limitación del papel para regular los principales diarios del país;

---

[509] *Estado de derecho y excepcionalidad. Algunas prácticas de control social sobre trabajadores durante el primer peronismo,* Mariana Nazar FFyL-UBA / DAI-AGN. Ponencia presentada en VIII Reunión de Antropología del Mercosur, 29 de septiembre a 2 de octubre de 2009, Buenos Aires, Argentina

[510] Luis Víctor Sommi (1906-1983), *Neuquén. Vida de los presos políticos, Editorial Partenón,* 1946. Síntesis. Fue un historiador, militante sindical y dirigente comunista, afiliado al partido desde 1925 hasta 1938, año en que volvió al trabajo en una fábrica y a la investigación. Durante la dictadura 1943-1945 estuvo dos años encarcelado sin proceso y en duras condiciones, en Neuquén. También se utilizaron para las detenciones la Cárcel de Villa Devoto y la Isla Martín García. El historiador Horacio Tarcus dijo que Peter fue perseguido por no aceptar el liderazgo de Perón.

[511] *El trienio cívico-militar en Córdoba 1943–1946,* César Tcach, pág. 79. UNC 2019.

b) modificación del Código Penal, para evitar la crítica exhaustiva al gobierno, potenciando la figura del desacato hasta alcanzar la pena de tres años de prisión;
c) declaración del estado de guerra interno y declaración del estado de sitio, para suspender las garantías constitucionales;
d) allanamientos, clausuras y expropiaciones de medios de prensa gráfica, para restringir la competencia y la pluralidad informativa;
e) adquisición de talleres de imprenta, medios de prensa gráfica y radiodifusión por parte del Gobierno, para centralizar el poder;
f) creación de la Comisión Bicameral Investigadora de Actividades Antiargentinas, para controlar el sistema de prensa gráfica.[512]

La visión de *La Prensa*

Tras el golpe de 1943, el nuevo gobierno encontró al país en estado de sitio y lo mantuvo, a pesar de que le complacía hablar de la tranquilidad que reinaba en todo el territorio. El gobierno derrocado seguía una política interna opuesta a las ideas y sentimientos del pueblo y a las obligaciones de la Nación y el nuevo gobierno persistió en esa política y aún la acentuó, hasta que los acontecimientos mundiales lo obligaron a modificarla por lo menos en el aspecto formal. El cambio no convenció a nadie, dentro o fuera del país.

Pero lo peor era lo del orden interno: disolución de los partidos políticos, restricción de la libertad de prensa, prohibición de las asambleas populares, monopolio de la radiotelefonía para el autoelogio, duplicación con exceso de los gastos públicos, aumento desconsiderado de los impuestos, endeudamiento exterior fantástico, encarecimiento del país, encarcelamiento de personas honradas, allanamiento de domicilios, regulación de las actividades económicas, desarticulación de las asociaciones gremiales, intromisión en los negocios privados y adopción de tácticas demagógicas, después de haber ensayado la colaboración de parte del clero y de ciertos elementos que se consideraban superiores al resto de sus compatriotas; todo eso ha sucedido en los dos años y medio largos del gobierno de facto.[513]

---

[512] *El Peronismo y la Política de Radiodifusión (1946-1955)* por Sergio Arribá, UBA (Web).
[513] *La Prensa*, 24 de febrero de 1946.

APÉNDICE 2

LA FADA SOLICITA UN SUBSIDIO
AL CONGRESO EL 19 DE DICIEMBRE DE 1946
[Expediente nº 1503]

Federación Argentina de Ajedrez

VIAMONTE 1366, 5º Piso   U. T. 37, Rivadavia 4718

(2)   Buenos Aires,

Nos penoso manifestar Excmo. Señor, que frente a la política generosa que han seguido los gobiernos ante los pedidos de subsidios de entidades deportivas, de por sí poderosa, la Federación Argentina de Ajedrez, salvo contadas excepciones, nunca ha gozado del auspicio económico de los gobiernos, traducidos en subsidios anuales que le permitan afrontar con altura los compromisos nacionales e internacionales.-

Nuestra Entidad recibe a menudo invitaciones de distintas federaciones de países amigos para el envío de representantes, que como el reciente caso del Torneo Internacional de Groninga (Holanda), hemos tenido que desistir de enviar a nuestro campeón Herman Pilnik, por carecer de los recursos necesarios.-

La Federación que representamos, realizó el año 1939 el extraordinario esfuerzo de organizar en Buenos Aires el Torneo de las Naciones, que congregó a delegaciones de 27 países y actualmente realiza torneos internacionales, como los de Mar del Plata al que asistieron los campeones de los países Sudamericanos y nuestros europeos radicados en el país, siendo oportuno destacar que el certamen de referencia constituye una de las pruebas de mayor resonancia mundial y no se realizan actos de mayor atracción en cada temporada veraniega, como así lo han reconocido las distintas entidades que tienen a su cargo el fomento del turismo de dicho balneario. Además de importantes competencias internacionales e internas cuya enumeración sería ociosa la F.A.D.A. organiza anualmente los torneos oficiales de sus distintas categorías, y hace disputar en diversas ciudades del interior de la República el Campeonato Interprovincial por Equipos, que este año tuvo lugar en la ciudad de Santa Fé, y al que muchas veces no concurren todas las delegaciones por las recordadas razones económicas que no permiten financiar los gastos de viaje y estada de los equipos representativos de cada provincia.-

En el mes de Julio último se realizó en Winthertur (Suiza) el Congreso de la Federación Internacional de Ajedrez, al que nuestra entidad no ha podido asistir por las mismas razones, no obstante que nuestra presencia hubiera sido de incalculable interés, pues de seguro hubiéramos sostenido nuestra pretensión de organizar en Buenos Aires, el próximo Torneo por el Campeonato Mundial de Ajedrez, que según se asegura ha de realizarse en el año 1947.-

Por otra parte, no necesitamos abundar en razones para realzar la práctica del noble juego, ya que no han de escapar al elevado criterio de V.H.; pero, séanos permitido manifestar que nuestro juego, que encierra en su arte, cultiva la inteligencia, aguza el intelecto, ejercita la memoria y modera los impulsos, y por si esto no fuera suficiente, el Ajedrez constituye una fuente inagotable de acercamiento espiritual entre todos los hombres del mundo, cualesquiera

---

Federación Argentina de Ajedrez

VIAMONTE 1366, 5º Piso   U. T. 37, Rivadavia 4718

(3)   Buenos Aires,

sean su origen, raza, condición, creencia y convicciones ideológicas.-

La Federación Argentina de Ajedrez consecuente con este criterio propende con su acción a que el Ajedrez llegue a las aulas escolares, y así ha obtenido la autorización oficial de la Dirección General de Educación Física, dependiente del Ministerio de Justicia e Instrucción Pública de la Nación, para organizar anualmente los torneos intercolegiales que se disputan con marcado éxito desde hace muchos años, esperando que bien pronto también llegue a la esfera del alumnado de primaria, como se hace en la Unión Soviética, España, Uruguay, Dinamarca, Noruega, etc., países en los cuales el ajedrez goza de un amplio apoyo estatal.-

Las razones expuestas, nos mueven a distraer la preocupada atención del Señor Presidente, y en su mérito a solicitar del Gobierno Nacional el más amplio apoyo moral y económico que permita a esta entidad hacer frente a los compromisos de toda índole, que hablan elocuentemente de la amplia repercusión que el noble juego ha tomado en el mundo entero y en particular en nuestro país.-

En la inteligencia de que hemos de encontrar una favorable acogida en nuestro petitorio, agradecemos a V.H. todo cuanto haga por este deporte y aprovechamos la oportunidad para reiterar al Señor Presidente las expresiones de nuestra más alta distinción.

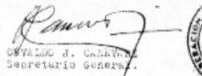 

OSVALDO J. CABAÑAS   Dr. CARLOS A. QUERENCIO
Secretario General   Presidente

059.017 F

P. 1503

Corresponde a la presentación de la Federación Argentina de Ajedrez-Capital.-

---

Federación Argentina de Ajedrez

VIAMONTE 1366, 5º Piso   U. T. 37, Rivadavia 4718

Buenos Aires, Diciembre 2 de 1946

Exp. Nº 1503   Año P. 1946

Al Señor Presidente de la
Honorable Cámara de Diputados de la Nación Argentina.
Doctor Ricardo Guardo.

S. D.

Distinguido Señor Presidente:

Tenemos el alto honor de dirigirnos al Señor Presidente, y por su digno intermedio a la Honorable Cámara, para solicitar de acuerdo a nuestra entidad un subsidio anual y permanente por la suma de CINCUENTA MIL PESOS MONEDA NACIONAL (m$n.50.000.-) rogándole a V.H. que, en mérito a los motivos que expresamos, se sirva prestarle el auspicio de su alta investidura y prestigio.-

Nos mueve a solicitar este subsidio la alentadora promesa del Exmo. Señor Presidente de la Nación, hecha pública en el acto de inauguración del Match Internacional de Ajedrez entre España y Argentina, que tuvo lugar el día 12 de Octubre del corriente año, en cuya oportunidad tuvimos la satisfacción de escuchar de V.H. la promesa espontánea de apoyarnos decididamente en nuestra gestión.-

La Federación Argentina de Ajedrez, entidad madre y rectora del noble juego en todo el país, fué fundada el día 28 de Septiembre de 1922 y goza actualmente de la personalidad jurídica otorgada por el Superior Gobierno de la Nación con fecha 27 de Noviembre de 1923.-

Está reconocida oficialmente como la Institución encargada de dirigir los destinos del Ajedrez Argentino contando en su seno con 15 Federaciones representativas del Ajedrez del Interior y tiene 35 entidades metropolitanas afiliadas directamente a esta Federación.-

Cabe destacar que esta Federación se halla afiliada a la Confederación Argentina de Deportes (Comité Olímpico Argentino) y a la Federation Internationale des Echecs (F.I.D.E.) con asiento en La Haya (Holanda).-

La labor que ha desarrollado nuestra Institución en sus veinticuatro años de existencia ha sido profícua y efectiva y la realizamos no obstante que esta Entidad cuenta con recursos económicos exiguos, constituídos solamente por las ínfimas cuotas de afiliación de las entidades adheridas.-Debemos añadir a la consideración de esa Hble. Cámara que todas las prácticas ajedrecísticas que organizamos son públicas y totalmente gratuitas, renunciando de esta manera a todo provecho lucrativo que tales actividades produzcan en beneficio de una mejor y más amplia difusión del Ajedrez.-

Federación Argentina de Ajedrez
VIAMONTE 1366, 5° Piso — U. T. 37, Rivadavia 4718

Buenos Aires,

(2)

Me pena manifestar Excmo. Señor, que frente a la política generosa que han seguido los gobiernos ante los pedidos de subsidios de entidades deportivas de por sí poderosas, la Federación Argentina de Ajedrez, salvo contadas excepciones, nunca ha gozado del auspicio económico de los gobiernos, traducidos en subsidios anuales que le permitan afrontar con altura los compromisos nacionales e internacionales.—

Nuestra Entidad recibe a menudo invitaciones de distintas federaciones y de países amigos para el envío de representantes, que como el reciente caso del Torneo Internacional de Groningen (Holanda) hemos tenido que desistir de enviar a nuestro campeón Herman Pilnik, por carecer de los recursos necesarios.—

La federación que representamos, realizó el año 1939, el extraordinario esfuerzo de organizar en Buenos Aires el Torneo de las Naciones que congregó a delegaciones de 27 países y actualmente realiza torneos internacionales, como los de Mar del Plata, al que asisten los campeones de los países sudamericanos y maestros extranjeros radicados en el país, siendo oportuno destacar que el certamen de referencia constituye una de las pruebas de mayor trascendencia mundial, y uno de los actos de mayor atracción en cada Temporada de Veraneo, como así lo han reconocido las distintas entidades que tienen a su cargo el fomento del turismo de dicho balneario. Además de importantes competencias internacionales e interprovinciales cuya enumeración sería prolijo, la F.A.A. lleva anualmente las tareas oficiales de sus distintas categorías, y hace disputar en diversas ciudades del interior de la República el Campeonato Ia.provincial por equipos, que este año tuvo lugar en la ciudad de Santa Fe, y al que muchas veces no concurren todos los delegados por las recordadas razones económicas que no permiten financiar los gastos de viaje y estada de los equipos representativos de cada provincia.—

En el mes de Julio último se realizó en Zinth stur (Suiza) el Congreso de la Federación Internacional de Ajedrez, al que nuestra Entidad no ha podido asistir por las mismas razones, no obstante que nuestra presencia habría de ser de capital interés, pues deseábamos sostener nuestra pretensión de organizar en Buenos Aires, el próximo torneo por el Campeonato Mundial de Ajedrez, que según se asegura ha de realizarse en el año 1947.

Por otra parte, no necesitamos aludir en razones para realzar la práctica del noble juego, ya que no han de comparase al elevado criterio de V.E. Empero, debemos manifestar que nuestro juego, que es ciencia y es arte, cultiva la inteligencia, y así el individuo, ejercita la memoria y modera las impulsos, y por si esto no fuera suficiente, el Ajedrez constituye una fuente inagotable de acercamiento espiritual entre todos los hombres del mundo, cualesquiera sea su origen, raza, condición, creencia y convicciones ideológicas.—

Federación Argentina de Ajedrez
VIAMONTE 1366, 5° Piso — U. T. 37, Rivadavia 4718

Buenos Aires,

(3)

La Federación Argentina de Ajedrez consecuente con este criterio, propende con su acción a que el Ajedrez llegue a las aulas escolares, y así ha obtenido la participación oficial de la Dirección General de Educación Física, dependiente del Ministerio de Justicia e Instrucción Pública de la Nación, para organizar anualmente los Torneos Intercolegiales que se disputan con marcado éxito desde hace muchos años, esperando que bien pronto llegue a la esfera del aludido criterio, tal como se hace en la Unión Soviética, España, Uruguay, Dinamarca, Noruega, etc., países en los cuales el Ajedrez goza de un amplio apoyo oficial.—

Las razones expuestas, nos mueven a distraer la preocupación del Señor Presidente, en su gestión a aminorar del Gobierno Nacional el amplio apoyo moral y económico que precisa esta entidad hacer frente a las exigencias de toda índole, no habían elocuentemente de la espíritu y repercusión que el noble juego ha tomado en el mundo entero y en especial por nuestro país.—

En la inteligencia de que habrá de considerar las favorables consideraciones en cuanto solicitamos, saludamos a V.E. todo cuanto fuese por este medio y aprovechamos la oportunidad para reiterar al Señor Presidente las expresiones de nuestra más alta distinción.—

Dr. CARLOS A. QUERENCIO
Presidente.

www.ingramcontent.com/pod-product-compliance
Lightning Source LLC
Chambersburg PA
CBHW081823230426
43668CB00017B/2352